KB192901

TEACHING PRACTICE

교직
실무

송기창 · 김병주 · 김도기 · 김민조 · 김민희 · 김병찬 · 김성기 · 나민주 · 남수경 · 박상완
박수정 · 오범호 · 윤홍주 · 이정미 · 이희숙 · 정성수 · 정수현 · 정제영 · 조석훈 공저

학지사

머리말 ✏️

2009년 대학입학자부터 교직소양 과목의 하나로 교직실무 과목을 필수 이수하도록 「교원자격검정령 시행규칙」(교육인적자원부령 제922호, 2007. 12. 31., 일부개정)과 「유·초·중등·특수 교사자격 취득을 위한 세부기준」(교육과학기술부고시 제2008–119호, 2008. 8. 1., 전부개정)이 개정된 지 13년이 흘렀다. 2009년 교직실무 과목 신설에 맞춰 『교직실무』를 편찬한 후 교직 사회의 요구와 교직을 이수하는 예비교사들의 요구를 반영하여 적어도 두 번 정도 개정작업이 필요했으나, 2014년 한 차례의 개정에 그쳤다. 20여 명에 이르는 저자의 전문성을 살려 공동 집필하는 방식으로 교재를 기획한 것은 교재의 질적 수준을 높이는 데 기여했으나, 공동작업을 통해 교재를 개정하는 데는 약점으로 작용하였다.

몇 년 전에 교육부가 교직과목 체계를 전면 개편하기 위한 정책연구를 시행한 바 있다. 정책연구의 윤곽이 드러나면 교육부 정책방향에 맞춰 교직실무 교재도 개정할 계획이었으나, 교육계 내에서 합의가 이루어지지 않아 교직과목 체계 개편이 무산되었고, 교직실무 개정도 미루어졌다는 사실은 독자들의 양해를 구하는 변명거리로 볼 여지는 있다. 그럼에도 불구하고 개정작업이 늦춰진 것은 저자들의 게으름 탓이라는 점을 부인하는 것은 아니다.

교직실무 기본교수요목에 따르면, 교직실무는 교사로서 직무를 수행하면서 교직윤리, 사회변화와 교육, 진로교육, 학교·학급경영, 학사·인사·행정실무 등 다양한 분야에서 필요한 지식과 기술을 습득하며 교직을 실질적으로 이해할 수 있도록 하는 데 목적이 있다고 밝히고 있다. 이 책은 무엇보다도 교직실무 기본교수요목에 충실하려고 노력하였다.

이 책의 특징 중 하나는 초등 교직실무와 중등 교직실무를 통합하였다는 점이다. 2014년까지는 초등과 중등을 분리하여 출판했으나, 구분되는 장이 3개 장에 불과했고, 내용도 일부 중복되는 상황에서 굳이 분리할 필요가 있겠냐는 의견이 있어서 이번에는 통합하였다. 다만, 초등과 중등의 교직생활 환경이 동일하지는 않으므로, 구분하여 서술할 필요가 있을 때는 각 장에서 절을 구분하였다. 따라서 교육대학에서 교재를 사용할 경우에는 중등 실무 부분을 제외하고, 반대로 사범대학 등에서는 초등 실무 부분을 제외하면 된다.

장별 구성은 기본교수요목의 취지를 살려 대폭 개편하려고 했으나, 장을 추가하기보다는 내용을 보완하고 변화를 반영하려고 노력하였다. 제1장 '초임교사의 교직생활: 교직문화와 교직사회의 이해와 적응'에서는 이전 판의 제2장에서 별도로 다루었던 인간관계 관련 내용을 통합하고, 국내 최신 연구 결과를 폭넓게 반영하였고, 제2장 '교원의 복무와 교직단체'에서는 관계 법령과 교직단체의 변화를 반영하여 수정하였으며, 제3장 '교직윤리'와 제4장 '교원의 전문성 개발'에서는 교육현장의 변화를 반영하였고, 제5장 '교원 인사 및 보수 제도'와 제6장 '공문서 작성 및 관리'에서는 관계법령의 변화와 K-에듀파인을 반영하였다.

제7장 '학교자치와 학교운영위원회'에서는 학교자치의 이론적 기초와 단위학교 자치조직 운영 실제를 추가하였고, 제8장 '학교회계 예산 편성 및 집행'에서는 지방 교육재정과 학교회계를 알기 쉽게 정리하였으며, K-에듀파인 학교회계 시스템을 반영하였다. 제9장 '학급담임의 역할과 업무', 제10장 '학생평가 및 학교생활기록'에서는 초등과 중등을 통합·조정하면서 교직실제와 관계 법령의 변화, 원격수업 상황 등을 반영하여 수정하였다. 제11장 '학생문화(학생자치, 동아리활동과 봉사활동)'에서는 교육과정 개정에 따라 각종 학생 활동을 보완하고 학교별 사례를 추가하였고, 제12장 '학교안전사고와 생활지도', 제13장 '학부모 관계 및 상담'에서는 교직실제의 변화를 반영하고 사례를 추가하였으며, 제14장 '사회 변화와 교직실무'는 새로 추가된 장으로, 교직사회와 외부 환경에 따른 교사의 역할 변화를 다루었다.

교직실무는 신규 교사들이 학교현장에 부임했을 때 부딪칠 수 있는 문제들을 해결하기 위하여 사례 중심으로 가르쳐야 하는 과목이다. 이 책에서도 각 장의 처음에 나오는 문제 사례와 마지막에 나오는 토론 및 실습 과제를 일부 수정하였으므로 강의자들은 교직실무가 이론적 강의에 머무르지 않도록 문제 사례와 토론 및 실습 과제를 중점적으로 다룰 필요가 있다. 일부 장은 교육부나 시·도교육청에서 발간한 각종 지침이나 실무편람의 세세한 내용을 상당 부분 인용하였으나, 이는 예비교사들 입장에서 그러한 지침과 실무편람에 대한 정보가 없다는 점을 고려한 것이므로 교수학습 과정에서 적절히 취사선택하기를 권한다.

이 책에서 집필진은 특별히 교직을 지망하는 교원양성대학과 교직과정의 학생들이 교직실무를 쉽게 이해하고 그 실행을 위한 안목과 능력을 함양할 수 있도록 하는 데 많은 노력을 기울였다. 집필진은 대학에 재직하고 있지만, 시·도교육청과 단위학교의 평가, 조직분석과 재정분석, 각종 자문활동 참여, 교육정책 기초연구와 정책결정과정 참여 등을 통해 교육현장에 대한 깊은 이해와 전문성을 가진 대표적 현장 전문가들이다. 현장 전문가들이 집필하였지만 부족한 부분이 없지 않을 것이다. 부족한 부분은 앞으로 기회가 닿는 대로 수정하고 보완해 나갈 것을 약속하며, 독자들의 각별한 지도와 편달을 기대한다. 촉박한 출판 일정에도 훌륭한 책을 만들어 준 학지사 김진환 사장님과 정은혜 과장님을 비롯한 편집부 직원 여러분에게 감사를 전한다.

2021. 9.
저자를 대표하여
송기창

차례 ✏️

제1장

초임교사의 교직생활:
교직문화와 교직사회의 이해와 적응

1. 교직사회와 교직문화

2. 교직사회화와 교사발달

3. 초임교사의 교직 적응

📖 토론 및 실습 과제

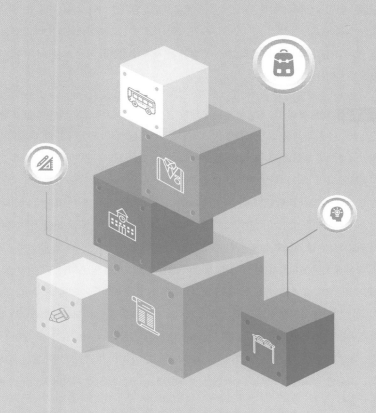

사례 1 대학 졸업을 앞둔 규영이는 교원 임용시험에서 우수한 성적으로 합격하였다. 최종 합격자 발표를 초조하게 기다리다 막상 합격통지서를 받고 보니, 이제부터 자신이 교사가 된다는 사실에 두려움이 엄습해 오기 시작하였다. 교장 선생님은 어떻게 대해야 하는 걸까? 다른 선생님과 학생들은 어떻게 만나야 할까? 모든 것이 두렵고 걱정스럽기만 하다. 사실 규영이는 내성적이고 숫기 없는 학생이었다. 그런 그는 자신이 교사가 되어 학교에서 교장 선생님과 선배 선생님들과 함께 일을 한다고 생각하니 막막하였다. 자신이 살아 온 세계와 완전히 다른 세상, 교직이라는 직장생활이 그에게는 태산같이 느껴졌다.

사례 2 나는 올해 3월 발령을 받은 새내기 교사이다. 임용시험 합격 후 아이들과 함께 할 일들을 구상하면서 꿈에 부풀었다. 그런데 막상 발령을 받으니 현실이 만만치 않다. 초임이라고 아이들이 만만하게 보고 말을 듣지 않는다. 수업 중에도 너무 소란스럽고 산만해서 따끔하게 훈계도 하지만 그때뿐 소용이 없고 다른 반에 미안할 지경이다. 다른 선생님들도 다들 바쁘셔서 마땅히 상의할 사람도 없다. 게다가 대학 다닐 때 생각했던 대로 교육과정을 대폭 재구성해서 운영하다 보니 학년부장님이나 선배 선생님들이 쓸데없는 일을 한다고 부담스러운 시선으로 바라보는 까닭에 약간 서먹서먹해져서 속을 터놓고 상의하기가 부담스럽다.

교직에 처음 들어와서 적응하기도 힘든데 생활지도가 제일 힘든 학년, 다른 선생님들이 기피하는 어려운 업무를 초임이라는 이유로 맡기고 장학이 있을 때마다 수업을 공개하라고 하니 교실 질서 잡는 방법을 고민할 여력도 없다. 처음 교직에 나와서 아무 것도 모르고 힘드니까 배려해서 쉬운 학년, 쉬운 일부터 시작하라고 하면 안 되는 것인지? 친한 선생님에게 조심스럽게 이런 이야기를 비쳤더니 다른 선생님들도 다 그런 과정을 거쳤다고. 이 고비만 넘기고 후배들이 들어오면 편해진다고 조금만 참으란다. 교직이 생각했던 것과는 너무 다르다. 정말 시간이 지나면 모든 것이 잘 해결될까?

훌륭한 교사가 되기 위해서는 담임을 맡은 '교실'과 담당하는 '교과'를 넘어서서 학교와 교직을 종합적으로 이해할 수 있는 안목을 갖추어야 하고, 교직사회에 적응하기 위한 방법을 미리 생각하고 준비할 필요가 있다. 이 장을 통해서 교직사회, 교직사회화, 교직문화의 개념과 특징을 이해하고, 초임교사로서 교직생활에 적응하기 위한 계획을 만들어 나아가도록 한다. 교직문화는 교직사회화의 핵심 내용을 이루며, 교직사회화는 교사로서의 생애 전반에 걸치는 과정으로서 교사발달과 밀접한 관련을 맺고 있다. 초임교사 시기는 본격적인 교직사회화가 시작되는 시기이자 교사발달에서 결정적인 사건이 일어나는 시기이므로, 이 시기에 초임교사가 교직에 성공적으로 적응하는 것은 매우 중요하다.

1. 교직사회와 교직문화

1) 교직문화의 개념과 기능

교직문화는 학교문화, 직업문화, 조직문화의 여러 측면에서 규정될 수 있다. 학교문화의 개념은 문화에 대한 다양한 정의 중 주로 "사회의 일원으로서 인간이 습득한 지식, 신념, 예술, 규범, 도덕, 관습 등의 수많은 구성 요소의 복합적 전체"라는 Tyler의 정의, 또는 문화를 공유된 인지체계로 보려는 Goodenough나, 공유된 상징과 의미체계로 보려는 Geertz의 정의를 차용하는 것으로 보인다(이정선, 2000: 54-55). 교직문화도 교사집단이 공통적으로 가지는 인지체계 또는 상징과 의미의 체계라고 할 수 있다(이혜영, 류방란, 윤여각, 2001: 15-16). 이러한 교직문화의 개념과 기능은 다음과 같이 네 가지로 요약할 수 있다.

첫째, 교직문화는 학교문화의 하위문화이며, 교직문화 자체도 하위문화들로 구성되어 있다. 학교는 그 구성원들이 공유하는 인지체계 혹은 상징과 의미체계로서의 학교문화를 가진다. 그런데 학교 내에는 학생, 교사, 행정가 등 다양한 기능집단이 존재하고, 집단별로 과업수행을 위해 요구되는 조건에 따라 사람, 구조 및 기능, 해당 집단의 목표달성을 위한 요건들이 서로 다르게 배합될 때 하위문화들이 형성된다(Lunenburg & Ornstein, 2008: 70). 교직문화도 학생문화, 학부모문화 등과 함께 학교문화의 하위문화를 이룬다(김민조, 이현명, 2015: 260; 박병량, 주철안, 2005: 198). 교직문화도 다시 하위문화로 구분된다. 예를 들면, 교사들은 승진지향자, 소극적 승진지향자, 승진 무관심자로 구분되는데, 이들은 학교생활에 대한 적응방법과 학교활동에 대한 참여방법에서 차이를 보인다(박종흡, 이관규, 1997).

둘째, 교직문화는 교사집단이 당면하는 문제를 해결하는 과정에서 형성되고 발전한다. 황기우(1992: 13-14)에 따르면, 교사집단은 직무상의 제약이나 딜레마를 극복하기 위한 여러 가지 전략을 채택하는데, 이러한 전략 속에 깃든 공통요인이 공통시각을 발전시키고, 오랜 시간이 지나 그것이 응집력과 결속력을 얻게 되면 하위문화로서 교사문화를 형성하게 된다. Schein(1992)에 따르면, 집단의 문화는 외부환경에서의 생존과 적응, 그리고 지속적인 생존과 적응 능력을 확보하기 위한 내적 과정의 통합이라는 문제를 해결하는 과정에서 형성되고 발전한다.

셋째, 교직문화에는 구체성과 깊이에 따라 여러 수준이 존재하며, 구체성이 높을수록 변화의 가능성이 높고, 심층으로 갈수록 변화의 가능성이 낮아진다. Schein(1992)에 따르면, 가장 심층에는 현실, 진리, 시간 및 공간에 대한 가정, 더 나아가 인간의 본성, 인간 활동, 그리고 인간관계에 관한 가정들이 존재한다. 이러한 심층적인 수준보다 구체적인 수준에는 가치가, 그리고 가장 표면에는 여러 가지 인공물이 존재한다. Hoy와 Miskel(2005: 166-170)도 문화는 규범, 가치 및 암묵적 가정에서 구현되며, 각각은 다른 수준의 깊이에서 나타난다고 하였다.

넷째, 교직문화는 교사와 교사집단의 존속과 발전을 위해 여러 가지 중요한 기능을 수행한다. 이혜영, 류방란과 윤여각(2001: 16)에 따르면, 교직문화는 구성원들이 직면하는 문제에 대응하는 전략을 수립하는 데 도움을 준다. 교사가 겪는 여러 가지 딜레마와 갈등은 교사집단 속에서 구성되고 정당화되는 규범과 지식을 통해 해결될 수 있다. 교사는 교직문화를 통해 자신의 교직활동에 의미를 부여하고, 교직생활에서 야기되는 긴장을 해소한다. 그러므로 교직문화는 교사의 정체성을 형성하고, 그의 일에 의미를 부여하는 중요한 기능을 한다.

그 외에도 문화는 한 집단을 다른 집단과 구분하는 경계 설정 기능을 수행하며, 집단에 헌신하도록 하고, 집단의 안정성을 제고하며, 집단을 하나로 결속하는 사회적 접착제의 기능을 수행한다(Hoy & Miskel, 2005: 170). 교직문화의 또 한 가지 중요한 기능은 교직사회화의 핵심 내용을 이룬다는 것이다. 이정선(2000: 54)에 따르면, 일단 집단구성원인 교사들이 일단 형성한 문화는 역으로 교사의 사회화를 촉진하는 기능을 수행한다. 또한 교직문화는 교사의 직업사회화 과정에서 학교의 조직적 구조와 학교를 포함한 주위의 사회적 조건들에 의해 다시 형성되고 변화한다.

2) 교직문화의 일반적 특성

일반적으로 교직문화는 개인주의, 관계지향성, 보수주의 등의 특성을 보여 준다 (류방란, 이혜영, 2002; 박병량, 주철안, 2005; 박세준, 2018; 왕한신, 2014; 이정선, 2000; 이혜영, 류방란, 윤여각, 2001; 황기우, 1992; Lortie, 1975).

첫째, 교직문화에서는 개인주의가 강하다. 교사는 독립적으로 일하는 것을 좋아하고, 자신의 교육활동에 간섭받기를 싫어하며, 다른 교사의 교육활동에도 관여하지 않으려는 특징을 갖고 있다. 이러한 교사들의 개인주의나 고립주의는 가르치는 일의 불확실성에서 기인한다(정수현, 2000).

둘째, 관계지향적인 교직문화는 개인주의와 밀접한 관계를 맺고 있다. 교사는 교육활동에서는 다른 교사들의 간섭을 배제하고 학생과 좋은 관계를 유지하는 일에 더 관심을 두지만, 동료교사들과의 관계에서는 사회적 친교나 친목활동을 중시한다. 교사들이 '상호 불간섭'의 규범 대 '동학년 통일', '동학년 보조'의 규범, 또는 독립성 대 상호 의존성이라는 상충되는 규범과 가치를 중시한다는 지적(황기우, 1992; 정수현, 2000)이나, 동학년 조직의 운영 원리가 공유와 견제(자료나 정보의 '나눔'과 '뒤지 않기')라는 주장(류방란, 이혜영, 2002), 그리고 한국의 교직문화는 개별성과 전체성을 동시에 지향하는 문화라는 주장(박영숙, 전제상, 2003: 90)도 이러한 맥락에서 이해될 수 있다.

셋째, 교직문화는 보수주의적 성향을 띠고 있다. 교육활동의 복잡성, 교육 효과 측정의 어려움, 학생과의 관계 확립 및 유지의 어려움, 불안감 등으로 인해 교사는 전통적인 방법을 고수하고 자신의 과거 경험을 중시한다. 교직 보상구조의 유인성 부족과 교육활동의 불확실성 때문에 전문적인 기술문화를 형성하기 힘들다는 점도 교직의 보수주의적 성향을 강화하는 요인으로 작용한다. 전문적 기술문화의 부재 (不在)는 교직에서는 법조인의 판례와 같은 성문화된 경험체계를 찾아볼 수 없다는 것을 뜻한다(Dreeben, 1970; Lortie, 1975). 전문적 기술문화의 부재는 교사 간에 전문적 경험의 공유가 이루어지지 않는다는 것을 의미하며, 이는 교직의 개인주의적 성향과 무관하지 않다.

넷째, 그 외에도 초등학교 교직문화의 특징으로 의례화, 보여 주기, 불만 속의 순응 등이 제시되고 있다(류방란, 이혜영, 2002; 왕한신, 2014). '의례화'란 교육활동에서 무엇을 하였는가, 또는 어떻게 하였는가보다 단지 '하였는가'의 여부가 더 의미 있게 되는 현실을 일컫는다. '보여 주기'는 교사들이 행정 업무를 처리할 때나 교육활동에서 '상급자'와 '학부모'에게 보여 주어야 한다는 판단이 작용하는 성향을 말한다. '불만 속의 순응'은 교사와 부장교사, 교사와 교장·교감의 관계 특성을 가리키는 것으로, 교사가 전시적 행정, 의례화되는 활동, 학교의 시책 등에 대해 불만이 있어도 그것을 표출하기보다 순응하는 편을 택하는 것을 의미한다. 이러한 의례화, 보여 주기, 불만 속의 순응 등은 관료제화된 학교에서의 적응 전략이라고 할 수 있다.

교직문화의 이러한 특징은 교사를 수동적이거나 무기력한 존재로 그리고 있지만, 교사는 변화를 추구하고 실천해 가는 존재이기도 하다(김성천, 양정호, 2007). 가령, 교사는 교사 자율연구모임을 통해 동료교사와 교육적 경험의 공유와 나눔을 도모하면서 전문성을 신장시키는 노력을 기울이고 있다.

교사 간의 공유와 나눔이 강조되는 새로운 교직문화의 형성 가능성은 교육정보화에 의해 확대되고 있다. 김현진과 임진호(2007)에 따르면, ICT 활용에 따라 교사들의 전문가 공동체 문화가 형성되어 수업자료 공유 등 활발한 공유와 참여문화가 형성되었다. 함영기와 양정호(2003)도 초등교사들은 인터넷을 통해 학습자료를 공유할 뿐만 아니라 활발한 의사소통을 통해 새로운 형태의 교사 전문가 공동체를 형성하고 있다고 하였다. 그럼에도 불구하고 이러한 새로운 교직문화의 가능성은 단위학교 안이 아니라 밖에서 이루어지고 있는 편이며, 학교 안에서는 아직도 '단절적 문화'가 주류를 이루고 있다(김성천, 양정호, 2007).

3) 교직문화의 형성과 변화

교직문화는 교사의 행위를 제약하는 객관적인 여건과 교육활동의 내적 특성, 교사의 신념, 가치 등 주관적인 요인이 상호작용한 결과이다(류방란, 이혜영, 2002: 222;

이정선, 2000: 57; 황기우, 1992: 178).

　교육활동의 내적 특성과 관련하여 류방란과 이혜영(2002)은 초등교직문화 형성에 영향을 미치는 교육활동의 특성과 조건으로서 아동집단과의 관계 맺기, 시간의 한계, 다양한 기준과 장기적인 효과 등을 제시하고 있다. 교실에서 아동과 함께 생활하는 초등교사의 감정이나 정서, 기분 등은 그대로 아동에게 노출되기 쉽다. 그렇기 때문에 교사는 스스로 안정감과 여유를 가지고 아동을 대하고 싶어 한다. 교실 밖의 일을 피하고 싶은 것도 그 때문이다. 또한 수업에서 학습 속도가 다른 각각의 아동에게 일일이 대처하는 것에도 한계가 있기 때문에, 교사는 일부 아동들의 학습을 체념하게 된다.

　수직적 위계구조와 관련하여 류방란과 이혜영(2002)은 관료적이고 정제된 학교조직, 지원체제의 미흡, 새롭게 추가되는 일들을 교직문화 형성의 조건으로 제시하고 있다. 관료적이고 정제된 학교조직에서는 교육행정기관이나 학부모의 지적이나 문제 제기를 받지 않고 현행 조직을 안정적으로 유지하는 데 우선적인 관심을 가지므로, 아동의 학습이나 이를 위한 교사의 지원은 뒤로 밀리게 된다. 이와 관련된 것으로 교사의 업무 부담을 경감하고 교사의 교육활동이나 전문성 신장을 돕기 위한 지원체제의 미흡은 교사를 쉽게 소진시키며 교육활동을 의례화하는 요인으로 작용할 수 있다. 역시 관료적 학교조직의 특성과 관련된 것으로 학교에서는 과거의 일은 없어지지 않고 새로운 일이 자꾸 추가되고 있는데, 이러한 방식은 일을 의례화하는 방향으로 작용한다.

　한편, 교직에 새로운 세대가 유입되면서 세대별 하위문화가 형성되었고, 이는 교직문화에 새로운 가능성과 한계를 던져 주고 있다. 현재 교사집단은 대체로 베이비붐세대, X세대, N세대[1] 등으로 구성되어 있다(윤소희 외, 2019; 이장익, 이명신, 2011). 그중 가장 최근에 교직에 입문한 N세대는 인터넷·디지털 기기 사용이 일상화된 세대로서, 인터넷·디지털 기기 사용의 일상화는 기존 선배교사와의 만남과 소통의 빈도를 감소시켜 기존 문화의 흡수를 어렵게 하는 요인으로 작용한다(윤소희 외,

---

1) Tapscott(2009)은 출생연도를 기준으로 미국 인구의 세대를 베이비붐세대(1946~1964년), X세대(1965~1976년), N세대(디지털세대, 1977~1997년), 후속세대(포스트 디지털세대, 1998년 이후)로 구분하였다(김기환, 윤상오, 조주은, 2009: 144에서 재인용).

2019: 316).

N세대 교사들은 기존 문화를 변화시키는 주체가 될 가능성이 있다. 이를테면, 기존의 교직문화에서는 교사의 '복장'은 교사로서의 품위를 드러내는 수단으로 강조하지만(박세준, 2018), N세대 교사들은 그것을 '구성원으로서의 나'가 아닌 '개인으로서의 나'를 표현하는 행위로 바라보고 있기도 하다(윤소희 외, 2019: 330). 그렇지만 N세대 교사들이 현재의 즐거움을 최우선으로 생각하고(윤소희 외, 2019: 328) 개인주의적인 성향이 강한 만큼 이들의 유입은 교직의 개인주의나 현재주의, 보수주의 문화를 강화시킬 가능성도 존재한다.

최근에는 일과 삶의 균형을 뜻하는 이른바 '워라밸' 추구 현상이 교직에도 나타나고 있다. 이에 따라 교원승진제도에도 상당한 변화가 나타나고 있다. 교장, 교감으로의 승진에 대한 교원들의 인식이 달라지고, 학교에서 보직 기피, 업무 분장의 어려움이 심화되는 한편, 교원성과급 및 교원평가와 관련된 제도와 실제에도 큰 변화가 지속되고 있다(신범철, 2020). 교원들은 교장 승진을 통해 교육철학이나 교육관을 실현할 수 있을 것으로 기대한다. 그러나 승진하기 위한 과정이 힘들고, 막상 승진이 되어도 누리는 것보다 책임의 무게가 큰 것으로 인식하면서 승진을 고려하지 않거나 포기하는 현상도 나타나고 있다(전수빈, 이효정, 장환영, 2019).

개인주의와 보수주의적 교직문화를 근본적으로 변화시키고자 하는 노력도 있다. 서울특별시교육청이나 경기도교육청을 비롯한 여러 시·도교육청에서 강조하고 있는 교원학습공동체나 전문적 학습공동체 등은 교원들 간의 공유와 협력을 강조함으로써 기존의 개인주의와 보수주의의 교직문화를 타파하고자 하고 있다. 원래 전문적 학습공동체(Professional Learning Community)는 학생의 학습 증진과 학교문화 개선 및 학교혁신을 목표로, 공동연구와 공동실천을 통해 협력하면서 성장하는 교사공동체이다. 전문적 학습공동체는 다양하게 정의되고 있으나, 공동의 학습, 동료 간 협력 구축, 학생의 성취라는 궁극적인 목표, 학생의 학습을 위한 교사들의 협력을 공통적 특징으로 하고, 비전과 가치의 공유, 신뢰나 자발성과 같은 토대 형성, 그리고 '지원적 리더십'과 '지원적 환경'을 중시하고 있다(이종철, 2019).

아울러 혁신학교 정책도 교원들 간의 공유와 협력을 강조함으로써 공유와 협력의 문화를 확산하기 위한 제도적 기반을 마련하고자 하고 있다. 그러한 혁신학교 정책은 단위학교에 더 많은 자율권을 부여하고 학교구성원의 참여를 확대하는 학교

단위 자율경영제와 맞물려 류방란과 이혜영(2002)이 지적하는 관료적이고 정제된 학교조직의 특성을 완화할 가능성도 있다.

또한 교육부나 시·도교육청은 지속적으로 교원 업무를 경감하여 교원들이 교육활동에 전념할 수 있는 시간적·정신적 여유를 확보하고자 하는 정책을 시행하고 있기도 하다. 이처럼 교사들의 객관적 여건은 교사들의 헌신과 열정, 교원들 간의 수평적 관계, 공유와 협력 등을 좀 더 용이하게 하는 방향으로 조성되고 있기도 하다. 교육 정책 및 제도 등의 객관적 여건과 개인주의, 현재주의, 보수주의 등을 특징으로 하는 현행 교직문화 중 어느 쪽의 힘이 더 강한가에 따라 향후 교직문화의 모습이 형성될 것이다.

4) 학교급별 교직문화

교직문화의 하위문화로서 학교급별 교직문화가 있다. 우리나라의 경우 초등학교의 교직문화와 중등학교의 교직문화는 그 성격에서 상당한 차이를 보이고 있다.

(1) 초등학교의 교직문화

초등학교에서는 학급을 단위로 수업이 이루어지고, 일부 교과목을 제외하고는 담임이 모든 임무를 동시에 수행한다. 그런데 교실에서 일어나는 사건들의 즉시성과 복잡성은 새로운 시도나 변화보다 전통적인 관행을 선호하게 함으로써 보수주의적 성향을 가져온다. 또한 학교의 고립적·세포적 구조는 교사들 간의 비간섭주의, 개인주의 문화를 형성한다. 아울러 학교 행사, 학급운영, 교과지도 등 거의 모든 업무가 동학년을 중심으로 이루어져 '동학년 중심의 문화'가 형성된다.

초등학교는 담임 중심, 동학년 중심, 교장 중심의 성격이 강하며, 이에 따라 위계적 문화풍토, 보수주의·개인주의 문화가 형성된다(박종흡, 이관규, 1997: 230; 이정선, 2000: 60; 함영기, 양정호, 2003: 306-310). 관리자가 경험한 것과 교사가 실천하는 직무 유형이 거의 일치하기 때문에 교장의 권위가 강하고, 교장이 관료적이고 표준화된 가치를 강조하면 교사는 직업으로서의 교직과 가르치는 교육적 역할로서의 교수 사이에서 역할 갈등을 겪는다.

또한 초등교사들은 출신 대학이 거의 비슷하기 때문에 서열적 선후배 관계를 형성하는 현상이 나타나고 있다. 그 결과 초등교직문화는 '경력 위주의 위계질서'와 '중등보다는 좀 더 강한 상명하달식 문화풍토'를 보인다. 이러한 수직적 위계구조 외에도 과도한 업무 부담, 교사 상호 간의 교류 부족 등의 외적인 요인도 초등교사들 간의 상호 협력 및 공유 문화 형성의 장애로 작용한다.

한편, 초등교사들은 다양하고 과다한 업무와 활동 등으로 시간에 쫓기게 되며, 이에 따라 일부 교육활동을 의례적으로 하게 되고, 학급 아동의 학습 수준 향상에 대해서도 체념하기 쉽다. 교사가 다른 교사의 교육활동에 대해 섣부른 판단을 하지 않으려는 것은 다른 교사의 교육활동이 자신과 다른 기준에서 보면 의미 있는 일일 수 있으며, 그 효과가 언제 나타날지 모르기 때문이다.

교육활동의 기준이 다양하고 효과가 장기적이기 때문에 학교에서 대외적으로 강조하게 되는 것은 실적이다. 학교에서 보여 주기에 신경을 쓰는 것은 이러한 맥락에서이다. 이정선(2000)도 학교의 조직적·제도적 목적과 교육적 목적 간의 갈등, 이를테면 외형적인 점수를 강조하는 행정가나 학부모에 의해 교사는 교육적 목적보다 관리적 목적을 점점 더 강조하게 된다고 지적하고 있다.

(2) 중등학교의 교직문화

중등학교는 초등학교에 비해 교과별, 담임·비담임의 역할이 명확하게 구분되어 선후배 교사 간 위계문화가 비교적 약하다. 중등학교 교사는 초등학교 교사와 달리 자기 교과에 대한 전문성을 갖추고 있다고 인식한다(김경미, 2004). 따라서 중등학교에서는 정보 공유 및 활용 부족, 대화 부족 등의 공적 활동에서 개인주의가 강하게 나타난다. 초등학교는 대부분의 교사가 학급담임을 맡기 때문에 동학년 중심성이 강한 것과는 대조를 이룬다. 중등학교 교사는 교과별 전문성과 더불어 상당한 자율성을 누리고 있다.

고등학교의 경우 대학진학을 위한 입시위주 문화가 특징적이다. 일반계 고등학교에서는 학생성적 향상과 진학지도에 능력을 보이는 교사가 유능한 교사로 인정받는다(이인효, 1991). 실업계 고등학교에서도 학력 중심, 진학 중심의 문화가 나타나고 있다. 중학교에서는 고등학교 교사들에게서 나타나는 뚜렷한 특징인 입시위주, 진학위주의 문화가 거의 나타나지 않는다. 그러나 평준화가 적용되지 않는 지역이나 일반계 진학이 상대적으로 어려운 지역의 중학교에서는 인문계 고등학교와 비슷한 양상을 보일 가능성이 있다. 또한 최근 특수목적고 선호 경향, 학교 선택제 확대 속에서는 상급학교 진학을 목적으로 하는 교직문화가 중학교에서도 더욱 강화될 가능성이 높다.

　중등학교는 초등학교에 비해서 출신학교가 다양하고 교과업무 이외에 각종 동호회, 출신지역, 성별 모임 등에 이르기까지 여러 가지 공식·비공식 조직이 얽혀 있기 때문에 학교조직의 응집력이 강하지 못하다. 한 사람이 여러 개의 작은 조직의 구성원으로 되어 있어서 수시로 이합집산하고, 어떤 사람도 단일 조직에서 단일 업무만을 맡고 있지 않다. 한편으로는 소속 부서, 담당업무, 업무능력, 성격, 책임감 등에 따라 과중한 일을 하는 교사도 있고, 여러 조직에 속해 있어도 그렇지 않은 교사도 있다.

　지역별로도 교직문화는 차이가 있다(고형일, 이두휴, 정환금, 1994). 지역에 따라 학교운영 방식, 의사결정 과정, 동료 간 인간관계, 상급자와의 인간관계, 학부모와의 관계, 수업 및 창의적 체험활동, 생활지도의 양상이 달라지고, 이러한 지역적 환경 속에서 교사들의 적응방식도 달라지기 때문이다. 도시지역 교사들의 삶과 문화는 개인주의적이고 형식주의적 특징이 더욱 두드러진다. 그러나 농촌지역 교사들은 공동체의식이 강하고 집단주의적이며 인화지향적 특징을 보인다. 상대적으로 도시학교 교사들은 개인주의 경향이 강하나, 농촌지역에서는 집단주의적 경향을 보인다. 도시학교에서는 지역사회 공간이 크고 시설이 다양하기 때문에 교사 이외에도 더 다양하고 폭넓은 인간관계가 형성된다. 반면, 농촌학교에서는 동료 간 접촉 빈도가 높고 동료 간 동병상련의 공감대가 형성되어 정서적·감정적 유대관계가 강하다.

　규모가 큰 도시학교에서는 일반적으로 동학년 협의회가 교사들의 의사를 수렴하는 기능을 수행하고 교무회의는 형식적인 기능을 수행한다. 반면, 규모가 작은 농촌학교의 경우 동학년 협의회보다는 교무회의의 역할이 크다. 특별시, 광역시의 교사들은 학교이동에 많은 비중을 두지 않는다. 이들에게는 오히려 담임 배정 문제가 더 중요하다. 그러나 농촌지역에 근무하는 교사들에게는 학교 배정 문제가 매우 중요하다. 특히 이들 가운데 대도시에 집을 갖고 있는 교사들은 통근거리에 따라 생활이 달라진다. 농촌지역의 경우 교장, 교감은 교사의 삶에 결정적인 영향을 줄 수 있는 실질적 권위를 지닌 존재이다. 반면, 도시지역의 경우 교장, 교감은 업무상 형식적인 권위를 지닌 존재일 수 있다.

설립 형태별로도 교사문화에 상당한 차이가 있다. 예컨대, 공립과 사립 학교 교사들은 목표의식, 학생지도, 집단지향, 유대관계, 서열우선, 학교헌신, 학부모관계 등에서 상당한 차이가 있다(정재화, 2010). 또 신설학교에서는 친밀하고 가족적인 분위기, 개국공신으로서 적극적이고 책임감 있는 교육활동 등의 모습이 나타나기도 한다(오현옥, 2004). 한편, 특수학교에서는 인간관계에서 만족감과 겸손의 인식, 존경의 대상, 끊임없는 투자와 노력, 친구 같은 관계, 공·사적 만남의 구분 등, 그리고 교육활동에서는 개인차에 맞는 철저한 계획성, 개인차 수업과 학교 효과의 고민 등이 두드러진다(박재범, 2005).

2. 교직사회화와 교사발달

1) 교직사회화의 개념과 특징

(1) 교직사회화의 개념

교직사회화 혹은 교사사회화란 개인이 교직의 구성원이 되고 교직 내에서 점차 더욱 성숙한 역할, 대개는 더 높은 지위에 따르는 더욱 성숙한 역할을 맡는 변화과정을 가리킨다(Lacey, 1995: 616). 교직사회화는 구체적으로 교사입문 과정을 포함하여 교직을 선택하고 교사로 임용되어 퇴직하기까지 모든 과정에서 나타나는 교육관, 교사관, 교육과정관, 수업지도관, 학생관 등의 질적 변화과정을 의미한다(최상근, 2007: 130-131). 심지어 공식적인 교사 교육 이전의 단계가 교직사회화의 단계에 포함되기도 한다(Zeichner & Gore, 1990).

(2) 교원양성 과정 이전의 교직사회화

Zeichner와 Gore(1990: 332-335)에 따르면, 교원양성기관에 입학하는 학생들은 사전에 습득한 관념, 지식, 신념, 능력 등을 가지고 들어오며, 그러한 성향들이 그들의 양성 프로그램 이수, 나아가 나중의 교직생활에 영향을 미친다는 것을 보여 준다. 그러한 성향에는 서로 교정하거나 알려 주려고 하는 성향, 유희 본능 등 인간의 자연발생적인 성향, 어린 시절 부모나 교사 등 중요한 타자와 맺은 관계의 질, 교사가 학생으로서 보낸 수많은 시간 등이 포함된다.

Lortie(1975: 61)는 특히 교사가 학생으로서 보낸 수많은 시간이 교사의 사회화에 중요한 역할을 한다는 것을 '관찰 위주의 도제관계(apprenticeship of observation)'라는 표현을 사용하여 강조하였다. 그에 따르면, 교사가 되려는 사람들은 오랫동안 학생으로서 교사의 직무수행을 가까이에서 관찰하였으며, 그러한 관찰의 결과가 교사의 사회화에 결정적인 역할을 한다.

Lortie의 이러한 관점은 (예비)교사를 교직 상황에서 이미 기능을 발휘하고 있는 교직문화에 동화 및 적용해 가는 수동적 존재로 간주하는 기능주의적 관점에 입각해 있다(Lee, 1998: 310). 반면, 사회화에 관한 최근 연구는 해석적 접근이나 비판적 접근의 영향을 받아 교사가 교직사회화에서 자신의 가치, 신념, 태도에 따라 학교 상황과 상호작용하면서 자발적·능동적으로 적응해 가는 것으로 이해하고 있다(이효진, 1996: 29; Lee, 1998; Zeichner & Gore, 1990). 이에 교원양성 과정 이전의 경험만이 아니라 양성과정 이후의 경험도 교사의 사회화에 중요한 영향을 미칠 수 있다고 보아야 한다.

(3) 교원양성 과정에서의 교직사회화

교원양성기관은 주로 교수 관련 기능, 교과 지식, 교직에 적합한 인성 및 가치 등의 함양을 위한 이론적 기초를 제공하고 있지만, 교직의 현실에 예비교사를 준비시키기에는 불충분하다는 지적이 적지 않다(Lee, 1998). 따라서 교육실습이 이론과 실제 사이의 간격을 좁히는 기능을 맡을 것으로 기대되고 있다. 외국의 경우, 민주적이고 허용적이며 보다 진보적인 초기의 교육적 관점은 교육실습을 통해 현장과 접촉하면서 보다 통제적이고 제한적이며 전통적인 관점으로 변화한다는 연구 결과가 있다. 하지만 우리나라에서는 교육실습 기간이 짧기 때문에 예비교사들의 교수 관점의 형성과 변화에 크게 영향을 미칠 것으로 보이지 않는다(Lee, 1998).

(4) 현직에서의 교직사회화

교원양성교육만으로 교직사회화가 충분하지 못하기 때문에 현직에서의 사회화는 매우 중요해지며, 초임교사의 사회화는 특히 중요하다. 초임교사는 대학에서 학교로 넘어가는 과정에서 일상의 교실생활이 갖는 가혹하고 거친 현실에 의해 대학

재학 중에 형성된 이상이 붕괴되는 '현실충격(reality shock)'에 직면할 수 있기 때문이다(구원회, 2016; 박한숙, 2006, 2007; Lee, 1998: 323).

이러한 현실충격은 초임교사들이 자신의 기존 신념이나 기대를 재검토할 계기를 제공한다는 점에서 반성적 실천을 통한 전문성 발달의 계기를 제공한다(구원회, 2016: 487). 그렇지만 초임교사는 현실충격을 반성적 실천으로 연결하여 전문성 발달을 추구할 역량이 부족하다고 보아야 할 것이다. 따라서 초임교사에게는 교직 입문을 위한 체계적 도움이 필요하다. 그러한 장치로서 학교에서는 임상장학이나 멘토링, 연수 등이 운영되고 있으나, 그것들이 형식적이라는 지적이 많다(김병찬, 2003; 정웅기, 정성수, 2018).

오히려 근무하는 첫날부터 교사는 자신이 맡은 학생을 전적으로 책임져야 하며, 25년 경력의 노련한 교사가 하는 것과 동일한 업무를 스스로 해내야 한다(이정선, 2000: 75). 이러한 현상을 Lortie(1975: 71)는 '가라앉느냐 헤엄치느냐(sink or swim)'로 표현하였다. 이처럼 초임교사의 교직사회화는 스스로의 노력에 의존할 수밖에 없는 일종의 '자기사회화'라고 할 수 있다(구원회, 2016: 487). 일상의 교실생활에서 겪는 가혹한 현실 때문에 초임교사는 이상주의적인 개념 및 이론을 활용하기가 매우 어렵다는 것을 깨닫고, 살아남기 위해서는 교육에 대한 전통적인 태도 및 가치를 받아들일 필요가 있다고 믿게 되어 전통적인 교직관을 영속시키게 된다(Lee, 1998: 327).

2) 교사발달의 개념과 단계

(1) 교사발달의 개념

교직사회화는 초임교사 시절만이 아니라 교직생애 전반에 걸쳐 이루어진다. 그러한 점에서 교직사회화는 교사발달(teacher development)의 개념과 관련이 깊다. 교사는 교직생활의 전 기간을 통해 많은 영역에서 변화·발달하는 존재로서 교사의 교육관, 학생관, 학교관이 변화될 뿐만 아니라 교직생활과 관련된 모든 영역에서 상당한 변화과정을 겪게 되는데, 그러한 변화와 발달 과정을 체계적으로 설명하기 위한 개념이 바로 교사발달이라 할 수 있다(이윤식, 1999: 31-32).

즉, 교사발달은 교사가 교직생활의 전 기간을 통하여 교직과 관련된 제반 영역에서의 가치관, 신념, 태도, 지식, 기능, 행동에서 보이는 양적·질적인 변화를 의미하는

것으로 볼 수 있다(이윤식, 2001: 117). 교사발달과 교직사회화는 유사한 개념이지만
(최상근, 2007: 131), 교사발달이 교직사회화보다 포괄적인 개념이다(이윤식, 1999: 34).

(2) 교사발달의 단계

교사의 교직적응 및 변화·발달에는 몇 가지 중요한 영역이 있고, 그 과정은 몇
개의 단계로 구분된다. 국내외의 교사발달단계 모형을 요약하여 제시하면 〈표
1-1〉과 같다. 〈표 1-1〉에 제시되어 있듯이 기존의 인지발달 이론을 교사발달 단
계를 탐색하는 데 적용하는 접근보다는 경험적 연구를 통해 교사발달단계를 구성
하려는 접근이 우세하며, 복합·역동적 모형보다는 단순·순차적 모형이 우위에
있는 편이다.

외국에서는 복합·역동적 모형이 우세해지는 추세이며, 우리나라에서도 여러 연
구가 단순·순차적 모형보다는 복합·역동적 모형을 지지하고 있다(박찬주, 심춘자,
2002; 백승관, 2003; 윤홍주, 1996; 최상근, 1992). 한편, 이윤식(1999: 124)은 교사들의
발달과정을 기술·설명하는 데 단순·순차적 발달 모형과 복합·역동적 발달 모형
이 상호 보완적으로 사용될 수 있다고 주장하고 있다.

표 1-1 교사발달단계 모형 분류

분류기준			학자	발달단계
교직경력 강조	단순·순차적 발달 모형	교직 이전 시기 포함	Fuller (1969)	교직 이전 단계 → 초기 교직 단계 → 후기 교직 단계
			Fuller와 Brown (1975)	교직 이전 관심 단계 → 생존 관심 단계 → 교수 상황 관심 단계 → 아동 관심 단계
			Unruh와 Turner (1970)	교직 이전 시기(대학) → 초기 교수 시기(1~5, 6년) → 안전 구축 시기 (6~15년) → 성숙 시기
			Yager와 Mertens (1980)	교직이수 이전 학생(preeducation student) → 교직이수 학생(education student) → 초임교사 → 발전교사 → 실천교사 → 숙련교사
			여태전 (1994)	교직 이전 단계 → 교직적응 단계 → 갈등·좌절 단계 → 안정·침체 단계 → 직업적 쇠퇴·퇴직 단계
		교직 첫해 시작	Katz (1972)	생존 단계(1년) → 공고화 단계(1년 말~3년) → 쇄신 단계(3년 또는 4년) → 성숙 단계(4년 또는 5년)
			Gregorc (1973)	형성 단계 → 성장 단계 → 성숙 단계 → 원숙 전문 단계

연령·경력별 접근 장기 모형	Newman (1978)	교직 경력 최초 10년 → 11~20년의 시기 → 21~30년의 시기
	Peterson (1978; 1979)	20~40세 단계 → 40~50세 단계 → 55세~정년퇴직 단계
	Webb과 Sikes (1989)	입직과 사회화 단계(21~28세) → 30대 전환기(28~33세) → 정착 단계 (33~44세) → 50대 전환기(44~50세 또는 55세)
	신인숙(1991)	교직적응 → 능력개발 → 갈등 및 좌절 → 승진지향 → 보람 및 긍지
	김선희(1993)	입문기 → 성장기 → 갈등기 → 안정기
	김병찬(2007)	시행착오기 → 좌절·성장기 → 발달기 → 성숙·안정기 → 회의·혼란기 → 소극·냉소기 → 초월·격리기 *비승진경로 평교사 대상
	박홍희(2009)	적응기(5년 이하) → 성장·발전기(6~20년) → 숙련기(21년 이상)
	박철희 외(2017)	적응기(5년 이하) → 성장기(6~10년) → 성숙기(11~20년) → 숙련기 (21년 이상)
	김희규(2018)	입직기(5년 미만) → 성장기(5~10년) → 발전기(10~20년) → 심화기 (20년 이상)
	김진원과 정혜연(2020)	적응기(5년 이하) → 성장·발전기(6~20년) → 숙련기(21년 이상)
복합·역동적 모형	Burke, Christensen과 Fessler (1984)	교직 이전 단계 → 교직 입문 단계 → 능력 구축 단계 → 열정과 성장 단계 → 직업적 좌절 단계 → 안정·침체 단계 → 직업적 쇠퇴 단계 → 퇴직 단계
	Huberman (1989)	생존·발견 단계 → 안정화 단계 → 실험주의 단계 → 평온 단계 → 이탈 재평가 단계 → 보수주의 단계
	최상근(1992)	생존 단계 → 능력 구축 단계 → 안정화 단계 → 실증주의 단계 → 재평가 단계 → 평정 단계 → 침체 단계 → 보수주의 단계
	박찬주와 심춘자(2002)	교사준비 단계 → 교직적응 단계 → 능력 구축 단계 → 성숙 단계 → 승진지향 단계 → 안정·침체 단계 *갈등·좌절 단계는 교직 전체
인지발달 강조	Oja (1980)	자기보호적 단계 → 일치 단계 → 자아인식 단계 → 자율 단계
	Oja와 Ham (1984)	인습 단계 → 과도기 단계 → 목표지향적 단계 → 자아인식 단계
	Watts (1980)	생존 단계 → 중간 단계 → 숙련 단계

출처: 윤홍주(1996: 48)를 토대로 김진원, 정혜연(2020), 이윤식(1989, 2001), 최상근(2007: 138-142), Burden (1990: 314-317) 등을 수정·보완함.

(3) 교사발달에 영향을 미치는 요인

교사발달의 양상이 복합적이고 역동적이라는 사실은 경력 요소 외에 교사의 개인적 특성과 환경적 조건 등 여러 요소가 교사의 변화, 발달에 영향을 미친다는 점을 시사한다. 이와 관련하여 이윤식과 박안수(2000)는 개인적 환경 요인보다는 사회적 신뢰·후원, 근무 조건, 관리자의 학교경영 형태, 학교규정·제도 등의 조직적 환경 요인이 교사 발달을 저해하는 요인으로 더 많이 작용하고 있다고 하였다. 개인적 환경 요인 중에서는 남교사의 경우 가장으로서의 경제적 책임감과 부담감, 정년제도, 승진제도, 보직교사 배정에 대한 부담감 등이, 여교사의 경우 결혼에 따른 생활환경 변화와 자녀양육에 따른 부담감, 근무조건 등이 상대적으로 더 큰 저해 요인으로 작용하는 것으로 제시되었다.

한편, 이윤식(1999)의 교사발달 사례연구에서는 초등교사들의 교사발달에 긍정적 영향을 미친 조직적 환경 요소로서 '훌륭한 관리자와의 만남' '선배·동료 교사들의 도움' '수업공개에서의 자신감' '교생지도' 등이, 부정적 영향을 미친 조직적 환경 요소로는 '관리자와의 갈등, 관리자에 대한 실망' '선배 교사에 대한 실망' '교직현실 문제와 한계 경험' 등을 제시하였다. 개인적 환경 요소로는 '결혼으로 안정됨' '자녀 출생·양육에 따른 아동 이해 증진' '대학원 진학' 등이 긍정적 영향을 미쳤으며, '부모의 병환이나 사망' '장거리 출퇴근' '교직과 가사 병행에 따른 피곤' '대학원 진학으로 힘듦' 등이 부정적 영향을 미친 대표적 요소들로 나타났다.

여기서 교장이나 교감과 같은 관리자, 선배 및 동료 교사, 대학원 진학 등은 긍정적·부정적인 영향을 동시에 미치고 있는 것으로 나타났다. 결혼 및 가사나 육아도 긍정적 요소와 부정적 요소로 동시에 작용하고 있는데, 대체로 남교사에게는 긍정적 영향을, 여교사에게는 부정적 영향을 미칠 개연성이 높다.

한편, 박효원(2019)은 교직생활을 하며 겪는 경험과 우연성이 교사의 발달에 영향을 미치는 주된 요인이라고 하였다. 교사 발달과정에 영향을 주는 경험 요인은 교직 외부 경험과 교직 내부 경험으로 구분할 수 있는데, 교직 외부 경험으로는 교직진입 전 학창시절의 경험, 교직진입 동기, 결혼 및 육아의 경험이, 교직 내부 경험으로는 교원정책, 학교 및 관리자의 특성, 관리자·동료교사·학부모·학생과의 관계와 수업 경험, 보직교사로서의 경험 등이 거론되었다.

3. 초임교사의 교직적응

1) 초임교사의 교직적응 과정

(1) 초임교사 시기의 특징 및 교직적응 양상

초임교사는 교직생활을 시작한 지 1~2년 길게는 4~5년 정도, 혹은 교사발달단계상 첫째 혹은 둘째 시기, 다시 말해서 교직 입문 단계, 생존 단계, 형성 단계, 능력 구축 단계, 성장 단계 등에 해당하는 교사를 말한다. 초임교사 시기에 해당하는 단계의 특징을 제시한 〈표 1-2〉는 초임교사의 현실을 잘 보여 준다.

표 1-2 초임교사 시기의 특징

학자	명칭	특징
Fuller (1969)	초기 교직 단계	• 자신의 자질과 존재감에 관심을 가지기 시작함. 표면적으로는 학생들을 가르치는 일과 교실 상황에 관심을 가지나 내면적으로는 교장이나 지도주임으로부터의 지원, 동료와의 관계, 전문가로서 자신의 위치를 위해 노력하며 학교 상황의 변수에 주목함
Unruh와 Turner (1970)	초기 교수 시기 (1~5, 6년)	• 학생 훈육, 수업조직, 교육과정 개발, 전체 교직원으로부터 인정을 받는 문제 등에 관심을 쏟음
Fuller와 Brown (1975)	생존 관심 단계	• 학생에게 가졌던 이상적인 생각들이 자신의 생존에 대한 관심, 학급 통제, 교수 내용의 숙달 등에 대한 관심으로 대체됨
Yager와 Mertens (1980)	초임교사	• 학급에서의 훈육에 대한 관심, 교수 기능의 신장, 구체적·즉각적인 피드백에 대한 요구 존재
여태전(1994)	교직 적응 단계	• 과잉정열과 시행착오: 교직사회의 특유한 개인주의적 속성 때문에 거의 모든 일을 혼자 힘으로 터득해야 한다는 부담감, 교과수업이나 학급활동에서 정열을 다하지만 시행착오 반복
Katz (1972)	생존 단계(1년)	• 주요 관심사는 생존할 수 있는가의 여부 • 학급 성공에 대한 기대와 학급 실제 사이의 불일치는 교사로서의 부적합성과 준비도 부족에 대한 느낌을 증폭시킴

Burden (1979, 1983)	생존 단계	• 학습분위기 유지, 교과목 교수, 교수 기술 향상, 가르칠 내용을 잘 아는 것 등에 주된 관심 • 교과 중심적 · 전문적 통찰이 부족하다는 느낌, 자신감 결여, 새로운 방법의 시도를 주저함
Webb과 Sikes (1989)	입직과 사회화 단계 (21~28세)	• 교직에 입문하는 시기로 교직에 대한 포부와 동시에 어려움에 직면하는 시기 • 주어진 새로운 역할에 대해 어려움을 느낌 • 초기의 교직 경험은 현실충격에 직면하게 함
Burke, Christensen과 Fessler (1984)	교직 입문 단계	• 교원으로 고용된 초기 몇 해 • 일상적인 학교업무를 배우며 학교체제에 사회화됨 • 학생, 동료교사, 장학사로부터 인정받기 위해 노력하기도 함
Huberman (1989)	생존 · 발견 단계	• '생존' 특징과 '발견' 특징의 공존: 생존 주제는 교수활동의 복잡성과 우연성에 직면하면서 발생하는 현실에 대한 충격과 관련(자신에 대한 염려, 교직에 대한 이상과 실제 교실생활 사이의 괴리, 직무의 분열, 학생을 대할 때 친근감과 거리감 사이의 혼란, 학생 특성과 주어진 교육자료의 부적합 등), 발견 주제는 자신의 학생, 교실, 교재, 연간 계획 등을 갖게 됨으로써 갖는 초기 단계의 열정을 가리키며, 발견은 신임교사에게 생존 특성에 대해 인내하도록 해 줌
Watts (1980)	생존 단계	• 매일매일의 생존과 관련된 여러 가지 문제의 해결과 미해결 및 자신의 교직 능력이 미흡하다는 감정 • 모든 관심은 자신에게, 내가 무엇을 얼마나 잘할 수 있는가에 집중

출처: 윤홍주(1996), 이윤식(1988, 1999), 정웅기, 정성수(2018), Burden(1990: 314-317) 등을 참고하여 정리함.

〈표 1-2〉에 제시되어 있듯이 초임교사는 교직에 대해 갖고 있던 이상과 교육현실 사이의 괴리에 따르는 현실충격을 경험하며, 그에 따른 불안감, 교사로서 부적합하다는 느낌, 시행착오 등으로 자신의 생존에 급급하게 된다. 그러한 상황에서 초임교사는 지지, 이해 및 격려를 필요로 하지만, 현실에서 초임교사는 고립되어 직무를 수행하면서 '가라앉느냐 헤엄치느냐'로까지 표현되는 '자기사회화'를 통해 교직에 적응해 간다.

최근의 국내 연구들도 초등학교 신규교사들은 이상과 실제 간 괴리에 따르는 '낯섦과 혼란' 속에서(곽미규, 하문선, 2020) 초임교사의 안정적 교직적응을 돕는 체계적

지원과 선배교사들의 지도·조언 및 롤 모델의 부재로 인해(손형국 외, 2018) 고군분투하며 자기격려 및 자기위로를 통해 적응해 가는 사례를 보고하고 있다(곽미규, 하문선, 2020).

초등학교 교사들을 대상으로 한 윤홍주(1996)의 연구에 따르면, 생존 단계 교사의 자질이나 교과 지식 및 수업지도 능력 발달에 유의미한 영향을 미치는 것은 학생 변인뿐이며, 업무수행 능력 발달에는 일반교양이나 지식, 대학원 진학 등의 변인이, 학급경영 능력 발달에는 동료교사 및 선배교사가 영향을 미치는 것으로 나타났다. 그렇지만 학급경영 능력의 발달에 동료 및 선배 교사가 미치는 영향력은 크지 않은 것으로 나타났다. 따라서 우리나라의 초등학교 초임교사가 동료나 선배 교사의 적극적 도움을 통해 교직에 적응하고 있다고 보기에는 성급한 감이 있다.

그럼에도 불구하고 초임교사들은 문제 영역별로 다양한 도움을 바라는 것으로 보인다. 신주환(1999)에 따르면, 초임교사들은 '교수학습 활동' '학급운영' '봉사활동' '아동의 자치활동' '교재연구'의 5개 영역에서 어려움을 더 크게 느끼고 있으며, 문제 영역별로 선호하는 도움의 출처가 다르게 나타난다. 즉, 초임교사는 '교무분장' 영역에서는 수직적 출처를 선호하는 반면, '교재연구'와 '교수학습활동' 영역에서는 독립적 출처를 선호하였다. '담임교사의 신념' '학급운영' '생활지도' '가정과의 관계' '아동의 자치활동' '봉사활동 교육' '동료와의 인간관계' 영역에서는 수평적 출처를 선호하는 것으로 나타났다.

수직적 출처는 권력관계상 교사의 상급자로서 교육청 소속 장학사 또는 전문가, 교장·교감, 교과·학년부장 등이 해당된다. 수평적 출처는 교사와 동등한 위치에 있는 동료교사, 특수교사, 사서교사, 상담교사, 보건교사 등이 해당된다. 독립적 출처는 교사와 상하권력 관계에 있지 않은 사람이나 매체, 기관 등으로서 전문잡지나 서적, 전문 단체 요원, 대학교수 요원, 학부모 등 기타 집단이 해당된다(이윤식, 1989: 14).

(2) 초임교사의 교직적응 전략

초임교사가 교직에 적응하는 과정에서 상급자나 선배 및 동료 교사의 도움을 받는 경우, 그러한 도움을 제공하는 사람과 받는 사람 간에 문화의 차이에 의한 교육적 관점의 차이가 존재할 가능성이 높다. 초임교사는 그러한 상황에 대응하며, 이를 위한 전략을 개발하게 된다. 이와 관련하여 Lacey(1977: 72-73)는 교사가 도움을 제공하는 사람과 같은 '권위 있는 인물'의 상황 정의와 상황의 요구에 대응하기 위해 사용하는 사회적 전략(social strategy)을 다음과 같이 세 가지로 제시하고 있다.

첫째, 내면화된 적응(internalized adjustment)은 개인이 상황의 제약에 순응하고 그러한 제약이 최선을 위한 것이라 믿고 받아들이는 것이다. 둘째, 전략적 순응(strategic compliance)은 권위 있는 인물의 상황 정의와 그러한 상황이 주는 제약에 순응하지만 내심으로는 그러한 정의와 제약에 동의하지 않는 것이다. 셋째, 전략적 재정의(strategic redefinition)는 공식적 권력을 가진 사람이 상황에 대한 자신의 해석을 변화시키도록 함으로써 변화를 성취하는 것이다.

최상근(1993: 73)에 따르면, 초등교사들은 교직생활에서의 위기를 극복하기 위해 '전략적 순응'을 사용하는 경향이 짙었다. 김한별(2008)도 초임교사들은 자신이 속한 학교에 내재된 문화를 불합리하고 불공평한 것으로 인식하고 있음에도 불구하고, 그에 대해서 말하지 못하는 침묵의 상태에 놓여 있다고 하였다. 손형국 등(2018)의 연구에서도 연구참여자들이 구체적인 생존 전략에서는 차이를 보였음에도 불구하고, 교직사회의 기존 질서에 실망을 하면서도 이를 개선하기 위한 적극적 노력을 하지 못한 채 침묵하거나 순응하는 태도를 보였다. 한편, 이윤식(1999: 125-126)이 제시한 초등교사 사례의 대부분이 '내면화된 적응' 전략을 활용하고 있었다. 일반적으로 우리나라의 교사는 '내면화된 적응'이나 '전략적 순응' 전략을 주로 활용하고 있으며, 전략적 재정의 전략은 드물게 나타나고 있다.

2) 초임교사의 적극적 적응 전략

교직사회화는 교직문화를 내면화하는 과정이기도 하다. 그런데 교직문화는 정체되어 있지 않고 계속 생성, 변화하는 존재이다. 현재의 교직문화는 바람직한 측면과 아울러 바람직하지 못한 측면도 가지고 있는 것으로 인식되고 있다. 가령, 우리나라의 교직문화는 협력성과 자율성은 높은 편이지만, 개방성과 적응성은 상대적으로 낮았다(박영숙, 전제상, 2003). 이러한 교직문화를 변화시키기 위해서는 정책적 · 제도적 노력도 필요하지만, 결국 주체로서의 교사가 얼마나 준비되어 있으며, 얼마나 적극적으로 참여하느냐가 관건이다(박영숙, 전제상, 2005: 83).

최근 교육개혁과 관련하여 변화의 주체로서 교사의 행위주체성이 강조되고 있는데(소경희, 최유리, 2018), 교사의 행위주체성은 교직문화와 관련해서도 의미를 가진다. '교사 행위주체성' 개념에 비추어 보면, 기존 교직문화에 대한 교사들의 반응과 실천은 이들이 놓인 맥락적 조건과의 협상 결과이며, 교사들의 순응이나 저항 등의 전략적인 반응은 행위주체성을 성취하는 과정에서 출현한 것일 수 있다.

기존 교직문화에 대한 순응이나 저항이 행위주체성의 표현이 될 수 있으려면, 초임교사는 기존 교직문화와 본인이 처한 맥락적 조건에 대한 이해를 바탕으로 둘 사이의 균형을 추구하는 노력을 적극 기울여야 한다. 즉, 초임교사는 기존 교직문화를 '이해'하고 적응하는 데에서 나아가 교직문화를 더 바람직한 방향으로 변화시켜 나아가야 한다. 이는 초임교사들이 Lacey의 '내면화된 적응'이나 '전략적 순응' 외에 '전략적 재정의' 전략도 적극적으로 활용하여야 할 것임을 시사한다. 다음에서는 '전략적 재정의' 전략을 활용하기 위한 방안을 좀 더 구체적으로 살펴보기로 한다.

(1) 기존의 교직문화 '이해'하기

교직문화에 적응하기 위해서는 우선 자신이 속한 교직문화를 '이해'해야 한다. 지금까지 초등교직문화의 내용과 특성을 제시하였지만, 개개의 학교와 교사집단이 처한 상황에 따라 교직문화의 구체적 모습은 다양하게 나타날 수 있다. 그러므로 교사는 별도로 자신이 속한 학교와 교사집단의 문화를 총체적으로 이해하려는 노력을 기울여야 한다. '이해'는 나만의 관점이 아니라 그 문화에 속한 구성원의 관점에서 그 문화를 바라보는 것이다.

교사집단의 문화를 이해하기 위해서는 문화기술적 연구와 같은 질적 연구 방법을 활용하는 것이 바람직하다. 먼저 교직문화의 이해를 위한 초점이나 주제(예: 수업)를 정하고, 그와 관련하여 탐구과정에서 질문을 설정·명료화하며(예: 우리 학교 교사들의 수업이 갖는 특징은 무엇이며, 그것은 어떤 맥락에서 나타나는가? 그 수업을 통해 교사들은 누구에게 무엇을 가르치고 있는가?), 관찰과 면담을 통해 자료를 수집·기록 및 분석하여 현상을 설명하기 위한 문화적 주제나 준거틀, 나아가 문화적 유형이나 이면의 심층적 구조를 발견하게 된다(이정선, 1998). 교사집단의 문화를 이해하는 일은 단기간에 걸친 일회성 노력으로는 가능하지 않으며, 장기간의 반복적 노력이 필요하다.

(2) 교직문화 '다시 보기'

초임교사가 '이해'한 기존의 교직문화가 자신의 교육적 신념이나 관점과 크게 다르지 않더라도 교사는 그것을 당연한 것으로 내면화하지 않고 재검토하는 노력을 해야 한다. 문화는 그 속성상 '당연하게 받아들이는 어떤 것'으로서, 그 속에서 살아가는 사람이 그 문화에 대해 문제를 제기하고 변화를 도모하기는 쉽지 않다. 따라서 기존의 교직문화에서 당연한 것으로 받아들이는 문화적 원리나 신념, 주장 등에 대해 재검토하는 작업이 필요하다.

교직문화에 대한 반성적인 재검토는 그 속에서 살아가는 구성원의 입장에서는 한계가 있으므로, 자신과 입장을 달리하는 학부모나 학생, 외부인 등과 자주 접촉하면서 그들이 학교와 교직을 바라보는 관점과 입장을 경청하고 학습할 필요가 있다. 그러므로 동료교사와 행정가, 학생, 학부모의 조언을 받아들이는 개방적인 자세, 학생의 학습과 학교조직의 발전에 기여하고 있는가의 관점으로 자신을 반성적으로 평가하는 자세가 필요하다(박영숙, 전제상, 2005: 83).

(3) '대화'를 통해 기존의 교직문화와의 공통 부분 확장하기

자신의 교육적 관점과 기존의 교직문화 사이에 간극이 크다면, 일단 자신의 교육적 관점에 대한 반성적인 재검토가 요구된다. 자신의 교육적 관점의 타당성, 현실성, 일관성 등을 종합적으로 검토해 보아야 한다. 그 후에 기존의 교직문화를 대표하는 선배교사나 행정가와의 '대화'를 통해 둘 사이의 공통 부분을 확장하기 위한 노력을 기울여야 한다. 자신의 교육적 관점이 옳다는 확신이 있더라도 일방적인 승리만을 추구하는 자세는 그 관점의 설득과 확산에 도움이 되지 않는다.

Flick(1998: 36-37)에 따르면, 대화로 귀결되는 '이해과정'에서는 특정 상황에서 다수의 타당한 관점이 존재한다고 전제한다. 또한 상대방이 옳을 수도 있으므로 그에게서 무엇을 배울 수 있는가에 초점을 맞추고 그 사람의 관점에서 그를 이해하고자 하는 자세가 중요하다. 더불어 이해를 위해 이야기보다 경청을 더 많이 해야 한다. 이해과정은 한쪽의 승리를 추구하는 것이 아니라 대안적인 관점을 탐색하는 것이므로, 결국 대화과정에서는 역지사지(易地思之)의 자세가 필수적이다. 이러한 자세로 전략적 재정의 전략을 활용할 때, 자신의 교육적 관점의 정교화는 물론 기존 문화의 변화도 유발할 수 있다.

(4) 반성적으로 실천하기

교직입문 초기에는 자신에게 익숙한 문화와 다른 교직문화를 접하는 데 따르는 문화적 충격에 의해 자신의 교육적 관점을 정교화할 기회를 가지게 된다. 그렇지만 시간이 흐르면서 기존의 교직문화에 동화되면 자신의 교육적 신념을 지속적으로 발전시킬 계기를 잃어버리게 된다. 그러므로 초임교사가 지속적으로 전문성을 신장시켜 가기 위해서는 자신의 교육적 관점에 대해 반성하고, 그러한 반성의 결과가 교육 실제에 반영되도록 하는 반성적 실천이 지속적으로 이루어져야 한다. 이러한 반성적 실천을 위해 다음과 같은 노력을 기울이는 것이 바람직하다.

첫째, 자신의 교육적 신념에 대한 반성적 재검토의 일환으로 저널쓰기(Journal Writing)를 생활화한다. 저널쓰기는 목적을 가진 쓰기로, 교사나 예비교사가 자신의 실천행위에 대해 다양한 형태의 글을 쓰는 것이다(이춘자, 2007: 74). 평상시에 꾸준히 자신의 교육활동의 주요 장면에 대한 기술과 반성을 기록으로 남기는 것이 중요하다. 길고 자세하게 매일매일의 학교생활을 기술하고 반성하면 좋겠지만, 너무 욕심을 내지 말고 단 한 줄만이라도 반성하고 기록하는 노력을 기울일 필요가 있다.

아울러 축적된 저널을 주기적으로 분석하여 자신의 교육활동의 성공과 실패에 영향을 미치는 요인, 성공으로 이끈 비결, 실패의 극복을 위한 개선 과제 등을 이끌어 내는 것이 필요하다(박아람, 2013). 가급적 동료교사와 함께 이러한 작업을 실시하고 그 결과를 공론화하는 것이 바람직하다. 경우에 따라서는 이러한 작업을 전문적 연구자와 함께 함으로써 이론과 실제가 조화된 협력적 연구풍토를 확립하는 데 기여할 수도 있다. 전문적 기술문화의 부재를 교직문화의 특징으로 제시한 연구자들이 있었지만, 이러한 노력이 누적됨으로써 교직 경험의 성문화와 전문적 기술문화의 체계화를 도모할 수 있을 것이다.

둘째, 교육적 신념에 대한 반성적 재검토의 일환으로 자서전 쓰기도 바람직한 방법이 될 수 있다. 교사의 사회화에는 교원양성기관 입학 이전 삶의 경험도 영향을 미친다. 자서전을 써 봄으로써 자신의 삶의 어떤 측면이 교사로서의 교육적 관점을 형성하는 데 어떠한 영향을 미쳤는지 살펴볼 수 있는데, 이는 자신의 교육적 관점을 반성적으로 재검토하는 데 유용한 통찰을 제공한다(박아람, 2013).

셋째, 교사가 자기성찰을 통해 변화의 주체적인 동인이 되려면 연구자가 되어야 한다(이정선, 2007: 147-148). 이정선(2000: 84)에 따르면, 교사는 학생과의 상호작용

방법, 학습자의 특성 및 인성과 진로, 교수학습 주제의 인지적 특성과 학문적 성격, 교수학습 환경의 개선 방안과 평가방법, 시대와 사회적 조건에 따라 특별히 요청되는 교육적 가치 등을 연구해야 한다. 교사는 실제 수업 상황, 학교에서의 학생들의 삶처럼 외부의 연구자가 접근하기 쉽지 않은 상황에 쉽게 접근할 수 있다. 그러므로 학교 안에서의 다양한 현상에 대한 자료를 수집, 분석, 발표함으로써 학교에 대한 올바른 이해가 확산될 수 있게 해야 한다.

넷째, 혼자만의 반성적 실천은 한계를 가지므로 동료교사들과 함께 반성적 실천을 도모할 필요가 있다. 교원학습공동체에 적극적으로 참여하는 등의 노력을 통해 집단적인 반성적 실천을 도모하는 것이 중요하다.

(5) 문화적 지평 넓히기

교사가 자신의 교실, 학교에만 몰입해 있다 보면 다양한 교육적 관점이나 실제를 접할 기회를 가지지 못하고 우물 안 개구리가 되기 쉽다. 따라서 교실에서 벗어나 단위학교에서의 바람직한 문화 형성을 위해 노력하는 자세가 필요하다. 그리하여 학교조직 내외부의 개선 요구에 관심을 기울여야 하며, 학교 차원의 문제를 해결하는 데 있어 개선의 주체로서 대안을 적극 탐색하여 제시하는 능동적이고 참여적인 자세를 지녀야 한다(박영숙, 전제상, 2005: 83). 타인의 영역 침범하지 않기, 암묵적 경쟁관계 등 단위학교에서의 부정적 문화 형성 요소를 해소하기 위해서는 이러한 노력이 반드시 필요하다(함영기, 양정호, 2003: 317).

최근 교원학습공동체나 전문적 학습공동체가 강조되고 있으므로 거기에 가입하여 동료교사들과 교육적 실천을 공유하고 동료교사들로부터 배우며 피드백을 받고자 하는 노력이 필요하다. 동료교사로부터 배우고 피드백을 받으려는 노력은 조해리 창(Johari's window)에서 이야기하는 '맹목 영역(blind area)'을 축소시킬 것이다. 그런 점에서 장학이나 연수와 같은 전통적인 전문성 향상 기제들도 활용하기에 따라서는 본인의 문화적 지평을 넓히고 전문성을 신장하는 데 유용할 수 있다. 다만, 교사들의 학습공동체나 전통적인 전문성 향상 기제 모두 본인의 반성적 실천과 연결될 때 효과를 발휘할 수 있다는 점을 명심해야 할 것이다.

한 가지 염두에 두어야 할 것은, 교사들의 소집단으로서 교원학습공동체나 전문적 학습공동체가 지나치게 강조될 경우 학교 전체 교원의 결속과 협력을 저해하는 분파주의(balkanization)로 이어져 학교 차원의 분열과 갈등이 초래될 수도 있다는 것이다(Hargreaves & Fullan, 2012). 그러므로 소집단으로서의 학습공동체만이 아니라 학교 전체를 아우르는 학습공동체의 구축에도 관심을 가지고 기여하는 노력을 기울여야 한다.

학교 차원에서는 교사들만이 아니라 학부모와 같은 구성원도 아우르는 학습공동체를 지향하면 더 바람직할 것이다. 교사가 아닌 학교구성원은 교사들에게 교육과 학교를 보는 다른 시각을 제공함으로써 교사에게 폭넓은 반성의 계기를 제공할 수 있기 때문이다. 그것이 가능하기 위해서는 교사 자신이 교사가 아닌 학교 구성원을 전문성이 낮아 '가르쳐야' 하는 존재로 보는 자세를 유보하고, 수평적이고 개방적인 자세로 그들에게 접근하고자 노력해야 한다.

또한 초임교사들은 단위학교를 초월한 초등교사들의 인터넷 커뮤니티나 자생적 연구모임을 적극적으로 활용함으로써 바람직한 교직문화를 형성하는 데 이바지할 수 있다. 다만, 인터넷 커뮤니티나 교사 연구모임에의 참여는 소속 학교에 대한 관심과 헌신의 약화를 초래할 수 있다는 점도 유념해야 한다.

토론 및 실습 과제

1. 여러분이 초임교사로 교직에 입문하게 되면 다른 교사들보다 수업 공개 기회를 많이 가지게 될 것이다. 그런데 학교에서는 수업을 참관한 교원들이 칭찬으로 일관하고 비판은 사소한 것 외에는 삼가는 문화가 형성되어 있다. 왜 이런 문화가 형성되어 있는지, 그러한 상황을 방지하기 위해 어떤 노력을 기울일 것인지 생각해 보자.

2. 다음 내용을 중심으로 자신의 교직생애를 전망하고, 교직적응 및 전문성 개발을 위한 계획을 구체화해 보자.
   - 자기소개: 교사가 되려고 하는 이유, 교사양성 과정에서의 생활, 근무하기를 희망하는 학교 등
   - 시기별 전망: 20대, 30대, 40대, 50대 등의 연령별 혹은 교직이전기, 교직입문기, 능력 구축기, 열중ㆍ성장기, 안정기, 퇴직준비기 등의 발달단계별

- 영역별 전망: 교과지도, 생활지도, 학급경영, 교무분장, 인간관계 등으로 구분하거나 직무 수행, 교직 태도 및 의식, 학교생활 전반 등으로 구분

- 시기별 혹은 영역별 적응방법과 자기개발 전략

3. 자신의 전공교과 중등교사의 교직생활을 다룬 자료(논문, 단행본, 영화, 드라마, 소설, 유튜브 등)를 찾아서 교직적응 과정을 요약하고, 적응 및 부적응 요인을 정리해서 서로 공유하고 토론해 보자.

4. 교직사회에서는 당연한 것으로 받아들여지는 주장들이 적지 않다. 일례로, "잡무는 바람직하지 않으므로 없어져야 한다."라는 주장을 들 수 있다. 교직문화를 '다시 보기' 하려면 그러한 당연한 질문을 재검토하기 위한 추가 질문을 작성해 볼 필요가 있다. '잡무가 없어지면 교사들은 본질적인 업무인 수업이나 교육에 전념할 수 있을까? 혹시 잡무는 사회가 문서나 전시성 행사를 통해 책무성을 확인하도록 함으로써 수업, 생활지도 등 교사의 본질적인 업무에 대한 통제나 개입으로부터 교사들을 보호해 주는 역할을 하지는 않았을까? 잡무가 없어진다면 교육의 질을 관리한다는 명분하에 보다 본질적인 직무수행에 대한 직접적인 통제나 개입이 강화되지 않을까?' 등의 질문이 그것이다. 이러한 예를 참고하여 교직사회가 당연한 것으로 받아들이는 주장을 한 가지 제시하고, 그 주장을 재검토하기 위한 추가 질문을 추출해 보자.

참고문헌

고형일, 이두휴, 정환금(1994). 도시지역과 농촌지역 교사의 교직문화의 비교 연구. **교육사회학연구**, 5(1), 1-37.

곽미규, 하문선(2020). 초등학교 신규교사가 교직적응에서 경험하는 심리적 성장 과정에 관한 현상학적 연구. **한국초등교육**, 31(3), 1-20.

구원회(2016). 교사 전문성 발달 과정의 특성이 전문성 신장에 주는 시사점 탐색. **인문사회과학연구**, 17(1), 467-504.

김경미(2004). 중등학교 교직문화 특성에 관한 연구. 창원대학교 대학원 박사학위논문.

김기환, 윤상오, 조주은(2009). 디지털세대의 특성과 가치관에 관한 연구. **정보화정책**, 16(2), 140-162.

김민조, 이현명(2015). 학교문화에 관한 국내 연구 동향 분석. **열린교육연구**, 23(4), 255-284.

김병찬(2003). 중학교 교사들의 교직문화에 대한 질적 사례 연구. 교육행정학연구, 21(1), 1-27.

김병찬(2007). 교사의 생애발달 과정에 관한 사례 연구. 한국교원교육연구, 24(1), 77-102.

김성천, 양정호(2007). 전문성을 지닌 교사리더로 성장하기: 협동학습연구회에 대한 문화기술적 연구. 교육사회학 연구, 17(4), 1-33.

김진원, 정혜연(2020). 교사발달단계별 중학교 교사 직무만족도 영향요인. 한국교원교육연구, 37(4), 77-104.

김한별(2008). 초임교사의 학교문화 적응과정에서의 학습경험 이해: 사회문화적 접근. 평생교육학연구, 14(3), 21-49.

김현진, 임진호(2007). 초등학교의 교육정보화가 교수학습문화 변화에 미치는 효과 분석. 교육공학연구, 23(1), 155-186.

김효정(2006). 자생적 교사 연구모임의 사회연결망 분석: 초등학급경영연구회를 중심으로. 교육행정학연구, 24(2), 173-200.

김희규(2018). 홀리스틱 교육의 관점에서 교사의 생애단계별 교육공동체 역량 분석. 홀리스틱융합교육연구, 22(1), 25-45.

류방란, 이혜영(2002). 초등학교 교사의 생활과 문화. 서울: 한국교육개발원.

명세창(1988). 학교조직에서의 도덕적 지도성 측정에 관한 연구. 충남대학교 대학원 박사학위논문.

박남기, 박점숙, 문지현(2008). 교사는 어떻게 성장하는가: 두 교사의 교실 기록으로 들여다본 초등학교. 서울: 우리교육.

박병량, 주철안(2005). 학교 · 학습경영(개정판). 서울: 학지사.

박세준(2018). 교사 의복행동을 통한 초등학교 교직문화 연구. 한국교원교육연구, 35(3), 397-431.

박아람(2013). 초등 신규교사의 학급경영 관련 실천적 지식 형성에 대한 자서전적 성찰. 서울교육대학교 교육대학원 석사학위논문.

박영숙, 전제상(2003). 교직 활성화를 위한 교직문화 변화 전략 개발 연구. 서울: 한국교육개발원.

박영숙, 전제상(2005). 교직문화의 변화 전략 및 지원 과제 탐구. 교육행정학연구, 23(3), 73-93.

박재범(2005). 특수학교 교사들의 교직문화에 관한 질적 연구. 특수교육연구, 12(2), 161-176.

박종흡, 이관규(1997). 초등학교 교사들의 교직문화에 관한 연구. 지방교육경영, 2, 229-257.

박찬주, 심춘자(2002). 초 · 중등 교사발달 과정에 관한 사례 연구. 교육학연구, 40(1), 197-218.

박철희, 민경용, 김왕준(2017). 생애단계별 교사연수 모형 개발: 강원도교육청을 중심으로. 학습자중심교과교육연구, 17(19), 101-121.

박한숙(2006). 특별활동 및 재량활동 교육과정 개발과 운영에 대한 초임 교사의 내러티브 탐구. 초등교육연구, 19(1), 421-448.

박한숙(2007). 초임교사의 통합교육과정 개발과 운영을 저해하는 학교문화에 대한 내러티브적 접근. 교육인류학연구, 10(1), 63-88.

박홍희(2009). 교사의 생애발달 주기를 고려한 교사평가 연구. 교육연구논총, 30(2), 1-25.

박효원(2019). 고경력 초등학교 교사의 사례를 통해 본 교사의 발달과정 및 영향요인. 초등교육연구, 32(4), 1-26.

백승관(2003). 교사의 발달과정에 관한 탐색모형. 교육행정학연구, 21(1), 29-50.

성열관, 이숙현, 류성용, 박필재, 이천수, 손소영, 이은진, 오란주, 강연선, 손혜영, 김자은, 박희규, 임동희, 유선미, 이만주, 차승희, 김창호, 윤은숙, 이윤정(2019). 학교는 어떤 공동체인가?. 서울: 살림터.

소경희, 최유리(2018). 학교 중심 교육 개혁 맥락에서 교사의 실천 이해: '교사 행위주체성' 개념을 중심으로. 교육과정연구, 36(1), 91-112.

손형국, 한수경, 한희진, 양정호(2018). 초등교사의 교직사회 적응경험에 관한 내러티브 탐구: 초임교사는 어떻게 기성교사가 되어 가는가?. 교육논총, 38(2), 41-68.

신범철(2020). 교원승진제도의 탈제도화 현상: 승진에 대한 교원의 인식 변화를 중심으로. 고려대학교 대학원 박사학위논문.

신주환(1999). 초등학교 초임교사의 교직 적응에 관한 연구. 인천대학교 대학원 석사학위논문.

오현옥(2004). 신설중학교 교사문화에 관한 연구. 인제대학교 대학원 석사학위논문.

왕한신(2014). 우리나라 초등학교 교직문화 연구. 교육논총, 34(3), 105-126.

윤소희, 유미라, 김지선, 김도기(2019). A초등학교 N세대 교사의 교직생활에 관한 질적 연구. 한국교원교육연구, 36(3), 315-341.

윤홍주(1996). 교사발달 단계 및 직능발달 요인에 관한 연구. 서울대학교 대학원 석사학위논문.

이윤식(1989). 교사의 전문성 신장을 위한 정보탐색 형태 분석: 미국 초등교사를 대상으로. 한국교육, 16(1), 5-40.

이윤식(1999). 장학론: 유치원·초등·중등 자율장학론. 서울: 교육과학사.

이윤식(2001). 학교경영과 자율장학. 서울: 교육과학사.

이윤식, 박안수(2000). 교사발달을 저해하는 조직적·요인에 관한 연구: 인천광역시 공립 중학교 교사를 대상으로. 교육행정학연구, 18(1), 97-126.

이인효(1991). 인문계 고등학교 교직문화 연구. 서울대학교 대학원 박사학위논문.

이장익, 이명신(2011). 초등학교 교원의 세대 간 상호인식도와 세대갈등에 대한 조사연구. 한국교원교육연구, 28(2), 257-281.

이정선(1998). 초등교육 연구방법으로서 문화기술적 연구: 방법과 시사점. **초등교육연구**, 12(1), 187-207.

이정선(2000). 초등학교 교직문화에 대한 이해. **교육인류학연구**, 3(3), 51-87.

이정선(2007). 학교변화의 방법으로서 학교문화 변화전략. **교육인류학연구**, 10(1), 127-154.

이종철(2019). 전문적 학습 공동체의 변화 과정과 변화 동인에 대한 사례 연구. 부산대학교 대학원 박사학위논문.

이춘자(2007). 저널쓰기에 대한 피드백이 예비유아교사의 유아수학교육내용에 미치는 영향. **한국보육학회지**, 7(3), 73-91.

이혜영, 류방란, 윤여각(2001). **중등학교 교사의 생활과 문화**. 서울: 한국교육개발원.

이효진(1996). 초등학교 초임 체육지도교사의 교직사회화 연구. **한국스포츠교육학회지**, 3(2), 29-38.

전수빈, 이효정, 장환영(2019). 승진에 대한 교원의 인식과 교직문화 탐색. **한국교원교육연구**, 36(3), 1-26.

정수현(2000). 교원평가와 학교현실에 대한 교사들의 인식. **교육행정학연구**, 18(2), 249-274.

정웅기, 정성수(2018). 초등학교 신규교사 교직적응의 어려움과 개선방안에 대한 인식. **지방교육경영**, 21(3), 44-69.

정재화(2010). 공·사립 중학교의 교사문화 비교연구: 전문공동체적 관점을 바탕으로. 한국교원대학교 교육정책전문대학원 석사학위논문.

조덕주, 곽덕주, 진석언(2008). 예비 교사의 반성적 사고 수준 향상을 위한 실제적 맥락 안에서의 저널쓰기 연구. **교육학연구**, 46(1), 231-259.

최상근(1993). 한국 초·중등교사의 교직사회화 과정 연구: 국공립학교 남교사를 중심으로. **교육사회학연구**, 3(1), 57-78.

최상근(2007). 교사의 교직사회화 과정. 이윤식, 김병찬, 김정휘, 박남기, 박영숙, 송광용, 이성은, 전제상, 정영수, 정일환, 조동섭, 진동섭, 최상근, 허병기 공저, **교직과 교사**(pp. 129-158). 서울: 학지사.

함영기, 양정호(2003). 인터넷 활용의 일상화에 따른 초등학교 교사문화 연구. **교육행정학연구**, 21(4), 299-320.

홍창남, 이쌍철, 정성수(2010). 교사−교장 간 신뢰가 학생의 학업성취에 미치는 영향에 관한 탐색적 연구. **교육행정학연구**, 28(4), 327-350.

황기우(1992). 한국 초등학교의 교사문화에 관한 해석적 분석. 고려대학교 대학원 박사학위논문.

Burden, P. R. (1990). Teacher development. In W. R. Houston, M. Haberman, & J. Sikula (Eds.), *Handbook of research on teacher education: A project of the association of teacher educators*. New York: Macmillan Publishing Company.

Deal, T. E., & Kent, D. P. (1999). *Shaping school culture: The heart of leadership*. New York: John Wiley & Sons, Inc.

Dreeben, R. (1970). *The nature of teaching: Schools and the work of teachers*. Glenview, IL: Scott, Foresman and Company.

Flick, D. L. (1998). *From debate to dialogue: Using the understanding process to transform our conversations*. Boulder, CO: Orchid Publications.

Hargreaves, A., & Fullan, M. (2012). *Professional capital: Transforming teaching in every school*. 진동섭 역(2014). 교직과 교사의 전문적 자본: 학교를 바꾸는 힘. 서울: 교육과학사.

Hoy, W. K., & Miskel, C. G. (2005). *Educational administration: Theory, research, and practice* (7th ed.). New York: McGraw-Hill.

Lacey, C. (1977). *The socialization of teachers*. London: Methuen.

Lacey, C. (1995). Professional socialization of teachers. In L. W. Anderson (Ed.), *International encyclopedia of teaching and teacher education* (2nd ed., pp. 616–620). Oxford, UK: Pergamon Press.

Lee, J. S. (1998). Socialization of elementary school teachers in Korea: A macro and micro approach. 비교교육연구, 8(2), 307-333.

Lortie, D. C. (1975). *School teacher: A sociological study*. Chicago, IL: The University of Chicago Press.

Lunenburg, F. C., & Ornstein, A. C. (2008). *Educational administration: Concepts & practices* (5th ed.). CA: Thompson Brooks/Cole.

McTaggart, R. (1989). Bureaucratic rationality and the self-education profession: The problem of teacher privatism. *Journal of Curriculum Studies, 21*(4), 345-361.

Schein, E. H. (1992). *Organizational culture and leadership* (2nd ed.). CA: Jossey-Bass Publishers.

Zeichner, K. M., & Gore, J. M. (1990). Teacher socialization. In W. R. Houston, M. Haberman, & J. Sikula (Eds.), *Handbook of research on teacher education: A project of the association of teacher educators* (pp. 329-348). New York: Macmillan Publishing Company.

제2장

교원의 복무와 교직단체

1. 교원 복무의 개념과 실제
2. 교직단체 이론과 실제
🔹 토론 및 실습 과제

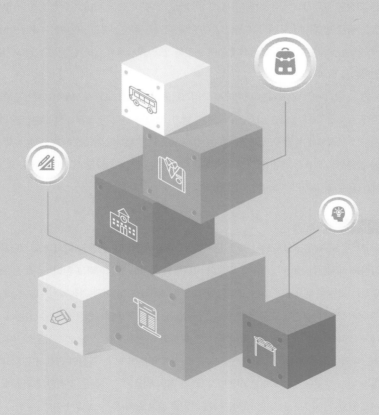

사례 1 교원 복무

1-1. 최근 인터넷 개인방송이 확대되면서 교원들 중에서도 개인방송을 하는 사례가 늘고 있다. ○○중학교에 근무하는 김 교사도 인터넷 개인방송을 운영하면서 자신이 교원이 되기까지 공부했던 과정을 공유하고 싶은 마음이 생겼다. 그리고 그것이 요즘 세대인 학생들과 더 많이 소통할 수 있는 좋은 방법이라는 생각이 들었다. 그런데 국가공무원 신분인 교원이 수익이 발생하는 인터넷 개인방송을 하는 것이 적절한지에 대한 논란을 언론 기사에서 접하게 되었다. 김 교사는 인터넷 개인방송을 할 수 있을까?

1-2. 신규교사인 박 교사는 대학에서 교직과목을 들으면서 교원의 복무에 대한 규정을 배웠다. 그런데 실제로 교사가 되고 나서 휴가, 연가, 병가, 대학원 진학 등 복무규정과 관련한 다양한 제도를 자신의 교직생애 동안 어떻게 적용하는 것이 좋을지 구체적으로 고민하게 되었다. 박 교사는 교직에 입문해서 퇴직할 때까지 어떻게 계획을 수립해야 규정을 지키면서 자아실현도 할 수 있을지 함께 임용된 최 교사와 상의해 보기로 하였다.

사례 2 교직단체

고교학점제, 돌봄교실, 교원성과급 등 주요 교육정책 현안이 등장할 때마다 교직단체에서 각자의 입장을 제시하는 일이 많아지고 있으며 교육부와 협상도 진행한다고 한다. 올해 신규로 임용된 이 교사는 교원을 대표하고 있는 교직단체들이 몇 개가 있으며 어떤 관점에서 학교 정책을 보고 있는지 궁금해졌다. 그런데 교직단체 중에는 중앙정부(교육부)와 단체협상을 할 수 있는 곳과 자발적 단체가 있다고 하는데 구체적으로 각 단체별 특성이 어떤지 아는 것이 쉽지 않았다. 이 교사는 각 교직단체의 입장을 자신이 갖고 있는 교육 가치관에 비추어 보고, 자신의 관점과 일치하는 부분과 차이가 나는 부분을 찾아보기로 하였다. 그런데 이미 임용된 선배들은 교직단체 가입에 대한 입장이 서로 달랐다. 이 교사는 어떤 교직단체에 가입을 해야 할지 혼란스러워졌다.

1. 교원 복무의 개념과 실제

1) 교원의 의무와 책임

교원의 복무는 교육공무원의 신분으로 공직생활을 함에 있어 지켜야 할 전반적인 자세와 행동 규범을 의미한다. 즉, 교원의 근무, 휴가, 휴직(복직) 등에 관한 것으로 교원인사행정의 하위 영역 가운데 하나이다. 이러한 교원의 복무는 「국가공무원법」을 비롯한 하위 법령에 명시된 의무와 책임에 바탕을 둔다.

(1) 교원의 의무

교원의 의무에는 선서의 의무, 직무상 의무, 직무전념(신분상)의 의무가 있다. 선서의 의무는 취임 시 소속 기관장 앞에서 선서를 해야 하는 것을 말한다. 직무상 의무는 성실 의무, 복종의 의무, 친절·공정의 의무, 품위 유지의 의무, 종교중립의 의무로 구분한다. 직무 전념(신분상)의 의무는 직장 이탈 금지, 영리 업무 및 겸직 금지, 정치 운동의 금지, 집단 행위의 금지, 영예 제한 등이 있다. 이러한 교원의 의무는 「국가공무원법」 「교육기본법」 「교육공무원법」 「초·중등교육법」에 다음과 같이 명시되어 있다.

「초·중등교육법」 제20조 ④항의 "교사는 법령에서 정하는 바에 따라 학생을 교육한다."에서 "교육"은 수업지도안 작성 등 수업준비, 수업활동, 평가 결과의 활용, 생활지도, 상담활동, 기타 교육활동과 연계된 활동 등을 모두 포함한다. 또한 "법령에서 정하는 바"는 교원이 따라야 하는 규정을 의미한다. 즉, 「국가공무원법」에 따라 상관의 직무상 명령에 복종하여 학생을 교육하고, 「국가공무원 복무규정」에 따라 근무하며, 「학교폭력예방 및 대책에 관한 법률」에 의거하여 학교폭력 문제를 담당하는 책임교사를 선임하고, 「초·중등교육법」 「학교급식법」 「학교보건법」 등 교원의 교육활동과 관련된 법에 따라 직무를 수행한다.

표 2-1 교원의 의무 관련 법령

법령	내용
국가공무원법	제55조(선서) 공무원은 취임할 때에 소속기관장 앞에서 대통령령 등으로 정하는 바에 따라 선서하여야 한다. 제56조(성실 의무) 모든 공무원은 법령을 준수하며 성실히 직무를 수행하여야 한다. 제57조(복종의 의무) 공무원은 직무를 수행할 때 소속 상관의 직무상 명령에 복종하여야 한다. 제58조(직장 이탈 금지) ① 공무원은 소속 상관의 허가 또는 정당한 사유가 없으면 직장을 이탈하지 못한다. 제59조(친절·공정의 의무) 공무원은 국민 전체의 봉사자로서 친절하고 공정하게 직무를 수행하여야 한다. 제59조의2(종교중립의 의무) ① 공무원은 종교에 따른 차별 없이 직무를 수행하여야 한다. ② 공무원은 소속 상관이 제1항에 위배되는 직무상 명령을 한 경우에는 이에 따르지 아니할 수 있다. 제60조(비밀 엄수의 의무) 공무원은 재직 중은 물론 퇴직 후에도 직무상 알게 된 비밀을 엄수하여야 한다. 제61조(청렴의 의무) ① 공무원은 직무와 관련하여 직접적이든 간접적이든 사례·증여 또는 향응을 주거나 받을 수 없다. ② 공무원은 직무상의 관계가 있든 없든 그 소속 상관에게 증여하거나 소속 공무원으로부터 증여를 받아서는 아니 된다. 제62조(외국 정부의 영예 등을 받을 경우) 공무원이 외국 정부로부터 영예나 증여를 받을 경우에는 대통령의 허가를 받아야 한다. 제63조(품위 유지의 의무) 공무원은 직무의 내외를 불문하고 그 품위가 손상되는 행위를 하여서는 아니 된다. 제64조(영리 업무 및 겸직 금지) ① 공무원은 공무 외에 영리를 목적으로 하는 업무에 종사하지 못하며 소속 기관장의 허가 없이 다른 직무를 겸할 수 없다. 제65조(정치 운동의 금지) ① 공무원은 정당이나 그 밖의 정치단체의 결성에 관여하거나 이에 가입할 수 없다. ② 공무원은 선거에서 특정 정당 또는 특정인을 지지 또는 반대하기 위한 다음의 행위를 하여서는 아니 된다. 제66조(집단 행위의 금지) ① 공무원은 노동운동이나 그 밖에 공무 외의 일을 위한 집단 행위를 하여서는 아니 된다.

교육기본법	제14조(교원) ② 교원은 교육자로서 갖추어야 할 품성과 자질을 향상시키기 위하여 노력하여야 한다. ③ 교원은 교육자로서 지녀야 할 윤리의식을 확립하고, 이를 바탕으로 학생에게 학습윤리를 지도하고 지식을 습득하게 하며, 학생 개개인의 적성을 계발할 수 있도록 노력하여야 한다. ④ 교원은 특정한 정당이나 정파를 지지하거나 반대하기 위하여 학생을 지도하거나 선동하여서는 아니 된다.
교육공무원법	제38조(연수와 교재비) ① 교육공무원은 그 직책을 수행하기 위하여 끊임없이 연구와 수양에 힘써야 한다. 제41조(연수기관 및 근무장소 외에서의 연수) 교원은 수업에 지장을 주지 아니하는 범위에서 소속 기관장의 승인을 받아 연수기관이나 근무장소 외의 시설 또는 장소에서 연수를 받을 수 있다.
초·중등교육법	제20조(교직원의 임무) ① 교장은 교무를 총괄하고, 소속 교직원을 지도·감독하며, 학생을 교육한다. ② 교감은 교장을 보좌하여 교무를 관리하고 학생을 교육하며, 교장이 부득이한 사유로 직무를 수행할 수 없는 때에는 교장의 직무를 대행한다. 다만, 교감이 없는 학교에서는 교장이 미리 지명한 교사(수석교사를 포함한다)가 교장의 직무를 대행한다. ③ 수석교사는 교사의 교수·연구 활동을 지원하며, 학생을 교육한다. ④ 교사는 법령이 정하는 바에 따라 학생을 교육한다. ⑤ 행정직원 등 직원은 법령에서 정하는 바에 따라 학교의 행정사무와 그 밖의 사무를 담당한다.

(2) 교원의 책임

교원은 기본적으로 국민을 위한 봉사자로서 창의와 성실로써 책임을 완수해야 하는 공무원의 책임을 가진다. 이러한 교육공무원의 책임은 행정상 책임과 형사상 책임으로 구분한다.

표 2-2 교원의 책임

행정상의 책임	형사상의 책임
• 징계: 파면, 해임, 강등, 정직, 감봉, 견책 • 변상 책임: 국가재산상 손해를 끼쳤을 때 「국가배상법」 및 「회계관계직원등의 책임에 관한 법률」에 의한 변상 책임	• 특별권력 관계에 있는 공무원으로서의 책임 외에 일반 법익을 침해하는 경우에는 징계벌 이외의 형벌 병과 가능

〈표 2-2〉에 정리한 것과 같이, 교원의 의무와 책임을 충실하게 이행하지 않은 경우에는 징계를 받게 된다. 교원의 징계사유는 「국가공무원법」 및 동법에 의한 명령을 위반한 경우, 직무상 의무를 위반하거나 직무를 태만히 한 경우, 직무상의 내외를 불문하고 그 체면 또는 위신을 손상하는 행위를 한 경우 등으로 볼 수 있다. 징계의 종류와 효력을 정리하면 〈표 2-3〉과 같다.

표 2-3 징계의 종류와 효력

구분			신분상 효력	보수상 효력
배제 징계		파면	• 5년간 공직 취임 제한	• 퇴직금 감액 (5년 이상:1/2, 5년 미만: 1/4)
		해임	• 3년간 공직 취임 제한	• 금품수수자는 퇴직금 1/4 감액
교정 징계	중징계	강등	• 동종의 직무 내에서 하위의 직위에 임명 • 신분은 보유, 3개월간 직무에 종사 못함 • 18월+처분기간(3월)간 승진제한 • 처분기간 경력평정에서 제외 • 9년 후 징계 기록 말소	• 18월+처분기간(3월)간 승급제한 • 보수의 전액 삭감 • 처분일수는 연가일수에서 제외 • 모범공무원 수당 지급 중지
		정직 (1~3개월)	• 처분기간 경력 불인정 • 처분기간 연가일수 산입 • 7년 후 징계 기록 말소	• 처분기간 중 보수 전액 감액 • 승진, 승급제한: 18월+처분기간 • 모범공무원 수당 지급 중지
	경징계	감봉 (1~3개월)	• 처분기간 경력은 인정 • 5년 후 징계 기록 말소	• 처분기간 중 보수 1/3 감액 • 승진, 승급제한: 12월+처분기간 • 모범공무원 수당 지급 중지
		견책	• 3년 후 징계 기록 말소	• 승진, 승급제한: 6월 • 모범공무원 수당 지급 중지

교원의 징계는 목적에 따라 배제 징계와 교정 징계로 구분되고, 징계의 경중을 기준으로 중징계와 경징계로 구분된다. 배제 징계에는 파면, 해임이 포함되고, 교정 징계에는 강등, 정직, 감봉, 견책이 포함된다. 중징계에는 파면, 해임, 강등, 정직이 포함되고, 경징계에는 감봉과 견책이 포함된다.

2) 근무 관련 규정, 휴가 등 관련 법령

교원의 복무와 관련한 근무 관련 규정 및 법령을 요약해 제시하면 〈표 2-4〉와 같다.

표 2-4 국가공무원 복무규정

영역	내용
제9조 (근무시간 등)	• 공무원의 1주간 근무시간은 점심시간을 제외하고 40시간으로 하며, 토요일은 휴무(休務)함을 원칙으로 한다.
제11조 (시간외근무 및 공휴일 등 근무)	• 행정기관의 장은 근무시간 외의 근무를 명하거나 토요일 또는 공휴일 근무를 명할 수 있다. • 임신 중인 공무원 또는 출산 후 1년이 지나지 아니한 공무원에게 오후 10시부터 오전 6시까지의 시간과 토요일 및 공휴일에 근무를 명할 수 없다.
제14조 (휴가의 종류)	• 공무원의 휴가는 연가(年暇), 병가, 공가(公暇) 및 특별휴가로 구분한다.

제15조 (연가일수)	재직 기간	1개월~ 1년 미만	1년~ 2년 미만	2년~ 3년 미만	3년~ 4년 미만	4년~ 5년 미만	5년~ 6년 미만	6년 이상
	연가 일수	11	12	14	15	17	20	21

영역	내용

제18조
(병가)
	• 병가: 연 60일의 범위에서 사용 가능
	• 질병이나 부상으로 인한 지각 · 조퇴 및 외출은 누계 8시간을 병가 1일로 계산, 제17조 제4항에 따라 연가일수에서 빼는 병가는 병가일수에 산입하지 아니한다.
	  1. 질병 또는 부상으로 인하여 직무를 수행할 수 없을 때
	  2. 감염병에 걸려 그 공무원의 출근이 다른 공무원의 건강에 미칠 우려가 있을 때
	• 공무상 질병 또는 부상으로 직무를 수행할 수 없거나 요양이 필요한 경우에는 연 180일의 범위에서 병가를 승인할 수 있다.
	• 병가일수가 6일 초과일 경우에는 의사의 진단서를 첨부하여야 한다.

제19조 (공가)	• 「병역법」이나 그 밖의 다른 법령에 따른 병역판정검사 · 소집 · 검열점호 등에 응하거나 동원 또는 훈련에 참가할 때 • 공무와 관련하여 국회, 법원, 검찰 또는 그 밖의 국가기관에 소환되었을 때 • 법률에 따라 투표에 참가할 때 • 승진시험 · 전직시험에 응시할 때 • 원격지(遠隔地)로 전보(轉報) 발령을 받고 부임할 때 • 「산업안전보건법」 제129조부터 제136조에 따른 건강진단 또는 「국민건강보험법」 제52조에 따른 건강검진을 받을 때

- 「혈액관리법」에 따라 헌혈에 참가할 때
- 「공무원 인재개발법 시행령」 제32조 제5호에 따른 외국어능력에 관한 시험에 응시할 때
- 올림픽, 전국체전 등 국가적인 행사에 참가할 때
- 천재지변, 교통 차단 또는 그 밖의 사유로 출근이 불가능할 때
- 「공무원의 노동조합 설립 및 운영 등에 관한 법률」 제9조에 따른 교섭위원으로 선임(選任)되어 단체교섭 및 단체협약 체결에 참석할 때

- 경조사별 휴가일수

구분	대상	일수
결혼	본인	5
	자녀	1
출산	배우자	10
입양	본인	20
사망	배우자, 본인 및 배우자의 부모	5
	본인 및 배우자의 조부모 · 외조부모	3
	자녀와 그 자녀의 배우자	3
	본인 및 배우자의 형제자매	1

제20조
(특별휴가)

- 출산휴가
  - 출산 전과 출산 후 90일(한 번에 둘 이상의 자녀를 임신한 경우에는 120일) 사용
  - 출산 후의 휴가기간이 45일(한 번에 둘 이상의 자녀를 임신한 경우에는 60일) 이상
- 여성보건휴가: 매월 1일 사용 가능(생리기간 중 휴식을 위한 여성보건휴가는 무급)
- 모성보호시간 사용: 임신 중인 여성공무원 1일 2시간(4시간을 초과하여 근무하는 날), 1일 1시간(4시간 이하 근무하는 날) 사용
- 육아시간: 만 5세 이하의 자녀가 있는 공무원은 24개월 범위에서 1일 2시간 사용(4시간을 초과하여 근무하는 날), 1일 1시간(4시간 이하 근무하는 날) 사용
- 한국방송통신대학교에 재학 시 출석수업에 참석하기 위하여 제15조의 연가일수를 초과하는 출석수업 기간에 대한 수업휴가를 받을 수 있다.
- 재해구호휴가: 재난으로 피해를 입은 공무원과 재난 발생 지역에서 자원봉사활동을 하려는 공무원은 5일 이내의 재해구호휴가 가능, 대규모 재난인 경우 10일 이내 가능
- 유산휴가 또는 사산휴가
  1. 임신기간이 15주 이내인 경우: 유산하거나 사산한 날부터 10일까지
  2. 임신기간이 16주 이상 21주 이내인 경우: 유산하거나 사산한 날부터 30일까지
  3. 임신기간이 22주 이상 27주 이내인 경우: 유산하거나 사산한 날부터 60일까지
  4. 임신기간이 28주 이상인 경우: 유산하거나 사산한 날부터 90일까지
- 불임치료 시술(인공수정 또는 체외수정) 당일에 1일의 휴가를 받을 수 있다. 다만, 체외수정 시술의 경우 난자 채취일에 1일의 휴가를 추가로 받을 수 있다.

	• 가족돌봄휴가: 「영유아보육법」에 따른 어린이집, 「유아교육법」에 따른 유치원 및 「초·중등교육법」 제2조 각 호의 학교의 휴업·휴원·휴교, 그 밖에 이에 준하는 사유로 자녀 또는 손자녀를 돌봐야 하는 경우, 공식 행사 또는 교사와의 상담에 참여하는 경우, 미성년자 또는 「장애인복지법」 제2조 제2항에 따른 장애인(이하 이 조에서 "장애인"이라 한다)인 자녀·손자녀의 병원 진료(「국민건강보험법」 제52조에 따른 건강검진 또는 「감염병의 예방 및 관리에 관한 법률」 제24조 및 제25조에 따른 예방접종을 포함한다)에 동행하는 경우, 질병, 사고, 노령 등의 사유로 조부모, 외조부모, 부모(배우자의 부모를 포함한다), 배우자, 자녀 또는 손자녀를 돌봐야 하는 경우에는 연간 10일의 범위에서 가족돌봄휴가를 쓸 수 있다. 가족돌봄휴가는 무급으로 하되, 자녀를 돌보기 위한 휴가는 연간 2일까지 유급으로 한다.
제22조 (휴가기간 중의 토요일 또는 공휴일)	• 휴가기간 중의 토요일 또는 공휴일은 그 휴가일수에 산입하지 아니한다. 다만, 연가를 제외한 휴가일수가 30일 이상 계속되는 경우에는 그 휴가일수에 토요일 또는 공휴일을 산입한다.
제23조 (공무 외의 국외여행)	• 공무원은 휴가기간의 범위에서 공무 외의 목적으로 국외여행을 할 수 있다.
제24조 (휴가기간의 초과)	• 이 영에서 정한 휴가일수를 초과한 휴가는 결근으로 본다.
제24조의2 (교원의 휴가에 관한 특례)	• 「교육공무원법」 제2조 제1항 제1호에 따른 교원의 휴가에 관하여는 교육부장관이 학사일정 등을 고려하여 따로 정할 수 있다.
제25조 (영리업무의 금지)	• 공무원의 직무 능률을 떨어뜨리거나, 공무에 대하여 부당한 영향을 끼치거나, 국가의 이익과 상반되는 이득을 취득하거나, 정부에 불명예스러운 영향을 끼칠 우려가 있는 경우에는 그 업무에 종사할 수 없다. 1. 공무원이 상업, 공업, 금융업 또는 그 밖의 영리적인 업무를 스스로 경영하여 영리를 추구함이 뚜렷한 경우 2. 공무원이 상업, 공업, 금융업 또는 그 밖에 영리를 목적으로 하는 사기업체(私企業體)의 이사·감사 업무를 집행하는 무한책임사원·지배인·발기인 또는 그 밖의 임원이 되는 것 3. 공무원 본인의 직무와 관련 있는 타인의 기업에 대한 투자 4. 그 밖에 계속적으로 재산상 이득을 목적으로 하는 업무

교원 근무 관련 규정은 「국가공무원 복무규정」 제9~25조에 걸쳐 제시되어 있는데, 근무시간, 시간외근무 및 공휴일 등 근무, 휴가, 연가, 공가, 특별휴가 등이다. 특히 근무시간과 관련하여 국가공무원으로서의 1주간 근무시간은 점심시간을 제외하고 40시간으로 하며, 토요일은 휴무함을 원칙으로 하고 있다. 다만, 초·중등교원의 근무시간은 직무 특수성을 감안하여 09:00~17:00까지이며 점심시간도 포함되는 데, 이는 급식지도 및 생활지도를 하기 때문이다(서울특별시교육청, 2021).

교원의 휴가는 연가, 병가, 공가 및 특별휴가로 구분되는데, 연가일수는 재직기간에 따라 달리 적용된다. 1개월~1년 미만의 연가기간은 연 11일인데, 6년 이상은 21일로 규정되어 있다. 병가의 경우 연 60일 이내 범위에서 사용 가능한데, 공무상 질병 또는 부상으로 직무를 수행할 수 없는 경우에는 180일 범위에서 병가를 승인할 수 있다. 공가는 공식적인 업무와 관련한 휴가이므로 연가나 병가 등 일수에 산입되지 않는다. 특별휴가는 결혼, 출산, 입양, 사망 등의 사유에 따라 달리 정하고 있다.

3) 휴직 관련 규정 및 법령

휴직은 공무원이 재직 중 일정한 사유로 직무에 종사할 수 없는 경우에 면직시키지 아니하고 일정 기간 동안 신분을 유지하면서 직무에 종사하지 않고 질병 치료, 법률상 의무 수행, 능력개발을 위한 연수 기회를 부여하는 등 공무원의 신분 보장을 하기 위한 목적으로 실시된다. 교원의 휴직은 직권휴직과 청원휴직으로 구분할 수 있는데, 먼저 「교육공무원법」 제44조 제1항 및 「사립학교법」 제59조 제1항에 제시된 교원의 직권휴직 사유 및 기간은 〈표 2-5〉와 같다

표 2-5 「교육공무원법」 제44조 제1항 직권휴직의 세부 사항

종류	근거	요건	기간	경력 인정	결원보충	봉급	수당	기타
질병 휴직	제1호	• 신체·정신 상의 장애로 장기요 양이 필요할 때	• 1년 이내(부 득이한 경우 1년 범위 내 연장 가능) • 「공무원 재 해보상법」에 따른 공무원 부상 또는 질병인 경우 는 3년 이내	• 경력평정 미산입(단, 공무상 질 병인 경우 산입) • 승급제한 (단, 공무 상 질병인 경우 포함)	• 6월 이 상 휴직 시 결원 보충	• 1년 이하: 70퍼센트 • 1년 초과 2년 이하: 50퍼센트 • 공무상 질 병은 전액 지급	• 수당 규정에 의하여 지급	• 의사 진단서 첨부
병역 휴직	제2호	• 병역의 복무 를 위하여 징집·소집 된 경우	• 복무기간	• 경력평정 산입 • 승급인정	• 6월 이 상 휴직 시 결원 보충	• 지급 안함	• 지급 안함	
생사 불명 휴직	제3호	• 천재지변· 전시·사 변, 그 밖의 사유로 생사 소재가 불명 한 경우	• 3개월 이내	• 경력평정 미산입 • 승급제한	• 결원보 충 불가	• 지급 안함	• 지급 안함	
법정 의무 수행 휴직	제4호	• 기타 법률 상 의무수 행을 위해 직무를 이 탈하게 된 경우	• 복무기간	• 경력평정 산입 • 승급인정	• 6월 이 상 휴직 시 결원 보충	• 지급 안함	• 지급 안함	
노조 전임자 휴직	제11호	• 교원노동조 합 전임자 로 종사하 게 된 경우	• 전임기간	• 경력평정 산입 • 승급인정	• 6월 이 상 휴직 시 결원 보충	• 지급 안함	• 지급 안함	

청원휴직(「교육공무원법」 제44조 제1항, 「사립학교법」 제59조 제1항)의 세부 내용은 〈표 2-6〉과 같다.

표 2-6 「교육공무원」 제44조 제1항 청원휴직의 세부 사항

종류	근거	요건	기간	경력 인정	결원보충	봉급	수당	기타
유학 휴직	제5호	• 학위 취득을 목적으로 해외유학을 하거나 외국에서 1년 이상 연구·연수하게 된 경우	• 3년 이내(학위 취득의 경우 3년 범위 내 연장 가능)	• 경력평정 50퍼센트 산입 • 승급인정	• 6월 이상 휴직 시 결원 보충	• 50퍼센트 지급	• 수당 규정에 의하여 지급	
고용 휴직	제6호	• 국제기구, 외국기관, 국내외의 대학·연구기관, 다른 국가기관, 재외교육기관 또는 대통령령으로 정하는 민간단체에 임시로 고용되는 경우	• 고용기간	• 경력평정 산입(비상근의 경우 50퍼센트 산입) • 승급인정 (비상근의 경우 50퍼센트 인정)	• 6월 이상 휴직 시 결원 보충	• 지급 안함	• 지급 안함	
육아 휴직	제7호	• 만 8세 이하 또는 초등학교 2학년 이하의 자녀를 양육하기 위하여 필요하거나, 여성 교육공무원이 임신 또는 출산하게 된 경우	• 자녀 1명에 대하여 3년 이내(분할 사용 가능)	• 경력평정 산입 • 승급인정 1년 이내 (셋째자녀 이후 전 기간 인정)	• 6월 이상 휴직 시 (출산휴가 연계 시 3월) 결원 보충	• 지급 안함	• 별도 안내	• 출산 휴가 별도 신청 가능
입양 휴직	제7호의2	• 만 19세 미만 아동을 입양하는 경우(제7호에 따른 육아휴직 대상이 되는 아동 제외)	• 입양자녀 1명에 대하여 6개월 이내	• 경력평정 산입 • 승급인정	• 6월 이상 휴직 시 결원 보충	• 지급 안함	• 지급 안함	

불임·난임 휴직	제7호의3	• 불임·난임으로 인하여 장기간의 치료가 필요한 경우	• 1년 이내(부득이한 경우 1년 범위 내 연장 가능)	• 경력평정 미산입 • 승급제한	• 6월 이상 휴직 시 결원 보충	• 제1호와 동일	• 수당 규정에 의하여 지급	• 「모자보건법」에 의한 진단서 첨부
국내 연수 휴직	제8호	• 교육부장관 또는 교육감이 지정하는 국내 연구기관이나 교육기관 등에서 연수하게 된 경우	• 3년 이내	• 경력평정 50퍼센트 산입 • 승급제한 (학위 취득 시 인정)	• 6월 이상 휴직 시 결원 보충	• 지급 안함	• 지급 안함	
가사 휴직	제9호	• 조부모, 부모 (배우자 부모), 배우자, 자녀, 손자녀의 간호를 위하여 필요한 경우	• 1년 이내(재직기간 중 총 3년 초과 불가)	• 경력평정 미산입 • 승급제한	• 6월 이상 휴직 시 결원 보충	• 지급 안함	• 지급 안함	
동반 휴직	제10호	• 배우자가 국외근무를 하거나 제5호에 해당하게 된 경우	• 3년 이내(3년 범위 내 연장 가능)	• 경력평정 미산입 • 승급제한	• 6월 이상 휴직 시 결원 보충	• 지급 안함	• 지급 안함	
자율 연수 휴직	제12호	• 「공무원연금법」 제25조에 따른 재직기간이 10년 이상인 교원이 자기개발의 학습, 연구 등을 하게 된 경우	• 1년 이내(재직기간 중 1회, 학기단위 허가)	• 경력평정 미산입 • 승급제한	• 6월 이상 휴직 시 결원 보충	• 지급 안함	• 지급 안함	

4) 교원 복무 위반 사례(경기도성남교육지원청, 2018)

(1) 동반휴직 교원 휴 · 복직 관련 규정 위반 사례

• 「교육공무원법」 제44조(휴직) 제1항 제10호에 따라 임용권자는 배우자가 국외 근무를 하게 되는 경우 본인의 원에 의해 휴직을 명해야 함을 명시하고 있고, 「국가공무원법」 제73조(휴직의 효력)에 따라 휴직 기간 중 해당 사유가 없어지면 휴직자는 30일 이내에 임용권자 또는 임용제청권자에게 신고하여야 함을 규정하고 있으며, 「교육공무원 인사관리규정」 제26조(휴직자 동태파악)에 따라 휴직 중에 있는 자는 6개월마다 소재지, 연락처 등과 휴직 사유의 계속 여부를 소속기관에 보고하여야 함을 명시하고 있습니다.

• 그러나 □□중학교 교사 ▲▲▲은 2011. 3. 1부터 2017. 2. 28까지 6년간 동반 휴직(2017. 3. 1. 육아휴직 예정)을 신청하여 미국에 체류하면서 부모 생신(회갑, 칠순 등), 돌잔치 등의 가족 행사 및 자녀 병원 진료를 이유로 2011. 3. 1부터 2016. 7. 22까지 ○회에 걸쳐 총 ○○일을 국내에서 체류한 사실이 있습니다.

• 또한 □□중학교 교사 ▲▲▲은 동반휴직기간 중 2011~2012년에 해당 소속 기관인 □□중학교에 6개월마다 소재지, 연락처 등과 휴직 사유의 계속 여부를 보고하지 않은 사실이 있습니다.

[조치할 사항]

□□중학교장은 (1) 앞으로 "동반휴직 교원 휴 · 복직 관련 규정을 위반"하는 일이 없도록 지도 · 감독 업무를 철저히 하시기 바라며,

(2) 관련자에게 "경고"를 통보하여 주시기 바랍니다.

(2) 성실 의무 및 직장 이탈 금지 위반 사례

• 「국가공무원 복무규정」 제3조(근무기강의 확립) 제1항에 의거 공무원은 법령과 직무상 명령을 준수하여 근무기강을 확립하고 질서를 존중하여야 하고, 「국가 공무원 복무규칙」 제8조(근무상황의 관리)에 따라 공무원의 근무상황은 근무상황부 또는 근무상황카드에 의하여 관리하여야 하며, 공무원이 휴가 · 지각 · 조퇴 및 외출과 「공무원 여비 규정」 제18조에 따라 근무지 내에 출장하려는 때에

는 근무상황부 또는 근무상황카드에 의하여 사전에 소속 기관장의 승인을 받아야 한다고 규정하고 있습니다.

- 그러나 교장 □□는 2016. 9. 1자로 ◆◆초등학교에 발령받아 근무하던 중 2017. 3. 16부터 2017. 7. 25까지 약 4개월 동안 연가, 출장 등을 제외한 총 출근일수 62일(확인불가 일수 제외) 중에 53일(지각비율 85%)을 무단 지각하여 복무관리를 소홀히 한 사실이 있습니다.

- 또한 「경기도교육감 소속 지방공무원 근무사항에 관한 규칙」 제2조(근무기강의 확립) 및 제4조(근무상황의 관리)에 따르면 각급기관의 장은 엄정한 근무기강의 확립을 위하여 노력하여야 하고, 공무원의 근무상황은 근무상황부로 관리하여야 하며, 공무원이 휴가·지각·조퇴 및 외출과 「공무원 여비 규정」 제18조에 따라 근무지 내 출장을 하고자 할 때에는 근무상황부에 의하여 사전에 소속 기관장의 허가를 받아야 한다고 규정하고 있습니다.

- 그러나 교장 □□는 학교 소속 직원의 복무를 책임지고 관리하는 자로서 소속 직원인 교육행정실장(◑◑)이 2017. 3. 16부터 2017. 7. 25까지 약 4개월 동안 연가, 출장 등을 제외한 총 출근일수 77일(확인불가 일수 제외) 중에 77일(지각비율 100%)을 무단 지각을 한 행위에 대하여 관리 감독을 소홀히 한 사실이 있습니다.

- 이에 교장 □□의 이와 같은 행위는 「국가공무원법」 제56조(성실 의무), 제58조(직장 이탈 금지) 제1항을 위반한 것으로 「공무원비위사건 처리규정」(대통령훈령 제364호, 2017. 1. 10.)을 종합적으로 판단할 때, "비위 정도가 약하고 경과실인 경우"로 보아 "경징계 의결 요구" 예정임을 통보합니다.

5) 토론 및 실습 과제

5-1. 박 교사는 국가로부터 해외 도서관 시찰 기회를 가지게 되었다. 그런데 문제는 해외 시찰 기간이 박 교사가 재직하고 있는 학교의 수학여행 기간과 겹쳤다는 것이다. 박 교사는 수학여행을 가는 학년의 담임교사인데다가 이번 수학여행을 기획하고 총괄하는 중책을 맡고 있었다. 박 교사가 해외 도서관 시찰을 가게 되면 수학여행 추진에 심각한 지장이 초래될 것은 분명하

다. 이러한 상황에서 박 교사는 어떤 선택을 해야 하는지 토론해 보자.

5-2. 재직기간 10년인 홍 교사의 근무상황은 외출 15시간, 조퇴 9시간, 지참 1시간, 오전 반일연가 1회이다. 이러한 홍 교사의 근무상황기록을 바탕으로 가능한 연가일수를 계산해 보자.

5-3. 코로나19로 인해 원격수업이 확대되는 가운데, 교원의 복무지침도 새로운 상황 변화를 반영하여 변화하고 있다. 교사나 가족 중 확진자가 발생한 경우, 교원들의 유튜브 등 인터넷 방송활동이 늘어나는 경우, 원격수업 진행 시 교원의 복무 등을 어떻게 규정하고 있는지, 교육부 및 각 시·도교육청별 사례를 조사하여 교원 복무지침 규정을 정리해 보자.

2. 교직단체 이론과 실제

1) 교직단체를 보는 관점

'교직단체'는 교원들의 권익과 복지향상을 추구하고, 전문성을 향상하는 등 공동의 목표를 추구하는 교원들의 집단을 의미한다.

교직단체는 '교직'이라는 개념과 '단체'라는 개념으로 나누어 볼 수 있으며, 교직에 대한 관점에 따라 교원의 직업적 성격과 교원의 역할을 어떻게 규정할지가 달라질 수 있다. 교직을 보는 관점의 바탕에는 교육에 대한 가치관, 즉 교육 가치관이 자리 잡고 있다. 교육과 인간에 대한 기본적인 가정을 어떻게 하고 있는지, 교육의 가치가 그 안에 포함되어 있다는 내재주의와 교육을 다른 가치의 수단으로 보는 수단주의의 차이, 교육의 효율성을 강조하는 효율주의와 교육의 형평성을 강조하는 평등주의의 차이, 단기적 관점과 장기적 관점 등(이종재, 1992) 교육 가치관에 따라 교직을 보는 관점이 정해진다고 할 수 있다.

교직의 성격을 규정하는 차이에 따라 일반적으로 교직관을 '성직관' '전문직관' '노동직관' '공직관' 등의 네 가지로 나누어 볼 수 있다(윤광희 외, 2000; 이윤식 외, 2007: 386-387). 성직관은 교직을 성직자의 역할과 같이 여기는 것으로 교원의 소명의식과 헌신, 봉사, 희생 등을 강조하는 전통적인 관점이다. 성직관은 교원의 직업적 속성보다는 학생과의 인격적 만남에 보다 중점을 둔 것이라 할 수 있다. 전문직 관은 교직을 의사나 변호사와 같이 전문성을 갖춘 직업으로 간주하는 것이다. 전문 직관은 전문직에 속하는 직업들이 일반적으로 갖고 있는 기준과 조건을 정하여 이에 합당한 직업을 전문직으로 보는 것으로, 교직에 대한 현대적 관점이라고 할 수 있다. 노동직관은 교원을 교육노동자로 보는 관점이다. 교원, 특히 교사를 사용자 와 노동자의 계약관계로 파악하여 노동자로서의 권익 신장에 보다 초점을 맞춘 것으로 볼 수 있다. 공직관은 학교교육의 공공성을 강조하는 것으로 공교육 체제에서 교원의 책무성을 강조하는 관점으로 볼 수 있다.

우리나라의 교직단체를 살펴보면 교원단체는 전문직관을, 교원노조는 노동직관을 각각 대표하는 것으로 볼 수 있다. 따라서 교직이 전문직과 노동직 중 어느 편에 가까운지를 생각해 보고 입장을 결정하는 것은 교직단체를 이해하는 첫 번째 단계라고 할 수 있다.

전문직의 특징은 다음과 같다. 첫째, 전문가가 되기 위해 오랜 시간 수련과정을 거친다. 실제 전문직으로 인정받고 있는 의사의 경우를 살펴보면, 대학 교육 이외에도 오랜 기간의 수련과정을 거치는 것을 볼 수 있다. 둘째, 전문직은 직업인으로서 고도의 지식과 기술을 갖추고 있어야 한다. 셋째, 고도의 지식과 기술을 측정하는 엄격한 자격체계를 갖추고 있다. 넷째, 자격을 갖춘 전문가를 회원으로 하는 전문직 단체를 구성하여 운영하고 있다. 전문직 단체는 자격에 대한 통제와 함께 구성원의 전문성 향상과 윤리적 통제 기능도 하고 있다. 다섯째, 전문직으로서 고도의 사회적 책무성을 갖고 있는데, 사회에 대한 봉사와 직업윤리 등을 지켜야 한다(이윤식 외, 2007: 25-26; 이찬교, 진동섭, 1995: 27-30; Lieberman, 1956: 1-6).

논리적으로는 교직을 전문직으로 볼 경우 교직단체는 전문직 단체를 추구하여야 하고, 노동직으로 보는 경우 노동조합을 추구해야 한다. 그렇지만 교직의 실제를 살펴보면, 어느 하나의 특징이 절대적으로 우월하다고 할 수 없고, 오히려 여러 가지 특징이 혼재되어 있는 상황이다. 교직은 '전문직을 추구해야 한다.'라거나, '전문직으로 간주되어야 한다.'라는 규범적 명제는 교직이 추구해야 할 방향이라고 할 수는 있지만, 현실을 설명하는 사실적 명제로 보기에는 부족함이 있다. 따라서 우리나라의 교직단체로 전문직 단체나 노동조합 중에서 어느 하나를 선택해야 한다고 결론 짓기 어려운 상황이다.

미국의 교직단체는 교원의 권익 신장에만 초점을 두었던 기존의 입장에서 선회하여, 교사 및 교사의 수업에 대한 평가에 중요한 초점을 두고 있는 '신조합주의(新組合主義, New Unionism)'라는 새로운 패러다임을 강조하고 있다(정제영, 정성수, 2006: 145). 신조합주의의 핵심적인 내용은 교원의 전문성을 높이는 것이다. 교원의 전문성을 제고하면 학교교육의 질이 높아지고, 결과적으로 교원의 권익 신장으로 연결될 수 있다는 논리를 바탕으로 하고 있다. 그러기 위해서는 타율적으로 전문성을 신장하는 것이 아니라 교원 스스로 전문성을 높이고, 교직 전체의 전문성을 높이기 위해 교원단체를 중심으로 노력[2]해 나가야 한다는 것이다. 우리나라의 교직단체와 교원노조에서 교원의 전문성 향상을 위해 다양한 노력을 기울이고 있는 것도 이러한 이유라고 할 수 있다.

2) 교직단체의 역할

교직단체의 역할에 대해서는 유네스코(UNESCO)와 세계노동기구(ILO)가 1966년에 제안한 '교원의 지위에 관한 권고'에 그 내용이 제시되어 있다. 권고에는 "교직단체는 교육 발전에 크게 이바지할 수 있는 하나의 세력으로 인정되어야 하며, 따라서 교직단체는 교육정책 결정에 관여하여야 한다."라고 천명하였다. 구체적으로 다섯 가지의 역할을 제시하였는데, 첫째, 교원의 직무수행에 관한 기준을 규정하는 일, 둘째, 학생과 교육활동을 위하여 당국과 협의하는 일, 셋째, 교원의 윤리강령이나 행동강령을 제정하는 일, 넷째, 교원의 봉급과 근무조건을 결정하는 데 참여하는 일, 다섯째, 시간제나 임시로 채용된 교원의 봉급을 지급함에 있어서 정규 교원의 봉급표 수준을 유지하는 일이다(이윤식 외, 2007: 387).

교원단체의 역할에 대해 「교육기본법」 제15조 제1항에서는 교원들이 "상호 협동하여 교육의 진흥과 문화의 창달에 노력하며, 교원의 경제적·사회적 지위를 향상"하는 것으로 명시하고 있다. 교원노동조합의 역할에 대해서는 「교원의 노동조합 설

---

2) Lieberman(1998)은 교직단체가 신조합주의라는 패러다임으로의 전환에 성공하기 위해서는 경쟁력이 부족하고 무능력한 교사들을 자체적으로 도와주기 위한 방안이 필요하며, 이러한 방안들 가운데 멘토링을 활용한 동료장학과 평가를 예로 제시하고 있다.

립 및 운영 등에 관한 법률」(이하 「교원노조법」)에서 교원의 정치활동의 금지, 노동조합의 설립, 교섭 및 체결 권한, 쟁의행위의 금지, 노동쟁의의 조정신청 등에 관한 사항을 명시하고 있다.

우리나라 교직단체의 실제 역할을 살펴보면 크게 세 가지로 나누어 볼 수 있다. 첫째, 교원들의 경제적·사회적 지위 향상 등 교원들의 집단적 이익을 추구하는 것이다. 구체적으로는 교원의 처우 개선, 근무조건 및 복지후생이 주요 내용이다. 다만, 교직단체가 교원들만의 집단적 이익을 위해서만 노력하는 경우에는 학부모 등 국민적 지지를 잃을 수 있기 때문에 합리적인 결정과 활동의 수준을 유지하는 것이 필요하다.

둘째, 교원의 전문성 신장을 추구하는 것이다. 교원의 전문성 신장을 위해 두 가지 측면에서 역할을 할 수 있는데, 하나는 교육부나 교육청과의 교섭을 통해 교원의 전문성 향상을 위한 정책과 재원을 확대해 나가는 것이고, 다른 하나는 교직단체 스스로 구성원의 전문성 신장을 위한 노력을 하는 것이다. 교직단체별로 운영하는 다양한 교원연수가 활발하게 진행되고 있으며, 교직단체 스스로 연구와 학술 활동을 통해 전문성 신장을 추구하고 있다. 미국의 경우 캘리포니아 등 여러 주에서 교원의 전문성을 높이기 위한 '동료장학 및 평가(Peer Assistance and Review: PAR)' 프로그램을 교직단체에 위탁하여 재정을 지원하고 있는데, 이는 정부와 교직단체가 공동으로 노력하는 방식이라고 할 수 있다(정제영, 정성수, 2006).

셋째, 교육정책 형성과 집행 과정에 참여하는 것이다. 학교교육을 둘러싸고 있는 사회적·문화적 환경이 급속하게 변화하고 있고, 이에 따라 교육정책도 변화와 혁신을 추구하고 있다. 교원은 교육혁신의 대상이 아니라 현장교육의 주체로서 교육정책 과정에 참여하고 실천해야 한다. 따라서 학생의 올바른 교육적 성장을 위해 학교 현장의 교원들이 교육정책에 참여하는 것은 교육정책의 성공을 위해서도 필수적이다. 실제 교육정책의 형성과 추진 과정에서 교직단체들은 조직의 이념과 정책 방향에 따라 찬성과 반대의 의견을 다양하게 표출하고 있다. 구체적으로 살펴보면, 언론을 통해 교직단체들의 성명서 등 입장을 밝히는 것이 가장 대표적인 것이고, 교직단체 주도의 정책토론회 개최, 교육부장관 및 교육감 등 정책담당자와의 면담, 그리고 때에 따라서는 정부를 향해 시위를 하는 등 다양한 방식으로 의사를 표현하고 있다. 이러한 교직단체의 활동들은 교육정책 과정에서 직간접적으로 영향을 미치고 있다. 하지만 교육정책을 지나친 이념적 갈등이나 정치적 활동의 대상으로 여기는 것은 바람직하지 않다고 할 수 있다.

일부 교직단체에서는 특정한 시기나 사건을 계기로 학생들을 대상으로 교육과정 이외의 교육을 실시하고 있는데, 이를 '계기교육' 또는 '선전교육'으로 부른다. 계기교육 등은 교육과정이 담지 못하고 있는 사회 현상들에 대해 생생하게 교육할 수 있다는 장점을 갖고 있지만, 미성숙한 학생들을 대상으로 이념적으로 편향된 교육을 실시함으로써 비교육적 효과를 초래할 수 있다는 비판을 받고 있기도 하다.

추가적으로, 아직까지는 역할이 미미하지만 교원들 스스로의 자격 관리 기능이 필요하다. 전문직 단체의 경우에는 윤리적인 측면과 전문성의 측면에서 회원들의 자격을 관리하고 있다. 교직이 전문직을 추구해야 한다면 교원들 스스로 자정(自淨)할 수 있는 능력을 갖추는 것이 필요하다. 교원 전체의 전문성을 높이고, 학생과 학부모의 신뢰를 더욱 높이기 위해서는 스스로 교원 자격 수준을 높이려는 노력이 필요하다.

3) 우리나라 교직단체 현황 및 변천과정

우리나라의 교직단체는 해방 후 「교육법」에 명시되어 있는 '교육회'라는 법정 개념으로 출발하였다가, 1998년 개정된 「교육기본법」에서 '교원단체'라는 개념으로 바뀌어 교원들을 대표하는 조직으로 규정되었다. 이후 1999년 「교원의 노동조합 설립 및 운영 등에 관한 법률」(이하 「교원노조법」)이 제정되면서 '교원노동조합(이하 교원노조)'이 합법화되어 교원단체와 교원노조가 공존하는 상황이 되었다. 이후 이 두 조직을 포괄하여 지칭하는 의미로 '교직단체'라는 용어를 사용하고 있다.

우리나라에서는 1개의 교원단체와 5개의 교원노조(전국단위)가 활동하고 있다. '한국교원단체총연합회(이하 한국교총)'는 우리나라의 유일한 교원단체로서 「교육기본법」 제15조(교원단체)와 「민법」 제32조(비영리법인의 설립과 허가)에 법적인 근거를 두고 있다. 한국교총의 회원은 유·초등·중등·대학교원을 대상으로 하고 있으며, 설립 목적은 "회원 상호 간의 강력한 단결을 통하여 교원의 사회적·경제적 지위 향상과 교직의 전문성 확립을 기함으로써 교육의 진흥과 문화의 창달에 기여"하는 것이다. 한국교총은 우리나라 교직단체 중에서 가장 오랜 역사를 가지고 있으며, 회원의 규모도 가장 크다. 「유아교육법」 「초·중등교육법」에 따른 교원은 시·도단위 또는 전국단위로 노동조합을 설립할 수 있는데, 우리나라의 교원노조는 2019년 기준 2개의 교원노동조합 연합단체, 8개의 전국단위 교원노동조합, 13개의 시·도단위 노동조합이 설립·운영 중이다. 다만 2019년도에는 전국교직원노동조합이 법외노조

표 2-7 | 2019년 교원노동조합 조직 현황

연번	구분	명칭	설립일	조합원 수(명)
1	연합단체	자유교원조합	'06. 05. 04.	213
2		교사노동조합연맹	'17. 12. 20.	8,527
3	전국단위	한국교원노동조합	'99. 05. 16.	5,498
4		대한민국교원조합	'08. 12. 05.	355
5		전국중등교사노동조합	'17. 11. 30.	415
6		전국사서교사노동조합	'17. 12. 29.	450
7		전국전문상담교사노동조합	'19. 02. 20.	352
8		함께하는장애인교원노동조합	'19. 07. 15.	82
9		전국보건교사노동조합	'19. 12. 02.	400
10		민주시민교육교원노동조합	'19. 12. 17.	402
11	시·도단위	충남자유교원조합	'06. 07. 22.	19
12		대경자유교원조합	'06. 05. 30.	11
13		울산교원노동조합	'06. 04. 17.	51
14		경기자유교원조합	'06. 04. 03.	132
15		서울교사노동조합	'16. 12. 08.	2,000
16		광주교사노동조합	'17. 12. 21.	154
17		경남교사노동조합	'18. 01. 11.	300
18		전남전문상담교사노동조합	'18. 02. 20.	120
19		경기교사노동조합	'18. 09. 03.	3,278
20		강원교원노동조합	'19. 08. 08.	38
21		울산교사노동조합	'19. 08. 19.	104
22		충북교사노동조합	'19. 10. 01.	352
23		전국사립유치원교직원노동조합	'19. 12. 16.	3

출처: 고용노동부(2019).

처분을 받은 상태였으므로, 전교조가 제외된 통계이다.

그런데 2013년 10월 24일 박근혜 정부의 고용노동부가 2013년 10월까지 합법적인 노조로 운영되던 전국교직원노동조합(이하 전교조)을 법상 노동조합으로 보지 않는다는 통지를 함에 따라 전교조는 법외노조가 되어 법적지위를 상실하게 되었다. 당시 5만여 명 이상의 조합원 중에는 해직교사가 22명 있었는데, 이 중 9명의 해직교사에 대해 해직자를 조합원으로 둘 수 있는 전교조 규약을 문제 삼았다. 전교조 규약이 「교원노조법」 위반이니 해직자를 조합원으로 둘 수 없도록 규약을 바꾸라는 요구를 받았던 것이다. 당시 전교조는 규약 개정을 수용하면 전교조의 자주성과 정체성이 훼손되고, 거부하면 법적지위 박탈로 인해 노조활동이 위축되는 딜레마 상황에 처하게 되었다. 이러한 압박 속에서 규약 개정에 대한 조합원 총투표를 실시했는데, 67.9%가 규약 개정에 반대하면서 결국 전교조는 규약 개정 요구를 거부했고 법외노조 통보를 받았다.

그러나 2020년 6월 23일 노조 3법 개정안이 국무회의를 통과하면서 전교조 합법화를 위한 노력이 진행되었다. ILO 핵심협약 비준을 위해 노조 3법 개정안을 재추진하고 있고, 이 비준동의안과 관련법 개정안이 국회에서 처리되면 대법원의 판결 유무와 상관없이 전교조의 합법화가 가능한 상황이 되었다. 그리고 2013년 10월 24일, 박근혜 정부의 전교조 법외노조 통지 이후 6년 10개월이 지난 2020년 9월 3일에 대법원이 전국교직원노동조합 법외노조 처분이 무효라는 판결을 내리면서 전교조는 법적지위를 회복하였다.

이러한 경과를 거쳐 2021년 현재 한국의 전국단위 교원노조는 '전국교직원노동조합(이하 전교조)' '한국교원노동조합(이하 한교조)' '자유교원조합(이하 자유교조)' '교사노동조합연맹'의 총 4개가 활동하고 있다. 교원노조는 「교원노조법」에 근거하여 운영되고 있다. 교원노조들은 각자 고유한 설립 목적을 갖고 있는데, 전교조의 설립 목적은 "교육노동자로서의 기본 권익을 적극 옹호하고 민주교육 발전에 기여"하는 것이다. 특히 교사를 노동자로 규정하고, 민주교육을 강조한다는 특징이 있다. 한교조의 설립 목적은 "푸른 교육을 구현하고 교원으로서 존엄성을 유지하며 교직의 전문성 확립을 기함으로써 창조적이고 민주적인 교육문화 창달에 기여"하는 것으로 푸른 교육을 모토로 하고 있다. 자유교조의 설립 목적은 "부모의 마음으로 학생들을 교육시키려는 자유주의 교육을 구현"하는 것인데, 자유주의 교육이 이념적인 목표라고 할 수 있다.

4) 교직단체의 교섭 · 협의 · 협약

교직단체의 핵심적인 역할 중의 하나는 교원들의 권익을 대표하여 국가단위에서는 교육부, 지방단위에서는 교육감과 교섭 · 협의 · 협약하는 것이다. 우리나라 교직단체의 교섭과 협의는 근거한 법령에 따라 교원단체의 교섭 · 협의와 교원노조의 단체교섭 및 단체협약으로 이분화되어 있다.

(1) 교원단체의 교섭 및 협의

「교육기본법」 제15조 제1항에 따른 교원단체, 즉 한국교총의 교섭 및 협의는 「교원의 지위향상 및 교육활동 보호를 위한 특별법」(이하 「교원지위법」)과 「교원 지위 향상을 위한 교섭 · 협의에 관한 규정」(이하 「교원지위규정」)에 근거하여 진행하게 된다. 교섭 · 협의의 당사자, 교섭 · 협의 사항, 교섭 · 협의의 시기와 절차, 합의 사항의 이행 노력 등의 순서로 살펴본다.

「교원지위법」 제11조 제1항에서는 교원단체의 교섭 · 협의에 있어서 당사자를 교육부장관이나 시 · 도의 교육감으로 규정하고 있다. 「교원지위규정」 제2조에서는 교섭 · 협의 당사자를 구분하여, 중앙의 교원단체는 교육부장관과, 시 · 도에 조직된 교원단체는 당해 시 · 도의 교육감과 각각 교섭 · 협의를 하도록 되어 있다. 교섭 · 협의의 당사자는 공립과 사립의 구분 없이 교육부장관이나 교육감으로 한정되어 있다. 교육지원청이나 단위학교 수준에서의 교섭 · 협의는 원칙적으로 불가능하다.

교섭 · 협의 사항은 교원의 처우 개선, 근무조건 및 복지후생과 전문성 신장에 관한 사항을 그 대상으로 한다. 다만, 교육과정과 교육기관 및 교육행정기관의 관리 · 운영에 관한 사항은 교섭 · 협의의 대상이 될 수 없다(「교원지위법」 제12조). 「교원지위법」에 따라 「교원지위규정」 제3조에서는 교섭 · 협의 사항의 범위를 보다 구체적으로 다음과 같이 규정하고 있다.

1. 봉급 및 수당 체계의 개선에 관한 사항
2. 근무시간 · 휴게 · 휴무 및 휴가 등에 관한 사항

3. 여교원의 보호에 관한 사항

4. 안전 · 보건에 관한 사항

5. 교권 신장에 관한 사항

6. 복지 · 후생에 관한 사항

7. 연구활동 육성 및 지원에 관한 사항

8. 전문성 신장과 연수 등에 관한 사항

9. 기타 근무조건에 관한 사항

교섭 · 협의는 매년 2회(1월과 7월) 행하되, 특별한 사안이 있는 때에는 당사자가 협의하여 그때마다 행할 수 있다(「교원지위규정」 제5조). 교원단체는 교섭 · 협의 요구를 하고자 하는 때에는 교섭 · 협의 개시 예정일 20일 전까지 교섭 · 협의 내용을 상대방에게 서면으로 통보하여야 한다. 다만, 긴급한 사안이 있는 때에는 7일 전까지 통보할 수 있다. 교섭 · 협의 요구가 있는 때에는 당해 당사자가 그 소속 직원 중에서 지명한 자로 하여금 교섭 · 협의 내용의 범위, 교섭 · 협의 대표, 교섭 · 협의의 일시 및 장소, 기타 교섭 · 협의에 필요한 사항에 관하여 미리 실무 협의를 하도록 하고 그 결과를 서면으로 작성하게 하여야 한다. 교섭 · 협의 대표는 당사자가 각각 지명하되, 쌍방이 같은 수로 하도록 되어 있다. 당사자가 각각 필요하다고 인정하는 때에는 교섭 · 협의 내용과 관련이 있는 자 또는 기관 · 단체 등의 의견을 들을 수 있다. 당사자는 평화적 교섭 · 협의에 지장을 주는 행위를 하여서는 안 된다. 교섭 · 협의에서 합의한 사항에 관하여는 교섭 · 협의 대표 전원이 서명한 합의서 2부를 작성하여 당사자가 각각 1부씩 보관하도록 되어 있다.

교육부장관이나 교육감은 제1항에 따른 교섭 · 협의에 성실히 응하여야 하며, 교섭 · 협의에서 합의한 사항을 성실하게 이행하여야 한다. 이 경우 법령의 제정 · 개정 또는 폐지, 예산의 편성 · 집행 등에 의하여 이행될 수 있는 사항에 관하여는 쌍방이 적법한 절차와 방법에 의하여 그 이행을 위한 노력을 하여야 한다. 교섭 · 협의 시의 합의사항에 대한 이행 여부에 관하여는 다음 교섭 · 협의 시까지 각각 상대방에게 서면으로 통보하여야 한다. 이 경우 이행하지 못한 부분에 대하여는 그 사유를 기재하여야 한다.

(2) 교원노조의 단체 교섭 및 협약

교원노조의 단체 교섭 및 협약은「교원노조법」과「교원의 노동조합 설립 및 운영 등에 관한 법률 시행령」(이하「교원노조법 시행령」),「교원의 노동조합 설립 및 운영 등에 관한 법률 시행규칙」(이하「교원노조법 시행규칙」)에 근거하여 진행하게 된다. 단체 교섭·협약의 당사자, 단체 교섭·협약 사항, 단체 교섭·협약의 절차, 단체협약의 효력과 합의사항의 이행 노력 등의 순서로 살펴본다.

교원노조의 경우, 교원단체와는 달리 교원의 경우에는 "교육부장관, 시·도 교육 감 또는 사립학교를 설립·경영하는 자와 교섭하고 단체협약을 체결할 권한을 가 진다."(「교원노조법」제6조 제1항)라고 규정하고 있어서 교육부장관과 교육감 이외에 사립학교가 별도로 규정되어 있다. 사립학교의 경우에는 사립학교를 설립·경영 하는 자가 전국 또는 시·도 단위로 연합하여 교섭에 응하도록 되어 있다. 또한 교 원으로 임용되어 근무하였던 사람(동법 제6조 제2항)으로 노동조합 규약으로 정하는 노동조합의 대표자는 교육부장관, 시·도지사, 시·도 교육감, 국공립학교의 장 또 는 사립학교 설립·경영자와 교섭하고 단체협약을 체결할 권한을 가진다. 노동조 합의 교섭위원은 당해 노동조합을 대표하는 자와 그 조합원으로 구성하여야 한다. 2개 이상의 노동조합이 설립되어 있는 경우에는 노동조합은 교섭창구를 단일화하 여 단체교섭을 요구하도록 되어 있다.

단체교섭을 하거나 단체협약을 체결하는 경우에 관계 당사자는 국민 여론 및 학 부모의 의견을 수렴하여 성실히 교섭하고 단체협약을 체결하여야 하며, 권한의 남 용은 금지되어 있다. 국민 여론 및 학부모의 의견을 수렴할 때에는 여론조사를 하거 나 공청회 등을 개최할 수 있고, 여론조사 및 공청회는 노동관계 당사자가 공동으로 실시할 수 있도록 되어 있다.

「교원노조법」제6조 제1항에서는 단체 교섭 및 협약의 범위를 "임금, 근무조건, 후생·복지 등 경제적·사회적 지위 향상"으로 규정하고 있다. 이 조항을 예시규정 으로 볼 경우에는 이것 이외에 교원의 전문성 향상, 교육정책 등도 단체 교섭 및 협 약의 범위에 포함될 수 있지만, 이 조항을 열거규정이라고 본다면, 경제적·사회적 지위 향상과 관련된 사항 이외에는 단체 교섭 및 협약의 범위에 포함되지 않는다.[3]

---

3) 법 용어상 '열거규정'은 열거된 내용 이외에는 인정하지 않는 것이고, '예시규정'은 여러 가지 내용 중에서 예 시를 한 것으로 예시한 것 외에도 인정하는 것을 의미한다.

이 조항에서 '임금, 근무조건, 후생·복지 등'은 경제적·사회적 지위 향상과 관련된 사항의 예시규정에 해당하고, '경제적·사회적 지위 향상과 관련된 사항'은 열거규정이라고 보는 것이 타당하다. 따라서 교원노조의 단체 교섭 및 협약은 원칙적으로 경제적·사회적 지위 향상과 관련된 사항에 한정된다고 할 수 있다.

단체 교섭 및 협약의 절차는「교원노조법 시행령」제3조에서 규정하고 있다. 노동조합의 대표자가「교원노조법」제6조 제1항 및 제4항에 따라 상대방(사립학교를 설립·경영하는 자의 경우 이들을 구성원으로 하는 단체가 있는 때에는 그 단체의 대표자를 의미함)과 단체교섭을 하고자 하는 때에는 노동조합의 명칭, 대표자의 성명, 주된 사무소의 소재지, 교섭 요구사항 및 조합원 수 등(단체교섭을 요구하는 날 기준)을 적어 서면으로 알려야 한다. 사립학교의 설립·경영자가 노동조합의 대표자로부터 단체교섭을 요구받은 때에는 그 교섭이 시작되기 전까지 전국 또는 시·도단위로 교섭단을 구성해야 한다. 단체교섭에 참여하려는 관련된 노동조합은 공고일로부터 7일 이내에 서면으로 상대방에게 교섭을 요구해야 한다.

단체협약은 법에 의해 이루어지는 것이므로, 규범적 효력을 갖는다고 할 수 있고, 따라서 당사자들은 협약이 이행될 수 있도록 노력해야 한다. 다만,「교원노조법」제7조 제1항에는 "단체협약의 내용 중 법령·조례 및 예산에 의하여 규정되는 내용과 법령 또는 조례에 의한 위임을 받아 규정되는 내용은 단체협약으로서의 효력을 가지지 아니한다."라고 명시하고 있다. 하지만 단체협약으로서의 효력을 가지지 아니하는 내용에 대해서도 교육부장관, 시·도 교육감, 국공립학교의 장 및 사립학교를 설립·경영하는 자는 그 내용이 이행될 수 있도록 성실히 노력하여야 한다. 협약이 이행될 수 있도록「교원노조법 시행령」제5조에서는 교육부장관, 시·도 교육감, 국공립 및 사립학교를 설립·경영하는 자는 단체협약으로서의 효력을 가지지 아니하는 단체협약 내용에 대한 이행 결과를 다음 교섭 시까지 상대방에게 서면으로 통보하여야 한다.

토론 및 실습 과제

1. 교직의 성격을 '성직관, 전문직관, 노동직관, 공직관'으로 나누어 각각의 관점에서 교직을 설명할 수 있는 논리의 강점과 약점에 대해 논의해 보자.

2. 교육부, 교원단체, 교원노조에서는 다양한 교육정책을 둘러싸고 서로 다른 반응을 보이고 있다. 팀별로 교원단체 간 입장 차이가 있는 교육정책을 하나 선정하고, 교직단체별 입장을 비교 분석하여 성명서 형식으로 작성, 발표해 보자.

참고문헌

경기도교육청(2020). 2020학년도 3차 개학 연기(2020. 3. 23. 이후)에 따른 교원 복무 안내[교원정책과-4984, 20. 3. 18.].

경기도교육청(2020). 교육부 코로나19 확산 방지를 위한 교육공무원 복무관리 지침[교원정책과, 20. 3. 18.].

경기도성남교육지원청(2018). 2017 경기도성남교육지원청 감사결과 처분서 공개.

고용노동부(2019). 노동조합 현황 정기 통보('19. 12. 31. 기준) 자료.

교육부(2019. 7. 9.). 선생님, 유튜브 활동 이렇게 하세요: 교원 유튜브활동 복무지침. 교육부 보도자료.

대구광역시교육청(2020). 중학교 담임교사 업무매뉴얼.

류방란, 이혜영(2002). 초등학교 교사의 생활과 문화. 서울: 한국교육개발원.

머니투데이(2021. 2. 28.). 인터넷에 떠도는 사진과 전화번호⋯온라인수업이 괴로운 교사들.

서울특별시교육청(2020). 2020년 서울시교육청 교원복무 관련 안내.

서울특별시교육청(2021). 알기 쉬운 교육공무원 인사실무 매뉴얼: 유치원, 초등학교, 특수학교.

윤광희 외(2000). 일본과 미국의 교직단체에 관한 연구. 서울: 교육인적자원부.

이윤식, 김병찬, 김정휘, 박남기, 박영숙, 송광용, 이성은, 전제상, 정영수, 정일환, 조동섭, 진동섭, 최상근, 허병기(2007). 교직과 교사. 서울: 학지사.

이종재(1992). 교육행정가의 교육관. 교육행정학연구, 10(1).

이종재, 정태범, 권상혁, 노종희, 정진환, 정영수, 서정화, 이군현(2003). 교사론. 서울: 교육과학사.

이찬교, 진동섭(1995). 교직과 교사. 서울: 한국방송통신대학교.

이학진(2006). 한국 교직단체의 교원 복지정책 비교 분석. 부산대학교 대학원 석사학위논문.

이혜영, 류방란, 윤여각(2001). 중등학교 교사의 생활과 문화. 서울: 한국교육개발원.

임천순, 진동섭, 신종호(2004). 교원 고충 불만과 교직단체 기능에 대한 교원과 학부모의 인식. 한국교원교육연구, 21(1), 275-298.

정제영, 정성수(2006). 멘토링을 활용한 교원의 전문성 향상에 관한 연구−미국의 PAR 프로그램을 중심으로−. 한국교원교육연구, 23(2), 129-152.

한국교원단체총연합회(1992). 한국교총 50년사. 서울: 교육과학사.

한국교원단체총연합회(1997). 예비교원을 위한 교사론. 서울: 교육과학사.

한국교원단체총연합회(2002). 교원단체의 단체 교섭 합의사항 분석연구.

한국교육행정학회(1995). 교육인사행정론. 서울: 하우.

Lieberman, M. (1956). *Education as a profession*. NJ: Prentice-Hall, Inc.

Lieberman, M. (1998). *Teachers evaluating teachers: Peer review and the new unionism*. Bowling Green, OH: Social Philosophy and Policy Center and Transaction Publishers.

Lortie, L. C. (1975). *Schoolteacher: A sociological study*. 진동섭 역(1993). 교직사회: 교직과 교사의 삶. 서울: 양서원.

[참고 사이트]

국가법령정보센터: https://www.law.go.kr

EAI 동아시아 연구원: https://www.eai.or.kr

전국교직원노동조합: https://www.eduhope.net

한국교원단체총연합회: http://www.kfta.or.kr

교직윤리

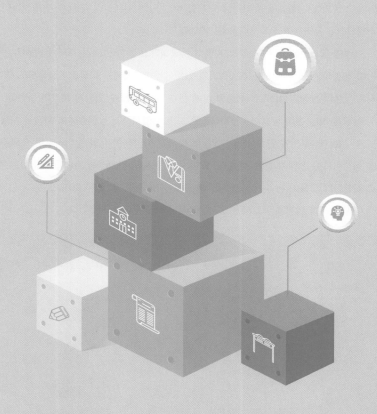

김 교사가 수업을 담당하는 학급 학생들은 다음 달에 중요한 시험을 앞두고 있다. 그런데 김 교사가 가르치는 과목은 시험 대상이 아니다. 학생들은 중대한 시험을 앞두었으므로 김 교사의 담당 교과 수업시간을 시험 때까지 자습시간으로 운영하면 좋겠다는 의견을 제시하였다. 김 교사가 생각하기에도 학생들의 장래를 결정할 수도 있는 시험이니, 가능하면 학생들이 바라는 대로 수업시간을 운영하면 좋을 것 같기도 하였다.

그런데 달리 생각하면, 아무리 시험이 중요하다고 하더라도 김 교사가 담당하는 과목 역시 인간이 생활하는 과정에서 중요한 의미가 있는 것인데, 시험을 이유로 학생들이 공부할 기회를 가지지 못한다면 장기적으로 학생들의 삶에 큰 손실을 입힐 수 있다는 생각이 들었다.

어떻게 하는 편이 좋을까? 단기적으로 보면 수업시간에 학생들에게 자습을 허용하는 편이 좋을 것 같은데, 길게 보면 학생들이 인간으로서의 바람직한 삶을 준비하도록 도와주기 위해 수업을 정상적으로 진행해야 할 것 같다. 또한 지금 당장 수업시간에 자습을 허용하는 편이 결과적으로 학생들에게 득이 될 것 같지만, 원칙적으로는 바람직하지 않은 일인 것 같다.

어떻게 해야 할까? 김 교사는 교직윤리에 관한 질문에 빠져들었다.

1. 교직과 윤리

1) 교직윤리의 필요성

교사들은 다른 직업에 종사하는 사람에 비하여 더 높은 수준의 도덕성을 갖출 것을 요구받는다. 언론 매체에서 동일한 잘못을 범한 사람들 가운데 유독 교사에 대하여 그 직업을 밝히고, 더 비난하는 경우를 종종 볼 수 있다. 이는 일찍부터 교사를 학식과 인격이 높아 세상 사람의 모범이 되는 사람, 즉 사표(師表)로 여긴 까닭이다. 교사는 인간 교육에 종사하는 사람으로서 학생은 물론 세상 여러 사람의 본보기가 될 수 있어야 한다.

교사가 도덕적인 사람이 되어야 한다는 요청은 분명하지만, 교사가 교직을 영위하는 과정에서 항상 도덕적인 행위를 하는 것이 늘 쉬운 일은 아니다. 교사는 여러 가지 상황에서 "어떻게 하는 편이 더 바람직한가?"라는 질문에 봉착하게 되는데, 이 질문에 확신을 가지고 답하기 쉽지 않은 경우가 종종 발생하기 때문이다. 예컨대, 교사가 학생을 대하는 데에는 여러 가지 방식이 있을 수 있으며, 이들 방식은 모두 일리(一理)가 있는 것이어서 어느 하나만 옳다고 할 수 없다. 교사는 교직생활 내내 윤리적 질문에 묻혀 지낼 수밖에 없는 존재이다.

교사가 윤리적 문제에 직면할 때마다 스스로 해결책을 구해야만 하는 것은 아니다. 어떤 사회든 법을 필두로 공식적 규범체계를 세워서 교사의 행위 준칙으로 삼고 있다. 우리나라의 경우에도 「교육기본법」과 「국가공무원법」 등을 통하여 교사의 의무를 규정하고 있다. 교사는 직무에 성실히 임해야 하며, 청렴해야 하고, 비밀을 엄수하여야 한다는 것 등이 그 예이다.

그런데 교사가 봉착하는 윤리적 질문이 법과 같은 공식적 규범체계에 의하여 모두 해소될 수 있는 것은 아니다. 인간과 인간 사이에서 이루어지는 교육은 사람의 특성과 상황, 장기적 관점 등을 고려하여 섬세한 결정을 필연적으로 요청하는데, 이 요청에 부응하기에는 모든 상황에서 모든 사람에게 공히 적용할 수 있는 규범으로서의 법은 성긴 그물이기 때문이다. 교사는 법 이상의 섬세한 행동 규준, 즉 교직윤리를 발전시킬 필요가 있다. 교육활동이 과학(science)으로서의 성격뿐만 아니라 기예(art)로서의 성격을 갖는다고 할 때, 이 진술에 교직윤리의 필요가 함축되어 있다고 할 수 있다.

교직윤리를 발전시켜야 할 필요는 다음 몇 가지로 정리할 수 있다.

첫째, 교사의 윤리는 교육의 기반을 형성한다. 현실태(現實態)로서의 미약한 존재 안에 내재한 가능태(可能態)를 최대한 발현시켜 온전한 인간으로 성장하도록 돕는 일을 교육이라고 한다(정범모, 1997). 인간과 인간의 만남인 교육은 학생의 교사에 대한 전면적 신뢰를 절대적으로 요청하며, 신뢰는 교사의 윤리적 실천에서 비롯한다. 교사가 성실과 진실을 기반으로 윤리적 실천을 할 때, 가르치는 자와 배우는 자 사이에 교육적 상황이 형성된다(허병기, 2007: 367). 교사는 학생에게 여러 가지 권력(power)을 행사하는데, 이 중 가장 기본이 되며 바람직한 권력은 준거적 권력(referent power)이다. 준거적 권력은 학생이 교사를 본받고자 할 때 발휘되는 교사의 힘으로서, 윤리적인 실천을 하는 교사에게 발생한다.

둘째, 전문직으로서의 필요에 의한 것이다. 어떤 직업이 다음과 같은 두 가지 조건을 갖출 때 전문직이라고 한다. 종사자들이 일반인은 가지고 있지 않은 지식과 기술을 가지고 있어야 하며, 공익을 도모하고 각자의 지식과 기술을 증진함으로써 사회 구성원들에게 더 효과적으로 봉사하기 위하여 자체의 조직을 자율적으로 형성하고 운영하여야 한다(Goldman, 1992: 1018). 전문직 종사자들이 자율적이고 책임 있게 활동하기 위하여 전문직 윤리가 필수적으로 요청되는데(Lieberman, 1956), 전문직 종사자들은 특수한 지식과 능력을 갖추고 있어서 무지한 고객을 기망할 수 있는바, 이들의 전문적 권력의 남용 또는 오용을 자정(自淨)하기 위하여, 또 전문직 종사자들의 결속을 높이고 스스로의 이익을 보장하기 위해서이다(손봉호, 김혜성, 조영제, 2001: 194).

셋째, 교사 스스로의 성장을 위해 교직윤리는 필수적이다. 교사가 장기간 교직에 종사한다고 하면, 외견상 그는 반복적인 일을 하고 있는 셈이다. 어떤 교사가 몇 해간 계속 교직에 종사하면 수업이나 학생지도 모두 그에게 그다지 신선하지 않은, 기계적인 일이 될 수도 있다. 이런 까닭에 교사가 자신의 일을 항상 새롭게 대하고, 더불어 그의 교육활동에 생명력을 불어넣고자 한다면 그는 스스로 자신의 행위를 되돌아보아야 한다. 흔히 교사의 일을 반성적 실천(reflective practice)이라고 하거니와, 이때 교사가 늘 제기하여야 하는 질문은 "조금 전 나의 행위는 바람직한 것이었는가?" 하는 것이다. 자신의 행위에 윤리적 질문을 그치지 않는 교사만이 교직을 보람 있게 영위할 수 있다.

2) 교직윤리의 개념과 성격

교직윤리의 개념을 더 정확히 파악하기 위하여 우선 윤리(倫理)의 의미를 살펴보자. 동양에서 윤리의 '윤(倫)'은 '사람(人)'과 '뭉치(侖)'를 합해서 만들어진 글자로서 '인간집단'을 의미한다. '리(理)'는 '결' 또는 '길'을 의미한다. 이렇게 보면, 윤리는 '인간 사회의 결 또는 길'이라고 풀이할 수 있다(김태길, 1998: 433-434). 서양에서 윤리(ethics)는 도덕(moral)을 의미한다. 희랍어의 ethos에 기원을 둔 윤리(ethics)와 라틴어의 mores에 기원을 둔 도덕(moral)은 같은 의미로서, '풍속' '관례' '관습'이라는 뜻에서 유래한다(한국사회연구소 편, 1990). '관례'나 '관습'을 인간 사회의 결 또는 길이 형식화된 것이라고 본다면, 윤리는 외견상 관례나 관습에 따른 행동, 더 심층적으로는 인간 사회의 결이나 길에 부합하는 행동이라고 할 수 있다.

교직윤리는 교직에 종사하는 사람들이 마땅히 따라야 하는 길, 즉 규범이라고 할 수 있다. 길은 그 길은 걷는 사람과 그를 바라보는 사람 모두에게 의미가 있다. 사람의 길을 벗어난 사람을 사람이라 하지 않는 것과 마찬가지로, 교사의 길을 벗어난 사람은 교사라고 하지 않는다. 교직윤리는 교직에 종사하는 사람들이 자신의 전문성을 실현하는 바탕을 형성한다. 또 교직윤리는 교사를 바라보는 사람들의 의식과 태도가 응축된 것이기도 하다. 학생과 학부모는 '교사라면 마땅히 하여야 하는' 행동에 대한 인식을 가지고 있고, 이는 교직윤리의 내용을 외부적으로 규정한다. 우리 사회의 시민들은 교사 스스로 인식하는 교직윤리보다 높은 수준의 윤리의식을 교사들에게 요구한다(손봉호, 김혜성, 조영제, 2001).

교직윤리가 교사집단에게 요청되는 규범이라고 할 때, 규범은 여러 가지 형식을 띤다. 법은 대표적 규범이다. 교직윤리에 관한 기존 논의는 규범으로서의 법과 윤리의 차이점을 들어 교사의 법적 의무를 배제한 비공식적 내용으로만 교직윤리를 구성하였다. 다시 말해, 법은 외부적 규범이나 윤리는 내부적 규범이며, 교직윤리는 비록 강제를 수반하는 법률적 성격을 갖지는 않지만, 교사가 교육활동을 수행하면서 사표로서 마땅히 지키고 실천하여야 할 행동 규범 또는 도덕적 의무라고 보는 것이다(기순신, 2001; 박경묵, 2007; 윤종건, 전하찬, 1985).

그런데 이런 입장은 재고의 여지가 있다. 교직윤리에서 '윤리'는 여러 가지 규범 중 법과 차별되는 규범의 일종을 의미하는 것이 아니라 규범 전체를 의미한다. 교사로서 지켜야 하는 도리(道理)는 법적 의무를 제외한 것이 아니라 당연히 법적 의무를 포함한다. '법은 도덕의 최소한'이라는 말이 의미하는 바와 같이 교직윤리는 교사에 대한 법적 의무를 포함한 규범의 총체를 의미한다.

3) 딜레마 상황으로서의 교직윤리 문제

흔히 교직윤리라고 하면 "교사는 열정을 가져야 한다. 교사는 학생을 공정하게 대우하여야 한다."라는 것과 같이 다른 견해가 존재할 수 없는 도덕적 요청을 떠올리게 된다. 이런 내용들이 교직윤리의 일부임은 분명하지만, 교직윤리는 그 이상의 것이다. 교사는 어떻게 하는 편이 더 올바른 것인가를 쉽게 판단할 수 없는 상황에 종종 처하는데, 이 경우 앞의 도덕적 요청은 문제해결에 크게 도움이 되지 않는다.

예를 들어, 중요한 시험을 목전에 두고 있는 학생들에게 시험 대상이 아닌 과목을 담당하는 교사가 원칙적으로 교육과정을 운영해야 할 것인가, 아니면 학생들의 입장을 고려하여 자습시간을 부여하고 학생들이 각자 필요한 공부를 하도록 하는 편이 바람직한가 하는 문제는 대답하기가 쉽지 않다.

또 모둠별로 수준별 학습을 진행하고 있는 상황에서 한 모둠에 속한 두 학생의 사이가 대단히 좋지 않은데 이들을 한 모둠에 소속하도록 했을 때 학급 전체의 분위기가 손상되는 경우를 가정해 보자. 이 경우 두 학생을 각기 다른 모둠에 배치한다면 문제가 쉽게 해결될 것 같지만, 만약 2명 중 어느 1명이 자신의 수준에 맞지 않는 모둠에 배정되어야 한다면, 이 경우 그 학생은 부당한 대우를 받는 것이다. 상황이 이렇다면, 교사는 어떤 선택을 할 수 있는가?

이와 같은 사례에서 알 수 있는 것처럼, 교사는 어떻게 해야 할 것인가를 자명하게 판단하기 힘든 딜레마 상황에 처하게 되는 경우가 많다. 이런 상황에서 교사들의 판단 또는 선택은 동일하지 않다. 교사들은 제각기 문제에 대한 접근 논리를 개발하게 되고, 각각의 논리는 거의 정확히 같은 정도의 무게를 갖는 반대 논리를 형성하게 되는데, 이 논리들 중 몇 가지를 소개하면 다음과 같다.

(1) 전문직 윤리와 천직 윤리

교직의 성격을 어떻게 볼 것인가라는 문제와 교직윤리에 대한 교사들의 태도는 불가분의 관계를 지닌다. 전통적으로 한국 사회에서 교직을 성직 또는 천직(calling)으로 여기는 교사들이 많았다. 그런데 시간이 경과하면서 교직에 대한 전문직관이 강화됨에 따라 두 가지 관점이 경쟁하고 있다. 교직의 성격을 어떻게 볼 것인가에 따라서 교직윤리의 내용이 달라진다(곽덕주, 2007).

성직관에 따르면, 교직은 인간의 정신과 인격을 다루고 인간을 형성하는 일이다. 교육은 참다운 인간을 형성하는 일이기에, 교사는 전문가이기 전에 성직자와 같은 자질과 자세를 갖춘 존재이어야 한다. 교사는 인품은 물론 그의 삶 전체에서 사회가 지향하는 가치를 지향하도록 기대된다. 성직자들이 신도들 개개인의 어려움에 관심을 가지고 이를 해결하고자 노력하는 것과 마찬가지로, 학생 개개인에 대한 배려와 헌신이 교사에게 가장 중요한 덕목이다. 교사는 일정한 원칙을 중심으로 여러 명의 학생을 공정하게 대우하여야 하지만, 불가피한 경우에는 현재 어려움을 겪는 학생을 특별하게 대우할 수 있다. 천직관을 가진 교사들은 학생들의 개별적 이익을 중시하고, 그들의 장래에 대한 개인적이고 인간적인 책임을 떠안으려고 한다(곽덕주, 2007: 13).

반면, 전문직자로서의 교사는 공적인 성격의 윤리의식을 발전시킬 필요가 있다. 여기서 '공적'이라고 하는 말의 의미는 학생들의 문제에 대하여 개인적 관심과 배려를 베풀기보다는 전문적 지식과 기술을 기초로 객관적 태도와 주관적 감정을 배제한 채로 공평무사한 판단을 발휘하여 그들의 장기적 이익과 복지를 고려하여야 한다는 의미이다(곽덕주, 2007: 11).

요컨대, 전문직 윤리에서는 교사 자신의 주관적 관심과 감정을 개입시키지 않고 객관적이고 공정하며 절차적인 도덕적 판단이 일차적으로 중요한 반면, 천직 윤리에서는 타인에 대한 배려와 헌신적인 태도는 물론 교사 자신의 개인적 삶의 방식과 실천 등 정의적(情意的) 요소가 우선적으로 중요하다(곽덕주, 2007: 11).

(2) 결과주의와 원칙주의

"어떻게 하는 편이 더 바람직한가?"라는 질문에 대한 하나의 답변은 '선(the good)'을 극대화하는 편이 올바른 것이라고 생각하는 것이다. 여기서 '선'은 내재적으로 가치 있는 어떤 것을 의미한다. 이를 윤리에 대한 결과주의(consequentialism)라고 한다. 결과주의 윤리 이론은 행위의 도덕성 여부를 그 결과에 따라 결정하는 입장으로서, 최대 다수의 최대 행복을 산출하도록 행위하여야 한다는 공리주의 이론이 대표적이다. 예컨대, 학교 현장에서 문제가 되는 성적 부풀리기와 관련하여, 결과주의 윤리 이론에서는 시험을 쉽게 출제하여 학생이 좋은 내신 성적을 받고, 좋은 상급학교에 진학하여 건실한 사회인으로 삶을 영위할 수 있다면 바람직한 것이라는 입장을 취할 수도 있다.

그런데 결과주의 윤리 이론에는 문제가 있다. 첫째, 결과주의 윤리 이론은 양화(量化)할 수 있는 정보를 요구하는데, 현실적으로 우리가 양화할 수 있는 정보를 획득하기는 대단히 어렵다. 결과주의 윤리 이론을 적용하고자 한다면, 행위나 방침의 모든 결과를 정확히 알고 이를 수량화하여 비교할 수 있어야 하는데, 이는 오로지 전지전능한 존재만이 할 수 있다. 둘째, 결과만을 중시하다 보면, 도덕적으로 용납할 수 없는 일을 합리화하는 경우도 발생할 수 있다. 앞의 성적 부풀리기 예에서, 학생이 좋은 상급 학교에 진학하여 건실한 사회인으로 살아갈 수만 있다면 시험 중의 부정행위를 용인할 수도 있을 것이다. 그렇지만 이는 명백히 부도덕한 일이다 (Strike & Soltis, 1985).

결과주의 윤리 이론에 대해서는 근원적 비판이 가능하다. 도덕률은 보편적이어야 한다. 보편적 도덕률은 어떤 예외도 인정하지 않고 모든 사람에게 동일하게 적용되어야 한다. 아울러 상황에 따라 달리 적용하지 않고 일관되게 적용하여야 한다. 사람은 수단이 아니라 목적으로 대우하여야 하기에, 보편적 도덕률은 모든 사람이 동일하게 존중받아야 한다는 생각을 전제하는 것이다. 이와 같은 윤리 이론을 원칙주의(nonconsequentialism)라고 한다. 결과주의 윤리 이론은 전체적인 행복이 증대되기만 하면, 다수의 행복을 위해 소수의 행복을 희생할 수도 있다는 사고인데, 이는 사람을 수단으로 여기는 입장이다.

그런데 원칙주의 역시 난점을 갖는다. 첫째, 어떤 것이 보편적 행위 규칙인가를 판단하기가 쉽지 않다. 예컨대, 왜 어떤 행동을 해야(또는 하지 않아야) 하는가를 추궁하다 보면 많은 경우 그 행동이 초래할 결과를 판단기준으로 삼게 되는데, 이 경우 원칙주의는 결과주의에 다름 아닌 것이 되고 만다. 둘째, 도덕률을 어느 정도까지 보편적인 것으로 받아들여야 하는 것인가 하는 질문을 제기할 수 있다. 도덕률을 지나치게 보편적인 수준으로 규정한다면 행위가 이루어지는 구체적인 상황의 차이를 무시하게 되어 행동 규준으로서의 의미를 잃을 수도 있다(Strike & Soltis, 1998).[1]

2. 교직윤리의 실제

1) 최소한의 윤리로서의 법적 의무

교사에게 부과되는 법적 의무는 최소한의 교직윤리를 구성한다. 현행 「교육기본법」 제14조에서는 교사의 의무를 규정하고 있다. 또 교원의 복무에 관한 사항에 관해서는 「국가공무원법」에서 규정하고 있다. 다음에서는 교사에게 중요한 몇 가지 의무를 상술한다.

(1) 교육 및 연구 활동의 의무

교사는 항상 사표가 될 품성과 자질의 향상을 도모하고, 전문직자로서의 능력을 연마하도록 노력하여야 한다. 「교육기본법」 제14조 제2항에서는 "교원은 교육자로서 갖추어야 할 품성과 자질을 향상시키기 위하여 노력하여야 한다."라고 규정하고 있으며, UNESCO와 ILO에서 채택한 「교원의 지위에 관한 권고」에서도 "교육의 발전은 일반적으로 교직원의 자격과 능력 및 각 교원의 인간으로서의 자질과 교육방법 및 기술면의 자질에 크게 달렸음을 인식하여야 하고"(제4조), "교직은 전문직으로 간주되어야 한다. 교직은 엄격하고도 계속적인 연구를 통하여 습득·유지되는 전문적 지식과 전문화된 기술을 필요로 하는 공공적 업무의 하나이다. 또한 교직은 교원들에 대하여 그들이 담당하고 있는 학생들의 교육과 복지를 위하여 개인적·집단적 책임감을 요구한다."(제6조)라고 규정하고 있다.

---

1) 전문직 윤리와 천직 윤리, 그리고 결과주의와 원칙주의 간의 관계에 대하여 의문을 가질 수 있다. Strike와 Soltis는 교직윤리를 공적 윤리로 정립한 후 논의를 시작하고 있다. 이런 점에서 결과주의와 원칙주의는 전문직 윤리에 포함되는 내용이라고 할 수 있다.

(2) 정치적 중립 의무

「교육기본법」 제14조 제4항에서는 "교원은 특정한 정당이나 정파를 지지하거나 반대하기 위하여 학생을 지도하거나 선동하여서는 아니 된다."라고 하여 정치적 중립을 지키고 정치활동을 금지할 것을 규정하고 있다. 「국가공무원 복무규정」에서는 법률로 금지하는 공무원의 정치적 행위를 상세히 규정하고 있는데, 정치적 목적을 가지고 관련한 정치적 행위를 하는 것을 말한다.

- 정치적 목적
  - 정당의 조직, 조직의 확장, 그 밖에 그 목적 달성을 위한 것
  - 특정 정당 또는 정치단체를 지지하거나 반대하는 것
  - 법률에 따른 공직선거에서 특정 후보자를 당선하게 하거나 낙선하게 하기 위한 것
- 정치적 목적을 가지고 다음 행위를 하는 것
  - 시위운동을 기획 · 조직 · 지휘하거나 이에 참가하거나 원조하는 행위
  - 정당이나 그 밖의 정치단체의 기관지인 신문과 간행물을 발행 · 편집 · 배부하거나 이와 같은 행위를 원조하거나 방해하는 행위
  - 특정 정당 또는 정치단체를 지지 또는 반대하거나, 공직선거에서 특정 후보자를 지지 또는 반대하는 의견을 집회나 그 밖에 여럿이 모인 장소에서 발표하거나, 문서 · 도서 · 신문 또는 그 밖의 간행물에 싣는 행위
  - 정당이나 그 밖의 정치단체의 표지로 사용되는 기(旗) · 완장 · 복식 등을 제작 · 배부 · 착용하거나 착용을 권유 또는 방해하는 행위
  - 그 밖에 어떠한 명목으로든 금전이나 물질로 특정 정당 또는 정치단체를 지지하거나 반대하는 행위

또한 집단 · 연명(連名)으로 또는 단체의 명의를 사용하여 국가의 정책을 반대하거나 국가정책의 수립 · 집행을 방해해서는 아니 되며(「국가공무원 복무규정」 제3조 제2항), 직무를 수행할 때 제3조에 따른 근무기강을 해치는 정치적 주장을 표시하거나 상징하는 복장 또는 관련 물품을 착용해서는 아니 된다(동법 제8조의2 제2항). 교사에게 정치적 중립을 요구하는 것은 아직 미성숙한 학생에게 자칫하면 편향된 사

고나 가치를 주입할 위험이 있기 때문이다. 또 교원은 공무원으로서 국민 전체에 대한 봉사자로서 공평성을 유지할 책임이 있기 때문이다.

(3) 성실 의무

교사는 주권자인 국민 전체에 대한 봉사자로서 국민에 대하여 책임을 지고(「헌법」 제7조), 공공복리를 위하여 법령을 준수하며, 성실히 직무를 수행하여야 한다(「국가공무원법」 제56조). 성실 의무는 공무원의 모든 의무의 원천이 되는 기본적 의무로서 「국가공무원법」상의 다른 의무를 포괄하는 것이며, 성실 의무의 대상이 되는 직무는 법률에 규정된 의무, 상관에게서 지시받은 업무 내용, 사무분장 규정상의 소관 업무 등이다(김중량, 김명식, 1996).

교원은 교과지도, 평가 관리, 업무 수행, 회계 관리, 근무태도 등에서 성실하여야 한다(이상철, 2011b). 교원은 성실하게 학생을 지도하고 교육활동을 전개하여야 할 의무를 지는바, 수업 불성실, 무단 결강, 수업 중 안전 의무 소홀 등이 현실적으로 문제가 될 수 있다. 또한 교원은 시험 출제 및 채점, 시험 감독, 성적 부여 등의 직무를 성실하게 수행하여야 한다. 과년도에 출제한 문제를 상당수 그대로 출제한 교사에 대한 징계 처분(교원징계재심위원회 결정 94-190)과 시험 감독과정에서 시험 종료 후에도 학생의 답안지 작성을 막지 않은 교사에 대한 징계 처분(교원징계재심위원회 결정 91-36)에서 성실 의무 위반 여부가 인정된 바 있다.

아울러 교원은 실습 기자재 관리 및 학교 회계 절차 준수 등에서도 성실 의무를 진다. 무단 결근, 지각 및 조퇴, 무단 해외여행, 휴직제도 부당 사용 등도 근무태도와 관련하여 성실 의무 위반행위의 예가 된다(이상철, 2011b).

(4) 품위 유지의 의무

「국가공무원법」 제63조에서는 "공무원은 직무의 내외를 불문하고 그 품위가 손상되는 행위를 하여서는 아니 된다."라고 규정하고 있다. 교사의 품위는 교직윤리의 기초를 형성하는 것으로서 공적인 임무만이 아니라 방탕, 주벽, 축첩, 아편, 도박, 낭비, 과도한 부채 등 사생활 전반에 걸친 행위에서 사회적 지탄의 대상이 되지 아니하여야 할 의무이다(김기태, 조평호, 2006: 90). 사생활에서의 비행이 품위 손상으로 인정되는 경우는 비행행위가 외부로 공개되어야 하며, 공직 수행에 직접 관련이 있거나 공직 사회에 대한 사회적 신뢰를 훼손할 염려가 있어야 한다(김중량, 김명식, 1996: 308-309).

현실적으로 문제가 되는 것은 성폭력, 성매매, 성희롱과 같은 직간접적 법률을 위반한 성범죄 행위로 인한 품위 손상, 폭행 및 폭언, 인터넷 등 온라인상에서의 타인비방이나 오프라인상에서의 타인 비방, 무면허 운전이나 음주 운전과 관련한 품위손상 등이다(이상철, 2011a). 특히 근래에 성희롱 및 성폭력 등과 관련된 문제가 대두되고 있다. 「국가인권위원회법」에서는 평등권 침해의 차별행위로서 성희롱에 대해 규정하고 있다(제2조). 이 법에서 성희롱은 업무, 고용, 그 밖의 관계에서 「초 · 중등교육법」 제2조, 「고등교육법」 제2조와 그 밖의 다른 법률에 따라 설치된 각급학교의 종사자, 사용자 또는 근로자가 그 직위를 이용하여 또는 업무 등과 관련하여 성적 언동 등으로 성적 굴욕감 또는 혐오감을 느끼게 하거나 성적 언동 또는 그 밖의요구 등에 따르지 아니한다는 이유로 고용상의 불이익을 주는 것을 말한다.

교사가 학생에게 포옹하거나 입을 맞추는 등의 신체적 행위, 음란한 농담을 하거나 음탕하고 상스러운 이야기를 하는 등의 언어적 행위, 음란한 사진이나 그림 등을게시하거나 보여 주는 등의 시각적 행위 등이 모두 성희롱에 포함된다. 성희롱은 여러 번 반복되어야 한다거나 계속되어야 하는 것은 아니다. 단 한 번의 행위도 성희롱으로 간주될 수 있다. 또한 침해가 중대하거나 심각함을 요하는 것도 아니다. 성희롱 여부를 판단할 때에는 피해자의 주관적인 사정을 판단기준으로 하되, 사회 통념상 합리적인 사람이 피해자의 입장이라면 문제가 되는 행동에 대하여 어떻게 판단하고 대응하였을 것인가를 고려하여야 한다. 특히 대법원은 '우리 사회 전체의 일반적이고 평균적인 사람'이 아니라 '피해자들과 같은 처지에 있는 평균적인 사람'의관점을 기준으로 하여야 한다고 한다(조석훈, 2020: 488).

(5) 청렴의 의무

「국가공무원법」 제61조 제2항에서는 "공무원은 직무상의 관계가 있든 없든 그 소속 상관에게 증여하거나 소속 공무원으로부터 증여를 받아서는 아니 된다."라고 규정하고 있다. 청렴 의무는 공정하게 직무를 수행할 수 있도록 하는 것으로서, 정실을 배제하는 의미가 있다. 이와 관련하여 「교육부 공무원 행동강령」에서는 공무원이 직무 관련자로부터 금전, 부동산, 선물 또는 향응을 받지 않도록 하고 있는데, 여기서 '선물'은 대가 없이(대가가 시장 가격 또는 거래 관행과 비교하여 현저하게 낮은 경우를 포함) 제공되는 물품 또는 유가증권, 숙박권, 회원권, 입장권, 그 밖에 이에 준하는 것을 말하며, '향응'이란 음식물, 골프 등의 접대 또는 교통, 숙박 등의 편의를 제공하는 것을 말한다. 다만, 다음에 해당하는 금품 등은 수수(收受)가 금지되는 금품 등에 해당하지 않는다.

- 원활한 직무수행 또는 사교·의례 또는 부조의 목적으로 제공되는 음식물·경조사비·선물 등으로서 「부정청탁 및 금품등 수수의 금지에 관한 법률」과 동법 시행령에 따라 허용되는 범위의 금품 등
- 공무원의 친족이 제공하는 금품 등
- 공무원과 관련된 직원상조회·동호인회·동창회·향우회·친목회·종교단체·사회단체 등이 정하는 기준에 따라 구성원에게 제공하는 금품 등 및 그 소속 구성원 등 공무원과 특별히 장기적·지속적인 친분관계를 맺고 있는 자가 질병·재난 등으로 어려운 처지에 있는 공무원에게 제공하는 금품 등
- 공무원의 직무와 관련된 공식적인 행사에서 주최자가 참석자에게 통상적인 범위에서 일률적으로 제공하는 교통, 숙박, 음식물 등의 금품 등
- 사회상규(社會常規)에 따라 허용되는 금품 등

한편, 공무원은 자신의 배우자나 직계 존속·비속이 자신의 직무와 관련하여 공무원이 받는 것이 금지된 금품 등을 받거나, 요구하거나, 제공받기로 약속하지 아니하도록 하여야 한다. 이와 함께, 교원은 자신의 직위를 직접 이용하여 부당한 이익을 얻거나 타인이 부당한 이익을 얻도록 해서는 아니 되며, 교원이 자기 또는 타인의 부당한 이익을 위하여 다른 공무원의 공정한 직무수행을 해치는 알선, 청탁 등을 해서는 아니 된다. 아울러 직무수행상 알게 된 정보를 이용하거나 타인에게 제공하여 재산상 거래 또는 투자를 돕는 행위를 하지 않아야 하며, 관용 차량, 선박, 항공기 등 공용물과 예산의 사용으로 제공되는 항공 마일리지, 적립 포인트 등 부가 서비스를 정당한 사유 없이 사적인 용도로 사용, 수익해서는 아니 된다.

(6) 영리 업무 및 겸직 금지

「국가공무원법」 제64조 제1항에서는 "공무원은 공무 외에 영리를 목적으로 하는 업무에 종사하지 못하며 소속 기관장의 허가 없이 다른 직무를 겸할 수 없다."라고 규정하고 있다. 이는 공무원이 영리업무에 종사함으로써 공무원의 직무상의 능률 저해와 공무에 대한 부당한 영향을 막고, 국가의 이익과 상반되는 이익을 취득하거나 정부에 대한 불명예스러운 영향을 초래하는 일을 막고자 하는 것이다.

금지 대상이 되는 영리 업무는 지속적으로 재산상의 이득을 취하는 행위를 말한다. 따라서 책자 발간이나 원고료 또는 출연료를 받는 행위, 주택 1채를 전세 놓는 행위 등은 금지 대상 영리 업무에 해당하지 않는다. 또한 교사가 상가, 오피스텔, 아파트 등의 임대사업자 등록을 하고 임대업을 하는 경우에도 「국가공무원 복무규정」 제25조에 규정된 취지에 어긋나지 않는 한 가능하다.

그러나 퇴근 후 야간 대리 운전을 하거나 식당이나 주점을 경영하는 행위는 다음 날 근무에 지장을 초래할 우려가 있으므로 영리 업무 금지에 위반된다(「국가공무원 복무·징계 관련 예규」). 또한 공무원이 영리 업무에 해당하지 아니하는 다른 직무를 겸하려는 경우에는 소속 기관장의 사전 허가를 받아야 하며, 담당 직무수행에 지장이 없는 경우에만 겸직을 허가받을 수 있다(「국가공무원 복무규정」 제26조).

(7) 비밀 엄수의 의무

"공무원은 재직 중은 물론 퇴직 후에도 직무상 알게 된 비밀을 엄수하여야 한다." (「국가공무원법」 제60조). 공무원이거나 공무원이었던 사람은 법령에 따라 공개하는 경우를 제외하고 직무상 알게 된 다음 사항을 타인에게 누설하거나 부당한 목적을 위하여 사용해서는 아니 된다. 즉, 법령에 따라 비밀로 지정된 사항, 정책 수립이나 사업 집행에 관련된 사항으로서 외부에 공개될 경우 정책 수립이나 사업 집행에 지장을 주거나 특정인에게 부당한 이익을 줄 수 있는 사항, 개인의 신상이나 재산에 관한 사항으로서 외부에 공개될 경우 특정인의 권리나 이익을 침해할 수 있는 사항, 그 밖에 국민의 권익 보호 또는 행정목적 달성을 위하여 비밀로 보호할 필요가 있는 사항이 여기에 해당한다(「국가공무원 복무규정」 제4조의2). 직무상 비밀에는 자신이 처리하는 비밀뿐 아니라 직무와 관련하여 알게 된 비밀도 포함된다. 교사는 학생과의 상담과정에서 알게 된 개인정보와 시험 문제 출제 등 평가과정에 관련된 정보 등에 대한 비밀을 엄수하여야 한다.

2) 교원윤리강령

교사는 법적 의무 이상의 행위를 요구받는다. 전문직은 스스로 법적 의무 이상의 더 높은 수준의 도덕적 행위를 결의하여야 한다. 전문직은 흔히 자신들의 이상, 가치, 책무 등을 헌장이나 윤리강령 형태로 선언한다. Lieberman(1956)은 교직의 전문직적 특성을 소개하면서, 불분명하거나 의심스러운 상황에서 어떤 전문직적 행위를 할 것인가를 구체적인 사례를 통해서 명료화하고 재해석하여 온 윤리강령이 있다는 사실을 설명한 바 있다.

윤리강령은 전문직자들이 유혹에 빠지지 않고 자기규제적으로 행동할 수 있도록, 전문적 봉사의 질을 판단할 수 없는 사람들을 위해서 직무 이상의 양질의 봉사 행위를 하도록 하기 위하여 필요하다(Passmore, 1984: 63-64). 또 윤리강령은 전문직자들에게 어떤 행동이 윤리적으로 문제가 되는지를 알려 주며, 특정 상황에 대응하는 방법을 제시한다(신득렬, 2002: 108). 교사집단이 윤리강령을 제정하여 준수할 때, 구성원들의 질적 수준이 제고되고 품위를 유지할 수 있으며, 이때에야 비로소 교사들이 자율성을 향유할 수 있으며 교사집단의 권위가 형성된다. 다음에서는 몇 가지 대표적인 교원윤리강령을 소개한다.

(1) 한국교원단체총연합회의 '교직윤리헌장'

한국교원단체총연합회는 2005년 5월 기존의 「사도헌장 및 사도강령」을 대체하는 것으로서 「교직윤리헌장」을 제정하여 선포하였다. 이후 2015년에는 교직에서 성희롱 사건이 사회적 문제로 제기되면서 시대 흐름에 부합하면서도 구체적인 실천행동 방향을 담아내기 위한 전면 개정이 이루어졌다. 「교직윤리헌장」은 포괄적 선언과 서문에 해당하는 '교직윤리헌장'과 구체적 윤리조항을 밝히고 있는 '우리의 다짐'으로 구성되어 있다.

교직윤리헌장

우리는 교육이 인간의 가치와 존엄성을 높이며 개인의 성장과 자아실현은 물론 국가와 민족의 미래에 중대한 영향을 준다는 사실을 명심하고, 국민으로부터 부여받은 교육자의 책무를 다하기 위해 최선을 다한다. 우리는 균형 있는 지 · 덕 · 체 교육을 통하여 미래 사회를 열어 갈 창조 정신과 세계를 향한 진취적 기상을 길러 줌으로써 학생을, 학부모의 자랑스런 자녀요 더불어 사는 민주 사회의 주인으로 성장하게 한다. 우리는 교육자의 품성과 언행이 학생의 인격형성을 좌우할 뿐만 아니라 사회 전반의 윤리적 지표가 된다는 사실을 깊이 인식하고 윤리성과 전문성을 높이기 위해 노력한다. 이에 우리 모두의 의지를 모아 교직의 윤리를 밝히고 사랑과 정직과 성실에 바탕을 둔 교육자의 길을 걷는다.

우리의 다짐

- 나는 학생을 사랑하고 학생의 인권과 인격을 존중하며 합리적인 절차와 방법에 따라 지도한다.
- 나는 학생의 개성과 가치관을 존중하며 나의 사상 · 종교 · 신념을 강요하지 않는다.
- 나는 학생을 학업성적 · 성별 · 가정환경의 차이에 따라 차별하지 않으며, 부적응아와 약자를 세심하게 배려한다.
- 나는 수업이 교사의 최우선 본분임을 명심하고 질 높은 수업을 위해 부단히 연구하고 노력한다.
- 나는 학생의 성적평가를 투명하고 엄정하게 처리하며 각종 기록물을 정확하게 작성 · 관리한다.
- 나는 교육전문가로서 확고한 교육관과 교직에 대한 긍지를 갖고, 자기개발을 위해 노력한다.
- 나는 교직수행 과정에서 습득한 학생과 동료, 그리고 직무에 관한 정보를 악용하지 않는다.

- 나는 학생이나 학부모로부터 사적이익을 취하지 않으며 사교육기관이나 외부 업체와 부당하게 타협하지 않는다.
- 나는 잘못된 제도와 관행을 개선하는 데 앞장서며 교육적 가치를 우선하는 건전한 교직문화 형성에 적극 참여한다.
- 나는 학부모와 지역사회를 교육의 동반자로 삼아 바람직한 교육공동체 형성을 위해 함께 노력한다.

(2) 미국 교육연합회(NEA)의 '교직윤리강령'

미국 교육연합회(National Education Association: NEA)는 1975년 「교직윤리강령(Code of Ethics of the Education Profession)」을 채택하여 지금까지 유지하고 있다. 강령은 서문에 이어 '원칙 I'과 '원칙 II'로 구성되어 있는데, '원칙 I'에서는 학생과 관련하여 교사들이 준수해야 할 사항을, '원칙 II'에서는 교직의 직업세계와 관련하여 교사들이 지켜야 할 점들을 규정하고 있다.

서문

교육자는 모든 인간의 가치와 존엄에 대한 굳은 믿음을 바탕으로, 진리 · 수월성 · 민주주의의 가치를 소중히 여긴다. 교육자는 배움의 자유와 가르침의 자유를 보호하고 만인에 대한 평등한 교육 기회를 보장해야 한다. 교육자는 최상의 윤리적 기준에 충실해야 할 책임을 진다.

교육자는 가르치는 과정에 내포된 중대한 책임을 자각한다. 동료, 학생, 학부모, 지역 주민으로부터 존경과 신뢰를 얻기 위해 높은 잣대의 윤리적 행위가 요구된다. 교직윤리강령은 모든 교육자의 소망을 나타내며, 그들의 행위를 판단할 기준을 제시한다.

이 윤리강령을 위반하는 경우 NEA와 소속 단체는 내규에 따라 그에 상응하는 조치를 취할 것이며, 그 외 어떤 다른 형식의 조항도 구속력을 갖지 못할 것이다.

원칙 I. 학생에 대한 헌신

　교육자는 각 학생이 자신의 잠재력을 실현하여 가치 있고 유능한 사회구성원으로 성장할 수 있도록 최선을 다하여 돕는다. 교육자는 학생으로 하여금 탐구의 정신을 기르고, 지식과 이해의 폭을 넓히며, 가치 있는 목표를 사려 깊게 설정할 수 있도록 자극하고 격려한다.

　학생에 대한 의무를 다함에 있어서 교육자는,
1. 학생이 학습해 나가는 데 필요한 독자적 행동을 불합리하게 제한하지 않는다.
2. 학생이 다양한 관점을 접하고 경험하는 것을 불합리하게 막지 않는다.
3. 학생의 발달에 필요한 학습내용을 고의로 억제하거나 왜곡하지 않는다.
4. 학생을 학습이나 건강 및 안전에 유해한 환경으로부터 보호하기 위해 합당한 노력을 기울인다.
5. 학생을 고의로 당혹스럽게 하거나 모멸감을 느끼게 하지 않는다.
6. 인종, 피부색, 신조, 성별, 출신 국가, 결혼관계, 정치·종교적 신념, 가족, 사회·문화적 배경, 성적(性的) 취향 따위에 근거하여 부당하게
   a. 특정 학생을 교육 프로그램에서 배제하지 않는다.
   b. 특정 학생의 편익을 막지 않는다.
   c. 특정 학생에게 이로움을 주지 않는다.
7. 교직수행상 맺어진 학생과의 관계를 사적 이익을 위해 이용하지 않는다.
8. 부득이한 직무상의 목적이나 법적 요구에 의하지 않는 한, 교직수행 과정에서 취득한 학생에 관한 정보를 누설하지 않는다.

원칙 II. 교직에 대한 헌신

　교직은 최고 수준의 전문적 봉사가 수반되어야 하는 신뢰와 책임을 대중으로부터 부여받았다. 교직의 질적 수준은 국가와 국민에게 직접적으로 영향을 미친다는 믿음하에, 교육자는 전문적 직무의 표준을 높이고, 전문적 판단을 고취하는 풍토를 증진하며, 교직에 적합한 사람을 교직에 유인할 수 있는 여건을 조성하고, 부적격자의 교직 수행을 방지하기 위한 모든 노력을 기울인다.

교직에 대한 의무를 다함에 있어서 교육자는,

1. 교직의 특정 직책에 지원함에 있어 고의로 거짓 진술을 하거나 자신의 능력과 자격에 관한 주요 사실을 숨기지 않는다.
2. 자신이 가진 직무상 자격을 속이지 않는다.
3. 성격, 교육 배경 또는 그 밖의 사항에 있어서 부적격한 사람이 교직에 들어오는 것을 돕지 않는다.
4. 교직의 특정 직책을 지원한 후보자의 자격에 관하여 고의로 허위 진술을 하지 않는다.
5. 교직자가 아닌 사람에 의해 행해지는 인가되지 않은 교육행위를 돕지 않는다.
6. 부득이한 직무상의 목적이나 법적 요구에 의하지 않는 한, 직무수행 과정에서 취득한 동료에 관한 정보를 누설하지 않는다.
7. 동료에 대하여 고의로 허위 또는 악의적인 발언을 하지 않는다.
8. 직무상의 의사 결정이나 행동에 지장을 주거나 영향을 미칠 수 있는 사례금, 선물 또는 호의를 받지 않는다.

(3) 전국교직원노동조합의 '교사 10계명'

전교조는 윤리강령을 공식적으로 표명한 바는 없으나, '교사 10계명'이라는 이름으로 학생들과의 관계에서 지켜야 할 규범을 정하여 실천할 것을 조합원들에게 요구하고 있다.

교사 10계명

1. 하루에 몇 번이든 학생들과 인사하라. 한마디의 인사가 스승과 제자 사이를 탁 트이게 만든다.
2. 학생들에게 미소를 지으라. 밝고 다정한 선생으로 호감을 줄 것이다.
3. 학생들의 이름을 부르라. 이름 부르는 소리는 누구에게나 가장 감미로운 음악이다.
4. 친절하고 돕는 교사가 되라. 학생들과 우호적 관계를 원한다면 무엇보다도 친절하라.

5. 학생들을 성의껏 대하라. 내가 하는 모든 일을 즐거이 말하고 행동하되 다만 신중할 것을 잊지 말라.

6. 학생들에게 진심으로 관심을 가지라. 내가 노력한다면 거의 누구든지 좋아할 수 있다.

7. 칭찬을 아끼지 말라. 그리고 가능한 한 비판을 삼가라.

8. 항상 내 앞의 학생의 입장을 고려하라. 서로 입장이 다를 경우에는 일반적으로 세 편이 있음을 명심하라. 그것은 '나의 입장' '학생의 입장', 그리고 '올바른 입장'이다.

9. 봉사를 머뭇거리지 말라. 교사의 삶에 있어서 가장 가치로운 것은 학생을 위해 사는 것이다.

10. 이상의 것에 깊고 넓은 실력과 멋있는 유머와 인내, 겸손을 더하라. 그러면 교사가 후회하는 경우는 별로 없을 것이다.

3. 교사활동과 윤리적 쟁점

교직윤리는 교사에게 올바른 행동을 요청한다. 교사는 아동을 사랑하고 존중하여야 하며 공정하게 대우하여야 한다. 교사는 창의와 열정으로 교직에 임하여야 하며 매사를 성실하게 처리하여야 한다. 그런데 교사는 교직을 영위하는 과정에서 어떻게 하는 편이 더 바람직한 것인지를 쉽게 판단하기 어려운 상황에 직면하는 경우가 있다. 또 어떤 경우에는 이미 관행화되어서 아무런 문제의식 없이 행동을 하지만, 기실 그 내부에 윤리적 쟁점을 내포하고 있는 경우도 있다. 이 장에서는 교사활동의 영역별로 제기되는 윤리적 문제나 쟁점을 검토한다.

1) 수업과 평가

교사는 성실하게 준비하여 열정적으로 수업에 임하여야 한다. 그런데 교사는 수업하고 평가하는 과정에서 여러 가지 난감한 상황에 직면하게 된다. 교육 내용과 방법, 평가 등의 측면에서 윤리적 쟁점이 제기되는 사안을 소개한다.

교사는 교육내용을 선정하는 데 있어 국가가 규정한 교육과정 범위 내에서 상당한 자율성을 갖는다. 교사는 교육과정 순서를 바꾸어 수업을 진행할 수 있고 교육내용 간 연관 관계를 살려서 교육과정을 재구성할 수도 있다. 교사들의 교육과정 운영과 관련하여 종종 문제가 되는 것이 이른바, '계기수업'이다. 교사가 이미 사회적으로 쟁점화되어 있는 내용을 수업하는 경우, 학생들이 더 많이 동기화되고 적극적으로 참여할 수 있는 장점이 있는 반면, 찬반 논란이 팽팽한 상황에서 교사가 자신의 편향된 견해를 전달할 위험도 있다. 가소성(可塑性)이 큰 학생들에게 교사의 말은 상당한 영향력을 가지며, 교사가 실제로 수업을 진행하면서 객관적이고 공정한 입장을 취하기가 쉽지 않다면, 교사는 계기수업을 하지 않아야 하는 것일까?

사회 양극화는 교사들의 수업운영에도 어려움을 초래한다. 많은 교사는 학생들의 출발점 상태가 다르기 때문에 수업운영에서 어려움을 겪는다. 어떤 학생은 학원에서 선행학습을 받고 나서 교사에게 심화된 내용의 학습을 바라는 반면, 어떤 학생은 교사가 기초적인 내용부터 차분하게 설명하여 주기를 바란다. 만약 한 학급에 전자에 속하는 학생이 절대 다수라면, 교사는 다수를 위하여 심화된 학습을 진행하면서 소수에게는 불가피하게 불이익을 주는 편이 옳은가? 아니면 다수 학생에게는 만족스럽지 않을지라도 원칙적으로 교육과정을 운영하는 편이 옳은가?

교사는 평가를 할 때 공정성을 금과옥조로 여겨야 한다. 교사 자신의 학생에 대한 선호에 따라 평가 결과가 좌우되지 않도록 노력하여야 하며, 학생이 노력한 바에 상응하는 보상을 할 수 있도록 최선을 다하여야 한다. 그런데 근래 확산되고 있는 수행평가 과정에서 교사는 상당히 어려운 상황에 처하기도 한다. 학부모가 수행평가를 대신해 주는 경우도 있고 전문적으로 수행평가를 대행하는 학원이 존재하는 것도 현실이다. 교사가 판단하기에 학생이 수행한 결과물의 질은 우수하지만, 비록 100% 자신을 가질 수는 없지만, 학생 스스로 수행한 것이 아닌 것 같은 작품과 학생 스스로 한 것은 분명해 보이지만 그 산출물의 질이 상대적으로 낮은 경우, 어떤 학생에게 더 높은 점수를 부여해야 하는가?

이상과 같은 문제는 쉽게 해결할 수 있는 문제가 아니다. 교사들은 이와 같은 사례에서 자신의 논리를 수립하고 행동방침을 결정할 필요가 있다.

2) 학급경영

많은 교사가 학급을 운영하는 과정에서 효과성을 최고의 가치로 여긴다. 교사들은 종종 항상 문제를 일으키는 학생들을 딱 한 마디의 말이나 행동으로 제압할 수 있기를 바란다. 또 학급 전체를 마치 군대와 같이 일사분란하게 움직이게 할 수 있는 묘책을 구한다. 효과적인 방책을 가진 교사는 교사들 중에서 전문가로 대우받고, 그가 활용하는 방책은 여러 가지 경로로 전파된다. 그런데 학급경영에는 효과성 차원만 존재하는 것이 아니다. 그에 우선하여 윤리적 차원이 존재한다. 한 예로 교사가 문제 학생을 지도하는 과정에서 바퀴벌레 약을 학생에게 뿌려서 문제가 된 일이 있다(경향신문, 2014. 7. 16.). 이 방법이 학생 지도에 효과적이었을 수는 있을지 모르나 비윤리적 방법이라는 사실을 부인할 수는 없다.

학급경영에서 윤리적 문제가 가장 심각하게 제기되는 영역은 문제 학생에 대한 지도, 즉 훈육(訓育) 또는 행동경영(behavior management)이라 불리는 것이다. 훈육은 교사와 학생의 인간 대 인간의 관계에서 이루어지는데, 이 과정에는 대단히 많은 윤리적 쟁점이 함축되어 있다. 다음과 같은 질문은 일반적으로 사람이 다른 사람의 행동을 조종하는 과정에서 반드시 검토할 필요가 있는 윤리적 차원의 질문이다(Walker, Shea, & Bauer, 2004: 9).

- 누가 행동경영자가 되어야 하는지를 누가 결정할 것인가?
- 누구의 행동이 다스려져야 하는지를 누가 결정할 것인가?
- 어떤 유형의 개입방법을 활용할 것인가?
- 그 방법이 정당한가를 누가 판단할 것인가?
- 그 방법은 어떤 목적으로 활용되어야 하는가?

교사들은 종종 의심 없이 학생의 특정 행동을 문제행동으로 규정하고, 특정 방법을 활용하여 학생의 행동을 통제하려 한다. 그런데 그 행동이 과연 진실로 문제행동인지, 자신이 활용하는 방법이 교육적인지 등을 진지하게 숙고할 필요가 있다. '문제행동이 존재하는 것이 아니라 어떤 행동을 문제행동이라고 규정하는 교사가 존재하는 것'이기 때문이다. 모든 교사가 '문제행동'을 동일하게 정의하지는 않는다.

교사에 따라 '문제행동'은 다르게 정의된다.

한편, 많은 교사가 문제행동이 발생한 후 이에 대응하기보다는 문제행동을 예방하는 편이 바람직하며, 이런 이유에서 잘못된 행동을 한 학생에게 벌을 주기보다는 좋은 행동을 한 학생에게 상을 주는 편이 낫다고 생각한다. 많은 교사가 스티커와 같은 보상체계를 만들어 운영하며, 이런 방식을 바람직하다고 생각한다.

그런데 벌이든 상이든 학생을 대단히 낮은 수준의 존재로 여긴다는 점에서는 차이가 없다. 벌은 학생을 위협하여 교사가 원하는 바를 하도록 강제하는 기제이며, 상은 학생을 구슬려서 교사가 원하는 바를 하도록 하는 기제이다. 벌과 상 모두 학생을 낮은 수준의 존재로 상정하고, 학생이 교사의 요구에 따르도록 하며, 학생 스스로의 도덕적 발달을 저해한다는 점에서는 동일하게 비윤리적이다(Kohn, 1996).

학급경영은 기본적으로 교사의 자유재량 행위이나, 이것이 교사가 어떤 행동을 하여도 면책된다는 의미는 아니다. 재량에도 한계가 있으며, 이 한계를 넘어선 행위는 법적 구속을 받는다. 체벌은 심심치 않게 법적 문제로 비화되는 사례이다. 교사는 체벌을 학생지도 방법으로 활용할 수 있지만, 대법원은 체벌 목적에 교육상 필요가 인정되어야 하며, 다른 교육적 수단으로 교정이 불가능하여 부득이하게 체벌하여야 하고, 체벌의 방법과 정도가 사회 관념에 부합하여야 하며, 체벌 절차를 준수하고 적절한 주의를 기울인 경우를 정당한 체벌로 인정하고 있다(대법원 2004. 6. 10. 2001도5380; 조석훈, 2020: 365-367).

우리나라에서는 법적 문제로 비화된 경우가 거의 없지만, 외국에서는 종종 법적 문제가 되는 예로 교사가 도난 사건을 처리하는 방식을 들 수 있다. 많은 교사가 학급 내에서 도난 사건이 발생하면 모든 학생을 잠재적 범죄자로 간주하고 범인이 밝혀질 때까지 하교를 막거나 학생 전원의 소지품을 검사하는 경우가 있다. 그런데 이런 관행은 학생의 사생활 보호라는 점에서 문제가 있다. 미국 대법원은 교사가 학생을 수색할 때 합리적 의심(reasonable suspicion)이 있어야 하며, 수색 이유와 수색 범위가 합리적으로 관련되어야 한다는 원칙을 천명한 바 있다(New Jersey v T.L.O, 469 U.S. 325, 1985). 학생 전체에 대한 무분별한 수색은 당연히 금지된다.

3) 학교 행정 사무

교사는 학교에서 다양한 역할을 수행한다. 초등교사의 경우 한 학급의 담임이자 동 학년의 일부로서, 나아가 한 학교의 일원으로서 지위를 갖는다. 중등교사의 경우에는 한 교과 공동체의 일원으로서의 지위가 추가된다. 교사는 자신이 담당하는 학급을 운 영하고 수업을 진행하는 일을 넘어서 학교의 일에 성실하게 참여하여야 한다.

교사들 중에는 수업이 교사의 본업이며, 그 외의 일은 잡무라고 생각하여 등한히 하는 경우가 있다. 그러나 한 학생의 성장을 중심으로 생각하면, 학교의 모든 일은 학생의 성장을 도모하는 협동 작업이며, 학교의 모든 일에 대하여 모든 학교구성원 이 주인의식을 가질 필요가 있다. 또 '잡무(雜務)'라는 말은 삼가야 한다. '잡(雜)'은 '성가신' 또는 '귀하지 않은'이라는 의미를 지니는 말인데, '귀하지 않은 일'이 존재하 는 것이 아니라 어떤 일을 귀하지 않게 여기는 사람이 존재한다고 보는 편이 사실에 부합하기 때문이다. 근래 교사들 중에는 청소나 급식 지도 등도 잡무라고 생각하여 소홀히 하는 경우가 있는데, 이는 결코 바람직하지 않으며 교직의 사회적 위상에도 장기적으로 부정적 결과를 끼치는 일이다.

교사들이 학교의 일을 추진하는 과정에서 가장 우선시하는 가치 중 하나는 효율 성이다. 교사들은 어떤 일에 대하여 최소한의 에너지를 투입하여 짧은 시간에 마치 고자 한다. 또 학교 외부에서 이와 같은 방식의 일 처리를 요구하는 경우도 종종 찾 을 수 있다. 일례로, 교육청에서 학교에 공문을 하달하면서 빠른 시간 내에 회신하 여 줄 것을 요구하고, 학교는 교육청의 요구에 응하여 수업 중인 교사에게 공문 처 리를 맡기는 경우가 있다. 물론 교사가 공문을 처리하는 시간 동안 학생들은 자습하 게 된다. 또 학교에 긴급한 일이 있을 때 교사가 수업 중인 교실로 전화를 걸어서 수 업의 흐름을 끊는 경우도 있다. 이와 같은 관행은 학생의 수업권을 침해하는 비윤리 적인 것으로서 바로잡아야 한다.

또 학교 행사를 추진하는 과정에서 가시적인 성과에 집착하여 학생들에게 불필 요한 부담을 부과하고, 나아가 정작 학생들 자신에게는 아무런 의미가 없는 행사가 되도록 하는 일도 다시 생각해 보아야 한다. 일례로, 많은 학교에서 운동회를 준비 할 때, 상당히 일찍부터 오전 수업시간 일부를 운동회 준비에 활용한다. 학생들은 수업을 받지 못하면서 운동회 준비에 동원되고, 정작 운동회를 마치면 즐거운 기억을 갖는 것이 아니라 상당한 피로감을 느끼거나 부담스러운 일을 마쳤다는 안도감을 느끼는 경우도 많다. 이런 관행 또한 학교의 가시적 성과에 매몰되어 학생의 양질의 경험을 도외시하는 비윤리적인 것이다. 학교의 관행 가운데 교직윤리를 중심으로 검토할 일이 많다.

4) 연구

많은 교사가 자신의 전문성을 신장하기 위하여 대학원에 진학해서 학위 논문을 작성하거나 교육행정기관이나 교직단체에서 주관하는 각종 연구 대회에 참여하는 등 연구활동에 참여한다. 그런데 연구는 연구윤리를 준수하여 이루어져야 한다. 전문적 연구자 중에도 연구윤리를 준수하지 않아서 문제가 되는 경우가 종종 있으며, 교사 역시 연구윤리를 알지 못하는 등의 이유로 문제를 일으키기도 한다.

연구윤리에서 종종 쟁점이 되는 문제는 연구과정에서 연구 대상에게 신체적 · 정신적 손상을 입히는 경우, 연구 대상에게 사전 동의를 구하지 않고 연구를 시작하는 행위, 연구 대상에게 설명한 연구 취지와 다른 내용의 연구를 진행하여 연구 대상을 기만하는 행위, 연구과정에서 연구 대상의 사생활의 자유를 침해하는 행위, 연구과정에서 취득한 연구 대상에 관한 정보를 누출하는 경우 등이다(Punch, 1994).

교사들에게 연구윤리가 현실적으로 문제되는 대표적인 예는 실험 연구를 시행하는 경우이다. 예를 들어, 교사가 한 학급의 학생들을 실험집단과 통제집단으로 나누어서 일부에게는 방과 후에 일정 기간 학습 기술을 지도하고, 나머지 학생에게는 지도하지 않은 다음, 학년초와 학년말에 학생들 간 성취 수준을 비교하여 학습 기술의 효과성을 검증하는 연구를 시행한다고 하자. 이 경우 교사는 모든 학생과 학부모에게 연구 전에 연구의 취지를 설명하고 연구에 참여하겠다는 의사 표시로서 동의서를 받아야 하며, 연구를 종료한 후에는 통제집단 학생들을 대상으로 동일한 학습 기술 프로그램을 시행하여야 한다. 학생들을 공정하게 대우하여야 하기 때문이다.

한편, 근래 표절 문제로 공직을 사퇴하는 경우가 빈발하는 등 연구윤리와 관련된 문제가 사회적 이슈가 되자, 교육부는 '연구윤리지침'을 제정하여 연구 관련 가이드라인을 제시하고 있다. 이 지침에 따르면, '연구부정행위'는 위조, 변조, 표절, 부당한 논문 저자 표시 등을 말하는데, 각각을 살펴보면 다음과 같다. '위조'는 존재하지 않는 데이터 또는 연구 결과 등을 허위로 만들어 내는 행위이며, '변조'는 연구 재료, 장비, 과정 등을 인위적으로 조작하거나 데이터를 임의로 변형, 삭제함으로써 연구 내용 또는 결과를 왜곡하는 행위를 의미한다. '표절'은 타인의 아이디어, 연구 내용 또는 결과 등을 적절한 인용 없이 사용하는 행위를 의미하며, '부당한 저자 표시'는 연구 내용 또는 결과에 대하여 공헌 또는 기여를 한 사람에게 정당한 이유 없이 논문 저자 자격을 부여하지 않거나, 공헌 또는 기여를 하지 않은 자에게 감사의 표시 또는 예우 등을 이유로 논문 저자 자격을 부여하는 행위를 말한다. 이 가운데 교사들의 연구에서 가장 자주 문제가 되는 것은 연구 논문을 작성하는 과정에서 자신이 인용한 문헌의 출처를 명백히 밝히지 않아서 표절 시비를 야기하는 경우이다.

◦ 토론 및 실습 과제 ◦

1. 다음 글은 행동주의 심리학자 B. F. Skinner가 인용한 『에밀』의 내용이다. Skinner는 교사의 선의(善意)를 바탕으로 한 J. J. Rousseau의 충고는 권력의 남용에 대한 담보가 되지 못한다고 비판한다. 이와 관련하여 자신의 관점을 정립하고 동료와 토론해 보자.

   [아이로 하여금] 실제는 그대가 통제를 하지만, 자신이 언제나 통제자인 양 믿게 하라. 자유의 겉모습을 한 예속만큼 완전한 예속은 없느니라. 그렇게 함으로써 의지 자체를 휘어잡을 수 있기 때문이다. 아무것도 모르고 아무것도 할 수 없고, 아무것도 알아차리지 못했으니 어찌 이 아이가 그대 손 안에 들어 있다 아니할 것인가? 그의 주변 세계의 모든 것을 임의로 꾸밀 수 있다. 그대가 원하는 대로 그에게 영향을 줄 수 있다. 그의 일, 그의 놀이, 그의 즐거움, 그의 고통 이 모든 것이 그도 모르게 그대 손아귀 안에 있는 것이다. 분명히 그는 틀림없이 자신이 원하는 행동만을 하겠지만, 그가 하고 싶어 하는 것은 모두 그대가 하기를 원하는 것이기도 하다. 그는 그대가 생각지 못했던 짓은 한 치도 할 수 없는 것이다. 그는 또 그대가 짐작하지 못한 말은 한마디도 하지 못하는 것이다(Skinner, 1971: 40).

2. 계기수업, 선행학습을 염두에 둔 수업운영, 수행평가와 관련하여 다음 두 가지 대립하는 교
   직윤리 중 어느 하나를 택하여 자신의 입장을 정립하고, 동료와 토론해 보자.
   - 전문직 윤리와 천직 윤리
   - 결과주의와 원칙주의

3. 학교 현장에 존재하는 관행 가운데 교직윤리 관점에서 재고할 필요가 있는 관행을 발굴하
   여 그 이유를 설명해 보자.

참고문헌

경향신문(2014. 7. 16.). 교사가 학생 눈에 살충제 살포 체벌…피해학생 "바퀴벌레 취급한 것".

곽덕주(2007). 새로운 교직윤리의 정립을 위한 실험적 탐색−전문직 윤리와 천직 윤리의 갈등
    의 관점에서−. **교육철학**, 제40집, 7-32.

기순신(2001). **교사론**. 서울: 학지사.

김기태, 조평호(2006). **교사론**. 서울: 교육과학사.

김중량, 김명식(1996). **국가공무원법**. 서울: 언약.

김태길(1998). **윤리학**. 서울: 박영사.

박경묵(2007). 교사의 자질과 교직윤리. 고재천, 강원근, 고전, 권동택, 김은주, 박경묵, 박상
    완, 박영만, 서명석, 이정선, 정혜영 공저, **초등학교 교사론**(pp. 109-156). 서울: 학지사.

손봉호, 김혜성, 조영제(2001). 교직윤리관 정립을 위한 기초 연구. **시민교육연구**, 제33집,
    191-222.

신득렬(2002). 교직을 위한 윤리 연구. **교육철학**, 제20집, 101-116.

윤종건, 전하찬(1985). **교사론**. 서울: 정민사.

이상철(2011a). 교원 품위유지 의무 위반 관련 교원소청심사위원회 결정 분석. **교육법학연구**,
    23(2), 133-163.

이상철(2011b). 교원소청심사위원회 결정 경향 분석−교원 성실 의무 위반을 중심으로−. **교
    육행정학연구**, 29(3), 249-276.

정범모(1997). **인간의 자아실현**. 경기: 나남.

조석훈(2020). **학교와 교육법**(제3판). 경기: 교육과학사.

한국사회연구소 편(1990). **사회과학사전**. 서울: 풀빛.

허병기(2007). 교사의 교직윤리. 이윤식, 김병찬, 김정휘, 박남기, 박영숙, 송광용, 이성은, 전제상, 정영수, 정일환, 조동섭, 진동섭, 최상근, 허병기 공저, 교직과 교사(pp. 359-384). 서울: 학지사.

Goldman, A. H. (1992). Professional ethics. In L. C. Becker (Ed.), *Encyclopedia of ethics, Vol. II*. New York: Garlanded.

Kohn, A. (1996). *Beyond discipline: From compliance to community*. VA: ASCD.

Lieberman, M. (1956). *Education as a profession*. NJ: Prentice-Hall, Inc.

Passmore, J. (1984). Academic ethics. *Journal of Applied Ethics, 1*(1), 63-78.

Punch, M. (1994). Politics and ethics in qualitative research. In N. Denzin & Y. Lincoln (Eds.), *Handbook of qualitative research* (pp. 83-97). Thousand Oaks, CA: SAGE.

Skinner, B. F. (1971). *Beyond freedom and dignity*. 차재호 역(1982). 자유와 존엄을 넘어서. 서울: 탐구당.

Strike, K., & Soltis, J. F. (1985). *Ethics of teaching* (3rd ed.). 조동섭, 김성기 공역(1996). 가르침의 윤리학. 서울: 원미사.

Walker, J. E., Shea, T. M., & Bauer, A. M. (2004). *Behavior management: A practical approach for educators* (8th ed.). MA: Pearson.

제4장

교원의 전문성 개발

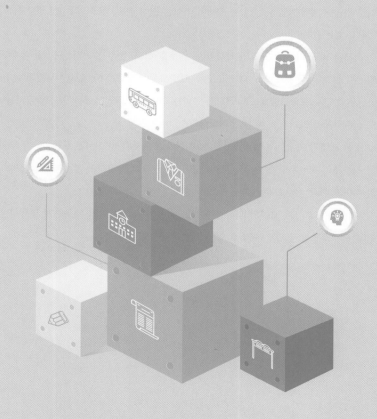

3월에 교사로 첫발을 내딛은 새내기 박 교사는 설렘과 두려움을 안고 드디어 새로운 학교에 첫 발령을 받았다. 학급 담임을 맡으면서 대학교에서 배운 지식만으로 부족함을 느낀 박 교사는 발령 후 처음 맞이하는 여름방학을 뜻깊게 보내야겠다고 생각하였다. 선배교사가 직무연수 이야기를 건넨다. 수업방법 개선연수. 홈페이지 작성 관련 연수. 레크리에이션 연수 등도 있단다. 모두 배우고 싶은 것들이다.

　하지만 박 교사는 어느 기관에서 어떤 연수를 하고, 연수 결과가 승진 및 점수에 어떻게 반영되는지 잘 몰라 당황스럽다. 그리고 연수 프로그램이 우리 지역에서만 시행되는 것이 아니고, 전국단위의 연수 프로그램들도 다양하게 있다는 이야기를 들었다. 하지만 선배교사들에게 물어보아도 정확하게 이야기를 해 주는 선배를 찾기가 어려웠다.

　또한 새내기 교사로서 수업연구를 해야 한다고 통보를 받았는데, 수업연구가 무엇이며 왜 수업연구를 해야 하는지도 잘 몰라 걱정이 많이 된다. 그리고 자신이 없는 수업을 선배교사들에게 보여 주어야 한다는 것도 여간 부담스럽지 않다.

　새내기 박 교사가 자신의 전문성 향상을 위하여 방학을 가장 유용하게 활용하는 방법은 무엇이며, 연구수업을 멋지게 해낼 수 있는 방법은 무엇일까?

한 국가 교육의 질은 그 나라 교원의 질 수준을 능가할 수 없다는 말이 있듯이 각 나라에서는 교원의 질을 국가 교육의 핵심 동력으로 보고 교원의 전문성 향상을 위하여 많은 노력을 기울이고 있다(김병찬, 2019; Cochran-Smith & Zeichner, 2005; Dorinda et al., 2021). 교원의 전문성 향상을 위한 교육은 크게 교직에 들어오기 전에 받는 직전교육과 입직 후에 받게 되는 현직교육 둘로 구성된다(Beck & Kosnik, 2006). 예비교사들에게 교사로서의 기본적인 자질과 역량을 길러 주는 것이 직전교육이라면 현직교사들에게 변화된 맥락에 맞게 추수 및 보완 교육을 실시하는 것이 현직교육이다(Lloyd, 1987). 교원의 전문성 향상을 위해서는 두 차원의 교육이 모두 잘 이루어져야 한다.

지금까지는 교원의 직전교육에 비해 현직교육을 소홀히 했던 것이 대체적인 경향이다(Elliott, 1993). 하지만 최근 들어 교원 현직교육의 중요성이 부각되면서 다양한 현직교육이 이루어지고 있다(김병찬, 2004). 교원 현직교육은 교원의 전문성 향상을 목적으로 하는데, 대표적인 교원 현직교육이 교원연수라고 할 수 있다(교육부, 2013; 이윤식, 1999). 우리나라에서도 교원들은 대체로 교원연수를 통해 전문성을 개발·향상시키고 있다. 우리나라의 교원연수는 크게 교원연수기관에서 이루어지는 연수, 단위학교에서 이루어지는 연수, 개인 연수 등으로 나뉘는데(교육부, 2013), 이 장에서는 이들 연수의 각각의 내용 및 특징에 대해 논의한다.

1. 교원연수의 이론적 기초

1) 교원연수의 의미와 유형

전문직으로서 교직에 종사하는 교원의 자질은 대학 4년 과정을 통해 완벽하게 길러질 수 있다고 보기 어렵다. 「교육공무원법」 제38조 제1항에서 "교육공무원은 그 직책을 수행하기 위하여 끊임없이 연구와 수양에 힘써야 한다."라고 명시함으로써 교원의 현직교육, 즉 교원연수의 중요성을 강조하고 있다. 교원연수는 직전교육의 제한성을 보완할 수 있고, 사회 변화에 따른 새로운 지식이나 기술을 습득케 할 수

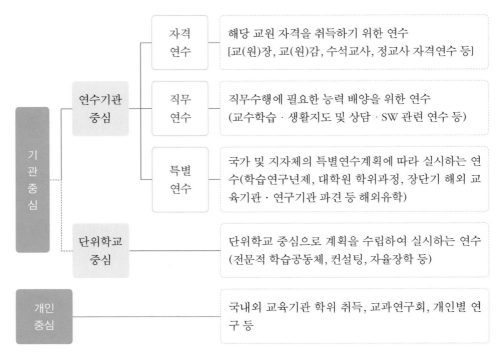

[그림 4-1] 교원연수 운영 주체별 분류

출처: 교육부 교원양성연수과(2019. 9.).

있으며, 교육전문가로서 자기발전을 이루고 교직의 공신력을 높이는 기회가 될 수 있다.

일반적으로 교사교육이라고 하면 교직에 입문하기 전에 대학에서 받는 직전교육(職前敎育)과 교직에 입문한 이후 받는 현직교육(現職敎育)을 모두 포함한다. 특히 교직에 입문한 이후 현직에서 받는 재교육과정을 '교원연수'라고 부른다. 현직에서 받는 재교육과정은 교원연수기관에서 실시하는 직무나 자격연수뿐만 아니라, 단위학교에서 실시하는 전문적 학습공동체와 연구수업, 교과연수와 교사가 개인적으로 수행하는 연구활동이나 대학원 수업 등도 모두 포함된다. 엄밀한 의미에서 교원연수는 자격연수, 직무연수, 특별연수 등 교원연수기관에서 실시하는 공식적인 연수를 의미하며, 보다 광의에서 보면 단위학교의 연수나 개인적으로 참여하는 연구활동도 교원연수에 포함된다. 단위학교를 중심으로 한 연수는 전문적 학습공동체와 일종의 장학활동으로서 컨설팅장학, 연구수업, 교내자율장학 등이 있다.

교원연수는 연수의 목적에 따라서 크게 직무연수와 자격연수로 구분된다. '직무연수'는 교원능력개발평가 결과 직무수행능력 향상이 필요하다고 인정되는 교원을 대상으로 실시하는 직무연수와 그 밖에 교육의 이론·방법 연구 및 직무수행에 필요한 능력 배양을 위한 직무연수로 구분된다. '자격연수'는 교원의 자격을 취득하기 위한 연수로서, 취득하고자 하는 자격증의 유형에 따라서 정교사(1급)과정, 정교사(2급)과정, 준교사과정(특수학교 실기교사를 대상으로 하는 과정), 전문상담교사(1급)과정, 사서교사(1급)과정, 보건교사(1급)과정, 영양교사(1급)과정, 수석교사과정, 원감과정, 원장과정, 교감과정 및 교장과정으로 구분한다.

'특별연수'는 전문지식 습득을 위한 국내외 특별연수 프로그램을 의미한다. 특별연수는 직무연수나 자격연수와 달리 현직활동에서 벗어나 국내외의 교육기관 또는 연수기관에 일정 기간 동안 체류하면서 실시된다. 특별연수자로 선발되는 기준은 ① 교직관과 국가관, ② 근무실적, ③ 학력 및 경력, ④ 외국어 능력(국외연수의 경우), ⑤ 교원능력개발평가 결과 우수자 등이 있다.

다른 한편으로 교원연수는 수업방식에 따라서 출석연수와 원격연수로 구분된다. 출석연수는 방과후나 방학기간 동안 연수기관에 출석하여 강사와 면대면으로 진행되는 연수를 일컫는다. 출석연수는 강의실에 직접 모여서 수업을 한다고 하여 집합연수라는 명칭으로 불리기도 한다. 여전히 많은 직무연수가 출석연수로 진행되고 있으며, 자격연수는 출석연수를 원칙으로 하고 있다. 출석연수의 경우 강의내용이 주는 공식적인 연수 효과 외에 연수생 간 비공식적 모임의 활성화, 교수자와 학습자의 직접대면에 따른 다양한 상호작용 효과 증진 등의 효과가 있으나, 일정 기간 특정 장소에 출석해야 한다는 점에서 강의 참여의 제약을 받을 수 있다.

첨단정보매체의 발달로 인하여 1990년대 중반 이후 교원연수에 원격수업 방식이 도입되었다.[1] 이로 인하여 전국 각지의 교원들이 장소나 시간의 제약 없이 자신이 참여하고자 하는 연수를 선택할 수 있게 되었다. 원격연수에는 방송대학에서 진행되는 TV나 원격화상회의 방식의 연수와 '사이버연수' '온라인연수' '웹기반연수' '전자훈련(E-training)' 등과 같은 인터넷을 활용한 연수가 있다. 원격연수의 등장으로 교사는 학기중에도 직무연수를 받을 수 있게 되었다.

---

1) 교원연수에 원격교육이 도입된 것은 1997년 원격연수 시범기관이 지정·운영되고, 2000년 12월 '원격교육연수원'이 설립 인가되면서부터이다.

2) 교원연수 관련 법규와 운영기관

교원연수의 유형과 연수기관, 연수대상, 연수결과의 인사 활용 등에 관한 보다 자세한 내용을 알고자 한다면 교원연수 관련 법규를 찾아보아야 한다. 주요 법규로는「교원 등의 연수에 관한 규정」「교원 등의 연수에 관한 규정 시행규칙」「교육공무원 인사기록 및 인사사무 처리 규칙」「교원연수 이수실적의 기록 및 관리요령」등이 있다.

「교원 등의 연수에 관한 규정」과 「교원 등의 연수에 관한 규정 시행규칙」은 자격연수와 직무연수, 연수기관의 종류, 연수대상, 연수기간, 연수비, 연수실적 등이 규정되어 있다. 특히 시행규칙의 별표에서는 연수원의 명칭과 위치, 연수과정표 등이 제시되어 있다. 한편,「교육공무원 인사기록 및 인사사무 처리 규칙」제8조에서는 교원의 연수 및 연구실적 학점화의 법적 근거가 제시되어 있다.

「교원연수 이수실적의 기록 및 관리요령」은「교원 등의 연수에 관한 규정」제8조의2(연수실적의 기록·관리)와 동시행규칙 제8조(연수이수실적의 기록·관리) 및「교육공무원 인사기록 및 인사사무 처리 규칙」제8조(인사기록카드의 정리 및 변경)에 규정된 교원연수·연구실적 학점화의 시행 및 운영에 관하여 필요한 사항을 구체적으로 규정하고 있다. 따라서 교원연수로서의 인정 유무나 학점 수준, 점수 산출방법 등의 주요 내용은「교원연수 이수실적의 기록 및 관리요령」을 참고할 필요가 있다.

교원연수기관의 유형으로는 교육연수원, 교육행정연수원, 종합교육연수원, 원격교육연수원 등이 있다. 첫째, 교육연수원과 교육행정연수원은 대학, 산업대학, 교육대학 등에 설치되며 직무연수와 자격연수를 운영한다. 둘째, 종합교육연수원은 대학, 산업대학, 교육대학, 방송통신대학, 시·도교육청 등에 설치되며 자격연수 또는 직무연수를 운영한다. 셋째, 원격교육연수원은 대학, 산업대학, 교육대학, 원격대학, 시·도교육청, 교육부장관이 지정하는 기관 및 법인 등에 설치되며 주로 직무연수를 운영한다. 2019년 8월 기준 우리나라의 교원연수기관 현황은 〈표 4-1〉과 같다.

표 4-1 교원연수기관 현황(2020. 12. 기준)

구분	기관명	주요 연수과정	비고
중앙단위 연수원	중앙교육연수원	• 교육정책, 일반직 연수 • 연수 발전 및 자료 개발	• 교육연수원 평가 업무 포함
	한국교원대학교 종합교육연수원	• 교(원)장 자격연수 • 특별연수 및 외국어연수	• 교장 자격연수 지정기관
	서울대학교사범대학 부설 교육행정연수원	• 교장(중등) 자격연수 • 교육행정 지도자 과정	
	서울교육대학교 부설 교육연수원	• 교장(초등)·원장 자격 연수	
시·도 교육연수원	서울특별시교육연수원 등 19개 기관	• 유·초·중등 교원 자격 및 직무연수	
대학부설 교육연수원	서울대학교사범대학 부설 교육연수원 등 80개 기관	• 부전공·복수전공 자격 연수	• 「고등교육법」상 대학에 설치
원격교육 연수원	한국교원캠퍼스 원격교육 연수원 등 32개 기관	• 교원 직무연수, 원격연수 과정	• 교육청 설치 기관 제외
종합교육 연수원	한국과학창의재단 종합교육 연수원 등 13개 기관	• 교원의 직무연수	
특수 분야 연수기관	전쟁기념관 등 각종 공공·민간 분야	• 유·초·중등교원 직무 연수	• 지정권자: 교육감

출처: 교육부 교원양성연수과(2020. 12.).

2. 연수기관 중심 연수

1) 직무연수

　2008년 3월 1일부터 직무연수 이수학점제가 시행됨에 따라 모든 교원은 교직 입직 후 4년차부터 3년 주기로 최소 6학점(90시간) 이상의 연수를 의무로 이수하게 되었다. 이러한 학점은 교육부에서 제시하는 최소한의 목표관리 학점으로, 연간 적정 수준의 학점 취득 권장 수준을 시·도교육청(또는 학교)별로 설정하게 되어 있다. 특히 직무연수 이수학점은 전보, 해외연수, 표창, 전문직 임용, 성과상여금 지급 우대 등의 인센티브와 연계되어 운영되고 있다. 따라서 교사 스스로 전문성 향상 방안으로서 연수를 적절히 활용할 필요가 있다.

> **TIP** ── **직무연수 선택 및 참여하기**
>
> 1. 연수 내용 선정하기: 교사로서 이번 학기를 지내면서 부족한 자질과 다음 학기 담당할 업무를 확인함으로써 어떤 연수에 참여할지 정한다.
> 2. 연수 시기 선택하기: 일정을 확인하고 학기중 또는 방학 중, 1주 또는 2주 또는 1달 가운데 가능한 연수 시기를 정한다.
> 3. 연수방법 선택하기: 연수 내용과 연수 시기를 고려하여 원격연수와 출석연수 가운데 나에게 맞는 연수방법을 선택한다.
> 4. 연수비 지원 여부 확인하기: 교육청 또는 학교에서 연수비 지원이 가능한지 또는 자신이 연수비를 부담해야 하는지 등을 확인한다.
> 5. 직무연수 이수결과 등록방법 확인하기: 직무연수 이수결과에 대한 등록방법을 확인한다.

'직무연수'의 연수대상자는 관할교육감 또는 국립 학교 또는 기관의 장이 지명하도록 되어 있다. 연수과정별로 필요하다고 인정하는 경우에는 교육감이 교육장 또는 공립·사립학교의 장으로 하여금 연수대상자를 지명할 수 있도록 하고 있다. 직무연수의 연수대상자는 학력, 경력, 연수과정의 내용 및 본인의 희망 등을 고려하여 지명한다.

교사들이 스스로 비용을 지불하고 참여하는 자비연수의 경우 선발과정을 거친다기보다 스스로 선택하고 학교장이 동의하는 정도의 간단한 절차만을 거치고 있다. 직무연수의 이수결과는 학점으로 산정되어 매년 12월 31일 작성되는 교육공무원 연수이수평정표에 기록된다. 다만, 15시간 미만 연수는 학점 인정에서 제외하고, 15~29시간(1학점), 30~44시간(2학점), 45~59시간(3학점), 60~74시간(4학점) 등과 같은 방법으로 15시간마다 1학점으로 계산하며 잔여시간은 인정하지 않는다.

2) 자격연수

(1) 자격연수 대상자 선발

2급 정교사 자격증을 가지고 신규임용되어 교단생활을 한 지 3년 이상이 지나면 자격연수를 받게 된다. 최초의 자격연수는 1급 정교사과정이다. 전문상담교사, 사서교사, 보건교사, 영양교사의 경우에도 각각 전문상담교사(1급)과정, 사서교사(1급)과정, 보건교사(1급)과정, 영양교사(1급)과정에 참여하게 된다. 1급 정교사과정의 연수대상자는 2급 정교사로서 3년 이상의 교육경력자 중에서 근무한 기간이 오래된 자의 순위로 지명된다.

교(원)감과정의 연수대상자는 일정 수준 교육경력이 있는 자 중에서 관할교육장 또는 학교장의 추천을 받아 관할교육감이 지명하도록 되어 있다. 다만, 교(원)감과정의 연수대상자의 경우 그 명부의 선순위자 순으로 관할교육감 또는 교육부장관이 실시하는 교직과 교양 등에 관한 면접고사에 의하여 선발된 자를 지명하도록 규정하고 있다. 그러나 각 교과 간의 교감자격 취득 기회의 균형 유지 또는 교과별 교육전문직의 확보를 위하여 필요하다고 인정할 경우, 교육감은 중등학교의 교감과정 응시대상자 순위 명부를 각 교과별 또는 계열별로 작성할 수 있다.

교(원)장과정의 연수대상자는 교(원)장자격에 관한 교육경력이 있는 자(주로 교(원)감)와 교(원)장의 자격인정을 받은 자 중에서 교육부장관이 정하는 기준에 따라 관할교육감이 지명한다. 다만, 국립학교에 근무하는 자에 대하여는 그 소속기관의 장이 교육부장관이 정하는 기준 및 인원수의 범위 안에서 지명한다.

(2) 대학원 학위 취득을 통한 자격연수 대체

초·중등학교 정교사 2급 자격증을 가지고 교육대학원에서 석사학위를 받은 경우 1년 이상의 교육경력이 있으면 교육대학원 학점은 자격연수로 대치가 가능하다. 다만, 석사학위를 자격연수로 대치할 경우, 「교육공무원 승진규정」 제36조의 학위취득실적평정 대상에서 제외된다는 사실을 유의해야 한다.[2] 대학원에서 취득한 학

---

[2] 「교육공무원 승진규정」(제36조)에서 규정하고 있는 "교육공무원이 해당 직위에서 석사 또는 박사학위를 취득하였을 경우 그 취득학위 중 하나를 평정의 대상으로 하고, 교육공무원이 전직된 경우에는 전직 이전의 직

위 가운데 학점화 대상은, 개인이 자율적으로 대학원에 등록하여 학점을 취득한 경우(학위 취득자에 한함)로서 국내외 및 주·야간, 계절제 대학원 모두 포함된다. 대학원에서 학위를 취득한 교육과정이 당해 교원이 담당하는 직무와 직접적으로 관련된 경우에는 취득학점의 전부를, 간접적으로 관련된 경우에는 취득학점의 2분의 1을 학점으로 인정한다.

인정학점 예시

- 초등교원: 대학원 취득학점 전부 인정
- 중등교원
  - 교육대학원의 경우는 취득학점 전부 인정
  - 여타 대학원의 경우는 당해 교원의 대학전공과 동일하거나 유사한 경우에는 취득학점의 전부, 동일(유사)하지 않은 경우는 취득학점의 2분의 1 인정

「교육공무원 승진규정」 제33조(교육성적의 평정점) 제4항의 "~대학원 교육과에서 석사학위 또는 교육부장관이 지정하는 대학원 교육과에서 석사학위를 취득한 자"에 대한 자격연수성적 규정은 다음과 같다.

- A학점 이상: 만점의 90%
- B학점 이상: 만점의 85%
- D학점 이상: 만점의 80%

외국 대학원에서 취득한 학점의 경우, 대학원 등록에 위법사항이 없는지를 확인하여 적법한 취학인 경우만 인정한다. 즉,「교육공무원법」 제44조에 의한 휴직, 교

위 중의 학위취득실적(교육전문직원경력이 있는 교감의 학위취득실적은 교감자격증을 받은 후의 학위취득실적에 한하고, 교육전문직원은 교감 등 직위에서의 학위취득실적에 한한다)을 포함하여 평정한다." 다만, 제33조 제4항에 의하여 자격연수성적으로 평정된 석사학위취득실적은 평정 대상에서 제외한다.

육부 및 시·도교육청에서의 인정 여부 등을 확인해야 한다. 또한 학력이 인정되는 대학원인지 여부를 확인한다. 이를 위해서 당해국 정부, 대사관 또는 당해국 주재 한국대사관의 확인서를 첨부해야 한다. 외국대학원의 취득학점 산정방법이 우리나라와 다른 경우는 우리나라 방식으로 환산하여 학점을 산정하는데, 주당 수업시수 등을 확인한다.

3) 연수학점 관리

(1) 자격증 취득을 통한 연수학점 관리

교육공무원으로서 자격증을 취득할 경우 연수학점으로 인정받을 수 있다. 연수 학점으로 인정받을 수 있는 자격취득은 크게 「국가기술자격법」에 의한 자격, 즉 기 능사(인정학점 3), 기사(인정학점 5), 기능장 및 기술사(인정학점 10), 서비스계 기술자 격(인정학점 3) 등과 기타 교육부장관이 정하는 직무능력 인증자격(인정학점 3)으로 구분된다. 기타 교육부장관이 정하는 직무능력인증자격, 예컨대 어학 관련 능력검 정 결과에 대해서도 연수학점으로 환산된다. 자격 취득과 어학 관련 능력검정 실적 의 경우 당해 교원의 직무와 직접 관련된 경우에는 인정학점의 전부를, 간접적으로 관련된 경우에는 인정학점의 2분의 1을 인정한다.

(2) 연구활동 실적을 통한 학점 관리

학점으로 인정받을 수 있는 연구활동 실적으로는 ① 연구대회 입상실적 ② 연수·시범·실험학교 참여실적 ③ 시·도교육청에서 주관한 연구교사 입상실적 ④ 과학 발명품 전시회 입상 ⑤ 저작물 또는 학회지 연구보고서의 발표실적 등이 있다. 각각 의 실적별 인정학점은 〈표 4-2〉와 같다.

연수·시범·실험학교 참여 실적의 경우 교육감 및 국립학교의 장이 승인한 교 원에 한하여 학점이 인정된다. 저작물 또는 학회지 연구보고서 발표실적의 경우 직 무와 관련성 및 발표 저자 수에 따라서 학점인정률이 달라진다. 먼저 직무와 직접적 으로 관련된 경우 인정학점의 전부를, 직무와 간접적으로 관련된 경우 인정학점의 2분의 1을 학점으로 인정받는다. 한편, 2인이 공동으로 저작한 경우에는 인정학점 의 100분의 60을, 3인이 공동으로 저작한 경우에는 인정학점의 100분의 40을, 4인

표 4-2 교원의 연구활동 인정학점   (단위: 학점)

구분	인정학점		
	전국규모	시·도규모	시·군·구규모
가. 연구대회 입상실적	6	4	
나. 연구·시범·실험학교 참여실적	• 1년 과정: 3 • 2년 과정: 6	• 1년 과정: 2 • 2년 과정: 4	• 1년 과정: 1 • 2년 과정: 2
다. 시·도교육청 주관 연구교사 입상실적		• 1년 과정: 4 • 2년 과정: 6	
라. 과학발명품 전시회 입상	6	4	
마. 저작물 또는 학회지 연구보고서의 발표실적	• 저작물: 1편당 5 • 학회지 연구보고서: 1편당 3		

출처: 교육공무원 인사기록 및 인사사무 처리규칙[시행 2021. 3. 31.][별표 1].

이상이 공동으로 저작한 경우에는 인정학점의 100분의 30을 최종 학점으로 인정받는다.

4) 교원연수와 평가 및 승진 관계

2021년 「교육공무원 성과상여금 지급 지침」에 따르면, 학습지도, 생활지도, 담당업무, 전문성 개발 등의 4개 업무 분야에 대한 평가결과를 반영하도록 하고 있다. 이 가운데 교원직무연수 이수결과는 전문성 개발 평가 요소에 포함된다.

교원은 경력, 근무성적, 연수성적 등을 토대로 승진 기회를 갖는다. 여기서는 연수성적이 어떻게 산출되는지를 살펴봄으로써 교원연수가 승진에 기여하는 내용을 제시하였다. 「교육공무원 승진규정」의 제4조에서 제시하고 있는 연수성적은 매년 12월 31일을 기준으로 실시하는 '교육성적'과 '연구실적'의 평정결과로 산출된다. 이 가운데 연구실적은 연구대회 입상실적과 석·박사 학위취득 실적 점수를 의미한다. 따라서 교원연수와 직접 관련된 연수성적은 법규상의 교육성적을 의미한다고 볼 수 있다. 구체적인 교육공무원 연수성적평정표는 〈표 4-3〉과 같다.

표 4-3 교육공무원 연수성적평정표

<table>
<tr><td colspan="6" align="center">연수성적평정표</td></tr>
<tr><td colspan="6">1. 평정대상자
○소속: ○직위: ○성명:</td></tr>
<tr><td colspan="6">2. 교육성적평정</td></tr>
<tr><td>교육 구분</td><td>교육명</td><td>교육기간</td><td>교육시간</td><td>교육성적
또는 환산성적</td><td>평정점</td></tr>
<tr><td>자격연수</td><td></td><td></td><td></td><td></td><td></td></tr>
<tr><td>직무연수</td><td></td><td></td><td></td><td></td><td></td></tr>
<tr><td>직무연수</td><td></td><td></td><td></td><td></td><td></td></tr>
<tr><td>직무연수</td><td></td><td></td><td></td><td></td><td></td></tr>
<tr><td>계</td><td></td><td></td><td></td><td></td><td></td></tr>
</table>

3. 연구대회 입상실적 평정

<table>
<tr><td rowspan="2">대회주관
기관</td><td rowspan="2">대회명</td><td rowspan="2">입상일자</td><td colspan="3">전국규모</td><td colspan="3">시·도규모</td><td rowspan="2">평정점
합계</td></tr>
<tr><td>1등급</td><td>2등급</td><td>3등급</td><td>1등급</td><td>2등급</td><td>3등급</td></tr>
<tr><td></td><td></td><td></td><td></td><td></td><td></td><td></td><td></td><td></td><td></td></tr>
<tr><td></td><td></td><td></td><td></td><td></td><td></td><td></td><td></td><td></td><td></td></tr>
<tr><td>계</td><td></td><td></td><td></td><td></td><td></td><td></td><td></td><td></td><td></td></tr>
</table>

4. 학위 취득 실적 평정

<table>
<tr><td>석·박사 구분</td><td>직무관련구분</td><td>학위명</td><td>학위수여기관</td><td>학위취득일자</td><td>평정점</td></tr>
<tr><td rowspan="2">석사</td><td>직무관련</td><td></td><td></td><td></td><td></td></tr>
<tr><td>기타</td><td></td><td></td><td></td><td></td></tr>
<tr><td rowspan="2">박사</td><td>직무관련</td><td></td><td></td><td></td><td></td></tr>
<tr><td>기타</td><td></td><td></td><td></td><td></td></tr>
</table>

5. 연수성적평정점

6. 평정자·확인자 성명

<table>
<tr><td>구분</td><td>소속</td><td>직위</td><td>성명</td><td>서명</td></tr>
<tr><td>평정자</td><td></td><td></td><td></td><td></td></tr>
<tr><td>확인자</td><td></td><td></td><td></td><td></td></tr>
</table>

출처: 교육공무원 승진규정[별지 제6호서식](2021. 2.).

(1) 승진에 반영되는 교원연수 유형

승진에 반영되는 교원연수의 유형은 직무연수와 자격연수가 있다. 따라서 교원 연수의 교육성적은 '직무연수성적'과 '자격연수성적'으로 구분되어 각각 산출한 후 이를 합산한 결과를 최종 성적으로 적용하게 된다.

우선 직무연수성적은 연수기관에서 '10년 이내에 이수한 60시간(4학점) 이상의 직무연수'를 대상으로 적용된다. 60시간(4학점) 이상 직무연수에 참여할 경우 연수 기관에서는 연수 종료 시점에 필기시험 등의 다양한 방법으로 연수평가를 실시하 게 되고, 교원 개인별로 직무연수 이수증과 더불어 성적을 받게 된다. 다음으로 자 격연수성적은 승진 대상 직위와 가장 관련이 깊은 자격연수성적 하나만이 반영된 다. 즉, 교감으로서 교장 승진을 앞둔 교원의 경우 교장자격연수성적이, 교사로서 교감 승진을 앞둔 교원의 경우 교감자격연수성적이, 장학사(또는 교육연구사)로서 장학관(또는 교육연구관)으로 승진을 앞둔 자의 경우 교원의 직위에서 받은 자격연 수성적 중 최근에 이수한 자격연수성적이 반영된다.

(2) 교원연수성적의 승진점수 반영 방법

직무연수성적은 승진 대상 직위에 따라서 다음과 같이 각각 적용된다.

① 교장, 장학관, 교육연구관 승진후보자(6점 만점): 6점×직무연수환산성적/직무 연수성적만점
② 교감 승진후보자(18점 만점): (6점×직무연수환산성적/직무연수성적만점) + 6점× 직무연수 횟수(2회에 한함)

자격연수성적은 9점 만점이며 다음과 같이 적용된다.

① 자격연수성적평정점 = 9점-[(연수성적만점-연수성적)×0.05]
② 하나의 자격연수가 분할 실시되어 성적이 2개 이상인 경우에는 2개 성적을 합 산하여 평균값을 적용한다.
③ 자격연수의 성적이 평어(평점)로 되어 있는 경우에는 다음과 같이 적용한다(직 무연수의 경우에도 일괄 적용).

- 최상위 등급의 평어: 만점의 90%
- 차상위 등급의 평어: 만점의 85%
- 제3등급 이하의 평어: 만점의 80%

④ 교육대학원에서 석사학위를 취득한 자의 경우 자격연수로 인정이 가능한데 이때 성적은 다음과 같이 적용한다.

- A학점 이상: 만점의 90%
- B학점 이상: 만점의 85%
- D학점 이상: 만점의 80%

3. 학교 중심 연수: 교내장학과 수업연구

1) 교내장학의 기본 이론 이해

(1) 장학의 의미

장학의 개념은 장학 이론의 발달 배경이나 연구자에 따라 다양하게 정의된다. 장학은 '지켜보다' '지시하다' '감독하다' '지휘하다'라는 사전적 의미가 있어' 교사를 지시, 감독, 지휘하는 통제적인 의미, 수단이 있는 것으로 이해된다(Glickman et al., 2007: 7). 또 장학은 기업과 같은 위계적 조직의 지도력 모델과 관련이 있다는 점에서 장학이라는 용어를 사용하기 꺼리는 경향도 있다(Dorinda et al., 2021; Sergiovanni & Starratt, 2007).

국내외 연구자들이 정의한 장학의 개념은 "교사들에 대한 지도 · 조언을 통한 수업의 개선"(백현기, 1961), "교육 활동의 개선을 위하여 주로 교사를 대상으로 하여 이루어지는 제반 지도 · 조언 활동"(이윤식, 1999), "교수행위의 개선을 위해 교사에게 제공되는 장학담당자의 모든 노력"(윤정일 외, 2007), "학생들의 학습을 촉진하기 위해 수업과정에 직접적으로 영향력을 행사하는 방법"(Harris, 1975), "수업 개선을 돕기 위해 교사에게 제공되는 전문적 노력의 한 방법"(Oliva & Pawlas, 1997), "수업 효과성 요소들을 결집시키려는 범 학교적 노력"(Glickman, Gordon, & Ross-Gordon, 2007), "학생의 성취를 높이기 위해 교사와 학교를 지원하는 것을 목적으로 하는 활동"(Sergiovanni & Starratt, 2007), "수업장학 행위는 학생에게 학습 기회를 계속적으로 제공하고 이를 실현하며, 또 이를 변화시켜 계속적으로 개선해 나가는 방법을 활용하여 교수행위 체제와 상호작용시킬 목적으로 조직이 공식적으로 제공하는 부가적인 행위체제"(Lovell & Wiles, 1975) 등으로 다양하다. 이러한 "장학의 궁극적 목적은 수업 개선이며, 수업 개선의 목적을 달성하기 위해서는 수업의 주요 요소인 교사, 교육과정, 학습환경과 교재, 학생에 변화를 줘야 한다"(주삼환, 2003).

장학의 개념 정의에서 볼 때, 장학에 공통적으로 포함되는 요소는 교육활동의 개선과 조언활동(김도기, 2005)이며, 어떤 관점에서 보든 궁극적으로 장학은 수업 또는 교육활동의 개선을 목적으로 하며, 교사를 대상으로 한다(윤정일 외, 2007; 진동섭, 이윤식, 김재웅, 2008). 이상으로 장학의 개념을 종합하면, 장학은 "학생의 학습을 촉진하기 위한 교사의 수업, 교수학습 활동 개선을 지원하는 활동과 체제"로 정의할 수 있다.

(2) 장학을 보는 관점

장학의 본질은 장학을 바라보는 관점을 통해서도 이해할 수 있다. 이윤식(1999)은 장학의 관점을 역할(role)과 과정(process)으로 구분한다. 장학을 역할 개념으로 보면, 장학은 자격을 지닌 사람들의 고유한 활동이다. 따라서 장학담당자가 되기 위해서는 일정한 요건이 필요하며, 장학관, 장학사, 혹은 교장, 교감 등 소수의 교육행정가에 의해서 공식적으로 이루어지는 활동만이 장학이라고 할 수 있다. 교육청 주도의 장학이 여기에 해당될 수 있다. 반면, 장학을 과정으로 보면, 교육 현장에서 어떠한 형태로든지 교사의 수업 개선과 관련하여 행해지는 공식적 · 비공식적, 전문적 · 일상적 지도 · 조언 행위를 모두 장학으로 볼 수 있으며, 이러한 장학활동에 참여하는 사람들은 누구나 장학담당자가 될 수 있다. 자율장학, 동료장학, 자기장학 등이 여기에 해당된다.

Alkin(1992)은 교사의 전문성 개발을 훈련(training)과 성장(growth)이라는 2개의 관점으로 구분하였는데, 이와 같은 구분을 장학에도 적용해 볼 수 있다. 먼저, 훈련은 부족한 부분을 보완하는 것이다. 이 관점에서는 가르치는 일을 기술적인 것으로 간주하고, 일련의 훈련을 통해 교사의 기술과 행동을 개선시키는 데 중점을 둔다. 교사를 무엇인가 부족한 훈련의 대상으로 보는 것이다. 반면, 성장은 스스로 자란다는 의미를 지닌다. 이 관점에서는 교사를 전문가, 스스로 발전하는 성장의 주체로 간주하고, 교사가 동료들과 협력하여 스스로 전문성을 개발할 수 있는 구조를 만드는 데 중점을 둔다.

훈련과 성장의 관점에서 기존의 장학을 구분해 보면, 교육청 주도의 장학, 선택적 장학은 훈련 관점에서 장학을 본다고 할 수 있다. 선택적 장학은 장학의 여러 유형 중에서 한 가지를 선택하여 적용할 뿐 교사들에게 장학을 받거나 거부할 권한을 부여하지는 않기 때문이다. 요청장학은 선택권이 학교나 교사에게 주어지고 있기 때문에 성장 관점에서 장학을 본다고 할 수 있다. 한편, 자율장학은 훈련과 성장의 관점을 동시에 취하는 장학이라고 할 수 있다. 자율장학은 교사가 자율적으로 장학계획과 장학방법을 선택할 수는 있지만, 장학 자체를 받거나 거부할 권리를 갖지는 못한다는 점에서 자율에 한계가 있다.

이상으로 장학의 관점을 종합해 보면, 장학이 본래의 목적을 이루기 위해서는 과정의 관점과 더불어 성장의 관점이 요구된다(김도기, 2005). 이와 같은 관점에서 컨

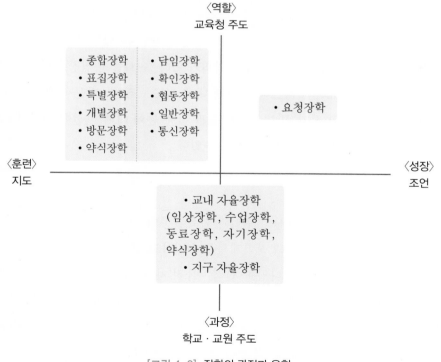

[그림 4-2] 장학의 관점과 유형

출처: 김도기(2005), p. 21.

설팅 장학은 장학의 새로운 대안이 될 수 있을 것이다. 전통적 장학의 개념과 관점을 토대로 장학의 유형을 구분해 보면 앞의 [그림 4-2]와 같다.

(3) 교내장학의 종류

교내(자율)장학은 장학의 주체를 교육청 등의 상부 교육행정기관으로부터 일선학교와 교원으로 전환하였다는 점에서 그 의의가 있다고 평가받고 있다(김정한, 2003). 교내장학에는 다양한 종류가 있으나 여기서는 약식장학, 자기장학, 동료장학, 임상장학과 최근 주목받고 있는 학교 중심 교직원 능력개발을 살펴본다.

① 약식장학

약식장학은 개별 학교 내에서 교감, 교장이 비정기적으로 간략하게 실시하는 장학활동을 말한다. 주로 교사의 수업 및 학급경영 활동을 관찰하고 이에 대해 교사에게 지도·조언하는 활동이다. 약식장학을 일상장학이라고도 하는데, 이는 단위학교 내에서 일상적으로, 비형식적으로 빈번하게 이루어지기 때문이다(강영삼, 1995; 윤정일 외, 2007). 약식장학은 교사들이 미리 수업을 준비하고 공개발표를 하는 것이 아니기 때문에 자연스러운 수업이나 학급경영을 관찰할 수 있고 수시로 필요한 자문과 조언을 주고받을 수 있다는 점에서 의의가 있다. 교사들의 입장에서는 약식장학에 대한 준비가 필요하지 않으나 교사에 대해 지도·조언·자문을 제공하는 교장, 교감은 약식장학의 시기, 방법, 내용, 결과 활용 등에 대해 사전에 세밀한 계획을 미리 수립하여 장학활동을 수행할 필요가 있다.

② 자기장학

자기장학은 교사 스스로 자신의 수업과 교육활동의 질을 높이기 위해 반성적으로 사고하고 전문성 신장을 위해 장학계획을 수립하고 실천하는 것을 말한다. 자기장학을 수행하기 위해 교사는 다양한 인적·물적 자원을 활용하게 된다. 즉, 자신의 수업을 녹화하여 분석하고, 학생들로부터 수업평가를 받거나 전문서적 또는 다양한 웹 자료를 활용한다. 또한 대학원 과정을 이수하거나, 교내외 교과협의회(동아리)나 각종 교내외 연수 참여하는 것 등이 모두 자기장학이라 할 수 있다.

전문가로서 교사에 대한 장학은 교원 자신에 의해 자율적으로 이루어져야 한다는 점에서 자기장학은 이상적이고 바람직한 장학의 형태로 평가되기도 한다. 그러나 장학의 의미 자체가 우수한 전문가의 지도·조언을 핵심으로 한다는 점에서 자기장학은 개념상 모순되는 것으로 평가된다(윤정일 외, 2007). 장학의 의미를 엄격하게 적용할 경우 후자의 입장을 취할 수 있으나, 자기장학은 수업과 교육활동에 대한 교사 스스로의 반성적 사고(reflective thinking)를 촉진하고, 자율적인 전문성 신장 노력을 장려, 강조하는 개념으로 이해할 수 있다.

③ 동료장학

동료장학은 동료교사들이 서로 협력하고 지원하는 장학활동이다. 동료장학은 교사 간에 서로 경험을 공유하고 협동적 인간관계 수립을 통해 동료 간 유대와 공동 성취감을 향상시킬 수 있다는 점에서 최근 중요성이 부각되고 있다(윤정일 외, 2007: 276). 최근에는 신임교사를 대상으로 경력교사가 멘토(mentor)로서 자문·조언하는 멘토링 제도, 수업 및 교과 전문성을 갖춘 교사들이 교내장학과 신임교사 멘토 역할을 담당하도록 하는 수석교사제 등을 통해 동료교사에 의한 장학이 더욱 확대되고 있다.

현실적으로 교육청 소속 장학관(사)들이 장학업무보다는 행정업무에 치중하고 있고, 수업과 학급을 떠나 있는 이들의 장학활동에 대해 현직교사들의 신뢰가 높지 않다는 점에서, 또 교육청 장학관(사)의 장학활동이 지원보다는 평가에 치중하여 방문장학에 대한 거부감이 상존하고 있고 현장 교사들의 수업 개선을 지원하기 위한 장학담당자의 수가 적다는 점 등에서 외부의 전문 장학담당자에 의한 장학은 한계가 있는 것으로 지적되고 있다(윤정일 외, 2007). 초등학교의 경우, 교사들이 가르치는 교과가 동일하고 동학년을 중심으로 교사조직이 형성되어 있어 동료교사 간 수업관찰, 분석과 수업연구 지원 등 동료장학이 활발하게 이루어질 수 있는 여건이 마련되어 있다. 동료장학은 학교 내에서 수업 전문성을 갖춘 인적 자원을 최대한 활용할 수 있으며, 교사들 간에 긍정적인 동료관계를 만들고 학습공동체 형성에 기여할 수 있다는 점에서 학교 현장에 널리 활용될 수 있는 장학 형태이다.

④ 임상장학

임상장학은 교사와 학생 간의 상호작용에 초점을 둔 것으로 교내장학으로 활용되는 대표적인 장학 유형이다. 교사가 자신의 수업을 이해하고 개선하도록 지원하는 데 주된 목적이 있으며, 교사와 장학담당자 간 '면대면' 관계를 토대로 상호 협력적으로 이루어지는 장학이다. 이러한 임상장학은 코칭의 한 형태라 할 수 있다(Sergiovanni & Starratt, 2007). 임상장학 코치는 교장, 동료교사(멘토로 지명되거나 형식적 지명 없이), 장학관(사) 등이 될 수 있다. 여기서 코치는 교사는 교수자이면서 학습자이며, 평생학습 사회에서 학습이 교사의 일상적인 규범으로서 교수실천의 자연스러운 과정으로 이해되어야 한다고 본다.

임상장학을 처음 제안한 Cogan은 임상장학의 목적을 두 가지로 제시하였다. 첫째, 효과적인 교실 내 장학 시스템을 개발하고 설명하는 것이며, 둘째, 교실 내 장학, 임상장학이 교실 밖의 일반적인 장학과 보완되도록 하는 것이다(Sergiovanni & Starratt, 2007). 또한 이러한 임상장학의 과정은 8단계로 구분된다. ① 교사와 장학담당자와의 관계 수립, ② 교사와의 협의회를 통한 수업계획 작성, ③ 수업관찰 전략 수립, ④ 수업관찰, ⑤ 교수학습 과정의 분석, ⑥ 교사와 협의회 전략 수립, ⑦ 교사와의 협의회, ⑧ 새로운 계획의 수립이다. 이러한 8단계의 과정은 순환적으로 이루어지지만 장학담당자와 교사의 관계가 성숙되어 있을 경우 어느 단계를 제외하거나 추가하는 등 수정될 수 있다(윤정일 외, 2007: 275에서 재인용). Sergiovanni(2005: 294-299)는 8단계의 임상장학 과정을 다섯 단계로 다시 정리한 바 있다. 즉, 관찰 전 협의회, 교수관찰과 교수학습 자료 수집, 분석과 전략, 관찰 후 협의회, 협의회 후 분석이다. 이러한 임상장학의 과정은 예비교사를 대상으로 한 교육실습지도나 초등학교 현장의 수업연구에서 널리 활용되고 있다.

⑤ 학교 중심 교직원 능력개발

최근 교내장학은 학교 중심 교직원 능력개발(school-based staff development)이나 교실중심장학으로 발전하고 있다(Sergiovanni & Starratt, 2007). 이러한 변화는 1980년대 이후 학교단위경영제(school-based management)의 확대와 더불어 개별 학교의 자율과 책무를 강화하는 최근 초등학교 정책의 변화, 평생학습사회의 확산 등과 연계되어 있다. 교실 수업과 교육활동의 질을 높임으로써 학생의 성취도를 제고할 뿐 아니라 교사들도 교수활동을 통해 학습하고 성장, 발전하는 것이 중요하다는 점에서 학교 중심의 교직원 능력개발은 학교교육개혁에서 지속적으로 강조될 것으로 보인다.

학교 중심 교직원 능력개발을 지원하는 주요 주체는 멘토, 코치, 수업코디네이터, 지도교사 등으로 다원화되고 있으며, 우리나라의 경우에도 최근 멘토교사, 학교 현장과 교원양성기관의 연계 차원에서 교생실습지도교사의 역할이 확대되고 있다. 수석교사제가 정착될 경우, 수석교사를 중심으로 학교 중심 교직원 능력개발, 장학 활동은 더욱 활성화될 것으로 기대된다.

2) 수업연구

(1) 수업연구의 의미

수업이란 목표로 설정한 행동의 변화, 즉 학습자가 학습하도록 학습자의 내적인 심리과정에 맞추어 외적인 조건과 상황을 설계, 개발, 관리하는 과정으로 정의할 수 있다(진위교 외, 1996). 이러한 수업은 교사가 구체적인 수업목표를 설정하고 이를 달성하기 위한 활동을 제공하며, 교사와 학생의 상호작용을 핵심으로 한다. 수업의 형태는 다음과 같이 구분할 수 있다.

- 공개수업: 특정 또는 불특정의 다수인이 참관할 수 있도록 공개적으로 하는 수업을 말한다.
- 시범(모범)수업: 교수법에 능숙한 교사가 (초임)교사 또는 장차 교사가 되려는 사람들에게 학습지도의 방법을 실제로 참관시켜 이해시키기 위한 수업을 말한다.
- 수업연구
  - 학습지도 방법을 개선, 향상시킬 목적으로 참관자의 앞에서 행하는 수업을 말하며, 이런 의미에서 실연 수업이라고도 한다.
  - 참관자에게 보여 준다는 점에서 공개수업이나 모범수업과 비슷하다.
  - 수업연구는 어떻게 하면 피교육자가 좋은 학습 효과를 거둘 수 있겠는가를 협의, 연구하는 데 목적이 있다.

(2) 교내장학과 수업연구

교실 수업을 개선하기 위한 활동을 지칭하는 용어들은 교내장학, 수업장학, 수업연구, 수업분석 등으로 다양하다. 각각의 개념들은 수업의 질적 개선이라는 측면에서는 공통된 목표가 있지만 그 강조점이나 접근법, 방법론 등에 있어서 차이를 보이고 있다. 교내장학은 교실 수업에만 초점을 두기보다는 이를 포함하여 학교에서 교직원의 능력개발을 포함하는 포괄적인 개념이라 할 수 있다.

수업연구(lesson study)는 구체적으로 교사들의 수업 능력 개선과 수업의 질을 제고하기 위한 다양한 활동을 포괄하는 개념이다. 즉, 수업연구는 교사가 자신과 동료교사의 수업을 통해 지속적으로 학습하며, 학생의 학습, 성장의 조력자로서 교사의 전문성을 높이는 데 초점이 있다(천호성, 2008). 이러한 수업연구는 학교 현장에서뿐만 아니라 직전 교육과정에서 예비교사들에게 수업에 대한 기초적인 이해와 수업실습 등을 제공하기 위하여, 교사교육의 핵심 영역으로 다루어질 필요가 있다. 직전교육에서는 초등은 11개(국어, 도덕, 사회, 수학, 과학, 실과, 체육, 음악, 미술, 영어, 통합) 교과별로, 중등의 경우는 전공별로 교과교육과 교육실습을 통해 수업연구와 관련된 내용을 다루고 있다.

일반적으로 수업연구는 수업계획, 수업실시, 수업평가의 3단계로 구성되며, 수업평가 결과는 다음의 수업계획에 반영된다는 점에서 순환적인 과정으로 이해된다(변영계, 김경현, 2005; 천호성, 2008). 이러한 수업의 순환과정에서 학생의 학습만 이루어지는 것이 아니라 교사도 교수에 관해 학습하여 전문성을 높이고 교사로서 성장하게 된다. 이는 과정의 관점과 성장의 관점에서 장학을 이해하는 것이다. 이 점에서 수업연구는 전문 장학담당자의 참여 여부와 무관하게 넓은 의미에서 장학활동의 한 영역으로 이해된다.

(3) 수업연구의 실제

① 수업연구 준비 및 설계: 수업 전 협의회
수업연구를 효율적으로 운영하기 위해서는 사전 준비가 철저하게 체계적으로 이루어져야 하며 이러한 사전 준비에 해당하는 것이 수업 전 협의회이다. 수업연구 전 사전 협의회는 장학담당자와 수업교사가 상호 신뢰와 원만한 인간관계를 형성하고 구체적인 수업의 목적, 방향, 내용, 방법 등에 대해 협의하는 시간이다.

수업연구 전 협의회[3]의 주요 목적은 다음과 같다(변경계, 김경현, 2005: 99-101). 첫째, 교사와 장학담당자 간에 수업에 대한 기본적인 이해를 공유하고 상호 신뢰관계를 형성한다. 둘째, 수업연구 과제를 선정하고 새로운 수업을 하기 위한 방향을 논의한다. 교사는 이 과정에서 자신의 수업을 반성하고, 자기 수업의 장단점과 개선점에 대해 장학담당자와 협의하고, 장학담당자의 도움이 필요한 부분을 확인하여 도움을 요청한다. 셋째, 학생과 수업에 대한 정보를 교환한다. 수업연구는 대체로 자신이 담당하고 있는 학급을 대상으로 한다. 교사는 장학담당자에게 수업연구 대상 학급 학생의 학습능력, 학습태도 등 학습자에 관한 제반 사항을 설명하고 의견을 교환한다. 넷째, 수업실행 계획 및 수업관찰 계획을 수립한다. 수업연구 시기는 학교교육계획에 의해서 대부분 정해지기 때문에 이러한 일정에 맞추어 수업연구 전 협의회를 진행하고 수업 지도안을 작성한다. 수업지도안은 작성 전에 장학담당자와 기본적인 틀과 내용에 대해 협의하여 작성하며, 수업지도안 작성 후에 수업내용, 방법, 시간 안배, 교구 활용 등을 검토한다. 수업관찰은 교사의 수업행동을 관찰하는 것으로 교사와 장학담당자는 어떤 수업행동을 집중적으로 관찰할 것이며, 어떤 수업관찰 방법(체계적 관찰법, 평정척도법 등)과 자료 수집 방법을 활용할 것인가, 수업 후 협의회 시간, 장소, 참석자, 진행방법 등을 계획하고 협의한다.

수업 전 협의회용 교수학습안은 사전 협의회 2일 전에 해당 교사에게 배부하고, 수업 전 협의회는 교장, 교감, 전 교원이 참여하며, 연구부장 주관으로 실시하기도 한다(부산교육대학교 부설초등학교, 2017).

② 수업연구 발표

㉮ 수업연구 발표 계획

수업연구 공개발표를 위해서는 먼저 교과 및 영역을 결정한다. 수업 공개 방법 및 수업 참관 범위는 학교 여건이나 수업연구의 성격에 따라 차이가 있겠지만 대체로

---

3) 수업장학이나 수업연구 전 협의회를 일반적으로 '관찰' 전 협의회로 명명하는데, 이는 관련 연구들이 실제 수업보다는 수업의 관찰과 분석에 초점을 두고 있기 때문으로 보인다. 그러나 이 장에서는 수업 관찰자보다는 실제 수업연구를 해야 하는 '교사' 또는 예비교사의 입장에서 관찰 전 협의회를 수업연구 전 협의회로 명명한다.

전 교사를 대상으로 하는 전체 공개와 장학담당자 등 일부를 대상으로 하는 부분 공개로 구분할 수 있다.

또한 수업연구 발표가 있을 경우, 수업 참관을 위해 담임교사가 학급을 비워야 함에 따라 사전에 생활지도 및 수업지도 계획을 수립하여 학생들이 안정된 분위기 속에서 학교생활을 할 수 있도록 배려한다. 학생들의 수업결손이 최소화되도록 주로 학년부장, 연구부장의 책임하에 수업연구 계획을 수립하고, 학부모 공개수업과 같은 전 교사의 수업연구나 교내장학의 일환으로 하는 전체 교사나 다수 교사의 수업연구 발표는 학년도 말에 수립하는 학교교육계획에 미리 반영한다. 수업연구 결과 분석과 협의회를 위해 수업 녹화는 사전계획에 따라 동영상으로 녹화하고 이를 1부씩 보관하여 연수자료로 활용한다.

㉣ 교수학습지도안 작성 및 본시 수업

수업연구를 위한 교수학습지도안을 작성하는 데 있어서 고려해야 할 사항을 예시하면 다음과 같다(부산교육대학교 부설초등학교, 2017).

- 성취기준 중심의 인성교육 수업 주제를 선정하여 올바른 인성을 함양할 수 있는 교수학습안을 작성한다.
- 교수학습안은 교과부장을 중심으로 충분히 협의한 후 작성한다.
- 각 교과별로 영역이 골고루 공개될 수 있도록 한다.
- 교수학습안 작성 시 학습활동을 상세하게 나타내도록 하며, 기존 교수학습안을 그대로 모방하는 것은 지양한다.
- 교수학습안은 학습자의 활동을 최대화하면서 사고력을 신장시켜 생각하는 능력을 높일 수 있도록 각 교과의 특성을 살려 세안으로 작성한다.
- 교수학습 단계는 해당 교과의 특성을 잘 나타낼 수 있는 수업모형을 제시한다.
- 본시 학습의 전개는 교수학습 활동을 구분하여 기록하고, 학습활동은 구체적으로 기록하여 학습자 중심의 개별화 교육이 전개되도록 한다.
- 모든 교과에서 발생할 수 있는 공통적인 표현은 지양한다.
- 실제 수업의 판서 위치와 내용을 일치시킨다.

ⓒ 학생 실태 조사 및 분석

학생 실태 조사는 수업연구의 본시와 관련된 내용에 국한한다. 즉, 본시 학습을 위한 과정으로서 학생의 선수학습 수준을 조사하며, 그에 따른 지도 대책을 마련한다. 학생의 선수학습 실태는 교사가 스스로 제작한 평가지를 활용하거나 관찰한다. 학생의 선수학습 수준을 조사한 결과를 예시하면 〈표 4-4〉와 같다. 수업연구에 앞서 이러한 학생 실태 조사 결과에 따라 본시 수업 관련 영역별로 지도 대책을 마련한다.

표 4-4 본시 수업 관련 학생의 선수학습 실태 조사(예시)

영역	수준	조사 내용	사례수	
			명	%
다른 사람의 의견을 듣고 자신의 생각과 다른 점이 무엇인지 파악할 수 있는가?	상	다른 사람의 의견을 듣고 자신의 생각과 다른 점이 무엇인지 자세히 파악할 수 있다.	9	28.1
	중	다른 사람의 의견을 듣고 자신의 생각과 다른 점이 무엇인지 파악할 수 있다.	15	46.9
	하	다른 사람의 의견을 듣고 자신의 생각과 다른 점이 무엇인지 파악하지 못한다.	8	25.0

ⓓ 수업목표 도달 확인을 위한 평가

수업연구 종료 전에 학생의 학습 정도를 평가하며 이러한 평가계획도 사전에 세운다(예시는 〈표 4-5〉 참조). 각 학년군별, 교과별 '성취기준과 성취 수준'을 확인한

표 4-5 수업목표 도달 확인을 위한 성취기준 및 평가기준(예시)

성취기준	평가방법	평가기준	
세계 주요 기후의 분포와 특성을 파악하고, 이를 바탕으로 하여 기후 환경과 인간생활 간의 관계를 탐색한다.	관찰평가 자기평가	상	세계 주요 기후의 특성을 파악하고, 디지털 자료와 사례 조사를 통하여 기후 환경과 생활 모습과의 관계를 다양한 사례를 통해 정확하게 설명할 수 있는 경우
		중	세계 주요 기후의 특성을 파악하고, 디지털 자료를 통하여 기후 환경과 생활 모습과의 관계를 설명할 수 있는 경우
		하	세계 주요 기후의 특성에 따른 사람들의 생활 모습을 탐색하고 이를 설명하는 데 어려움을 겪는 경우

출처: 부산교육대학교 부설초등학교(2020).

후 본 수업의 평가기준과 평가 수준을 선정하여 진술한다. 평가방법은 학생의 자기평가, 상호평가, 활동 및 관찰 기록, 질문지, 작품 분석, 포트폴리오 등 다양한 방법을 활용한다(부산교육대학교 부설초등학교, 2017).

③ 수업반성: 수업연구 후 협의회

㉮ 수업연구 후 협의회의 성격과 필요성

수업연구 후 협의회는 수업관찰 및 분석 결과를 토대로 장학담당자와 수업교사가 상호 협력하여 문제를 해결하고 수업 개선을 위한 과제를 논의한다. 수업연구 후 협의회는 계획된 순서와 절차에 따라 진행되며 본격적인 교내장학이 이루어지는 단계이다. 수업교사는 자신의 수업을 보다 잘 이해하는 기회가 되며, 장학담당자는 자신의 장학기법을 개선하고 관련 자료와 정보를 얻기 위해 수업연구 후 협의회를 활용할 수 있다. 이 점에서 수업연구 후 협의회는 수업교사와 장학담당자 모두에게 자기반성과 전문성 개발의 기회를 제공하는 과정이 된다.

수업연구 후 협의회는 수업연구의 성격에 따라 전 교사가 참여하도록 개방하기도 하고 수업교사와 장학담당자를 중심으로 협의회를 진행하기도 한다. 협의회에 참여한 사람들은 수업자의 수업에 관한 의견을 상호 교환하고, 수업에서 개선되어야 할 점을 제안하게 된다. 이러한 수업연구 후 협의회의 주된 목적은 교사로 하여금 수업행동을 개선하고, 수업의 효율성을 저해하는 문제에 대해 올바른 지각을 하도록 하는 데 있다(변영계, 김경현, 2005: 156). 수업연구 후 협의회 결과는 일정한 양식에 따라 기록하여 보관한다.

㉯ 수업연구 후 협의회 활동

수업연구 후 협의회는 장학담당자나 수업 참관 교사가 수집한 자료를 가지고 수업교사와 공유하고 토의하는 과정이다. 구체적으로 수업관찰 결과를 논의하고, 수업연구를 위한 개선 방안을 설정하며, 필요한 경우 이러한 개선 방안을 실제 수업에 적용하고 평가하기 위해 차기 수업을 계획하거나 교사 스스로 자신의 수업을 개선하도록 유도한다. 이와 더불어 교내장학 활동의 전체 과정에 대한 평가와 반성을 한다.

수업연구 후 협의회에서 장학담당자가 수업교사에게 제공하는 피드백 방법, 기법은 다양한데, 대체로 다음의 네 가지로 요약된다(변영계, 김경현, 2005: 158-160). 첫째, 객관적 관찰자료를 사용하여 교사에게 피드백을 제공한다. 수업 관찰 및 분석 기법으로 활용되고 있는 Flanders의 언어적 상호작용 분석법, 좌석표 분석법, 필터 분석법 등을 통해서 수집된 객관적인 자료를 적극 활용한다. 둘째, 교사의 반성적 의견과 느낌을 유도할 필요가 있다. 관찰 후 협의회에서 교사가 자신의 수업에 대한 느낌과 반성을 자유롭게 발표할 수 있도록 함으로써 개방적인 분위기를 조성하고 교사 스스로 수업을 반성할 수 있는 기회를 제공할 필요가 있다. 셋째, 대안적인 수업기법과 이유를 제시하도록 교사를 격려한다. 수업에서 활용할 수 있는 방법과 수업자료는 수업의 내용과 대상 학년 등에 따라 무수히 많을 수 있다. 수업연구 후 협의회의 목적 중 하나는 수업 개선을 위한 과제를 찾는 것이지만, 이러한 과정이 교사와 장학담당자 모두에게 학습의 과정이 되도록 할 필요가 있다. 넷째, 교사에게 연습과 비교의 기회를 제공한다. 동일한 수업내용에 대해 다른 교사의 수업 사례가 있다면 이를 상호 비교하는 것은 수업교사에게 매우 유용한 정보를 제공할 수 있다. 특히 초임교사가 다양한 수업 방법과 전략을 학습하기 위해서는 많은 수업을 참관하고 실제로 자신의 수업에 적용해 보는 체계적이고 반복적인 연습이 필요하다. 또한 자기 수업을 녹화하고 이를 분석해 보는 것도 수업을 개선할 수 있는 유용한 방법이다.

4. 개인 중심 연수

1) 개인 중심 연수 이해

교육부 교원양성연수과(2019. 9.)의 교원연수의 종류 및 대상과 내용에 대한 분류에 따르면, 우리나라에서 시행되고 있는 교원연수는 크게 '교원연수'와 '능력개발'로 구분되는데, 교원연수는 다시 '연수기관 중심 연수'와 '단위학교 중심 연수'로 나뉘고, 능력개발은 '개인 중심 연수'를 가리킨다. 즉, 개인 중심 연수는 연수기관이나 단위학교가 중심이 되어 이루어지는 연수가 아니라 교원들 개인 스스로의 자발적인 의지와 노력에 의해 이루어지는 개인이 중심이 되고 주체가 되는 연수이다. 개인 중심 연수는 구체적으로 국내외 교육기관에서 학위 취득, 개인연구 수행, 교과교육연구회 참여, 학회 참여 등의 형태로 이루어진다(교육부 교원양성연수과, 2019. 9. 2.). 실제로 교원들은 연수기관이나 단위학교 중심의 연수에도 참여하지만, 개인 중심 연수에도 다양한 형태로 참여하고 있다.

2) 개인 중심 연수의 사례

개인 중심 연수는 개인의 관심과 흥미, 자발적인 의지를 바탕으로 이루어지기 때문에 그 종류와 형태가 매우 다양하다. 교원들의 연수기관이나 단위학교 중심의 연수 참여는 어느 정도 타율적인 측면이 없지 않으나 개인 중심 연수는 철저히 자율적으로 이루어지는 연수이다. 교원들은 성인학습자이고 자기주도적 학습 역량을 갖추고 있는 사람들이기 때문에 타율적인 연수보다 자율적인 연수가 더 적합할 수 있다(이돈희, 2000; 한숭희 외, 2000). 따라서 교원들이 자율적으로 연수에 참여할 수 있는 기회와 여건을 좀 더 많이 만들어 주어야 하며, 관련 프로그램들도 다양하게 개발되어야 한다.

최근 들어, 우리나라에서 교원들이 개인 중심 연수로서 참여할 수 있는 다양한 프로그램이 개발되고 있다는 점은 고무적인 현상이라고 할 수 있다. 이 장에서는 우리나라에서 실시되고 있는 다양한 개인 중심 연수 중에서 '전문적 학습공동체' '교원단체 주관 연수' '전국교과교사연구회 연수'에 대해 살펴본다.

(1) 전문적 학습공동체

'전문적 학습공동체'는 학교구성원의 동료성을 기반으로 한 학습공동체 운영으로 학교를 학습조직화하고, 공동연구·공동실천을 통한 동반성장과 집단지성의 전문성을 신장하며, 교육과정, 학교 문화, 현안문제 중심의 전문적 학습공동체 운영으로 학교자치 역량을 강화하는 것에 목적이 있다(경기도교육청, 2019).

기존의 교사 자율연수 학점화는 개인의 성장과 발전에 일정 부분 기여를 하고 있는 것은 사실이나 단위학교 교육공동체의 협력 성장 또는 구성원 모두의 성장까지 발전하는 데 한계가 있었으며, 이에 개방과 협업의 교직문화 형성, 학교집단 역량 향상 요구 등 학교 현장의 문제를 해결하기 위한 실행연구의 필요성이 대두되었다.

이에 따라 공동의 성장과 집단효능감 형성을 위한 방안으로 학교 안 전문적 학습공동체를 특정 분야 연수기관화하고 이를 촉진하기 위한 방안으로 학점화 정책을 도입하여 일부 소수 교사의 비공식적 활동과 학교 밖 연구활동의 의존도를 낮추고 교사의 공식적 협력활동을 촉진하기 위한 방안으로 학점화 정책을 추진하게 되었다.

(2) 교원단체 주관 연수

① 한국교원단체총연합회 주관 연수

한국교원단체총연합회(이하 한국교총)에서는 교사들의 전문성 향상을 위하여 현장교육연구대회, 교육자료전, 교원연수 등 여러 프로그램을 운영하고 있다. 현장교육연구대회는 한국교총이 교직의 전문성 신장, 즉 교원들의 자질 향상을 통해 교육발전을 구현하고자 운영하는 대회이다. 한국교총의 현장교육연구대회는 매년 치러지며, 질적·양적 발전을 거듭하고 있다.

한국교총 연수는 학교교육을 지원하고 교육구성원 간의 긴밀한 네트워크를 형성하는 데 초점을 두고 있다. 연수의 종류는 학점이 인정되어 승진평정 시 성적이 반영되는 직무연수 과정과 학점은 인정되지 않으나 교사의 필요에 따라 자유롭게 수강할 수 있는 자율교양연수 과정으로 구분된다. 연수의 대상은 전국 17개 시·도교육청 소속 유·초·중등교사 및 교육공무원을 대상으로 하며, 휴직교사, 기간제 교사, 일반인 또한 연수를 받을 수는 있지만 학점은 인정되지 않는다. 연수과정은 생활지도, 학습지도, 교육정보화, 교직 및 교양, 어학, 자격증 등으로 구분되어 운영되기 때문에, 교사의 필요에 따라 선택하여 수강할 수 있다(한국교총 홈페이지: http://www.kfta.or.kr).

② 전국교직원노동조합 주관 연수

전국교직원노동조합(이하 전교조)에서는 참교육마당이라는 사이트 운영을 통해서 교원연수를 지원하고 있는데, 전교조에서 운영하는 연수는 크게 본부연수, 지부연수, 참교육원격연수로 나뉜다. 본부연수는 본부에서 기획하고 운영하는 전국적인 직무연수이며, 지부연수는 지부/지회 등에서 운영하는 다양한 직무 및 자율 연수이다. 참교육원격연수는 교사들이 수월하게 자신의 필요에 맞는 연수를 받을 수 있도록 하기 위하여, 교사들의 교육활동을 지원하고자 사이버공간에서 운영하는 원격연수이다. 전교조에서 주관하는 여러 연수의 내용을 보면, 현장교육연구에 필요한 전문지식과 정보를 알려 주는 연수, 수업디자인과 수업분석 연수, 수업코칭연수 등이 있으며, 교과와 관련된 전문 지식이나 다양한 교수법 등을 다루기도 한다(전교조 참교육마당 홈페이지: http://chamsil.eduhope.net/).

(3) 전국교과교사연구회

전국교과교사연구회에서는 초·중등학교의 각 교과별로 교사들의 모임이 이루어지고 있는데, 이러한 대부분의 교과교사모임은 현직교사들을 위한 연수 프로그램을 운영할 뿐만 아니라, 교사와 교과의 문제점 개선, 교사 교류, 교과 및 학습 자료의 개발 등 교사전문성 향상 활동을 중심으로 운영되고 있다.

① 전국국어교사모임

전국국어교사모임은 사단법인으로서 국어교육의 발전과 현 국어교육의 문제점 등을 개선하기 위한 목적으로 설립된 국어교사들의 연구단체이다. 전국국어교사모임에서는 기존 교육과정과 교과서의 문제점을 정리하여 새로운 교육과정을 마련하는 기초 사업을 하고 있으며, 국어를 학습하는 학생들을 위한 여러 교재를 편찬하거나 수업시간에 멀티미디어 시스템에서 활용할 수 있는 자료를 개발하기도 한다. 또한 연구모임 과제 지원을 통한 연구 실천 강화를 목표로 수업지도안과 세부적인 영역별·주제별 학습자료를 개발하고, 국어교육에 대한 현장 연구 실천 사례를 기록함으로써 올바른 관점에 뿌리를 둔 현장 중심 국어교육 연구를 실천하고자 운영되고 있다.

전국국어교사모임에서는 국어교사들을 위한 전국 연수와 지역별 연수를 운영하고 있는데, 여름·겨울 방학에 전국 연수나 지역별 대중연수를 통해 현장교사들의 수업 사례 발표나 연구 발표를 중심으로 많은 정보와 의견을 교환할 수 있는 장을 마련하며, 매년 신임교사들을 중심으로 국어수업을 위한 다양한 연수를 워크숍 형태로 진행하고 있다. 그리고 지역모임에서는 정기적으로 문학기행 및 자체연수, 수업발표회, 학생과 함께하는 캠프 등 많은 사업을 운영하고 있다(전국국어교사모임 홈페이지: http://www.naramal.or.kr).

② 전국수학교사모임

전국수학교사모임은 수학교육의 발전과 수학의 대중화를 목적으로 결성된 수학교사들의 연구 단체이며, 수학교육의 발전과 앞으로의 전망을 찾고자 연구하고, 자료를 개발하여 동료교사들과 나누고자 하는 비영리 사단법인이다.

전국수학교사모임은 수학교육과 수학수업을 위한 세미나 팀을 운영하고, 수학교육에 대한 전문 회지를 발간하기도 한다. 또한 2002년부터 수학교육 심포지엄을 매년 개최하여 우리나라 수학교육의 실태를 점검하고 나아가야 할 방향을 모색하기 위한 토론의 장을 마련하여 운영하고 있다. 그리고 그해 수학교육 관련 이슈들에 대한 교사들의 의견을 펼치고 수렴할 수 있는 기회를 마련하여 각종 수학교육 관련 단체들과 교류하고 의사소통을 하는 행사 등도 운영하고 있다.

특히 전국수학교사모임은 수학교사를 위한 각종 연수를 실시하는데, 매년 특수직무연수기관으로 선정되어 여름에는 매년 수학수업 교수법, 소프트웨어 활용, 체험수학 등 수학교육 분야별로 연수를 기획하여 전국 수학교사를 대상으로 연수를 실시한다. 또한 매년 겨울에는 1년 동안의 세미나 팀 연구 성과물을 전국의 모든 수학교사와 공유하고 수학교육의 흐름을 이해하기 위한 3박 4일간의 행사인 'Math Festival'을 개최하고 있다.

전국수학교사모임은 이와 같은 여러 연수를 토대로 수학교사들의 성장과 수학교육의 발전을 도모하고, 수업을 더 풍성하게 하며, 수학교사로서의 소양을 키워 주고자 운영되고 있다(전국수학교사모임 홈페이지: http://www.tmath.or.kr).

③ 전국영어교사모임

전국영어교사모임은 영어수업을 함께하는 수업, 즐거운 수업, 의미 있는 수업으로 개선하기 위해 영어교육에 대한 전문성을 높이고자 하는 영어교사들의 연구실천 모임이다. 연구모임은 20여 개의 주제별로 나누어져 있는데, 영어교육의 각 영역에 대한 현장 중심의 실천적 대안을 모색해 가고 있다.

전국영어교사모임은 올바른 영어교육의 목표와 방향 정립, 영역이나 외국서적 검색을 통한 영문 글감의 개발, 기능별·주제별·급별 영어수업 활동 개발, 영어교육정책 개발, 각종 영어수업용 자료 및 도구 개발 등을 통해 현장 중심의 연구 및 실천을 전개하며 운영하고 있다. 또한 전국에 영어교육과 관련된 지역모임이 구성되어 지역 특성에 맞는 영어교육과정 개발 및 지역 영어교육의 개선을 위해 노력하고 있다. 아울러 영어교사들의 연구 성과와 영어교육 정보를 함께 나눌 수 있는 회지를 월간으로 발행하여 교사들이 영어수업을 개선하는 도구로 활용할 수 있도록 도움을 주고 있다.

특히나 전국영어교사모임은 교사들의 전문성 향상을 위하여, 여름방학 중에는 2박 3일의 영어교사대회를 개최하고, 학기중에는 예비교사나 신임영어교사를 위한 연수도 함께 운영하고 있다(전국영어교사모임 홈페이지: http://et21.org).

④ 전국과학교사모임

전국과학교사모임은 과학교사들이 학교 현장에서 아이들을 가르치면서 느꼈던 문제점들에 대해 서로 의견을 나누며 해결책을 찾아보고자 결성되었으며, 처음에는 물리, 화학, 생물, 지구과학 교사들의 개별 교과모임으로 운영되어 왔으나 이후 각 영역을 통합하여 과학교사모임으로 각 영역교사가 함께 모여 운영하고 있다.

전국 과학교사모임은 교과서 분석, 교육과정 연구 및 개발, 과학수업에 활용할 수 있는 실험연수, 과학수업과 관련한 과학교육, 과학사 및 과학철학 등 이론 연구, 과학수업과 관련한 수업 및 특별활동 자료 개발 등의 연구활동을 하고 있으며, 연 1~4회의 지질 탐사, 생태 탐사 등의 현장체험을 통해 자체 연수를 시행하고 있다.

또한 전국 과학교사모임은 각종 과학축전 조직 및 참여, 학생들을 위한 과학 캠프 실시, 연 2회의 회지 제작, 연 1회의 각종 자료집 제작, 여름방학 기간 중 연 1회의 여름 직무연수 실시, 동절기 중 참교육 실천대회 과학분과를 운영하고 있으며, 이와 함께 과학 신임교사를 위한 연수 또한 함께 운영하고 있다(전국과학교사모임 홈페이지: http://science.eduhope.net).

⑤ 전국체육교사모임

전국체육교사모임은 체육교육과 관련된 문제들을 크게 수업내용, 교육환경, 수업방법 등 세 분야로 나누어 논의, 연구하고 연수를 진행하며, 체육교육의 개혁을 위한 방안 마련에도 관심을 기울이고 있다.

전국체육교사모임은 체육교육 전반에 관한 문제점을 발굴하고, 그에 대한 분석 및 대안을 모색하려는 목적을 갖고 있는데, 아울러 우리 사회의 각종 스포츠 현상에 관한 연구 및 평가에도 관심을 갖고 있다. 또한 수업 모형, 지도안 개발 및 사례 수집, 수업자료 개발 등을 위해 노력을 기울이고 있으며, 교수 기능 향상을 위한 각종 연수, 강좌, 세미나, 토론회 등도 개최하고 있다. 정기적으로 체육교육과 관련된 회지를 발간하여 체육교사들의 정보와 연구를 공유하고 있다.

특히나 전국체육교사모임은 매년 여름과 겨울에 전국의 체육교사를 대상으로 각종 연수와 워크숍을 개최하고 있으며, 이와 함께 수업모형 및 수업지도안을 연구하고, 각종 수업자료를 제작 및 보급하고 있다(전국체육교사모임 홈페이지: https://mom.eduhope.net).

앞에서는 5개 교과의 교사모임에 대해 소개하였지만, 거의 모든 교과에서 교과모임을 결성하여 운영하고 있다. 대표적인 예로 전국기술교사모임(http://www.ktta.or.kr), 전국지리교사모임(http://www.geoedu.net), 전국한문교사모임(http://hanmun.eduhope.net), 전국교사연극모임(http://www.momzit.net), 전국역사교사모임(http://okht.njoyschool.net/), 전국가정교사모임(http://homelove.eduhope.net), 전국미술교사모임(http://chamsil.eduhope.net) 등의 교사모임을 만들어 활발하게 활동하고 있다.

이를 통해 다양한 성과를 거두고 있기도 하다. 이 절에서 언급한 교원의 개인 중심 연수 사례들 외에도 교원의 전문성 향상을 위해 교원들이 자율적이고 자발적으로 참여하는 연수들이 학교급별, 교과별, 주제별, 지역별로 다양하게 이루어지고 있다.

ⓖ 교육청 주관 교과교육연구회(예시)

서울특별시교육청에서 운영하는 교과교육연구회는 교원의 자발적 연구활동 지원으로 수업 혁신과 교원 전문성 신장, 교원 간 정보 공유 및 우수사례 일반화를 통한 수업 나눔의 문화 확산, 그리고 교원의 핵심역량 제고 및 교육활동 지원을 강화하여 혁신미래교육 구현 등을 목표로 한다. 초·중등학교 교원은 누구든지 각 학교급별, 또는 통합 교과교육연구회에 참여할 수 있다. 연구활동비 지원 대상은 서울특별시교육청에 등록되어 있는 초등·중등 단위 교과교육연구회와 교육정책 연구회이며, 교과교육연구회의 유형별 특성은 〈표 4-6〉과 같다.

표 4-6 교과교육연구회의 유형별 특성

- 교과연구형 교과교육연구회: 「초·중등교육법」 제23조 제2항에 의거하여 고시된 초·중등학교교육과정에 제시된 교과교육과정, 교과내용, 교수학습 방법, 평가 등과 관련된 제반 교과교육 활동에 대해 연구를 수행하는 교과교육연구회
- 범교과연구형 교과교육연구회: 교육과정상의 교과와 창의적 체험활동 등 교육활동 전반에 걸쳐 통합적으로 다루어질 수 있는 범교과 학습 주제에 대한 연구를 수행하는 교과교육연구회
- 교육지원형 교과교육연구회: 교육활동을 지원하는 학교경영, 장학(컨설팅), 생활지도, 진로상담 등에 대한 연구를 수행하는 교과교육연구회

출처: 서울특별시교육청 교육연구정보원(2020), p. 5.

이와 같이 학교 현장에서는 교원 개인 차원뿐만 아니라 교원단체, 각 시·도교육청, 전국단위의 교사모임 등에서 매우 다양하게 교사 전문성 향상을 위한 연수 프로그램들을 마련하여 운영하고 있다.

토론 및 실습 과제

1. 겨울방학 중 원격연수를 2개 이수하였는데 교육성적으로 모두 활용할 수 있는지, 그리고 원격연수와 출석연수를 동시에 이수할 경우 각각의 장단점은 어떠한지 토론해 보자.

2. "도교육청에서 운영하는 맞춤형 장학사업 시범학교에서 사업을 책임운영하고 있는 교사입니다. 시범사업 운영기간은 2년으로 올해 2년 만기됩니다. 최근 운영 결과를 토대로 '수업진단을 통한 선택적 장학의 성과 분석'이라는 논문을 학진등재지인 학회지에 지도교수와 함께 실었습니다." 이 사례의 경우 인정받을 수 있는 연구활동 실적에 대한 인정학점은 얼마인지 계산해 보자.

3. 교사들에 따르면, 수업의 질을 높이기 위해서는 수업 개선 의지를 가지고 새롭게 도전할 수 있는 용기와 함께 열린 마음으로 동료교사의 수업을 보고 배우려는 강한 의지가 필요하다고 한다. 다음의 문제들에 대해 토론해 보자.

- "수업은 ○○○이다."와 같은 형식으로 수업의 메타포 또는 명제를 규정해 보고 그 의미의 이유에 대해 서로 의견을 교환해 보자.
- 좋은 수업이란 어떤 수업인지 교사와 학생의 입장으로 나누어 토의해 보자.
- 수업연구의 전 과정과 각 과정에서의 유의점에 대해서 복습, 토의해 보자.
- 수업관찰의 필요성 및 수업분석의 목적에 대해 토의해 보자.

4. 현직교사들의 수업연구 발표 사례들을 수집하여 분석하고 각각의 특성을 비교하여 논의해 보자.

5. 초임교사로서 전문성 향상을 꾀하고 방학을 알차게 보내기 위해 개인 중심 연수를 계획하고자 한다. 본인의 관심과 흥미, 필요 등을 바탕으로 방학 동안에 수행할 개인 중심 연수를 각자 계획하고 서로 토론해 보자.

참고문헌

강영삼(1995). 장학론. 서울: 세영사.

교육부(2013). 2013년 교원 연수 중점 추진 방향 안내.

교육부 교원양성연수과(2019. 9.). 2020년 교원연수 중점 추진 방향(안).

교육부 교원양성연수과(2020. 12.). 2021년 교원연수 중점 추진 방향.

경기도교육청(2019). 전문적 학습공동체 운영계획. 경기도교육청 내부자료.

김도기(2005). 컨설팅 장학. 서울대학교 대학원 박사학위청구논문.

김병찬(2004). 교원 현직교육의 변화 동향 고찰. 한국교원교육연구, 21(3), 363-388.

김병찬(2019). 왜 교사리더십인가. 서울: 학지사.

김정한(2003). 장학론: 이론, 연구, 실제. 서울: 형설출판사.

백현기(1961). 장학론. 을유문화사.

변영계, 김경현(2005). 수업장학과 수업분석. 서울: 학지사.

부산교육대학교 부설초등학교(2008). 2008학년도 수업연구 길잡이. 미발간유인물.

부산교육대학교 부설초등학교(2017). 교실수업 개선 운영 계획서. 미발간유인물.

부산교육대학교 부설초등학교(2020). 2020 미래형 수업역량 강화를 위한 온라인 라이브 교실 수업개선. 미발간 워크숍 자료집.

서울특별시교육청 교육연구정보원(2020). 연구대회 참여교원을 위한 연구윤리 길라잡이.

윤정일, 송기창, 조동섭, 김병주(2007). 교육행정학원론. 서울: 학지사.

이돈희(2000). 21세기의 교사상과 교직. 한국교사교육, 17(1), 1-18.

이윤식(1999). 장학론: 유치원 · 초등 · 중등 자율장학론. 서울: 교육과학사.

주삼환(2003). 교육의 질 향상을 위한 장학의 이론과 기법. 서울: 학지사.

진동섭, 이윤식, 김재웅(2008). 교육행정 및 학교경영의 이해. 서울: 교육과학사.

진위교 외(1996). 수업기술의 이론과 실제. 서울: 교육주보사.

천호성(2008). 교실 수업의 혁신과 지원을 위한 수업 분석의 방법과 실제. 서울: 학지사.

한숭희 외(2000). 학습혁명보고서. 서울: 매일경제신문사.

Alkin, M. C. (1992). Professional development of teachers. In Alkin, M. C. (Chief editor), *Encyclopedia of educational research* (6th ed., Vol. 3). New York: Macmillan Publishing Company.

Beck, C., & Kosnik, C. (2006). *Innovations in teacher education a social constructivist approach*. Albany, NY: State University of New York Press.

Cochran-Smith, M., & Zeichner, K. M. (2005). *Studying teacher education: The report of the AERA Panel on Research and Teacher Education*. Mahwah, NJ: Lawrence Erlbaum Associates.

Dorinda, J., Carter, A., Ye, H., Joanne, E. M., Gail, R., & María, S. (2021). Decentering whiteness in teacher education: Addressing the questions of who, with whom, and how. *Journal of Teacher Education*, 72(2), 134-137.

Elliott, J. (1993). *Reconstructing teacher education: Teacher development*. London: Falmer Press.

Glickman, C., Gordon, S. P., & Ross-Gordon, J. M. (2007). *Supervision and instructional leadership: A developmental approach* (7th ed.). Boston, MA: Allyn & Bacon.

Harris, B. M. (1975). *Supervisory behavior in education*. NJ: Prentice-Hall, Inc.

Lloyd, R. R. (1987). *The complete in-service staff development program*. Englewood Cliffs, NJ: Prentice-Hall, Inc.

Lovell, J. T., & Wiles, K. (1975). *Supervision for better schools* (4th ed.). Englewood Cliffs, NJ: Prentice-Hall, Inc.

Oliva, P. E., & Pawlas, G. E. (1997). *Supervision for today's school* (5th ed.). New York: Longman.

Sergiovanni, T. J. (2005). *The principalship: A reflective practice perspective* (5th ed.). Boston, MA: Allyn & Bacon.

Sergiovanni, T. J., & Starratt, R. J. (2007). *Supervision: A redefinition* (8th ed.). MA: McGraw-Hill.

[관련 법령]

「교원 등의 연수에 관한 규정」

「교원 등의 연수에 관한 규정 시행규칙」

「교육공무원법」

「교육공무원 인사기록 및 인사사무 처리 규칙」

「교원연수·연구실적 학점화 시행에 따른 업무처리 요령」

[참고 사이트]

한국교총 홈페이지: http://kfta.or.kr

전교조 참교육마당 홈페이지: http://chamsil.eduhope.net

전국국어교사모임 홈페이지: http://naramal.or.kr

전국수학교사모임 홈페이지: http://tmath.or.kr

전국영어교사모임 홈페이지: http://et21.org

전국과학교사모임 홈페이지: http://science.eduhope.net

전국체육교사모임 홈페이지: http://chamsil.eduhope.net → https://mom.eduhope.net

전국기술교사모임 홈페이지: http:// www.ktta.or.kr

전국지리교사모임 홈페이지: http:// www.geoedu.net

전국한문교사모임 홈페이지: http://hanmun.eduhope.net

전국교사연극모임 홈페이지: http://www.momzit.net

전국역사교사모임 홈페이지: http://okht.njoyschool.net

전국가정교사모임 홈페이지: http://homelove.eduhope.net

전국미술교사모임 홈페이지: http://chamsil.eduhope.net

교원 인사 및 보수 제도

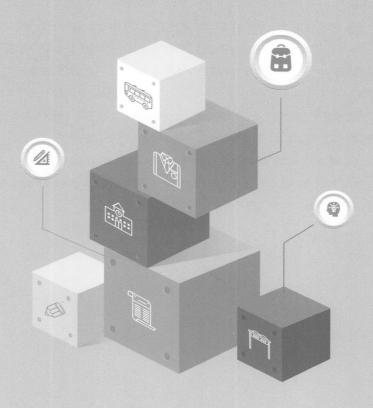

새내기 A 교사는 연말이 되어 고민에 빠졌다. A 교사가 근무하는 학교의 교장 선생님이 교사들의 근무성적평정을 하면서 전 교사에게 다면평가를 실시하도록 한 것이다. 새로 발령을 받아 1년 동안 학교에 적응하기 바빴고, 그리도 원하던 교사가 되었기 때문에 1년 동안 그저 학생들을 열심히 가르치는 일만이 전부였던 A 교사로서는 어려운 과제가 아닐 수 없었다. 잘 알지도 못하는 다른 교사들을 평가하기도 쉽지 않을 뿐 아니라 다면평가 결과가 어떻게 활용되는지 궁금하기도 하다.

　　특히 교직경력 22년의 교무부장 선생님이 내년에 교감 자격연수를 받아 곧 교감 선생님으로 승진할 것이라는 소식을 접했을 때는 한편으로 부럽기도 하였다. A 교사도 일정 기간 근무한 후에 장학사나 교육연구사의 전문직으로 근무도 하고 교감으로 승진도 하고 싶다. 또한 휴직을 하게 되더라도 대학원에 진학하여 교직에 대한 보다 전문적인 학업과 연구를 수행하고 싶은 마음도 있다. 그런데 대학원 공부를 마치고 복직을 하게 되면 호봉 산정이 어떻게 되는지 궁금하다.

　　A 교사는 기왕 교직에 발을 디딘 이상 학생들을 열심히 가르치면서 할 수 있는 것은 뭐든지 다 해 보고 싶다. 전문직으로도 근무하고, 대학원에서 공부도 하고. 나이가 들어 교감. 교장으로도 승진하여 교직생활을 멋지게 마무리해 보고 싶다.

1. 교원인사제도의 배경

1) 교원인사제도의 구조와 관련 법령

(1) 교원인사제도의 구조

교원인사제도는 크게 충원, 인사 및 능력계발, 그리고 후생복지 및 사기의 세 부분으로 구성되어 있다. 종래에는 인사제도의 핵심을 유능한 인재의 채용과 통제에만 두었다. 그러나 점차 조직구성원의 사기가 중요시되기 시작하였으며, 최근에는 조직구성원의 계속적인 능력계발이 사기 못지않게 중요시되었고, 채용·능력계발·사기는 인사제도의 근간을 이루는 3대 요인으로 자리 잡게 되었다.

채용과정에는 교원 수급 계획, 예비교사 모집, 임용시험, 신규임용 등이 포함되며, 인사 및 능력계발에는 현직교육과 연수는 물론 근무성적 평정, 승진 및 전직·전보 등이 포함된다. 마지막으로, 후생복지 및 사기에는 보수 및 근무환경을 포함하는 물리적 조건과 사회심리적 요인이 포함된다.

(2) 교원인사 담당기관

교육공무원으로서의 교원인사 담당기관은 중앙과 지방으로 구분해 볼 수 있다. 먼저 중앙의 교원인사 담당기구는 인사혁신처와 행정안전부, 교육부의 삼원적 조직으로 되어 있다. 교원인사에 관한 사무는 교육부장관의 소관 사무이다. 교원의 인사에 관한 사무는 교육부 학교혁신지원실의 교원정책과장이, 초·중등교원 양성 및 연수에 관한 사항은 교원양성연수과장이 담당한다(「교육부와 그 소속기관 직제 시행규칙」 제7조).

지방의 교육인사행정기관으로는 시·도교육청과 교육지원청이 있다. 유치원, 초·중등학교, 특수학교 교원의 자격, 인사, 교육 및 후생복지 등에 관한 사항은 시·도교육청의 교육(정책)국에서 관장한다. 시·도교육청 산하 교육지원청의 교육지원과에서도 시·도교육청과 유사한 사항을 관장하지만, 유·초·중학교 교원의 학교 배정 등과 같은 제한적인 인사업무만을 담당한다.

(3) 교원인사제도 관련 법령

교원 및 교육전문직 인사 관련 법령으로는 기본법령이 되는「교육기본법」「초 · 중등교육법」「교육공무원법」과「교원의 지위 향상 및 교육활동 보호를 위한 특별법」「교원의 노동조합 설립 및 운영 등에 관한 법률」이 있고, 대통령령으로「교육공무원임용령」「교육공무원승진규정」「교육공무원인사위원회규정」「교육공무원징계령」「교원 등의 연수에 관한 규정」「교원자격검정령」「교원소청에 관한 규정」「교원예우에 관한 규정」「교원의 노동조합 설립 및 운영 등에 관한 법률 시행령」「교원의 지위 향상 및 교육활동 보호를 위한 특별법 시행령」「교원 지위 향상을 위한 교섭 · 협의에 관한 규정」 등이 있다. 교육부령으로는「교원자격검정령 시행규칙」「교육공무원 임용후보자 선정경쟁시험규칙」「교육공무원 징계양정 등에 관한 규칙」「교원 등의 연수에 관한 규정 시행규칙」「사립학교 교원 징계규칙」「임시교원양성소규정」「교육공무원 인사기록 및 인사사무 처리 규칙」 등이 있다. 이와 함께「공무원보수규정」「공무원수당 등에 관한 규정」「공무원교육훈련법」「국가공무원복무규정」「공무원연금법」 등에서도 교육공무원에 관한 규정을 포함하고 있다.

교육인사제도와 관련된 주요 법령을 영역별로 정리하면 〈표 5−1〉과 같다. 교원인사제도와 관련된 주요 법령은 크게 자격 및 신분, 임용, 연수, 복무, 복지후생, 신분보장 및 징계, 보수 및 예우, 단체활동의 6개 영역으로 구분해 볼 수 있다. 일부의 기본 법령은 다른 영역에 중복해서 관련될 수도 있으며, 일부 법령은 해당 영역에만 관련될 수도 있다.

표 5−1 교원인사제도 관련 법령

내용 영역	관련된 주요 법령
자격 및 신분	• 「교육기본법」(제14조 제1항),「초 · 중등교육법」(제19~22조) 및 동 시행령 • 「교원자격검정령 및 동 시행규칙」
임용	• 「교육공무원법」「교육공무원임용령」 • 「교육공무원 임용후보자 선정경쟁시험규칙」 • 「교육공무원 인사위원회 규정」 • 「교육공무원 인사기록 및 인사사무 처리 규칙」 • 「교육공무원 승진규정」 • 「사립학교법」(제4장 제52~67조) 및 동 시행령

	• 「임시교원양성소규정」 • 기타 특별법(「국립사범대학 졸업자 중 교원미임용자 임용 등에 관한 특별법 시행령」,「병역의무 이행 관련 교원미임용자 채용에 관한 특별법 시행령」 등)
연수	• 「교육공무원법」,「국가공무원법」 • 「교원 등의 연수에 관한 규정」 및 동 시행규칙
복무	• 「교육공무원법」,「국가공무원법」 • 「국가공무원 복무규정」,「국가공무원 복무규칙」 • 「사립학교법」 및 동 시행령 • 「공직자윤리법」 및 동 시행령 · 시행규칙
복지후생	• 「공무원연금법」 및 동 시행령 · 시행규칙 • 「퇴직교원 평생교육활동 지원법」 • 「사립학교법」 • 「사립학교 교직원 연금법」 및 동 시행령 • 「한국교직원공제회법」
신분보장 및 징계	• 「교육기본법」,「초 · 중등교육법」,「유아교육법」 및 동 시행령 • 「교육공무원법」,「국가공무원법」 • 「교원의 지위 향상 및 교육활동 보호를 위한 특별법」 및 동 시행령 • 「교육공무원징계령」,「교육공무원 징계 양정 등에 관한 규칙」 • 「교원소청에 관한 규정」 • 「사립학교법」 및 동 시행령 • 「상훈법」 및 동 시행령
보수 및 예우	• 「공무원보수규정」,「공무원수당 등에 관한 규정」 • 「공무원 여비규정」,「교원 예우에 관한 규정」 • 「모범공무원규정」,「모범공무원 수당규칙」 • 「국가공무원 명예퇴직수당 등 지급 규정」
단체활동	• 「교육기본법」,「교육공무원법」,「국가공무원법」 • 「교원 지위 향상을 위한 교섭 · 협의에 관한 규정」 • 「교원의 노동조합 설립 및 운영 등에 관한 법률」 및 동 시행령 · 시행규칙

2) 교원자격제도의 이해

(1) 교원자격제도의 의의

우리나라는 교원의 법정 자격제도를 채택하고 있다. 일단 교원의 자격을 취득하면 그 효력은 종신토록 계속되는 것이 원칙이다. 다만, 교육전문직의 경우에는 자격기준만 명시하고 있으며, 자격제도는 존재하지 않는다. 교원의 경우 자격제도를 채택하는 것은 ① 학생의 이익을 보호하고, ② 국가사회의 안전성을 보장하고, ③ 교사 자신의 신분과 사회적 지위를 보장하기 위해 필요한 것으로 이해할 수 있다(대한교련, 1973).

(2) 교원자격의 종류

교원의 자격은 학교급별로 약간의 차이는 있지만, 초·중등학교의 경우, 교장, 교감, 정교사(1급, 2급), 준교사, 전문상담교사(1, 2급), 사서교사(1, 2급), 보건교사(1급, 2급), 영양교사(1, 2급), 실기교사, 수석교사 등으로 구분된다. 준교사에서 2급 정교사가 되기 위해서는 2년 이상의 교육경력을 가지고 소정의 재교육을 받아야 하며, 2급 정교사에서 1급 정교사가 되기 위해서는 3년 이상의 교육경력을 가지고 소정의 재교육을 받거나, 교육대학원에서 석사학위를 받고 1년 이상의 교육경력이 있어야 한다.

초·중등학교에 두는 보직교사와 순회교사, 초등학교에 두는 교과전담교사는 자격이 아니라 일종의 직위이며,「초·중등교육법」제22조에 의한 산학겸임교사, 명예교사, 강사 등은 자격증에 근거를 둔 정규교사가 아니다. 현행 초·중등교원의 종류와 자격기준은「초·중등교육법」제21조 및 별표 1, 2에, 장학관·장학사·교육연구관 및 교육연구사 등 교육전문직원의 자격기준은「교육공무원법」제9조 및 별표 1에 명시되어 있다.

이러한 교원의 자격검정은 무시험검정과 시험검정으로 구분된다. 무시험검정은「초·중등교육법」별표 2에서 규정하는 각급학교의 교사자격기준에 합당한 대학, 즉 교원양성기관을 졸업한 자와 수석교사에게 해당된다. 시험검정은 교사자격의 종별에 따라 교원 수급 계획상 필요에 따라 시행하되, 주로 초·중등학교 준교사 및 실기교사 일부에 대해서 실시한다. 시험검정은 학력고사와 실기고사 및 구술고사로 구분하여 실시하되, 학력고사에 합격한 자에 한하여 실기고사 및 구술고사를 받을 수 있다. 대부분의 현행 신규 교원자격증은 교원양성기관을 통하여 무시험검정으로 발급되고 있다. 일부 신규교원의 자격증이 시험검정의 형식을 통해 발급되기도 하였으나, 최근 들어 교원양성기관 졸업자, 즉 무시험검정에 의한 자격증 소지자의 미발령 적체현상이 심화되면서 시험검정은 거의 자취를 감추었다.

(3) 교원의 자격기준

「초·중등교육법」 제21조 제2항에 의하면 교사는 정교사(1급·2급)·준교사·전문상담교사(1급·2급)·사서교사(1급·2급)·실기교사·보건교사(1급·2급) 및 영양교사(1급·2급)로 나누되, 별표 2의 자격기준에 해당하는 자로서 대통령령이 정하는 바에 의하여 교육부장관이 검정·수여하는 자격증을 받은 자이어야 한다. 「초·중등교육법」(제21조 제2항)에서 규정한 초·중등교사의 자격기준은 〈표 5-2〉와 같다.

표 5-2 초·중등교사의 자격기준

자격 급별	정교사(2급)	정교사(1급)
중등학교	1. 사범대학을 졸업한 사람 2. 교육대학원 또는 교육부장관이 지정하는 대학원 교육과에서 석사학위를 받은 사람 3. 임시 교원양성기관을 수료한 사람 4. 대학에 설치된 교육과를 졸업한 사람 5. 대학·산업대학을 졸업한 사람으로서 재학 중 일정한 교직과(教職科) 학점을 취득한 사람 6. 중등학교 준교사 자격증을 가진 사람으로서 2년 이상의 교육경력을 가지고 일정한 재교육을 받은 사람 7. 초등학교의 준교사 이상의 자격증을 가지고 대학을 졸업한 사람 8. 교육대학·전문대학의 조교수로서 2년 이상의 교육경력이 있는 사람 9. 제22조에 따른 산학겸임교사 등(명예교사는 제외한다)의 자격기준을 갖춘 사람으로서 임용권자의 추천과 교육감의 전형을 거쳐 교육감이 지정하는 대학 또는 교원연수기관에서	1. 중등학교의 정교사(2급) 자격증을 가지고 교육대학원 또는 교육부장관이 지정하는 대학원 교육과에서 석사학위를 받은 사람으로서 1년 이상의 교육경력이 있는 사람 2. 중등학교 정교사 자격증을 가지지 아니하고 교육대학원 또는 교육부장관이 지정하는 대학원 교육과에서 석사학위를 받은 후 교육부장관으로부터 중등학교 정교사(2급) 자격증을 받은 사람으로서 3년 이상의 교육경력이 있는 사람 3. 중등학교의 정교사(2급) 자격증을 가진 사람으로서 3년 이상의 교육경력을 가지고 일정한 재교육을 받은 사람 4. 교육대학·전문대학의 교수·부교수로서 3년 이상의 교육경력이 있는 사람

	대통령령으로 정하는 교직과목과 학점을 이수한 사람. 이 경우 임용권자의 추천 대상자 선정기준과 교육감의 전형 기준에 관하여는 대통령령으로 정한다.	
초등학교	1. 교육대학을 졸업한 사람 2. 사범대학을 졸업한 사람으로서 초등교육과정을 전공한 사람 3. 교육대학원 또는 교육부장관이 지정하는 대학원의 교육과에서 초등교육과정을 전공하고 석사학위를 받은 사람 4. 초등학교 준교사 자격증을 가진 사람으로서 2년 이상의 교육경력을 가지고 일정한 재교육을 받은 사람 5. 중등학교 교사자격증을 가진 사람으로서 필요한 보수교육을 받은 사람 6. 전문대학을 졸업한 사람 또는 이와 같은 수준 이상의 학력이 있다고 인정되는 사람을 입소 자격으로 하는 임시 교원양성기관을 수료한 사람 7. 초등학교 준교사 자격증을 가진 사람으로서 교육경력이 2년 이상이고 방송통신대학 초등교육과를 졸업한 사람	1. 초등학교 정교사(2급) 자격증을 가진 사람으로서 3년 이상의 교육경력을 가지고 일정한 재교육을 받은 사람 2. 초등학교 정교사(2급) 자격증을 가진 사람으로서 교육경력이 3년 이상이고, 방송통신대학 초등교육과를 졸업한 사람 3. 초등학교 정교사(2급) 자격증을 가지고 교육대학원 또는 교육부장관이 지정하는 대학원의 교육과에서 초등교육과정을 전공하여 석사학위를 받은 사람으로서 1년 이상의 교육경력이 있는 사람

전문상담교사, 사서교사, 보건교사, 영양교사의 경우에도 정교사와 마찬가지로 1급과 2급의 구분이 있다. 즉, 2급 정교사와 마찬가지로 2급의 전문상담교사, 사서교사, 보건교사, 영양교사의 경우에도 각각 3년 이상의 경력을 가지고 해당 자격연수를 받으면 해당 1급 교사가 된다.

2012년 3월 21일에는 「초·중등교육법」 개정을 통해 교원의 종류에 수석교사가 추가되었다. 「초·중등교육법」 제21조 제3항에 따른 수석교사는 교원자격증을 소지한 사람으로서 15년 이상의 교육경력(「교육공무원법」 제2조 제1항 제2호 및 제3호에 따른 교육전문직원으로 근무한 경력을 포함한다)을 가지고 교수·연구에 우수한 자질과 능력을 가진 사람 중에서 대통령령으로 정하는 바에 따라 교육부장관이 정하는 연수 이수 결과를 바탕으로 검정·수여하는 자격증을 받은 사람이어야 한다.

　교장 및 교감은 〈표 5-3〉의 자격기준에 해당하는 자로서 대통령령이 정하는 바에 의하여 교육부장관이 검정·수여하는 자격증을 받은 자이어야 한다.

표 5-3 초·중등학교 교장·교감의 자격기준

자격급별		자격기준
교장	중등학교	1. 중등학교의 교감 자격증을 가지고 3년 이상의 교육경력과 일정한 재교육을 받은 사람 2. 학식·덕망이 높은 사람으로서 교육부장관으로부터 대통령령으로 정하는 기준에 해당한다는 인정을 받은 사람 3. 교육대학·전문대학의 학장으로 근무한 경력이 있는 사람 4. 특수학교의 교장 자격증을 가진 사람 5. 공모 교장으로 선발된 후 교장의 직무수행에 필요한 교양과목, 교직과목 등 교육부령으로 정하는 연수과정을 이수한 사람
	초등학교	1. 초등학교의 교감 자격증을 가지고 3년 이상의 교육경력과 일정한 재교육을 받은 사람 2. 학식·덕망이 높은 사람으로서 교육부장관으로부터 대통령령으로 정하는 기준에 해당한다는 인정을 받은 사람 3. 특수학교의 교장 자격증을 가진 사람 4. 공모 교장으로 선발된 후 교장의 직무수행에 필요한 교양과목, 교직과목 등 교육부령으로 정하는 연수과정을 이수한 사람
	특수학교	1. 특수학교의 교감 자격증을 가지고 3년 이상의 교육경력이 있는 사람으로서 일정한 재교육을 받은 사람 2. 초등학교 또는 중등학교의 교장 자격증을 가지고 필요한 보수(補修)교육을 받은 사람. 이 경우 특수학교 교원 자격증을 가졌거나 특수학교(특수학급을 포함한다)에서 교원으로 근무한 경력이 있으면 보수교육을 면제한다. 3. 학식·덕망이 높은 사람으로서 교육부장관으로부터 대통령령으로 정하는 기준에 해당한다는 인정을 받은 사람 4. 공모 교장으로 선발된 후 교장의 직무수행에 필요한 교양과목, 교직과목 등 교육부령으로 정하는 연수과정을 이수한 사람
교감	중등학교	1. 중등학교 정교사(1급) 자격증 또는 보건교사(1급) 자격증을 가지고 3년 이상의 교육경력이 있는 사람으로서 일정한 재교육을 받은 사람 2. 중등학교 정교사(2급) 자격증 또는 보건교사(2급) 자격증을 가지고 6년 이상의 교육경력이 있는 사람으로서 일정한 재교육을 받은 사람 3. 교육대학의 교수·부교수로서 6년 이상의 교육경력이 있는 사람 4. 특수학교의 교감 자격증을 가진 사람

초등 학교	1. 초등학교 정교사(1급) 자격증 또는 보건교사(1급) 자격증을 가지고 3년 이상의 교육경력이 있는 사람으로서 일정한 재교육을 받은 사람 2. 초등학교 정교사(2급) 자격증 또는 보건교사(2급) 자격증을 가지고 6년 이상의 교육경력이 있는 사람으로서 일정한 재교육을 받은 사람 3. 특수학교의 교감 자격증을 가진 사람
특수 학교	1. 특수학교 정교사(1급) 자격증 또는 보건교사(1급) 자격증을 가지고 3년 이상의 교육경력이 있는 사람으로서 일정한 재교육을 받은 사람 2. 특수학교 정교사(2급) 자격증 또는 보건교사(2급) 자격증을 가지고 6년 이상의 교육경력이 있는 사람으로서 일정한 재교육을 받은 사람 3. 초등학교 또는 중등학교의 교감 자격증을 가지고 필요한 보수교육을 받은 사람. 이 경우 특수학교 교원 자격증을 가졌거나 특수학교(특수학급을 포함한다)에서 교원으로 근무한 경력이 있으면 보수교육을 면제한다.

학교에는 교육과정 운영상 필요한 경우에 정규 교원 외에 산학겸임교사[1], 명예교사 또는 강사 등을 두어 학생의 교육을 담당하게 할 수 있다.

(4) 교육전문직원의 자격기준

장학관, 장학사, 교육연구관, 교육연구사를 포함하는 교육전문직원에 대해서는 자격증이 아닌 자격기준만을 명시하고 있다. 교육전문직원의 자격기준은 〈표 5-4〉와 같다. 각 시·도에서는 자체의 인사관리 규정을 통하여 이보다 엄격한 자격기준을 설정하고 있다. 대부분의 경우 교육경력 9년 이상(일부 교육청의 경우 15년 이상)이면서 근무 성적이 '우' 이상인 자(교사에게만 적용)를 지원자격으로 하고 있다. 다만, 특수 분야 전문가 확보를 위하여 필요한 경우 9년의 교육경력 기간을 조정하기도 한다. 교육전문직공무원 임용후보자 전형 대상자는 소속 학교장이 추천하되, 유치원·초등·중학교 교원의 추천서는 소속 교육지원청 교육장의 확인을 거쳐 제출하게 된다.

---

1) 「초·중등교육법 시행령」 제42조 제6항에 의거하여 특성화중학교, 특성화고등학교, 자율학교의 장은 교사 정원의 3분의 1 이내의 수를 법 제22조의 규정에 의한 산학겸임교사 등으로 대체할 수 있다.

직명	자격기준
장학관 · 교육 연구관	1. 대학 · 사범대학 · 교육대학 졸업자로서 7년 이상의 교육경력이나 2년 이상의 교육경력을 포함한 7년 이상의 교육행정경력 또는 교육연구경력이 있는 사람 2. 2년제 교육대학 또는 전문대학 졸업자로서 9년 이상의 교육경력이나 2년 이상의 교육경력을 포함한 9년 이상의 교육행정경력 또는 교육연구경력이 있는 사람 3. 행정고등고시 합격자로서 4년 이상의 교육경력이나 교육행정경력 또는 교육연구경력이 있는 사람 4. 2년 이상의 장학사 · 교육연구사의 경력이 있는 사람 5. 11년 이상의 교육경력이나 2년 이상의 교육경력을 포함한 11년 이상의 교육연구경력이 있는 사람 6. 박사학위를 소지한 사람
장학사 · 교육 연구사	1. 대학 · 사범대학 · 교육대학 졸업자로서 5년 이상의 교육경력이나 2년 이상의 교육경력을 포함한 5년 이상의 교육행정경력 또는 교육연구경력이 있는 사람 2. 9년 이상의 교육경력이나 2년 이상의 교육경력을 포함한 9년 이상의 교육행정경력 또는 교육연구경력이 있는 사람

표 5-4 교육전문직원의 자격기준(「교육공무원법」 제9조의 별표 1)

2. 학교 안의 교원인사제도

1) 학교장의 인사업무

(1) 학교장 인사권의 구분

학교 교직원의 인사권은 원칙적으로 설립자(국가, 지방자치단체, 학교법인)에게 있으나 학교경영의 원활화와 효율화를 위하여 상당 부분이 학교장에게 위임되어 있다. 학교경영에 있어서 학교장의 인사권 중 관심의 대상이 되는 부분은 보직교사의 임면과 학급담임 배정, 교무분장업무 담당명령, 근무평정 등이라고 할 수 있다. 학급담임 배정과 교무분장업무 담당명령에 대해서는 특별히 규정된 것이 없으며, 근무평정에 대해서는 별도로 설명할 것이므로 여기서는 보직교사의 임면에 대해서만 설명할 것이다.

(2) 보직교사의 임면

각급학교에는 보직교사를 둘 수 있다(「초·중등교육법」 제19조 제3항). 당초 「초·중등교육법 시행령」 제33~35조에 의해 보직교사를 포함한 초·중·고 교원의 배치기준이 규정되어 있었으나, 2013년부터 시·도별 총액인건비제에 따라 2013년 2월 15일 「초·중등교육법 시행령」 개정에 의해 해당 규정이 삭제되어 보직교사를 포함한 교원의 배치기준이 각 시·도교육청에 위임되었다. 보직교사의 명칭 역시 관할청(공립학교는 교육감, 국립학교는 교육부장관)이 정하되, 학교별 보직교사의 종류 및 그 업무분장은 학교의 장이 정하도록 규정하고 있다. 일반적으로, 학교에 두는 보직교사는 교무부장, 연구부장, 학년부장, 인문사회부장, 환경부장, 과학부장, 체육부장, 진로상담부장, 교육정보부장, 기타 특수한 업무 또는 교과를 담당하는 부장 등이다.

보직교사의 임면은 당해 학교(유치원)의 실정을 감안하여 원장 및 학교장이 한다. 보직교사는 ① 보직교사 임용후보자 명단 작성, ② 후보자 결정 및 임용장 교부, ③ 감독청에 임용보고, ④ 인사기록카드 기입 등의 절차를 거쳐 임용된다. 보직교사는 해당 부서의 원활한 업무 수행을 위하여 자격, 경력 및 학력 등 제반사항을 고려하여 임용하되, 1년 단위(매년 3월 1일부터 다음 해 2월 말까지)로 임용함을 원칙으로 하며, 임용 2주 이내에 관할 교육청에 보고하여야 한다.

2) 교원평가제도의 이해

현재 교원평가는 인사관리형 교원평가와 능력개발형 교원평가의 두 가지로 구분할 수 있다. 전자는 「교육공무원 승진규정」에 근거하여 승진과 보수, 전직 및 전보 등 교원의 인사에 반영하기 위한 평가이며, 후자는 교원의 능력개발 자료로 활용하기 위한 평가이다. 2006년 이후 교원평정제도와 별도로 실시되고 있는 교원능력개발평가가 이에 해당한다. 교육부는 2011년 2월 「교원 등의 연수에 관한 규정」을 전면 개정하여 제4장(교원능력개발평가)을 신설하고, 평가의 실시와 방법(18조), 평가의 원칙(19조), 평가항목(20조), 평가결과의 통보 및 활용(21조), 교원능력개발평가관리위원회(22조), 세부 평가방법(23조) 등에 대해 규정하였다. 따라서 여기서는 이 둘을 구분하여 교원평가제도를 설명한다.[2]

(1) 인사관리형 교원평정

「교육공무원 승진규정」에 의하면 승진임용의 기준은 경력평정(70점 만점), 근무성적평정(100점 만점), 연수성적평정(30점 만점), 가산점평정의 네 가지이다. 경력평정과 연수성적평정, 가산점평정은 평정기준에 의하여 기계적으로 거치는 절차이기 때문에 상대적으로 문제가 덜 발생하지만, 학교장과 교감의 주관적 판단에 의해 좌우되는 근무성적평정은 인사행정상 중요한 의미를 지닌다.

① 경력평정

경력평정은 매년 12월 31일을 기준으로 하여 정기적으로 실시한다. 교사의 경력은 20년에 대해서 평정하며, 기본경력과 초과경력으로 나눈다. 기본경력은 최근 15년을 평정기간으로 하며, 초과경력은 기본경력 전 5년을 평정기간으로 한다.

평정대상 경력은 교육경력, 교육행정경력, 교육연구경력 및 기타 경력으로 하되, 그 경력의 내용에 따라 가, 나, 다 경력으로 나눈다. 경력의 평정자와 확인자는 승진후보자 명부 작성권자가 정하며, 일선 학교의 경우 대체로 경력평정자는 소속기관의 인사담당관(중·고등학교의 경우 서무책임자)이며, 교장이 확인한다.

교육공무원 경력의 평정점은 〈표 5-5〉와 같다. 경력평정점을 계산함에 있어서 소수점 이하는 넷째 자리에서 반올림하여 셋째 자리까지 계산한다. 경력평정의 평정기간 중에 휴직·직위해제 또는 정직기간이 있는 때에는 그 기간을 평정에서 제외한다. 경력평정에 있어서 평정 경력기간은 월수를 단위로 하여 계산하되, 15일 이상은 1월로 계산하고, 15일 미만은 경력기간에 산입하지 아니한다. 경력평정의 채점은 기본경력 평정점수와 초과경력 평정점수를 합산하여 행한다. 경력평정의 결과는 평정대상자의 요구가 있는 때에는 알려 주어야 한다.

---

2) 여기에 더하여 교원 성과상여금 평가가 있다. 교원 성과상여금의 개인분은 4월, 학교분은 7월에 지급한다. 4월 중 지급하는 개인성과상여금은 전체 성과상여금의 80%에 해당하는 금액으로 개인성과평가등급(S, A, B)에 따른 금액을 지급한다. 7월에 지급하는 학교성과상여금은 전체 성과상여금의 20%에 해당하는 금액으로 학교가 받은 평가등급(S, A, B)에 따라 학교교원 전체가 동일한 금액을 받는다. 개인성과상여금 평가는 공무원보수 등의 업무지침(인사혁신처 예규)에 근거하여 각 학교에서 자율적으로 학교 실정에 맞는 차등지급 성과 평가기준을 마련하여 실시한다. 평가 분야에는 학습지도, 생활지도, 담당업무, 전문성 개발 등이 있다.

표 5-5 교육공무원 경력의 등급별 평정점(「교육공무원 승진규정」 제10조 관련)

구분	등급	평점만점	근무기간 1월에 대한 평정점	근무기간 1일에 대한 평정점
기본경력	가 경력	64.00	0.3555	0.0118
	나 경력	60.00	0.3333	0.0111
	다 경력	56.00	0.3111	0.0103
초과경력	가 경력	6.00	0.1000	0.0033
	나 경력	5.00	0.0833	0.0027
	다 경력	4.00	0.0666	0.0022

※ 비고: 교육공무원의 경력이 기본경력 15년, 초과경력 5년인 경우에는 그 경력평정 점수는 각각 평정만점으로 평정한다.

② 근무성적평정

근무성적평정은 매년 12월 31일을 기준으로 정기적으로 실시한다. 교원의 근무실적, 근무수행능력 및 근무수행태도를 객관적 근거에 따라 종합적으로 평가하며 그 결과는 승진서열, 상급자격 연수대상자 선정, 전직·전보, 포상대상자 선정 등에 활용한다. 교사의 근무성적평정점은 평정자(교감)가 100점 만점으로 평정한 점수를 30%로, 확인자(교장)가 100점 만점으로 평정한 점수를 40%로 환산한 후 그 환산된 점수를 합산하여 70점 만점으로 산출하며, 30점은 동료교사에 의한 다면평가 점수를 합산한다. 즉, 교사에 한해 동료교사에 의한 다면평가[3]를 실시하고, 다면평가의 결과를 근무성적평정점과 합산하여 승진후보자 명부에 반영하는 것이다. 다면평가 점수는 다면평가자가 100점 만점으로 평정한 점수를 30%로 환산하여 30점 만점으로 산출하게 된다.

교사의 근무성적평정은 크게 근무수행태도에 대한 평정과 근무실적 및 근무수행능력에 대한 평정으로 구분된다. 근무수행태도(10점)는 교육공무원으로서의 태도(10점)로 평정하며, 근무실적 및 근무수행능력(90점)은 학습지도(40점), 생활지도(30점), 전문성 개발(5점), 담당업무(15점)로 구분된다. 근무성적평정은 상대평가로서 수(95점 이상) 30%, 우(90점 이상 95점 미만) 40%, 미(85점 이상 90점 미만) 20%, 양

---

3) 「교육공무원 승진규정」 제28조의4(평정자 등) 제2항에 의하면 다면평가자는 근무성적의 확인자(교장)가 구성하되, 평가대상자의 근무실적·근무수행능력 및 근무수행태도를 잘 아는 동료교사 중에서 3인 이상으로 구성하도록 되어 있다. 교장에 따라서는 전 교사를 다면평가자로 지정하기도 한다.

(85점 미만) 10% 이하의 비율로 평정하며, 특별한 사정이 없는 한 평정대상 교육공무원의 근무성적 총 평정점은 동점을 부여할 수 없다. 「교육공무원 승진규정」에 의한 교사 근무성적평정표는 〈표 5-6〉과 같다.

표 5-6 교사 근무성적평정표(「교육공무원 승진규정」 제28조의3 제1항 관련)

① 평정기간								② 확인자		③ 평정자		
. . .부터								직위		직위		
. . .까지								성명 (인)		성명 (인)		
		평정사항	근무수행 태도	근무실적 및 근무수행능력								
평정 대상자 소속	평정 대상자 성명	평정요소	④ 교육공무원 으로서의 태도 (10점)	⑤ 학습 지도 (40점)	⑥ 생활 지도 (30점)	⑦ 전문성 개발 (5점)	⑧ 담당 업무 (15점)	⑨ 평정점	⑩ 환산점	⑪ 총점		
		평정자										
		확인자										
		평정자										
		확인자										
		평정자										
		확인자										
		평정자										
		확인자										
		평정자										
		확인자										
		평정자										
		확인자										
		평정자										
		확인자										

비고

1. 평정자의 환산점 = 평정점 × 20/100, 확인자의 환산점 = 평정점 × 40/100

TIP

I. 다면평가 시 유의할 점

- 부정확한 정보, 편견 및 주관 등으로 인한 판단 오류가 평가과정에 수반되지 않도록 정확하고 객관적인 평가 필요
- 학연·지연에 얽매이지 않는 공정한 평가가 이루어지도록 주의 필요. 특히 사적 감정으로 특정 교사에 대해 지나치게 악의적이거나 호의적인 평가를 하지 않는 게 중요
- 다면평가 관련 정보가 유출되지 않도록 유의

II. 다면평가 시 다음의 요소를 중심으로 평가(이는 한편으로 다면평가를 잘 받기 위해 유의해야 할 점도 될 수 있음)

1. 자질 및 태도

   가. 교육자로서의 품성

   - 교원의 사명과 직무에 관한 책임과 긍지를 지니고 있는가
   - 교원으로서의 청렴한 생활태도와 예의를 갖추었는가
   - 학생에 대한 이해와 사랑을 바탕으로 교육에 헌신하는가
   - 학부모·학생으로부터 신뢰와 존경을 받고 있는가

   나. 공직자로서의 자세

   - 교육에 대한 올바른 신념을 가지고 있는가
   - 근면하고 직무에 충실하며 솔선수범하는가
   - 교직원 간에 협조적이며 학생에 대해 포용력이 있는가
   - 자발적·적극적으로 직무를 수행하는가

2. 근무실적 및 근무수행능력

   가. 학습지도

   - 수업 연구 및 준비에 최선을 다 하는가
   - 수업방법의 개선 노력과 학습지도에 열의가 있는가
   - 교육과정을 창의적으로 구성하며 교재를 효율적으로 활용하는가
   - 평가계획이 적절하고, 평가의 결과를 효율적으로 활용하는가

   나. 생활지도

   - 학생의 인성교육 및 진로지도에 열의가 있는가
   - 학교행사 및 교내외 생활지도에 최선을 다하는가
   - 학생의 심리, 고민 등을 이해하기 위하여 노력하고 적절히 지도하는가
   - 교육활동에 있어 학생 개개인의 건강·안전지도 등에 충분한 배려를 하는가

다. 교육연구 및 담당업무
- 전문성 신장을 위한 연구 · 연수 활동에 적극적인가
- 담당업무를 정확하고 합리적으로 처리하는가
- 학교교육 목표의 달성을 위한 임무수행에 적극적인가
- 담당업무를 창의적으로 개선하고 조정하는가

한편, 교사들은 평정대상기간 동안의 업무수행 실적에 대하여 매년 12월 31일을 기준으로 〈표 5-7〉의 '교사 자기실적평가서'를 작성하여 제출하여야 한다. 근무성적평정자는 근무성적평정 시 다음 네 가지 기준과 평정대상자가 작성하여 제출한 자기실적평가서를 참작하여 평가한다.

- 직위별로 타당한 요소의 기준에 의하여 평정할 것
- 평정자의 주관을 배제하고 객관적 근거에 의하여 평정할 것
- 신뢰성과 타당성을 보장하도록 할 것
- 평정대상자의 근무성적을 종합적으로 분석 · 평가할 것

다면평가자는 근무성적의 확인자가 구성하되, 평가대상자의 근무실적 · 근무수행능력 및 근무수행태도를 잘 아는 동료교사 중에서 3인 이상으로 구성한다. 이 경우 다면평가자 구성에 관한 기준 및 절차 등에 관하여 필요한 사항은 승진후보자 명부 작성권자가 정한다. 근무성적평정과 다면평가 결과의 합산은 근무성적의 평정자와 확인자가 행하며, 근무성적평정의 결과는 공개하지 아니한다.

표 5-7 교사 자기실적평가서(「교육공무원 승진규정」 제28조의2 제2항 관련)

1. 평가 지침

근무실적평정의 신뢰성과 타당성이 보장되도록 객관적 근거에 따라 종합적으로 평가하여야 한다.

2. 평가기간:　　　　년　　월　　일부터　　　　년　　월　　일까지

3. 평가자 인적사항

○ 소속:	○ 직위:	○ 성명:

4. 평가자 기초자료

○ 담당 학년 및 학급:	○ 주당 수업시간 수:
○ 담당 과목:	○ 연간 수업공개 실적:
○ 담임 여부:	○ 연간 학생 상담 실적:
○ 담당업무:	○ 연간 학부모 상담 실적:
○ 보직교사 여부:	○ 그 밖의 실적사항:

5. 자기실적평가

가. 학습지도

○ 학습지도 추진 목표(학년초에 계획되었던 학습지도 목표)

○ 학습지도 추진 실적(학년초에 목표한 내용과 대비하여 추진 실적을 구체적으로 작성)

나. 생활지도

○ 생활지도 추진 목표　　　　○ 생활지도 추진 실적

다. 전문성 개발

○ 전문성 개발 추진 목표　　　　○ 전문성 개발 추진 실적

라. 담당업무

○ 담당업무 추진 목표　　　　○ 담당업무 추진 실적　　　　○ 창의적 업무개선 사항

※ 자기평가 종합 상황

	목표달성도	당초 설정한 목표에 대한 달성 정도	만족	보통	미흡
자기 평가	창의성	학습지도, 생활지도, 전문성 개발, 담당업무 등의 창의적인 수행 정도	만족	보통	미흡
	적시성	학습지도, 생활지도, 전문성 개발, 담당업무 등을 기한 내에 효과적으로 처리한 정도	만족	보통	미흡
	노력도	목표달성을 위한 노력, 공헌도	만족	보통	미흡

년　　월　　일

작성자(본인) 성명　　　　　　서명(인)

③ 연수성적평정

연수성적의 평정은 매년 12월 31일을 기준으로 하여 실시하거나 또는 승진후보자 명부의 조정 시기에 실시한다. 연수성적의 평정은 교육성적평정과 연구실적평정으로 나뉜다. 연수성적평정의 만점은 30점이다.

㉮ 교육성적평정

교육성적평정은 직무연수성적과 자격연수성적으로 나누어 평정한 후 이를 합산한 성적으로 한다. 직무연수성적의 평정은 당해 직위에서 「교원 등의 연수에 관한 규정」에 의한 연수기관 또는 교육부장관이 지정한 연수기관에서 10년 이내에 이수한 60시간 이상의 직무연수성적 및 직무연수이수실적을 대상으로 평정한다.

자격연수성적에 대한 평정은 승진대상직위와 가장 관련이 깊고 최근에 이수한 자격연수성적 하나만을 평정대상으로 한다. 직무연수성적 및 자격연수성적의 평정점은 다음과 같다.

---

(1) 직무연수성적

  (가) 교장 · 장학관 · 교육연구관 승진후보자 명부 작성 대상자: 6점(6점×직무연수환산성적/직무연수성적만점)

  (나) 교감 승진후보자 명부 작성 대상자: 18점(60시간 이상의 직무연수 1회에 대한 연수성적의 평정점은 6점으로 하되, 1개의 직무연수에 대해서는 해당 성적을 6점 만점으로 환산하여 부여하며, 나머지 2개의 직무연수에 대해서는 6점 만점을 부여함)

(2) 자격연수성적: 9점{9점－(연수성적만점－연수성적)×0.05}

자격연수성적을 평정함에 있어서 하나의 자격연수가 분할 실시되어 그 성적이 2개 이상인 때에는 이들 성적을 합산 평균하여 자격연수성적으로 평정한다. 직무연수성적 및 자격연수성적을 평정함에 있어서 그 성적이 평어로 평가되어 있는 때에는 최상위 등급의 평어는 만점의 90%, 차상위 등급의 평어는 만점의 85%, 제3등급 이하의 평어는 만점의 80%로 평정한다. 해당 학위를 자격연수로 대체할 경우 자격연

수성적은 A학점 이상은 만점의 90%, B학점 이상은 만점의 85%, D학점 이상은 만점의 80%로 평정한다.

④ 연구실적평정

연구실적평정은 연구대회 입상실적과 학위취득실적으로 나누어 평정한 후 이를 합산한 성적으로 한다. 연구대회입상실적 평정은 당해 직위에서 다음에 해당하는 실적을 대상으로 한다. 다만, 교육공무원이 전직된 경우에는 전직 이전의 직위 중의 입상실적을 포함하여 평정한다. 연구실적평정점은 3점을 초과할 수 없다.

---

(1) 국가 · 공공기관 또는 공공단체가 개최하는 교육에 관한 연구대회로서 교육부 장관이 인정하는 전국 규모의 연구대회에서 입상한 연구실적
(2) 시 · 도교육청, 지방공공기관 및 공공단체 등이 개최하는 교육에 관한 연구대회로서 시 · 도교육감이 인정하는 시 · 도 규모의 연구대회에서 입상한 연구실적

연구대회 입상실적이 2인 공동작인 경우에는 각각 입상실적의 7할로 평정하고, 3인 공동작인 경우에는 각각 그 입상실적의 5할로 평정하며, 4인 이상 공동작인 경우에는 그 입상실적의 3할로 평정한다. 교육공무원이 당해 직위에서 석사 또는 박사학위를 취득하였을 경우 그 취득학위 중 하나를 평정의 대상으로 하고, 교육공무원이 전직된 경우에는 전직되기 직전 직위 중의 학위취득실적을 포함하여 평정한다. 다만, 자격연수성적으로 평정된 석사학위 취득실적은 평정대상에서 제외한다.

연구대회 입상실적과 석사 및 박사 학위 취득실적은 〈표 5-8〉에 따라 평정한다. 이 경우 연구대회 입상실적은 1년에 1회의 연구대회 입상실적에 한하여 평정한다. 참고로 교원의 연수실적평정표는 〈표 5-9〉와 같다. 자격연수와 직무연수의 교육성적, 연구대회 입상실적 및 학위취득실적의 연구성적을 구분하여 평정하고, 이를 합산하여 연수성적평정점을 기록하도록 되어 있다.

표 5-8　연구실적평정점

입상등급	연구대회 입상실적		학위취득실적			
	전국 규모 연구대회	시·도 규모 연구대회	박사		석사	
			직무와 관련 있는 학위	그 밖의 학위	직무와 관련 있는 학위	그 밖의 학위
1등급	1.50점	1.00점	3점	1.5점	1.5점	1점
2등급	1.25점	0.75점				
3등급	1.00점	0.50점				

표 5-9　연수성적평정표(「교육공무원 승진규정」 제31조 제2항 관련)

1. 평정대상자
   ○소속:　　　　　○직위:　　　　　○성명:

2. 교육성적평정

교육 구분	교육명	교육기간	교육시간	교육성적 또는 환산성적	평정점
자격연수					
직무연수					
직무연수					
직무연수					
계					

3. 연구대회입상실적평정

대회 주관기관	대회명	입상 일자	전국 규모			시·도 규모			평정점 합계
			1등급	2등급	3등급	1등급	2등급	3등급	
계									

4. 학위취득실적평정

석·박사 구분	직무 관련 구분	학위명	학위수여기관	학위취득일자	평정점
석사	직무 관련				
	기타				
박사	직무 관련				
	기타				

5. 연수성적평정점

6. 평정자 · 확인자

구분	소속	직위	성명	서명
평정자				
확인자				

④ 가산점평정

가산점은 공통가산점과 선택가산점으로 구분된다(「교육공무원 승진규정」 제41조). 공통가산점은 ① 교육부장관이 지정한 연구학교의 교원으로 근무한 경력(월 0.018점, 총 1점 한도), ② 교육공무원으로서 재외국민교육기관 파견근무경력(월 0.015점, 총 0.5점 한도), ③ 「교원 등의 연수에 관한 규정」 제6조 제1항의 규정에 의한 직무연수 중 연수이수실적이 학점으로 기록관리되는 연수이수학점[1학점당(15시간) 0.02점이며, 연 0.12점, 총 1점 한도], ④ 학교폭력의 예방 및 대응과 관련한 연간 실적당 0.1점(총 1점 한도) 등이다.

선택가산점(10점 한도)은 다음과 같은 내용을 중심으로 명부 작성권자가 항목 및 점수의 기준을 정하여 산정할 수 있으며, 그 기준은 평정기간이 시작되기 6개월 전에 공개하여야 한다: ① 「도서 · 벽지 교육진흥법」 제2조에 따른 도서벽지에 있는 교육기관 또는 교육행정기관에 근무한 경력이 있는 경우, ② 읍 · 면 · 동지역의 농어촌 중 명부 작성권자가 농어촌교육의 진흥을 위하여 특별히 지정한 지역의 학교에 근무한 경력이 있는 경우, ③ 그 밖의 교육발전 또는 교육공무원의 전문성 신장 등을 위해 명부 작성권자가 필요하다고 인정하는 경력이나 실적이 있는 경우.

선택가산점은 각 시 · 도교육청에 따라서 다양하다. 대체로 선택가산점에는 보직교사 근무경력, 전문직 근무경력, 도서 · 벽지 근무경력, 한센병환자 자녀 학교 근무 또는 학급담당 경력, 농어촌지정학교 근무경력, 특수학교 근무 또는 특수학급 담당 경력, 교육감 지정 연구학교 근무경력, 특정 자격증 소지 등이 포함될 수 있다.

동일한 평정기간 중 2개 이상의 가산점 경력이 중복하는 경우에는 그중 유리한 경력 하나만을 인정한다. 다만, 공통가산점의 경우에는 연구학교에 근무한 경력이 중복되는 경우에 한하고, 공통가산점과 선택가산점 간 경력 또는 실적이 중복되어 그중 하나만을 인정하는 경우에는 공통가산점이 우선한다. 가산점의 평정경력기간은 월수를 단위로 계산하되, 1개월 미만은 일 단위로 계산한다. 가산점의 평정은 매년 12월 31일을 기준으로 실시하거나 명부 조정 시기에 실시한다(「교육공무원 승진 규정」제41조).

(2) 교원능력개발평가

① 개념 및 평가 종류

교원능력개발평가는 교원 전문성 신장을 통한 공교육 신뢰 제고를 목적으로 「교원 등의 연수에 관한 규정」 제4조(교원능력개발평가)에 근거하여 실시된다. 평가대상은 유치원 및 「초·중등교육법」 제2조에 따른 학교(초등학교, 중학교·고등공민학교, 고등학교·고등기술학교, 특수학교, 각종학교)에 매 학년도 기준 2개월 이상 재직하는 교원(계약제 교원 포함)이다. 교육행정기관 및 연수기관 소속 또는 파견교사 평가대상 제외 여부는 시·도 자율이고, 전일제 근무 외 계약제 교원 평가대상 제외 여부는 학교 자율이다(「교원능력개발평가 실시에 관한 훈령」제5조).

학생만족도조사는 지도를 받는(은) 학생을 대상으로 개별 교원(단, 2개월 미만 재학한 학생은 참여에서 제외)에 대해 실시한다. 무선표집 범위 및 기준은 시·도 자율이고, 무선표집 여부 및 학급수(온라인평가시스템 활용), 학생 권장 참여율 제시 및 확보 방안 등은 학교 자율이다. 학생참여율은 85% 이상을 권장하지만, 특수학교와 소규모 학교는 예외로 한다.

학부모만족도조사는 지도를 받는(은) 학생의 학부모를 대상으로 개별 교원(단, 2개월 미만 재학한 학생의 학부모는 참여에서 제외)에 대해 실시한다. 교장·담임교사 외 1인 이상(3인 필수)이며, 교감, 교과(전담)교사, 비교과교사에 대해서는 선택적 참여가 가능하다. 온라인평가시스템 또는 종이설문지의 선택이 가능하다. 학부모 참여 방식(종이설문지 병행 여부), 학부모 권장 참여율 제시 및 확보 방안은 학교 자율이다. 학부모 권장 참여율은 50% 이상이며, 소규모 학교는 예외이다. 도서·벽지 및 소규모 학교는 학부모공동참여단 구성이 가능하다.

② 평가 영역 및 요소, 평가 지표와 문항의 구성

평가영역 및 평가요소는 교원의 교육활동 전반(학습지도, 생활지도, 교수·연구 활동 지원, 학교경영 등)으로 구성된다. 평가영역 추가(업무수행능력, 교직 인성 등), 필수 평가지표 지정 등은 시·도 자율로 가능하며,[4] 평가지표의 추가는 학교 자율로 가능하다. 평가지표는 평가정보 획득이 용이하고 피드백 효과가 높은 평가요소(수업 실행, 평가 및 결과 활용, 사회생활 등)를 중심으로 선택한다.

동료교원평가는 평가지표 중심, 학생·학부모만족도조사는 동료교원평가에서 선정된 평가지표 중 각 평가요소를 대표할 수 있는 평가지표를 선정하여 문항을 구성하되, 2개 이상의 평가지표를 통합한 문항 구성은 금지한다. 담임교사와 교과(전담)교사의 평가문항 구성을 차별화하고, 동료교원평가는 평가지표 중심으로 체크리스트 13문항 이상과 자유서술식 응답을 병행한다. 학생·학부모만족도조사는 5문항 이상으로 구성한다. 직급별 교원에 대한 평가 영역·요소·지표는 〈표 5-10〉과 같다[「교원능력개발평가 실시에 관한 훈령」 제8조(평가 영역·요소·지표)].

표 5-10 초·중등학교(특수학교 포함) 교원능력개발평가의 평가 영역·요소·지표

	평가영역	평가요소	평가(조사)지표	
일반교사	학습지도 (3요소, 8개 지표)	수업준비	• 교과내용 분석	• 수업계획 수립
		수업실행	• 학습환경 조성 • 교사·학생 간 상호작용	• 교사 발문 • 학습 자료 및 매체 활용
		평가 및 활용	• 평가 내용 및 방법	• 평가 결과의 활용
	생활지도 (3요소, 7개 지표)	상담 및 정보 제공	• 개별 학생 특성 파악 • 진로·진학 지도	• 심리상담
		문제행동 예방 및 지도	• 학교생활적응 지도	• 건강·안전 지도
		생활습관 및 인성 지도	• 기본생활습관 지도	• 인성지도

수석교사	교수·연구 활동 지원(2요소, 6개 지표)	수업지원	• 상시 수업 공개 • 수업 컨설팅(코칭, 멘토링)	• 교수학습 전략 지원
		연수·연구 지원	• 교내 연수 지원 • 학습자료의 활용 지원	• 학습조직화 지원
	학습지도 (3요소, 8개 지표)	수업준비	• 교과내용 분석	• 수업계획 수립
		수업실행	• 학습환경 조성 • 교사·학생 간 상호작용	• 교사 발문 • 학습자료 및 매체 활용
		평가 및 활용	• 평가 내용 및 방법	• 평가결과의 활용
	생활지도 (3요소, 7개 지표)	상담 및 정보 제공	• 개별 학생 특성 파악 • 진로·진학 지도	• 심리상담
		문제행동 예방 및 지도	• 학교생활적응 지도	• 건강·안전 지도
		생활습관 및 인성 지도	• 기본생활습관 지도	• 인성지도
교감	학교경영 (3요소, 6개 지표)	학교교육 계획	• 학교경영목표관리 지원 • 학사업무 관리	• 교육과정 편성·운영 지원
		교내장학	• 교실수업개선 지원	• 자율장학 지원
		교원인사	• 인사업무 수행	
교장	학교경영 (4요소, 8개 지표)	학교교육 계획	• 학교경영목표관리 • 창의·인성 학생 관리	• 교육과정 편성·운영
		교내장학	• 교실수업개선	• 자율장학운영
		교원인사	• 교원인사관리	
		시설관리 및 예산운용	• 시설관리	• 예산 편성·집행

③ 평가문항 및 평가방법

평가문항수는 〈표 5-11〉과 같으며, 평가는 교육행정정보시스템을 사용하여야 한다. 다만, 학부모의 경우 종이설문지를 활용할 수 있다.

표 5-11 교원능력개발평가 평가문항수

평가참여자		평가문항(체크리스트)	비고
동료교원	교(원)장, 교(원)감	6개 이상 평가지표 중에서 12개 문항 이상 구성	
	수석교사, 교사	8개 이상 평가지표 중에서 12개 문항 이상 구성	
학생		5개 문항 이상 구성(유아 및 초등학생은 제외)	초등학생(4~6학년)은 서술형 3문항 이상으로 구성
학부모		5개 문항 이상 구성	

학생·학부모만족도조사 평가지표(일부 또는 전부)는 동료교원평가에서 선정한 평가지표 중에서 선정하여 동일 지표에 대한 구성원의 다양한 의견수렴을 도모한다. 학부모만족도조사 평가문항은 평소 자녀와의 대화나 관찰을 통해 알게 된 정보를 바탕으로 응답할 수 있도록 한다. 담임교사와 교과(전담)교사의 평가문항 구성을 차별화하여 담임교사는 생활지도영역 문항을, 교과(전담)교사는 학습지도영역 문항을 강화한다. 기준 문항수, 평가문항 예시안, 자유서술식 응답 양식, 자기성찰문항[5]은 시·도 자율이며, 구체적인 문항수 및 문항내용 선정은 학교 자율이다.

평가방법은 5단척도 체크리스트와 자유서술식 응답을 병행한다. 평가문항에 따른 척도를 판단하는 데 참고할 수 있는 교원의 교육활동 소개자료(관련 학급홈페이지 등 링크 가능)는 동료교원, 학생 및 학부모 모두에게 필수적으로 제시한다. 공개수업 참관록 등을 활용하여 동료교원평가를 실시하며, 학부모 대상 공개수업(학교홈페이지에 수업동영상 탑재 등) 및 상담활동(유선 및 사이버 포함) 등을 통해 다양하게 정보를 제공한다.

④ 결과 통보 및 활용
시·도교육감과 학교장은 평가 실시 후 평가결과를 평가대상 교원에게 제공하

---

5) 학생·학부모만족도조사에 자기성찰문항을 2문항 이내로 제시하되, 자기성찰문항은 문항수 및 평가결과에 반영되지 않는다.

여야 한다. 평가대상 교원은 전문성 개발을 위한 능력개발계획서를 작성하여 시·
도교육감 또는 학교장에게 제출하여야 한다. 시·도교육감과 학교장은 평가결과
를 분석하여 활용계획을 수립하고, 평가대상 교원을 대상으로 〈표 5-12〉~〈표
5-14〉에 따라 맞춤형연수를 지원하며, 차기 학년도 교원연수계획 등에 반영하여
야 한다(「교원능력개발평가 실시에 관한 훈령」 제15조).

교원능력개발평가의 개인별 원자료는 소속 학교에 전자파일로 5년간 보관한다.
평가 및 맞춤형연수 등을 고의로 거부·방해·해태하는 교원에 대해서는 시·도교
육청 평가관리위원회의 심의를 통하여 징계 등을 요청할 수 있다.

시·도교육감은 평가 실시 등에 관해 소속 기관 및 학교를 관리·점검하여야 한
다. 평가관리자는 운영결과보고서(결과활용지원계획 포함)를 작성하여 시·도교육
감 및 학교장에게 제출하여야 한다. 시·도교육감은 시행결과종합보고서를 다음
해 1월 말까지 교육부장관에게 보고하여야 한다.

표 5-12 교원능력개발평가 결과 활용 맞춤형연수 유형

대상	연수명	연수시간
우수교원	학습연구년 특별연수	1년
일반교원	평가지표별 직무연수	15시간 이상
지원필요교원	단기 능력향상연수	60시간 이상
	장기기본 능력향상연수	150시간 이상
	장기심화 능력향상연수	6개월 이상

표 5-13 능력향상연수 심의대상 및 연수 부과 기준

구분	교(원)장·교(원)감	수석교사·교사
단기	동료교원평가 2.5 미만 또는 학부모만족도조사 2.5 미만	동료교원평가 2.5 미만 또는 중·고등학생만족도조사 2.5 미만 (유치원·초등학생은 학부모만족도조사 2.5 미만) 중·고등학생만족도조사 양극단값 5%씩 (총 10%) 제외하고 결과 활용 (단, 참여 인원이 20인 이상일 경우)
장기기본	능력향상연수 연속 2회 지명자	능력향상연수 연속 2회 지명자
장기심화	능력향상연수 연속 3회 지명자	능력향상연수 연속 3회 지명자

표 5-14 장기심화 능력향상연수 표준교육과정

영역		교과목	주요 내용(예시)	시간
진단 및 기초 역량	자기 인식	• 자기발견 및 이해 • 자기치유	• MBTI, MMTI, CASI 등 심리검사 • 연수생별 애로사항 진단 및 요구 파악	245
	관계 재정립	• 감정조절 • 의사소통 • 갈등 해결 • 사회성	• 사회성 기술 및 관계 향상을 위한 상담 • 자신의 감정 상태에 따른 감정조절 전략 • 효과적인 의사소통을 통한 갈등 해결 • 봉사활동 및 독서교육연구활동	
	긍정 표현	• 감성 이해 • 표현하기 • 다가서기	• 열정과 공감 찾기 • 표현하기 클리닉 • 다가서는 방법과 체화	
	실행력 배양	• 시간관리 • 소통	• 차이를 만드는 시간관리 스킬 • 조직의 소통: 문서	
교사 핵심 역량	현장 연수	• 교육이론 습득	• 교육철학 및 전문성 개발 • 학습환경에 대한 이해 및 적용	240
		• 학습지도 (멘토링 30시간 이상)	• 수업설계에 대한 이해 및 적용 • 수업에서의 의사소통에 대한 이해 및 적용 • 수업평가에 대한 이해 및 적용 • 수업시연 및 수업비평	
		• 교육기관 현장체험	• 학생 권리의 이해와 학교문화 • 학교폭력 대처 및 Wee센터 지원	
	자율 연수	• 원격연수	• 해당 교과 및 학생지도 관련 콘텐츠 활용 • 외부 민간 단일 콘텐츠(1개 4학점) 이수	60
		• 자기이해	• 자기이해를 통한 개인 역량 강화	40
비전 수립	현장 적응 및 업무 수행	• 기획력 • 조직의 소통 • 컴퓨터 활용 능력 • 성찰과 해결	• 교사의 자기계발에 대한 이해 및 적용 • 보고서(문서) 작성 및 창의적인 기획력 • 교과별 성과 공유 및 피드백 • 현장체험학습 성과 공유 및 피드백 • 액션 플랜 및 비전 수립	85
	평가	• 성과평가	• 개인과제 수행 평가 • 교육이수 실적 평가	30
	합계			700

학교장은 동료교원평가지, 학생·학부모만족도조사지, 교사에 대한 교원능력개발평가 등의 결과(학교 평균값)를 다음 해 4월 말까지 유치원정보공시사이트 및 학교정보공시사이트에 공개한다(「교원능력개발평가 실시에 관한 훈령」 제16~20조).

학교의 장은 교원능력개발평가에 필요한 사항을 심의하기 위하여 학교별로 교원능력개발평가 관리위원회를 구성·운영하여야 한다. 동 위원회는 교원, 학부모 및 외부 전문가 등을 포함하여 5명 이상 11명 이하의 위원으로 구성한다.

3) 전직과 전보의 이해

전직과 전보는 조직에서 직위를 변경시키는 인사이동을 통해 조직원의 능력계발을 유도하고 조직 목적의 효율적 달성을 도모하는 것이다. 승진이 수직적 이동이라면 전직과 전보는 수평적 이동이라 할 수 있다. 이는 조직원의 직무만족과 조직 목적 달성의 극대화를 기할 수 있다는 장점이 있다.

전직은 종별과 자격을 달리하는 임용, 즉 직급은 동일하나 직렬이 달라지는 횡적 이동을 말한다. 예컨대, 교원이 장학사(관), 연구사(관) 등으로 이동하거나, 장학사(관), 연구사(관)가 교원으로 이동하는 경우, 학교급 간(초등학교와 중등학교)에 교원이 이동하는 경우가 여기에 해당된다.

전보는 동일 직위 및 자격 내에서 근무기관이나 부서를 달리하는 임용을 말한다. 예컨대, 교장, 교감, 교사가 승진 없이 근무학교를 이동하거나 장학관, 장학사가 행정기관 간 이동하는 것이 여기에 해당된다. 전보제도는 조직의 입장에서 보면 부서 간의 인원수, 필요의 변동이나 조직 기능의 변화로 인한 자질요건의 변화에 대응하기 위하여 부서의 기능과 업무량에 따라 적절한 사람을 배치하여 조직의 목적 달성을 높이는 한편, 개인적인 측면에서 보면 직무에 대한 구성원 개인의 흥미 변동, 주거지나 동료와의 인간관계 변화 등을 배려함으로써 생활안정과 직무만족을 도모할 수 있다.

(1) 교원의 전직제도

교육공무원의 전직은 교원의 학교급별 전직, 교원의 교육전문직공무원으로의 전직, 교육전문직공무원의 교원으로의 전직, 교육전문직공무원 간의 전직 등 네 가지로 구분된다.

교원의 학교급별 전직은 시·도교육감이 교원 수급상 필요한 경우에 교원이 희망하는 바에 따라 당해인이 소지하고 있는 교원자격증과 관련 있는 다른 학교급의 교원으로 이동하는 것이다.

교원의 교육전문직공무원으로의 전직임용 중 장학관·교육연구관으로의 전직임용에 관한 사항은 임용권자가 정한다. 교육전문직원을 거치지 않은 교원이 장학관·교육연구관으로의 전직임용 시에는 공개경쟁시험(교장 및 원장 제외)을 거쳐 선발하되, 직무수행에 필요한 역량과 자질을 검증할 수 있는 방법 등이 포함되어야 한다.

장학사·교육연구사로의 최초 전직임용은 각 교육기관·교육행정기관 또는 교육연구기관의 추천을 받아 공개경쟁시험을 거쳐 임용한다. 공개경쟁시험은 기본소양에 관한 평가와 역량평가를 포함하여야 하며, 기본소양평가는 객관식 필기평가 이외의 방법으로 실시하여야 하고, 시·도교육청은 평가의 일부 및 전부를 소속 기관에 위임 또는 전문기관에 위탁하여 실시할 수 있다. 임용권자는 전직임용을 위한 평가위원회를 구성하여야 하며, 평가위원의 2분의 1 이상은 해당 교육청 소속 교직원이 아닌 사람을 외부위원으로 위촉하여야 하고, 평가위원회의 운영에 관하여 필요한 사항은 임용권자가 정한다.

교육부와 그 소속기관에 근무하는 장학사·교육연구사로의 전직임용은 정규교원으로서 실제 근무한 경력이 5년 이상인 자를 대상으로 공개경쟁시험에 의함을 원칙으로 하고, 공개경쟁시험은 소속기관 또는 전문기관에 위임·위탁할 수 있다. 다만, 임용권자가 능력 있는 교육전문직원 확보를 위하여 특히 필요하다고 인정하는 경우에는 교육부와 그 소속기관에 일정 기간 파견근무한 자를 별도 전형에 의해 임용할 수 있다(「교육공무원 인사관리규정」 제14조).

교육전문직공무원이 교원으로 전직할 때는 교원에서 교육전문직공무원으로 전직할 당시의 직위로 전직하여야 하나, 교사에서 교육전문직공무원으로 전직한 경우 5년 이상, 교감에서 교육전문직공무원으로 전직한 경우 2년 이상 근속한 자는 임용권자가 정하는 기준에 따라 교감 또는 교장으로 전직할 수 있다. 교육경력 10년 이상이고 교육전문직공무원으로 10년 이상 근속한 자는 제1항의 규정에 불구하고 전직될 직위에 제한을 받지 아니한다(「교육공무원 인사관리규정」 제15조). 교육전문직공무원 간의 전직이란 장학관과 교육연구관 상호 간 또는 장학사와 교육연구사

상호 간에 전직 임용하는 것을 말하며, 이들의 전직임용에 관한 사항은 임용권자가 정한다.

　초등학교 교원이 중등학교 교원자격증을 소지하거나 중등학교 교원이 초등학교 교원자격증을 소지하였을 때에는 본인이 희망하는 바에 따라 자격증과 관련이 있는 직위에 전직임용할 수 있다.

(2) 교원의 전보제도

　임용권자 또는 임용제청권자는 소속 교육공무원의 동일직위 또는 지역에서의 장기근무로 인한 침체를 방지하고 능률적인 직무수행을 기할 수 있도록 인사교류계획을 수립하여 이를 실시하여야 한다. 임용권자 또는 임용제청권자는 인사교류계획을 수립·실시함에 있어서 「도서·벽지 교육진흥법」 제2조의 규정에 의한 도서·벽지에 계속하여 3년 이상 근무한 자에 대하여는 본인의 희망을 참작하여 도서·벽지 이외의 지역으로 전보하여야 하며(다만, 본인이 다른 지역으로 전보를 희망하지 아니하는 경우에는 그러하지 아니함), 전보희망자가 적은 지역에서 근무하는 교육공무원으로서 근무성적이 양호하고, 지역사회발전을 위하여 계속 근무하게 할 필요가 있다고 인정되는 때에는 본인의 희망에 따라 장기근무를 하게 할 수 있다.

　임용권자가 매년 전보계획을 수립하여 교원전보를 할 때는 교원의 생활근거지 근무 또는 희망근무지 배치를 최대한으로 보장하여 사기진작 및 생활안정을 도모하고 전보임용의 공정성을 확보하기 위하여 최대한 노력하여야 한다.

　시·도교육감 또는 교육장이 교원전보계획을 수립할 때에는 관할지역 내의 국립학교 소속 교원을 포함하여야 한다. 이 경우 국립학교의 장은 시·도교육감 또는 교육장의 인사원칙에 따라야 하며, 국립학교에서 공립학교로 전보될 자는 국립학교의 장이 선정하고, 공립학교에서 국립학교로 전보될 자는 시·도교육감 또는 교육장으로부터 임용예정인원의 3배수 범위 내에서 추천을 받아 국립학교의 장이 선정한다(「교육공무원 인사관리규정」 제18조).

　임용권자는 전보를 함에 있어 거리·교통 등 지리적 요건과 문화시설의 보급 등을 고려하여 설정한 인사구역 및 인사구역별 근무기간 등을 정한 전보기준을 전보발령 3개월 이전에 공개하여야 한다(「교육공무원 인사관리규정」 제19조).

　교원의 학교 간 전보는 임용권자가 정하는 기간 동안 동일 직위에 근속한 자를 대상으로 정기적으로 실시한다. 다만, 교육상 특히 필요하다고 인정하는 때에는 소속 학교장의 요청(단, 본인이 동의하는 경우에 한함)에 따라 임용권자가 정하는 기간 동안 전보를 유예할 수 있다. 특성화고등학교 및 산업수요 맞춤형 고등학교에 근무하는 교장·교감 및 전문교과 담당 교사에 대하여는 제1항의 규정에 불구하고 근속기간에 제한을 두지 아니할 수 있으며, 당해 학교장의 추천에 의하여 전보할 수 있다. 임용권자는 학교장의 전보요청 등의 사유로 교육상 전보가 불가피하다고 인정할 때에는 동일 직위 근속기간이 정기전보기간 이내라 하더라도 전보할 수 있다.

직위해제 후 복직된 자, 감사결과 인사조치 지시된 자, 직무수행능력이 부족하거나 근무성적이 극히 불량한 자 또는 근무태도가 심히 불성실한 자, 신체·정신상의 장애로 장기요양을 요하는 자 등이거나, 교원 수급상 부득이한 경우 또는 본인이 희망하는 경우를 제외하고는 생활근거지가 아닌 비경합지구에 속하는 학교에 전보할 수 없다. 다만, 생활근거지가 경합지역에 속하는 자는 그러하지 아니하다.

특수목적고등학교의 교장·교감 중 1인은 당해 계열의 전공자를 배치함을 원칙으로 하며, 적격자가 없을 때에는 인사위원회에서 정한 기준에 따라 배치하여야 하고, 여자학교의 교장·교감 중 1인은 가급적 여교원을 배치하여야 한다. 또한 전보권자는 동일한 시·도 내의 부부교원, 노부모·특수교육대상자 부양 교원 등에 대한 전보특례사항을 정할 수 있다(「교육공무원 인사관리규정」 제23조).

3. 승진 준비하기

1) 승진제도의 이해

(1) 승진의 개념과 의의

승진은 동일 직렬 내에서의 직위 상승을 의미한다. 승진에 따라 상위직급에 임용되면 책임과 권한이 증가되고, 임금 및 각종 근무여건이 개선된다. 교원의 경우 교사가 교감으로, 교감이 교장으로 임용되는 것을 예로 들 수 있다. 이러한 승진제도는 ① 구성원에게 보상수단 내지 욕구충족 수단을 제공하며, ② 인적 자원을 적절히 배치함으로써 조직의 목표를 효율적으로 달성할 수 있게 하며, ③ 조직구성원의 직무수행을 위해 필요한 지식과 능력을 향상시키는 등 능력계발의 수단이 된다.

(2) 승진의 기준과 구조

「교육공무원법」제13조는 교육공무원의 승진임용은 동종의 직무에 종사하는 바로 하위직에 있는 자 중에서 대통령령이 정하는 바에 의하여 경력평정, 재교육성적, 근무성적, 기타 능력의 실증에 의해 행한다고 규정하고 있다. 현행 교육공무원의 경력평정, 근무성적평정, 연수성적평정, 가산점평정 등을 포함하는 승진 규정은 승진임용을 위한 준거를 제공한다.

교감 승진대상자에 대하여는 승진될 직위별로 나누어 승진후보자 명부를 작성하되, 경력평정점 70점, 근무성적평정점(다면평가 포함) 100점, 연수성적평정점 30점, 그리고 가산점평정점을 합산한 점수가 높은 승진후보자의 순서대로 등재한다. 명부는 매년 1월 31일을 기준으로 작성한다. 명부의 작성에서 동점자가 2인 이상인 때에는 ① 근무성적이 우수한 자, ② 현 직위로 장기근무한 자, ③ 교육공무원으로서 계속 장기근무한 자의 순위에 의하여 그 순위자를 결정하며, 그래도 순위가 결정되지 아니할 때에는 명부 작성권자가 그 순위를 결정한다.

이 승진후보자 명부는 승진될 직위별로 나누어 작성하되 경력평정점, 근무성적평정점, 연수성적평정점을 합산한 점수가 높은 순위로 기재하며, 전술한 가산점을 각 평정점의 합산점수에 가산하도록 하고 있다. 교육공무원의 승진임용에 있어서는 승진후보자 명부의 고순위자 순으로 결원된 직에 대하여 3배수의 범위 안에서 승진임용하거나 승진임용제청하여야 한다. 다만, 대통령령이 정하는 특수자격이 있는 자를 승진임용하거나 승진임용을 제청할 때에는 그러하지 아니한다.

2) 승진 준비하기

다른 직종과 달리 교원의 경우 승진구조가 상대적으로 협소하며, 승진 소요기간이 길다. 따라서 상대적으로 승진경쟁이 치열하며, 승진을 포기하는 경우가 흔하다. 2급정교사 자격증을 가지고 교원으로 신규임용되어 3년이 지나면 1급 정교사 자격연수를 받을 수 있는 자격이 생긴다. 교사발령을 받은 이후 3년이 지나 1급 정교사 자격연수를 받고 1급 정교사가 되어 교감으로 승진하지 못하면 30년이 넘는 기간 동안 승진을 경험하지 못하게 된다. 교사가 승진할 수 있는 길은 크게 두 가지이다. 하나는 교원으로 계속 근무하면서 승진하는 것이고, 다른 하나는 장학사 또는 교육연구사의 전문직으로 전직하여 근무하다가 승진하는 것이다. 상대적으로 후자의 경우에 승진 소요기간이 짧은 것이 일반적이다.

「교육공무원 승진규정」에 따르면, 승진후보자 명부를 작성하기 위한 평정점에는 경력평정, 근무성적평정, 연수성적평정, 가산점평정의 네 가지가 포함된다. 교원으로 계속 근무하면서 승진하기 위해서는 20년의 근무경력이 필요하다. 연수성적평정에서 교육성적평정 중 자격연수성적은 우수한 성적을 받아야 하며, 직무연수는 가급적 많이 이수하되 하나는 높은 성적을 받아야 한다. 교육성적에 직무연수성적은 하나만 직접 반영하며, 다른 둘은 이수한 결과만을 반영하기 때문이다.

장학사 또는 교육연구사의 전문직으로 전직하여 근무하다가 승진하게 되면 승진 소요연수를 단축할 수 있다. 〈표 5-4〉에 제시된 바와 같이 5년 이상의 교육경력이 있으면, 장학사나 교육연구사가 될 수 있는 자격을 갖추게 된다. 하지만 대부분의 시·도교육청은 교육전문직 시험에 응시할 수 있는 자격을 교육경력이 9년 이상인 자로 제한하고 있으며, 일부 시·도의 경우 15년 이상으로 제한하기도 한다. 또한 대부분의 시·도교육청은 최근 3년의 근무성적평정이 '우' 이상인 자로 제한하고 있으며, 석·박사 학위 취득자의 경우 우대한다.

4. 교원보수제도의 기초

1) 보수의 법적 근거

교육할 권리, 신분상의 권리, 재산상의 권리 등으로 교원의 권리를 구분하여 보면, 교원의 보수와 관련된 권리인 재산상의 권리에는 보수청구권 등이 포함된다. 보수의 법적인 의미는 봉급과 기타 각종 수당을 합산한 금액을 뜻한다(「공무원보수규정」 제4조). 따라서 교원의 봉급은 보수의 기본적인 재산권이 되고, 교원의 경제적 지위의 기초가 된다. 교원의 봉급은 교원의 동일 자격·학력·경력에 의한 동일 호봉의 원칙에 준한다. 공무원은 보수 외에 대통령령 등으로 정하는 바에 따라 직무

수행에 필요한 실비(實費) 변상을 받을 수 있다. 공무원이 소속 기관장의 허가를 받아 본래의 업무수행에 지장이 없는 범위에서 담당 직무 외의 특수한 연구과제를 위탁받아 처리하면 그 보상을 지급받을 수 있다(「국가공무원법」 제48조).

교원 보수는 국가·사회적으로 타 직종보다 우대를 받도록 되어 있다. 이에 대한 근거는 「교육기본법」 제14조 제1항의 "교원의 경제적·사회적 지위는 우대되고 그 신분은 보장되어야 한다."라는 규정과 「교육공무원법」 제34조의 "교육공무원의 보수는 우대되어야 한다.", 「교원의 지위 향상 및 교육활동 보호를 위한 특별법」 제3조 제1항의 "국가와 지방자치단체는 교원의 보수를 특별히 우대하여야 한다."라는 규정에서 찾을 수 있다. 그뿐만 아니라 「헌법」 제31조 제6항의 "학교교육 및 평생교육을 포함한 교육제도와 그 운영, 교육재정 및 교원의 지위에 관한 기본적인 사항은 법률로 정한다."와 「교육기본법」 제14조 제6항의 "교원의 임용·복무·보수 및 연금 등에 관하여 필요한 사항은 따로 법률로 정한다."라는 규정에서도 국가적인 차원에서 교원의 보수가 안정적으로 고려되어야 한다는 점을 강조하고 있음을 확인할 수 있다.

「공무원보수규정」 제4조에 근거하여 교원 보수와 관련된 용어의 정의를 살펴보면 다음과 같다. 우선 '보수'는 봉급과 기타 각종 수당을 합산한 금액을 말한다. 다만, 연봉제 적용 대상 공무원은 연봉과 기타 각종 수당을 합산한 금액을 말한다. '봉급'은 직무의 곤란성 및 책임의 정도에 따라 직책별로 지급되는 기본급여 또는 직무의 곤란성 및 책임의 정도와 재직기간 등에 따라 계급(직무등급 또는 직위를 포함함)별·호봉별로 지급되는 기본급여를 말한다. '수당'은 직무여건 및 생활여건 등에 따라 지급되는 부가급여를 말한다. '승급'은 일정한 재직기간의 경과 및 기타 법령의 규정에 의하여 현재의 호봉보다 높은 호봉을 부여하는 것을 의미하며, '승격'은 외부공무원이 현재 임용된 직위의 직무등급보다 높은 직무등급의 직위에 임용되는 것을 말한다.

'보수의 일할계산'은 그 달의 보수를 그 달의 일수로 나누어 계산하는 것을 말한다. '연봉'은 매년 1월 1일부터 12월 31일까지 1년간 지급되는 기본연봉과 성과연봉을 합산한 금액을 말한다. 기본연봉은 개인의 경력·누적성과와 계급 또는 직무의 곤란성 및 책임의 정도를 반영하여 지급되는 기본급여의 연액을 말하고, 성과연봉은 전년도 업무실적의 평가결과를 반영하여 지급되는 급여의 연액을 말한다. '연봉월액'은 연봉에서 매월 지급되는 금액으로서 연봉을 12로 나눈 금액을 말하고, '연봉의 일할계산'은 연봉월액을 그 달의 일수로 나누어 계산하는 것을 말한다.

2) 교원보수체계

우리나라 교원의 보수체계는 교육공무원 보수체계로 운영된다. 교육공무원 보수체계는 1954년 이후 독자적인 「교육공무원보수규정」이 제정·운영되어 오다가 1982년 12월 「공무원보수규정」 개정 시 이에 통합되어 현재에 이르고 있고, 「공무원보수규정」과 「공무원 수당 등에 관한 규정」에 의거하여 봉급과 수당을 근간으로 운영되고 있다. 교원은 고도의 전문성을 갖는 직업이기 때문에 직위별로 직무와 능률이 다르다고 볼 수 없다는 관점에서 교원 보수의 기본급은 학력과 자격, 경력에 의한 보수지급을 원칙으로 하는 단일호봉제를 채택하고 있어, 동일 학력·자격·경력이면 동일호봉에 의한 동일보수를 지급받는다. 봉급은 보수의 대종을 이루는 것으로서 호봉에 따라 지급하는 기본급이고, 봉급 이외의 부가급여인 각종 수당은 상여수당, 가계보전수당, 특수지근무수당, 특수근무수당, 초과근무수당 등이 있다.

교원의 보수는 근속 연한에 따라 보상을 받는 연공급 위주의 임금체계로 되어 있고, 기본급보다는 각종 수당 위주로 이루어져 있으며, 2006년 관련 조항 개정 이후 기말수당과 각종 가산금이 기본급에 포함됨으로써 전체 보수에서 기본급이 차지하는 비율이 상당히 높아졌음에도 불구하고 여전히 수당의 비율이 상대적으로 높아서 불안정한 구조를 이루고 있다.

3) 교원보수 결정의 원칙

현행 교원 보수의 지급 준거는 연공급·직무급·실적급·자격급·생활급 등으로 분류할 수 있다. 첫째, 연공급은 연령이나 근속년수 등 경력과 연공서열을 기준으로 보수를 산정하는 보수체계로서 우리나라 공무원의 보수체계는 이에 근거하고 있다. 연공급은 직무 경험의 양이 직무수행의 질에 긍정적인 영향을 미친다는 가정에 기초하고 있는 보수체계로서 직무와 직능을 기준으로 하기보다 연령이나 근속연수를 기준으로 인사를 관리하는 집단급적 성격의 보수제도이다. 둘째, 직무급은 직무의 중요성과 곤란도 등에 근거하여 보수액을 결정하는 보수의 형태이다. 직무급은 직무의 상대적인 가치를 기초로 하여 지급되는 보수이기 때문에, 직무분석과 직무평가를 통해 각 직무의 가치를 산정하고, 이에 따라 직무등급을 설정한 후 각

등급에 따라 운영·관리하는 보수체계이다. 셋째, 실적급은 직무수행의 실적을 보수결정의 기준으로 활용하는 보수체계이다. 이는 맡은 직무의 특성을 보수기준으로 설정하는 직무급과는 달리 조직에 대한 실제적 공헌도를 기준으로 하는 보수 형태로서, 기본급의 업적급, 부가급의 능률급 등을 포함한다. 넷째, 자격급은 조직 내 구성원의 자격 취득 기준을 정해 놓고 그 자격 취득에 근거하여 보수를 지급하는 보수체계이다(오석홍, 2005). 다섯째, 생활급은 생활을 보장하기 위한 것으로 연령·가족사항을 고려한 생계비가 보수 결정의 근거가 되는 보수체계를 의미한다(오석홍, 2005).

이상에서 살펴본 바에 따라 교원보수 형태의 각 유형을 정리하면 〈표 5-15〉와 같다.

표 5-15 교원보수 내 보수 유형의 요소

구분	교원보수 내 해당 요소
생활급	가족수당, 자녀학비보조수당, 정액급식비, 명절휴가비, 연가보상비, 봉급조정수당 등
연공급	정근수당, 정근수당 가산금 등
직무급	보전수당, 담임업무수당, 보직수당, 교원연구비, 직급보조비, 관리업무수당, 특수지 근무수당 등
실적급	성과상여금, 시간외수당
자격급	기본급

5. 교원보수제도의 실제: 초·중등교원 보수 결정 방법

1) 봉급의 획정

(1) 봉급의 획정(초임호봉의 획정, 「공무원보수규정」 제8조)

교원임용 시 최초 결정되는 초임봉급 획정에 있어서 주요하게 고려하는 요소는 학력과 경력의 동등대우, 학력·경력·자격에 따른 기산호봉, 학위 소지의 연구경력 인정, 사범계 출신자 우대 등이다. 교원의 호봉 간 승급기간은 1호봉부터 40호봉까지 있으며, 한 호봉의 단위는 1년으로 되어 있다. 근속가호봉 10년을 합산하면 50단계에 이른다. 총 승급기간은 교대 · 사대 졸업을 기준으로 30년이다.

신규임용되는 교원을 대상으로 신규임용일에 진행되는 교원의 초임호봉 획정은 학력, 임용 전 경력, 기산호봉을 합산하여 이루어지고, 학 · 경력의 중복, 경력 간의 중복 여부를 살펴보아야 한다.

$$획정호봉 = 기산호봉 + (학령-16) + 가산연수 + 환산경력연수$$

○ 기산호봉

2개 이상의 교원자격증을 소지한 경우에는 실제 채용된 과목의 소지 자격증을 기준으로 기산호봉을 산정한다. 예를 들어, 초등학교 준교사 자격증과 중등학교 가정과 2급 정교사 자격증 소지자가 초등학교 교원으로 임용될 경우의 기산호봉은 5호봉이고, 중등학교 가정과 교원으로 임용될 경우 기산호봉은 8호봉이 된다.

표 5-16 초등학교 · 중학교 · 고등학교 교원의 기산호봉표

자격별	기산호봉	자격별	기산호봉	비고
정교사(1급)	9	사서교사(2급)	8	교장, 원장, 교감, 원감, 교육장, 장학관, 교육연구관, 장학사 및 교육연구사에 대해서는 정교사(1급)의 호봉을 적용한다.
정교사(2급)	8	실기교사	5	
준교사	5	보건교사(1급)	9	
전문상담교사(1급)	9	보건교사(2급)	8	
전문상담교사(2급)	8	영양교사(1급)	9	
사서교사(1급)	9	영양교사(2급)	8	

출처: 「공무원보수규정」 별표 25.

○ 학령 계산 및 가산연수

학령가감 산정공식은 '(학령-16)+가산연수'이다. 여기에서 학령은 「초 · 중등교육법」 혹은 「고등교육법」상의 학교를 졸업하는 데 소요되는 기간(법정수학연한, 초등학교 6년, 중학교 3년, 고등학교 3년, 4년제 대학교 4년 등)을 의미하고, 예외적으로 법정수학연한과는 관계없이 「초 · 중등교육법 시행령」 제96~104조, 「고등교육법 시

행령」 제70, 71조에 제시된 학령인정 규정에 적용되는 경우의 동등자격을 인정하여 포함한다. 가산연수는 교육공무원(특수학교에 근무하는 교원 및 일반학교의 특수학급을 담당하는 교원 중 특수학교 교원자격증 소지자는 제외) 중 수학연한 2년 이상인 사범계학교(대학에 설치된 교육계학과 포함)를 졸업한 교원의 경우에는 1년이고, 특수학교에 근무하는 교원 및 일반학교의 특수학급을 담당하는 교원 중 특수학교 교원자격증을 소지한 교원 중 수학연한 2년 이상인 사범계학교를 졸업한 교원은 2년, 수학연한이 1년 이상 2년 미만인 사범계로 인정된 교원양성기관을 수료한 교원은 1년, 비사범계학교 졸업자는 1년이다.

대학원에서 석사 또는 박사 학위를 취득한 경우에는 석사의 경우 2년, 박사의 경우 3년의 범위 내에서 실제 수학기간을 인정한다.[6] 학위를 취득하지 못한 경우에는 인정받지 못하고, 계절제 교육대학원을 졸업한 경우에는 일반 야간대학원을 졸업한 경우와 동일하게 연구경력을 인정하며, 외국에서 학위를 취득한 경우에는 관련 증빙서류가 갖추어지면, 국내에서 학위를 취득한 경우와 동일하게 처리된다.

○ 환산경력연수

표 5-17 교육공무원의 경력환산율표

구분	경력	환산율
1. 교원 경력		100%
2. 교원 외의 공무원 경력	가. 국가공무원 또는 지방공무원으로 근무한 경력 (군복무 경력을 포함)	100%
	나. 고용직공무원 또는 기능직공무원으로 근무한 경력	80%
3. 유사 경력	가. 강사 등 경력	30~100%
	나. 연구경력	100%
	다. 국가 또는 지방자치단체 등에서의 근무경력	80%
	라. 그 밖의 경력 　1) 재야법조인으로 종사한 경력 　2) 교원노조 상근 근무경력 　3) 비영리 종교법인에서 교육 관련 직무 상근 근무경력	70% 70% 60%

---

6) 2001년 9월 이전 학위 취득자의 경우에는 학위 취득일을 기준으로 실제 수학한 기간을 산정한다.

4) 공공법인에서 행정 · 경영 · 연구 · 기술 분야 상근 근무경력	50%
5) 재외교육기관 및 재외교육단체에서 상근 근무경력	50%
6) 학원 또는 교습소에서 상근 근무경력	50%
7) 회사에서 상근 근무경력	40%
8) 기타 직업 종사 경력	30%

출처: 「공무원보수규정」 별표 22.

기간계산에 임용일은 산입하고 퇴직일은 제외한다. 다만, 군복무기간은 퇴직일을 산입하고, 기간제 교원의 경우에는 계약기간 전체를 산입한다. 유 · 초 · 중 · 고교의 기간제 교원에 대해서는 「공무원보수규정」 제8조에 따라 산정된 호봉의 봉급을 지급하되, 고정급으로 한다.

2) 호봉의 재획정

재직 중인 교원을 대상으로 한 호봉의 재획정은 새로운 경력을 합산하는 경우, 자격 · 학력 · 직명 변동이 생긴 경우, 승급제한기간을 승급기간에 산입하는 경우, 당해 공무원에게 적용되는 호봉 획정의 방법이 변경되는 경우 등이 발생할 경우에 이루어진다. 호봉의 획정 또는 승급이 잘못된 경우에는 그 잘못된 호봉발령일자로 소급하여 호봉을 정정할 수 있다.

첫째, 새로운 경력을 합산하는 경우는 누락경력의 산입(인사기록카드에 등재누락으로 인정받지 못한 경력에 대한 인정), 재직 중 새로운 경력합산 사유가 발생한 경우(호봉승급기간에서 제외되는 휴직기간 중에 새로운 경력이 발생한 경우), 징계 등의 사유로 승급제한을 받던 교원이 사면을 받은 경우, 대학원을 수료한 자가 교육공무원으로 임용 후 석사(박사)학위를 취득한 경우 등에 해당된다.

둘째, 자격 변동이 생긴 경우로서 이는 임용된 교과목의 상위자격을 취득한 경우를 의미한다. 즉, 임용되지 않은 교과목의 상위자격을 취득한 경우는 호봉 재획정 사유가 되지 않는다.

셋째, 학력 변동이 생긴 경우로서 이는 재직 중 야간대학 등을 졸업하였거나, 휴직하고 상위학교를 졸업한 경우 등을 의미하고, 이러한 경우 학 · 경력 중복 문제를 동시에 고려해야 한다.

넷째, 당해 공무원에서 적용되는 호봉 획정방법이 변경되는 경우로서, 예를 들어 전직, 학교교원이 교육부 연구관 또는 장학관으로 되는 경우 등을 의미한다.

○ 휴직사유별 호봉승급 여부

병역휴직, 법정의무수행, 유학휴직, 고용휴직, 노조전임휴직의 경우에는 호봉승급기간에 산입되나, 질병휴직, 생사불명, 간병휴직, 동반휴직의 경우에는 호봉승급기간에서 제외된다. 육아휴직의 경우는 최초 1년의 범위 내에서 호봉승급이 인정되고, 국내연수휴직의 경우에는 원칙적으로 휴직기간 중 승급이 제한되나 상위자격의 학위를 취득하였거나 교육경력의 산입으로 호봉을 재획정할 필요가 있을 때에는 호봉이 재획정된다. 신체 · 정신상의 장애로 인한 장기요양을 위하여 휴직한 공무원에게는 그 기간 중 봉급의 7할을 지급한다. 다만, 결핵성 질환으로 인하여 휴직한 경우에는 그 기간 중 봉급의 8할을 지급하며, 공무상 질병으로 휴직한 경우에는 그 기간 중 봉급의 전액을 지급한다(「공무원보수규정」 제28조 제1항). 외국유학 또는 1년 이상의 국외연수를 위하여 휴직한 교육공무원에 대하여는 그 기간 중 봉급의 5할을 지급할 수 있다[3년+연장 3년(총 6년) 이내, 「공무원보수규정」 제8조 제2항]. 앞에서 규정되지 않은 휴직의 경우에는 원칙적으로 봉급을 지급하지 않는다.

3) 수당의 획정

수당은 크게 공통수당과 특수업무수당, 실비변상 등으로 분류된다(〈표 5-18〉 참조).

표 5-18 수당의 종류

구분	수당의 명칭	대상 및 지급 조건
공통 수당 (9종)	정근수당	모든 교원 연 2회(1, 7월), 근무연수별 11등급
	관리업무수당	각급학교 교장 등
	정근수당가산금	5년 이상 근속 교원, 근무연수별 4등급, 추가가산금 별도 지급(20년, 25년 기준)
	가족수당	부양가족이 있는 교원, 4인 이내(자녀의 경우는 4인을 초과하더라도 가족수당 지급)

	자녀학비보조수당	국외학교에 다니는 유·초·중·고교 자녀가 있는 교원
	육아휴직수당	최초 휴직일로부터 1년 이내
	특수지근무수당	도서·벽지 근무 교원
	시간외근무수당	정규근무시간외 근무 교원, 월정액 별도 지급(월 10시간분)
	모범공무원수당	모범 교육공무원
특수 업무 수당 (11종)	교직수당	교원
	원로교사가산금	교육경력 30년 이상, 55세 이상 교사 및 수석교사
	보직교사가산금	고교 이하 각급학교 보직교사
	교원특별가산금	특수·미감아 담당, 국악고 교원, 고교부설방통고 겸직교원, 통학버스 동승교원
	담임교사가산금	학급담당교사
	실과교원가산금	농·공·수산·해운계 고교 교원. 단, 기계·전자공고 교장, 교감과 기계·전자과목 담당교사에게는 추가로 가산금 지급
	보건교사가산금	각급학교 보건교사
	영양교사가산금	각급학교 영양교사
	사서교사가산금	각급학교 사서교사
	전문상담교사가산금	각급학교 전문상담교사 및 전문상담순회교사
	보전수당	국공립 초등학교 교원, 국공립 도서·벽지 중·고교 교원, 국공립 중·고교 5년 미만 교원(도서·벽지 제외), 국공립 초등 교원에게 추가로 가산금 지급
실비 변상 (3종)	명절휴가비	모든 교원 2회(추석, 설)
	정액급식비	모든 교원
	직급보조비	교장, 교감

정근수당, 관리업무수당은 봉급 비례 수당이고, 교직수당과 가산금, 정근수당가산금, 가족수당, 육아휴직수당, 특수지근무수당, 모범공무원수당 등은 월정액 수당이다.

○ 상여수당(정근수당, 정근수당가산금, 성과상여금)

상여수당은 매월 지급되는 봉급과는 별도로 교원의 업적, 공헌도를 감안하여 지급되는 것으로서 일반적인 상여금과 같은 수당이고, 이에는 정근수당과 정근수당

가산금이 포함된다.

　정근수당은 교원의 과거의 업무정려에 대한 보상과 장래의 업무정려를 권장하기 위한 취지에서 지급되는 상여수당으로 근무연수를 기준으로 연 2회에 걸쳐 지급된다. 근무연수 1년 미만은 월봉급액의 0%, 2년 미만 5%, 3년 미만 10%로 근무연수 10년 미만까지는 1년 증가에 따라 지급액이 5%씩 증가하여 10년 미만의 경우 월봉급액의 45%, 10년 이상의 경우는 월봉급액의 50%에 해당하는 금액이 지급된다.

　정근수당가산금은 기존의 장기근속수당으로 정근수당을 지급받는 모든 교원을 대상으로 근무연수(장기근속)에 따라 지급되고 휴직기간이나 승급제한기간은 근속연수에 포함되지 않는다. 근속연수 5~10년 미만은 월 5만 원, 10~15년 미만 월 6만 원, 15~20년 미만 월 8만 원, 20년 이상 월 10만 원이고, 20~25년 미만은 월 1만 원, 25년 이상은 월 3만 원의 추가가산금이 지급된다. 이는 정근수당 추가 가산금으로 기존의 장기근속수당 가산금과 같다.

　성과상여금은 고교 이하 각급학교의 교장, 교감, 교사를 대상으로 지급기준일 현재 파견 중인 자와 휴직(군입대 휴직자도 포함)·기타 사유로 직무에 종사하지 않고 있는 자도 지급대상에 포함하여 연 1회 차등지급하는 것이다. 교사, 장학사 및 교육연구사는 26호봉, 교감과 직위가 없는 장학관 및 교육연구관은 30호봉, 교장과

표 5-19 성과상여금 지급등급 및 지급액표

지급등급		지급액
등급	지급인원	
S등급	평가 결과 상위 20% 이내에 해당하는 사람	별표 2의3의 성과상여금 지급기준액표에 따른 기준액(이하 이 표에서 "지급기준액"이라 한다)의 172.5%에 해당하는 금액
A등급	평가 결과 상위 20% 초과 60% 이내에 해당하는 사람	지급기준액의 125%에 해당하는 금액
B등급	평가 결과 상위 60% 초과 90% 이내에 해당하는 사람	지급기준액의 85%에 해당하는 금액
C등급	평가 결과 상위 90% 초과 100% 이내에 해당하는 사람	지급하지 않음

※ 비고: 소속 장관은 직종 및 업무의 특성상 특히 필요한 경우에는 인사혁신처장이 정하는 기준에 따라 위 지급등급 및 지급액을 다르게 정할 수 있다.

3급 과장 상당 또는 4급 과장 상당의 직위에 보직된 장학관 및 교육연구관은 35호봉을 기준으로 지급한다. 성과상여금의 지급등급 및 지급액표는 앞의 〈표 5-19〉와 같다.

등급별 인원 배정, 차등지급기준의 적용 등에 있어 시·도교육청 및 학교현장의 자율성을 최대한 보장한다. 다만, 실제 근무한 기간[7]이 2개월 미만인 자, 성과급 지급대상기간 중 직위해제를 당하거나 징계를 받은 자, 기간제 교원, 단위기관장이 정한 별도의 성과상여금 지급제외대상기준에 해당하는 자 등은 상여금 지급대상에서 제외된다.

○ 가계보전수당(가족수당, 자녀학비보조수당, 육아휴직수당)

가계보전수당은 공무원의 가계유지를 위해 국가가 보조해 주는 수당으로 가족수당, 자녀학비보조수당, 육아휴직수당이 이에 해당된다.

가족수당은 부양가족이 있는 교원에게 지급되는 수당으로, 부양가족의 수는 배우자를 포함하여 4인 이내로 한다. 다만, 미성년인 자녀의 경우에는 부양가족의 수가 4인을 초과할 수 있다. 배우자는 4만 원, 그 외 부양가족(직계존속, 자녀 등)은 2만 원이고, 부양가족의 요건을 충족하는 둘째 자녀 6만 원, 셋째 이후 자녀는 10만 원이다. 부부가 교원인 경우에는 그중 1인에게만 가족수당을 지급한다.

자녀학비보조수당은 국외학교에 재학중인 유·초·중·고교 자녀를 둔 재외공무원에게 자녀의 학비 전액(수업료와 학교운영지원비 포함)을 국가에서 보조해 주는 수당이다. 2021년부터 고교무상교육이 완성됨에 따라 자녀가 국내 유·초·중·고교에 재학 중인 공무원에게는 지급하지 않으며, 국내공무원의 자녀가 국외의 학교에 재학 중인 경우에도 수당을 지급하지 않는다.

육아휴직수당은 만 6세 이하의 초등학교 취학 전 자녀를 양육하기 위하여 필요하거나, 여자교원이 임신 또는 출산하게 된 때로 30일 이상 휴직을 하는 경우 월정액을 국가에서 지급해 주는 수당을 의미한다. 육아휴직한 남녀 교원 모두가 가능하다. 육아휴직 시작일부터 3개월까지는 육아휴직 시작일을 기준으로 한 월봉급액의 80%에 해당하는 금액을 지급하되, 해당 금액이 150만 원을 넘는 경우에는 150만 원

---

7) 휴가, 휴직, 직위해제, 교육훈련파견 등으로 실제로 직무에 종사하지 아니한 기간을 제외한 근무기간을 의미한다.

으로 하고, 해당 금액이 70만 원보다 적은 경우에는 70만 원으로 한다. 육아휴직 4개월째부터 육아휴직 12개월까지는 육아휴직 시작일을 기준으로 한 월봉급액의 50%에 해당하는 금액을 지급하되, 해당 금액이 120만 원을 넘는 경우에는 120만 원으로 하고, 해당 금액이 70만 원보다 적은 경우에는 70만 원으로 한다.

○ 특수근무수당(특수지근무수당, 특수업무수당)

특수근무수당은 특수한 업무에 종사하거나, 교통이 불편하고 문화 및 교육 시설이 전무한 지역이나 근무환경이 특수한 지역에 근무하는 공무원에게 지급되는 수당을 의미한다. 특수지근무수당은 매 5년마다 특수지 실태조사를 통해 특수지(도서 · 벽지)를 가, 나, 다, 라 지역의 4등급으로 구분하여 월 6, 5, 4, 3만 원을 각각 지급한다.

특수업무수당은 연구업무수당, 교직수당, 교직수당가산금, 장학관 · 교육연구관 · 장학사 · 교육연구사등을 대상으로 지급하는 연구업무수당, 고교 이하 각급학교에 근무하는 교원에게 지급하는 교직수당, 교직수당가산금 1(30년 교육경력 및 55세 이상 교사 및 수석교사에 대한 원로교사수당), 교직수당가산금 2(보직교사수당), 3(교원특별수당), 4(학급담당교사수당), 5(실과교원수당), 6(보건교사수당), 7(병설유치원 겸임수당), 8(영양교사수당), 9(사서교사수당), 10(전문상담교사수당), 보전수당 및 가산금을 포함한다.

교원의 경제적 처우 개선을 위해 1980년에 신설된 교직수당은 교과지도수당을 포함하여 월 25만 원을 지급하고, 교직수당가산금은 ① 30년 교육경력 및 55세 이상 교사에게 월 5만 원 지급, ② 보직교사수당 월 7만 원, ③ 교원특별수당은 국공립의 특수학교에 근무하는 교원 및 특수학급을 담당하는 교원, 학생 전체가 미감아인 초등학교 또는 초등학교 분교장에 근무하는 교원과 초등학교의 미감아가 있는 학습을 직접 담당하는 교원 해당자 월 7만 원, 국립의 국악학교 및 국악고등학교에 근무하는 교원, 고등학교부설 방송통신고등학교의 겸직교원 해당자에게 월 5만 원, 초등학교 · 특수학교의 등하교 통학버스에 월 10회 이상 동승하는 교원에게 월 3만 원, ④ 학급담당교사(특수학교 교사 포함)에게 수당 월 13만 원, ⑤ 실과교원수당은 농업 · 수산 · 해운 또는 공업계의 학과가 설치되어 있는 고등학교의 교장 · 교감과 실과담당교원에게 호봉에 따라 월 2만 5,000~5만 원 지급, ⑥ 보건교사수당은 각급학교 보건교사에게 월 3만 원 지급, ⑦ 병설유치원 겸임수당은 병설유치원의 원장·원감을 겸하는 초등학교 교장·교감을 대상으로 겸임교장에게는 월 10만 원, 겸임교감에게는 월 5만 원, ⑧ 각급학교 영양교사에게 월 3만 원, ⑨ 각급학교 사서교사에게 월 2만 원, ⑩ 전문상담교사 및 전문상담순회교사에게 월 2만 원을 지급한다.

보전수당 및 가산금은 국공립의 초등학교(특수학교 포함)에 근무하는 교원과 국공립의 중학교·고등학교에 근무하는 교원 중 도서·벽지지역에 있는 학교에 근무하는 교원이거나 도서·벽지지역 이외의 지역에 있는 학교에 근무하는 5년 미만인 교원을 대상으로 월 8,000~2만 3,000원(가산금 월 4만 7,000~6만 7,000원 별도 지급)을 지급한다. 초등교원에게 경력 5년 이상 월 8,000원, 경력 5년 미만 월 2만 3,000원 지급, 중·고등교원 중 도서·벽지근무자 5년 이상 월 3,000원, 5년 미만 월 1만 8,000원, 중·고등교원 중 도서·벽지 이외 지역 근무자 5년 미만 월 1만 5,000원을 지급하고, 초등학교의 경우에는 교장에게 월 6만 7,000원, 교감에게 월 5만 7,000원, 보직교사에게 월 5만 2,000원, 교사에게 월 4만 7,000원의 가산금을 추가로 지급한다.

○ 시간외근무수당 등(시간외근무수당, 관리업무수당, 모범공무원수당, 봉급조정수당)

시간외근무수당은 근무명령에 의하여 규정된 근무시간(교원의 근무시간은 토요일을 제외한 평일의 경우 09:00~17:00임) 외에 근무한 교원을 대상으로 기준호봉 봉급액(19호봉 이하 18호봉, 20~29호봉 21호봉, 30호봉 이상 23호봉, 교감 25호봉 기준)의 근로시간외 근무시간당 209분의 1의 150%를 지급한다. 방학은 월간 출근(출장) 근무일수에서 제외되나, 방학기간 중 학교장의 근무명령에 의하여 특별히 출근(출장)하여 「국가공무원 복무규정」에서 정한 근무시간 이상 근무하는 경우에는 정규 근무일로 간주하여 월근 출근(출장) 근무일수에 포함하여 정액지급분을 지급한다. 학교장의 출장명령에 의한 자격연수 및 직무연수의 경우에는 출장 근무일수로 포함한다.

관리업무수당은 학교장을 대상으로 월봉급액의 7.8%가 지급된다. 모범공무원수당은 모범공무원으로 선발된 날이 속하는 달의 다음 달부터 3년간 5만 원이 지급된다(「모범공무원 규정」 제8조의2). 봉급조정수당은 공무원의 처우 개선을 위하여 필요한 경우에 예산의 범위 안에서 봉급조정수당을 지급할 수 있다.

○ 실비변상 등(정액급식비, 명절휴가비, 직급보조비)

정액급식비는 모든 교원에게 예산의 범위 내에서 월 13만 원을 지급한다. 명절휴가비는 설날 및 추석날 모든 교원을 대상으로 보수지급일 또는 지급기준일 전후 15일 이내에 월봉급액의 60%가 지급된다. 직급보조비는 교장에게 월 40만 원, 교감에게 월 25만 원이 보수지급일에 지급된다.

○ 기타(월정직책급, 농산어촌 순회교사수당 및 복식수업수당)

월정직책급(특정업무비)는 교장에게 월 25만 원 지급되고 12학급을 기준으로 1학급 초과마다 3,000원의 가산금이 추가 지급된다. 농산어촌 순회교원수당 및 복식수업수당은 겸임근무를 명받아 2개 이상의 학교를 순회근무하는 교원 및 소규모 학교에서 학년별 학급편성이 곤란하여 2개 학년 이상의 학생들을 1개 학급으로 편성하여 수업하는 교원에게 월 5만 원을 지급하되, 도서벽지수당을 지급받고 있는 교원의 경우에는 월 3만 원을 지급한다.

4) 퇴직급여

「공무원연금법」과 「사립학교교직원 연금법」에 따르면, 퇴직급여는 공무원(이하 '사립학교 교직원' 포함)의 퇴직 또는 사망과 공무로 인한 부상ㆍ질병ㆍ폐질에 대하여 적절한 급여를 지급하는 것을 의미하고, 그 목적은 공무원 및 그 유족의 생활안정과 복리향상에 기여함에 있다. 퇴직은 면직ㆍ사직ㆍ기타 사망 외의 사유로 인한 모든 해직을 말한다. 보수월액은 봉급 연지급 합계액을 12월로 평균한 금액과 수당액을 합한 금액을 말한다. 평균보수월액은 급여의 사유가 발생한 날(퇴직으로 급여의 사유가 발생하거나 퇴직후에 급여의 사유가 발생한 경우에는 퇴직한 날의 전날을 말한다)이 속한 달부터 소급하여 3년간(재직기간이 3년 미만인 경우에는 그 재직기간을 말한다)의 보수월액을 공무원 보수인상률 등을 고려하여 급여의 사유가 발생한 날의 현재 가치로 환산한 후 이를 합한 금액을 해당 월수로 나눈 금액을 말한다.

공무원이 10년 이상 재직하고 퇴직한 때에는 사망할 때까지 퇴직급여(퇴직연금 또는 퇴직연금일시금)를 지급한다. 퇴직연금의 금액은 재직기간 1년당 평균기준소득월액의 1.7%로 한다. 다만, 재직기간은 36년을 초과할 수 없다. 퇴직연금일시금은 '퇴직 전날기준 소득월액×재직연수×{975/1,000＋[6.5/1,000(재직연수−5)]}'의 계산식에 따라 산출한다. 36년이 넘는 기간은 지급하지 않는다.

재직기간이 20년 이상이고, 정년퇴직일부터 최소한 1년 전에 스스로 퇴직하는 사람에게는 명예퇴직수당을 지급한다. 정년퇴직 전 1년 이상 5년 이내인 사람에게는 '퇴직 당시 월봉급액의 반액×정년잔여월수', 5년 초과 10년 이내인 사람에게는 '퇴직 당시 월봉급액의 반액×[60+(정년잔여월수−60)/2]'의 금액을 지급한다. 정년 10년 초과여도 신청은 가능하지만, 10년을 초과하는 정년잔여기간에 대해서는 수당을 지급하지 아니한다.

6. 내 보수 제대로 받기(보수 관련 각종 사례)[8]

1) 호봉 획정 및 재획정 예시

- 출산·육아로 인한 휴직기간에 석·박사학위를 취득한 경우, 그 취득기간을 호봉획정의 경력으로 인정할 수 있는지?
  - → 육아휴직 중 자비로 대학원에 출석하여 석·박사학위를 취득하였을 경우 휴직사유에는 부합되지 않으나 휴직 중 학위 취득 기간이 다른 경력과 중복되지 않는 한 연구에 종사한 경력으로 보아 호봉승급을 위한 경력으로 인정된다.
- 학위 취득자의 경우 석사학위를 취득하기 위하여 대학원에 적을 둔 전체 기간 3년 6개월 중 휴학기간 6월을 제외한 나머지 기간 3년을 연구경력으로 볼 수 있는지?
  - → 학위를 취득하였을 경우, 대학원에 적을 둔 전체 기간 3년 6월 중 휴학기간 6개월을 제외한 나머지 기간 3년에 대해서는 입학일을 기준으로 실제 수학기간 2년만을 인정하며, 잔여기간인 1년은 연구경력으로 인정할 수 없다

---

8) 이 장에서 제시하고 있는 예시, 판례 등은 교육공무원보수업무편람, 대법원판례 등에서 인용 및 참조하였음을 밝힌다.

(석사학위 인정기간은 2년이기 때문임). 다만, 잔여기간 중에 직장을 다녔다면 직장경력으로 인정받을 수 있다.

• 4년제 교육대학 졸업생으로 2001. 9. 1.자로 신규임용되어 초임 9호봉으로 근무하던 교사가 1급 정교사 자격연수를 받고 2006. 8. 20.자로 1급 정교사 자격을 취득한 후 자격변동으로 인하여 2006. 9. 1.(잔여월수 12월)자로 호봉 재획정을 하게 된 경우의 호봉은?
  → 자격변동으로 기산호봉을 8호봉에서 9호봉으로 하고, 잔여월수 12월을 반영하므로 13호봉에서 2호봉 승급하여 15호봉에 급하고 잔여월수 0월로 처리한다.

• 육아휴직 중 사직원 제출 교사의 호봉은?
  → 「공무원보수규정」 제9조 제2항에 근거하여 휴직 중인 자에 대해서는 복직일에 재획정을 하므로, 이의 경우에는 호봉 재획정 사유가 발생하지 않으므로 휴직 전의 호봉을 그대로 인정하고, 퇴직금 및 건강보험료는 휴직기간 동안 교육공무원 신분이 유지되므로 재직기간으로 간주하여 기여금 및 건강보험료를 납부한다.

2) 수당 획정 예시

• 학교에서 정보부장과 과학부장을 겸하고 있는 교원에게 보직교사수당을 이중으로 지급할 수 있는지?
  → 보직교사수당의 이중지급은 불가하다.
• 가족수당을 받아야 하는 교사가 뒤늦게 가족수당이 지급되지 아니한 사실을 알고 소급하여 가족수당을 청구할 경우 몇 년까지 소급이 가능한지?
  → 가족수당은 그 지급 사유가 발생한 날이 속하는 달부터 지급하므로 공무원 본인이 부양가족신고를 하지 않아 가족수당을 지급받지 못한 경우에도 그 후 부양가족을 신고하면 지급 사유가 발생한 날이 속하는 달까지 소급지급이 가능하다. 다만, 본인의 잘못으로 부양가족신고를 하지 않은 경우에는 가족수당을 지급받을 수 있는 권리의 소멸시효가 3년이므로 가족수당을 청구한 시점으로부터 3년 이전의 권리는 소멸된 것으로 본다.

• 교원이 40일 병가 시 봉급과 수당(담임수당)의 지급은?

→ 병가를 포함한 공무원의 휴가기간 중에는 보수의 전액을 지급하는 것이 원칙이다. 다만, 시간외근무수당(월정액)등과 같이 일정한 요건(15일 이상 실제근무)을 필요로 하는 수당은 요건을 충족하지 못하면 지급되지 않는다. 담임업무수당은 학교장의 정식발령이 있는 담임에게 지급하는 것으로, 병가의 경우에도 대체발령이 없는 한 임시담임이나 부담임 등에게는 담임수당을 지급할 수 없다.

토론 및 실습 과제

1. A 교사가 근무하는 학교에서는 교장 선생님의 지침에 따라 교원의 다면평가를 전 교사가 실시하고 있다. 다른 교사를 평가하는 데 있어서 특별히 유의해야 할 점은 무엇인지 고민해 보고, 교사들이 다른 교사를 서로 평가하는 데 따른 장점과 단점을 토론해 보자.

2. 「교육공무원 승진규정」에 제시되어 있는 근무성적평정과는 별도로 교원능력개발평가를 실시하고 있다. 근무성적평정과 별도로 교원능력개발평가를 실시하는 것이 바람직한지, 교원능력개발평가를 교원인사 자료로 추가 활용하는 것이 필요한지 등에 대하여 토론해 보자.

3. 중등교원 임용시험을 통과하고 ○○고등학교에 신규임용된 김 교사는 정식 교원이 되기 전 지방 공무원(1년 6개월 근무 후 퇴직), 기간제 교원(3개월)으로 근무한 경력이 있다. 이 교원의 초임호봉 획정 시 적용되는 환산된 경력연수는 어떻게 되는가?

참고문헌

김경근, 이유건(2004). 성과주의 교원보수체계에 대한 교사들의 인식 및 그 함의. **교육재정경 제연구**, 13(1), 47-77.

김창걸, 이봉우, 김창수, 배상만(2005). **교육인사행정의 이론과 실제.** 서울: 형설출판사.

김태일(2001). 교원 보수 체계의 피크형 임금제 전환의 타당성 분석. 행정문제연구, 8(1), 55-78.

배병돌(2003). 공공부문 성과급의 성공적 운영방안: 한국과 미국의 경찰공무원 인식비교를 중심으로. 한국정책과학학회보, 7(1), 181-202.

백일우, 박경호(2004). 교원의 생산성을 고려한 피크형 보수체계 연구. 교육재정경제연구, 13(1), 207-228.

서울특별시교육청 교육연구정보원(2007). **교직실무편람.**

서정화, 박세훈, 박영숙, 전제상, 조동섭(1995). **교육인사행정론.** 서울: 도서출판 하우·한국교 육행정학회.

서정화(1994). **교육인사행정**(수정·증보판). 서울: 세영사.

서정화(2001). 교원보수제도. 한국교육재정경제학회 편저, **교육재정경제학 백과사전**(pp. 89-101). 서울: 하우동설.

서정화, 김명수, 전제상(2005). 교원 우대를 위한 보수체계의 개편 방향과 과제. **교육재정경제 연구**, 14(1), 215-243.

서정화, 이주호, 전제상(2000). 교원의 전문성 신장을 위한 교원보수체계 개선방안. **정책연구,** 제105집.

송광용(2001). 한국교육재정경제학회 편저, **교육재정경제학 백과사전**(pp. 699-709). 서울: 하 우동설.

송기창(1987). 교원업적주의 보수체제 모형 연구. 서울대학교 대학원 석사학위논문.

오석홍(2005). **인사행정론**(제5판). 서울: 박영사.

윤정일, 송기창, 조동섭, 김병주(2016). **교육행정학 원론**(6판). 서울: 학지사.

이지영, 주철안(2004). 초·중등교원 보수 지급 준거의 변천. 교육재정경제연구, 13(1), 229-256.

정재동(2004). 공무원 정년제도 개편을 위한 제도적 조건의 설계. 한국행정연구, 13(1), 169-205.

한국교원단체총연합회(1993). **교원처우개선 및 복지증진방안.**

Ballou, D. (1999). Pay for performance in public and private schools. *Economics of Education Review, 20,* 51-61.

Castetter, W. B. (1996). *The human resource function in educational administration* (6th ed.). Englewood Cliffs, NJ: Merrill.

Hoy, W. K., & Miskel, C. G. (2005). *Educational administration: Theory, research, and practice* (7th ed.). Boston, MA: McGraw-Hill.

Lazear, E. P. (1993). *Personnel economics*. Cambridge, MA: The MIT Press.

Lunenburg, F. C., & Ornstein, A. C. (2003). *Educational administration: Concepts and practices* (4th ed.). Belmont, CA: Wadsworth Thomson Learning.

Odden, A., & Kelly, C. (2002). *Paying teachers for what they know and do: New and smarter compensation strategies to improve schools*. CA: Corwin Press.

OECD. (2004). *Teachers matter: Attracting, developing and retaining effective teachers*. Paris: OECD.

[관련 법령]
「공무원보수규정」
「공무원수당 등에 관한 규정」
「공무원연금법」
「교원능력개발평가 실시에 관한 훈령」
「교원 등의 연수에 관한 규정」
「교원의 지위향상 및 교육활동 보호를 위한 특별법」
「교육공무원법」
「교육공무원 인사관리규정」
「교육공무원 임용령」
「국가공무원 명예퇴직수당 등 지급규정」

제6장

공문서 작성 및 관리

1. 공문서의 이해
2. 공문서의 작성 및 관리
3. K-에듀파인을 활용한 공문서 기안
🌐 토론 및 실습 과제

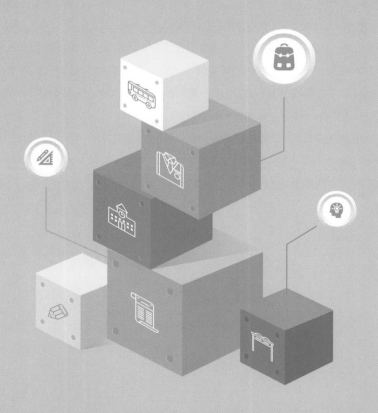

지난 한 달 동안 오 교사는 어떻게 시간이 지나갔는지 모를 정도로 눈코 뜰 새 없이 바빴다. 잠시 여유가 생겨 교무실에 앉아 마음을 다잡고 이번 달에 어떻게 학생들을 가르칠지 계획을 세워 보려는 순간 교무부장 선생님께서 급하게 부르신다. '무슨 일이지?' 궁금해하며 갔더니, 내일까지 교육청에서 보내온 공문을 처리하라고 하신다. 이번 학기 방과후학교의 참여 학생 현황을 교육청의 양식에 따라 조사하여 보고하는 것이다.

　'어떻게 해야 하나?' 오 교사는 한참을 고민한 끝에 선배교사인 김교사에게 물어보았다. 우선 업무포털에 로그인하여 K-에듀파인에 들어가서 접수된 문서를 확인하고 양식을 내려받은 후 내용을 작성하고, 기안을 하여 교무부장 선생님, 교감 선생님, 교장 선생님을 결재선으로 지정하여 결재 상신만 하면 되는 아주 간단한 일이라고 한다.

　간단한 일이라고? '업무포털' 'K-에듀파인'은 어떻게 들어가며, '기안'이니 '결재선' '결재 상신'은 무슨 뜻인지, 어떻게 하는 것인지 도대체 모르겠다. 공문을 어떻게 작성해야 하는지 배운 적도 없는데……. 그저 답답하기만 하다.

1. 공문서의 이해

1) 공문서의 의의

학교에서 교육활동을 지원하기 위한 모든 행정사무는 문서에서 시작하여 문서로 끝난다고 할 수 있다. 이는 행정사무의 대부분이 문서로 이루어지기 때문이다. 학교행정에서의 문서란 공문서를 의미한다. 일반적으로 공문서는 행정기관 또는 공무원이 직무상 작성하고 처리한 문서를 지칭하며, 개인이 사적(私的)인 목적으로 작성하는 사문서와 대비되는 개념이다.

각급학교나 교육행정기관에서 공문서는 의사의 기록·구체화, 의사 전달, 의사 보존, 자료 제공, 업무의 연결·조정 등의 기능을 수행한다. 문서는 사람이 가지고 있는 주관적인 의사를 문자·숫자·기호 등을 활용하여 종이나 다른 매체에 표시하여 문서화함으로써 그 내용을 구체화하는 기능을 수행한다. 의사 전달의 기능이란 공문서가 학교나 교육행정기관의 의사를 내부나 외부로 전달해 주는 기능을 의미한다. 특히 내용이 복잡하여 문서 없이 구두로 해당 업무의 처리가 곤란한 경우나 업무 처리에 대한 의사소통이 대화로는 불충분하여 문서가 필요할 때 유용하다. 의사 보존의 기능은 행정기관의 의사 표시 내용을 증거로 남겨야 할 때나 업무 처리의 형식상 또는 절차상 문서가 필요한 때, 그리고 업무 처리 결과를 보존할 필요가 있을 때 유용하게 활용되는 것을 말한다. 문서 처리가 완료되어 보존된 문서는 필요할 때 언제든지 다시 활용되어 행정활동을 촉진하는 자료 제공의 기능을 수행하기도 한다. 이 밖에도 문서의 기안·결재 및 협조 과정 등을 통해 조직 내외의 업무 처리 및 정보 순환이 이루어져 업무의 연결·조정 기능을 수행하게 된다.

학교행정에서 공문서는 주어진 교육목표를 달성하기 위하여 학교조직 내의 교원과 학생, 대외적으로 교육행정기관, 일반행정기관, 지역사회의 유관기관 및 각종 단체들과 밀접한 관련을 맺고 상호작용을 하기 위한 주요 수단으로 활용되고 있다. 따라서 공문서는 형식상 일정한 표준틀을 갖추어야 하며, 내용상으로는 행정에 대한 신뢰성과 책임성을 높일 수 있도록 쉽고 명확해야 한다.

모든 공문서는 공문서의 작성과 관리에 관한 제반 사항을 규정한「행정 효율과 협업 촉진에 관한 규정」(대통령령) 및 동 시행규칙(행정안전부령)에 의해 작성되고 처리·관리된다. 「행정 효율과 협업 촉진에 관한 규정」 제3조 제1항에서는 행정기관에서 공무상 작성하거나 시행하는 문서와 행정기관이 접수한 모든 문서를 공문서로 규정하고 있다. 이때 문서는 도면·사진·디스크·테이프·필름·슬라이드·전자문서 등의 특수매체기록을 모두 포함한다. 이 중 전자문서는 컴퓨터 등 정보처리 능력을 가진 장치에 의하여 전자적인 형태로 작성되거나, 송신·수신 또는 저장된 문서를 말한다.

각급학교 및 교육행정기관의 행정활동 과정에서 생산되는 공문서가 유효한 것으로 성립되려면, 첫째, 해당 기관의 적법한 권한 범위 내에서 작성되어야 하며, 둘째, 위법·부당하거나 시행 불가능한 사항이 없고, 셋째, 법령에 규정된 절차 및 형식을 갖추어야 한다.

2) 공문서의 종류

공문서는 유통대상 여부, 문서의 성질 등에 따라 구분할 수 있다. 우선 유통대상 여부에 따라 내부결재문서와 유통대상 문서로 구분된다. 내부결재문서는 행정기관이 내부적으로 계획 수립, 처리방침 결정, 업무보고, 소관사항 검토 등을 하기 위하여 결재를 받는 문서를 말한다. 유통대상 문서는 대내문서, 대외문서, 발신자와 수신자 명의가 같은 문서로 구분된다. 대내문서는 해당 기관 내부에서 보조·보좌기관 상호 간 협조를 하거나 보고 또는 통지를 위하여 수신·발신하는 문서이다. 대외문서는 해당 기관 이외에 다른 행정기관(소속기관 포함)이나 국민, 단체 등에 수신·발신하는 문서를 의미한다. 발신자와 수신자의 명의가 같은 문서는 행정기관의 장 또는 합의제 행정기관이 자신의 명의로 발신하고 자신의 명의로 수신하는 문서를 가리킨다.

공문서는 그 성질에 따라 법규문서, 지시문서, 공고문서, 비치문서, 민원문서, 일반문서 등으로 구분된다. 법규문서는 주로 법규사항을 규정하는 문서로서 헌법·법률·대통령령·국무총리령·부령·조례 및 규칙 등이 이에 해당된다. 지시문서는 행정기관이 그 하급기관 또는 소속공무원에 대하여 일정한 사항을 지시하는 문서로서 훈령·지시·예규 및 일일명령 등이 있다. 고시나 공고 등의 공고문서는 행정기관이 일정한 사항을 일반에게 알리기 위한 목적으로 생산되며, 비치대장이나 비치카드 등의 비치문서는 행정기관이 일정한 사항을 기록하여 행정기관 내부에 비치하면서 업무에 활용하기 위해 생산된다. 개인이 작성하였으나 행정기관에 허가, 인가, 그 밖의 처분 등 특정한 행위를 요구하는 문서를 민원문서라 하는데, 이러한 문서는 공문서에 해당한다. 이 밖에 일반적으로 처리되는 문서를 일반문서라고 하는데, 각급학교나 교육행정기관에서 흔히 공문서라고 할 때는 일반문서를 지칭한다.

3) 공문서의 처리 절차

공문서는 일반적으로 기안 · 검토 · 협조 · 결재 · 등록 · 시행 · 분류 · 편철 · 보관 · 보존 · 이관 · 접수 · 배부 · 공람 · 검색 · 활용 등의 처리 절차를 거친다. 문서의 처리 절차는 전자문서시스템 또는 업무관리시스템에서 전자적으로 처리해야 한다(「행정 효율과 협업 촉진에 관한 규정」 제5조).

기안은 기관의 의사를 결정하기 위하여 문안을 작성하는 것을 말하며, 전자문서로 하는 것이 원칙이다. 기안문은 결재권자의 결재를 받기 전에 보조기관 또는 보좌기관의 검토를 받아야 하며, 문서의 내용이 행정기관 내의 다른 보조기관 또는 보좌기관이나 다른 행정기관의 업무와 관련이 있을 때에는 그 기관의 협조를 받아야 한다. 해당 사안에 대해 행정기관의 의사를 결정할 권한이 있는 자(주로 행정기관의 장)가 직접 그 의사를 결정하는 행위를 결재라고 한다. 문서가 성립되기 위해서는 행정기관의 적법한 권한 범위에서 작성되어야 하고, 위법 · 부당하거나 시행 불가능한 내용이 아니어야 하며, 법령에 규정된 절차 및 형식을 갖추어야 한다. 문서는 결재권자가 해당 문서에 서명의 방식으로 결재할 때 성립한다.

문서의 시행은 내부적으로 성립한 행정기관의 의사를 외부에 표시하는 단계로서, 원칙적으로 정보통신망에 의해 발송함으로써 문서의 효력이 발생하게 되는 절차를 말한다. 문서의 효력은 수신자에게 도달(전자문서는 수신자가 관리 · 지정한 전자적 시스템 등이 입력되는 것을 말함)됨으로써 발생한다. 다만, 공고문서의 경우에는 공고문서에 특별한 규정이 있는 경우를 제외하고는 그 고시 또는 공고가 있은 후 5일이 경과한 날부터 효력이 발생한다.

문서는 처리과에서 접수하여야 하며, 접수한 문서에는 접수일시와 「공공기록물
관리에 관한 법률 시행령」 제20조의 규정에 따른 접수등록번호를 전자적으로 표시
하고 지체 없이 처리과에 이를 배부하여야 한다. 처리과에서는 접수된 문서를 처리
담당자에게 배부하고, 처리담당자는 접수된 문서에 대한 공람 여부 및 공람할 자의
범위 등을 정한다.

2. 공문서의 작성 및 관리

1) 공문서의 작성

(1) 공문서 작성을 위한 일반사항

공문서는 「국어기본법」 제3조 제3호에 따른 어문규범에 맞게 한글로 작성해야 한
다. 뜻을 정확하게 전달하기 위하여 필요한 경우에는 괄호 안에 한자나 그 밖의 외
국어를 함께 적을 수 있으며, 특별한 사유가 없으면 가로로 쓴다. 문서의 내용은 간
결하고 명확하게 표현하고, 일반화되지 않은 약어와 전문용어 등의 사용을 피하여
이해하기 쉽게 작성하여야 한다. 문서에는 시각장애인 등의 편의 도모를 위해 음성
정보 또는 영상정보 등이 수록되거나 연계한 바코드 등을 표기할 수 있다.

공문서를 쓸 때 숫자는 특별한 사유가 없으면 아라비아 숫자를 쓴다. 공문서에
쓰는 날짜는 숫자로 표기하되, 연·월·일의 글자는 생략하고 그 자리에 온점(.)
을 찍어 표시하며(예: 2021. 3. 2.), 시·분의 표기는 24시각제에 따라 숫자로 표기하
되, 시·분의 글자는 생략하고 그 사이에 쌍점(:)을 찍어 구분한다(예: 14:30). 다만,
특별한 사유가 있으면 다른 방법으로 표시할 수 있다. 금액은 아라비아 숫자로 표
기하되, 변조의 위험을 막기 위해 숫자 다음에 괄호를 하고 한글로 기재한다[예: 금
113,560원(금일십일만삼천오백육십원)].

문서의 내용을 둘 이상의 항목으로 구분할 필요가 있는 때에는 〈표 6-1〉과 같이 표
시하여야 한다. 이때, 둘째, 넷째, 여섯째, 여덟째 항목의 경우에 하., 하), (하), ㊢ 이상
더 계속되는 때에는 거., 거), (거), , 너., 너), (너), … 등 단모음 순으로 표시한다. 필
요한 경우에는 부분적으로 ㅁ, ㅇ, -, · 등과 같은 특수한 기호로 표시할 수 있다.

표 6-1 공문서의 항목 구분

구분	항목기호
첫째 항목	1., 2., 3., 4., ··
둘째 항목	가., 나., 다., 라., ··
셋째 항목	1), 2), 3), 4), ···
넷째 항목	가), 나), 다), 라), ·······································
다섯째 항목	(1), (2), (3), (4), ······································
여섯째 항목	(가), (나), (다), (라), ··································
일곱째 항목	①, ②, ③, ④, ··
여덟째 항목	㉮, ㉯, ㉰, ㉱, ···

　첫째 항목기호는 왼쪽 처음부터 띄어쓰기 없이 바로 시작하며, 둘째 항목부터는 상위 항목 위치에서 오른쪽으로 2타씩 옮겨 시작한다. 항목이 두 줄 이상인 경우에 둘째 줄부터는 항목 내용의 첫 글자에 맞추어 정렬한다(예시: Shift + Tab 키 사용). 항목기호와 그 항목의 내용 사이에는 1타를 띄어야 한다. 하나의 항목만 있는 경우에는 항목기호를 부여하지 않는다. [그림 6-1]은 각 항목의 표시 위치 및 띄우기의 작성 예이다.

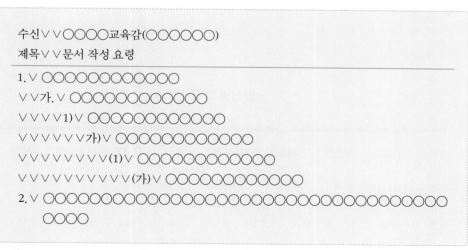

※ 2타(∨∨ 표시)는 한글 1글자, 영문·숫자 2글자에 해당함.

[그림 6-1] 항목의 표시 위치 및 띄우기

(2) 공문서의 구성체제 및 작성 요령

① 공문서의 구성체제

일반적으로 사용하는 기안문 및 시행문은 두문, 본문, 결문으로 구성된다. 두문은 행정기관명 및 수신란으로 구성하며, 본문은 제목, 내용 및 붙임으로 구성한다.

행정기관명

수신 ○○○○○(○○○○)
(경유)
제목 □□□□□□□□□□□□

1. _____
   _____
   가. _____
      1) _____
      2) _____
   나. _____
2. _____
붙임   1. ○○○○ 1부
       2. ○○○○ 1부. 끝.

발신명의

기안자 직위(직급) 서명   검토자 직위(직급) 서명   결재권자 직위(직급) 서명

협조자 직위(직급) 서명

시행 처리과명－연도별 일련번호 (시행일)   접수   처리과명－연도별 일련번호 (접수일)
우 ○○○○○   주소   / 홈페이지 주소
전화 ( )○○○－○○○○ 팩스번호 ( )○○○－○○○○/ 공무원의 전자우편주소 / 공개 구분

[그림 6-2] 기안문 · 시행문 서식

2. 공문서의 작성 및 관리 **201**

결문은 발신명의, 기안자 · 검토자 · 협조자 · 결재권자의 직위 또는 직급 및 서명 (전자문서 서명 · 전자이미지 서명 및 행정전자 서명 포함), 생산등록번호와 시행일자, 접수등록번호와 접수일자, 행정기관의 우편번호 · 주소 · 홈페이지 주소 · 전화번호 · 팩스번호, 공무원의 전자우편주소 및 공개 구분으로 한다. 앞의 [그림 6-2]는 「행정 효율과 협업 촉진에 관한 규정 시행규칙」 별지 제1호의 서식이다.

② 공문서의 작성 요령

두문의 행정기관명에는 그 문서를 기안한 부서가 속한 행정기관 명칭을 기재한다. 수신란에는 해당 기관의 장의 직위(수신명)를 쓰고, 이어서 괄호 안에는 처리할 보조기관 또는 보좌기관의 직위를 쓰되, 처리할 자의 직위가 분명하지 아니한 경우에는 ○○업무담당과장 등으로 쓴다[예: 교육부장관(학교정책과장), 경기도교육감(교육과정지원과장)]. 만일 수신자가 많아 본문의 내용을 기재할 란이 줄어들어 본문의 내용을 첫 장에서 파악하기 곤란한 경우는 두문의 수신란에 '수신자 참조'라고 쓰고, 결문의 발신명의 다음 줄의 왼쪽 기본선에 맞추어 수신자란을 따로 설치하여 수신자명을 표시해야 한다. 수신자가 없는 내부결재문서의 경우에는 수신란에는 '내부결재'라고 표시한다. 경유문서의 경우에는 (경유)란에 "이 문서는 경유기관의 장은 ○○○(또는 제1차 경유기관의 장은 ○○○, 제2차 경유기관의 장은 ○○○)이고, 최종 수신기관의 장은 ○○○입니다."라고 표시해야 한다.

본문의 제목은 해당 문서의 내용을 함축하여 나타내는 문구로서 문서의 내용을 쉽게 알 수 있도록 쉬운 말로 간단하고 명확하게 표시한다. 특히 위촉, 요청, 개최, 조사, 의뢰, 신청, 회신, 제출, 안내 등 본문의 핵심적인 내용을 드러내는 용어를 사용하여 수신자가 문서의 성격을 쉽게 파악할 수 있도록 하여야 한다. 본문의 내용은 상대에게 전달하고자 하는 내용을 육하원칙에 따라 간단명료하게 작성한다. 본문 내용은 관련 법률이나 관련 공문 등 기안의 근거를 밝히는 것이 일반적인데, 관련문서를 열람할 수 없는 타 기관에는 기안의 근거를 넣지 않는 대신 "귀 기관의 무궁한 발전을 기원합니다."처럼 기재한다. 문서에 서식 · 유가증권 · 참고서류, 그 밖의 문서나 물품 등 첨부물이 포함되는 때에는 본문이 끝난 줄 다음에 '붙임'의 표시를 하고 첨부물의 명칭과 수량을 쓰되, 첨부물이 두 가지 이상인 때에는 항목을 구분하여 표시한다. 문서의 본문이 끝나면 본문 내용의 마지막 글자에서 한 글자(2타)를 띄우고 '끝'자를 표시해야 하는데, 첨부물이 있으면 붙임 표시문 다음에 한 글자(2타)를 띄우고 '끝'자를 표시한다. 본문 또는 붙임의 표시문이 오른쪽 기본선에서 끝날 경우, 다음 줄의 왼쪽 기본선에서 한 글자(2타)를 띄우고 '끝'자를 표시한다. 본문이 표로 끝나는 경우, 표의 마지막 칸까지 작성되는 경우에는 표 아래 왼쪽 기본선에서 한 글자를 띄우고 '끝' 표시를 하고, 표의 중간에서 기재사항이 끝나는 경우에는 '끝' 표시를 하지 않고 마지막으로 작성된 칸의 다음 칸에 '이하 빈칸'이라고 표시하여야 한다.

결문의 발신명의에는 해당 행정기관의 장의 명의를 기재하고(예: 서울특별시교육감, 실무초등학교장), 행정기관 내의 보조기관 또는 보좌기관 상호 간에 발신하는 문서(대내문서)는 해당 보조기관 또는 보좌기관의 명의를 기재한다(예: 중등교육과장). 다만, 발신할 필요가 없는 내부결재 문서의 경우에는 발신명의를 표시하지 않는다. 기안자, 검토자, 협조자, 결재권자의 직위 또는 직급에는 직위가 있는 경우에는 직위를 온전하게 쓰고(예: 교무부장 ○○○, 교장 ○○○), 직위가 없는 경우에는 직급을 온전하게 쓴다(예: 교사 ○○○, 교육행정사무관 ○○○). 다만, 기관장과 부기관장의 직위는 간략하게 쓸 수 있다. 서명은 기안자, 검토자, 협조자, 결재권자가 자기의 성명을 다른 사람이 알아볼 수 있도록 한글로 쓰거나 전자이미지서명 또는 전자문자서명을 전자적으로 표시한다. 기안자, 검토자, 협조자, 결재권자의 직위 또는 직급과 서명은 업무관리시스템에서 결재경로를 지정하면 자동 표시된다. 생산등록번호 또는 접수등록번호 등 문서의 등록번호는 업무관리시스템이나 전자문서시스템에 의하여 전자적으로 표시하게 된다. 이때 처리과명과 연도별 일련번호를 붙임표(-)로 이어 쓰되, 처리과가 없는 행정기관의 경우에는 처리과명을 대신하여 행정기관명 또는 10자 이내의 행정기관명의 약칭을 쓴다. 생산등록번호 또는 접수등록번호는 업무관리시스템 내에서 생산문서인 경우에는 결재완료 시, 접수문서의 경우에는 접수완료 시 자동으로 표시된다. 행정기관의 우편번호 및 주소란에는 우편번호를 기재한 다음, 행정기관이 위치한 도로명 및 건물번호 등을 기재하고 괄호 안에 건물명칭과 사무실이 위치한 층수와 호수를 기재한다[예: 우30119 세종특별자치시 갈매로 408(정부세종청사 14동 5층 508호)]. 홈페이지 주소란에는 행정기관의 홈페이지 주소를 기재하며, 전화 및 전송란에는 전화번호와 팩스번호를 각각 기재하되, 괄호 안에는 지역번호를 기재한다. 단, 기관 내부문서의 경우는 구내 전화번호를 기

재한다. 공무원의 전자우편주소란에는 행정기관에서 공무원에게 부여한 전자우편
주소를 기재한다. 발신자의 연락처와 관련된 내용은 업무관리시스템에서 자동 표
시되며, 정보가 다를 경우 업무관리시스템의 '개인설정' 메뉴에서 수정이 가능하다.
공개 구분에는 공개·부분공개·비공개로 구분하여 표시하되, 부분공개·비공개
인 경우에는「공공기록물 관리에 관한 법률 시행규칙」제18조에 따라 '부분공개( )'
또는 '비공개( )'로 표시하고 동법 제9조 제1항 각 호의 해당 호수를 괄호 안에 표시
한다.

TIP ── 학교에서의 대내문서와 대외문서의 본문 표현

대내문서(내부결재)는 어떤 사안에 대하여 내부적으로 의사를 결정하기 위하여 검토 또는 판단
등이 필요한 경우에 결재를 받는 문서가 주를 이룬다. 업무담당자의 의견이나 계획 등을 제안하고
기관의 장의 결정을 요구하는 내용이므로 제목은 대체로 ○○○ 계획으로 표현하며, 내용은 "……
하고자 합니다." 등으로 표현한다.

대외문서는 수신자가 교육청 등 상급기관인 경우와 상급기관이 아닌 유관기관(경찰서, 소방서
등)인 경우로 구분할 수 있다. 수신자가 상급기관인 경우, 제목은 대체로 제출, 신청, 보고 등으로
표현하며, 내용은 주로 "……을/를 제출합니다."로 표현한다. 수신자가 상급기관이 아닌 유관기관
인 경우에는 통보, 송부 등의 표현을 제목에 주로 사용하며, 내용은 "……을/를 통보합니다." 또는
"……을/를 통보하오니 업무에 참고하시기 바랍니다." 등으로 표현한다.

〈예시 1〉 대외문서

민 국 초 등 학 교

수신   대한광역시교육감(초등교육과장)

(경유)

제목   2021학년도 기초학력 향상 프로그램 운영 계획서 제출

1. 관련: 2021학년도 기초학력 향상 지원 계획 안내(2021. 3. 2.)

2. 우리 학교 2014학년도 기초학력 향상 프로그램 운영 계획서를 붙임과 같이 제출합니다.

붙임   2021학년도 민국고등학교 기초학력 향상 프로그램 운영 계획서 1부. 끝.

민 국 초 등 학 교 장

교사 변학도   교감 임꺽정   교장 이몽룡

협조자

시행 민국초등학교−314(2021. 3. 9.)   접수

우 12345 대한광역시 민국구 교직길2(실무동)   / http://www.mk.hs.kr

전화 (012)345−6789 전송 (012)345−9876/ hdbyun@mk.hs.kr / 공개

〈예시 2〉 대내문서(내부결재)

대 한 중 학 교

수신　내부결재

(경유)

제목　2021학년도 연구학교 운영 교직원 워크숍 개최

1. 관련: 2021학년도 연구학교 운영 협의자료(2021. 3. 15.)

2. 2021학년도 연구학교 운영 교직원 워크숍을 다음과 같이 개최하고자 합니다.

　가. 일시: 2021. 4. 2.(금) 9:30~18:00

　나. 장소: 대한중학교 대강당

　다. 참석대상자: 전 교직원 50명(근무자 2명 제외)

　라. 워크숍 내용

　　　1) 자기주도학습 연구학교 상반기 진행 사항 점검

　　　2) 연구학교 운영의 문제점 및 해결 방안 협의

　마. 소요경비: 금칠십오만원(₩750,000원)

　　　1) 중식: 10,000원×50명=500,000원

　　　2) 유인물 인쇄비: 5,000원×50권=250,000원

붙임　2021학년도 연구학교 운영 교직원 워크숍 계획서 1부.　끝.

교사 홍길동　　　교감 성춘향　　　교장 연홍부

협조자

시행 대한중학교-372(2021. 3. 29.)　　　접수

우 123-456 대한광역시 민국구 교직길1(실무동)　　　　　/ http://www.dh.ms.kr

전화 (012)345-6789 전송 (012)345-9876/ gdhong@dh.ms.kr / 공개

2) 공문서의 기안

문서의 기안은 전자문서로 하는 것을 원칙으로 한다. 다만, 업무의 성질상 전자문서로 기안하기 곤란하거나 그 밖의 특별한 사정이 있으면 종이문서로 기안할 수 있다. 기안문에는 발의자[1]와 보고자[2]를 알 수 있도록 표시한다. 발의자는 해당 직위 또는 직급의 앞 또는 위에 ★ 표시를, 보고자는 ⊙ 표시를 한다. 이때 보고자의 표시는 직접 결재권자에게 보고하는 경우에만 표시한다.

기안문은 정확성, 용이성, 경제성, 성실성 등에 유의하여 작성하여야 한다. 정확성이란 육하원칙에 의하여 작성하고 오·탈자나 계수 착오가 없도록 하며, 애매한 표현이나 과장된 표현은 피하고 정확한 용어를 사용하여 문법에 맞게 문장을 구성하여야 함을 뜻한다. 용이성은 상대방의 입장에서 이해하기 쉽게 작성함을 의미한다. 문장은 가급적 짧게 끊어서 항목별로 표현하며, 복잡한 내용일 때는 먼저 결론을 내린 후 이유를 설명하고, 추상적이고 일반적인 용어보다는 구체적이고 개별적인 용어를 써야 한다. 특히 한자나 어려운 전문용어, 일반화되지 않은 약어는 사용하지 않아야 하며, 한자나 외국어 또는 전문용어를 쓸 필요가 있을 때에는 괄호 안에 한자나 외국어를 쓰거나 용어의 해설을 붙여야 한다. 경제성은 효율성 있게 기안을 하는 것을 의미하며, 이를 위해 일상의 반복적인 업무는 표준 기안문을 활용하고, 용지의 규격, 지질을 표준화하고 서식을 통일하여 규정된 서식을 사용해야 한다. 성실성은 문서를 성의 있고 진실하게 작성하고, 감정적이고 위압적이거나 과장된 표현은 피하고 적절한 경어를 사용함으로써 호감이 가는 기안문을 작성해야 한다는 것이다.

기안자는 기안문에 대한 형식과 내용을 최종적으로 확인한 후 결재권자의 결재를 받기 전에 보조기관 또는 보좌기관의 검토를 받아야 한다. 특히 문서의 내용이 다른 보조기관 또는 보좌기관이나 다른 행정기관의 업무와 관련이 있을 때에는 그 기관의 협조를 받아야 한다. 단위학교에서 기안문의 검토 및 협조는 일반적으로 '기안자 → 검토·협조자('교무부장 → 협조부서의 부장 → 교감' 또는 '교무부장 → 교감 →

---

[1] 기안하도록 지시한 자를 말하며, 기안자가 스스로 입안한 경우에는 기안자이다.
[2] 결재권자에게 직접 보고하는 자이다.

협조부서의 부장') → 결재권자'의 절차를 따른다. 검토 및 협조자의 부재로 인하여 검토를 생략하는 경우에는 검토자의 서명란에 출장 등의 사유를 명시해야 한다. 이와 함께 기안문의 내용에 대하여 검토 또는 협조한 자가 다른 의견이 있는 경우에는 본문의 마지막 또는 별지에 의견을 표시해야 한다. 이 경우 의견 내용과 함께 의견을 표시한 사람의 소속, 직위(직급) 및 성명을 함께 표시하여야 한다.

3) 공문서의 결재

결재에는 정규의 결재, 전결, 대결 등이 있다. 결재란 법령의 규정에 의하여 소관 사항에 대한 행정기관의 의사를 결정할 권한을 가진 자(주로 행정기관의 장)가 직접 그 의사를 결정하는 행위를 말한다. 단위학교의 결재권자가 학교장인 정규결재의 경우, 다음과 같이 표시한다.

2021. 11. 5.

교사 ○○○   교무부장 ○○○   교감 ○○○   교장 ○○○
협조자 행정실장 ○○○

전결은 행정기관의 장으로부터 업무의 내용에 따라 결재권을 위임받은 자(보조기관·보좌기관·업무담당 공무원)가 행하는 결재로서, 다음과 같이 행정기관의 장의 결재란을 설치하지 아니하고 전결하는 사람의 서명란에 '전결' 표시를 한 후 서명한다.

전결
2021. 11. 5.

교사 ○○○   교무부장 ○○○   교감 ○○○
협조자 행정실장 ○○○

대결은 결재권자가 휴가·출장, 그 밖의 사유로 결재할 수 없는 때에 그 직무를 대리하는 자가 대리로 행하는 결재이다. 대결한 문서 중에서 내용이 중요한 문서에 대해서는 결재권자에게 사후에 보고하여야 한다. 위임전결사항이 아닌 사항을 대결하는 경우에는 다음과 같이 행정기관의 장의 결재란을 설치하지 아니하고 대결하는 자의 서명란에 '대결' 표시를 하고 서명하여야 한다.

		대결
		2021. 11. 5.
교사 ○○○	교무부장 ○○○	교감 ○○○
협조자 행정실장 ○○○		

이와는 달리 위임전결사항을 대결하는 경우에는 행정기관의 장의 결재란을 설치하지 아니하고 전결하는 자의 서명란에 '전결' 표시를 한 후 대결하는 자의 서명란에 '대결' 표시를 하고 서명하여야 한다.

	대결	
	2021. 11. 5.	
교사 ○○○	교무부장 ○○○	교감 전결
협조자 행정실장 ○○○		

4) 공문서의 시행

문서의 시행은 내부적으로 성립한 행정기관의 의사를 외부로 표시하는 단계로서 문서의 효력을 발생하게 하는 절차이다. 문서를 시행하기 위해서는 일반적으로 시행문의 작성, 관인 날인 또는 서명, 문서 발신 등의 절차를 거친다. 기안·시행문의 통합서식에 의하여, 결재가 끝난 후 전자문서는 업무관리시스템 또는 전자문서시스템에서 전자이미지관인을 찍으면 시행문이 되고, 종이문서는 복사하여 관인을 찍으면 시행문이 된다.

　시행문은 처리과에서 발신하되, 문서는 업무관리시스템이나 전자문서시스템 등의 정보통신망을 이용하여 발신한다. 다만, 업무의 성질상 또는 그 밖의 특별한 사정이 있는 경우에는 우편·팩스 등의 방법으로 발신할 수 있다. 이 경우 발신 기록을 증명할 수 있는 관계 서류 등을 기안문과 함께 보관하여야 하며, 등기우편이나 발송 사실을 증명할 수 있는 특수한 방법으로 발송하여야 한다. 행정기관이 아닌 자에게는 행정기관의 홈페이지 또는 행정기관에서 공무원에게 부여한 전자우편주소를 이용하여 문서를 발신할 수 있다.

3. K-에듀파인을 활용한 공문서 기안

　K-에듀파인은 시·도교육청과 유·초·중등학교에 재직하는 교직원의 행정업무와 재정업무를 전자적으로 처리·지원하는 차세대 지방교육행·재정통합시스템이다. 종전에는 공문서의 생산·접수는 시·도교육청의 업무관리시스템을 통해 이루어졌으나, 2020년 이후부터는 지방교육행·재정통합시스템인 에듀파인(EDUFINE)과 업무관리시스템의 통합시스템인 K-에듀파인을 통해 이루어지고 있다.

　K-에듀파인 내 업무관리시스템은 행정기관이 업무처리의 전 과정을 과제관리카드 및 문서관리카드 등을 이용하여 전자적으로 관리하는 시스템을 말한다. K-에듀파인의 업무관리시스템은 과제관리, 문서관리, 메모관리, 일정관리 등의 메뉴로 구성되어 있는데, 이 중 문서관리를 활용하면 문서의 작성·검토·결재·등록·공개 등 문서처리의 모든 과정을 기록·관리할 수 있다.

　K-에듀파인을 이용한 공문서 작성과정은 K-에듀파인 접속 후, 서식 선택-결재정보 입력-결재경로 지정-수신자 지정 및 공람 지정-기안문 본문 작성-결재상신 등의 순으로 이루어진다.

1) K-에듀파인 접속

　K-에듀파인을 사용하기 위해서는 사용자 등록이 선행되어야 한다. 사용자 등록

을 위해서는 우선 학교별 인사담당자가 해당 교사의 인사 정보를 나이스에 등록해
야 한다. 나이스 인사등록이 이루어진 후, 사용자 본인이 공인인증서(개인용)를 신
청하여 발급받아 업무포털에 사용자 등록을 하면 K-에듀파인에 접속할 수 있다.

K-에듀파인을 활용하여 문서를 작성하기 위해서는 소속 시·도교육청의 K-에듀
파인 도메인으로 접속하거나, 나이스 업무포털에서 접속하여야 한다. K-에듀파인
도메인으로 접속하는 경우에는 브라우저 주소창에 K-에듀파인 도메인 정보를 입력
하면 나이스 통합인증 화면이 로딩되고, 나이스 시스템과 동일한 ID와 인증서를 사
용하여 로그인한다. 나이스 업무포털에서 K-에듀파인을 접속하는 경우에는 업무포
털에 접속한 후 메인 화면에서 'K-에듀파인' 메뉴를 클릭하여 접속할 수 있다.

[그림 6-3] **나이스 업무포털 초기 화면**

K-에듀파인에 접속하면 [그림 6-4]의 메인 화면이 나타난다. 화면 좌측 상단의
❶에서는 업무관리나 학교회계 등의 업무 영역을 변경할 수 있으며, 상단의 ❷에는
각 업무 영역에 해당하는 메뉴가 제시된다. 화면 좌측의 ❸에는 각 업무 메뉴의 하
위 메뉴가 제시되며, ❹에는 공문 게시판이, ❺에는 공지사항, 자료실, 접수대기, 메
일함 등이 간략하게 제시된다.

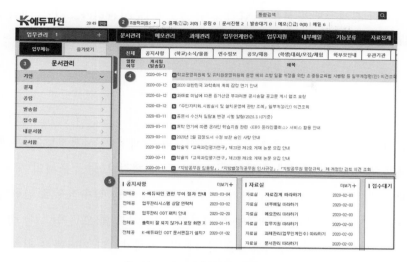

[그림 6-4] K-에듀파인 접속 화면

2) 공용서식 선택

K-에듀파인 접속 완료 후 기안문을 작성하기 위해서는 제일 먼저 [업무관리]-[문서관리]-[기안]을 선택한다. 기안 메뉴는 공용서식, 샘플서식, 재정기안, 임시저장, 자료집계기안 등으로 구성되어 있으며, 기안자가 사용할 서식을 선택하여 문서를 기안할 수 있는 기능을 제공한다. 일반적인 사용자들이 공통적으로 쓸 수 있는 서식은 공용서식에 포함되어 있다. 공용서식에서 사용하고자 하는 서식을 선택한

[그림 6-5] 공용서식

후, 클릭하면 결재정보와 본문을 입력할 수 있도록 [문서관리카드기안] 대화상자가 나타난다.

3) 결재정보 입력

문서관리카드기안 대화상자에서는 문서정보와 결재정보, 시행정보, 첨부파일 등을 입력할 수 있다. 공문서를 기안하기 위해서는 결재정보 중 공문서의 제목, 과제카드, 대국민공개여부, 공개제한근거, 열람제한기간 등을 필수적으로 입력해야 한다. '제목'에는 해당 기안문의 제목을 입력하고, '과제카드'의 오른쪽( )을 선택하여 기안문에 해당되는 단위과제카드명을 선택한다. 과제카드란 기록물을 편철하는 기능으로 자신이 작성하는 공문서의 내용이 해당되는 과제카드를 조회하여 선택해야 한다. '대국민공개여부'를 이용하여 외부에 대한 문서의 공개 여부(대국민공개, 부분공개, 비공개)를 선택한다. 이때 부분공개나 비공개를 선택하면 하단의 '공개제한근거'에서 근거 법령을 선택하여야 한다. '열람제한기간'에서는 개인의 인사정보 또는 민감한 정보 등의 기안문 내용의 성격에 따라 결재완료일 혹은 지정날짜, 영구 등을 선택하여 공문서의 열람을 제한할 수도 있다. '기타보안'을 선택하여 중요문서 열람 시 암호 확인을 할 수 있으며, '문서암호화(DRM)'를 선택하여 문서 및 첨부파일에 DRM[3]을 설정할 수 있다. 문서제목 옆의 '긴급'을 선택하여 긴급을 요구하는 문서 상태로 지정할 수 있으며, 화면 우측 상단의 '안(案)추가'를 클릭해서 다른 기안을 추가하여 일괄기안처리를 할 수 있다.

---

3) 디지털 권리 관리(Digital Rights Management)의 약자로, 당 업무관리시스템에서는 내부문서를 외부로 무단 배포하는 것을 방지하기 위하여 사용한다. DRM 항목을 선택하여 기안한 문서의 본문과 첨부파일을 사용자가 내려받아 업무관리시스템에 로그인 할 수 없는 외부 사용자에게 배포하더라도 해당 파일을 열어 볼 수 없도록 일종의 암호를 설정해 놓는 기능이다.

[그림 6-6] 문서관리카드기안

4) 결재경로 지정

　'결재경로' 탭을 선택하여 문서의 결재경로를 지정할 수 있다. [그림 6-7]의 대화
상자와 같이 기본적으로 조직도 탭이 선택되고 소속부서의 부서원들이 화면에 나
타난다. 담당자를 선택하고 아래, 위 화살표를 클릭하거나 더블클릭하여 결재선에
결재자를 추가 또는 삭제하고 처리방법을 설정한다. 처리방법에는 기안, 검토, 결
재, 전결, 대결, 협조 등이 있다. 결재와 검토는 최종 결재와 중간 결재를 구분하기
위해 사용하는 것으로 최종 결재를 제외한 중간 결재는 검토로 지정하여야 한다. 결
재선 표시 영역에서 설정한 순서대로 검토자가 결재를 진행하게 되므로 순서에 유
의하여야 한다. 협조자가 불필요한 문서의 경우에는 담당교사 기안, 담당부장교사
검토, 교감 검토, 교장 결재의 순으로 결재선을 지정한다. 협조자가 필요한 문서는
예산 부서의 협조 여부에 따라 결재선을 달리 지정해야 한다.
　예산이 필요한 문서는 담당교사 기안, 담당부장교사 검토, 예산담당자 협조, 교감
검토, 행정실장 협조, 교장 결재의 순으로 결재선을 지정하며, 예산부서가 아닌 타
부서의 협조가 필요한 문서는 담당교사 기안, 담당부장교사 검토, 관련 부서 담당부
장교사 협조, 교감 검토, 교장 결재의 순으로 지정한다. 회의 참석자들에게 회의록

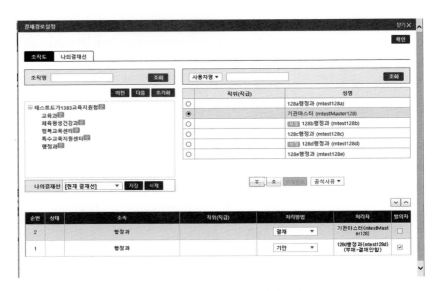

[그림 6-7] 결재경로설정 대화상자

결재를 요청하는 경우처럼 협조자가 복수인 경우에는 병렬협조로 구분하여 지정하고 협조자에게 동시에 문서가 송부되도록 한다.

5) 수신자 지정 및 공람 지정

문서관리카드기안 대화상자의 '수신자지정' 버튼을 클릭하면 [그림 6-8]과 같은 수신자지정 대화상자가 나타나게 되는데 이를 이용하여 문서의 수신자를 지정할 수 있다. 조직도 탭을 클릭하면 소속 기관 및 부서를 수신자에 추가할 수 있다. 공용그룹, 지역그룹, 개인수신그룹 탭에서는 시스템관리자 및 사용자가 미리 등록한 수신그룹 목록 열람하여 추가할 수 있다. 행안부유통 탭에서는 전자문서 유통이 가능한 정부기관의 조직도에 따라 수신자에 추가할 수 있으며, 문서24법인 탭에서는 문서24에 등록된 일반 민원인에게 직접 발송이 가능하다. 수기입력 탭을 클릭하면 사용자가 수신자명 및 정보를 직접 입력하여 추가할 수 있다. 수신자 선택이 끝나면 화살표를 클릭하여 수신자목록에 수신자를 추가 또는 삭제할 수 있다.

이 밖에도 문서관리카드기안 대화상자의 결재경로 탭 옆의 '공람' 탭을 선택하여 기안 시 문서 공람자를 지정할 수 있다. 공람은 공문의 내용과 관련 있는 직원이 해

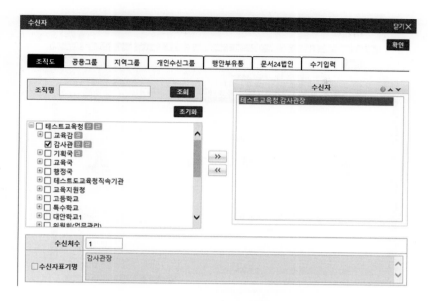

[그림 6-8] 수신자지정 대화상자

당 공문을 볼 수 있게 설정해 주는 작업이다.

6) 본문 작성

다음으로 문서관리카드기안 대화상자의 '본문' 탭을 클릭하여 본문을 입력한다. 본문 탭을 클릭하면 [그림 6-9]의 본문 입력 화면으로 전환되며, 본문 내용을 입력할 수 있다. 기안문에 첨부물이 있는 경우에는 문서관리카드 대화상자 하단의 '파일 추가'나 본문 입력 화면 하단의 첨부를 선택하면 첨부파일을 등록할 수 있도록 문서 열기 화면이 나타나고 문서를 첨부할 수 있다.

이 밖에도 문서관리카드기안 대화상자에서는 다양한 기능을 제공하고 있다. '관련정보'를 이용하여 작성 중인 문서와 관련된 문서관리카드, 메모보고, 지시사항 등을 선택하여 정보를 지정할 수 있다. 문서관리카드기안 대화상자 좌측 상단의 '읽어오기'를 선택할 경우 PC에 저장된 결재문서를 읽어 와서 본문에 입력할 수 있다. '서식변경'에서는 작성 중인 문서의 서식을 변경할 수 있으며, '홍보문구'를 이용하여 본문에서 학교의 홍보문구를 변경할 수 있다. 기안문서에 대한 요약문을 작성하고

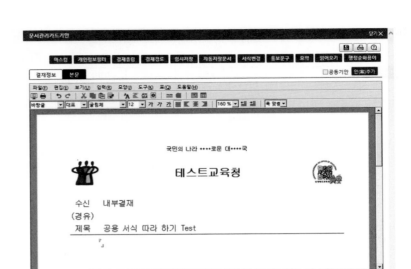

[그림 6-9] 본문 입력 화면

자 할 때에는 '요약'을 선택하면 요약문서 작성 화면이 나타나고 요약문서를 작성할
수 있다.

7) 결재상신 및 확인

기안문의 작성이 완료되면, 문서관리카드기안 대화상자의 좌측 상단에 있는 '결
재올림'을 클릭하여 결재를 상신한다. 기안한 문서가 어떻게 진행되고 있는지 확인
하고 싶을 때는 '결재' 메뉴에서 확인할 수 있다. '문서진행'에서는 본인이 기안하였
거나 결재선에 포함된 결재 처리 중인 문서의 현황을 확인할 수 있다.

[그림 6-10] 문서진행 화면

토론 및 실습 과제

1. 다음의 내용에 대하여 공문서를 기안해 보자.

> • 제목: 2021년 학교교육계획서 제작
> • 붙임자료: 2021년 학교교육계획서 원고 1부
> • 내용: 2021년 학교교육계획서 인쇄
>   −소요예산 총 1,500,000원(산출근거 15,000원×100부)
> • 학교명: ○○초등학교
> • 기안ㆍ검토ㆍ협조ㆍ결재자
>   −기안: 교사 ○○○   −검토: 교무부장 ○○○
>   −협조: 행정실장 ○○○   −결재: 교장 ○○○

2. 다음의 내용에 대하여 공문서를 기안해 보자.

> • 수신자: ○○교육청 교육과정과장
> • 경유: 없음
> • 제목: 2021학년도 방과후학교 운영 실적 보고
> • 관련공문대호: 2021년 2월 1일에 교육과정과−592로 시행됨
> • 붙임자료: 2021학년도 ○○중학교 방과후학교 운영 실적 1부
> • 발신기관명: ○○중학교
> • 기안ㆍ검토ㆍ협조ㆍ결재자
>   −기안: 교사 ○○○   −검토: 교무부장 ○○○
>   −결재: 교감 ○○○ 전결
> • 결재일자: 2021년 2월 25일

참고문헌

교육부, 한국교육학술정보원(2020). K-에듀파인 업무관리시스템 매뉴얼(학교용).

세종특별자치시교육청(2020). 중등 신규교사 첫걸음 길라잡이.

지방자치인재개발원, 시ㆍ도공무원교육원(2020). 행정업무 운영실무.

행정안전부(2018). 행정업무운영 편람.

[관련 법령]

「공공기록물 관리에 관한 법률」및 동 시행령ㆍ시행규칙

「행정 효율과 협업 촉진에 관한 규정」및 동 시행규칙

[참고 사이트]

국립국어원 홈페이지: http://korean.go.kr/kculture/lecture/official_doc/index.html

학교자치와 학교운영위원회

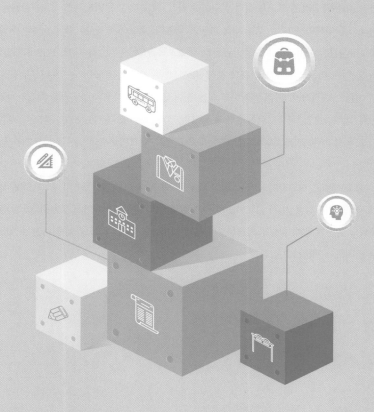

김민주 선생님은 작년 3월에 발령받은 교사이다. 김 선생님은 대학에 입학해서 전문성을 갖춘 좋은 교사가 되기 위해 나름 고군분투하면서 꽤 열심히 공부하고 준비를 했다고 생각하였다. 사실 대학을 다니면서는 교사가 학생들과 수업만 잘하면 되는 줄 알았다. 그런데 막상 학교에 와 보니 학급이 잘 운영되려면 학교가 잘 운영되어야 하고, 학교가 잘 운영되려면 학교구성원들이 모두 적극적으로 참여해야 한다는 것을 새삼 깨닫게 되었다. 학교에서 1년을 지내고 보니 학교에는 다양한 학교구성원이 참여하는 학교운영위원회, 학교교육과정운영위원회, 학교교원능력개발평가관리위원회 등 많은 위원회가 있다. 그런데 정작 김 선생님은 이 위원회들이 왜 있는지, 무엇을 하는 기구인지 이름으로 짐작만 할 뿐 정확하게 아는 것이 없다. 교직실무 수업시간에 학교자치와 학교운영위원회, 학교다모임, 학생자치회에 대해 들어 본 적이 있는 것 같기도 하고, 2차 임용시험을 준비하면서 교육청 연간 업무계획서를 살펴볼 때 학교자치, 학교민주주의라는 용어가 자주 등장한 기억도 난다.

　　김 선생님은 학교자치의 의미를 잘 배우고, 학교 내 각종 자치조직과 학교운영위원회가 무엇이고, 어떤 일을 하며, 누가 참여하는지 알고 싶다. 학교운영위원회에서 교원위원으로 참여하여 학교교육의 발전을 위해 열심히 활동하고 학생과 학부모들 역시 학교교육에 참여할 수 있도록 적극적으로 안내하고 지원하고 싶다.

제7장에서는 학교자치의 이론적 기초와 단위학교 자치조직에 대해 살펴보고자한다. 특히 대표적인 학교자치조직인 학교운영위원회에 중점을 두고 학교운영위원회의 발전과정과 구성·운영 관련 사항에 대한 보다 구체적인 내용을 설명하고, 학교운영위원회 위원으로 활동하는 데 필요한 실제적인 지식을 제공하고자 한다.

1. 학교자치의 이론적 기초

학교자치는 1995년 학교운영위원회 도입이 제안되면서 그 의미가 본격적으로 언급되기 시작한 것으로, 명확한 법적 근거를 가진 것은 아니다. 그럼에도, 최근 학교구성원들의 자발적 실천에 기반한 학교혁신 사례들이 보고되면서 학교자치는 학문적·실천적 차원에서 많은 주목을 받고 있다. 이 절에서는 학교자치의 개념을 살펴보고, 학교자치의 이론적 기초로서 학교단위 자율경영제, 학교공동체, 학교민주주의에 대해 설명하고자 한다.

1) 학교자치의 개념

1995년 5·31 교육개혁에서 단위학교의 자율적 자치, 단위학교의 교육자치, 즉 학교자치를 활성화하기 위한 차원에서 학교운영위원회의 도입이 제안되었다(교육개혁위원회, 1995: 87). 그 이후 2010년 교육감 직선제가 실시되고 시·도교육청 차원에서 학교 차원의 자발적 학교혁신 노력을 적극적으로 정책화하면서 학교자치가 본격적으로 부상하기 시작하였다(박수정, 정바울, 2020: 1). 최근에는 민주적 학교문화, 학교민주주의가 학교자치의 주요 의제로 강조되고 있다.

학교자치 개념은 학자들과 교육 현장에서 조금씩 차이를 보인다. 우선, 몇몇 학자의 개념 정의를 살펴보면 다음과 같다.

- 이명균은 학교자치를 "학교단위의 교육자치로서 학교구성원들이 당해 학교의 교육적 과업을 자주적으로 결정하고 실행하며 결과에 책임을 지는 것"(이명균,

2004: 187)이라고 언급한다.

- 백규호와 고전은 학교자치를 광의의 의미로는 "학교의 교육 계획 및 활동 등을 학교교육당사자가 책무성을 가지고 자주적이고 주체적으로 결정하고 운영하는 것"(백규호, 고전, 2016: 35)이라고 설명한다. 이에 반해 협의의 의미는 "학교 운영의 자율성을 존중하기 위해 법령과 조례를 통해 교직원 · 학생 · 학부모 및 지역주민의 학교운영 참여권과 보호자의 교육의견 제시권, 그리고 학생의 자치활동 보호권 등을 보장하는 것"(백규호, 고전, 2016: 35)이라고 설명한다.
- 김성천과 동료연구자들은 "학교자치는 근본적으로 상급기관의 지시와 명령이 아닌 학교구성원들의 참여와 소통으로 의사결정하고 책무성을 확인해 나가는 시스템"(김성천 외, 2018: 222)라고 설명한다.

시 · 도교육청 문서에서 제시된 학교자치 개념을 살펴보면 〈표 7-1〉과 같다. 시 · 도교육청별로 조금씩 차이를 보이기는 하지만 대체로 학교자율성 개념과 많이 연계되어 있는 특징을 보인다.

표 7-1 시 · 도교육청의 학교자치 개념

기관	개념
경기도교육청 전국시 · 도교육감 협의회 교육부 광주교육청	단위학교가 학교교육 운영에 관한 권한을 갖고, 구성원들이 학교의 고유한 교육과정을 구성하여 운영하고 평가하는 과정에 함께 참여하며, 그 결과에 책임을 지는 것
세종교육청	학교가 학교교육과 학교운영에 관한 권한을 갖고, 학교구성원이 민주적 절차와 방법으로 교육과정과 학교운영 체계를 구성하는 과정에 참여하며, 그 결과에 책임을 발휘하도록 선도 · 협력 · 지원하는 것
충북교육청	단위학교가 학교교육 운영에 관한 권한을 갖고, 구성원들이 학교민주주의에 기반하여 학교의 고유한 교육과정을 구성하여 운영하고 평가하는 과정에 함께 참여하며, 그 결과에 책임을 지는 것
전북교육청	단위학교가 학교교육 운영에 관한 권한을 갖고, 학교구성원들이 교육운영과 관련된 일을 자주적으로 결정하고 실행하며, 또한 그 결과에 책임을 지는 것

출처: 홍섭근 외(2020), p. 13.

이처럼 학교자치는 학자들과 시·도교육청에 따라 교육자치 또는 학교자율성과 동일한 의미로 접근되기도 하고, 학교민주주의와 동일한 의미로 또는 학교민주주의 가치 실현 차원에서 논의되기도 한다. 특히 최근에는 단위학교의 자율성을 넘어 학교구성원이 학교자치의 주체로 권한을 가지고 학교운영에 적극적으로 참여하고 함께 책임진다는 의미에서 민주적 학교문화, 학교민주주의 등이 학교자치 개념에서 중요하게 다루어지고 있다.

2) 학교자치의 이론적 기초

(1) 학교단위 자율경영제

학교단위 자율경영제[1]는 분권화의 다양한 형태를 포괄하는 용어로 사용되기도 하고, 새로운 학교경영의 모형으로 또는 학교 내 의사결정 양태(樣態)의 변화를 의미하는 개념으로 사용되기도 한다(정수현, 박상완, 2005: 17). 학교단위 자율경영제에 대한 여러 학자의 개념 정의를 살펴보면 다음과 같다.

- Carlson(1996)은 학교장, 교사, 학부모에게 예산, 인사, 교육과정, 전략적 계획, 학교 변화 등의 정책 영역에 대해 더 많은 발언권을 제공하는 것이라고 설명한다.
- 진동섭(1995)은 학교를 자율적으로 운영하되 결과에 대해서 책임을 지게 하는 제도로, 일선 학교에 대한 위계적이고 관료적인 통제를 없애고 단위학교 운영에 있어 교사의 권한을 강화하고 학생과 학부모의 참여를 존중하는 제도라고 설명한다.
- 김성열(1995)은 단위학교에 교육과정, 교수방법 및 인사, 재정에 관한 의사결정 권한을 위임하고 단위학교 운영 주체들이 학교운영에 관한 의사결정 과정에 참여하여 영향력을 발휘할 수 있는 통치체제의 재구조화로 규정하고 있다.

---

1) 학교단위 자율경영제는 school-based management, school-site autonomy, school-site management, school-centered management, decentralized management, shared decision making, school-based decision-making 등의 용어로 사용되고 있다. 한국에서는 단위학교 책임경영제, 학교단위 책임경영제, 단위학교 자율경영제, 단위학교 자율책임경영제 등으로 번역 사용되고 있다. 이 장에서는 자율이라는 용어에 이미 책임이라는 의미가 내재한다고 보고 학교단위 자율경영제로 번역하여 사용할 것이다.

이상의 여러 학자의 정의를 종합해 보면, 학교단위 자율경영제는, 첫째, 단위학교가 교육과정, 인사, 재정 등의 학교 운영 영역에 대해 권한을 가진다는 의미와, 둘째, 단위학교로 위임 또는 이양된 권한을 학교 내 구성원들이 참여를 통해 공유한다는 의미를 포함하는 개념이다. 다시 말하면, 단위학교의 자율성과 공유적 의사결정권을 핵심적인 개념 요소로 한다(David, 1989). 학교단위 자율경영제는 두 가지 기본전제하에 그 필요성이 강조되고 있다. 하나는 학생과 가장 가까이 있는 사람들이 의사결정을 내릴 때 학교교육에 대한 가장 적절한 의사결정을 할 수 있으며, 또 다른 하나는 단위학교의 변화는 단위학교 구성원들이 의사결정에 대한 권한을 가짐으로써 주인의식을 가질 때 가능하다는 것이다(David, 1989).

학교단위 자율경영제는 학교 당사자들에게 권한을 부여하여 주인의식을 높이고 전문성을 자극하며 조직을 건강하게 만들어 결과적으로 교육체제 전반의 개선을 가져온다는 것이다(김흥주, 2008). Murphy와 Beck(1995)은 학교단위 자율경영제의 논리를 [그림 7-1]과 같이 설명하고 있다.

조직/거버넌스 변화 → 권한 부여 → 주인의식 → 전문가주의 → 조직 건강 → 과업 수행 결과

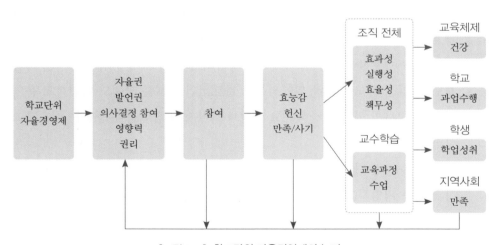

[그림 7-1] 학교단위 자율경영제의 논리

출처: Murphy & Beck (1995), p. 23.

학교단위 자율(책임)경영제는 학교구성원들에게 권한을 부여하고, 이를 통해 그들이 주인의식을 가지게 됨으로써 효능감과 헌신을 높이게 될 것이다. 이것은 조직 전체 차원에서 효과성과 책무성을 높일 뿐만 아니라 교수학습 장면에서는 교육과정과 수업의 질을 제고하게 될 것이다. 이를 통해 최종적으로 교육체제, 학교, 학생, 지역사회 각각 건강, 과업수행, 학업성취, 만족도 제고라는 성과를 달성하게 될 것이라고 본다.

(2) 학교공동체론

공동체는 자유의지에 의해 결합되고, 가치와 규범의 공유를 통해 결속되는 개인들의 집합을 의미하는데(Sergiovanni, 1994), 학교공동체는 이러한 공동체의 특성을 가지고 운영되는 학교를 말한다.

학교공동체는 구성원들이 '우리'라는 감정을 갖도록 하고 행정가, 교사, 학부모, 학생들 간에 경험하는 관계의 질을 매우 중요시한다. 이때 구성원 간의 관계는 인간존중, 신뢰성, 돌봄, 조건 없는 수용과 같은 정서로 특징지어진다(노종희, 1996: 67). 그간의 교육개혁은 학교를 관료적 조직으로 개념화하고 효율성에 가치를 두고 학교교육의 질을 개선하려는 시도들을 계속해 왔다. 그러나 공식적 조직으로서의 학교 패러다임은 교육의 본질과 전문성을 실현하는 데 한계를 보이게 되었다. 이러한 상황 속에서 학자들은 구성원들 간의 돌봄, 신뢰, 협동, 헌신 등을 통한 결속과 연대를 특징으로 하는 공동체 구축이 교육개혁의 핵심이 되어야 하고, 모든 교육개혁 조치는 공동체 구축의 기초 위에서 이루어져야 한다고 보았다(노종희, 1996; Sergiovanni, 1994).

학교운영위원회는 그간의 학교장 중심 의사결정 체제에서 벗어나 교사, 학부모, 지역인사 등 다양한 학교구성원의 학교운영 참여를 공식적으로 보장한 학교자치 조직이다. 따라서 학교운영위원회는 그 자체로서 학교공동체로 성립되어야 하고, 더 나아가 학교 전체를 학교공동체로 구축하는 핵심적인 장치로서 그 역할을 수행할 필요가 있다. 정수현과 박상완(2005)은 학교운영위원회가 학교공동체 관점에서 '다름의 공동체' '가치공동체' '학습공동체' '민주적 공동체' '돌봄의 공동체'가 되어야 한다고 설명한다. 이를 위하여 학교운영위원회 구성원들은 위원회 구성원 간의 이념과 가치를 인정하되, 상호 협력의 분위기, 집단의 대표성, 지속적인 학습, 자유로

운 의사소통과 의사결정 과정에의 적극적 참여, 위원 상호 간의 존중과 조력하는 자세 등을 갖추는 것이 필요하다는 점을 강조한다.

(3) 학교민주주의

최근 학교구성원 주도의 학교혁신과 학교자치에 대한 논의가 확대되고 있다. 교육부와 전국시도교육감협의회는 2017년 규제 위주의 교육정책의 관행과 문화를 바꾸고 자율적 교육활동을 증진하고 학교민주주의 실현을 위한 교육자치 정책 로드맵을 발표하였다(교육부, 전국시도교육감협의회, 2017). 학교자치 논의는 학교운영의 자율성을 넘어 학교구성원 간의 개방적 의사소통, 학교 의사결정 과정에의 참여 확대로 이어지면서 학교민주주의 논의와 연계되고 있다. 즉, 학교자치는 학교민주주의가 실행되기 위한 조건이며, 학교민주주의를 통해 학교자치의 방법과 목표가 결정된다고 볼 수 있다(백병부 외, 2019: 7).

학교민주주의의 개념을 직접적으로 정의하거나 그 속성을 체계적으로 규정하고 있는 연구를 찾기는 쉽지 않다(박윤경 외, 2019: 9). 그럼에도 몇몇 학자의 논의를 살펴보면 다음과 같다. 심성보(2003)는 학교민주주의를 학교 차원에서 참여와 자치가 실현되는 상태라고 본다. 백병부 등은 장은주 등(2015)의 개념을 보완하여 "학교의 모든 영역, 즉 학교시설과 조직 및 구조, 교육과정, 교육방법, 학교생활, 학교문화, 교육주체들 사이의 관계 설정 등에서 자치와 민주시민교육의 이념과 원리가 구체화되고 제도화되도록 하는 것"(백병부 외, 2019: 157)이라고 설명한다. 오동석은 민주주의가 아래로부터 의견을 모아 의사를 결정하는 구조라는 점에서 "학교문제에 대한 의사결정권을 일차적으로 학생에게 부여"(오동석, 2015: 231)하는 것으로 설명한다. 김준성은 "학교구성원들의 삶을 결정하는 학교생활의 의사결정에 누구도 소외받지 않고 자유롭고 동등하게 참여할 수 있으며, 합리적이고 공평무사한 공적 토론 과정에 의해 집합적 의사를 형성해 가는 정치의 형태이자 공동생활의 양식"(김준성, 2019: 19)이라고 정의한다.

이렇게 볼 때, 학교민주주의는 학교 문제에 대한 의사결정을 누가 일차적으로 가질 것인지를 둘러싸고 논쟁의 여지가 있어 보인다. 그럼에도 학교공동체의 문제해결을 위한 의사결정 과정에 참여하고 함께 책임져야 한다는 기본 가치는 공유되고 있음을 확인할 수 있다. 학교는 가장 인권적 공간이자 민주주의 실천 공간이어야 하고, 교사는 교육의 자유를 향유하고 정치적·사회적 참여를 통하여 교육에 대한 지원을 국가에 요청할 권리를 가진다(오동석, 2015: 229). 더 나아가 학교는 학교구성원들이 학교운영의 자율성을 바탕으로 서로 소통하고 토론하고 함께 학교공동체의 문제를 해결해 나가는 등 민주적 가치와 이념을 경험하고 실천할 수 있는 기본적인 장으로서 그 역할을 하여야 할 것이다.

2. 단위학교 자치조직 운영 실제

학교는 학교장 중심의 학교운영 체제에서 벗어나 자율적이고 민주적인 학교운영 체제를 지향하면서 다양한 학교구성원이 의사결정에 참여할 수 있는 각종 위원회들을 설치·운영하고 있다. 이 절에서는 3절에서 살펴볼 학교운영위원회 외에 교직원 또는 학부모가 참여하는 위원회, 학생자치회에 대해 살펴보고자 한다.

1) 학교 내 각종 위원회

초·중등학교들은 학교의 자율성을 기반으로 학교구성원들의 학교교육 참여 확대 차원에서 각종 위원회를 구성·운영하고 있다. 인천지역 소재 A 초등학교는 학교운영위원회, 학교교육과정운영위원회, 교구선정 관리위원회, 인사자문위원회, 학교교원보호위원회, 교원능력개발평가 관리위원회, 학교폭력 전담기구, 학업성적 관리위원회, 의무교육학생 관리위원회, 학교도서관 운영위원회 등 각종 위원회를 운영하고 있다.[2] 이들 학교 내 각종 위원회별로 주요 업무, 참여 구성원, 회기, 주관자 등을 살펴보면 〈표 7-2〉와 같다.

---

2) 초등학교 교내 각종 위원회에 관한 사항은 인천지역 소재 A 초등학교의 교육계획(2020학년도)을 바탕으로 작성된 것이다.

표 7-2 초등학교 내 각종 위원회 조직

구분		구성원	주요 업무	비고
학교운영 위원회	운영위원회	교원, 학부모, 지역사회위원	• 학교교육활동 지원, 심의, 의결 등 • 학교운영지원비, 발전기금의 모금·관리	정기회의 임시회의 (행정실장)
	학교급식 소위원회	위원 12~15인	• 식재료 업체 선정 및 업체 현장 비교 평가 • 식재료 검수, 조리과정 점검 • 학교급식 개선에 관한 활동	필요시 (영양교사)
	학교체육 소위원회	교감, 교사 2명 위원 3명	• 학교체육활성화 방안 논의 • 학생 선수 보호 위원회	학기 2회(필요시) (체육부장)
학교교육과정위원회		교감, 담당부장, 자료담당 교사	• 학교교육과정 편성 • 학교·학년교육과정의 심의·확정 • 학교교육과정의 탄력적인 운영 지원	월 1회 (교부무장)
교구선정 관리위원회		교감, 교무부장, 교사 6명	• 교구 구입 계획, 품목 선정 협의 • 교구의 효율적 관리 사항 협의 • 정보화 기기 선정	필요시 (관련업무 부장)
인사자문위원회		교원, 학부모, 지역사회인사	• 교내 인사(보직교사, 담임 배정 등), 포상 대상자 및 연수 대상자 추천과 관련한 자 문활동 전개	필요시 (교감)
학교교원보호위원회		교원, 학부모, 외부인사	• 교원의 교육활동 보호 • 교육활동 침해 기준 및 예방 대책 • 교육활동 침해 학생 선도	필요시 (위원장)
교원능력개발평가 관리위원회		교원, 학부모, 외부인사	• 학교교원능력개발평가 운영 계획 • 교원능력개발평가 운영 결과 심의	필요시 (연구부장)
학교폭력전담기구		교감, 책임교사, 상담교사, 보건교사, 학부모 3명	• 학교폭력 사안 조사, 상담 및 보고 • 학교장 자체 해결 여부 심의	정기 임시 (책임교사)
학업성적관리위원회		교장, 교감, 교무· 연구·학년부장, 업무담당교사	• 학교평가 계획 심의 • 학교생활기록부의 기재 방법 및 내용, 자 료의 정정 등에 관한 사항 • 기타 학교 학업성적관리 관련 업무	필요시 (연구부장)
의무교육학생 관리위원회		교장, 교무·1과부장, 상담·경찰위원	• 취학 및 입학 유예 등 신청 심의 • 미취학 및 무단결석 학생에 대한 보호자 면담	수시 (교무부장)

학교도서관 운영위원회	교감, 연구, 업무담당교사, 학년군 대표 교사	• 도서관 운영 및 도서 선정, 관리 협의	필요시 (연구부장)

출처: 인천 A 초등학교(2020). 2020 교육계획, p. 43.

충북지역 소재 B 중학교의 경우 직원협의회와 부장협의회를 비롯하여 인사자문
위원회, 교무복지운영위원회, 학교교원능력개발평가관리위원회, 의무교육학생관
리위원회, 교권보호위원회, 도서관운영위원회, 학생생활선도협의회, 학업성적관리
위원회, 학교급식소위원회, 교과협의회 등을 운영하고 있다(〈표 7-3〉 참조).[3]

표 7-3 중학교 내 각종 위원회 조직

명칭	조직	기능	비고
직원협의회	전 직원	• 학교경영 협의, 교직원 간담회 • 학교운영 주요 사업 협의 • 학교 내 규칙 협의 • 현직연수 및 동호회 활동	월 (교무부)
부장협의회	교장, 교감, 행정실장, 부장교사	• 학교운영 주요 업무 협의 • 주요 시책 및 의사결정 • 각 부서별 주요 업무 협의	금 (교무부)
인사자문위원회	교감, 교무부장 등	• 교내 인사행정 협의 • 부장교사 임용 추천, 담임 배정 및 업무분장 • 포상 대상자 선정 • 교사 특전에 관한 사항(해외, 기타 연수 대상자)	수시 (교무부)
교무복지 운영위원회	교감, 교무부장 등 (단, 교육기자재 선정 등 예산 집행과 관련된 사항 협의 시는 행정실장 포함)	• 자율장학에 관한 사항 • 방과후학교 운영에 관한 사항 • 신입생 선발에 관한 사항 • 학교정보화 추진에 관한 사항 등	수시 (교무부)

3) 중학교 내 각종 위원회에 관한 사항은 충북지역 소재 B 중학교의 교육계획(2020학년도)을 바탕으로 작성된
   것이다.

학교교원능력개발 평가관리위원회	교원, 학부모	• 학교평가에 관한 사항 • 교원능력개발평가에 관한 사항	수시 (교무부)
의무교육학생관리 위원회	학교장(당연직), 교감, 교무부장, 학폭담당교사, 학교전담경찰관, 학부모위원 2명	• 의무교육학생 관리에 관한 사항	수시 (교무부)
교권보호위원회	교원, 학부모, 외부인사	• 교육활동 침해 기준 및 예방 대책 • 교육활동과 관련된 분쟁 조정	수시 (교무부)
도서관운영위원회	교감, 교무부장, 각 교과부장	• 도서실 운영 기본 계획 • 도서 및 교과서 선정	수시 (연구부)
학생생활 선도협의회	교감, 교무부장, 인성생활안전부장, 각 학년부장, 전문상담교사, 교내교사	• 학교폭력과 관련한 사항을 제외한 학 생의 모든 생활지도 전반에 대한 사항 협의	수시 (인성생활 안전부)
학업성적 관리위원회	교장, 교감, 교무부장, 교육과정부장, 교육정보부장, 학생부장, 연구부장, 각 학년부장 평가계	• 학업성적 관리 및 협의 • 평가의 다양화와 투명성 확보	수시 (연구부)
학교급식소위원회	교감, 교사, 학부모	• 학교급식운영 전반에 관한 사항	수시 (체육건강부)
교과협의회	각 교과부장, 교과담당교사	• 교과에 대한 전문성 신장 • 교수학습 방법 연구 • 평가방법 연구 수업 연구 협의 • 교재, 교구 선정 협의 • 교과별 시간 배정	수시 (교과)

출처: 충북 B 중학교(2020). 2020학년도 교육계획, p. 33.

2) 학생자치회

　　최근 학교 현장에서는 단위학교 차원에서 학생자치회 규약을 제정하고, 학생자치활동을 강화하는 데 많은 노력을 기울이고 있다. 이것은 학교자치, 학교민주주의, 민주시민교육 등 다양한 차원에서 그 연계성을 보여 준다. 서울지역 소재 C 초등학교에서 이루어지고 있는 학생자치회 활동 사례를 소개하면 다음과 같다.[4]

【서울지역 소재 C 초등학교】

내 손으로 대표를 뽑아요		선거관리위원회
• 학교의 물리적 지원을 바탕으로 학생들이 임원선거를 기획하고 관리하며 선거 절차를 익히고 공정한 선거문화 정착 • 입후보 공약 및 실천을 통하여 민주시민 자질 함양		
과정	내용	비고
일정공모 및 후보자 등록	• 선거관리위원회 구성 및 선거 일정 공고 안내문 발송 • 후보자 등록	선거 10일 전
후보자 기호 추첨 및 벽보 제작	• 후보자 기호 추첨 • 학교 홈페이지에서 양식을 다운받아 이름, 기호, 공약, 사진이 들어가게 벽보 제작 후 학교에서 출력 게시	선거 7일 전
선거운동	• 등교시간, 쉬는시간, 점심시간을 활용하여 준비한 피켓으로 공약 홍보	선거 3일 전~당일 아침
합동소견발표회	• 학교 방송으로 합동 소견 발표(기호순, 제한시간 3분)	선거 당일
투표 및 개표	• 1인 1표 무기명 비밀 투표 • 중랑구선거관리위원회에서 기표대와 투표함 대여	선거 당일
당선공고	• 당선결과 공고(방송, 게시판, 홈페이지)	선거 다음 일
당선 소감 발표, 임명장 수여	• 당선 소감 발표, 임명장 수여	월요일 아침 조회시간
• 공약포스터 지원을 통하여 학부모의 도움 없이도 입후보가 가능하게 함 • 선거관리위원 학생들의 선거 전 과정 참여로 자치능력 향상 • 입후보자의 공약 및 실천으로 꼬마 민주시민으로 성장 • 직접 입후보자의 공약을 듣고 임원을 선거하는 활동을 통하여 공정한 선거문화 체험		

---

4) 이 활동 사례는 서울특별시교육청(2020a)의 『2019 학생자치활동 우수사례집(1)』에서 발췌하여 활용하였고, 학교명은 익명으로 처리하였다.

【서울지역 소재 C 초등학교】

전교임원과 학교장 간담회로 의견 제안하기		전교임원
• 매월 1회 학년대표전교임원, 학교장이 함께 하는 간담회를 실시하여, 간담회를 통해 학생들의 의견을 학교교육에 반영하고 건의사항에 대한 해결 방안을 모색함		
날짜	문제	반영 및 피드백
4. 29.	• 어린이날 행사 때 먹거리를 늘려 주세요! • 급식판을 깨끗이 씻어 주세요!	☞슬러시, 팝콘 코너 마련, 푸드존 설치 ☞영양교사에게 전달
5. 23.	• 교실에 벌이 들어와서 불안해요! • 중간놀이 끝을 알리는 시간이 없어서 3교시 시작이 늦어져요! • 선생님들도 학생들의 인사를 받아주세요!	☞예산 확보하여 여름방학에 방충망 설치 ☞3교시 시작 3분 전 예비종이 울리도록 함 ☞교사회의 시간에 전달
6. 19.	• 화장실이 너무 더럽고 냄새가 나요! • 공사장 펜스 주변이 위험해 보여요! • 축구골대 주변에 뾰족한 부분이 위험해요!	☞화장실 청소용역 채용. 학생들도 깨끗하게 사용하려고 노력 ☞공사업체에 펜스 주변 안전펜스 추가 설치 요청 ☞축구골대 주변의 뾰족한 부분 보강공사
7. 24.	• 방학 중 캠프 참가 학생수를 늘려 주세요! • 학교행사가 더 많았으면 좋겠어요!	☞방학 중 캠프는 예산문제와 관련돼서 인원수 확대는 어려움 ☞내년에 교육과정 설문 시 의견을 반영하여 보겠음
9. 18.	• 화장실 방향제에서 향이 나지 않아요! • 책걸상이 낡아 불편해요! • 남자화장실 문을 자동문으로 교체해 주세요!	☞화장실 방향제 재설치(행정실에 건의) ☞노후된 책걸상 교체는 예산이 많이 들어가는 부분이므로 노후 정도를 조사한 후 단계별로 교체하겠음 ☞남자화장실에 자동문 교체 대신 다른 방안을 모색해 보겠음
10. 16.	• 점심시간에 음악방송이 나오면 좋겠어요! • 반별 옷걸이가 필요해요! • 운동장 골대 그물이 망가졌어요!	☞방송반이 점심시간에도 봉사를 해야 하는 문제이므로 방송반 의견을 들어 보고 결정하겠음 ☞겨울패딩이 길어서 필요성이 있으므로 예산확보 협의 후 결정하겠음 ☞행정실에서 보수하도록 하겠음
• 학급(년)회의에서 나온 의견을 중심으로 전교임원과 학교장과의 간담회에서 토의하여 의견이 수렴되는 과정을 통해 주인의식과 책임감이 높아짐		

서울지역 소재 D 고등학교에서 이루어지고 있는 학생자치회 활동 사례를 소개하면 다음과 같다.[5]

【서울지역 소재 D 고등학교】

삼위일체 간담회, 학교장 간담회 및 교육성과 분석 회의		
구분	• 삼위일체(학생 · 교사 · 학부모) 간담회	• 학교장 간담회와 교육성과분석회의
일시	• 학기당 2회 연 4회	• 학기당 1회/12월 17일
내용	• 부서별 협의 안건 모집, 학생회에서 학급회의, 소통 프로그램과 대의원회에서 건의사항 등 의견 수합 → 교사, 학생회, 학부모회 임원(삼위일체) 간담회에서 토의 및 결정	• 학교장 간담회 －신구회장, 교장 선생님과 공약 실천, 현안 논의 및 활동 평가 • 교육과정 성과 분석 토론회 －연간 학생회 활동 평가 및 피드백
	• 1차) 협의 안건 －학생회 공약 이행 방안 －급식 고기 질 향상과 냅킨 비치 －정기고사 기출문제 홈피 업로드 • 2차) 협의 안건 －축제 관련 (당일 사복 착용, 핸드폰 사용 허용)	• 학교장 간담회 －1차) 학생회장 공약 실천 방안 회의(컬러프린트 설치, 교실달력 칠판 제공, SNS 학생회 페이지 개설, 매점 티머니 기계 설치) • 교육과정 성과 분석 토론회
	• 3차) 협의 안건 －교내 화장실 불법 촬영 장치 존재 여부 검사 요청 • 4차) 실시 예정	

3. 학교운영위원회 운영 실제

1995년 교육개혁위원회는 학교운영위원회를 '자율과 책무성에 바탕을 둔 학교운영'을 실현하기 위한 구체적인 방안으로 제안하였다. 이 절에서는 학교운영위원회의 발전과정과 운영 실제를 살펴보고자 한다.

[5] 이 활동 사례는 서울특별시교육청(2020b)의 『2019 학생자치활동 우수사례집(2)』에서 발췌하여 활용하였고, 학교명은 익명으로 처리하였다.

1) 학교운영위원회의 발전과정

학교운영위원회의 이론적 기초인 학교단위 자율경영제는 1980년대 중후반부터 정부의 교육정책 의제로 등장하기 시작하였으나, 학교운영위원회는 1995년 5·31 교육개혁에서 처음 제안되었다. 학교운영위원회는 1995년 「지방교육자치에 관한 법률」에 설치의 법적 근거가 마련되어, 같은 해 2학기부터 2~3개의 유형으로 나뉘어 특별시·광역시·도의 355개 국공립 초·중·고등학교에서 시범 운영되었다 (정수현, 박상완, 2005: 45). 1997년과 1998년에 「초·중등교육법」과 「초·중등교육법 시행령」이 각각 제정됨에 따라 학교운영위원회는 「초·중등교육법」과 「초·중등교육법 시행령」에 그 설치 근거를 마련하게 되었다. 1999년 「초·중등교육법」의 개정으로 사립학교의 학교운영위원회 설치가 의무화되었다.[6]

2000년 개정된 「초·중등교육법 시행령」에서는 학생수를 기준으로 학교운영위원회 위원의 정수 규모를 세 가지로 구분하여 제시하였다. 2002년에 개정된 「초·중등교육법」에는 학교운영위원회 위원의 결격사유에 관한 조항이 신설되었다. 2005년에는 「초·중등교육법」 개정을 통해 사립학교에서는 초빙교원에 관한 사항을 제외한 국공립학교의 학교운영위원회 심의 영역에 대해 자문을 거치도록 규정하였다. 다만, 학교헌장 및 학칙의 제정 또는 개정에 대해서는 학교법인의 요청이 있는 경우로 한정하였다.

2007년 「초·중등교육법」의 개정을 통해 학교운영위원회 위원의 연수 등에 관한 조항을 신설하는 한편, 2008년에는 학교운영위원회 기능에 관한 사항이 개정되었다. 2011년에는 「초·중등교육법 시행령」에 회의소집, 회의록 작성 및 공개, 소위원회 등에 관한 조항이 신설되었다. 이에 학교급식소위원회, 예결산소위원회의 의무 설치 관련 규정이 추가되었다. 또한 제59조의4(의견수렴 등)에 관한 사항이 신설되었는데, 국공립학교에 두는 운영위원회는 학생 대표 등을 회의에 참석하게 하여 의견을 들을 수 있고, 학생 대표가 학교생활에 관련된 사항에 관하여 학생들의 의견을

---

6) 유치원은 2012년 유치원운영위원회의 설치 근거가 「유아교육법」 제19조의3에 마련되었지만, 모든 유치원에 그 설치를 의무화한 것은 아니었다. 그러나 2020년 「유아교육법」의 개정을 통해 대통령령으로 정하는 규모 미만의 사립유치원의 경우를 제외하고 유치원운영위원회의 설치가 의무화되었다.

수렴하여 운영위원회에 제안할 수 있다는 내용을 담고 있다. 2015년에는 해당 안건의 심의·의견에 대한 공정성을 기하기 위하여 위원의 제척 등에 관하여「초·중등교육법 시행령」제59조의5를 신설하였다.

2012년에는「초·중등교육법」의 위원수에 관한 조항이 15인 이내에서 15인 이하로 변경되었다. 2015년「초·중등교육법 시행령」제59조 위원의 선출 관련 조항에서 학부모위원 선출과 관련하여 학부모 중에서 직접 선출하는 방식에서 가정통신문에 대한 회신, 우편투표 등의 방법이 가능하게 되었다. 2020년에는 전자적 방법에 의한 투표 등의 방법도 가능하게 되었다. 이와 더불어 재난이나 그 밖의 불가피한 사유에 따라 학부모 전체회의, 학부모 대표회의 또는 교직원 전체회의를 개최하기 어려운 경우에 선출방법에 대한 조항을 신설하였다.

2) 학교운영위원회 구성·운영[7]

(1) 학교운영위원회의 법적 근거

국공립 및 사립의 초·중·고등학교 및 특수학교는 학교운영위원회를 반드시 구성·운영하여야 한다. 각급 학교운영위원회는「교육기본법」「초·중등교육법」「초·중등교육법 시행령」「초·중등교육법 시행규칙」「시·도의 학교운영위원회 구성 및 운영 등에 관한 조례」및 사립학교 정관, 단위학교의 학교운영위원회 규정에 근거하여 설치·운영된다.

---

7) 학교운영위원회 구성·운영에 관한 세부적인 사항은 각 시·도마다 조금씩 차이가 있다. 이하 내용은 서울특별시교육청(2020c)의『서울특별시교육청 학교운영위원회 업무편람』을 중심으로 정리하되, 부산광역시교육청(2019)의『2020 부산광역시교육청 학교운영위원회 업무편람』을 부분적으로 활용하였다. 각 시·도별 조례는 각 시·도교육청 홈페이지의 자치법규에서 확인할 수 있다.

> **TIP** ── 학교운영위원회의 법령구조

- 「교육기본법」(제5조, 제13조)
  - 교육공동체의 학교운영 참여 및 보호자의 의견 제시 등
- 「초·중등교육법」(제31~34조의2)
  - 초·중·고등학교 및 특수학교에 학교운영위원회의 설치
  - 학교운영위원회의 구성·운영, 기능, 위원의 연수
  - 학교발전기금 조성 및 운용 등
- 「초·중등교육법 시행령」(제58~64조)
  - 학교운영위원회의 구성, 위원의 선출방법
  - 회의 소집, 회의록의 작성 및 공개, 의견 수렴, 심의 결과의 시행
  - 소위원회 설치, 시정명령
  - 학칙 또는 조례 등에의 위임 근거
  - 학교발전기금 조성·운용 및 회계관리 등
- 「초·중등교육법 시행규칙」(제45~54조)
- 「사립학교법」(제14조, 제21조)
  - 개방이사추천위원회 구성, 추천 등
- 「사립학교법 시행령」(제7조의2)
  - 개방이사의 추천·선임 등
- 「서울특별시립학교운영위원회 구성 및 운영 등에 관한 조례」 및 사립학교 정관
  - 학교운영위원의 선출, 임기, 자격, 의무
  - 심의사항, 회의소집, 안건의 제출 및 발의
  - 회의 공개 및 회의록 관련 사항, 소위원회 설치
  - 학교운영위원회의 운영방법 등
- 단위학교 학교운영위원회 규정
  - 운영위원의 수, 자생조직과의 관계
  - 소위원회의 운영 방법·절차
  - 기타 학교운영위원회 구성·운영에 필요한 사항

출처: 서울특별시교육청(2020c), p. 7.

학교운영위원회 규정 (정관) 점검 및 개정	• 위원 정수 및 구성 비율 확인(3월 1일 학생수 기준) • 필요시 규정(정관) 개정
학교운영위원회 구성 계획 수립	• 학교운영위원회 구성 계획 수립 • 학부모 및 교직원에게 선거 등 홍보
선출관리위원회 구성	• 학부모위원 및 교원위원 선출관리위원회 각각 구성 • 구성 인원: 5명 이상 7명 이내
학부모위원 선출	• 임기만료일 10일 이전에 선출 • 선출 공고, 후보자 등록, 선거인명부 작성, 투·개표
교원위원 선출	• 임기만료일 10일 이전에 선출 • 선출 공고, 후보자 등록, 선거인명부 작성, 투·개표
지역위원 선출	• 임기만료일 전일까지 선출 • 학부모위원 또는 교원위원의 추천을 받아 무기명투표로 선출 • 선출관리위원회에 지역위원의 공개모집 요청 가능
위원장 및 부위원장 선출	• 교원위원이 아닌 위원 중에서 무기명투표로 선출
학교운영위원회 구성 완료 및 홍보	• 가정통신문, 학교 홈페이지 등을 통하여 홍보
소위원회 구성	• 학교급식소위원회와 예·결산소위원회는 반드시 구성·운영

[그림 7-2] 학교운영위원회 구성 절차

출처: 서울특별시교육청(2020c), p. 24.

① 학교운영위원회 기능

국공립학교에 두는 학교운영위원회는 「초·중등교육법」 제32조 제1항에 명시된 사항들을 심의한다. 동법 제32조 제1항의 학교발전기금의 조성·운용 및 사용에 관한 사항과 동 시행령 제42조 제3항에 산학겸임교사 등 임용에 관한 사항은 심의·의결 사항이다. 사립학교의 경우, 학교운영위원회는 자문 기능을 가진다. 단, 초빙교원에 관한 사항은 제외되며 학교규칙 및 학칙의 제·개정에 관한 사항은 학교법인의 요청이 있는 경우에 한한다. 그러나 학교발전기금의 조성·운용 및 사용에 관한 사항은 사립학교의 경우에도 심의·의결권을 가진다.

TIP ── 자문기관, 심의기관, 의결기관, 집행기관, 자생기관 ─────

- 자문기관: 학교장의 요청에 응하여 혹은 자발적으로 학교장의 의사결정에 참고될 의견을 제공하는 기관
- 심의기관: 학교운영에 필요한 의사를 결정함에 있어 신중을 기하고, 학교운영에 관계하는 사람들의 의견을 조정·통합하기 위해 사전적인 논의 절차를 행하는 합의제 기관
- 의결기관: 그 결정이 행정청을 구속하며, 의결이 없으면 유효한 행정청의 의사결정이 이루어질 수 없음(각종 징계위원회, 지방의회 등)
- 집행기관: 학교운영에 필요한 의사를 결정하고 그 결정된 의사를 집행하며 그 실행 결과에 대하여 직접적인 책임을 지는 기관
- 자생기관: 학교운영을 지원하고 회원 상호 간의 친목을 도모하기 위하여 자율적 합의에 의하여 이루어지는 기관(학교운영에 직접 관여할 수 없음)

출처: 서울특별시교육청(2020c), p. 8.

② 학교운영위원회 위원 정수 및 구성

국공립학교에 두는 학교운영위원회는 당해 학교의 교원 대표, 학부모 대표 및 지역사회 인사로 구성된다. 이때 학교운영위원회 위원의 수는 5인 이상 15인 이하의 범위에서 학교의 규모 등을 고려하여 대통령령으로 정한다고 규정하고 있다(〈표 7-4〉 참조).

구분 학생규모	위원의 정수	구성비율					
		일반 초 · 중 · 고등학교			산업수요 맞춤형고 및 특성화고		
		학부모위원	교원위원	지역위원	학부모위원	교원위원	지역위원
학생수 200명 미만	5~8인 이내	40~50%	30~40%	10~30%	30~40%	20~30%	30~50%*
학생수 200~1,000명 미만	9~12인 이내						
학생수 1,000명 이상	13~15인 이내						

표 7-4 학교운영위원의 구성 비율　(학생수 기준일: 3월 1일)

* 산업수요 맞춤형고 및 특성화고는 지역위원 중 2분의 1 이상을 당해 학교가 소재하는 지역을 사업활동의 근
거지로 하는 사업자로 선출하여야 한다.
출처: 서울특별시교육청(2020c), p. 22의 표를 바탕으로 재정리한 것임.

③ 위원의 자격 및 선출

학교운영위원회 위원의 자격은 「초 · 중등교육법 시행령」 제58조와 「서울특별시
립학교운영위원회 설치 · 운영에 관한 조례」 제7조에서 규정하고 있다. 학부모위원
은 당해 학교에 자녀를 둔 학부모이어야 하며, 교원위원은 당해 학교에 재직하고 있
는 교원이어야 한다. 지역위원은 당해 학교가 소재하는 지역을 생활근거지로 하는
자로서 예산 · 회계 · 감사 · 법률 등 전문가, 당해 학교가 소재하는 지역을 생활근
거지로 하는 자로서 교육행정에 관한 업무를 수행하는 공무원, 당해 학교의 소재 지
역을 사업활동의 근거지로 하는 사업자, 당해 학교를 졸업한 자, 기타 학교운영에
이바지하고자 하는 자 등이 자격을 가진다.

「초 · 중등교육법」 제31조 제2항과 「서울특별시립학교운영위원회 설치 · 운영에
관한 조례」에 따르면, 「국가공무원법」 제33조에서 규정하고 있는 결격 사유에 해당
하는 자는 학교운영위원회 위원으로 선출될 수 없다. 위원은 다른 학교의 위원을 겸
임할 수 없다. 교원위원은 소속을 달리한 때, 학부모위원은 자녀학생이 졸업 및 전
학 · 퇴학한 때(다만, 자녀학생이 졸업한 경우에는 해당 학년도 말까지 위원의 자격을 유
지한다)나 회의소집 통보를 받고도 사전연락 없이 3회 연속 회의에 불참하였을 때는
위원의 자격을 상실한다. 제출한 신상자료에 허위 사실이 있는 것이 발견될 때, 그

지위를 남용하여 해당 학교와의 거래 등을 통하여 재산상의 권리·이익을 취득하거나 다른 사람을 위하여 그 취득을 알선한 경우에 운영위원회의 의결로 위원의 자격 상실을 결정한다.

학교운영위원회 위원의 임기는 시·도 조례로 정하며, 지역에 따라 위원 임기, 연임 여부 등이 다르다. 서울과 부산은 위원의 임기는 2년이고 1차 연임이 가능하다. 운영위원회장과 부위원장의 임기는 각각 1년이고 연임할 수 있다. 지역에 따라 위원의 임기가 1년인 경우도 있다.

학교운영위원회 위원의 선출은 「초·중등교육법 시행령」 제59조의 규정에 근거하여 이루어진다. 조례에 따르면, 운영위원회의 학부모 및 교원위원은 임기 만료일 10일 이전에 선출이 완료되어야 하고 지역위원은 임기만료일 전일까지 선출이 완료되어야 한다. 운영위원회 위원의 선출 방법을 각 위원별로 살펴보면 다음과 같다.[8]

- 학부모위원 선출: 학부모위원은 민주적 대의 절차에 따라 학부모 전체회의를 통하여 학부모 중에서 투표로 선출한다. 이 경우 학부모 전체회의에 직접 참석할 수 없는 학부모는 학부모 전체회의 개최 전까지 가정통신문에 대한 회신, 우편투표, 전자적 방법(「전자문서 및 전자거래 기본법」 제2조 제2호에 따른 정보 처리 시스템을 사용하거나 그 밖에 정보통신기술을 이용하는 방법을 말한다)에 의한 투표 등 위원회 규정으로 정하는 방법 및 절차에 따라 후보자에게 투표할 수 있다. 다만, 학교의 규모·시설 등을 고려하여 학부모 전체회의를 통하여 학부모위원을 선출하기 곤란하다고 위원회 규정으로 정한 사유에 해당하는 경우에는 위원회 규정으로 정하는 바에 따라 학급별 대표로 구성된 학부모 대표회의에서 학부모위원으로 선출할 수 있다.
- 교원위원 선출: 국공립학교의 장은 운영위원회의 당연직 교원위원이 된다. 당연직 교원위원을 제외한 교원위원은 교원 중에서 선출하되, 교직원 전체회의에서 무기명 투표로 선출한다. 기간제 교원은 당해 학교운영위원회 규정으로 선

---

8) 「초·중등교육법 시행령」 제59조 제5항에 따르면, 제2항부터 제4항까지의 규정에도 불구하고 「재난 및 안전 관리 기본법」 제3조 제1호에 따른 재난이나 그 밖의 불가피한 사유로 학부모 전체회의, 학부모 대표회의 또는 교직원 전체회의를 개최하기 어려운 경우에는 제2항 후단에 따른 방법 및 절차에 따라 학부모위원 또는 당연직 교원위원을 제외한 교원위원을 선출할 수 있다.

거권을 부여할 수 있으나 피선거권은 없다.

사립학교의 경우, 당연직 교원위원을 제외한 교원위원은 정관이 정한 절차에 따라 교직원 전체회의에서 추천한 자 중 학교장이 위촉한다.

- 지역위원 선출: 학부모위원 또는 교원위원의 추천을 받아 학부모위원 및 교원위원이 무기명 투표로 선출한다. 조례에 따르면, 선출관리위원회에 지역위원으로 추천할 사람의 공개모집을 요청할 수 있다. 다만, 지역위원 후보자의 수는 지역위원 정수의 2배 이상이 되도록 노력한다.

- 위원장 및 부위원장 선출: 위원장 및 부위원장 각 1인을 두되, 교원위원이 아닌 위원 중에서 무기명투표로 선출한다. 무기명 투표로 선출하되, 재적위원 과반수의 득표를 얻어야 한다.

(2) 학교운영위원회의 심의 영역

국공립학교의 학교운영위원회는 학교목표 설정, 교육과정, 교원인사, 학교재정, 기타 영역에 대한 심의 권한을 가진다. 다만, 학교발전기금 조성·운영에 관한 사항은 심의·의결 기능을 가진다. 사립학교의 경우에는 초빙교원의 추천에 관한 사항을 제외한 사항들에 대하여 학교운영위원회의 자문을 거쳐야 한다. 다만, 학교헌장 및 학칙의 제정 또는 개정에 관한 사항에 대하여는 학교법인의 요청이 있는 경우에 한한다.

국공립학교 학교운영위원회의 심의 영역은 「초·중등교육법」 제32조에 명시되어 있는데, 그 구체적인 내용은 다음과 같다.

첫째, 학교헌장 및 학칙의 제정 또는 개정에 관한 사항이다. 학교규칙과 학교규칙의 기재사항은 「초·중등교육법」 제8조와 「초·중등교육법 시행령」 제9조에 규정되어 있다. 사립학교의 경우는 학교법인이 요청하는 경우에만 자문할 수 있다.

둘째, 학교의 예산안 및 결산에 관한 사항으로, 학교의 실정에 맞게 예산과목을 구분한 학교운영비 실행예산의 편성 여부와 세입 및 세출 결산에 관해 심의한다.

셋째, 학교교육과정의 운영방법에 관한 사항이다. 지역의 특수성과 학교의 실정을 고려한 학교교육과정(교과활동, 창의적 체험활동)의 운영 방안에 관하여 심의한다.

넷째, 교과용 도서 및 교육 자료의 선정에 관한 사항이다. 교과서, 부교재, 교구 및 학습자료, 교육시설의 설치 등에 관한 사항을 심의한다.

다섯째, 학부모가 경비를 부담하는 사항으로, 교복·체육복·졸업앨범 등에 관한 사항을 심의한다.

여섯째, 정규학습시간 종료 후 또는 방학기간 중의 교육활동 및 수련활동에 관한 사항으로, 프로그램 개설, 강사 비용, 학생부담액, 교재 선정, 외부시설 이용 등에 관한 사항을 다룬다.

일곱째, 「교육공무원법」 제29조의3 제8항에 따른 공모교장의 공모방법, 임용, 평가 등에 관한 사항이다.

여덟째, 「교육공무원법」 제31조 제2항에 따른 초빙교사의 추천에 관한 사항이다. 초빙요건, 초빙대상자 자격, 초빙대상자 범위, 초빙대상자 선정·임용 제청에 관한 사항 등에 관해 심의한다. 사립학교의 경우 초빙교원에 관한 사항은 자문사항에서 제외된다.

아홉째, 학교운영지원비의 조성·운용 및 사용에 관한 사항으로, 학교재정의 수요 조사, 조성방법, 사용목적, 사용 내역에 관한 사항 등을 다루게 된다.

열째, 학교급식에 관한 사항이다. 급식 실시 여부, 급식 형태, 급식업체 선정기준, 급식품의 선정 및 조달방법, 학부모 부담경비 또는 급식비 결정, 급식활동에 관한 학부모의 지원(자원 봉사활동) 방안, 기타 학교급식 또는 위탁급식 운영에 관한 중요 사항이 다루어진다.

열한째, 대학입학특별전형 중 학교장 추천에 관한 사항이다. 학교별로 다양하고 합리적인 기준과 절차가 수립될 수 있도록 노력하여야 한다.

열두째, 학교운동부 구성·훈련에 관한 사항이다. 운동부 후원회 조직 및 운영, 코치 운영 및 관리, 체육특기자의 상급학교 진학에 관한 사항 등을 심의한다.

열셋째, 학교운영에 대한 제안 및 건의 사항으로, 재정 분야, 복지 분야, 지역사회 분야, 기타 분야 등을 다룬다.

그 외에 대통령령이나 시·도의 조례에서 정한 심의사항이 있다. 서울특별시의 경우 학교 규정의 제·개정, 교복 및 체육복의 선정, 소규모 테마형 교육, 방과후 프로그램, 학생수련활동(학생야영수련활동을 포함한다) 등 학부모가 경비를 부담하는 사항(특정 서클에서 특정 학생을 대상으로 하는 사항은 제외한다), 지역사회교육에 관한 사항과 학부모 및 일반인을 대상으로 한 평생교육 프로그램의 설치·운영에 관한 사항, 학부모·교직원·학생·지역주민으로부터 제출된 학교운영 등과 관련된 건의사항, 학교시설의 개방 및 이용에 관한 사항 중 6개월 이상 장기사용의 경우, 국가 또는 지방자치단체의 보조금 및 지원금의 신청에 관한 사항, 그 밖에 학교운영에 관한 위원들의 제안사항과 학교장이 심의 요청한 사항 등이 있다.

　이상의 심의(자문)사항을 중심으로 학교운영위원회 연간 활동계획서의 예를 제시하면 〈표 7-5〉와 같다.

표 7-5　○○학교운영위원회 연간 활동계획서(예시)

월별	활동계획
1월	• 학교운영위원회 연간 운영계획안 수립 • 학교급식 운영계획안 심의 • 학교생활기록부 기록사항 협의 • 기타 각종 규정 정비(두발, 체벌, 포상 등)
2월	• 필요시 운영위원회 규정 정비(학생수 변동에 따른 위원 정수 등) • 학교운영위원회 구성계획 수립 • 교육과정 운영계획안 심의 • 학교(안전)계획 심의 • 학교회계 예산안 심의 • 학교운영지원비 조성 · 운용 및 사용에 관한 사항 심의 • 수학여행, 학생수련계획에 대한 사전계획 수립 • 교복, 체육복 선정 및 앨범 제작안 심의(신설학교)
3월	• 학교헌장 및 학칙 제 · 개정안 심의(사립: 법인 요청 시) • 홍보활동(운영 경과 및 실적, 운영위원회 기능 등) • 1학기 주요 교육사업 협의 • 학교회계 결산안 심의(학교 실정에 따라 4월에 심의 가능) • 봉사활동, 클럽활동 운영계획안 심의 • 학교운동부 구성 · 운영 계획안 심의
4월	• 학교운영위원회 활동사항보고서 작성 및 홍보 • 학교발전기금 조성 계획 수립 • 수학여행 계획안 심의 • 자매학교 교류 계획안 심의 • 교복 및 체육복 선정안 심의(하복) • 앨범제작안 심의 • (춘계)현장학습 및 수련회 계획안 심의 • 추가경정예산안 심의 ※ 운영위원 연수 실시-학교운영위원회 전반 사항

5월	• 학교발전기금 결산 및 집행결과 보고 • 대입 특별전형 중 학교장 추천에 관한 사항 심의 • 학교운영에 대한 제안 및 건의 사항 심의 • 2학기 교과용 도서 및 교육자료의 선정안 심의 ※ 운영위원 연수 실시-교육과정 운영에 관한 사항
6월	• 학교 현안 사업 협의 • 학교운영에 대한 제안 및 건의 사항 심의 • 하계방학 중 교육과정 운영계획안 심의(체험학습, 청소년단체활동, 운동부 훈련 계획 등 포함)
7월	• 교장 초빙에 관한 사항 심의(사립 제외) • 추가경정예산안 심의
8월	• 가을 체육대회 운영계획안 심의 • 학교예술제 계획안 심의 • 2학기 주요 교육사업 협의
9월	• 각종 교육자료 선정안 심의 • (추계)현장학습 계획안 심의 • 2학기 주요 교육사업 협의
10월	• 교복 및 체육복 선정안 심의(익년도) • 학교운영에 대한 제안 및 건의 사항 심의
11월	• 추가경정예산안 심의 • 대입 특별전형 중 학교장 추천에 관한 사항 심의
12월	• 동계방학 중 교육과정 운영계획안 심의 • 교원 초빙에 관한 사항 심의(사립 제외) • 익년도 교과용 도서 및 교육자료의 선정안 심의 • 방과후학교 연간 운영계획 심의 ※ 운영위원 연수 실시-예산의 편성 및 심의에 관한 사항

출처: 부산광역시교육청(2019), pp. 305-306.

(3) 학교발전기금의 조성ㆍ운용

국공립 및 사립 학교에 두는 학교운영위원회는 학교발전기금의 조성ㆍ운용 및 사용에 관한 사항에 대하여 심의ㆍ의결한다. 학교발전기금은 학교운영위원회가 주체가 되어 조성ㆍ운영하는데, 학교운영위원장은 매 회계연도마다 학교발전기금 운용계획을 수립하고, 학교운영위원회의 심의를 걸쳐 이를 시행하여야 한다. 그러나

기금의 관리와 집행 및 그에 부수된 업무의 일부를 학교장에게 위탁할 수도 있다.

학교발전기금은 기부자가 기부한 금품의 접수, 학부모로 구성된 학교 내외의 조직·단체 등이 그 구성원들로부터 자발적으로 갹출하거나 구성원 이외의 자로부터 모금한 금품의 접수 등으로 조성된다. 이렇게 조성된 학교발전기금은 학교교육시설의 보수 및 확충, 교육용 기자재 및 도서의 구입, 학교체육활동 기타 학예활동의 지원, 학생복지 및 학생자치활동의 지원 등에 사용된다.

4. 학교운영위원회 교원위원으로 참여하기

1) 학교운영위원회와 교원위원의 역할과 임무 이해하기

성공적으로 운영되고 있는 학교운영위원회는 운영위원들이 각자 역할을 명확히 인식하고 그에 부합하는 역할과 임무를 잘 수행하고 있다는 특성을 보인다. 따라서 학교운영위원회의 구성원으로 참여하기 위한 첫걸음은 학교운영위원회와 교원위원으로서 그 역할과 임무에 대해 명확하게 이해하는 것이다. 구체적으로 학교운영위원회의 기능, 구성, 심의 영역 전반에 대한 충분한 이해와 더불어 학교운영위원회 위원의 권한과 의무를 명확히 인식하는 것이 필요하다.

일반적으로 모든 학교운영위원회 위원은 학교운영위원으로서 그 권한과 의무를 진다(서울특별시교육청, 2020c: 17-18). 우선 학교운영위원들은 학교운영 참여권을 가진다. 즉, 자신이 대표하는 학부모, 교직원, 지역사회의 다양한 요구를 수렴하여 학교운영위원회에 제안하고 건의할 수 있다. 운영위원들은 학교운영에 관한 중요사항을 심의·자문할 권한이 있다. 마지막으로, 학교장이 운영위원회의 심의·의결 결과와 다르게 시행하거나 운영위원회의 심의·자문 사항임에도 불구하고 심의·자문을 거치지 않고 운영하는 경우에 운영위원회는 관련사항과 그 사유를 지체 없이 학교운영위원회에 보고하도록 요구할 수 있다.

학교운영위원은 권한과 더불어 회의 참여 의무, 지위 남용 금지의 의무 등을 가진다. 또한 학교운영위원회가 소집되었을 때 회의에 출석하여 성실히 참여해야 하는 기본적 의무가 있다. 위원들은 그 지위를 이용하여 당해 학교와 영리를 목적으로 하는 거래를 하거나 재산상의 권리, 이익의 취득 또는 알선을 해서는 안 된다.

　특히 교원위원은 학교운영위원회 위원의 의무과 권한 속에 개인 교사가 아닌 전체 교사의 의견을 대변하는 대표 교사로서 그 역할을 수행하여야 한다. 따라서 학교운영위원회 심의과정에 참여하거나 안건을 제출할 때 반드시 여러 교사의 의견을 수렴하는 과정을 거쳐야 할 것이다. 이러한 활동은 궁극적으로는 학교교육의 발전이라는 대명제하에서 이루어져야 할 것이다. 교사들의 의견을 반영한다는 것은 교사집단의 이익을 달성하기 위한 것이 아니라 학생들의 성장과 학교교육의 발전에 바탕을 두어야 한다는 의미이다.

TIP — 당선된 학교운영위원이 먼저 해야 할 열 가지

1. 학교 구석구석 돌아보기
2. 학생들과 만나 대화 나누기
3. 운영위원끼리 미리 만나 보기
4. 학교운영위 규정과 관련 법령 알아보기
5. 학교의 학칙, 규정 알아보기
6. 학교교육계획서를 보고 월별 안건 챙기기
7. 학교발전계획서 만들기
8. 다른 학교운영위원 만나기
9. 도움 받을 곳 미리 알아보기
10. 교육에 대해서 공부하기

출처: 서울특별시교육청(2020c), p. 18.

2) 교원위원 선출과정에 참여하기

　학교장은 학교운영위원회 당연직 교원위원으로 참여하고, 당연직 교원위원을 제외한 나머지 교원위원은 교직원 전체회의에서 직접투표로 선출한다. 선출과정 및 세부 추진 일정을 보다 상세히 제시하면 [그림 7-3]과 같다.

선거홍보

- 내용: ① 학교운영위원회의 설치 목적, 구성, 기능
  ② 선거일정 및 선거절차
  ③ 후보등록에 관한 사항, 당선자 결정방법
  ④ 학교운영위원회 규정 및 선거에 대한 세칙
- 방법: 교직원 전체회의를 통한 안내, 교무실이나 학교 내 게시판 등에 게시

선출관리위원회 구성

- 기능: 공정한 선거관리를 통해 학교운영위원의 대표성을 확보하고자 한시적으로 구성되는 기구이며 선거일정 관리 및 선거사무를 총괄함
- 근거: 각급학교의 학교운영위원회 규정
- 구성: 학교운영위원으로 입후보하지 않는 교직원으로 구성

선거공고

- 내용: ① 선거일시, 장소, 선출인원, 선출방법에 관한 사항
  ② 자격 및 후보등록에 관한 사항
  ③ 등록기간·장소, 입후보등록서, 선거인명부 열람에 관한 사항
- 방법: 교무실이나 학교게시판, 학교 홈페이지 활용

선거인명부 작성

- 작성: 보존용, 열람용, 투표용지 수령용 3부
- 관리: 일정한 장소에 비치하여 자유로운 열람이 가능하도록 함

후보자 등록

- 등록 및 사퇴: 교육위원으로 입후보하고자 하는 자는 입후보등록서 1통을 작성하여 선출관리위원회에 등록하여 선거 전까지 사퇴할 수 있음

선거공보

- 내용: ① 교육위원 입후보자에 관한 사항(이름, 나이, 성별, 경력 및 소견)
  ② 선거에 관한 사항(선거일시, 장소, 방법, 지참물 등)
- 방법: 교무실이나 학교게시판, 학교 홈페이지 활용

투표 실시

- 소견발표: 선거 당일 투표하기 전에 입후보자가 소견 발표
- 투표 및 당선자 확정: 학교운영위원회 규정이 정하는 바에 따라 투표를 실시한 후 당선자 결정

당선자 공고

- 공고: 선출관리위원회 선거록에 개표 결과를 기록하고 당선 사실을 공고

[그림 7-3] 교원위원 선출 세부 일정

출처: 부산광역시교육청(2019), p. 34.

교원위원은 교사 개인으로서 학교운영위원회에 참여하는 것이 아니라 당해 학교의 교원들을 대변하는 교사집단의 대표라는 인식을 가지고 교원위원에 입후보하고, 교사로서 전문성을 가지고 전체 학교교육의 맥락에서 교사들의 의견을 반영하려는 노력을 교원위원 선출과정에서부터 추구하여야 할 것이다.

3) 학교운영위원회 회의 진행 절차 이해하고 참여하기[9]

학교운영위원회는 심의사항을 다루기 위해 학교운영위원회 위원들이 참석하는 학교운영위원회 회의를 개최한다. 이때 교원위원은 학교운영위원회 회의 소집 전, 회의 중, 회의 후의 진행 절차와 방법에 대해 충분히 이해하는 것이 필요하다.

우선 안건의 제안에서부터 회의 소집이 필요한지를 검토한다. 안건은 학교장이나 일정 비율 이상의 재적위원이 제출하거나 발의한다. 운영위원회 회의 소집은 위원장이 하는 것이 원칙이되, 위원장의 유고 시에는 부위원장이 대신한다. 회의는 정기회와 임시회로 구성된다. 정기회는 별도의 집회 요구가 필요 없으나, 임시회의 경우에는 학교장 또는 재적위원 4분의 1 이상의 요구가 있어야 한다. 이때 집회를 요구하는 위원들은 위원명단과 문서에 서명 날인하여 위원장에게 제출하여야 한다. 위원장은 적어도 집회(회의 개최일) 7일 전에 소집공고와 함께 회의 안건을 첨부하여 위원들에게 개별통지한다.

회의는 개회 및 개회 선포, 보고사항 및 회의록 승인, 안건 상정, 제안 설명, 질의·답변, 토론, 표결 및 표결 결과 선포, 산회 및 폐회 등의 순서로 진행된다. 이들 내용을 좀 더 구체적으로 살펴보면 [그림 7-4]와 같다.

① 개회 및 개회 선포: 간사가 개회 선포, 국민의례를 진행한다. 개회 선포가 있은 후부터 회의 진행은 위원장이 한다.
② 보고사항 및 회의록 승인: 간사가 보고사항을 전달한다. 보고사항에는 전(前) 회의 때의 심의·자문 사항과 그 처리결과가 포함되어야 한다. 그러나 회의 도중 중요한 사항이나 수정안 등이 제출되면 위원장이 직접 보고할 수 있다.

9) 서울특별시교육청(2020c), pp. 154-163의 내용을 활용하여 작성함.

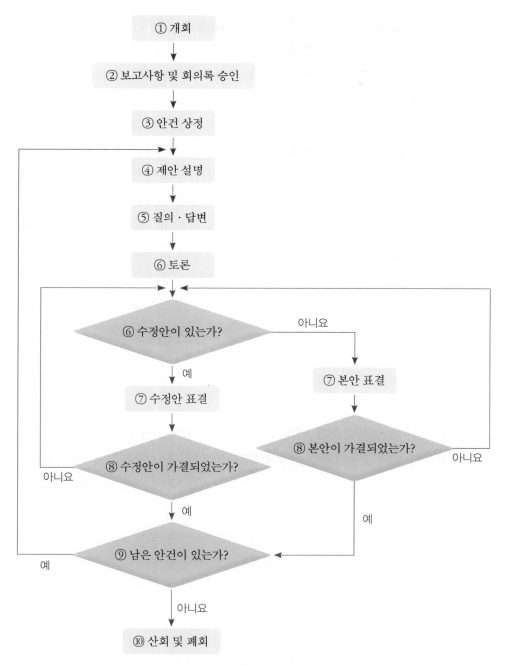

[그림 7-4] 학교운영위원회 회의 진행 절차

출처: 서울특별시교육청(2020c), p. 158.

보고사항의 보고가 끝난 후 전(前) 회의 회의록을 승인받는다. 내용이 틀리거나 누락된 부분이 있을 경우, 위원들은 이를 바로잡아줄 것을 요구하고, 위원장이 고친 후 회의록 승인을 선포한다. 승인된 회의록에는 위원장과 학교장이 서명한다.

③ 안건 상정: 안건 상정 또는 의사일정의 상정이란, 위원장이 안건을 의사일정에 따라 토의할 수 있도록 회의에 회부하는 것을 말한다. 안건은 한 번에 하나씩 상정한다. 만약 3개의 안건이 제안되었을 때는 안건 상정 → 제안 설명 → 질의 · 답변 토론 → 표결의 과정을 세 번 되풀이하여야 한다.

④ 제안 설명: 안건을 제안한 위원이 안건의 취지 및 주요 골자 등을 설명한다. 학교장이 안건을 제안하였을 경우 관계 교직원이 대신 제안 설명을 할 수 있다. 소위원회 심사를 거친 안건은 해당 소위원회의 위원장이나 소속위원이 심사보고 한다. 전문가의 의견이 필요할 경우에는 위원장이나 위원회의 결정으로 전문가의 의견을 들을 수 있다. 단, 전문가 의견 청취는 제안 설명 후에 한다.

⑤ 질의 · 답변: 제안 설명의 내용이나 제안된 안건에 대해 의문사항을 묻는다. 현재 협의하고 있는 안건에 관해서만 질의의 내용을 한정한다. 질의를 할 때에는 위원장에게 질의권을 얻어야 한다.

⑥ 토론: 반대토론, 찬성토론, 반대토론의 순으로 교대로 행하는 것이 좋다. 여러 수정안이 있을 경우에 가장 나중에 상정된 수정안부터 처리한다. 이 수정안이 가결되면 그대로 결정되는 것이며, 부결되는 경우에는 다음 수정안을 처리한다. 이런 식으로 수정안이 모두 부결되면 최종적으로 원안을 처리한다.

⑦ 표결 및 표결 결과 선포: 안건의 종류에 따라 어떤 방식으로 표결을 할 것인지는 위원장이 정하고 위원에게 이의 유무를 물어서 시행한다. 표결 시에는 가부의 수를 계산하여 그 결과를 보고하고, 가결 혹은 부결을 선포한다. 가부 동수인 경우 부결로 본다.

⑧ 산회 및 폐회: 남은 안건이 없는 경우 의장은 산회를 선포한다. 산회 전에는 다음 회의일시를 반드시 통보하여야 한다. 회기가 다 된 경우에는 폐회를 선포한다. 대부분의 학교운영위원회는 하루 만에 회기가 끝나며, 이 경우 산회를 선포하고 곧바로 폐회를 선포하게 된다. 폐회를 선포한 때에는 다음 회의일시를 통보할 필요가 없다.

운영위원회의 회의를 개최하였을 때에는 회의일시, 장소, 참석자, 안건, 발언요지, 결정사항 등이 포함된 회의록을 작성하여야 한다. 위원장은 학교장에게 회의 결과를 이송한다. 작성된 회의록에는 위원장과 학교장이 서명 날인한다. 회의 결과는 가정통신문으로 안내하고 회의 결과, 회의록은 학교 홈페이지에 공개한다. 학교홈페이지에 공개한 학교운영위원회 자료는 누구나 로그인 없이 열람할 수 있도록 한다.

TIP ── **회의록 기재 사항(예시)** ─────────

- 개의 일시 및 차수
- 의사일정 및 부의된 안건과 그 내용
- 출석 교직원의 성명과 직위
- 각종 보고사항
- 표결결과 및 기명투표의 투표자 성명
- 위원의 발언 보충서류
- 개회식에 관한 사항

- 회의 중지 및 산회 일시
- 출석 위원의 성명과 수
- 위원 및 소위원회 위원 이동
- 의안의 발의, 제출, 회부, 환송, 이송, 철회에 관한 사항
- 서면 질문과 답변
- 각종 보고서 제출 현황

출처: 서울특별시교육청(2020c), p. 163.

4) 학교구성원 및 학교운영위원과 관계 맺기

　　학교운영위원회는 여러 다양한 구성원이 참여하는 장으로서, 이들은 각자의 이해관계로 인해 상호 간에 갈등이 발생할 수 있으며 이것이 학교공동체 형성에 장애요인으로 작용하기도 한다. 따라서 교원위원은 우선 여러 학교구성원 또는 학교운영위원과의 신뢰를 바탕으로 공동체적 관계를 형성할 필요가 있다. 이를 위해서는 각 구성원들의 지위와 역할에 대한 충분한 이해가 이루어져야 할 것이다. 다음에서는 학교장, 동료교사, 학부모위원 등을 중심으로 그들의 지위와 역할을 이해하고 상호 간 신뢰로운 관계를 형성할 수 있는 방안에 대해 살펴보고자 한다.

- 학교장: 학교장은 학교운영위원회에 당연직 교원위원으로 참여한다. 학교장은 학교의 최고 책임자로서 학교운영 전반에 대해 다양하고 많은 정보를 가지고 있으며, 이를 바탕으로 학교운영위원회 심의가 보다 실효성 있게 이루어질 수

있도록 촉진하는 역할을 적극적으로 행할 수 있는 구성원이다. 이러한 점에서 학교장의 지위와 역할을 학교운영위원회 운영과정에서 적극적으로 수용하고 활용하는 것이 필요하다. 그렇다고 학교장이 자신의 뜻대로 학교를 운영하는 것을 무조건 허용하라는 것은 아니다. 교원위원들은 학교장이 학교를 운영함에 있어 학교구성원들의 의견을 잘 수렴하고 민주적으로 학교를 운영하는지, 학교운영위원회에서 개방적인 의사소통이 이루어지고 민주적인 방식으로 심의가 이루어지고 있는지에 대한 건전한 비판자로서 그 역할을 수행하여야 할 것이다. 더 나아가 동반자로서 학교장과 지속적으로 대화하고 토론함으로써 교육적 가치를 공유하는 공동체적 관계를 형성하는 것이 필요할 것이다.

- 동료교사: 교원위원은 동료교사들의 대표로서 학교운영위원회에 참여한다는 인식을 명확히 하는 것이 필요하다. 따라서 동료교사들의 의견을 적극적으로 경청함과 동시에 지속적인 대화와 토론을 통해 학생 교육활동에 대한 동료교사들의 생각을 모아 나가는 것이 필요할 것이다. 학교 내 여러 위원회 등을 통해 여러 교사와 의사를 교류하고, 학교운영위원회에서 논의되고 있는 안건들에 대한 홍보와 정보 공개 역시 교원위원이 해야 할 역할이다. 이러한 역할들을 적극적으로 수행할 때, 교원위원들은 동료교사들과 신뢰로운 관계를 형성하고 이를 통해 학교운영위원회의 활성화와 학교교육의 활력을 제고하는 데 기여할 수 있을 것이다.

- 학부모위원: 교사들은 학부모들의 학교운영 참여에 대해 양가적인 입장을 가진다. 학부모들의 참여가 학교장의 학교운영을 견제하는 효과를 가진다는 점에서 호의적인 태도를 보이면서도 교사들의 전문성을 침해하거나 교육활동을 감시하고 책무성을 묻지 않을까 하는 우려를 가지고 있다(김성열, 2001: 116). 학부모들 역시 학교운영에 학부모들의 의사가 반영되어야 한다고 생각하지만 실제로 참여하는 데는 소극적인 모습을 보인다. 학부모는 교육의 3주체 중 하나로서, 학생의 교육이라는 공동의 목표를 달성하기 위해 협력해야 하는 존재들이다. 따라서 교원위원은 학부모들의 의견을 경청하고 학부모들이 학생들의 의미 있는 성장과 학교교육의 발전을 위해 학교교육에 적극적이고 건강하게 참여할 수 있는 기회를 지속적으로 마련해 나가는 것이 필요할 것이다. 이는 교원위원과 학부모위원들 간에 신뢰로운 관계를 형성하는 토대가 될 것이다.

토론 및 실습 과제

1. 박 교사가 근무하는 ○○○○학교는 졸업앨범 제작방식 및 업체 선정을 앞두고 앞으로 어떻게 할지에 대해 학교운영위원회에서 심의를 진행하고 있는 중이다. 이 과정에서 교원위원과 학부모위원 간에 의견 대립이 발생하였다. 교원위원은 졸업앨범 제작 및 업체 선정을 학생회에서 1차 선정하자고 주장하고 있고, 학부모위원은 학부모와 교사들이 선정하자고 주장하고 있다. 만일 자신이 ○○○○학교의 교원위원이라면, 학부모위원과의 갈등 상황을 어떻게 해결해 나갈 것인지 토론해 보자.

2. 김 교사가 근무하는 ○○○○학교에는 각종 위원회가 정말 많이 있다. 시간이 지나면서 각종 위원회가 형식적으로 운영되는 상황들을 목격하면서 정말 필요한 것인지 의문이 든다. 그렇지만 최근에 학교 현장에서 학교자치와 학교민주주의가 점점 강조되고 있는 상황들을 지켜보면서 각종 위원회가 제 기능을 하는 것뿐만 아니라 교사들이 학교 의사결정 과정에 적극적으로 참여할 수 있는 문화와 환경이 조성되는 것이 필요하다는 생각이 커지고 있다. 자신이 ○○○○학교의 교사로서, 학교 내 각종 위원회를 활성화시키고 학교자치와 학교민주주의 실현에 기여할 수 있는 방법에 대해 토론해 보자.

3. 박 교사는 ○○○○학교에 발령받은 신규교사이다. 교직실무 시간에 학교자치, 학교민주주의, 학생자치에 대한 수업을 듣고, 실제 학생들이 학생자치활동에 적극적으로 참여하여 학교에서 민주주의의 가치와 이념을 경험하면서 자연스럽게 민주시민교육을 체득해 가면 좋겠다는 생각이 많이 들었다. 그래서 학생들이 직접 학생자치활동을 적극적으로 해 나갈 수 있도록 지원하고 안내하려고 한다. 하지만 막상 하려니 막연하기만 하다. 자신이 박 교사가 되어 학생들의 자치활동을 지원하기 위한 다양한 예시활동 등을 개발해 보자.

참고문헌

고전(2000). 학교자치 시대의 학교장 인력구조 및 관리. 교육행정학연구, 18(4), 103-138.

교육부, 전국시도교육감협의회(2017). 학교 민주주의 실현을 위한 교육자치 정책 로드맵.

교육개혁위원회(1995). 신교육체제 수립을 위한 교육개혁 방안 I.

김민조(1997). 학교운영위원회 구성 집단의 인식에 관한 연구. 서울대학교 대학원 석사학위
     논문.

김성열(1995). 학교운영위원회의 설치와 단위학교 의사결정체계의 재구성. 교육행정학연구,
     13(4), 193-206.

김성열(2001). 학교단위 책임경영제의 성공조건의 설계. 교육행정학연구, 19(4), 109-129.

김성천, 김요섭, 박세진, 서지연, 임재일, 홍섭근, 황현정(2018). 학교자치. 서울: 테크빌교육.

김준성(2019). 참여 및 숙의민주주의 관점에서 본 학교민주주의: 초등 혁신학교와 일반학교
     의 민주주의 양태 비교 연구. 전남대학교 대학원 박사학위논문.

김흥주(2008). 초 · 중등학교 자율화 정책의 방향과 과제, 학교자율화-성공적 정착을 위한 과
     제-. KEDI 창립 제36주년 기념 학술세미나 자료집.

노종희(1996). 교육개혁을 위한 학교공동체 구축. 교육행정학연구, 14(3), 64-79.

박수정, 정바울(2020). 학교자치 진단 지표 및 진단 도구 개발. 충북: 한국교육개발원.

박윤경, 김명정, 김자영, 박새롬(2019). 충북 민주학교 운영 방안. 충북: 충청북도교육청.

백규호, 고전(2016). 학교자치 조례의 입법정신과 입법분쟁 분석. 교육법학연구, 28(1), 29-58.

백병부, 이수광, 이병희, 남미자, 장은주, 이형빈(2019). 학교민주주의의 개념과 실행 조건 연구.
     경기: 경기도교육연구원.

부산광역시교육청(2019). 2020 학교운영위원회 업무 편람.

서울특별시교육청(2020a). 2019 학생자치활동 우수사례집(1).

서울특별시교육청(2020b). 2019 학생자치활동 우수사례집(2).

서울특별시교육청(2020c). 학교운영위원회 업무 편람.

심성보(2003). 한국 초중등학교의 민주적 공동체 건설 방안. 한국교육, 30(3), 346-376.

오동석(2015). 일제고사 거부와 학교민주주의. 민주법학, 59, 211-238.

이명균(2004). 학교자치론에 기초한 교사회, 학부모회 법제 개편 방안 연구. 교육법학연구,
     16(1), 185-212.

장은주, 박선영, 송신철, 장경호, 정경후, 홍석노(2015). 학교민주주의 지수 개발 연구(II)-지표
     체계와 평가도구 개발. 경기: 경기도교육연구원.

정수현, 박상완(2005). 학교운영위원회의 성과 비교 평가 연구. 학교운영위원회성과평가연구위
     원회.

진동섭(1995). 학교단위책임경영을 위한 학교장의 역할과 자질, **교육월보, 통권 제159호**, 37-39.

홍섭근, 김인엽, 김요섭, 류광모(2020). **교육자치시대 학교자치의 성과와 과제**. 경기: 경기도교육연구원.

Carlson, R. V. (1996). *Reframing & reform: Perspectives on organization, leadership, and school change*. New York: Longman.

David, J. (1989). Synthesis of research on school-based management. *Educational Leadership*, 48(8), 45-53.

Murphy, J., & Beck, L. G. (1995). *School-based management as school reform: Taking stock*. Thousand Oaks, CA: Corwin.

Sergiovanni, T. J. (1994). *Building community in schools*. SF: Jossy-Bass Publishers.

학교회계 예산 편성 및 집행

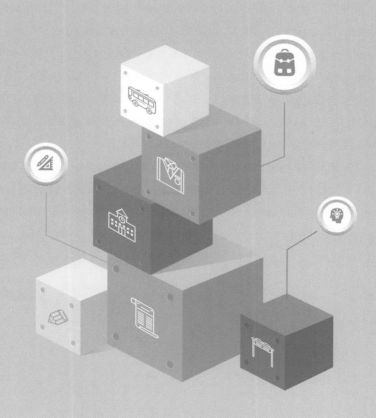

교원임용시험에 합격한 후, 초조하게 임용을 기다리던 박 교사에게 드디어 교육청 장학사로부터 전화가 왔다. ○○○○학교에 발령이 났다는 것이다. 교육청에 가서 임용선서를 한 후, 임용장을 받고 부푼 기대를 가지고 발령받은 학교로 갔다.

꿈에도 그리던 교직생활이 시작되었다. 박 교사에게 처음으로 맡겨진 업무는 과학부 기자재 구입이었다. 박 교사는 먼저 과학부 예산을 파악하기로 하고, 행정실에 들러 『학교회계 세입세출예산서』를 구하였다. 우선 '학교회계'라는 용어가 익숙하지 않아 부담을 안고 첫 장을 넘겨 보니 예산총칙이 나온다. 예산총칙을 읽어 보았으나 이해하기 어려웠다. 이어 세입예산을 보았으나 교육비특별회계전입금이라는 용어도 이해하기 어려웠다. 세출예산서도 자세히 읽어 보았으나 이해할 수 없는 용어가 너무 많다. 세부사업목록에서 겨우 과학교과활동 예산 항목을 찾을 수 있었다. 하지만 어떻게 예산을 신청해야 하는지 막막하기만 하였다.

고민 끝에 과학부장교사에게 물어보았더니 지출품의서를 작성하는 법에 대해 친절히 알려 주었으나, 왜 그렇게 해야 하는지, 지출품의서를 작성한 다음에는 또 어떻게 해야 하는지 모르니 답답하기만 하였다. 행정실 직원에게 물어보았으나 이해할 수 없는 용어를 섞어 이야기하는 바람에 답답하기는 마찬가지였다. 박 교사는 대학 3학년 때 배웠던 '교직실무' 과목을 기억해 내고 교재를 찾아보기로 하였다.

1. 학교회계제도의 개요

학교회계제도란 단위학교 중심의 자율적이고 효율적인 재정운영을 통해 다양한 교육활동을 효과적으로 지원함으로써 학교교육의 질적 수준을 높이기 위하여, 하나로 통합된 세입재원을 토대로 학교장 책임하에 교직원 등의 예산요구를 받아 단위학교의 우선순위에 따라 자율적으로 세출예산안을 편성하고 학교운영위원회의 심의를 거쳐 집행하는 제도이다(교육인적자원부, 2003: 127). 즉, 종전에는 일상경비,[1] 도급경비,[2] 학교운영지원비[3] 등 세입재원을 구분하여 각 자금별로 지정된 목적에 따라 제한적으로 편성·집행해 오던 학교예산을, 교육청이 경비를 구분하지 않고 회계연도 개시 전에 총액으로 배분하고, 학교운영지원비, 학교발전기금으로부터의 전입금 등 다른 자금과 하나의 회계로 통합·운영하며, 교사의 참여와 학교운영위원회의 심의를 거쳐 하나로 통합된 세입재원을 토대로 학교에서 필요한 우선순위에 따라 자율적으로 세출예산을 편성·집행하는 제도이다(송기창, 2000: 27).

「초·중등교육법」제30조의2와 제30조의3에 따르면, 학교회계는 국공립의 초등학교·중학교·고등학교 및 특수학교에 설치되며, 국가의 일반회계나 지방자치단체의 교육비특별회계로부터 받은 전입금, 학교운영위원회 심의를 거쳐 학부모가 부담하는 경비, 학교발전기금으로부터 받은 전입금, 국가나 지방자치단체의 보조금 및 지원금, 사용료 및 수수료, 이월금, 물품매각대금, 그 밖의 수입을 세입으로 하고, 학교운영 및 학교시설의 설치 등을 위하여 필요한 일체의 경비를 세출로 하고

---

1) 일상경비는 그 성질상 현금 지급을 하지 않으면 사무 수행에 지장을 초래할 우려가 있다고 인정되는 경우에 지급할 수 있도록 정한 경비를 말하며, 일반적인 지출의 과정을 따르지 않기 때문에 지출의 특례로 보나, 예산편성의 주체는 교육청이었다.

2) 도급경비는 예산의 지출과 사용에 대한 일률적인 엄격한 통제·관리로 인하여 발생하는 업무추진상의 불편과 비능률성을 방지할 목적으로, 예산 규모가 적거나 특수한 기관의 사무비에 대하여 지출상의 번잡성과 까다로운 절차를 피하고 기관의 예산집행자에게 직접 교부하는 예산으로, 1975년부터 24학급 미만의 소규모 초등학교에 적용하였다.

3) 학교운영지원비는 1996년부터 초·중등학교에 학교운영위원회가 설치되면서 종전의 육성회비를 개편한 학부모 자율협찬 성격의 후원금으로, 초등학교는 1997년에, 중학교는 2012년에 폐지되었으며, 고등학교는 고교무상교육이 완성된 2021부터 징수하지 않으며, 고교무상교육의 대상에서 제외된 사립 특수목적고와 자율형 사립고에서는 계속 징수하고 있다.

있다. 학교회계는 예측할 수 없는 예산 외의 지출이나 예산초과지출에 충당하기 위하여 예비비로서 적절한 금액을 세출예산에 계상(計上)할 수 있다. 학교회계의 설치와 운영에 관하여 필요한 사항은 국립학교의 경우에는 교육부령으로, 공립학교의 경우에는 시·도의 교육규칙으로 정한다.

2. 지방교육재정의 세입구조 및 용어해설

1) 지방교육재정 세입구조

학교회계 세입의 대부분은 시·도교육비특별회계로부터 이전되는 전입금 수입이기 때문에 학교회계를 이해하기 위해서는 지방교육재정의 세입구조를 이해해야 한다. 지방교육재원은 크게 조세재원(내국세 재원, 지방세 재원, 교육세 재원)과 민간재원(학부모재원, 기타 민간재원)으로 구분할 수 있다. 조세재원의 경우, 그 규모가 법제화되어 있다는 특징을 가지고 있다. 내국세 재원과 지방세 재원 중 교육재원의 규모는 「지방교육재정교부금법」에 규정되어 있으며, 교육세와 지방교육세 재원은 「교육세법」과 「지방세법」에 규정되어 있다.

사업별 예산제도가 도입된 2008년 이후 몇 차례에 걸쳐 개편된 지방교육재정의 세입구조는 [그림 8-1]과 같다. 지방자치단체 교육비특별회계 세입은 크게 이전수입(중앙정부 이전수입과 지방자치단체 일반회계 이전수입)과 자체수입[지방자치단체 교육비특별회계 부담수입과 주민(기관 등)부담 등 기타], 그리고 지방교육채로 구분된다.

중앙정부 이전수입은 지방교육재정교부금과 국고보조금으로 구성되며, 지방자치단체 일반회계 이전수입은 담배소비세 전입금, 시·도세 전입금, 지방교육세 전입금, 지방교육재정교부금 보전금, 교육급여보조금 전입금, 무상교육경비 전입금, 학교용지 일반회계 부담금, 비법정 이전수입(급식지원비, 공립 도서관 운영비 등)으로 구성된다. 교육비특별회계 부담수입은 입학금과 수업료[4]가 주를 이루는 교수학습

---

[4] 2021년부터 고교무상교육이 전면 도입되면서 시·도교육비특별회계 세입 항목 중 고등학교 입학금과 수업료 수입이 없어졌으나, 항목이 없어진 것은 아니다. 외국인 자녀가 공립 유치원에 다닐 경우 내야 하는 입학금과 수업료를 세입에 편성하기 때문이다.

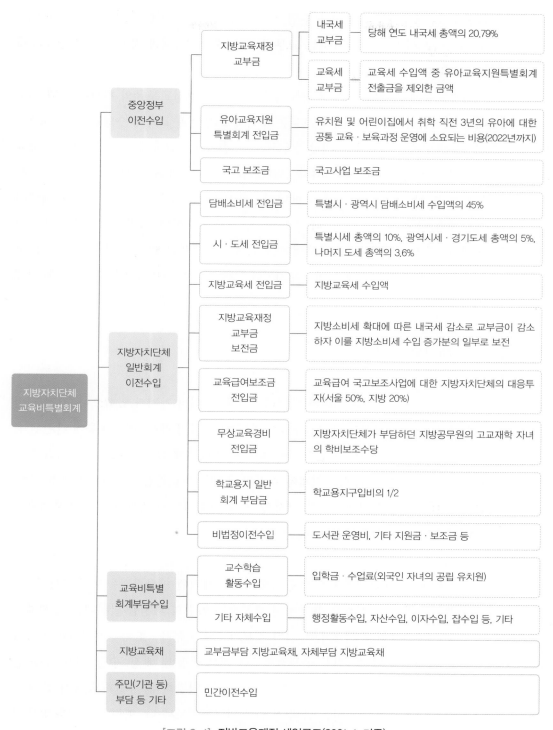

지방자치단체 교육비특별회계	중앙정부 이전수입	지방교육재정 교부금	내국세 교부금	당해 연도 내국세 총액의 20.79%
			교육세 교부금	교육세 수입액 중 유아교육지원특별회계 전출금을 제외한 금액
		유아교육지원 특별회계 전입금		유치원 및 어린이집에서 취학 직전 3년의 유아에 대한 공통 교육 · 보육과정 운영에 소요되는 비용(2022년까지)
		국고 보조금		국고사업 보조금
	지방자치단체 일반회계 이전수입	담배소비세 전입금		특별시 · 광역시 담배소비세 수입액의 45%
		시 · 도세 전입금		특별시세 총액의 10%, 광역시세 · 경기도세 총액의 5%, 나머지 도세 총액의 3.6%
		지방교육세 전입금		지방교육세 수입액
		지방교육재정 교부금 보전금		지방소비세 확대에 따른 내국세 감소로 교부금이 감소하자 이를 지방소비세 수입 증가분의 일부로 보전
		교육급여보조금 전입금		교육급여 국고보조사업에 대한 지방자치단체의 대응투자(서울 50%, 지방 20%)
		무상교육경비 전입금		지방자치단체가 부담하던 지방공무원의 고교재학 자녀의 학비보조수당
		학교용지 일반회계 부담금		학교용지구입비의 1/2
		비법정이전수입		도서관 운영비, 기타 지원금 · 보조금 등
	교육비특별 회계부담수입	교수학습 활동수입		입학금 · 수업료(외국인 자녀의 공립 유치원)
		기타 자체수입		행정활동수입, 자산수입, 이자수입, 잡수입 등, 기타
	지방교육채			교부금부담 지방교육채, 자체부담 지방교육채
	주민(기관 등) 부담 등 기타			민간이전수입

[그림 8-1] **지방교육재정 세입구조(2021. 1. 기준)**

활동수입, 행정활동수입, 자산수입, 이자수입, 잡수입, 기타(순세계잉여금, 이월금) 등으로 구성되며, 지방교육채는 교부금 부담 지방교육채와 자체 부담 지방교육채로 구분된다.

지방교육재정 세입 중 가장 규모가 큰 지방교육재정교부금의 재원은 당해 연도 내국세 수입액의 20.79%로 확보되는 내국세 교부금과 교육세 수입금 중 유아교육 지원특별회계 전출금을 제외한 수입금으로 확보되는 교육세 교부금이 있다. 국세 교육세의 세원은 금융·보험업자 수입금액의 0.5%, 개별소비세액의 30%(등·중유, 부탄 및 부산물 유류 15%), 교통·에너지·환경세액(휘발유·경유)의 15%, 주세액의 10%(주정, 탁주, 약주 제외, 주세율 70% 이상인 주류 30%)이며, 지방교육세의 세원은 취득세액·등록면허세액·재산세액의 20%, 자동차세액의 30%, 주민세 개인분 및 사업소분 세액의 10%(50만 명 이상의 시지역은 25%), 담배소비세액의 43.99%, 레저세액의 40%이다.

2) 재정용어 해설

교원들이 학교회계를 이해하기 어려운 이유는 여러 가지가 있겠으나, 가장 일반적인 이유는 학교회계와 관련된 용어에 익숙하지 않기 때문이다. 교육에 관련된 용어들은 교원양성 과정에서 친숙하게 접해 왔기 때문에 설사 모르는 내용이라 할지라도 짐작이 가능하나, 학교회계와 관련된 용어들은 교원양성 과정에서 접하기 어려웠던 내용이므로 이해하기가 쉽지 않다. 학교회계를 이해하기 위해 기본적으로 알아야 할 용어를 살펴보기로 하자.

• 회계(會計): 이해관계자들이 합리적으로 경제적인 의사결정을 할 수 있도록 경제활동에 관한 정보를 측정하여 제공하는 일련의 과정을 말한다. 즉, 회계란 재정적 거래나 돈의 흐름에 관한 정보를 기록·분류·요약·해석하여 제공하는 과정이라 할 수 있다. 구체적으로는 예산 편성 및 배정, 수입, 계약, 지출 등 제 업무의 내용 및 절차를 가리킨다. 때로는 일반회계, 특별회계 등과 같이 재원을 구분하여 관리하는 단위(계좌)를 의미하기도 한다. 따라서 학교회계란 단위학교에 필요한 재원을 구분하여 관리하는 단위를 의미하며, 동시에 단위학

교에서 이뤄지고 있는 예산 편성 및 배정, 수입과 지출 등 제반 경제활동에 관한 정보를 측정하여 제공하는 일련의 활동을 의미한다. 회계행위의 내용과 방법은 대부분 법령에 규정되어 있어 단위학교에 재량의 여지는 많지 않다.

• 일반회계, 특별회계, 기금: 「국가재정법」 제4조와 제5조의 규정에 따르면, 일반회계는 조세수입 등을 주요 세입으로 하여 국가의 일반적인 세출에 충당하기 위하여 설치하고, 특별회계는 국가에서 특정한 사업을 운영하고자 할 때, 특정한 자금을 보유하여 운용하고자 할 때, 특정한 세입으로 특정한 세출에 충당함으로써 일반회계와 구분하여 계리할 필요가 있을 때에 법률로써 설치한다. 기금은 국가가 특정한 목적을 위하여 특정한 자금을 신축적으로 운용할 필요가 있을 때에 한하여 법률로써 설치하되, 정부의 출연금 또는 법률에 따른 민간부담금을 재원으로 하는 기금은 법률에 의하지 아니하고는 이를 설치할 수 없다. 개인으로 비유하면, 일반적인 살림에 필요한 돈을 관리하는 통장은 일반회계라 할 수 있으며, 학자금이나 결혼자금과 같이 특별한 목적을 위해 구분해서 관리하거나 특별한 수입을 따로 관리하는 통장은 특별회계라 할 수 있고, 교육비 충당 등과 같은 특별한 목적으로 목돈을 저축해 놓고 필요할 때 교육비로 지출하는 통장은 기금이라 할 수 있다. 단위학교에는 학교회계와 학교발전기금이 설치되어 있다. 학교회계는 교육비특별회계의 부속회계로 본다면 특별한 사업인 단위학교의 교육에 충당하기 위해 설치한 일종의 특별회계지만, 단위학교만을 기준으로 본다면 단위학교의 일반적인 세출에 충당하기 위하여 설치한 회계이므로 일반회계라 할 수 있다.

• 학교회계예산: 예산이란 한 조직이나 기관이 한 회계연도 동안 계획한 활동을 전개하는 데 필요한 경비의 수입과 지출을 화폐액으로 환산해 놓은 계획을 말하며, 세입과 세출로 구분한다. 세입(歲入)은 한 회계연도 동안의 총 수입을 말하고, 세출(歲出)은 한 회계연도 동안의 총지출을 말한다. 따라서 학교회계예산은 한 회계연도 동안 이루어지는 단위학교의 교육활동계획을 화폐액으로 환산한 계획이라 할 수 있다. 매 회계연도의 최초의 예산을 본예산 또는 당초예산이라 하며, 예산 성립 후에 생긴 사유로 인하여 필요한 경비의 과부족이 생길 때 본예산에 추가 또는 변경을 가한 예산을 추가경정예산이라 한다. 당해 회계연도에 마지막으로 확정된 예산을 최종예산이라 한다. 준예산은 회계연도가

개시될 때까지 예산이 확정되지 못할 경우에 업무가 마비되는 것을 막기 위하여 전년도 예산에 준하여 집행하는 예산을 말한다.

• 학교회계결산: 결산이란 한 회계연도 동안 이루어진 수입과 지출의 실적을 확정적 계수로 표시하는 행위를 말한다. 즉, 결산은 예산에 따라 이루어진 수입과 지출을 확정하는 사후적 재무보고 과정이다. 따라서 학교회계결산은 예산집행의 타당성, 합법성 등을 평가함으로써 학교재정 운영에 대한 사후적 통제 기능을 담당하며, 예산 편성 및 심의의 참고자료로 활용된다.

• 교부금, 보조금: 교부금은 지방자치단체 간 재정력의 불균형을 시정하기 위하여 국가가 지방자치단체에 지원하는 형평재원(衡平財源)을 말한다. 통상 재정수요와 재정수입을 비교하여 부족한 재원을 지원하며, 용도를 지정하지 않는다. 반면, 보조금은 국가가 수행해야 할 사업이지만 지방자치단체나 민간에게 맡겨 수행하는 것이 더 효과적일 경우 국가가 용도를 지정하여 지원하는 재원을 말한다. 부모가 자녀에게 자유롭게 쓸 수 있도록 주는 용돈은 교부금에 해당되며, 교재구입비나 학원비 등과 같이 용도를 정하여 주는 돈은 보조금에 해당한다. 통상 보조금은 집행이 끝난 후 정산하고, 원칙적으로 잔액은 반납하여야 하나, 다음 연도 예산에 편성하여 자체적으로 사용하는 경우도 있다. 교재구입비를 받은 후, 교재를 사고 나면 남은 돈을 부모에게 반납하거나 모자랐던 돈을 더 요구하는 것과 같은 이치이다. 개인의 경우와 달리 보조금은 모자랐다고 할지라도 나중에 더 요구할 수 없다.

• 보통교부금, 특별교부금: 보통교부금이란 당해 연도 기준재정수요액이 기준재정수입액에 미달할 때 그 미달액을 기준으로 하여 총액으로 교부하는 경비로, 보통교부금의 재원은 내국세 교부금(내국세 총액의 20.79%)의 97%에 해당하는 금액과 교육세 교부금 전액의 합계액이다. 특별교부금은 전국에 걸쳐 시행하는 교육 관련 국가시책사업으로 따로 재정지원계획을 수립하여 지원하여야 할 특별한 재정수요가 있거나 지방교육행정 및 지방교육재정의 운용실적이 우수한 지방자치단체에 대한 재정지원이 필요할 때, 기준재정수요액의 산정방법으로 파악할 수 없는 특별한 지역교육현안수요가 있는 때, 보통교부금의 산정기일 후에 발생한 재해로 인하여 특별한 재정수요가 있거나 재정수입의 감소가 있는 때 또는 재해를 예방하기 위한 특별한 재정수요가 있는 때에 교부하는 경비

로, 내국세 교부금의 3%를 재원으로 한다. 학교회계로 지원되는 특별교부금과 국고보조금은 구분하기 어려우며, 모두 목적사업비 형태로 교부된다.

- 국세, 지방세, 보통세, 목적세 등: 통상 조세는 국세와 지방세, 보통세와 목적세, 직접세와 간접세로 구분한다. 국세 중에서 관세를 제외한 조세를 내국세라 하며, 지방세는 특별시·광역시세, 도세, 구세, 시·군세, 특별자치시·특별자치도세로 구분한다. 특정한 지출목적에 구속되지 아니하고 세출예산의 재원으로 사용되는 조세를 보통세라 하며, 예외적으로 특수용도에 충당하기 위하여 부과하는 조세를 목적세라 한다. 국세 목적세로는 교육세, 교통·에너지·환경세, 농어촌특별세가 있으며, 지방세 목적세로는 지역자원시설세와 지방교육세가 있다. 직접세는 소득세, 법인세, 상속세 등과 같이 조세를 부담하는 사람과 납부하는 사람이 같은 조세를 말하며, 간접세는 부가가치세, 개별소비세, 주세, 담배소비세 등과 같이 조세를 부담하는 사람과 납부하는 사람이 다른 조세를 말한다.

- 전입금, 전출금: 전입금과 전출금은 상대적 개념으로, 회계와 회계 사이에 재원이 이동할 경우, 재원이 지출되는 회계를 전출금(轉出金)이라 하며, 재원이 수입되는 회계를 전입금(轉入金)이라 한다. 학교회계에는 교육비특별회계로부터 받은 전입금이라는 수입항목이 있는데, 이는 시·도의 교육비를 관리·운영하는 시·도교육비특별회계로부터 학교회계로 이전되는 재원을 말한다. 학교회계 세입예산서상의 '교육비특별회계로부터 받은 전입금'은 교육비특별회계 세출예산서상에는 '학교회계 전출금'이라는 이름으로 나타나 있다.

- 이용, 전용: 세출예산의 집행은 확정된 대로 이루어져야 하나, 입법 과목인 정책사업 간에 예산을 상호 융통하여 사용하는 것을 이용(移用)이라고 하며, 본예산이나 추가경정예산의 편성 시 예산총칙에 그 범위를 정하여 학교운영위원회의 심의를 거친 후에 가능하다. 반면, 전용(轉用)은 예산집행 시에 재정여건 변화, 사업의 효율적 집행 등을 위하여 필요한 경우에 동일한 정책사업 내 단위사업 간에, 동일한 단위사업 내에서 세부사업 간에, 동일한 세부사업 내에서 목(目)간에 예산을 변경하여 사용하는 것을 말한다. 학교장에게는 예산의 전용권이 부여되어 있어서 교육목표의 효과적 달성을 위해 예산을 신축적으로 운영할 수 있도록 하고 있다. 그러나 동일한 정책사업 내의 모든 단위사업 간에 전용이 허용되는 것은 아니며 인건비, 시설비, 상환금은 다른 목으로 전용하여 집

행할 수 없다. 또한 업무추진비로 사용하기 위한 경우나 회계연도 경과 후에는 전용이 허용되지 않는다.

• 명시이월, 사고이월, 계속비이월: 명시이월이란 세출예산 중 경비의 성질상 당해 회계연도 안에 지출을 끝내지 못할 것이 예상될 경우 그 취지를 세입·세출 예산에 명시하여 학교운영위원회의 심의를 거쳐 다음 연도에 이월(移越)하여 사용하도록 하는 것을 말한다. 반면, 사고이월은 이월할 것이라고 미리 예상한 것이 아니라 예산집행 과정상에서 지출원인행위를 한 후에 불가피한 사유로 지출을 끝내지 못할 것이 예상되는 경비와 지출원인행위를 하지 아니한 부대 경비의 금액을 다음 연도에 사용하도록 하는 것을 말한다. 예컨대, 어떤 공사나 제조계약 등 연도 내에 마치기로 되어 있던 사업에 대하여 지출원인행위를 하고 불가피한 사유로 지연되어 연도 내에 끝내지 못할 경우 다음 해로 넘겨서 경비를 지출할 수 있도록 하는 것이 사고이월이다. 사업을 완료하는 데 수년이 걸리는 경우 그 기간 동안 쓸 돈을 미리 한 번에 의결기관의 의결을 얻은 후 여러 해에 걸쳐 지출하는 비용을 계속비라고 하는데, 계속비이월은 계속비의 연도별 소요금액 중 해당 연도에 지출하지 못한 금액은 계속비사업의 완성연도까지 차례로 이월하여 사용하는 제도이다.

• 불용액, 세계잉여금, 순세계잉여금: 불용액은 예산에 편성되어 있던 예정사업이 중지됨으로써 지출의 필요가 없어지게 된 경비를 말하며, 세계잉여금 발생의 한 요인이 된다. 세계잉여금(歲計剩餘金)이란 동일 회계연도에 수납된 세입액으로부터 지출된 세출액을 차감한 잔액을 말하며 결산상 잉여금이라고도 한다. 세계잉여금은 세입예산을 초과 또는 미달하여 수납된 세입액과 세출예산 중 지출되지 않은 이월액 및 불용액의 합산액이라 할 수 있다. 순세계잉여금(純歲計剩餘金)이란 세계잉여금에서 명시이월금, 사고이월금, 계속비이월금, 국가 및 시·도의 보조금 사용잔액 중 반납해야 할 금액을 제외한 순수한 세계잉여금을 말하며, 결산으로 발생한 순세계잉여금은 일반적으로 다음 회계연도 추경예산의 중요한 세입재원으로 활용된다.

• 성립 전 예산 사용: 사업용도가 지정되고 소요경비 전액이 교부된 경비와 재해구호 및 복구와 관련하여 교부된 경비에 대하여 추가경정예산을 편성하기 전에 학교장이 예산을 집행한 후, 차기 추가경정예산에 계상하여 학교운영위원

회의 사후 승인을 받는 제도를 말한다. 연도 중간에 교부된 목적사업비는 성립 전 예산사용제도를 통해 집행된다.

- 지출원인행위: 지출원인행위란 지출의 원인이 되는 계약 및 이미 법령 또는 계약에 의해 발생한 지출의무를 이행하기 위하여 세출예산에서 지출하기로 결정된 행위를 말한다. 지출원인행위의 대부분은 계약이며, 지출원인행위는 법령의 범위 및 배정 · 재배정된 예산의 범위 내에서만 가능하다.

3. 학교회계 세입 · 세출 예산의 구조

1) 학교회계 세입 · 세출 예산 개요

통상 예산은 예산총칙, 세입 · 세출 예산, 계속비, 명시이월비의 내용을 총칭하는 용어이다. 예산총칙은 세입 · 세출 예산, 계속비, 명시이월비에 관한 총괄적 규정 및 기타 예산 집행에 관하여 필요한 사항을 규정하며, 당해 연도 예산에 관한 총괄적 규정으로서 조문 형식을 취하고 그 회계연도 내에서만 효력을 가지며 추가경정 예산의 편성에 의해서만 그 변경이 가능하다. 예산총칙은 학교마다 다를 수 있으나, 예산총칙에 포함되는 내용을 종합적으로 제시하면 〈표 8-1〉과 같다.

세입 · 세출 예산은 한 회계연도 동안 학교시설의 유지 · 보수, 각종 공과금 납부 등 학교의 기본 운영, 수업활동, 특별활동 지원 등 각종 교육과정 운영, 급식 및 수학여행, 현장학습 등 단위학교가 학교의 조직목표 달성을 위한 주요 정책이나 사업계획을 수행하는 데 소요되는 재원 규모 및 이의 확보 경로를 나타낸 것으로, 일반적으로 예산이라고 할 때는 세입 · 세출 예산을 의미한다. 이러한 예산은 수입 및 지출의 예정액이므로 전입금 규모의 증감이나 사업의 변경 등 여러 가지 사정에 따라 변화될 수 있으며, 수입과 지출이 꼭 예산서상의 계획대로 이루어지는 것은 아니다.

예산은 그 내용을 명백히 하기 위하여 일정한 기준에 따라 구분하는데 이를 예산과목(豫算科目)이라고 한다. 세입예산은 그 내용의 성질과 기능을 고려하여 장 · 관 · 항 · 목으로 구분하고 세출 예산은 사업별 또는 성질별로 정책사업 · 단위사업 · 세부사업 · 목으로 구분한다. 세입 및 세출 예산의 구분과 설정에 필요한 사항

표 8-1 학교회계 예산총칙의 예

제1조 20××학년도 ○○○○학교 세입·세출 예산총액은 세입·세출 각각 ○○○○원으로 하
　　　며 세입·세출의 명세는 "세입·세출 예산서"와 같다.

제2조 20××학년도 명시이월 사업은 별첨 "명시이월조서"와 같다.

제3조 20××학년도 계속비 사업은 별첨 "계속비사업조서"와 같다

제4조 다음의 경비에 부족이 생겼을 때에는 「○○시(도) 공립학교회계규칙」 제○조 단서규정
　　　에 의하여 정책사업 사이에 상호 이용(移用)할 수 있다.
　　　　1. 교원연구비, 관리 및 직책 수당, 겸직수당
　　　　2. 학교회계직원의 인건비
　　　　3. 각종 공과금

제5조 추가경정예산을 편성하기 어려운 사유가 발생한 경우, 사업 목적을 달성하기 위해서
　　　인건비·시설비를 제외한 예산의 동일한 정책사업 내의 단위사업 간 목, 동일한 단위
　　　사업 내의 세부사업 간 목의 금액은 전용할 수 있다. 다만, 회계연도 경과 후 또는 업무
　　　추진비에 충당하기 위하여 다른 목에서 전용할 수 없다.

제6조 국가 또는 지방자치단체 등으로부터 소요전액이 교부된 경비 또는 「초·중등교육법」
　　　제30조의2 제2항 제4호의 규정에 의한 경비(수익자부담금)와 관할청으로부터 목적이
　　　지정되어 교부된 사업은 추가경정예산의 성립 전에 이를 사용할 수 있으며, 이는 동일
　　　회계연도 내의 차기 추가경정예산에 계상하여야 한다. 다만, 목적지정 전입금·보조
　　　금·지원금이 교부된 이후 추가경정예산을 편성하지 못할 경우 학교운영위원회의 심
　　　의를 받은 것으로 간추처리하고 추후에 보고한다.

제7조 ① 수익자부담경비의 집행잔액이 1인당 500원 이하로서 환불하기가 곤란할 때에는 참
　　　석학생 대표의 의견을 수렴하여 학생복리비 등으로 집행할 수 있다.
　　　② 제1항의 경우에는 학교운영위원회 심의를 받은 것으로 간주하되, 차기 회의 시 보
　　　고하여야 한다.

은 교육감이 정하고, 학교장은 세출예산의 정책사업과 단위사업을 고려하여 세부
사업 추가가 필요한 경우 교육감에게 요청할 수 있다.

2) K-에듀파인 학교회계시스템의 구조

교육부는 성과주의 재정운용을 위해 지방교육재정 업무의 전 처리과정(교육부−
시·도교육청−학교, 예산−집행−결산)을 사업별 예산제도와 발생주의·복식부기 회

계제도를 기반으로 한눈에 볼 수 있도록 자동화하고, 이를 개인의 단위업무와 연계하여 성과관리가 가능하도록 '지방교육행·재정 통합시스템'을 구축하여 2008년 7월 16일에 개통하였다. '지방교육행·재정 통합시스템(EDUFINE, 이하 '에듀파인')'은 사업별 예산제도와 발생주의·복식부기 회계제도의 도입을 위하여 구축된 것으로, 단위업무관리시스템, 예산관리시스템, 회계관리시스템, 통합결산관리시스템, 통합통계분석관리시스템으로 구성되었다. 에듀파인 학교회계시스템은 2009년 시범 운영을 거쳐 2010년부터 학교회계에 전면 도입·적용되었다.

에듀파인은 2008년 시스템을 구축한 이후 장비가 노후화되고 변화하는 제도와 정책을 반영하는 데 한계가 있어서, 교육부가 시·도교육청과 학교에서 사용하던 에듀파인과 업무관리시스템을 하나로 통합한 차세대 에듀파인(이하 'K-에듀파인')을 2020년 1월 2일에 개통하였다.

에듀파인 학교회계시스템은 사업관리, 예산관리, 수입관리, 발전기금관리, 지출관리, 세무관리, 세입세출외현금관리, 계약관리, 예산결산, 재무결산으로 구성되어 시·도교육청의 예산관리, 재무회계, 통합자산관리 시스템 등 내부시스템과 연계되고, 나이스(복무, 급여, 급식), 업무관리시스템 등 외부시스템과 연계되어 업무를 수행하도록 설계되어 있었다. 2011학년도에 재무결산을 시범 운영하였으나, 실효성이 부족하다는 평가 때문에 학교회계 재무결산은 폐지하였다.

K-에듀파인 학교회계시스템은 종전의 에듀파인과 유사하나, 재무결산 메뉴가 삭제되었고, 업무는 사업관리, 예산관리 및 보조금관리, 수입관리, 지출관리, 자금운용, 발전기금, 예산결산의 7개로 조정되었다. 에듀파인에 있던 세무관리, 세입세출외현금관리, 계약관리는 지출관리에 통합되었다. [그림 8-2]는 K-에듀파인 구성도로서, 학교회계시스템의 주요 기능 및 데이터 관계도를 나타내고 있다.

학교회계시스템 중 교사와 관련된 업무는 지출품의와 검사·검수 정도이며, 나머지 모든 업무는 행정직원과 관련된 업무이다. 그러나 교육과 관련된 업무에 관해서 교사에게 조회 권한이 부여되기 때문에 학교회계시스템에 관한 종합적인 이해는 필요하다. 어떤 세부사업이 어떤 교육목표와 연계되었는지 조회할 수 있고, 해당 사업의 예산내역과 집행내역도 조회할 수 있다. 재직하는 학교의 예산은 학교회계>사업관리>사업관리카드>사업관리카드(전체)>모든사업(체크)>조회 화면을 통해 조회할 수 있다.

[그림 8-2] K-에듀파인 구성도

　지출품의는 편성된 예산 범위 내에서 사업 목적과 계획에 부합하도록 사업담당자가 지출품의서를 작성하고 결재를 요청하는 품의등록 과정을 통해 이루어진다.[5] 지출품의는 세출예산에 편성된 예산의 목적을 달성하기 위하여 집행의사를 결정하는 행위를 의미하나, 실질적으로 지출을 확정하는 행위는 아니다. 품의등록이 이루어지면, 기초금액결정, 계약방법결정, 예정가격조사, 견적서요청 등을 거쳐 지출원인행위(계약체결)가 이루어지고,[6] 계약체결 과정에서 지급방법도 결정된다. 계약이행을 완료하게 되면 검사·검수가 이루어지고,[7] 대금을 청구하면 지출결의를 거쳐 지출이 완료된다. 업무추진비 중 월정액으로 지급하는 경비, 공공요금 및 제세공과금, 보수 및 여비, 추정가격 10만 원 이하의 지출 등에 대하여는 지출품의를 생략할 수 있다.

---

5) 품의는 편성된 예산의 목적을 달성하기 위해 사업내용, 규모, 집행예정액 등 집행 의사를 결정하는 행위로 예산범위 내에서 학교장의 결재를 받음으로써 완료된다.

6) 지출원인행위란 세출예산에 대하여 지출의 원인이 되는 계약 및 법령에 의하여 발생되어 있는 채무에 대한 지출을 확정하는 행위를 말하며, 학교의 장이 담당한다.

7) 검사는 계약목적물이 관련 법령에 적합하고 규격서 및 시방서와 같도록 제조·구매·설치되었는지 여부를 검사공무원(사업담당자)이 확인하는 과정이며, 검수는 검사에 합격된 계약목적물이 손상 또는 훼손되지 않고 요구서상의 수량대로 납품되었는지 여부를 물품출납공무원(지출담당자)이 확인하는 과정이다. 검사·검수자는 학교장 또는 계약담당자이나, 사업담당 교직원에게 위임할 수 있다.

3) 학교회계 세입 · 세출 과목 구조

(1) 세입 · 세출 과목의 목적과 의미

세입 · 세출 과목을 구분하는 것은 예산을 체계적으로 분류 · 관리하고, 학교의 예산편성과 집행에 편의를 도모하고 나아가 지방교육재정 전체의 재정적 통계 작성에 따른 기준을 제공하는 데 목적이 있다. 세입과목의 구분과 설정에 필요한 사항은 교육감이 정하고, 세출과목 중 정책사업과 단위사업은 교육감이 정하고, 세부사업은 정책사업과 단위사업을 고려하여 학교장이 자율적으로 결정할 수 있다. 학교장에게 세부사업 설정권이 있지만, 정책사업과 단위사업을 연계한 세부사업 설정을 고려하지 않고, 학교에서 임의로 세부사업을 편성함으로써 예산편성에 오류가 많이 발생하자 17개 시 · 도교육청에서 표준안을 개발하여 보급하고 이를 기준으로 예산을 편성할 것을 권장하고 있다. 다만, 인적자원운용 정책사업에 속한 세부사업은 의무적으로 준수해야 한다.

세입의 '장' 과목은 교육비에 대한 재정책임의 역할 분담을 의미하며, 이전수입, 자체수입, 기타로 구분하고, 하부과목인 관, 항, 목은 세입재원의 성질과 세부분류를 위한 통계처리 과목이다. 세출과목은 사업별 예산구조인 '정책사업' '단위사업' '세부사업' '목' '세목' '원가통계비목'[8]으로 구분한다. K-에듀파인 개통을 계기로 2021학년도에 세입 · 세출 예산과목이 대폭 개정되었다.

(2) 세입과목의 구조

에듀파인은 교육행정정보시스템(NEIS, 이하 '나이스')과 마찬가지로 학교회계 세입예산을 장 · 관 · 항 · 목으로 구분하지만, 그 명칭은 근본적으로 다르다. 크게 이전수입과 자체수입으로 구분하고, 수입원과 수입의 성격 및 용도가 드러나는 방식으로 정의되어 있다. 학교회계시스템은 공립학교와 사립학교가 공통으로 사용하기 때문에 세입과목 중에 사립학교에만 적용되는 세입과목이 포함되어 있다. 그것은 사학법인이전수입, 사립학교보조금수입, 등록금 중 입학금과 수업료 등이다(〈표 8-2〉 참조).

---

8) 원가통계비목은 예산을 성질별로 나눠 놓은 것으로 수많은 예산항목을 예산의 성질별로 묶어 놓은 것이다.

표 8-2 K-에듀파인 학교회계시스템의 세입예산과목 구조(2021년 기준)

장	관	항	목	원가통계비목
이전 수입	중앙정부 이전수입	국고보조금	국고보조금	국고보조금, 국고보조지원금
	지방자치 단체 이전수입	비법정이전수입	광역지방자치단체 전입금	농어촌학교보조금(광역), 사회적배려대상자지원보조금(광역), 급식비보조금(광역), 기타법령근거보조금(광역), 자치법규근거보조금(광역)
			기초지방자치단체 전입금	농어촌학교보조금(기초), 사회적배려대상자지원보조금(기초), 급식비보조금(기초), 기타법령근거보조금(기초), 자치법규근거보조금(기초)
		교육경비보조금	광역지방자치단체 전입금	급식시설·설비사업보조금(광역), 교육정보화사업보조금(광역), 교육시설·환경개선사업보조금(광역), 학교교육과정운영지원사업보조금(광역), 주민교육과정개발운영사업보조금(광역), 지역체육·문화공간설치사업보조금(광역), 기타학교교육여건개선사업보조금(광역)
			기초지방자치단체 전입금	급식시설·설비사업보조금(기초), 교육정보화사업보조금(기초), 교육시설·환경개선사업보조금(기초), 학교교육과정운영지원사업보조금(기초), 주민교육과정개발운영사업보조금(기초), 지역체육·문화공간설치사업보조금(기초), 기타학교교육여건개선사업보조금(기초)
	지방교육 자치단체 이전수입	교육비특별회계 전입금수입	교육비특별회계 전입금	학교운영비전입금, 목적사업비전입금, 입학금수업료지원금, 학교운영지원비지원금, 급식비지원금, 방과후학교활동비지원금, 돌봄활동운영비지원금, 현장체험학습비지원금, 청소년단체활동비지원금, 졸업앨범비지원금, 교과서비지원금, 기숙사비지원금, 누리과정비지원금, 교복구입비지원금, 운동부운영비지원금, 기타학부모부담지원금

		사립학교 보조금수입	인건비재정결함보조금, 운영비재정결함보조금, 목적사업비보조금, 입학금수업료지원금, 학교운영지원비지원금, 급식비지원금, 방과후학교활동비지원금, 돌봄활동운영비지원금, 현장체험학습비지원금, 청소년단체활동비지원금, 졸업앨범비지원금, 교과서비지원금, 기숙사비지원금, 누리과정비지원금, 교복구입비지원금, 운동부운영비지원금, 기타학부모부담지원금
	기타이전 수입	사학법인 이전수입	법인법정부담금	법인법정부담금
			법인이전수입	법정이전수입
		학교회계간 이전수입	학교발전기금전입금	학교발전기금전입금
			다른학교회계전입금	다른학교회계전입금
			기타학교회계전입금	기타학교회계전입금
		기타공공이전수입	기타공공지원금	기타공공지원금
자체 수입	학부모 부담수입	등록금	입학금	입학금, 지난연도입학금
			수업료	수업료, 지난연도입학금
			학교운영지원비	학교운영지원비, 지난연도학교운영지원비
		수익자부담수입	급식비	급식비, 우유급식비
			방과후학교활동비	방과후학교활동비
			돌봄활동운영비	돌봄활동운영비
			현장체험학습비	현장체험학습비
			청소년단체활동비	청소년단체활동비
			졸업앨범대금	졸업앨범대금
			교과서비	교과서비
			기숙사비	기숙사비
			누리과정비	누리과정비
			교복구입비	교복구입비
			운동부운영비	운동부운영비
			기타수익자부담수입	기타수익자부담수입

		사용료 및 수수료	사용료 및 수수료	사용료, 수수료
	행정활동 수입	자산수입	자산매각대	자산매각대
		적립금처분수입	적립금처분수입	적립금처분수입
		보증금회수	보증금회수	보증금회수
		기타행정활동 수입	지난연도수입	지난연도수입
			이자수입	이자수입
			기타행정활동수입	기타행정활동수입
기타 수입	전년도 이월금	순세계잉여금	순세계잉여금	순세계잉여금
		정산대상재원 사용잔액	정산대상재원 사용잔액	정산대상재원사용잔액
		이월금	이월사업비	이월사업비

(3) 세출과목의 구조

에듀파인의 학교회계 세출예산 구조는 나이스와 많이 다르다. 나이스는 품목별 예산제도와 현금주의 · 단식부기회계를 근간으로 설계된 반면, 에듀파인은 사업별 예산제도와 발생주의 · 복식부기회계를 근간으로 설계되었기 때문이다. 에듀파인 학교회계시스템에서는 세출예산 과목구조를 '장 · 관 · 항 · 목'에서 '정책사업과 단위사업'으로 개편하고, 사업설명서와 산출내역을 통합하는 예산서를 만들어 누구나 사업을 쉽게 이해할 수 있도록 개편하였다.

정책사업은 나이스 체계의 항에 해당하며, 조직의 목표와 과제 등을 실행하기 위한 사업으로, 단위학교교육활동을 수행하기 위한 최상위 사업, 즉 단위사업의 묶음을 말한다. 단위사업은 정책사업 목표를 달성하기 위한 수단으로서 사업 성격별로 통합 · 단순화한 사업, 즉 세부사업의 묶음을 말하고, 세부사업은 단위사업을 구체적으로 집행하는 세부내역으로서 각 사업담당자가 실제 운용하는 최소 단위의 사업을 말한다. 앞에서 설명했듯이, 정책사업과 단위사업은 교육부가 설정하며, 세부사업은 단위학교별로 자율 결정할 수 있으나, 대개 17개 시 · 도교육청이 공통적으로 개발하여 권장하는 세부사업을 따르고 있다(〈표 8-3〉 참조).

표 8-3 세출과목 구분

구분	정책사업 (전략목표)	단위사업 (성과목표)	세부사업 (지표관리)	목 · 세목	원가통계비목
내용	조직의 목표와 과제 등을 실행하기 위한 사업	정책사업 목표를 달성하기 위한 구체적 사업	단위사업을 구체적으로 집행하는 사업	중앙정부와 동일한 목	목을 세부적으로 관리(복식회계과 목과 매핑)
관리	• 학교급별, 설립별, 조직별, 기능별 등 관리가 가능하도록 체계화 • 투입, 과정 및 산출지표가 표시되고 관리될 수 있도록 체계화				

    지방교육재정의 경우, 세출과목은 유 · 초 · 중등교육 분야와 사업은 12개 정책사업과 80개의 단위사업으로 구성되어 있다. 정책사업은 인적자원 운용, 교수학습활동지원, 교육복지지원, 보건/급식/체육활동, 학교재정지원관리, 학교교육여건개선시설, 평생교육, 직업교육, 교육행정일반, 기관운영관리, 지방채 상환 및 리스료, 예비비 및 기타 등이다. 학교회계의 경우, 정책사업이 인적자원 운용, 학생복지/교육격차 해소, 기본적 교육활동, 선택적 교육활동, 교육활동지원, 학교일반운영, 학교시설 확충, 학교재무활동의 8개이며, 단위사업은 교직원 복지 및 역량강화, 급식관리, 기숙사관리, 보건관리, 교육격차 해소, 학생복지, 교과활동, 창의적 체험활동, 방과후학교 운영, 교무업무운영, 연구학교운영, 교육여건개선, 일반행정관리 등 31개이고, 권장 세부사업 수는 66개이다(〈표 8-4〉 참조).

표 8-4 K-에듀파인 학교회계 세출과목 구조 및 세부사업 내역(2021년 기준)

정책사업	단위사업	세부사업명 (권장)	사업 해설
인적자원 운용			교직원 보수 등 인적자원 운용을 위해 소요되는 사업비
	교원보수	교원보수	사립학교 정규직 교원에게 매월 지급하는 급여
	직원보수	직원보수	사립학교 정규직 직원에게 매월 지급하는 급여
	기타교직원 보수	교직원 대체 인건비	출산휴가, 장기병가 등 정규직 교직원(무기계약직원 포함)을 대체하는 기간제 교원 또는 행정대체 인력에 대한 인건비
		학교운영 지원수당	'학교회계 예산편성 기본지침' 및 관련법령(「교원의 지위 향상 및 교육활동 보호를 위한 특별법 시행령」 등)에 따라 교직원에게 지급하는 수당

교직원 복지 및 역량 강화	교직원연수	학교 전체 교직원의 교수 및 직무 역량을 강화하기 위한 제 사업비
	교직원복지	학교 전체 교직원의 복지와 사기 진작을 위한 사업비
학생복지/교육격차 해소		**학생복지 및 교육격차 해소를 위해 소요되는 사업비**
급식관리	학교급식운영	학교급식실 운영, 위탁급식운영, 급식재료구입, 우유급식비, 학교 급식업무 종사자 인건비 등 학교급식 운영을 위한 사업비
기숙사관리	기숙사운영	기숙사 운영을 위한 사업비
보건관리	학생 및 교직원 보건안전관리	학생 및 교직원 건강관리 및 안전관리 관련에 소요되는 사업비 (보건실 운영, 학생건강진단, 교직원 결핵검진, 질병예방, 건강검진, 응급학생 관리 등)
	학교환경 위생관리	학교 환경위생 관련에 소요되는 사업비(학교 학습환경 관리, 방역관리, 먹는 물 관리 등)
교육격차 해소	학비지원	교육격차 해소를 위한 학비지원 사업비
	정보화비지원	국가, 지방자치단체, 교육청에서 지원하는 학생 컴퓨터 구입비 등 지원비
	기타 교육격차 해소	앞에 나열한 것 이외에 교육격차 해소를 위한 사업비
학생복지	학생장학금운영	내/외부 학생장학금 지원 관련에 소요되는 사업비
	교육복지우선	농어촌 등 특정 지역의 교육 역량 제고를 위해 추진하는 사업비 (교육복지우선사업 등)
	학생복지운영	학생복지와 관련하여 소요되는 각종 사업비
기본적 교육활동		**표준 교수학습 활동에 직접 투입되는 사업비**
교과활동	교과활동지원	교육과정에 명시된 표준 교수학습 활동 수행을 지원하기 위해 소요되는 각종 사업비
	국어 교과활동	국어 교육과정 운영에 소요되는 사업비
	사회 교과활동	사회(역사, 도덕) 교육과정 운영에 소요되는 사업비
	수학 교과활동	수학 교육과정 운영에 소요되는 사업비
	과학 교과활동	과학(실과, 기술, 가정) 교육과정 운영에 소요되는 사업비
	체육 교과활동	체육 교육과정 운영에 소요되는 사업비
	예술 교과활동	예술(음악, 미술) 교육과정 운영에 소요되는 사업비
	외국어 교과활동	외국어(영어, 제2외국어) 교육과정 운영에 소요되는 사업비
	특수교육 교과 활동	특수교육과정 운영에 소요되는 사업비
	전문 교과활동	특성화고등학교 전문 교육과정 운영에 소요되는 사업비(농생명 산업, 공업, 상업 정보, 수산·해운, 가사·실업 등)

	유치원 교과활동	병설유치원 교육과정 운영에 소요되는 사업비
	부설기관 교과활동	부설기관 교육과정 운영에 소요되는 사업비
	정보교과활동	정보 교육과정 운영 관련에 소요되는 사업비
창의적 체험활동	자율활동	학생 자치활동 및 창의적 특색 활동 등 자율활동에 소요되는 사업비
	현장체험학습 활동	수학여행, 수련활동 등 현장체험학습 활동에 소요되는 사업비
	동아리활동	동아리 활동에 소요되는 사업비
	봉사활동	교내봉사, 지역사회봉사, 자연환경보호 및 캠페인 활동 등 봉사활동에 소요되는 사업비
	진로활동	자기이해(적성검사), 진로정보탐색, 진로상담, 진로체험 등 진로활동에 소요되는 사업비
자유학기(년) 활동	자유학기(년)제 활동	자유학기(년)제 관련 진로탐색활동, 주제선택활동, 예술 · 체육활동, 동아리활동에 소요되는 사업비
선택적 교육활동		표준교육활동이 아닌 선택적 교육활동에 소요되는 제 사업비
방과후학교 운영	방과후학교운영	특기, 적성 및 교과의 특성을 반영한 프로그램 등 정규 수업과정 외 방과후학교 운영에 소요되는 사업비
	돌봄교실운영	방과후 돌봄교실 운영에 소요되는 사업비
	유치원 방과후과정운영	병설유치원 방과후과정 운영 관련에 소요되는 사업비
직업교육	직업교육운영	정규 교육과정이 아닌 선택적 직업교육에 소요되는 사업비
국제교육	국제교육운영	외국학교와의 국제교류 등 국제교육에 소요되는 사업비
독서활동	독서활동운영	도서 구입, 도서관 운영, 독서교육 역량 강화 등 독서활동 운영에 소요되는 사업비
교기육성	교기운영	운동부나 기악부 등 교기 운영에 소요되는 사업비
기타 선택적 교육활동	창의교육운영	영재교육운영, 발명교실 등 창의성이나 수월성 제고에 소요되는 사업비
	기타 선택적 교육운영	외부기관을 이용한 위탁교육 등 앞에서 나열하지 않은 기타 선택적 교육활동 사업비
	다문화교육운영	다문화 교육활동이나 연수 관련에 소요되는 사업비
교육활동지원		교수학습 간접 교육비로 교육활동지원에 소요되는 사업비

교무업무운영	교무학사운영	교수학습에 직접 투입되지 않으나 교육활동 지원에 소요되는 사업비
생활지도운영	학생생활상담지도	생활지도여비, 상담봉사자회비, 학교지킴이, 녹색어머니회, 부적응학생 상담, Wee 클래스 운영 등 교내외 학생생활 및 학생상담지도에 소요되는 사업비
	학교폭력예방	학교폭력예방활동 지원, 피해학생 보호 및 가해학생 선도 등 학교폭력 예방에 소요되는 사업비
	학생안전교육	학생 안전에 소요되는 사업비
연구학교운영	연구학교운영	특정 목적 달성을 위한 연구학교, 선도학교, 혁신학교 운영에 소요되는 사업비
학습지원실 운영	방송실운영	방송실 운영에 소요되는 사업비
	정보화실운영	정보화실 및 정보교육실 운영 관련에 소요되는 사업비
	공동실습소운영	공동실습소 운영에 소요되는 사업비
	기타 학습지원실 운영	시청각실 등 기타 학습지원실 운영에 소요되는 사업비
교육여건개선	교육환경개선	교수학습 및 학교행정을 위한 시설·장비의 개선을 위한 사업비
학교 일반 운영		학교 기관 및 부서 운영에 소요되는 사업비
학교기관 운영	부서기본운영	학교 각 부서(교장실, 행정실, 교무실 등)의 운영에 소요되는 사업비(부서 운영 일반수용비, 사무용품 구입, 사무용기기 구입 및 수리, 간행물 구독, 여비, 업무추진비 등)
	부설기관운영	학교의 부설기관(방송통신고등학교 등) 운영에 소요되는 사업비 (부설기관 운영 일반수용비, 여비, 업무추진비 등)
	병설유치원기본운영	병설유치원 공공요금, 시설장비유지비 등 유치원 기본 운영에 소요되는 사업비
	행정지원인력 운용	행정 지원에 필요한 인력 운용에 소요되는 사업비
시설장비 유지	학교시설 장비유지	학교 시설유지·관리에 소요되는 사업비(시설유지 관련 공공요금 및 제세, 연료비, 용역비 등) ※ 자산의 변동을 가져오는 대규모 수선비 및 시설사업비는 [단위사업: 시설확충 및 개선]에 편성
일반행정 관리	행정지원 인력운용	행정(사무)보조원(구 육성회직 포함) 인건비, 공익근무요원 인건비 등 행정지원을 위한 인력 제 사업비
	일반행정 사무관리	학교 사무용품 구입, 사무용기기 구입 및 수리 등 일반행정 사무관리를 위한 제 사업비

학교운영 협력	학교운영위원회 운영	학교운영위원회 운영에 소요되는 사업비
	학부모협력	학부모와의 상호 협력을 통해 학교발전을 추구하기 위해 학부모 협력에 소요되는 사업비(학부모 참여제도 운영, 학부모 역량 강화 교육 등)
	관계기관협력	지역주민이나 관계기관 협력을 위해 소요되는 사업비
학교시설 확충		대규모 수선비, 교실 증·개축 등 시설에 소요되는 사업비
시설 확충 및 개선	시설 확충 및 개선	학교시설 확충, 노후시설 개선, 호우피해 복구, 교실 증·개축 등 일정 규모[지정정보처리장치에 입찰공고(2인 이상 견적서 제출 포함)하는 경우] 이상의 시설공사에 소요되는 사업비
학교 재무활동		목적사업비 반환 및 예비비 관리 등 비사업성 재무활동
반환금	반환금	목적사업비, 보조금 등 집행 잔액 반환
예비비	예비비	예비비

4. 학교회계 예산 편성 및 집행 과정에 참여하기

1) 학교회계 예산편성 과정에 참여하기

회계연도 개시 3개월 전(11월 말)까지 관할청으로부터 단위학교에 학교회계예산 편성 기본지침이 시달되면 예산편성작업이 시작된다. 학교회계예산편성 기본지침 에는 교육재정여건 및 운용 방향, 교육시책 및 권장사업, 예산과목 및 과목내용 등 학교예산운영에 관하여 필요한 제반 내용이 포함되어 있다.

예산편성지침이 시달된 후, 12월 초 학교장은 학교예산편성 방향 및 계획을 수립 하고, 교직원은 학교예산편성 방향 및 계획에 따라 예산요구서를 제출하게 된다. 예 산요구서에는 교육과정 운영 및 학교운영을 위하여 필요한 사업 및 재정 소요액 등 을 기록하며, 부별 또는 개인별로 제출한다.

다음 해 1월 초 교육청은 연간 학교회계로 이전되는 총 전입금 및 분기별 자금 배 정 계획을 통보하며, 단위학교는 1월중 예산조정작업을 거쳐 예산안을 확정한 후, 회계연도 개시 30일 전(1월 말)까지 학교운영위원회에 제출해야 한다. 학교운영위원회는 회계연도 개시 5일 전까지 예산안 심의를 종료한 후, 학교장에게 예산심의 결과를 송부해야 하며, 심의 결과를 통보받은 학교장은 학교회계 세입·세출 예산을 확정한 후, 확정된 예산을 학부모와 교직원에게 공개해야 한다. 예산편성 과정을 그림으로 나타내면 [그림 8-3]과 같다.

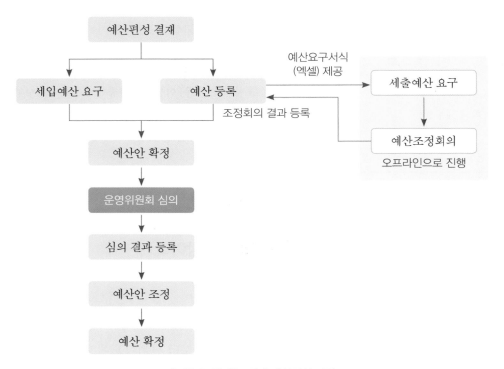

[그림 8-3] 학교회계 예산편성 과정

출처: 한국교육학술정보원(2013).

대부분의 예산편성은 행정실에서 진행하며, 교사는 담당하는 세부사업별 세출예산요구서식을 작성하여 행정실에 제출하면 된다. 세출예산요구서식은 엑셀 파일로 되어 있으며, 부서명, 세부사업명, 세부항목명, 원가통계비목명, 산출내역, 산출식, 사업담당자, 전년 산출식, 전년 요구금액, 증감, 소계로 구성되어 있다(행정실 기준이며, 학교별 예산요구서식은 다를 수 있음). 세출예산요구서식의 항목별 내용은 〈표 8-5〉와 같다.

표 8-5　세출예산요구서식의 항목별 내용 설명

항목명	세부 내용
세부사업명	• 에듀파인시스템(사업관리>사업코드관리>세출사업코드관리)에 등록되어 있는 세부사업명이 표시됨 • 띄어쓰기 등을 수정할 경우 다른 세부사업 또는 없는 세부사업으로 인식되므로 주의해야 함
세부항목명	• 전년도 세부항목이 기본으로 조회됨 • 신규 추가 시 전년 또는 당해 연도에 하나의 세부사업 내 동일 세부항목명이 2개 이상 존재하는 경우 엑셀 업로드 불가
원가통계비목명	• 각 부서/사업담당자에게 전달 시 원가통계비목 컬럼은 숨기기 하여 배포 • 취합 후 전체 원가통계비목에 대해 확인
산출내역	• 전년도 산출내역이 기본으로 조회됨 • 신규 추가 시 전년 또는 당해 연도에 하나의 세부항목 내 동일 산출내역명이 2개 이상 존재하는 경우 엑셀 업로드 불가
산출식	• 산출식을 수정하면 요구금액, 소계(세부사업별 소계, 부서별 소계, 합계)가 자동 계산됨(천 원 단위 절상) • 신규 산출식 추가 시 기존 행을 복사하여 추가해야 요구금액에 수식이 적용되어 자동 계산됨
사업담당자	• 에듀파인시스템(사업관리>사업코드관리>세출사업코드관리)에 등록되어 있는 세부사업담당자로 표시됨 • 신규 추가 시 사업담당자는 반드시 입력되어야 함
전년 산출식	• 전년도 산출식이 조회됨 • 참고자료이며 엑셀 업로드 시 사용되지 않음
전년 요구금액	• 전년도 요구금액이 조회됨 • 참고자료이며 엑셀 업로드 시 사용되지 않음
증감	• 당해 연도 요구금액과 전년 요구금액을 비교하여 차이 금액이 표시됨
소계	• 소계 버튼을 클릭하면 부서별, 세부사업별 합계 확인 가능함

출처: 한국교육학술정보원(2013).

참고로 행정실에서 이루어지는 세부사업 예산요구내역 입력과정을 살펴보면 다음과 같다. 세부사업 예산요구내역을 입력하기 위해서는 먼저 예산관리 > 예산편성 > 세입예산관리에서 세입재원을 입력하고 재원별 세부사업을 입력해야 한다. 세입재원은 교특전입금(교육비특별회계에서 전입되는 각종 목적지정지원금, 학교운영경비 등), 수익자부담금, 보조금 및 지원금(지방자치단체, 공공기관 등에서 지원되는 각종 보조금 및 지원금, 예컨대 대응투자사업비, 급식지원금 등), 법인/타학교전입금(사립학교 법인 전입금, 타학교에서 전입되는 각종 전입금, 예컨대 공동급식학교의 급식비부담금), 발전기금전입금(학교발전기금 중 학교회계로 전입된 금액), 일반(이상 재원에 속하지 않는 모든 재원, 예컨대 각종 사용료 수입, 수수료 수입, 불용재산 매각대금, 이자수입 등)으로 구분된다. 예산편성결재 완료 후 행정실에서 세입예산요구내역을 입력하고 저장을 하면, 해당 세부사업에 세입재원이 자동 배정되어 상태가 '본예산(등록)'으로 표시된다.

세부사업 세출예산을 요구하기 위해서는, 예산등록 화면에서 세부사업에 입력해야 할 세부사업 목록이 나타나면, 모든 세부사업을 선택하거나 요구할 세부사업을 선택하고 예산등록 버튼을 눌러야 한다(행정실 업무). 이어 세부항목추가 및 산출내역추가 버튼을 누른 후 세부항목명을 입력하고, 원가통계비목 돋보기 버튼을 눌러 해당 원가통계비목을 조회하여 선택하고 확인 버튼을 누른다. 산출내역과 산출식을 입력하고 저장하면 된다. 전년도에 동일한 세부사업으로 예산을 편성한 이력이 있는 경우 전년복사를 통해 세부항목, 산출내역, 요구액을 복사할 수 있다. 부서별로, 교사별로 제출받은 다수의 세부사업 세출예산요구내역은 엑셀 업로드를 통해 일괄 등록한다. 세부사업 입력이 끝나면 다시 예산등록 화면에서 내역검증 버튼을 눌러 요구된 내역 중 잘못된 부분이 있는지 확인한다. 오류가 있는 내역이 확인되면 해당 세부사업을 선택하고 예산등록 버튼을 누른 후, 각 세부사업별로 오류 내역을 수정하고 저장한다. 오류 내역을 수정한 후 등록완료 버튼을 누르면 세부사업 예산 요구가 완료된다.

2) 학교회계 예산집행에 참여하기

지출은 단위학교의 실제 예산집행 활동으로서 예산의 사용 결정에서부터 지출원인행위에 의한 부담 채무를 이행하기 위하여 현금을 지급할 때까지 일체의 행위를 말한다. 지출의 절차는 지출원인행위와 지출행위로 구분된다. K-에듀파인 시스템의 지출과정을 이해하기 위해서는 먼저 에듀파인시스템이 도입되기 전의 지출과정을 이해할 필요가 있다. 이전에는 사업담당 교사가 예산집행 품의서를 결재받아(지출원인행위) 행정실에 제출하면 바로 지출행위로 이어졌다. 물론 계약의 경우는 약간 더 복잡한 과정을 거쳤다. 즉, 예산집행품의서를 제출하면 계약방법을 결정하고, 입찰한 후 계약 또는 주문을 하고 계약 또는 주문이 이행되면 검사(검수) 및 대장 등기를 하고(지출원인행위), 이후에 지출결의서 작성, 지출금 인출, 지출금 지급, 지출부 정리, 증빙서류 편철 및 보존 등(지출행위)의 절차가 이어졌기 때문이다.

학교회계의 지출원인행위는 당해 학교의 장이 담당한다. 학교장이 없을 때에는 지출원인행위를 할 수 없으며, 관할청에 의해 당해 학교장의 직무대리가 임명되는 경우에 그 직무대리자가 담당한다. 학교회계의 지출업무는 행정실 학교회계출납원이 담당한다. 지출원인행위를 할 때에는 지출원인행위의 근거가 되는 구체적이고 개별적인 법규는 물론 사법상 계약의 절차와 효력을 정한 법령, 조례 및 규칙 등을 준수하여야 하며, 예산에 편성된 비목이라 할지라도 지급 시 자금이 부족하지 않도록 자금의 수급을 감안하여야 한다. 출납원은 지급의 청구가 있을 때에는 정당한 채권자에게 지급하여야 하며, 지출에 앞서 관계서류 검토, 채권의 소멸시효 완성, 회계연도 및 세출과목 확인, 지출금액, 지출내용을 표시하는 관계서류를 검토하여야 한다.

금액이 확정된 채무에 대하여 상대방이 의무를 이행하기 전에 또는 지급할 시기가 도래하기 전에 그 금액의 전부 또는 일부를 선급금으로 지급할 수 있다. 선급금은 최소한에 그쳐야 하며 손해를 방지하기 위해 채권확보 등 필요한 조치를 취하여야 한다. 채무는 존재하나 지급할 금액이 확정되지 않은 경우 개략적인 금액을 계산하여 채무이행시기 이전에 지급하고 집행실적에 의하여 채무액을 확정·정산할 수 있는 바, 이를 개산급이라 한다. 여비 및 기관운영 업무추진비는 통상적으로 개산급으로 지급한다. 개산급을 받은 자는 업무 종료 후 5일 이내에 개산급 정산서를 작성하여 증빙서와 함께 출납원에 제출하여야 한다.

예산집행을 위해 교사가 K-에듀파인에 로그인하여 '품의서작성'을 클릭하면, 품의작성 화면이 나타난다. 교사는 제목과 개요를 입력하고 요구일자와 완료요구일자를 선택한 후, 예산선택 버튼을 눌러 품의를 작성할 세부사업/세부항목의 산출내역을 선택한다. 이어서 내용, 예상금액 등 품목내역을 입력하고, 저장하고 결재요청하면 된다. 품의작성 시 품목 내역이 많을 경우 K-에듀파인에서 제공한 엑셀 서식을 다운로드해 내역을 입력하고 엑셀 업로드 기능을 통해 한꺼번에 품목내역을 작성할 수 있다. 사업담당자는 사업현황>품의/검사·검수>품의목록에서 품의작성 중이거나 결재 완료된 품의내역을 조회할 수 있다. 대상 건을 선택하고 결재정보 버튼을 누르면 해당 품의에 대한 결재 진행정보가 조회되고, 대상 건을 선택하고 출력 버튼을 누르면 지출품의서를 조회 및 출력할 수 있다.

품의서를 작성하고 난 이후의 지출업무는 행정실에서 처리하게 된다. 지출원인 행위에 대하여 채권자로부터 지급의 청구가 있을 시 원인행위에 대한 청구가 정당한지 확인하고 지출하여야 하며, 세출예산 집행을 증빙서류로 하여 지출결의서를 작성한다. 물품이 납품되거나 공사, 용역에 대한 기성·준공 시점이 되면 검사·검수처리를 한다. 검사·검수는 지출관리>계약처리>검사·검수목록 화면에서 진행하며, 검사·검수할 건을 선택하고 검사·검수처리 버튼을 누른 후, 요청일자 등 검사·검수 내역 및 검사·검수 상세 내역을 확인한 후 납품일자, 확정일자를 선택하고 확정 버튼을 누른다. 원칙적으로 학교장 또는 계약담당자가 검사·검수를 수행하도록 하고, 사업담당자에게 위임하는 경우에는 위임사유를 명시하도록 되어 있다. 검수자를 위임하는 경우 위임사유를 입력하고 검수자를 지정하며, '검사·검수 요청 → 검사·검수 완료 → 검사·검수 확정'의 3단계로 진행된다.

지출 특례 중 교사와 관련된 경우는 개산급제도이다. 개산급은 여비 및 업무추진비, 수학여행비나 야외수련활동의 경우 입장료 지급 등과 같이 정확한 소요액을 산출하기가 곤란한 경우에 미리 개략적으로 개산(槪算)하여 지급받고 업무종료 후에 정산하는 제도이다. 학급에서 필요한 물품도 그 종류를 특정하기가 사실상 힘들고 시장에 직접 나가서 구매하는 것이 효과적일 경우도 개산급으로 지출하고 용건 종료 후 정산할 수 있다. 도서·벽지지역처럼 현지에서 필요한 물품을 조달하기가 불가능한 경우 개산급으로 지출하여 도심지역에서 구매한 후 나중에 정산할 수 있다.

사업담당자가 품의 작성을 하고 개산급을 지급받을 경우 임시경비출납원으로 지정되어 사후 수령액에 대해 정산을 해야 한다. 사업담당자가 증빙서류를 포함한 개산급 정산내역을 제출하면 행정실에서는 정산내역을 확인하게 된다. 개산급을 정산하기 위해서 사업담당자는 사업현황>품의/검사·검수>개산급정산목록 화면에서 개산급 지출 건을 조회한 후 해당 원인행위 건을 선택하여 수령내역을 확인하고 정산내역에서 행 추가 버튼을 눌러 개산급 사용내역을 입력하고, 정산기일을 확인하여 정산일자를 입력하고 저장한 후 정산서제출 버튼을 누른다. 회계의 투명성 및 거래의 명료화를 위해 개산급의 경우에도 신용카드를 사용하여 지출하는 것이 원칙이며, 신용카드 사용이 불가능한 경우에만 예외적으로 현금지급을 할 수 있다는 점도 알아 둘 필요가 있다.

3) 학교예산 제대로 알고 쓰기

학교회계 예산과정과 예산구조에 대한 교사들의 무관심과 무지는 교직생활에 대한 회의와 좌절로 이어질 수 있다는 점에서 심각하게 인식할 필요가 있다. 교과활동에 필요한 예산을 신청하거나 기자재 구입을 요청했을 경우, 그 사업이나 활동이 예산에 잡혀 있지 않기 때문에, 또는 학교회계 규정에 어긋나기 때문에 지출할 수 없다는 답변을 몇 차례 듣고 나면 아예 돈이 들어가는 교과활동을 생각조차 하지 않게 된다. 따라서 학교회계 예산의 편성 및 집행 과정에 대한 올바른 이해는 성공적인 교직생활을 보장하는 하나의 요인이 된다. 교직생활에서 학교예산을 둘러싸고 일어날 수 있는 회의와 좌절을 겪지 않으려면 앞에서 기술한 학교회계의 예산편성 과정과 예산집행 과정에 대한 이해를 바탕으로 적어도 다음과 같은 점에 유의할 필요가 있다.

첫째, 학교회계 세입·세출 예산서를 검토해야 한다. 새로운 학교에 부임하거나 새로운 학년도를 맞이하게 될 경우 가장 우선적으로 학교회계 세입·세출 예산서를 구해서 한번 읽어 보기를 권한다. 2010년부터 에듀파인이 학교회계에 적용되면서 학교회계도 사업예산제도에 의한 예산편성이 이루어지기 때문에 예산서에 학교교육계획이 반영된다. 예산서를 통해 자신이 속한 부서나 학년 또는 교과에 배정된 예산이 얼마인지 파악한다면 그 예산을 적절한 시기에 적절한 용도와 방법으로 지출할 수 있다. 또한 다른 부서와 학년 또는 학급, 교과 등이 어떤 사업에 어떤 방식으로 예산을 지출하고 있는지 파악할 수 있어서 장차 예산요구를 하는 데 참고할 수 있다.

둘째, 학교회계 관련 법규를 이해할 필요가 있다. 교사들은 회계 관련 법규에는 일상적으로 사용하지 않는 용어가 많이 나와서 읽어 봐도 이해하기 어렵다고 말한다. 그러나 이해하기 어려운 용어나 내용이 있어도 끝까지 읽어 볼 필요가 있다. 각 시·도교육청 홈페이지에서 '자치법규' 메뉴를 찾아 「○○○시(도) 공립학교회계 규칙」과 「○○○시(도)교육비특별회계 재무회계규칙」을 다운받아 읽어 볼 것을 권한다. 다음으로 좀 더 알고자 할 경우에는 국가법령정보센터 홈페이지(https://www.law.go.kr)에 들어가 「지방재정법」 「지방회계법」 「국가재정법」 「국가회계법」 「지방교육재정교부금법」 등도 찾아 읽어야 한다. 이 정도의 법규를 읽고 나면 또 다른 의문이 생길 수 있는바, 이후로는 구체적인 자치 법규와 법령을 찾아 읽으면 된다. 교사가 회계 관련 법규를 모를 경우, 무리한 지출요구를 할 수 있고, 회계 관계자에게 정당한 권리를 주장하기 어렵다.

셋째, 학교회계 예산편성 시기가 되면, 교사들은 세출예산요구서를 제출하도록 요구받게 되므로 반드시 예산요구에 관심을 가져야 한다. 예산요구를 할 때는 주로 부서별로 사업비 요구를 하는 경우가 많으나 바람직한 것은 자신의 교과에 관련된 교수학습비를 요구하는 것이다. 교수학습비를 예산요구하기 위해서는 다음 해에 가르칠 교과목에 대해서 고민해야 하며, 예산을 어떤 활동 또는 물품에 어떻게 써야 하는지에 대해서도 고민해야 한다.

넷째, 사전에 예산요구를 하지 못했기 때문에 예산서에 반영되지 않았지만, 학기 중에 교육활동상 불가피하게 예산이 필요할 경우, 적극적으로 추가경정예산을 활용할 필요가 있다. 교사 1~2명의 요구에 따라 추가경정예산을 편성할 수는 없는 일이지만, 학교는 교사들의 추가적인 예산요구가 쌓이면 추가경정예산을 편성하게 된다. 추가경정예산이 어렵다면 예산의 변경방법인 전용제도를 활용할 것을 요구할 수 있다. 자신이 요구한 단위사업 내에 있는 다른 세부사업 예산에 여유가 있을 경우 추가적인 교수학습비로 전용이 가능하다. 문제는 추가적인 교수학습활동이 필요하다는 것을 설득력 있게 설명할 수 있느냐에 있다. 추가적인 교수학습활동이 객관적으로 필요하다는 사실이 합의되면 방법은 찾을 수 있다는 사실을 이해해야 한다.

다섯째, 학교예산 집행 수단에 관심을 가져야 한다. 자신의 부서나, 학년이나, 교과에 배정된 예산이 없을 경우 당연히 필요한 기자재 구입이나 예산이 필요한 교수학습활동이 불가능하나, 배정된 예산이 있다 할지라도 예산을 사용하는 방법이나 수단을 모르면 그림의 떡일 뿐이다. 예산은 타당한 용도에, 적절하고 합법적인 방법으로, 적정한 시기에 낭비 없이 효율적으로 집행해야 한다. 가장 중요한 것은 적절한 용도와 수단을 찾는 일이다. 흔히 교육청이나 교육부는 어떤 사업의 목적을 달성하기 위하여 사업 전담 조직이나 센터 신설, 자문위원회·자문단·지원단 설치, 교사동호회 지원, 교육자료 제작·배포, 교원연수 실시, 홍보자료 제작·배포, 학생·학부모 연수 실시 등 다양한 예산집행 수단을 동원하나, 교실수업에 중점을 두어야 하는 단위학교의 경우에는 이러한 집행수단이 적절하지 않다. 전문가 초청 특강, 관련 기관 견학, 현장체험활동 참가, 교육기자재 구입, 수업 보조자료 구입, 외부기관 특별 프로그램 참가, 전시회·발표회 등 개최, 실험·실습 실시 등 다른 교사들이 예산을 집행하는 노하우에 관심을 가져야 하며, 교육목표 달성을 위한 창의적인 예산 사용방법을 찾아내기 위한 노력이 필요하다. 얼마의 예산을 투입했느냐보다 어디에 어떻게 예산을 사용했느냐가 더 중요하다는 점을 염두에 두어야 한다.

토론 및 실습 과제

1. 인터넷상에 있는 학교회계 세입·세출 예산서를 하나 찾아서 그 학교의 교육목표 또는 경영방침과 관련된 예산을 찾아본 후 교수학습활동에 직접적으로 투입되는 경비가 전체 세출예산의 몇 퍼센트를 차지하는지 조사하고, 그 학교의 학교회계예산의 문제점을 분석한 후 대안을 모색해 보자.

2. 박 교사는 내년 5월에 중학교 2학년 학생들을 인솔하여 2박 3일 일정으로 현장체험활동을 떠날 계획을 가지고 있다. 현장체험활동계획서를 작성하고 필요한 예산요구서를 작성해 보자.

참고문헌

교육과학기술부 디지털지방교육재정팀(2008). 지방교육 행 · 재정통합시스템 학교회계시스템
　　사용자 매뉴얼-사업담당자용-.

교육인적자원부(2003). 2003년 지방교육재정운용편람.

서울대학교사범대학부설 교육행정연수원(2002). 학교장 실무편람. 서울: 도서출판 하우동설.

서울특별시교육청(2021). 2021학년도 학교회계 예산편성 기본지침.

서울특별시교육청(2021). 사립학교 학교회계 2021학년도 예산 및 2020학년도 결산 지침.

성삼제(2002). 학교예산회계제도의 이해. 서울: 교육과학사.

송기창(2000). 학교회계제도의 운용방향과 발전과제. 단위학교회계제도 도입을 위한 공청회 자
　　료집. 서울: 교육부.

송기창(2002). 학교회계의 운영실태 조사연구. 교육재정경제연구, 11(1), 189-212.

송기창(2013). 학교회계 관련 법규 및 시스템의 이해. 서울교육대학교 초등교원연수원 초등교장
　　자격연수 강의자료.

윤정일, 김민희, 김병주, 나민주, 남수경, 박수정, 송기창, 신상명, 오범호, 윤홍주, 이수정, 이
　　정미, 이희숙, 정성수, 정제영, 조동섭, 조석훈, 주현준(2008). 전환기의 한국교육정책. 서
　　울: 학지사.

윤정일, 송기창, 김병주, 나민주(2015). 신교육재정학. 서울: 학지사.

정구민(2006). 디지털시스템과 학교회계의 발전방향. 학교회계 실무 개선을 위한 초청강연회 자
　　료집. 학교회계정복하기.

최준렬(2006). 학교회계제도의 성과와 전망. 한국교육재정경제학회 제46차 학술대회 발표논문.

충청북도교육청(2021). 학교회계실무매뉴얼(2021 개정판).

한국교육신문사(2007). 학교행정실무백과. 서울: 한국교육신문사.

한국교육재정경제학회(2004). 학교재무관리 이론과 실제. 서울: 도서출판 하우.

한국교육학술정보원(2013). 학교회계시스템 행정실용 매뉴얼. 교육자료 GM 2013-1.

한국교육학술정보원(2020). K-에듀파인 학교회계 매뉴얼.

제9장

학급담임의 역할과 업무

1. 학급경영의 이해
2. 학급경영의 실제
3. 담임교사로서 학급경영 실천
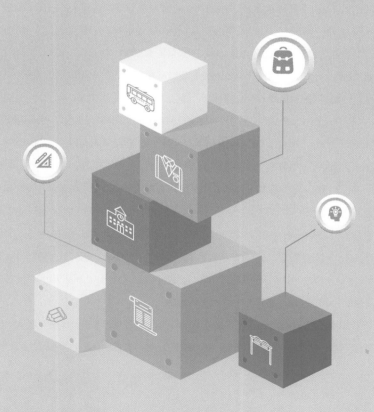 토론 및 실습 과제

잠시 눈을 감고, 여러분이 교사가 되기로 결심하는 과정에서 중요한 역할을 한 사람이 누구인지 떠올려 보자. 그 사람은 부모나 친척 또는 친구일 수도 있다. 특정한 사람의 조언에 따른 것이 아니라, 자신의 성향과 교직의 매력을 고려하여 스스로 결정했을 수도 있다. 누군가의 조언에 따른 것이든 합리적인 판단에 따른 것이든 관계없이, 교사가 되겠다고 결정한 많은 사람은 그 결정 과정에서 자신을 가르쳤던 선생님을 떠올리기 마련이다. 인생의 방향을 결정하는 데 영향을 준 감동적인 선생님을 만난 사람은 자기도 그와 같은 삶을 살겠다는 마음으로 교사의 길을 선택한다. 물론 12년 동안 존경할 만한 단 1명의 선생님을 만나지 못한 사람은 자기와 같은 불행한 학생을 더 이상 만들지 않겠다는 각오로 교직을 택하기도 한다.

　　해마다 2월이 되면, 대부분의 교사는 앞으로 1년 동안 함께 지낼 담임 반 아이들의 명단을 받는다. 새로 만날 아이들은 어떤 아이들이며 그들에 관해 좀 더 자세하게 알려면 어떻게 해야 하는가? 올해 학급운영은 어떻게 설계할 것인가? 교실은 어떻게 꾸미고, 그 과정에서 아이들에게 어떤 경험을 제공할 것인가? 학급의 규칙과 절차는 어떻게 개발하고, 그것을 아이들이 받아들이게 하려면 어떻게 해야 하는가? 이러한 질문들은 담임이 수행해야 하는 업무의 일부에 불과하다. 담임에게 부여된 역할과 업무는 상상 이상으로 방대하고 도전적이다. 이 때문에 최근에는 담임업무를 기피하는 현상까지 나타나고 있다. 그러나 담임은 학생들에게 가장 큰 영향을 주는 존재라는 점에서 교사가 누리는 심리적 보상의 원천이기도 하다. "선생님 덕분에 제 삶이 바뀌었습니다. 고맙습니다."라는 학생의 한마디는 교사에게 가장 큰 보람이 된다.

　　자, 이제 담임의 세계로 들어가 보자. 먼저, 학급경영의 이론에 대해 간단하게 살펴본 다음 실제로 학급담임이 수행하는 업무와 역할을 알아보고 그 일을 제대로 해내기 위한 방법들을 생각해 보자.

1. 학급경영의 이해

학생의 성장을 촉진할 수 있는 학급환경을 구성하기 위한 첫 단계는 학급경영 계획을 수립하는 일이다. 학급경영 계획을 수립하기 위해서는 학급경영에 대한 이해가 선행되어야 한다. 학급경영은 어떠한 활동이며, 왜 중요한가? 학급경영을 잘하기 위해서는 어떤 원리를 지켜야 하는가? 학급경영에서는 어떠한 일들을 하는가? 이 절에서는 이러한 질문들에 대한 해답을 찾아보고자 한다.

1) 학급경영의 개념과 의의

(1) 개념

학급경영이란 학급을 대상으로 교육목표 달성을 위한 교육계획을 수립하고, 계획 실행에 필요한 인적·물적 자원을 정비하고, 계획을 실행하고, 학생을 지도하고, 교육활동을 평가하는 일련의 교육활동이다. 또한 학급경영은 교수학습활동과 생활지도가 효율적으로 이루어질 수 있도록 도와주는 교육지원활동이라 할 수 있다(윤정일 외, 2015: 445).

교육활동임과 동시에 교육지원활동인 학급경영은 그 강조점을 어디에 두느냐에 따라 다양한 개념으로 정의되어 왔다. 이를 분류해 보면, 크게 ① 질서유지로서 학급경영, ② 조건정비로서 학급경영, ③ 교육경영으로서 학급경영으로 나눌 수 있다(박병량, 주철안, 2012: 454-455).

- 질서유지로서의 학급경영: 질서유지로서의 학급경영관은 학급활동의 질서를 유지하기 위해 교사가 학급에서 행하는 모든 활동을 학급경영으로 보는 관점이다. 질서유지로서의 학급경영 관점은 크게 다음의 세 가지로 구분된다. 첫째, 학급이나 학교에서 발생하는 학생의 문제행동을 다루는 일을 학급경영으로 보는 훈육의 관점, 둘째, 학생의 문제 행동을 사전에 예방하고 선도하는 일이라고 보는 생활지도의 관점, 셋째, 학급 상황에 따라 요구되는 행동을 수행하도록 하는 일이라고 보는 학급 행동지도의 관점 등이다(Doyle, 1986: 397).

- 조건정비로서의 학급경영: 조건정비로서의 학급경영관은 학급경영을 수업을 위한 학습환경을 조성하는 일로 보는 관점이다. 이 관점은 학급활동을 수업과 경영활동으로 분리하여 경영활동을 수업을 위한 조건정비와 유지활동으로 한다. 조건정비로서의 학급경영에서는 학생들이 교육목적을 달성할 수 있도록 보조교사 활용, 학습자료 제공, 학습기자재 비치, 교실환경 구성 등 제반 요소들을 조직하여 효과적인 수업환경을 조성하는 것이 주요 관심사항이다(Duke, 1979: 11).
- 교육경영으로서의 학급경영: 교육경영으로서의 학급경영관은 학급경영을 경영학적 관점에서 교육조직을 경영한다고 보는 관점이다. 교육경영으로서의 학급경영에서는 학급조직도 다른 조직과 유사한 기능을 수행한다고 보고 다른 조직을 경영하는 방식을 학급경영에도 적용하려 한다. 다만, 학급은 교육조직이므로 교육조직의 독특한 경영 특색이 반영되어야 한다고 본다. 이 관점에 따르면, "경영은 목표성취에 필요한 조정과 협동에 관심을 갖는 조직의 기능"(Johnson & Brooks, 1979: 41)으로 정의되며, 조직의 주요 기능으로 계획·조직·지시·통제·의사소통을 제시하고, 이러한 조직 기능을 수행하는 교사의 활동을 학급경영으로 규정한다.

(2) 의의

학급은 교육과정을 바탕으로 교사의 교수활동과 학생의 학습활동이 전개되는 교육활동의 기본이 되는 조직이다. 학급은 또한 학생들의 생활의 장이기도 하다. 학생들은 하루의 대부분을 학급에서 보내면서 급우들과 사회적 인간관계를 맺고 심리적 경험을 하면서 집단생활을 한다. 즉, 교수학습활동뿐만 아니라 대부분의 학교생활은 학급이라는 조직에서 이루어지고 있다. 따라서 학급을 어떻게 운영하고 관리하느냐 하는 학급경영상의 제 문제는 학교의 교육성과와 직결된다. 학급경영의 의의를 보다 구체적으로 살펴보면 다음과 같다(박병량, 2006: 18-19).

첫째, 학급경영 방식이 학생의 학업성취와 인격형성에 크게 영향을 미친다. 학급경영의 영향에 관한 연구들은 교사의 학급경영 방식이 학생의 학업성취와 사회성 발달에 크게 영향을 미친다는 점을 밝히고 있다.

둘째, 학급은 교사의 전문성을 신장, 발전시키는 곳이다. 교사는 학급에서 그의 전문적 지식과 기술을 사용하여 학급을 경영하고 학생을 지도하며, 또한 이러한 경험과 연구를 통해서 그들의 전문적 지식과 기술을 발전시킨다.

셋째, 학교교육의 발전은 학급을 기반으로 한다. 학급의 바람직한 변화를 수반하지 못한 교육개혁은 진정한 교육개혁이라고 할 수 없다. 따라서 교육개혁의 초점은 교실개혁으로 모이고 있다.

2) 학급경영의 원리

학급은 교사와 학생의 상호작용이 일어나는 장소이며, 교사와 학생의 역할과 책임이 공존한다. 따라서 효과적인 학급경영을 위한 기본적인 원리 설정에 있어서도 교사와 학생 모두의 관점이 반영될 필요가 있다. 여기에서는 학급경영을 실천함에 있어 준수해야 할 기본 원리를 교사와 학생 관점에서 살펴본다(김규태, 2020: 277).

(1) 교사 관점에서의 원리

- 민주성 및 타당성의 원리: 학생의 필요와 요구, 학부모 및 지역사회의 요구를 수렴하고 그에 맞게 학급을 운영하여야 한다. 또한 그것이 교육의 원리에 비추어 타당해야 하며, 상위 교육기관의 목표 및 교육운영의 방향과도 부합하여야 한다.
- 자주성의 원리: 학급경영의 주체는 학급담임이므로 교사 자신의 전문적 지식과 경험을 토대로 하여 학급경영에 대한 독립성과 창의성을 발휘하여야 한다.
- 합리성의 원리: 교사는 학급에 대한 기초조사를 하고 학급목표를 효과적으로 달성할 수 있는 계획을 수립하여 가장 적절한 방법을 통해 그것을 실행하고 평가하여야 한다.
- 효율성의 원리: 학급 내의 교육자원 및 시설 관리에 있어서도 효율적인 방법을 사용할 수 있어야 한다.
- 통합성의 원리: 교사는 학급운영과 관련된 여러 요소(예: 기본 생활습관 지도, 학교폭력 예방 및 대처, 인성교육, 학습지도, 진로 · 진학교육, 학생 및 학부모 상담, 창의적 체험활동 등)를 전체적으로 고려하면서 각 요소가 조화를 이룰 수 있도록 하여야 한다.

(2) 학생 관점에서의 원리

- 학습자 자유 및 개별성 원리: 학습자의 인격을 존중하고 그들의 개성을 발전시킬

수 있도록 생활조건을 확보해 주어야 할 뿐만 아니라 개인의 개성과 능력, 적성 및 요구에 대한 개별성을 존중해 주어야 한다.

- 사회성 및 접근의 원리: 학급 내 친구들과 어울리며 협동함으로써 학급 집단의 안전과 상호 성장을 도모하여야 한다. 또한 교사와 학생, 학생과 학생 간 거리감 없이 상호 존중하고 신뢰하며 배려하는 학급분위기를 조성하여야 한다.
- 창의적 사고 촉진의 원리: 학생들이 창의적으로 사고하고 탐구할 수 있는 학습활동과 경험을 제공하여야 한다.
- 학습 참여 및 흥미 제고의 원리: 학생들이 학습에 적극적으로 참여하고 흥미를 갖고 학습에 도전할 수 있는 학급풍토를 조성하여야 한다.
- 성장의 원리: 학교 및 개인 생활에 대한 지속적인 성찰과 피드백을 통해 자기성장을 촉진할 수 있는 훈육 및 지도를 해야 한다.

3) 학급경영의 영역

학급경영의 영역은 학급경영을 보는 관점에 따라 다양하지만, 대체적으로 수업활동과 경영활동은 서로 밀접하게 연계되어 있으며, 학급경영 활동이 수업활동에 통합된 중요한 활동이라고 보는 것이 공통적인 견해이다. Johnson과 Bany(1970: 63-65) 역시 수업과 학급경영을 개념적으로는 분리하고 있지만, 학급경영 활동이 수업활동과 상호 연계되어 이루어진다는 점을 강조하며 담임교사가 맡아야 할 학급경영의 영역을 '조장활동'과 '유지활동'으로 구분하였다.

- 조장활동(facilitation activities): 학급을 협동적 사회체제로 발전시키는 활동으로서 학급의 내적 체제 확립에 초점을 둔다. 조장활동에 포함되는 활동에는 학급집단의 통합적·협동적인 관계 수립, 학급 내의 행동 규범과 규칙, 절차의 확립과 이들에 대한 학급구성원의 조정 및 합의, 학급집단 내의 문제해결을 통한 학급의 조건 개선, 개인 또는 집단 활동을 제약하는 학급 조건의 수정 또는 변화 등이다.
- 유지활동(maintenance activities): 학급의 집단활동 과정(학생 간의 상호작용이나 더불어 학습하는 과정)에서 발생하는 문제를 해결하여 안정감 있는 학급분위기를 조성·유지하는 활동으로서 학급 집단활동 과정의 효율성을 제고하기 위한

것이다. 유지활동에 포함되는 활동으로는 학급구성원의 갈등 해소, 사기 진작, 환경 변화에 대한 적응력 배양 등이 있다.

Lemlech(1979)는 학급경영을 수업활동을 포함한 학급활동 전체로 보며 학생의 학급생활을 조화시키는 활동이라고 보았다. 이러한 관점은 학급전담제를 채택하고 있는 초등학교의 경우에는 타당성을 가진다. 그러나 교과전담제를 채택하고 있는 중등학교에서는 학급 담임교사의 수업활동이 제한적일 수밖에 없기 때문에 수업활동을 학급경영 활동의 영역에서 제외하는 것이 보다 현실적이라고 볼 수 있다. 다만, 학급경영의 주체를 학급 담임교사만이 아닌 특정 학급과 관련을 맺고 있는 모든 교사로 본다면 수업활동을 학급경영에 포함시키는 것도 타당성을 가진다. 이 경우에도 학급경영에서 교과 담임교사는 어디까지나 보조적인 위치에 있다는 점에서 설득력이 약하다. 학급경영에 관한 논의가 대체로 초등학교 현장을 중심으로 이루어져 왔고, 학급경영에 있어서 담임교사의 비중도 중등학교보다는 초등학교가 훨씬 크기 때문에 학급경영에 관한 대부분의 문헌에서는 학급경영의 영역에 교과지도 활동을 포함시키고 있다.

학급경영의 영역에 무엇을 포함시킬 것인가에 대해서는 학자와 관점에 따라 상당한 견해차가 있다. 시·도교육청의 중·고등학교 담임교사 매뉴얼에 제시된 영역을 중심으로 학급경영의 영역을 살펴보면, 학급경영계획 수립, 집단조직 및 중점지도, 생활지도, 체험활동, 환경시설관리, 사무관리, 학부모와의 관계, 학급경영 평가 등이 포함되어 있다(대구광역시교육청, 2020a: 18-19).

- 학급경영계획 수립 영역: 학생의 개인별 특성, 가정환경, 지역사회의 특성 분석을 통한 학급경영계획 수립
- 집단조직 및 중점지도 영역: 소집단 편성, 학급의 특성에 맞는 학급 규칙의 설정과 시행, 학급분위기 조성 등
- 생활지도 영역: 인성지도, 학업문제지도, 진로지도, 여가지도, 건강지도 등
- 체험활동 영역: 자율활동, 동아리활동, 봉사활동, 진로활동 등
- 환경시설관리 영역: 물리적 환경 정비, 시설 관리, 비품 관리, 게시물 관리, 청소 관리 등

- 사무관리 영역: 학사물 관리, 학생기록물 관리 등
- 학부모와의 관계 영역: 가정통신의 지속적 시행, 학부모의 협조를 도모하는 일 등
- 학급경영평가 영역: 학급경영계획의 평가, 학급경영의 실천 평가, 평가 결과의 피드백 등

2. 학급경영의 실제

학급경영이 무엇인지를 이해하였다면 실제로 학급 담임교사가 학급경영을 어떻게 해야 하는지를 알아볼 필요가 있다. 이 절에서는 일선 학교 학급경영에서 담임교사가 주의해야 하는 영역들, 즉 '학급경영계획 수립, 생활지도, 학급환경 정비, 사무관리' 등을 중심으로 학급 담임교사가 이를 어떻게 수행해야 하는지를 살펴본다. 끝으로, 코로나19로 인하여 대면수업과 원격수업이 병행되면서 담임교사에게 매우 중요한 영역의 하나가 블렌디드 러닝(blended learning) 교육환경에서의 학급관리 부분을 살펴본다. 따라서 원격교육 상황에서 주의해야 할 학급관리에 대해서도 다루고자 한다.

1) 학급경영계획의 수립

학급경영은 학급의 교육목표를 달성하기 위해 교사가 하는 계획, 조직, 조정, 통제와 관련된 활동을 의미한다. 학년초 담임교사는 학급의 실태를 파악하고, 일정 기간 동안에 학급이 성취할 목표를 세우며, 이를 실천할 구체적인 학급관리계획을 월별, 주별 단위로 수립하는데, 이를 학급경영계획이라고 한다. 학급경영계획 수립단계의 주요 활동으로는, 학급경영목표 수립, 급훈 및 학급 규칙 정하기, 학급경영계획서 작성, 월별 추진 계획 수립, 학급 특색활동 운영 등이 있다.

(1) 학급경영 목표 및 방침 결정

효과적인 학급경영을 위해서는 우선 학급경영의 목표와 방침을 명확하게 설정해야 한다. 학급경영목표는 학교목표와 학년목표, 교육방침 등과의 일관성을 유지해

야 하며, 학급의 교육적 수준과 학생실태 파악을 기초로 하여 설정되어야 한다.

(2) 필요한 기초자료의 수집

학급경영계획을 수립하기 위해서는 학생들의 개인적 · 집단적 사정의 파악을 위한 정확한 자료들을 확보해야 한다. 학급경영에 필요한 자료는 학생 개개인의 능력, 소질, 취미, 학력 수준을 알 수 있는 자료, 신체적 발달, 사회성, 정서적 경향을 알 수 있는 자료, 장래희망, 가정환경, 학부모의 기대를 알 수 있는 자료 등이다. 기초자료는 가정환경 조사서, 학교생활기록부, 건강기록부 등을 통해서 획득할 수 있으나 학생 개개인에 대한 자세한 정보는 설문조사, 면담 등을 통해서 확보하는 것이 좋다.

학급 전체에 대한 기초자료를 수집할 때에는, 다른 학급과의 전년도 성적평균 비교, 교과별 성적 비교, 신체허약자 및 특수학생 파악, 교우관계 조사, 기타 과거의 학급반장 및 임원 경력의 파악 등에 유의할 필요가 있다. 학생 개인에 대한 조사에서는 전년도까지의 각 교과별 평균성적, 지능 · 인성 · 적성검사 결과, 신체발달 상황, 출생 및 성장지, 거주지, 출신학교, 입학 전 성장 내력, 좋아하는 교과와 싫어하는 교과, 취미와 특기 등에 대한 파악과 학생 개개인의 가정환경 조사 등에 중점을 두어야 한다. 가정환경을 조사하면서 특히 관심을 가져야 할 것은 양친의 유무, 연령, 직업, 교육 정도, 자녀교육에 대한 관심도 등이다.

자료의 수집과정에서 전학년도 담임교사로부터 정보를 얻는 것이 필요하다. 이 경우에는 편견을 그대로 받아들일 위험성이 있기 때문에 신중해야 한다. 따라서 학년초에 한꺼번에 정보를 얻는 것보다는 학생지도 과정에서 필요할 때 수시로 정보를 구하는 것이 바람직하다.

(3) 필요한 조직 구성

학급경영계획에는 학급활동에 필요한 조직을 구성하는 계획도 포함되어야 한다. 학급경영에 필요한 조직으로는 교과학습이나 공동 과업수행을 위한 협동집단으로서의 분단조직, 민주적 생활 경험을 쌓게 하기 위한 자치회나 학급회 조직, 학생의 특기나 취미 신장을 위한 특별활동 조직, 지역사회에 기여할 수 있는 봉사활동 조직, 건전한 학급생활을 위한 생활지도 조직 등이 있다. 특별활동 조직이나 봉사활동 조직은 학급조직이라기보다는 학교조직이기 때문에 이들 조직에 대한 학급담임의 역할은 제한적이다.

(4) 학급환경 구성

교실은 학생들이 생활하고 학습하는 공간으로서 학급 담임교사의 세심한 배려가 필요한 부분이므로 계획에서부터 환경 구성에 신중을 기해야 한다. 학급환경은 학생들이 학급생활에 애착을 느낄 수 있도록 구성되어야 한다. 즐겁고 명랑한 분위기를 조성하고, 학습동기를 자극하며, 학습활동에 직접 도움이 될 수 있는 것으로 조성하는 것이 필요하다. 특히 계절, 시기를 고려할 필요가 있으며, 학생 안전에도 유의하여 구성해야 한다. 학교에 따라서는 학급환경 구성의 원칙이나 내용이 통일적으로 제시되는 경우도 있으나 학급 담임교사가 창의적으로 구성하는 것이 좋다. 학급환경은 학급담임의 개성이나 창의성, 교육적 열의를 엿보는 자료가 될 수 있다.

(5) 학생지도계획 수립

학생지도계획에는 학급 학생지도를 통하여 학교교육 목적을 실현할 수 있는 구체적인 내용이 담겨 있어야 한다. 학생지도계획은 학습지도계획, 생활지도계획, 특별활동지도계획, 건강지도계획, 기타 지도계획 등으로 나누어 수립하는 것이 좋다.

학습지도계획에서는 독서의 습관화, 자학자습 태도, 바른 학습태도 등에 중점을 두어야 하며, 생활지도계획에서는 기본예절·질서생활 지도, 문제학생·신체허약 학생·결손가정 학생·학생가장 지도 등에 유의해야 한다. 특별활동지도계획에서는 소질 및 적성의 신장, 협동심, 참여의식(학교행사, 과외활동)의 고취에 중점을 두어야 하며, 학교교육계획을 참고하여 학교행사계획(합창대회, 체육대회 등)에 맞추어 계획을 수립해야 한다. 건강지도계획에서는 규칙적인 생활습관 지도, 올바른 식생활, 운동의 생활화 지도 등에 중점을 두어야 한다.

(6) 학급경영 평가계획 수립

학급경영 평가계획에서는 영역 혹은 활동별로 학급경영의 성과를 진단·평가할 수 있는 방법을 구체적으로 계획하되, 교사와 학급 학생이 공동으로 평가하는 방안을 포함시키는 것이 바람직하다. 평가결과는 계획의 수정·보완 및 차기 계획 수립에 반영해야 한다.

(7) 학급경영계획서 작성

학급경영계획의 마지막 단계는 앞의 구상과 조사 및 계획을 기초로 일정한 양식에 의거하여 학급경영계획서를 작성하는 일이다. 학급경영계획서는 학교의 통일된 양식에 따라 작성할 수도 있고, 교사 자신이 별도의 양식을 개발하여 사용할 수도 있다. 일선 학교에서 사용하는 학급경영계획서와 월별 세부 계획서 사례를 제시하면 [그림 9-1]과 같다.

<table>
<tr><td colspan="3" align="center">학급경영계획서(○학년 ○반)
담임: (   )</td></tr>
<tr><td>급훈</td><td colspan="2">꿈은 이루어진다. 꿈을 가꾸자!</td></tr>
<tr><td rowspan="4">학급 특성</td><td>학급 재적수</td><td>30명(남 16, 여 14)</td></tr>
<tr><td>생활지도에 관심이 필요한 학생</td><td>3명(배○○, 박○○, 하○○)
-배○○: 전년도 학교 폭력 관련 징계 받음. 급우와 갈등이 많으며 교사에 대해 불손한 태도를 보임</td></tr>
<tr><td>학생들의 생활 특성</td><td>학습 의욕이 높고 활달하나 기본생활습관 지도가 다소 필요함. 특별히 문제를 일으킨 학생은 없으나 일부 학생을 중심으로 학급분위기가 형성되고 있음</td></tr>
<tr><td>학부모 특성</td><td>교육열이 높은 편으로 맞벌이가 전체 학부모의 80%를 차지하지만 학교/학급 일에는 비교적 협조적임</td></tr>
<tr><td>학급경영 목표</td><td colspan="2">1. 독서를 생활화한다.
2. 규칙을 준수하고 실천한다.
3. 서로 돕고 사랑하는 마음을 가꾼다.</td></tr>
<tr><td>학급경영 방침</td><td colspan="2">1. 아침독서시간을 운영하여 월 2권 이상 독서하기를 실천한다.
2. 기본생활태도 및 예의 바른 언행 기르기에 노력한다.
3. 봉사활동을 통해 더불어 사는 공동체 생활의 중요성을 깨닫게 한다.</td></tr>
<tr><td>생활 및 인성 지도</td><td colspan="2">1. 기본생활예절 지키기
2. 바르고 고운 말 쓰기
3. 지역 연계 봉사활동 실천하기</td></tr>
<tr><td>학습지도</td><td colspan="2">1. 또래 멘토와 멘티 결성을 통합 학습 협력체 구성하기
2. 과목별 과제수행 점검 및 학습분위기 조성하기
3. 개인별 성취목표를 정하고 계획 세워 실천하기</td></tr>
<tr><td>학급 특색 활동</td><td colspan="2">1. 종례 통신 보내기
2. 학급 문집 만들기
3. 학부모와 함께하는 학습 행사의 날 운영</td></tr>
</table>

[그림 9-1] 학급경영계획서와 월별 세부 계획서 예시(계속)

월	주제	세부 계획	학교 행사
3월	학급 구성 및 학급분위기 조성	• 운영계획 발표 • 학급목표 및 급훈 정하기 • 학급기초조사서, 자기소개서 받기 • 학급 임원 선거 및 부서 조직(모둠 구성) • 비상연락망 정비 • 학생 개별 상담 및 상담자료 정리 • 교실환경 구성 • 학부모 가정통신문 발송 • 학급 단합 행사(한솥밥 해 먹기, 반가 만들기, 학급단합체육대회 등)	• 시업식 • 입학식 • 학부모회
4월	학급 소속감 심어 주기	• 자기주도학습 정착 • 기본생활습관 지도 • 모둠 상담하기 • 테마 현장체험학습 선정 및 프로그램 계발 • 체험활동에 따른 안전사고 예방 지도 • 과학의 달 행사 준비(1인 1프로그램 참가) • 1학기 중간고사에 대비한 시간관리 계획서 점검	• 테마 현장체험학습 • 과학의 달
5월	은혜에 감사하는 마음 갖기	• 부모님, 선생님께 감사의 편지쓰기 지도 • 학급운영 중간점검(설문조사) • 학급 부적응아 체크리스트 점검 및 상담 • 전일제 창의적 체험활동 준비 및 사전교육 실시 • 학급 단체 봉사활동 • 1학기 중간고사 반성 및 학업 상담 • 학부모 가정통신문 발송	• 어버이날 • 스승의 날 • 1학기 중간고사 • 전일제 창의적 체험활동
6월	즐거운 학급분위기 정착	• 모둠활동 전개 • 계기교육 실시 • 1학기 기말고사 대비 시간관리계획서 점검 • 학급 단합 행사	• 호국보훈의 달
7월	한 학기 마무리 점검	• 1학기 기말고사 준비, 학습분위기 조성 • 여름 휴가계획서 작성 지도 • 학부모 가정통신문 발송 • 1학기 기말고사 반성 및 학업 상담 • '학급소체육대회'를 겸한 학기 마무리 잔치	• 1학기 기말고사 • 여름휴가식

[그림 9-1] 학급경영계획서와 월별 세부 계획서 예시

2) 학급환경의 정비

(1) 좌석의 배치

학생의 좌석은 배열된 좌석에 따라 배치한다. 좌석 배열방식으로는 교실 정면을 향해 몇 개의 열로 배열하는 전통적 배열방식이 주로 사용되지만, 때때로 앞뒤의 배열 수를 적게 하고 옆을 상대적으로 길게 하는 수평적 배열, 소수의 학생들로 나누어 그들을 서로 마주 보고 앉게 하는 소집단 배열, 전체 학생을 둥글게 앉게 하는 원탁형 배열, 학생들을 특정한 방향으로 집중시키는 모둠형 배열, 말발굽 형태로 좌석을 배치하여 앉게 하는 말발굽형 배열방식 등을 사용할 수도 있다.

좌석 배치는 좌석을 배열한 후 배열된 좌석에 번호순으로 배치하는 방법과 교사의 계획에 의거하여 배치하는 방법이 있다. 번호순에 의한 방법은 쉽고 편리하게 할 수 있고 학생들의 오해의 소지를 줄일 수 있는 장점이 있으나, 학생들의 특성을 반영하지 못하는 단점이 있다. 교사의 계획에 의한 방법은 교우관계, 성적, 가정환경, 성격 등을 고려하고 교사의 학급경영 방침을 분단 편성에 반영할 수 있다는 장점이 있으나, 학생들의 오해를 유발하고 시간이 많이 소요된다는 단점이 있다.

또한 좌석 배치의 방법에는 좌석을 고정하여 앉게 하는 지정좌석제와 먼저 온 순서대로 자유롭게 선택하여 앉게 하는 자유좌석제가 있다. 자유좌석제는 매일 짝이 바뀌고 학교생활에 흥미를 줄 수 있다는 장점이 있으나, 소외되는 학생들이 생길 수 있고, 친한 친구끼리 그룹을 만들게 되어 학습분위기에 지장을 주는 경우가 많으므로 피하는 것이 좋다. 처음 며칠간은 변화가 있으나 1주일 정도만 지나면 친한 친구끼리 좌석이 고정되는 경우가 많아서 흥미도 반감되는 것이 보통이다. 학생들에게 폭넓은 인간관계의 기회를 주고, 학습분위기를 쇄신한다는 측면에서 고정좌석제를 택하되, 분단은 매주, 좌석은 매월 변화를 주는 것이 좋다.

(2) 교실환경의 정비

교실환경 심리이론에 따르면, 교실환경은 학생들에게 많은 생리적 · 심리적 · 사회적 영향을 주고 학업성취에도 큰 영향을 미친다. 따라서 학급 담임교사는 특히 학년과 학기초에 교사와 학생, 학생과 학생 간의 원만한 인간관계를 형성하도록 하기 위한 교실환경 구성에 많은 관심을 기울여야 한다.

교실환경을 구성할 때에는 유용성, 심미성, 안전성, 융통성, 연계성, 경제성 등을 고려해야 한다. 특히 교실의 비품을 정비할 때에는 ① 학생들이 수시로 사용하는 것은 분산시키고, ② 교사와 학생들의 시야를 가리지 않도록 배치하며, ③ 자주 사용하는 교수학습 자료는 항상 교사 옆에 두도록 하고, ④ 어디서든지 편한 자세로 교사의 말을 경청할 수 있도록 해야 한다(Evertson et al., 1997: 3-4).

좌석은 교실 규모 및 형태, 학생들의 시력과 칠판의 반사도 등을 고려하여 정하고, 책상과 의자의 키와 높이는 학습자의 신장에 맞는 것으로 준비해야 한다. 책상 등 교실의 시설·장비는 학생들이 자유롭게 왕래할 수 있는 공간을 고려하여 배열해야 한다. 교실 내의 색조는 밝은 색 계열의 중간색이 학습분위기 조성 면에서 좋다. 특히 교실 앞면에는 주의를 산만케 하는 강한 원색 계통의 색은 피하는 것이 좋다. 교실의 바닥, 벽면, 천정 등은 청결한 환경을 유지하되, 색조와 장식, 분위기 등에 관심을 두고 정비해야 한다. 교실의 온도는 항상 20℃ 내외를 유지해야 하며, 습도는 50% 내외, 조도는 500Lux 정도를 유지하도록 해야 한다. 청소도구함의 청결과 정비, 음료수 용구의 청결 등에 특히 유의해야 한다.

게시·전시물은 상게(常揭)적인 것, 학습자료적인 것, 감상적인 것, 기록적인 것, 연락·장식적인 것 등이 있을 수 있는데, 이들은 교육적 가치, 균형미, 색채의 조화, 시의성, 학생의 관심도 등을 고려하여 정비해야 한다. 게시물은 오래 두지 않아야 하며, 지나치게 많은 것도 좋지 않고, 항상 멋지고 깔끔하게 정돈되면서도 안정감 있게 하는 것이 바람직하다. 성적물의 게시는 학생들에게 우월감이나 열등의식을 갖게 할 우려가 있으므로 신중하게 해야 한다.

3) 학급생활의 지도

(1) 학급의 생활지도

생활지도는 학생들로 하여금 자기 자신의 이해와 현실 환경에 대한 이해를 통해 건전한 적응을 하며, 또 자신의 가능성을 발달시켜 계속 건전하게 성장할 수 있도록 조력하는 기술적이고 조직적인 교육활동으로(이성진, 1996: 347), 학급경영에서 교과지도 못지않게 중요한 활동이다.

학급의 생활지도 활동은 문제의 성질에 따른 생활지도와 학생의 필요에 따른 생활지도로 구분된다(이성진, 1996: 352-354). 전자의 활동에는 교육지도, 성격지도, 직업지도, 사회성지도, 건강지도, 여가지도 등이 포함되며, 후자의 활동에는 학생조사활동, 정보활동, 상담활동, 정치(定置)활동(placement service), 추수지도활동 등이 포함된다. 이러한 활동들을 통해 학급교사는 학생들의 전인적 발달을 촉진하며, 학생들이 다양한 경험을 의미 있게 통합할 수 있도록 하고, 환경에 적절하게 적용할 수 있는 인간적 특성을 개발하도록 도와주며, 자기 자신을 바르게 이해하고 자신의 여러 특성을 현명하게 활용할 수 있도록 도와주어야 한다.

(2) 학급에서의 행동지도

학급에서 학생들의 행동지도는 학습활동에의 몰입 여부와 학급생활 규칙의 준수 여부에 초점을 두고 이루어진다. 교사가 학생들의 행동을 통제할 때에는 ① 적절한 행동을 강조·강화함으로써 긍정적인 학급풍토를 조성해야 하며, ② 학생의 특정한 행동과 학업성취와 관계를 주도면밀하게 관찰해야 하고, ③ 절차와 규칙 등의 적용은 항상 일관성을 유지해야 하며, ④ 부적절한 행동에 대해서는 즉각적으로 제지해야 한다(Evertson et al., 1997: 119).

학생들의 긍정적인 행동을 강화하기 위해서는 상과 벌을 적절하게 활용하는 것도 바람직하다. 상으로는 상징, 인정, 활동, 상품, 기타의 보상체계가 있고, 벌에는 낮은 점수 부여, 권리 박탈, 벌칙, 나머지 공부, 배상, 압수 등이 있는데, 벌보다는 상을 활용하는 것이 바람직하다. 특히 학급활동에서의 상벌체제는 구체적인 개인에게 적용하는 것보다는 그것들을 적절하게 조합하여 목표성취나 동기부여, 행동수정 등의 학급경영 전략으로 활용하는 것이 바람직하다(조동섭, 1996: 58-67).

(3) 학급회 조직

학급회는 학급의 중요한 일들을 여러 부서 또는 모둠으로 나누고 학생들이 역할을 분담하여 자율적으로 활동을 진행함으로써 서로의 성장을 도모하고 삶의 소중함을 일깨워 주는 공동체 의식을 함양할 수 있는 장치이다. 특히 최근 들어 민주시민교육이 강조되면서 학급회를 포함한 학생 중심 자치활동에 대한 관심이 높다. 특히 중·고등학교 단계에서는 상급학교 진학에 이들 활동의 참여가 리더십을 평가하는 중요한 증거 활동으로 활용되면서 학생과 학부모 모두 학급회의 조직과 운영에 관심이 매우 높다.

따라서 담임교사는 학급회를 포함한 학급자치활동에서 특히 학생들의 자발적 참여를 유도하고, 공정한 선발 절차를 통해서 임원을 선출하며, 민주적 분위기 속에서 활동이 전개되도록 지원해야 한다. 학급구성원으로서의 책임을 인식하고 약속과

모둠명	깔끄미		모둠장	김○○
모둠명의 뜻	쾌적한 학급환경을 유지하기 위해 매사 깔끔하게 아름답게(美) 노력하는 모둠이라는 의미			
모둠원	이름	맡은 일		
	김○○	학급환경 정리 계획 및 실천		
	이○○	앞면 게시판 정리 및 새소식 게시		
	최○○	뒷면 게시판 자료 점검 및 교체		
	정○○	청소용구함 정리 및 청소용구 관리		
	박○○	게시판용 작품 수집 및 정리		
모둠 규칙	1. 약속시간 잘 지키기 2. 뒤에서 남의 말 하지 않기 3. 다른 사람이 불쾌하지 않게 부드러운 말하기			
모둠 구호 (노래)	깨끗한 교실, 아름다운 교실, 깔끄미, 우리 손이 최고야!			

[그림 9-2] 학급회 조직과 모둠활동 예시

질서를 지키며 학급발전에 기여할 수 있는 태도를 갖도록 지도한다. 또한 역할 분담의 기회를 골고루 갖도록 안배하고 분담된 활동은 책임을 완수할 수 있도록 한다.

4) 학급의 사무관리

사무란 일반적으로 행정을 수행하는 과정에서 수반되는 기록과 장부의 작성 및 보관, 공문서와 제 보고의 처리, 회계 및 경리 등 문서관리를 위주로 하는 업무를 말한다. 따라서 학급의 사무관리는 학급경영 과정에서 수반되거나 경영상 필요한 문서를 작성·유통·정리·보존·활용하는 활동이라고 할 수 있다.

담임교사가 처리해야 할 행정업무에는 학적 및 출결 관리, 진급 관리, 전·입학 처리, 기초생활수급자나 저소득층 학생 지원, 수익자 부담경비 관련 업무 처리, 학부모회 조직 및 관리 등이 있다. 최근에는 업무 담당교사를 두거나 행정실무사를 채용하여 각종 행정업무를 처리하는 학교가 늘고 있다.

교육행정정보시스템(NEIS)은 교무업무는 물론 교원의 업무 경감을 위해 행정전산망을 통하여 교원의 인사 정보와 복무까지 관리할 수 있는 시스템이다. 나이스 교무학사 시스템에서는 학기초 시간표 작성, 학교생활기록부 학적 기초 사항 정리 등을 수행할 수 있게 하며, 학기중에는 출결, 수상, 창의적 체험활동 및 학교스포츠클럽 활동사항을 기록하고, 학기말에는 교과학습발달상황, 종합의견 작성, 진급 처리 등을 할 수 있게 한다. 이와 더불어 교원 개인 인사정보관리와 함께 근무상황관리 (연가, 출장, 조퇴, 외출 등)를 할 수 있다.

표 9-1　NEIS 연간 업무 추진 일정(전출입 포함)

3~4월	5~11월	12월
• 학생기초자료 확인·입력 　-학생 주소(누가기록) 　-학생 사진 등록 　-학생 인적사항	• 출결관리 • 진로희망사항 기록 • 창의적 체험활동 기록 　-자율/봉사/동아리/진로 • 학생 전출입 자료 입력	• 학생 행동특성 및 종합의견 기록 • 학교생활기록부 자료 반영 • 학교생활기록부 마감

5) 원격수업 상황에서 담임교사의 역할

큰 틀에서 보면 담임교사의 역할은 등교수업 때와 다르지 않다고 볼 수 있다. 학생들이 정해진 시간에 잘 등교하였는지 확인하고, 결석생이 있을 경우 그 사유를 살피고, 조·종례를 통해 공지사항을 전달하는 것은 담임교사의 기본적인 업무 중 하나이기 때문이다. 그런데 온라인상에서 학생들이 건강하게 잘 있는지 확인하는 출석관리가 하루의 중요한 일과가 되면서, '학생과의 의사소통'이 무엇보다 중요한 부분으로 다루어지고 있다. 온라인 개학 후 학생과 학부모들의 질문과 민원이 근무시간 외에 밤까지 연장되어 담임교사에게 쏟아지고 있다. 따라서 이러한 상황에서는 학교가 정한 일반 원칙이나 사안별 의사소통 창구에 대해서 충분히 사전에 공지하고 기본 원칙하에서 의사소통을 할 필요가 있다.

먼저 담임교사가 확실하지 않은 내용까지 모두 답해 주다 보면 오히려 더 많은 질문과 민원이 제기될 수 있다. 또한 근무시간을 고려하지 않고 밤늦게 연락이 오는 경우도 잦아질 수 있다. 이러한 경우가 발생하는 경우 학부모의 입장에서 조급할 수 있는 상황을 충분히 이해하는 태도를 취하되, 애매한 질문은 성급하게 대답하기보다는 학년부와 협의하고 내용을 숙지한 후에 명료하게 전달해 주는 것이 바람직하다. 담임교사의 역할은 정확한 공지사항의 전달이나 학생이 수업에 집중할 수 있도록 돕는 데 있다. 따라서 학급 소통방을 통해서 가능하면 주기적으로 주의사항을 공지하고 안내할 필요가 있다.

교사가 온라인 상황을 어떻게 받아들이고 대응하느냐에 따라서는 등교수업 상황보다도 학생들과 좋은 관계를 형성할 수 있다. 가장 간단한 방법으로 학생들이 출석체크를 한 경우 비공개 댓글이나 개인 카톡으로 코멘트를 남길 수도 있다. 특히 요즘 중·고등학생들은 문자를 통해서 의사소통하는 것에 더욱 익숙한 디지털 네이티브 세대이다. 따라서 적절한 멘트의 즉각적인 피드백을 잘 활용함으로써 교과교사보다 담임교사의 역할이 더욱 중요하게 작용할 수 있다. 특히 학급경영에 필요한 기초조사에서 다양한 온라인 조사도구를 활용함으로써 기초조사 결과에 대한 분석을 보다 용이하게 진행할 수도 있다. 그런데 이러한 활동들은 모두 교사의 원격교육 역량 수준과 관련이 있다는 점에서 원격교육 기본소양을 키우고자 하는 교사의 노력이 무엇보다 중요하다.

3. 담임교사로서 학급경영 실천

앞에서 살펴본 학급경영에 관한 이론과 실제는 학급담임이 무슨 일을 하며 그 일을 어떤 관점에서 수행할 수 있는지 개괄적으로 보여 준다. 이제 학교 담임교사로서 실제 업무를 수행하는 장면을 떠올리면서 학급경영의 영역별 주요 과업을 구체적으로 제시하고자 한다(〈표 9-2〉 참조).[1]

표 9-2 학급경영의 영역별 주요 과업

학급경영의 영역	주요 과업
학급운영	• 급훈과 자치 규칙 선정 및 실천지도 • 학급회 구성 및 운영 지도 • 조례와 종례 지도 • 교우도 조사 및 결과 처리 방법 • 환경구성 및 청소 · 주번활동 지도 • 교실비품관리 지도 • 좌석 배치 및 지도
생활지도	• 교내 · 외 학생생활 지도 • 교칙 및 각종 규정 준수 지도 • 학생 특성 파악 • 학생 상담 및 학부모 상담 • 안전사고예방 및 학교폭력예방 지도 • 학생 사안(사고) 처리
진로 · 진학 · 학습 지도	• 진로지도 • 진학지도 • 학습 태도 및 방법 지도 • 가정학습 지도: 예습, 복습, 자습, 과제, 방학생활 지도 • 학습방법 지도, 자율학습 지도, 면학분위기 조성
학사실무	• 학사 및 각종 사무 관리: 출결관리, 학교생활기록부 및 건강기록부 관리, 교육평가의 집계 및 통계, 성적통지표 작성, 교무수첩(학급경영록), 학생 기록물 관리, 기타 학생에 대한 일체의 사무

---

[1] 이 부분은 우리교육편집부(2002), 경기도교육청(2021), 대구광역시교육청(2020b) 등을 주로 참고하여 정리하였다.

| 특색 활동 | • 창의적인 학습환경 조성
• 자율 · 동아리 · 봉사 · 진로 활동
• 지역사회, 교육 관련 기관과의 유대 형성 |

1) 첫 만남

새 학년 첫 만남은 담임과 학생 모두에게 긴장과 스릴이 넘치는 순간이다. 학생들은 비록 다른 교사들과의 이전 경험을 통해 학교생활에 적응하는 법을 어느 정도 이해하고 있지만, 새로운 담임선생님이 어떤 사람이고 무엇을 기대하는지 잘 알지 못한다. 담임교사 역시 새로운 학생들이 어떤 아이들이며 그들과 함께할 앞으로의 1년이 어떻게 전개될지 알지 못한다.

이러한 긴장된 순간을 풀어 가는 교사들의 방식은 다양하다. 미리 이름을 다 외워 학생들을 놀라게 할 수도 있고, 교실 문 앞에 서서 학생들과 일일이 악수를 나눌 수도 있다. 상징적인 훈화를 들려줄 수도, 자신의 교육철학을 선포할 수도 있다. 아예 첫 시간부터 학급경영계획을 발표하며 그 계획에 맞추어 학생들과 함께 규칙과 절차를 협의하는 경우도 있다. 노련한 교사라면 학생들의 관심이 담임만이 아니라 친구들에도 있다는 것을 알고 학생들끼리 서로 이해하는 시간을 마련하기도 한다.

어떤 방식의 첫 만남이 바람직한지 정답은 없다. 중요한 것은 첫 만남이 미리 준비된 가운데 이루어져 하며 앞으로 전개될 1년 동안의 학급운영계획과 일관성이 있어야 한다는 것이다. 좋은 첫 만남을 위해 미리 확인해야 할 것들 가운데 다음 사항은 반드시 포함되어야 한다.

- 자신의 교육관과 학생관, 자신의 성격과 특성 등
- 연간 학급경영계획
- 학생들에 관한 정보(학생생활기록부, 기초조사서, 동료교사의 조언 등 활용)
- 학년초 업무 목록 작성(출석번호, 좌석 배치, 학급임원 뽑기, 1인 1역할 정하기, 임시 규칙 만들기, 가정통신문 발송하기 등)

2) 학급운영을 위한 조직과 규칙 정하기

(1) 급훈과 학급자치 규칙 정하기

① 급훈 정하기

학급의 급훈은 학급의 나아갈 방향이며 교사나 학급 구성원 전체가 학급 내에서 지켜야 할 기본 원칙이다. 급훈이 제 기능을 다하기 위해서는, 첫째, 급훈의 내용이 학교와 학생들의 특징에 알맞게 제시되어야 하고, 둘째, 학급 담임교사의 일관된 교육철학이 담겨 있어야 하며, 셋째, 막연하고 추상적인 것보다는 실천할 수 있는 구체적인 것이어야 한다.

TIP ─ 급훈을 정할 때 주의점

- 학급 담임이 직접 정할 경우: 학급 담임의 교육적 소신에 따라 급훈을 정하는 것이 바람직하나, 이때 학생들의 의사가 일방적으로 무시되고 있다는 느낌이 들지 않도록 충분한 설명과 설득을 하는 것이 좋다.
- 학생들의 표결로 정할 경우: 학생들이 공모하고 표결하는 것은 학생들의 의견을 존중해 준다는 장점이 있으나, 지나치게 개별화되고 산만하여 종합성을 담아내기가 어려운 단점이 있다는 것에 유의한다.
- 교사와 학생이 협의하여 정할 경우: 교사와 학생이 함께 참여하여 학생들에게 공모하고 교사가 5~6개의 급훈을 사전에 1차 선발한 후 학급회의를 통하여 정하는 방법으로 진행하는 것이 효과적이다.

② 학급자치 규칙 정하기

학생들과 함께 학급자치 규칙을 정하는 과정은 학생들의 자율성을 존중하면서 학생들 간의 단결과 학교폭력 예방에 도움이 될 수 있다는 점에서 그 의의가 있다. 학급의 규칙이 그 역할과 기능을 제대로 하기 위해서는 다음과 같은 점에 주의한다. 첫째, 학급 규칙은 급훈을 정하는 과정과 동시에 몇 가지를 정하는 것이 좋다. 둘째, 학급 학생 전원이 참여할 수 있도록 한다. 셋째, 관리 감독 방법과 미준수 시의 벌칙도 학생들 스스로 정하도록 한다. 넷째, 실천 정도를 수시로 확인하여 적절히 지도한다.

> ┌──┐
> **TIP** ── 명목집단법을 활용한 학급규칙 정하기 ─────────────────
>
> - 학급 규칙에 대한 토론 시작 전에 각자가 다른 사람과 이야기하지 말고 학급 규칙에 대한 자신의
>   생각을 포스트잇 3장에 3개씩 적도록 한다.
> - 각자에게 주어진 시간은 3~5분 정도가 적당하다.
> - 각자 기록한 포스트잇을 커다란 종이 또는 칠판에 붙여 둔다.
> - 내용이 아주 유사하거나 같은 것은 함께 모은다.
> - 학급구성원들이 돌아가면서 동의하는 학급 규칙에 스티커를 붙이도록 한다.
> - 이때 구성원 각자에게 주어지는 스티커의 수는 동일하게 한다.
> - 스티커가 많이 붙은 것을 중심으로 토의하여 정한다.

(2) 학급회 구성

학급회 구성에는 크게 ① 회장, 부회장 선출을 통한 학생 대표 구성, ② 학급 부처 조직 구성(부서장을 중심으로 한 체계적인 학급조직 구성)이 포함된다.

① 회장 · 부회장 선거

학기초에는 희망자를 중심으로 임시 회장으로 운영하고 학생들 간의 파악이 어느 정도 가능한 3월 중순경 학교에서 정한 일정에 따라 선출하면 된다. 사전에 회장 선거의 시기를 공지하여야 하며, 담임의 학급운영목표에 부합하는 회장의 상을 제시하는 것도 좋다. 회장 · 부회장 선거에 있어서 회장 · 부회장 후보를 따로 추천하여 선출할 수도 있고 득표순에 따라 정할 수도 있다. 이는 선거관리위원회에 일임하는 것이 좋다. 학급자치회의 회장 · 부회장을 선출하는 것은 주로 다음과 같은 과정을 거친다.

┌──┐
│ 선거 전 분위기 잡기 → 선거관리위원회 구성하기 → 선거 공고하기 → 후보자 등 │
│ 록하기 → 후보자 소개 → 공약과 홍보 활동 → 선거와 투 · 개표 → 당선자 발표와 │
│ 당선자 소감 발표 → 평가와 마무리 │
└──┘

② 학급 부서 조직

　학생 전원을 학급경영에 참여하게 하여 학급에 대한 애착심을 갖도록 하고, 분업적 책무성을 통해 상호 협조하는 민주적 생활태도를 기르도록 한다. 학급 부서 활동의 예시로는, 기획부/총무부, 문집부/문예부, 환경/미화부, 체육부/오락부, 독서부/도서부, 학습부, 선도부/바른생활부 등이 있다.

(3) 좌석 배정과 청소 및 주번 활동 지도

① 학생 좌석 배정

　학생들의 좌석 배정 상태가 학습분위기나 교우관계에 미치는 영향이 크다는 점에 특히 유의할 필요가 있다. 먼저, 학기초에는 교사가 학생을 파악하고 익히기 위해 한 달 정도 고정 좌석을 배정하는 것이 효과적이다. 학생들이 선호하는 학급 내 좌석은 학생의 성격이나 환경에 따라서 다양할 수 있다. 그러나 시력과 청력이 나쁜 학생들이 있다면 우선적으로 앞쪽 좌석에 배정하는 배려를 해야 한다. 학급분위기 쇄신을 위해서는 필요한 시점에 좌석 형태의 재배치도 필요하다.

② 청소활동

　교내 또는 학급 내 청소는 청결을 유지하는 기본적인 필수 활동이면서 협동심을 기르고 역할 분담의 중요성을 깨닫게 해 준다는 데 의의가 있다. 학생들이 꺼리는 청소 구역 담당자는 지원자를 받아서 하되 해당 학생들에게 봉사활동 시간 인정의 보상 등을 주는 것도 좋다. 청소구역은 주기적으로 바꾸어서 여러 구역과 종류의 청소를 하게 함으로써 다양한 체험을 하도록 한다.

③ 주번활동

　주번이 일주일간 학급의 봉사자로서 그 역할을 충실히 하느냐에 따라서 학급분위기가 달라질 수 있다. 주번이 해야 할 일과 학급의 담당구역 배치도를 교실에 게시하여 모든 학생이 항상 인식할 수 있도록 하며, 자기희생과 봉사를 격려해 주어 일주일간 역할 수행의 보람을 느낄 수 있도록 한다. 주번은 보통 2명이 분담하여 일일 1시간 이내 정도의 봉사활동을 하는 것이 적당하다. 일반적으로 주번은 번호순으로 정하는데, 인수인계가 잘 되도록 지도한다.

(4) 교실환경 구성

교실환경 정리는 학급 구성원이 의사소통을 하는 데 중요한 창구 역할을 한다. 학급 게시판은 '종류'별로 구분하되 '위치'를 적당히 나누어서 활용할 필요가 있다. 먼저 종류별로 묶어서 게시하는 방법을 살펴보면, 학급란, 학습란, 진로란, 기타 등으로 구분하되, ① 학급란에는 학교 연간계획표, 청소주번 조직표, 동아리 조직표 등을, ② 학습란(평가란)에는 연간 평가표(고등학교의 경우, 모의고사 및 학력평가 연간 일정표 포함), 시험시간표 등을, ③ 진로란에는 창의적 체험활동 연간계획표, 각종 행사안내 등을 게시할 수 있다.

한편, 교실 전면에 배치할 것과 교실 후면에 배치할 것을 적절히 구별할 필요가 있다. '교실 전면'에는 시간표, 일과표, 전달사항판, 방과후학교 시간표 등을, '교실 옆면'에는 달력, 시계, 화분 등을, '교실 후면'에는 학생들이 꼭 알아야 할 전달사항과 같이 수시로 보아야 할 것을 뒤쪽 교실 출입문에 배치하는 것이 효과적이다.

(5) 조 · 종례 실시

조례는 하루의 일과를 확인하고 준비하고 계획하는 시간임과 동시에 담임교사가 반 학생들의 표정을 살피고 파악하는 시간이다. 한편, 종례는 하루의 생활을 점검하

표 9-3 담임교사의 조 · 종례 시간 주요 업무

시기	주요 업무	
조례 전후	• 교실 및 복도 정리 · 정돈 • 중요 전달 및 지식사항 공지 • **학생 건강 및 표정 상태 관찰**	• **출결사항 확인 및 지각 학생 지도** • 자율학습 여건 조성 지도 • 결 · 보강 교과 공지
일과 중	• 외출 · 결과 · 조퇴 학생 지도 • 생활지도	• 학생안전지도
종례 전후	• **학생 표정 및 건강상태 관찰** • 훈화 및 귀가 안전지도 • 교실 정리 및 문단속 지도 • 출석부 정리	• 청소지도 • 잔류학생 지도 • 내일의 결 · 보강 교과 공지 • **과제 또는 평가 내용 등 점검**

고 반성하면서 마무리하는 시간임과 동시에 다음 날 준비해야 할 일을 공유하는 시간이다. 특히 중·고등학교는 교과 중심의 교육과정이 운영되기 때문에, 담임교사가 학생 삶의 방식과 태도, 특성을 파악하는 점검시간으로서 중요한 의미를 갖는다.

TIP ─ **특색 있는 조·종례 사례** ─────────────────

- 학생 자치 조·종례: 사회자가 회의 시작을 알린 후 각 담당자들이 학급 공지사항이나 중요한 전달내용을 발표한 후 학급 알림판을 통해 확인하도록 하며 반가, 반구호를 외치면서 마무리한다.
- 정다운 대화가 있는 조·종례: 생활을 소재 삼아 대화로 풀어 가는 조회로 전달사항이 있으면 칠판에 써 놓고, 아이들은 인사를 하며 안부를 나눈다.
- 역사가 살아 숨쉬는 조·종례: 세시풍속이나 역사적인 사건, 그와 관련된 자료를 모아 아이들의 수준에 맞게 이야기해 준다.
- 감동적인 이야기가 있는 조례: 지시나 잔소리가 아니라 마음을 움직일 수 있는 감동적인 이야기를 여러 곳에서 미리 수집해서 분류하여 이야기해 준다.
- 나의 좌우명 말하기: 각자 좌우명을 만들고 그 이유와 내용을 3분 정도의 분량으로 정리하여 발표하게 한다.
- 신문 기사를 이용한 '생각하는 하루': 생각해 볼 가치가 있는 기사(칼럼, 토막기사, 만평 등 다양하게 이용)를 뽑아 3~5분에 걸쳐 발표하도록 한다.
- 노래로 시작하고 마무리하는 조·종례: 노래에 관심이 있는 학생들로 모둠을 조직하여 선곡한 후 악보를 준비하여 함께 감상하며 배우는 시간을 갖는다.
- 테마가 있는 조·종례: '좋은생각'이나 '작은책' 같은 매체를 활용하는 방법으로 일주일이나 하루 단위의 주제와 이야기로 책을 활용하여 운영한다.

---

3) 생활지도

생활지도란 학생의 건전한 성장과 발달을 촉진하기 위하여 일상생활에서 당면하는 여러 현실적 문제를 스스로 해결할 수 있도록 개인의 특성에 알맞게 지도하는 것을 말한다. 담임교사의 생활지도는, 크게 ① 학생 이해 활동(학생에 관한 자료를 수집하여 이를 기록, 조직, 해석하는 활동), ② 상담활동, ③ 정보제공 활동(학생이 문제에 직면했거나 의사결정을 해야 할 상황에 처했을 때, 해결 또는 판단에 도움이 될 수 있는 사실이나 정보를 수집하고 제공하는 활동)으로 구성된다.

시기별로 담임교사가 해야 하는 주요 생활지도의 내용은 〈표 9-4〉와 같다.

표 9-4 시기별 담임교사의 주요 생활지도

시기	주요 활동(행사)	생활지도 내용
학기초	입학식	• 집단질서, 용의복장, 실내정숙 지도 • 학교소개, 학사일정 안내 • 학교생활 안내, 개인생활 안내 • 학생생활평점제 안내 • 지각, 결석 지도
	학생 신상 파악	• 학생 이해 자료 준비 • 개인상담 및 집단상담 • 상담일지 작성 • 비상연락망 조직
	환경 구성	• 청소 및 주번 배정 • 학급비품 준비 • 급훈 정하기
	학급회 조직	• 학급회 조직 • 반장, 부반장 선거
	동아리 활동 조직 및 안내	• 동아리 부서 조직, 활동계획 수립 및 안내
학기중	건전한 생활지도	• 교우관계, 왕따 및 학교폭력예방 지도 • 건전한 이성교제 지도 • 지속적인 학생 상담 진행 • 지각 및 결석 관리 • 용의 및 복장 지도 • 자율학습 지도 • 흡연 및 약물 오남용 지도
방학 중	방학 중 생활지도	• 비상연락망 재조직 및 안내 • 비행 및 탈선 예방지도 • 안전사고 예방지도 • 방학 중 봉사활동 사전교육

(1) 학생 이해 활동

① 가정환경 조사

학생을 올바르게 이해하려는 목적에서 시행되어야 하며, 가족관계, 경제여건 및 특수 상황 등에 대해서 구체적으로 파악해야 한다. 다만, 개인정보와 관련된 내용을 임의로 취급하지 않도록 주의한다.

② 학생의 개인 특성 파악

학생마다 각자가 지니고 있는 흥미, 적성 등에 차이가 있다. 따라서 효율적인 학급경영계획을 수립하고 효과적으로 학생을 지도하기 위해서는 학생의 개인 특성에 대한 정확한 파악이 필요하다.

표 9-5 ┃ 학생 이해를 위한 기초조사

종류	내용	조사 방법
학생조사	흥미, 교우관계, 장래희망, 특기, 장애, 사회부적응, 기호과목, 학습부진아 등	다양한 양식(예시 참고)을 활용한 서면조사가 우선이며, 이를 바탕으로 상담을 통해 세부적인 사항을 파악하도록 한다. 서면조사를 할 때에는 학생 혼자 작성하기보다는 가정에서 함께 작성할 수 있도록 지도한다. 특히 장애 등의 특수 상황에 대해서는 보호자 상담을 통해 확인 절차를 거치고 필요하다면 보안을 유지하여야 한다.
가정조사	거주지, 보호자 성명, 보호자와의 관계, 보호자 생년월일, 연락처 등	

※ 개인정보 취급과 관련해서 인권침해의 소지가 발생하지 않도록 만전을 기한다.
※ 학교생활기록부에 포함되지 않는 정보를 수집하는 경우, 정보 제공 주체의 수집 동의를 받아야 한다.

(2) 학생 상담

상담이란 학생이 교사와의 관계에서 자신의 생활과정상의 문제를 해결하고 생각, 감정, 행동 측면의 인간적 성장을 위해 노력하는 학습과정이다. 제각기 독자적인 문제를 가진 학생들로 하여금 자주적인 결정을 통해 문제를 해결할 수 있도록 도와주는 것이 학생 상담활동의 주된 목적이다. 학교에는 전문상담교사가 있기 때문에 담임교사로서 학생 상담에 주의해야 할 사항은 다음과 같다.

먼저, 학기초에는 결손가정 등의 가정형편이나 희귀병·장애 등에 대해 보고를 해야 한다. 민감한 이야기라 매번 학생들을 불러 알아보기는 어렵기 때문에 상담을 하면서 이런 사항에 대해서 미리 알아 두면 편리하다. 다음으로 학기초에 진행될 학비지원과 연중에 걸친 장학금 관련 업무의 편의를 도모하기 위해 가정형편이 어려운 학생도 상담을 통해 확실히 파악해 두어야 한다. 기초생활수급·차상위 가정을 파악하고, 법적으로 인정받지 못하는 빈곤가정은 후에 학비지원 신청을 할 때 담임 추천서를 작성해야 하므로 상황을 구체적으로 알아 두는 것이 좋다.

끝으로, 학생 상담 기록의 중요성이 높아지므로, NEIS에 간단하게 상담 기록을 남기고 학교별로 정해진 양식에 맞춰 작성 후 보관하는 것이 필수적이다.

TIP ── 생활지도에 따른 나이스(NEIS) 상담 기록방법 ─────────

- 나이스 접속─상단메뉴[장학]─[업무통계및현황] 클릭
- 왼쪽 메뉴바 [상담업무]─[상담현황]─[등록] 클릭 → 등록 양식

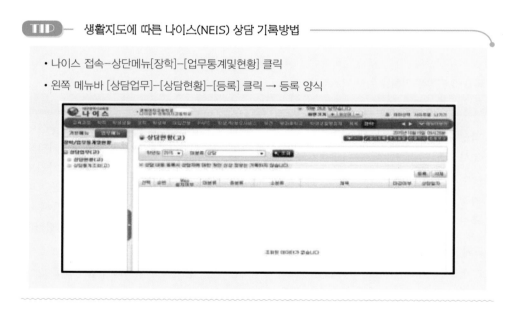

(3) 학부모 상담

학생을 제대로 파악하기 위해서는 학부모 상담 역시 필수적이다. 효과적인 학부모 상담을 위해서는 미리 학생에 대한 자료를 검토하여 상담 내용을 예측하고 준비하는 것이 중요하다.

① 학부모 상담을 위한 준비

일반적으로 3월경에 학부모 총회와 같이 학부모를 학교로 초청하는 자리가 마련

되는 경우가 많으므로 이를 학부모와 교사가 서로 친숙해지고 학생에 대한 정보와 이해를 공유하는 시간으로 활용하도록 한다. 담임교사와 학부모가 공식적으로 만나는 첫 자리이므로 교사는 보다 적극적인 자세를 가지고 준비할 필요가 있다. 또한 미리 준비를 충실하게 해 두면 상담할 때 이야기가 내실 있게 진행될 수 있으며 솔직한 인간적 교류도 가능해진다.

② 학부모 상담 시 유의사항

- 진행 순서는 다음과 같다: 담임 인사(간단한 경력 소개 및 학급운영 방침 안내)–학교 소개(학교의 특성, 중점사업, 학사 일정, 교칙 등 학교에 관한 기본 정보를 토대로 안내)–학부모 집단 또는 개인 상담(함께 나누어야 할 사안에 대해 먼저 토론하고 개별 상담은 순서를 정해 개인적으로 진행).
- 열린 마음으로 학부모의 말을 경청한다. 일방적으로 담임교사의 의견을 말하는 시간이 아니라 학부모가 생각하는 학생의 모습이나 고민 등에 대해 들어줄 수도 있는 시간으로 활용하는 것이 좋다.
- 학생에 대해 가능하면 긍정적이고 건설적인 입장을 유지하도록 한다. 물론 부정적인 측면도 무시해서는 안 되지만, 그것도 하나의 시각일 수 있다는 정도로 표시하는 것이 좋다.

(4) 학교폭력 예방

① 학급 전체 학생 대상 예방교육 실시

첫째, 학급 구성원 모두 학교폭력 사안에 대해 생각해 볼 수 있는 시간을 마련하여 운영한다. 둘째, 학교폭력이 가해학생과 피해학생만의 문제가 아니라 학급구성원 모두의 문제임을 인식할 수 있도록 한다. 셋째, 조력적 학급풍토를 조성한다. 학급 학생들이 가해학생의 행위를 용납하지 않고 즉시 선생님에게 알리거나, 피해학생에 대한 조력적 태도를 형성하도록 훈련한다. 넷째, 교내 전문상담교사 또는 외부 전문가의 도움을 받아 교육 프로그램을 구성한 후 전문가 또는 담임교사가 직접 실시하도록 한다.

② 학교폭력 사안 대처 시 유의사항

• 사안 발생 즉시 학교장 및 당사자 부모에게 알림

• 진상조사 및 분쟁조정 시에도 관련 학생(가·피해학생)의 인권 존중 및 학습권 보호

  − 쌍방의 행동 확인: 1차 피해학생 및 주변 사람들, 2차 가해학생 행동 확인

  − 쌍방 진술의 괴리, 왜곡, 변명 확인: 피해학생은 분한 마음 때문에, 가해학생은 두려움 때문에 사실을 과장하거나 왜곡하기 쉬우므로 가능한 한 단기간 내에 진실 확보

  − 변명 제거 및 사실 확인: 공통으로 인정하는 사실과 일방적인 주장을 분리한 후, 사실에 대한 진술서를 받고 서명하도록 함

• 피해학생 결석 시 위문 등 성의 있는 자세 필요(피해인정 시 출석인정)

• 사안에 대한 투명한 처리로 오해 발생 예방

• 추가로 발생할 수 있는 피해 예방을 위해 가해자나 피해자 노출 삼가

• 가·피해학생 측과 대화를 할 때 한쪽의 주장에 치우치지 않도록 주의

  − 피해학생 학부모 상담: 피해 학부모를 위로하고, 피해 규모와 치료 기간 및 비용 등 확인 및 해결 절차 안내. 부모를 감정적으로 안정시키는 것이 중요

  − 가해학생 학부모 상담: 가해 학부모의 불안한 심정을 공감하고, 적절한 책임을 질 준비를 하게 함. 지나친 책임 모면도, 지나친 책임 부담도 문제해결에 해롭다는 것을 알려 줌

• 조사 및 상담 결과는 반드시 기록으로 남김

• 가해학생은 교육적 차원에서 신속하게 처리하되, 학생인권이나 학습권에 대한 민원이 발생하지 않도록 주의

4) 진로·진학 지도

(1) 담임교사의 진로지도

생애단계별 진로교육에서, 중학교는 '진로탐색' 단계로서 특히 자유학년(학기)제를 기반으로 하여 다양한 진로체험, 학교 진로교육 프로그램 등을 경험하고 이를 통해 자기주도적으로 직업세계에 관한 다양한 정보를 탐색·수집하게 된다. 고등학

표 9-6 학교에서의 진로지도 방법

진로지도 방법	활동 내용
학급관리를 통한 진로지도	담임교사가 조회나 종례 시간 및 자율활동 시간을 통한 진로 프로그램 실시 및 진로상담
교과학습을 통한 진로지도	진로진학 상담교사가 '진로와 직업' 교과를 통해 진로지도
학교행사를 통한 진로지도	선배와의 대화, 직업인 초청 강연, 심리검사 실시 등

※ 현재 각 고등학교에 배치되어 있는 진로진학 상담교사가 모든 학생의 진로상담을 할 수 없다. 진로진학 상담교사는 학교 전체의 진로 관련 프로그램을 주관하고, 이를 바탕으로 담임교사는 개별 학생의 삶의 이해 및 심리·적성 검사 결과 등을 통해 진로상담을 하는 것이 바람직하다.

교는 자신의 특성에 부합하는 잠정적 '진로결정' 및 자신의 진로목표에 따른 계획을 수립하는 '진로계획'의 단계이다.

중·고등학교에서의 진로지도 방법은 크게 세 가지, 즉 ① 학급관리를 통한 진로지도, ② 교과학습을 통한 진로지도, ③ 학교행사를 통한 진로지도로 나눌 수 있다.

담임교사는 NEIS에서 [학생생활]-[창의적체험활동]-[진로활동누가기록] 메뉴에 있는 {진로정보조회} 버튼을 활용하여 소속반 학생들의 초등학교부터 현재 학년도까지 기록된 진로정보를 확인할 수 있다. 단, 학급학교에서 진로정보제공에 동의하

TIP ─ 진로지도를 위한 NEIS 정보의 활용

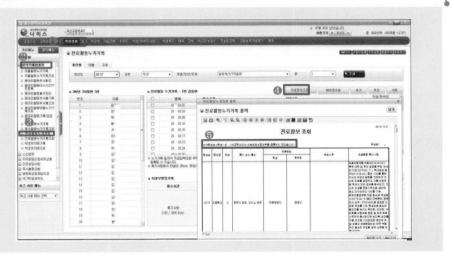

지 않았거나, 진로정보제공에 동의하였으나 진로정보가 현 학교급(고등학교)과 동기화되지 않는 경우에는 파란색 글씨로 안내문(하급학교에서 진로정보제공을 동의하지 않았습니다)이 표시된다.

(2) 진학지도

담임교사의 역할로서 진학지도는 주로 고등학교 단계에서의 대학입시지도를 의미한다. 그러나 중학교 3학년 담임교사의 경우에도 단계별 전형을 실시하는 특목고(영재고, 과학고, 외고 등)나 자사고를 준비하는 학생들을 중심으로 한 상담, 교사의 추천서 작성, 고교별 전형에 대한 일정 공지 등의 진학지도 역할을 해야 한다.

대학 진학에서 고교생의 점수에 따른 대학 배치는 수능 및 내신 등을 고려하여 전형 시기별 완결된 전형 대상 성적을 기준으로 가장 입학 성적이 높은 대학과 학과로 학생을 배치하는 것이 주된 목적이라고 할 수 있다. 반면, 진학지도는 여기서 한 걸음 더 나아가 학생들이 적성과 특기를 고려하여 지속적으로 진로를 인식하고 탐색하게 하며, 자신이 정한 진로를 성취하는 데 적합한 대학과 학과가 정해지면 그것을 성취할 수 있도록 평상시에 지속적으로 격려하고 능력 자체를 신장시켜 주는 것이라고 할 수 있다.

이를 위해 고등학교 1학년과 2학년 담임교사는 학생들이 왜 진학을 해야 하는가

표 9-7 학생부 종합전형의 평가요소별 평가내용 및 평가자료(예시)

평가영역	평가요소	평가 지표 및 내용	평가자료
교과 관련 활동	교과성적	• 교과 내신등급 또는 수능성적	학생부, 수능성적
	학년별 성적 추이	• 학년별 학업성취도의 등락 추이 및 정도	학생부
	학업 관련 탐구활동	• 활동의 내용 및 기간 • 참여의 적극성	학생부, 자기소개서
	교과 관련 교내 수상실적	• 수상 내용 • 수상의 난이도 등(상의 권위 및 참여자 수)	학생부
	방과후학교 활동	• 동기와 목적, 소감 • 학습 분야	학생부

창의적 체험활동	독서활동	• 독서량 • 내용 이해도 등	학생부
	자격증 및 인증	• 자격증 및 인증 획득 목적, 분야, 활용계획 등	학생부
	진로탐색·체험활동	• 진로·체험활동의 영역 • 참여의 적극성	학생부, 자기소개서
	동아리 활동	• 동아리 활동에서의 역할, 참여 도 및 성실성	학생부
	봉사활동	• 봉사활동의 내용 등	학생부
	방과후학교 활동	• 동기와 목적, 소감 • 참여 분야 및 참여 정도	학생부
학교생활 충실도 및 인적성	공동체 의식	• 사회활동에 대한 참여 • 공동목표를 위한 활동	자기소개서, 면접, 학생부, 교사추천서
	리더십	• 리더십을 발휘한 경험 및 내용	자기소개서, 면접, 학생부, 교사추천서
	학업의지	• 해당 모집단위에 대한 관심도	자기소개서, 면접, 학생부, 교사추천서
	특별활동	• 자율활동의 내용 • 참여도 및 성실성	학생부, 교사추천서
	출결상황	• 결석 일수 • 결석 사유	학생부, 면접, 교사추천서
	교사의 평가	• 소질과 적성 • 학교생활 충실도 • 평가내용	교사추천서
	교우관계	• 교류 활동 및 내용	자기소개서, 교사추천서
학습환경	가정환경과 자기극복 의지	• 사회·경제적 여건 고려	자기소개서
	학교여건	• 학교의 특성 및 프로그램	학교 프로파일
	지역의 교육여건	• 지역사회의 교육여건	관련자료

를 인식하게 하고, 원하는 학교와 학과에 진학하기 위해 학업능력, 창의성, 나눔, 배려, 협동심을 향상할 수 있도록 안내해야 한다. 3학년 담임교사는 학생들이 자신의 능력과 적성에 적합한 대학 및 학과에 대한 의사결정을 스스로 할 수 있도록 도와주

어야 한다. 고등학교의 담임교사는 특히 학생부 종합전형의 평가요소별 평가내용 및 평가자료를 이해하고 학생이나 학부모 상담에서 학생의 흥미나 적성을 고려하여 1학년 시기부터 이들 요소를 관리할 수 있도록 지도해야 한다.

① 교사 추천서 작성 요령

추천서는 교사가 자신의 이름으로 고교 또는 대학에 보내는 공식 서류로서 학생을 추천할 때 이 학생이 귀 고교 또는 대학에 입학한다면 교육과정을 무난히 따라가서 좋은 성과를 낼 수 있다는 의견을 적는 것이다. 담임교사가 추천서를 작성하기도 하지만, 때로는 수년간 학생을 지도한 교과담당교사가 추천서를 작성하는 것이 효과적일 수도 있다. 담임교사로서 추천서를 작성해야 할 때 주의해야 할 부분은 다음과 같다.

- 무조건 잘 써 주려고만 하지 말자. 지나친 칭찬 일변도의 추천서는 거부감을 줄 수도 있고, 신뢰성을 떨어뜨릴 수도 있다. 오히려 단점을 언급하여 극복해 가는 과정을 제시하는 것이 신선하고 좋은 효과를 줄 수도 있다.

- 추상적인 표현보다는 구체적인 내용으로 서술한다. 미사여구와 추상적인 칭찬이나 자랑 일변도의 추천서와 대부분의 고등학생에게 적용해도 무방한 일반적인 이야기나 근거 없이 이루어진 칭찬은 평가에 도움을 주지 못한다. 구체적인 증거자료를 제시하여 지원자가 현재의 성취에 도달한 과정을 잘 보여 주고 이를 통해 지원자의 역량이 드러나게 해야 한다. 학생을 가까운 거리에서 관찰한 추천인으로서 그 학생과 관련된 일화를 위주로 서술하면 좋은 효과를 얻을 수 있다. 일화란 가정이나 학교 등에서의 효행이나 선행 활동, 학습활동이나 수업 시간 중에 있었던 두드러진 리더십이나 책임감, 창의성 등을 서술하는 것을 말한다. 이와 같이 일화를 중심으로 한 서술은 지루하지 않으면서도 신뢰성을 주고 호감을 주어 좋은 점수를 얻을 수 있다.

- 지원하는 학교 또는 학과와 연관이 있는 내용과 장래 비전을 제시해야 한다. 학생과 학부모, 교과 담임, 이전 학년 담임 등과의 충분한 상담활동을 통하여 지원자가 어떤 분야에 관심을 가지고 있고, 어떤 특장점이 있는지를 파악해야 한다. 추천 내용은 지원 학과와 연관관계가 있어야 하며 지원 학과에 필요한 소양이나

적성, 잠재능력 등에 초점을 맞추어 기술하는 것이 바람직하다. 학생의 관심 분야와 장래 계획이 무엇인지를 바탕으로 해서 활동의 진행과정, 성취한 결과물, 향후 계획 등을 작성하면 효과적이다. 그리고 이에 대한 교사의 견해를 밝히는 것도 도움이 될 수 있다.

- 지원자의 개인적 환경과 교육적 환경의 특성을 제공할 필요가 있다. 지원자를 깊이 있게 이해할 수 있는 성장과정, 생활여건, 지역적 특성 및 학교특성을 서술하는 것이 좋고, 지원자가 교육환경 또는 생활여건 등을 극복하고 기대 이상의 높은 성취 수준을 보인 경우에 이를 구체적으로 작성하면 효과적일 수 있다.

- 구체적인 신상정보가 노출되지 않도록 하자. 추천 학생의 인적사항이 노출되지 않은 상태에서 평가해야 하므로 추천서 표지 이외에 고등학교명이나 학생의 성명을 기록해서는 안 된다. 이 학생, 위 학생, □□광역시청, ○○고등학교, 본교 등의 방법으로 문장을 서술해야 한다.

5) 학사실무

(1) 출결관리

① 출석부 출력
- 주 단위로 학생에 대한 일별/교사별 출결상황 출력

TIP ─ **출석부 관리** ─

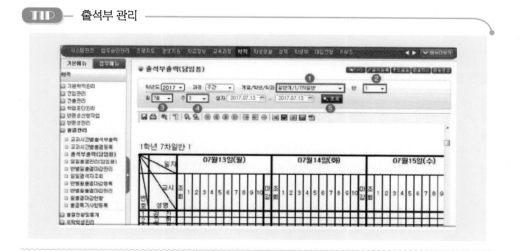

- 업무시기: 학기중
- 업무담당: 학급담임교사
- 메뉴경로: [학적]–[출결관리]

② 일일출결관리 및 마감
- 학급담임교사가 일별 출결사항을 정리하고 마감함
- 업무시기: 학기중
- 업무담당: 학급담임교사
- 메뉴경로: [학적]–[출결관리] – 선행처리: 시간표가 등록되어 있어야 일일출결 관리가 가능함

TIP — 일일출결관리 및 마감

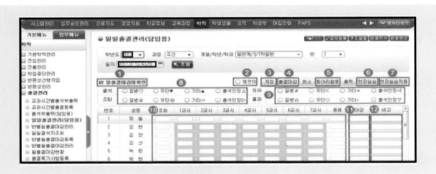

토론 및 실습 과제

1. 교사는 학생들에게 첫 만남에서 뚜렷한 인상을 남겨야 한다. 자신이 어떤 교사의 모습이기를 원하는가에 따라 교사는 첫 만남부터 일관된 모습을 보여야 한다. 자신이 새내기 교사라면, 첫 만남에서 학생들에게 어떤 모습을 보여 주고 싶은지 토론해 보자.

2. 첫 만남 관계 설정이 끝나면, 다양한 교육자료 사이트를 방문하여 자료를 입수하고, 학급경영에 필요한 학급규칙을 직접 만들어 보자.

3. 학급경영에 대한 세 가지 관점에 기초하여 자신의 관점을 세워 보고, 이를 토대로 학급경영 계획을 수립해 보자.

4. 초등학교, 중학교, 고등학교 가운데 하나를 선택하여 학급 교육과정 예시자료를 찾아 다음의 순서대로 실습해 보자.
   - 학급경영목표를 수정해 보자.
   - 학교교육과정 운영계획의 학교 행사 계획을 확인하고, 그것이 학급교육과정 운영계획에 제대로 반영되었는지를 확인해 보자.
   - 학교의 행사 내용에 알맞게 교과의 순서를 재구성해 보자.
   - 학교의 행사 내용에 알맞게 창의적 체험활동(자율 · 동아리 · 봉사 · 진로 활동)을 재구성해 보자.
   - 재구성된 교과활동과 창의적 체험활동을 바탕으로 연간 시간운영계획을 작성해 보자.

참고문헌

강원근, 장원규, 임규봉, 김춘복, 최한성, 한일랑(2008). 미주알 고주알 열두 빛깔 학급경영. 경기: 교육과학사.

경기도교육청(2021). 초등교무학사 업무매뉴얼.

교육부(2015). 창의적 체험활동 교육과정. 교육부 고시 제2015-74호[별책 42].

권이종, 김용구, 김혜자(2011). 초임교사를 위한 학급경영의 길라잡이. 경기: 교육과학사.

김규태(2020). 교사리더십과 학급경영. 경기: 양서원.

김이경, 한만길, 박영숙, 홍영란, 백선희(2005). 교원의 직무 실태 및 기준 개발에 관한 연구. 서울: 한국교육개발원.

대구광역시교육청(2020a). 2021학년도 가르치는 기쁨 배우는 즐거움이 가득한 행복교실 만들기: 중학교 담임교사 업무 매뉴얼.

대구광역시교육청(2020b). 2021학년도 가르치는 기쁨 배우는 즐거움이 가득한 행복교실 만들기: 고등학교 담임교사 업무 매뉴얼.

박병량(2006). 학급경영. 서울: 학지사.

박병량, 주철안(2012). 교육행정 및 교육경영 −학교 · 학급경영 중심−. 서울: 학지사.

우리교육편집부(2002). 빛깔이 있는 학급운영: 학급운영 터잡기. 서울: 우리교육.

윤정일, 송기창, 조동섭, 김병주(2015). **교육행정학원론**(6판). 서울: 학지사.

이득기(2010). 학교 · 학급경영. 서울: 동문사.

이성진(1996). **교육심리학**. 서울: 교육과학사.

이희현, 허주, 김소아, 김종민, 정바울, 오상아(2017). 교사 직무 스트레스 실태 분석 및 해소 방안 연구. 충북: 한국교육개발원.

조동섭(1996). 학급경영의 혁신: 새로운 관점과 전략. 교육연구정보. 춘천: 강원도교육연구원.

한유경, 박상완, 서경혜, 전제상(2008). 교사 직무수행 실태 분석. 열린교육연구, 16(3), 183-206.

Doyle, W. (1986). Classroom management techniques and student discipline. In M. Wittrock (Ed.), *Handbook of research on teaching* (3rd ed.). New York: Macmillan.

Duke, D. L. (1979). Editor's preface. In D. L. Duke (Ed.), *Classroom management*. Chicago, IL: University of Chicago Press.

Evertson, C. M., Emmer, E. T., Clements, B. S., Worsham, M. E. (1997). *Classroom management for elementary terchers* (4th ed.). Boston, MA: Allyn and Bacon.

Johnson, L. V., & Bany, M. A. (1970). *Classroom management: Theory and skill training*. New York: Macmillan.

Johnson, M., & Brooks, H. (1979). Conceptualizing classroom management. In D. L. Duke (Ed.), *Classroom management*. Chicago, IL: University of Chicago Press.

Lemlech, J. K. (1979). *Classroom management: Methods and techniques for elementary and secondary teachers*. New York: Harper and Row.

Teresa, L., Jody, M., & Suzanne, S. (2012). *Positive discipline in the classroom teacher's guide: Activities for students*. 김성환 역(2015). **학급긍정훈육법 −활동편−**. 서울: 에듀니티.

Weinstein, C. S., & Mignano, A. J. (2003). *Elementary classroom management: Lessons from research and practice*. Boston, MA: McGraw-Hill.

제10장

학생평가 및 학교생활기록

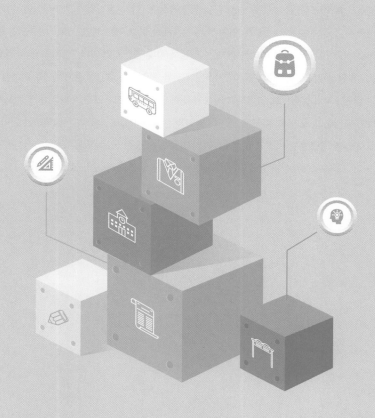

학년말이 되어 학교생활기록부를 최종 입력하여 완결지어야 하는 시기가 왔다. 나는 올해 교사가 된 이후 처음으로 학급담임이 되었고, 이제 우리 반 학생들에 대하여 여러 가지 사항을 정확하고 객관적으로 기록함으로써 담임으로서 업무를 잘 마무리해야 한다. 학교생활기록부는 법정 기록물로서 학생의 학업성취도와 인성 등을 종합적으로 관찰·평가하여 객관적이면서 또 학생의 발전과 이후 성장에 도움이 되도록 의미 있게 서술해야 한다. 학교생활기록부 대부분의 항목은 매뉴얼대로 하면 되지만, 가장 어려운 문제는 '행동특성 및 종합의견'이다. '행동특성 및 종합의견'란에는 행동발달상황을 포함한 각 항목에 기록된 자료를 종합하여 학생을 총체적으로 이해할 수 있도록 학급 담임교사가 문장으로 입력하여 학생에 대한 일종의 추천서 또는 지도자료가 되도록 작성하여야 하기 때문이다. 또한 이 부분은 온전히 담임의 관찰과 서술에 의하여 작성되어야 한다. 교사들 사이에서 일명 '종알종알'이라고 하는 이 부분, 어떻게 하면 잘 쓸 수 있을까? 내가 1년간 담임했던 우리 반 아이들의 행동특성과 종합의견을 어떻게 하면 정확하고 객관적으로 기록할 수 있을까?

이 장에서는 학교의 학업성적 관리체계와 학교단위 평가계획 및 방법을 살펴보고, 학생의 학교생활을 종합적으로 관찰·평가하여 기록하는 법정 기록물인 학교생활기록부에 대해 알아본다.

1. 학생평가 및 학교생활기록의 이해

1) 학업성적 관리체계

학업성적 관리체계는 크게 학생의 학업성취도 및 인성 등을 종합적으로 관찰·평가하여 학생지도 및 상급학교의 학생 선발에 활용할 수 있는 자료, 즉 학교생활기록부의 작성 및 관리를 위한 교육행정정보시스템의 구축·운영과 학업성적 평가 및 관리의 객관성, 공정성, 투명성, 신뢰도를 높이고, 학교생활기록부의 전산처리 및 관리, 이에 따른 계도활동과 상담활동을 강화하기 위한 학교별 학업성적관리위원회의 설치·운영으로 구성된다.

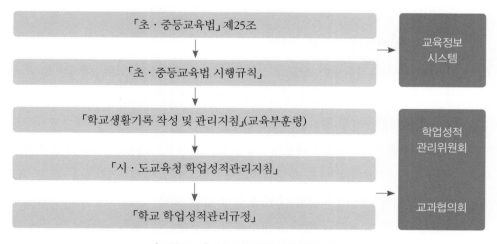

[그림 10-1] 학업성적관리의 법률적 체계

먼저, 「초·중등교육법」 제25조에 따르면, 학교의 장은 교육행정정보시스템을 통해 학업성취도 및 인성 등을 작성·관리하여야 한다. 이와 관련하여 동법 제30조의4에는 교육부장관과 교육감은 학교 및 교육행정기관의 업무를 전자적으로 처리할 수 있도록 교육행정정보시스템을 구축·운영할 수 있다고 규정되어 있다. 학교생활기록의 작성 및 관리에 대한 구체적인 지침은 교육부령과 훈령에 제시되어 있으며, 각 시·도교육청은 이를 근거로 자체적인 학업성적관리지침을 만들어 시행한다.

단위학교에서 실질적으로 학업성적을 관리하는 기구는 학업성적관리위원회이며, 이는 위원회의 통폐합에 따라 명칭이 상이할지라도 필수적으로 설치·운영해야 하는 법적 기구이다. 위원회의 구성 및 임무를 살펴보면 다음과 같다.

위원장은 학교장으로 하며, 성적관리위원회의 업무를 총괄하고, 부위원장은 교감으로 하며, 위원장을 보좌하고 위원장 유고 시 위원장을 대행한다. 위원의 수는 학교 규모에 따라 정하며, 교직원 중에서 교무분장 업무를 고려하여 학교장이 임명하고 당해 학교의 학업성적 관련 업무에 대해 심의한다. 이 외에도 학부모의 의견 수렴과 성적관리의 투명성을 확보하기 위하여 학교장은 약간 명의 학부모위원을 위촉할 수 있다.

학업성적관리위원회의 주요 심의사항은 다음과 같다.

- 학교 학업성적관리규정 제·개정
- 각 교과(학년)협의회에서 제출한 지필평가 및 수행평가의 영역·요소·방법·시기·횟수·반영비율 등과 성적처리 방법 및 결과의 활용
- 창의적 체험활동상황 평가 기준 및 방법
- 학업성적 평가 및 관리의 객관성·공정성·투명성·신뢰도 제고 방안[평가의 기준·방법·결과의 공개, 홍보, 평가 결과에 대한 후속조치(이의제기 등)]
- 학교생활기록부의 기재 방법 및 내용 등에 관한 사항
- 학교생활기록부 정정을 위한 증빙자료의 객관성 여부 등을 포함한 정정에 관한 사항
- 고등학교의 교과목별 기준성취율에 따른 분할점수 산출방식 등에 관한 사항
- 기타 학교 학업성적관리 관련 업무

2) 학생평가 관점의 변화

평가는 '교육이념 → 교육목표 → 교육내용 → 교수학습 → 평가'로 이어지는 교육과정의 일부이자, 이 과정에서 주어진 교육목표가 얼마나 달성되어 학생들이 얼마나 성장하였는지를 확인하고, 이를 다시 교육과정 및 수업 개선의 자료로 활용하는 과정의 일환이다. 그러나 오랫동안 학교교육에서 평가는 학생을 서열화하는 수단으로 사용되었고, 그 원인은 무엇보다도 상급학교 진학을 위한 입시 현실의 영향으로 볼 수 있다. 심지어 상대적으로 입시의 영향력이 미약한 초등학교에서조차 과거의 평가 관행은 지금까지도 유지되고 있다(이형빈, 2016: 9). 그런데 최근 성취평가제 도입, 자유학년제, 학교생활기록부 전형 등 평가 관련 제도의 변화와 혁신학교 확산을 통한 교육과정-수업-평가를 연계하는 실천적 차원의 노력이 활발하게 이루어지고 있다. '수행평가 활성화' '교사별 상시평가' '과정중심평가' '성장과 발달을 돕는 평가' '교육과정-수업-평가-기록의 일체화' 등 평가혁신과 관련된 많은 논의는 이러한 노력과 맥을 함께한다(허연구 외, 2019: 24-26).

이와 같은 평가에 대한 관점의 변화는 교육과정의 평가의 관점의 변화와 시 · 도교육청의 평가활동 개선 노력에서 비롯된다. 먼저 국가수준 교육과정에서 평가의 변화과정을 살펴보면 다음과 같다(경기도교육청, 2018: 8). 7차 교육과정에서는 평가를 모든 학생이 교육목표를 달성하기 위한 교육의 과정으로 보고, 수업의 질을 개선하기 위한 자료로 활용하며, 선다형 일변도의 지필고사를 지양하고 있다. 2009 개정 교육과정에서는 7차 교육과정과 평가항목은 유사하나, '서술형 · 논술형 평가' '수행평가'의 개념을 명시하였다. 일부 시 · 도교육청에서는 수행평가와 서술형 · 논술형 평가를 정책적으로 확대하기도 하였다. 2015 개정 교육과정에서는 '학생에 대한 정보제공을 통한 성찰과 개선' '학습의 과정에 대한 평가' '인지적 영역과 정의적 영역의 균형적 평가' 등의 개념이 명시되었고, 과정중심평가에 대한 강조가 두드러졌다. 보다 구체적으로 2015 개정 교육과정 총론의 평가에 대한 서술 부분을 살펴보면 다음과 같다.

학습의 과정을 중시하는 평가는 학습 후 학생의 지식 습득 정도나 수행을 측정하기 위한 일회성의 평가에서 벗어나 교수학습과 통합적으로 연계되어 학생의 학습을 지원하는 것을 강조한다. 교실에서 이루어지는 평가의 주요 목적은 학생 스스로 무엇을 어느 정도 성취하고 있는지 파악할 수 있도록 도와주고 부족한 부분에 대한 정보를 제공하여 학습 경험의 성장을 지원하는 데 있다. 따라서 교사는 학습의 전 과정에 걸쳐 공식·비공식적인 방식으로 피드백을 제공하여 학생이 자신의 학습을 성찰할 수 있도록 해야 한다. 또한 평가의 결과는 학습의 질을 향상시키고 수업을 개선하기 위한 자료로 적극 활용되어야 한다(교육부, 2015).

과정중심평가가 강조되면서 자연스럽게 시·도교육청에서도 다양한 형태의 과정중심평가제도를 도입하게 되었다. 과정중심평가란 교육과정의 성취기준에 기반한 평가계획에 따라 교수학습 과정에서 학생의 변화와 성장에 대한 자료를 다각도로 수집하여 적절한 피드백을 제공하는 평가를 의미하며(교육부, 한국교육과정평가원, 2017: 4), 시·도교육청에서는 다양한 형태의 명칭을 사용하고 있다. 예를 들어, 강원교육청에서는 '줄세우기' 평가가 아닌 격려하고 가능성을 찾아 주는 평가, 서술형·논술형 평가, 학생 맞춤형 평가를 지향하는 '행복성장평가제'를 도입하였으며, 평가의 주된 목적을 학생의 성장과 발달 과정을 확인하고 이를 지원하는 데에 두고 있다(강원도교육연구원, 2016). 경남교육청은 2015년부터 '과정중심 수시평가' 제도를 도입하여 지필평가 위주의 평가에서 탈피하여 과정중심 수시평가로 전환하였으며(경상남도교육청, 2016), 경기교육청도 학습의 과정과 결과에 대한 피드백을 통해 학생의 성장과 발달을 돕는 평가로서 '성장중심평가'를 실시하고 있다. 전북교육청의 경우에도 2016년 '성장평가제'의 실시를 통해 교육과정 중심의 상시 평가체제로 전환하였다(전라북도교육청, 2020). 서울교육청의 경우 '학업성적관리 시행지침'에 "평가는 교육과정의 목표와 국가·교육청·학교 수준의 평가 지침 등을 반영하여 성취기준에 중점을 두어 과정중심평가로 실시한다."라고 과정중심평가를 명시하는 등 점차 많은 교육청에서 과거와 다른 과정중심평가제도를 단위학교에 도입·운영하고 있다.

3) 학교생활기록의 개요

(1) 학교생활기록부의 의의

「초·중등교육법」 제25조에는 "학교의 장은 학생의 학업성취도와 인성 등을 종합적으로 관찰·평가하여 학생지도 및 상급학교의 학생 선발에 활용할 수 있는 자료를 교육부령으로 정하는 기준에 따라 교육행정정보시스템으로 작성·관리하여야 한다."라고 규정되어 있다. 이를 근거로 「학교생활기록의 작성 및 관리에 관한 규칙」 및 「학교생활기록 작성 및 관리지침」이 마련되었다. 법정 기록물인 학교생활기록부는 학생의 교수학습 지도자료로 활용함과 동시에 학교에서 이루어지고 있는 대부분의 학생활동 결과를 입력하여 학생을 총체적으로 이해하는 자료로서 상급학교의 진학, 취업 등의 자료로 활용된다. 또한 학교에서 이루어지고 있는 전반적인 학생활동 결과를 작성·보존함으로써 학생의 학적에 대한 증명으로서의 성격을 가지고 있다.

초·중등학교의 학교생활기록부는 1955년 1월 25일 「초등학교 생활기록부의 서식 및 처리요령」이 문교부훈령 제10호로 공포되면서 시작되었다. 이 시기의 생활기록부 항목은 ① 학적상황, ② 출석상황, ③ 표준검사상황, ④ 신체발달상황, ⑤ 행동발달상황, ⑥ 교과학습발달상황, ⑦ 특별활동상황, ⑧ 종합란, ⑨ 졸업 후의 상황, ⑩ 직업전도상황 등이다. 이후 1964년(문교부 훈령 제146호), 1976년(문교부 훈령 제286호), 1989년(문교부 훈령 제459호)에는 생활기록부에 큰 변화가 있었다(김재춘 외, 2005). 1996년 이후의 학교생활기록부는 과거 교과 성적을 바탕으로 내신결과만을 산출하는 생활통지표와는 달리 학생의 학교생활 전 영역에 대한 전인적 영역을 기록하는 공적 장부임과 동시에 학생의 학교에서의 전인적 발달을 누가적으로 기록하여 50년 동안 보존하는 기록문서의 성격으로 자리매김하였다. 생활통지표는 교과성적을 바탕으로 내신등급과 교과별 성적기록 등 선발적 교육관에 입각한 기록이 주였으나, 학교생활기록부는 이러한 한계를 넘어 교육과정의 목표지향적 기준을 지향하는 개인의 발달상황 기록을 지향하였다.

학교생활기록부는 여러 가지 구체적인 기능을 수행하고 있다(권순형, 2007). 학교에서 교과학습발달상황, 창의적 체험활동, 학생행동발달상황 등 학생의 학교생활 전반에 대한 기록을 담고 있으며, 학교생활기록부는 그러한 정보를 통하여 학생에 대한 총체적인 이해를 가능하게 해 주는 자료라 할 수 있다. 학교생활기록부에 기재된 정보 활용 측면에서 볼 때, 학생과 학부모를 위한 정보 제공, 교사와 카운슬러를 위한 정보제공, 학교행정담당자와 일반사회인을 위한 정보제공의 기능을 한다(교육인적자원부, 1997).

(2) 학교생활기록부의 구성

학교생활기록부는 크게 학교생활기록부(학교생활기록부 I)와 학교생활세부사항기록부(학교생활기록부 II)로 나뉘지만 자료입력항목과 전산처리 기본서식은 같다. 학교의 장은 「공공기록물 관리에 관한 법률」 및 동법 시행령에 의거하여 학교생활기록부(학교생활기록부 I)와 학교생활세부사항기록부(학교생활기록부 II)를 준영구 보존하되 학생 졸업 후 5년 동안은 학교에서 보관해야 한다.

학교생활기록의 자료 입력 및 정정 업무는 당해 업무를 담당하는 사용자가 수행함이 원칙이다. 문자는 한글로(부득이한 경우 영문으로), 숫자는 아라비아 숫자로 입력하며, 작성에 필요한 보조부는 각 학교의 실정에 맞게 계획을 수립하여 작성하되 전산 입력하여 관리함을 원칙으로 한다. 세부 항목은 인적 · 학적사항, 출결상황, 수

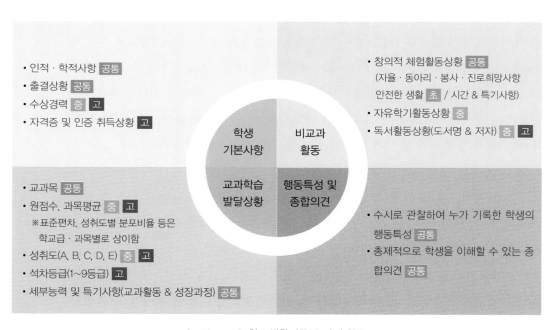

[그림 10–2] 학교생활기록부 기재 항목

출처: 학교생활기록부 종합 지원 포털(https://star.moe.go.kr).

상경력, 자격증 및 인증 취득상황, 창의적 체험활동상황, 교과학습발달상황, 자유학
기활동상황, 독서활동상황, 행동특성 및 종합의견 등이다.[1] 학교생활기록부의 기재
항목을 정리하면 앞의 [그림 10-2]와 같다.

　학교생활기록부는 항목별 입력 주체를 명확히 함으로써 기재와 관리의 책무성을
제고하고 있다. 학교생활기록부 항목별 입력 주체는 〈표 10-1〉과 같다.

표 10-1 학교생활기록부 항목별 입력 주체

항목		입력 주체
출결상황 특기사항		학급담임교사
창의적 체험활동상황 영역별 특기사항	자율활동 · 진로활동	학급담임교사
	동아리활동	해당 동아리 담당교사
	안전한 생활	담당교사
교과학습발달상황	교과별 세부능력 및 특기사항	교과담당(전담)교사
	개인별 세부능력 및 특기사항	학급담임교사
자유학기활동상황		해당 활동별 담당교사
독서활동상황		교과담당교사, 학급담임교사
행동특성 및 종합의견		학급담임교사
재학생 학교생활기록부 자료의 정정		발견학년도 학급담임교사

2. 초등학교 학교생활기록 및 평가의 실제

1) 학교생활기록부 작성의 실제

　「학교생활기록 작성 및 관리지침」(교육부훈령 제348호, 시행 2020. 9. 28.) 제5조(자
료입력항목 및 출력서식)에 따른 초등학교용 학교생활세부사항기록부(학교생활기록
부 II) 양식은 다음과 같다.

---

[1] 학생생활기록부의 구체적인 기재 요령은 「학교생활기록 작성 및 관리지침」(훈령 제365호, 일부개정 2021. 1. 4.)과 교육부의 「2021학년도 초등학교 학교생활기록부 기재요령」 「2021학년도 중학교 학교생활기록부 기재요령」 「2021학년도 고등학교 학교생활기록부 기재요령」을 참고하도록 한다.

[별지 제5호]

학 교 생 활 기 록 부

졸업 대장 번호				
학년 \ 구분	반	번호	담임 성명	
1	1	12	○○○	
2	3	11	◇◇◇	
3	2	13	□□□	

사 진

3.5cm × 4.5cm

1. 인적 · 학적사항

학생정보	성명:　　　　　성별:　　　　　주민등록번호:
	주소:
학적사항	년　　월　　일 □□초등학교 제1학년 입학(　　년　　월　　일 전출)
	년　　월　　일 ○○초등학교 제2학년 전입
특기사항	

2. 출결상황

학년	수업 일수	결석일수			지각			조퇴			결과			특기사항
		질병	사고	기타	질병	사고	기타	질병	사고	기타	질병	사고	기타	
1														
2														
3														

3. 창의적 체험활동상황

학년	창의적 체험활동상황	
	영역	특기사항
1	자율활동	
	동아리활동	
	진로활동	
	안전한 생활	

학년	봉사활동 실적			
	일자 또는 기간	장소 또는 주관기관명	활동 내용	시간　누계시간
1				

4. 교과학습발달상황

학년	교과	세부능력 및 특기사항
1		

5. 행동특성 및 종합의견

학년	행동특성 및 종합의견
1	

「학교생활기록 작성 및 관리지침」 및 「초등학교 학교생활기록부 기재요령」(교육부, 2021c)을 중심으로 항목별 기재요령을 살펴보면 다음과 같다.

(1) 인적 · 학적사항

☐ 학생의 성명, 성별, 주민등록번호와 주소는 주민등록등(초)본과 일치하여야 한다.

☐ 주소를 누가 기록하여 학생의 거주관계를 이해하는 자료로 활용한다.

☐ 학생의 입학전형, 전 · 편입학, 재취학, 유예, 면제 등 학적에 대한 세부사항은 시 · 도교육청의 지침에 의한다.

☐ 「학교폭력예방 및 대책에 관한 법률」 제17조(가해학생에 대한 조치사항) 제1항 제8호(전학)에 따른 조치사항을 조치 결정일자(교육지원청 내부결재일)와 함께 결정 즉시 입력한다.

(2) 출결상황

☐ 학교의 수업일수는 「초 · 중등교육법 시행령」 제45조(수업일수) 규정에 의한 다음 각 호의 기준에 따라 학교의 장이 정한다. 다만, 학교의 장은 천재지변, 연구학교의 운영 또는 제105조에 따른 자율학교의 운영 등 교육과정의 운영상 필요한 경우에는 10분의 1 범위에서 수업일수를 줄일 수 있다.

  ○ 초등학교 · 중학교 · 고등학교 · 고등기술학교 및 특수학교(유치부 제외): 매 학년 190일 이상

☐ 학생의 각 학년과정의 수료에 필요한 출석일수는 「초 · 중등교육법 시행령」 제45조의 규정에 의한 수업일수의 3분의 2 이상으로 한다(「초 · 중등교육법 시행령」 제50조 제2항).

☐ '지각'은 학교장이 정한 등교시각까지 출석하지 않은 경우로 학교장이 정한 등교시각 이후부터 하교시각 사이에 등교를 하면 지각으로 처리한다.

☐ '조퇴'는 학교장이 정한 하교시각 전에 하교하는 경우이며, 학교장이 정한 등교시각과 하교시각 사이에 하교한 경우에 조퇴로 처리한다.

☐ '결과'는 수업시간의 일부 또는 전부에 불참하거나 학교장이 정한 시각 이후에 수업에 참여한 경우, 교육활동을 고의로 방해한 경우 등을 말한다.

□ '특기사항'란에는 질병 · 미인정 등으로 인한 장기결석, 기타결석의 사유 등을 입력한다.

□ '특기사항'란에는 학교폭력대책심의위원회에서 결정한 「학교폭력예방 및 대책에 관한 법률」 제17조(가해학생에 대한 조치사항) 제1항 제4호(사회봉사), 제5호(특별교육이수 또는 심리치료), 제6호(출석정지)에 따른 조치사항을 조치 결정일자(교육지원청 내부결재일)와 함께 결정 즉시 입력한다.

□ 교외체험학습 출결 처리

　○기간 및 횟수: 교육과정 이수에 지장이 없는 범위 안에서 학칙이 정한 범위

　○내용: 현장체험학습, 친인척 방문, 가족동반 여행, 고적 답사 및 향토행사 참여 등

　　• 감염병 위기 경보 단계가 '심각' '경계' 단계인 경우에 한해 교외체험학습 승인(허가) 사유에 '가정학습' 포함

　○방법: 교외체험학습 신청(신청서 및 학습계획서 제출) → 학교장 심사 후 승인 통보 → 교외체험학습 실시 → 교외체험학습 보고서 제출 → 면담 등을 통한 사실 확인 후 출석 인정 결석으로 처리

(3) 창의적 체험활동

□ 창의적 체험활동은 영역별로 학급담임교사와 창의적 체험활동 담당교사가 분담하여 평가하고, 평소의 활동상황을 누가 기록한 자료를 토대로 활동실적, 진보의 정도, 행동의 변화, 특기사항 등을 종합하여 '특기사항'란에 문장으로 입력한다.

□ 자율활동 · 동아리활동 · 안전한 생활의 특기사항은 모든 학생을 대상으로 활동내용이 우수한 사항(참여도, 활동의욕, 진보의 정도, 태도 변화 등)을 중심으로 개별적인 특성이 드러나도록 구체적인 문장으로 통합하여 입력한다. 다만, 진로활동 영역은 별도로 구분하여 입력한다.

　○자율활동

　　• 자율활동의 특기사항은 활동결과에 대한 평가보다는 활동과정에서 드러나는 개별적인 행동특성, 참여도, 협력도, 활동실적 등을 평가하고 상담기록 등의 관련 자료를 참고하여 실제적인 역할과 활동 위주로 입력한다.

- 정규교육과정 또는 학교교육계획에 의해 실시한 학생 상담활동, 자치법정 등은 자율활동 특기사항에 입력한다.
- 자치활동 관련 특기사항에 입력하는 임원의 재임기간은 1학년은 입학일부터 학년말, 2~5학년은 3월 1일부터 학년말, 6학년은 3월 1일부터 졸업일까지를 기준으로 입력한다.
- 행사활동은 시업식, 입학식, 졸업식, 종업식, 전시회, 발표회, 학예회, 학생 건강체력 평가(PAPS), 수련활동, 현장체험학습 등 학교에서 주최하고 주관하여 시행하는 활동을 포함한다.

○ 동아리활동

- 동아리활동 영역은 자기평가, 학생상호평가, 교사 관찰 등의 방법으로 평가하여 참여도, 협력도, 열성도, 특별한 활동실적 등을 참고하여 실제적인 활동과 역할 위주로 입력한다.

※ 학생은 연간 1개 이상의 정규교육과정 내 동아리활동에 참여할 수 있으며, 정규교육과정 내 동아리는 학년(학기)초에 구성하여 학년(학기)말까지 활동하는 것을 원칙으로 함

표 10-2 동아리활동 예시

활동 유형	입력 예시	비고
정규교육과정 내 동아리활동	(영어회화반) 영어에 관심이 많고 ~	동아리명, 활동내용
학교교육계획에 의한 자율동아리활동	(로봇반: 자율동아리) 로봇공학 관련 기본 개념 ~	동아리명, 동아리 간략 소개
정규교육과정 내 청소년단체	(○○단) ○○단의 일원으로서 ~	단체명, 활동내용
학교교육계획에 의한 청소년단체활동	(○○단: 학교교육계획에 따른 청소년단체)	단체명
정규교육과정 이외의 학교스포츠클럽활동	(야구반: 방과후학교스포츠클럽) (68시간)	클럽명, 활동시간

- 정규교육과정으로 편성되지는 않았으나 학교교육계획에 의해 이루어지는 학생의 자율동아리활동은 가입에 제한을 두지는 않으나 기재 동아리 개수를 학년당 1개로 제한하고, 객관적으로 확인 가능한 사항(동아리명 및 간단한 동아리 설명)만 기재한다.
- 자율동아리는 학교교육계획에 따라 학기초에 구성할 수 있으며, 학기중에 구성된 자율동아리활동은 입력하지 않는다.
- 학교스포츠클럽명은 실질적인 활동내용이 드러나는 클럽명으로 정하여 입력하되, 병기하여 입력할 수 있다.

○ 진로활동
- 진로활동 영역의 '특기사항'란에는 다음과 같은 사항을 참고하여 실제적인 활동과 역할 위주로 입력한다.
  - 특기·진로희망과 관련된 학생의 자질, 학생이 수행한 노력과 활동
  - 학생의 특기·진로를 돕기 위해 학교와 학생이 수행한 활동과 결과
  - 학생·학부모와 진로상담을 한 결과
  - 학생의 활동 참여도, 활동 의욕, 태도의 변화 등 진로활동과 관련된 사항
  - 학급담임교사, 상담교사, 교과담당(전담)교사, 진로전담교사의 상담 및 관찰·평가 내용
- 학생의 학업진로·직업진로에 대한 계획서, 진로와 관련된 각종 검사를 바탕으로 특기사항을 입력할 수 있다.

○ 안전한 생활
- 안전한 생활의 특기사항은 다음과 같은 사항을 구체적으로 입력한다.
  - 학교에서 배운 안전수칙과 예방행동을 통해 일상생활 속에서 위험을 예방하고 실천하는 태도 및 기능
  - 안전한 생활의 역량인 자기관리 역량, 공동체 역량, 지식정보처리 역량의 함양 정도
- 학생들이 실제 교수학습 활동에서 안전생활을 실천하고 습관으로 이어질 수 있는 수업을 설계하여 평가를 실시하며 그 결과를 서술형으로 기록한다.

○ 봉사활동
- 봉사활동 실적에는 학교교육계획에 의해 실시한 봉사활동과 학생 개인 계

획에 의해 실시한 봉사활동의 구체적인 실적을 입력한다.

- 물품 및 현금의 단순 기부는 봉사활동 시간으로 환산하여 인정할 수 없으므로 학교생활기록부 어떠한 항목에도 입력하지 않는다.
- 봉사활동은 시간 단위로 입력하되, 동일 기관에서 같은 내용으로 봉사활동을 지속적으로 한 경우에는 학기말 또는 학년말에 합산하여 시간 단위로 입력할 수 있다(합산하여 1시간이 안 되는 경우는 버림).
- 봉사활동 시간은 1일 8시간 이내로 인정한다.
- 봉사활동 시간은 다른 창의적 체험활동 영역의 시간과 중복하여 인정할 수 없다.
- 1365 자원봉사포털(나눔포털, 행정안전부) · VMS(보건복지부) · DOVOL(여성가족부)과 교육행정정보시스템의 봉사실적 연계를 통해 학생 개인계획에 의한 봉사활동 실적을 입력한다.
- 실적 연계 사이트를 통한 봉사활동 실적 반영 시 다음 내용을 반드시 제외한 후 반영한다.
  - 시 · 도교육청 학생 봉사활동 운영 계획에 적용되지 않는 봉사활동 실적
  - 봉사활동실적으로 인정할 수 없는 사례와 영리기관에서 실시한 봉사활동 실적
  - 1일 8시간(수업시간과 봉사활동 시간 합산) 초과 시간
  - 허위 봉사활동 실적

(4) 교과학습발달상황

교과학습발달상황은 교과학습 평가 및 수업과정에서 수시 · 상시로 기록한 내용을 중심으로 교과의 전 영역을 종합적으로 기술하며, 구체적인 과정과 방법은 다음과 같다.

□ 평가계획 수립

  ○ 교과학습의 평가계획은 각 교과의 교육과정 및 학교 · 교과의 특성을 감안하여 교과(학년)협의회에서 수립하고, 이를 학교 학업성적관리위원회의 심의를 거쳐 학교장이 최종 결정한다. 또한 학교의 여건을 고려하여 필요시에는

시·도교육청의 학업성적관리 시행지침에 따라 학급별로 평가계획을 달리
정할 수 있다.
○ 평가계획에는 각 교과(학년)별 평가의 영역·요소·방법·시기·기준 및 결
과의 활용 등을 포함한다.
○ 교과별·학년별·학급별 평가계획은 학기초에 학생 및 학부모에게 공개하
여야 하며, 평가 실시 전에 평가방법 및 채점기준 등 평가운영과 관련된 세부
적인 사항을 학생에게 안내하여 학생들이 평가방법 및 평가요소를 인지하도
록 하여야 한다. 세부적인 채점기준을 모두 공개하기 어려운 경우, 채점기준
에 포함된 평가 요소를 안내하도록 한다.

□ 평가운영
○ 성취기준·평가기준에 따른 성취도와 학생의 성장 및 발달 정도에 중점을 두
고 평가가 이루어지도록 한다.
○ 정규교육과정 외에 학생이 수행한 결과물에 대해 점수를 부여하는 과제형 수
행평가는 실시하지 않는다. 또한 복수의 학생이 공동으로 수행하는 모둠활
동 등을 평가할 때에는 개별 학생에게 역할을 부여하고, 개인별 학습과제에
대한 수행 과정과 결과를 평가해야 한다.
○ 시·도교육청의 학업성적관리 시행지침에 따라 학업성적관리규정에 학생의
이의신청 절차를 마련하고, 이의신청이 있을 때에는 절차에 따라 면밀히 검
토하여 처리하여야 한다.

□ 평가결과 처리
○ 교과별 평가결과를 포함한 일람표는 학급담임교사 또는 교과담당교사가 작
성한다.
○ 학업성적 평가결과는 평가계획에 따른 각 평가에 대한 학생의 성취 수준 및
평가 중 관찰한 사실을 바탕으로 작성한다.
○ 학생의 평가결과는 학생 및 학부모에게 제공하며, 세부적인 방법 및 횟수 등
은 학교에서 정할 수 있다.
○ 개인정보 보호를 위해 학생의 평가결과는 학생 본인에게만 공개하여야 하며,
타인에게 노출되지 않도록 유의한다.
○ 학생의 평가 결과물은 학생들의 확인·이의신청·성적처리가 완료된 후 학

업성적관리위원회의 심의를 거쳐 보관기간을 결정하여 시행한다.

○성적처리가 끝난 평가의 중요한 자료는 성적 산출의 증빙자료로 시·도교육
청의 지침 및 학교 학업성적관리규정에 따라 보관기간을 정하여 해당 학교에
보관한다.

○시·도교육청에서는 학업성적관리 시행지침에 장애학생의 평가조정 규정을
마련하여 장애학생이 장애 유형과 정도를 고려한 적절한 평가를 받을 수 있도
록 지원하고, 각급학교에서는 시·도교육청의 학업성적관리 시행지침에 따라
학교별 학업성적관리규정에 장애학생의 평가조정 규정을 정하여 시행한다.

(5) 행동특성 및 종합의견

□ '행동특성 및 종합의견'란에는 행동발달상황을 포함한 각 항목에 기록된 자료
를 종합하여 학생을 총체적으로 이해할 수 있도록 학급담임교사가 문장으로
입력하여 학생에 대한 일종의 추천서 또는 지도자료가 되도록 작성한다.

□ 장점과 단점은 누가 기록된 사실에 근거하여 입력하되, 단점을 입력하는 경우
에는 변화 가능성을 함께 입력한다.

□「학교폭력예방 및 대책에 관한 법률」 제17조 제1항 제7호에 따른 조치사항을
조치 결정일자(교육지원청 내부결재일)와 함께 결정 즉시 입력한다.

□ 학교생활기록부에 기재된 사항 중「학교폭력예방 및 대책에 관한 법률」 제17조
제1항 제1호(서면사과), 제2호(접촉, 협박 및 보복행위의 금지), 제3호(학교에서의
봉사), 제7호(학급교체)의 경우 졸업과 동시에 절차에 따라 삭제한다.

□ 학교폭력 관련 조치사항을 받은 학생이 이후 긍정적인 변화를 보인 경우 변화
된 내용 등을 구체적으로 입력한다.

2) 단위학교 평가활동의 실제

실제 단위학교에서 이루어지는 평가활동의 과정을 경기교육청의 성장중심평가
를 중심으로 살펴보면 다음과 같다(경기도교육청, 2021). 단위학교 평가활동은 크게
평가의 계획과 운영으로 이루어진다. 평가의 계획은 [그림 10-3]과 같은 일련의 과
정을 통해 이루어진다.

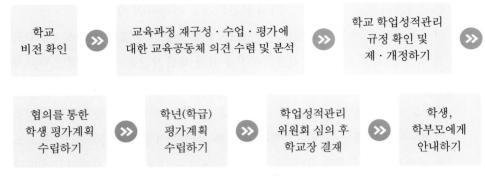

[그림 10-3] 단위학교 평가계획의 과정

보다 구체적으로 평가운영의 과정을 살펴보면 [그림 10-4]와 같다.

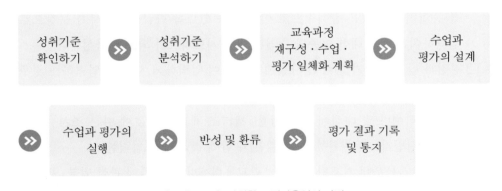

[그림 10-4] 단위학교 평가운영의 과정

성취기준이란 학생들이 무엇을 배워야 하는지, 교사의 입장에서는 무엇을 가르쳐야 하는지, 어떤 것을 평가해야 하는지를 알려 주는 기준이다. 다음으로 교육과정 재구성을 통해 성취기준과 수업 및 평가가 괴리되지 않도록 계획을 수립하고, 이를 토대로 수업과 평가의 설계와 실행을 한다. 평가는 학생에게는 자신의 발달 수준을 파악하고 부족한 부분에 관한 학습계획을 수립토록 하며, 교사에게는 교수학습 개선에 대한 정보를 제공해 준다. 이를 반성과 환류의 과정이라 할 수 있으며, 최종적으로 평가 결과를 기록하고 통지함으로써 평가의 과정이 마무리된다.

초등학교 통합교과에 대한 성장중심평가의 구체적 사례를 제시하면 다음과 같다 (경기도교육청, 2021: 68-70).

□ 관련 성취기준

 ○[2슬07-03] 내가 알고 싶은 나라를 조사하여 발표한다.

 ○[2바07-02] 다른 나라의 문화를 존중하고 공감하는 태도를 기른다.

□ 성취기준 들여다보기

 ○'내가 알고 싶은 나라를 조사하여 발표한다.'는 다른 나라의 문화를 중심으로 알고 싶거나 가고 싶은 나라를 조사하여 발표하는 활동으로 구성하되, 저학년 수준에서의 조사 발표이므로 지나치게 자세한 조사와 발표보다는 조사하고 싶은 나라의 유명한 것이나 자랑거리 중 한두 가지를 선택하여 조사하고, 다른 학생들에게 설명할 수 있도록 조사활동을 하는 데 중점을 둔다.

 ○'다른 나라의 문화를 존중하고 공감하는 태도를 기른다.'는 학생들이 다른 나라를 조사하고 함께 나누는 과정에서 다양한 문화에 대하여 공감하는 기회를 마련하고 학습 경험을 통하여 다양한 문화를 존중하는 태도를 기르는 데 중점을 둔다.

□ 우리 아이들은?

 ○해외여행을 다녀 온 경험이 있는 학생이 소수임

 ○농촌지역 내 소규모 학교이므로 다양한 문화를 접하기 어려우나 협력적인 활동 경험을 많이 가지고 있음

□ 교과 역량

 ○공동체 역량, 자기관리 역량, 의사소통 역량, 지식정보처리 역량

□ 성장중심평가는 어떻게?

 ○이 과정에서 교사는 '알고 싶은 다른 나라 문화의 조사'를 중심으로 평가하되 관찰하기, 무리 짓기, 조사하기 등 다양한 탐구 기능을 함께 평가한다.

□ 수업과 평가의 설계

수업	평가
• 세계 여러 나라의 자랑거리 이야기하기 • 알고 싶은 나라와 자랑거리 찾아 조사하기 • 알게 된 것 정리하여 발표하기 • 다른 나라 문화에 대하여 이야기 나누고 존중하는 태도 갖기	☑ (보고서법) 　- 내가 알고 싶은 나라를 조사하여 빅북으로 만들기 　- 조사한 내용 발표하기 ☑ (정의적 능력 평가) 　- 잘된 점과 보완할 점 이야기 나누기

□ 평가과제

ㅇ 알고 싶은 나라를 정하여 조사 계획 세우기

ㅇ 내가 정한 나라의 자랑거리 조사하기

ㅇ 조사한 내용을 정리하여 발표자료 만들기

ㅇ 조사한 내용 발표하기

ㅇ 배움 공책에 새롭게 알게 된 점이나 느낀 점 정리하기

□ 채점기준안

ㅇ 보고서법

평가기준	조사 보고서 계획 및 작성하기	발표하기
매우 잘함	조사하고 싶은 나라와 내용, 조사방법 등에 대해 자세한 계획을 세우고 내용을 매우 충실하게 조사한 경우	조사한 내용을 정확하게 발표하기 위해 연습을 잘하고 명확하게 잘 발표한 경우
잘함	비교적 자세한 계획을 세우고 조사 내용이 비교적 충실한 경우	연습을 하고, 비교적 발표를 잘 한 경우
보통	계획을 세웠으나 다소 부족하고 조사 내용이 다소 부실한 경우	연습을 하였으나 발표 내용이 부족한 경우
노력 요함	계획을 거의 수립하지 못하고 조사하지 못한 경우	연습과 발표 내용이 부실한 경우

○ 정의적 능력 평가

구분	정의적 능력 수준 (태도-공감, 존중)	반응 유형
학생 유형 1	공감과 존중의 태도가 매우 적극적이다.	다양한 문화에 대하여 적극적으로 공감하고 존중하는 태도를 가진 경우
학생 유형 2	공감과 존중의 태도를 가진 편이다.	다양한 문화에 대하여 공감하고 존중하려는 태도를 가진 경우
학생 유형 3	공감과 존중의 태도가 부족한 편이다.	다양한 문화에 대하여 어느 정도 공감은 하고 있으나 존중하는 태도가 다소 부족한 경우

3) 통지표의 작성

학생의 학교생활에 관한 사항을 기록한 문서인 생활통지표는 시대 및 지역에 따라 생활통신표, 통지표, 성적통지표, 가정통지표, 중간통지표, 아동생활기록통지표 등 다양한 명칭으로 불리어 왔다(박종필, 조홍순, 박균열, 2015: 2). 생활통지표는 모든 학생이 교육목표를 성공적으로 달성하였는지를 종합적으로 평가하는 것인 동시에 교사가 평소 학생에 대한 의견을 서술해서 학부모에게 학교생활 전반을 알려 주는 수단이다. 따라서 생활통지표는 학교에서의 교과학습 발달상황, 행동발달상황, 출결상황, 특별활동상황 등 학생 개개인의 전반적인 발달 기록이기 때문에 객관적으로 작성하여야 하고 기술된 정보는 신뢰성이 있어야 한다(박옥선, 양정호, 2006). 학생 발달상황의 정보 제공을 위한 생활통지표는 각 학교의 재량에 따라 결정되는 것이므로, 교과와 특별활동의 평가목표에 따라 '긍정적 인간관'을 가지고, 학교마다 특색 있고 창의적으로 생활통지표의 양식, 기재 요령을 작성, 활용하여야 한다(교육과학기술부, 2008: 179).

기록된 후 50년 동안 보관되는 학교생활기록부와는 달리 생활통지표는 준 영구 보존 대상이 아니다. 또한 규정에 의해 구체적인 양식이 정해진 학교생활기록부와는 달리 생활통지표의 양식은 정해진 것이 없으며, 학교에 따라 자율적으로 양식을 정하여 사용하고 있다. 그러나 교무업무시스템이 도입된 후 많은 학교에서 업무의 효율성을 위해 교무업무시스템에서 제공하는 생활통지표를 사용하고 있다(박종필, 조홍순, 박균열, 2015: 6). 교무업무시스템의 생활통지표 양식과 항목은 학교에 따라 다소 차이가 있으나, 대부분 다음과 같은 생활통지표 형태로 제공하고 있다.

생활통지표

■ 기본학적사항

학년	1	반	1	번호		성명		담임명	

■ 교과평가

교과	영역	평가내용	평가
국어	듣기	들려주는 이야기를 듣고 중심 내용을 잘 이해할 수 있다.	매우잘함
	말하기	까닭을 생각하며 내 생각을 잘 드러나게 말할 수 있다.	잘함
	읽기	문장 부호를 고려하여 글을 띄어 읽을 수 있다.	매우잘함
	쓰기	바른 자세로 글씨를 쓸 수 있다.	매우잘함
	문법	자음과 모음의 이름을 알 수 있다	잘함
	문학	감정을 표현하는 말로 이야기를 꾸밀 수 있다.	매우잘함
이하 생략			

■ 창의적 체험활동상황

영역	시간	특기사항
자율활동	100	• 내가 잘하는 것과 좋아하는 것이 무엇인지 찾고 관심 있는 분야에 대해 구체적으로 잘 말하며, 나의 꿈 그리기 활동을 통하여 미래의 자신의 모습인 선생님을 잘 표현함(이하 생략)
동아리활동	16	
진로활동	5	
안전한 생활	15	• 운동장이나 놀이터에서 지켜야 할 안전 수칙을 지키며 놀이하고, 보이지 않는 코너에서는 좌우를 살피고 안전하게 통행함

■ 행동특성 및 종합의견

행동특성 및 종합의견
발표를 잘하려고 노력하며 독서하는 습관이 바르게 형성되어 있음. 수업에 대한 집중력 좋고, 단체 생활의 규칙을 잘 준수하고 친구들과 원만하게 지냄(이하 생략)

　　그런데 당해 학년도 학교생활기록부 서술형 입력 항목은「공공기관의 정보공개에 관한 법률」제9조 제1항 제5호에 따라 내부검토 과정에 있는 사항 등으로서 공개될 경우 업무의 공정한 수행에 현저한 지장을 초래한다고 인정할 만한 상당한 이유가 있는 정보에 해당하며, 이에 따라 학년도 종료 전에는 당사자를 포함하여 비공개하는 것이 원칙이다. 즉, 학교생활기록부 자료 제공 시 작성이 완료되지 않는 당해 학년도 창의적 체험활동상황 영역별 특기사항, 교과학습발달상황의 세부능력 및 특기사항, 자유학기활동상황 영역별 특기사항, 행동특성 및 종합의견은 제공하지 않는다(교육부, 2021c: 30-31). 이러한 이유로 학년을 마치기 전에는 서술형 입력항목에 대한 정보가 제공되지 않는다. 또한 최근 과정중심평가와 성장중심평가가 강조되면서 교무업무시스템의 생활통지표 이외의 통지표가 사용되기도 한다. 학교생활기록부와 별개로 활용되고 있는 '성장 참조형 통지표'(기존의 성취기준 중심 통지표에 학생 개개인의 성장과정을 함께 공지하는 형태의 통지표)의 특징을 예시로 살펴보면 다음과 같다. 성장 참조형 통지표는 ① 학생들의 과목별 성취기준에 대한 평가방법과 성취 수준을 단계형이나 서술 형태로 기록한다. ② 한 학기 동안 아이들과 함께 진행한 수업내용을 간략하게 정리하여 안내함으로써 아이들은 한 학기 동안의 활동을 돌아볼 수 있으며, 학부모에게는 수업내용 및 학생활동을 안내하는 효과가 있다. ③ 학생은 자기평가가 가능한데, 학기초에 자신의 기본생활, 수업활동, 개인적인 성취목표 등을 정해 놓고 학기 말에 자신의 성장 정도를 스스로 평가하여 기록한다. ④ 선생님이 학생 개인별 성장에 따라서 서술형으로 기록한다. ⑤ 한 학기 동안의 자녀의 성장에 대한 부모님의 생각을 기록한다(이유진, 2019).

3. 중등학교 학교생활기록 및 평가의 실제

1) 교과학습발달상황 평가 및 관리

　　교육부의「학교생활기록 작성 및 관리지침」(교육부훈령 제365호, 2021. 1. 4., 일부개정)에 따르면, 학업성취 및 인성의 평가는 크게 교과학습발달상황에 대한 평가와 창의적 체험활동상황, 독서활동상황, 행동특성 및 종합의견의 평가로 나뉜다. 여기에서는 교과학습발달상황 평가 및 관리를 중심으로 설명한다.

(1) 평가의 목표 및 방침

교과학습의 평가는 학생의 교육목표 도달 정도를 확인하고 교수학습의 질을 개선하는 데 주안점을 둔다. 교수학습과 평가활동이 일관성 있게 이루어지도록 하며, 평소 학교에서 가르친 내용과 기능에 대하여 학생 개개인의 교과별 성취기준·평가기준에 따른 성취도와 학습 수행과정을 평가하는 방법을 적용한다.

교과학습의 평가는 지필평가와 수행평가로 구분하여 실시한다. 다만, 시·도교육청의 학업성적관리 시행지침에 따라 학교별 학업성적관리규정으로 정하여 교과목의 특성상 수업활동과 연계한 수행평가만으로 평가할 수 있다.

교과학습의 평가 및 관리의 객관성·공정성·투명성과 신뢰도를 높이기 위하여 학교별 각 교과(학년)협의회와 학업성적관리위원회를 구성하고 그 기능을 강화한다. 「공교육 정상화 촉진 및 선행교육 규제에 관한 특별법」 제8조 제3항에 따라 지필평가, 수행평가 등 학교 내 시험 및 각종 교내대회에서 학생이 배운 학교교육과정의 범위와 수준을 벗어난 내용을 출제하여 평가하지 않도록 유의한다.

(2) 평가방법

① 평가계획 수립

교과학습의 평가계획은 각 과목의 교육과정 및 학교·교과의 특성을 감안하여 교과(학년)협의회에서 수립하고 이를 학교 학업성적관리위원회의 심의를 거쳐 학교장이 최종 결정한다. 다만, 중학교 자유학기(학년)에 학교의 여건을 고려하여 필요시에는 시·도교육청의 학업성적관리 시행지침에 따라 해당 교과 담당 교사별로 평가계획을 달리 정할 수 있다.

평가계획에는 각 교과(학년)별 지필평가 및 수행평가의 평가 영역·요소·방법·횟수·반영비율·수행평가 세부기준(배점) 등과 성적처리 방법 및 결과의 활용을 포함한다. 확정된 평가계획은 정보공시 등을 통해 학생 및 학부모에게 공개하고 변경사항이 있을 경우에는 수정하여 평가 실시 전에 재공지한다. 자유학기의 교과학습발달평가는 학교별로 자유학기의 취지에 맞는 평가 방안을 마련하고 이를 학교 학업성적관리위원회의 심의를 거쳐 학교장이 최종 결정한다.

② 평가운영

- 지필평가: 지필평가는 다음과 같은 점들을 고려하여 운영한다. 첫째, 평가문제
는 타당도, 신뢰도를 제고할 수 있도록 출제하고 평가의 영역, 내용 등을 포함
한 문항정보표 등 출제계획을 작성하여 활용하며, 동일 교과 담당교사 간 공동
출제를 한다. 둘째, 지필평가는 문항별 배점을 표시하여 가급적 100점 만점으
로 출제하고 문항의 수준별 난이도의 배열에 유념한다. 셋째, 시ㆍ도교육청의
학업성적관리 시행지침에 따라 학업성적관리규정에 지필평가 관련 보안규정
과 시험지 유출 시 처리기준을 마련하고, 평가 문제는 출제ㆍ인쇄 및 평가의 전
과정에서 보안이 유지되도록 철저히 관리한다.
- 수행평가: 수행평가는 다음을 고려하여 운영한다. 첫째, 정규교육과정 외에 학
생이 수행한 결과물에 대해 점수를 부여하는 과제형 수행평가는 실시하지 않
는다. 둘째, 수행평가의 점수는 점수화가 가능한 영역의 점수만 반영하되, 기
본점수의 부여 여부, 부여 점수의 범위 등은 시ㆍ도교육청의 학업성적관리 시
행지침에 따라 학교의 학업성적관리규정으로 정한다.
- 이의신청: 시ㆍ도교육청의 학업성적관리 시행지침에 따라 학업성적관리규정에
지필평가 및 수행평가의 이의신청 절차를 마련하고 이의신청이 있을 때에는
절차에 따라 면밀히 검토하여 처리하여야 한다. 평가문항의 이의신청에 따른
오류 검증을 위해 필요시 외부 전문가의 자문을 받을 수 있다.

③ 중학교 학업성적 평가 결과 처리

중학교 학업성적 평가 결과 처리는 다음의 사항을 고려하여 실시한다.

첫째, 과목별 성적일람표는 매 학기말 교과 담당교사가 작성하되, 지필평가(명칭,
반영비율 등 명기)와 수행평가(영역, 반영비율 등 명기)의 점수를 합산하고 원점수/과
목평균, 성취도(수강자수)를 산출한다(다만, 체육ㆍ음악ㆍ미술 교과의 과목은 성취도만
을 산출한다).

둘째, 원점수는 지필평가 및 수행평가의 반영비율 환산 점수 합계를 소수 첫째 자
리에서 반올림하여 정수로 기록하며, 과목평균은 원점수를 사용해 계산하여 소수

둘째 자리에서 반올림하여 소수 첫째 자리까지 기록한다.

셋째, 성취도는 원점수에 따라 다음과 같이 평정한다.

5단계 성취도		3단계 성취도	
성취율(원점수)	성취도	성취율(원점수)	성취도
90% 이상	A	80% 이상	A
80% 이상~90% 미만	B	60% 이상~80% 미만	B
70% 이상~80% 미만	C	60% 미만	C
60% 이상~70% 미만	D	※ 체육, 음악, 미술 교과	
60% 미만	E		

넷째, 수강자 수는 매 학기말 성적산출 시점을 기준으로 해당 과목을 수강한 학생수로 한다. 다만, 자유학기(학년)에 해당 교과 담당교사별로 해당 과목의 평가계획을 다르게 수립한 경우, 시·도교육청의 학업성적관리 시행지침에 따라 당해 학교의 학업성적관리규정으로 정하여 해당 교과담당교사별로 수강자 수를 달리할 수 있다.

다섯째, 채점 등 평가 결과를 전산 처리할 경우, 교과담당교사는 전산 처리 결과의 이상 유무를 철저히 대조·확인해야 한다. 개인정보 보호를 위해 지필 및 수행평가 결과는 학생 본인만 확인하도록 하며, 타인에게 성적 정보가 노출되지 않도록 유의해야 한다.

여섯째, 자료의 보관은 성적 처리 및 학생 확인이 완료된 지필평가 학생 답안지의 경우 성적산출의 증빙자료로 5년간 보관하고 수행평가의 결과물은 학업성적관리위원회의 심의를 거쳐 보관기간을 결정하여 시행한다. 성적 처리가 끝난 수행평가의 중요한 자료는 성적 산출의 증빙자료로 졸업 후 1년 이상 당해 학교에 보관하며, 상급학교 진학 시 입학전형권자의 요청이 있을 경우 이를 전형자료로 제공할 수 있다.

표 10-3 중학교 과목별 성적일람표 예시

2021학년도 제1학기 국어과 성적일람표

제1학년 (   ) 반   교과담당교사 (   ) 인

평가방법(반영비율) 번호, 성명 / 명칭, 영역 (반영비율)	지필평가(60%)		수행평가(40%)				합계	원점수	성취도 (수강자 수)
	1회 (30%)	2회 (30%)	○○○ (10%)	◇◇◇ (10%)	□□□ (10%)	△△△ (10%)			
1 김길동	28.50	29.40	8.80	9.60	8.80	10.00	95.1	95	A(452)
2 나민주	25.50	19.20	6.00	8.00	7.00	5.00	70.7	71	C(452)
3									
수강자 최고점	30.00	30.00	10.00	10.00	10.00	10.00	100.0		
수강자 최저점	9.95	10.00	5.00	6.00	7.00	5.00	42.9		
수강자 평균	23.42	25.74	8.40	8.16	8.76	7.59	82.0		
학급 평균	21.24	24.43	8.50	7.52	8.91	7.35	77.9		
과목 평균								82.1	

* '김길동'의 지필평가 1회 환산점수 28.50은 100점 만점에서 95점을 받았을 경우이며, 수행평가 ○○○ 환산점수 8.80은 50점 만점에서 44점을 받았을 경우이다.

* 수강자 최고점, 수강자 최저점, 수강자 평균, 학급 평균은 소수 셋째 자리에서 반올림하여 둘째 자리까지 산출한다.

출처: 교육부(2021b).

④ 고등학교 학업성적 평가 결과 처리

고등학교 학업성적 평가 결과 처리는 다음의 사항을 고려하여 실시한다.

첫째, 과목별 성적일람표는 매 학기말 교과 담당교사가 작성하되, 지필평가(명칭, 반영비율 등 명기)와 수행평가(영역, 반영비율 등 명기)의 점수를 합산하여 다음 각 호와 같이 성적을 산출한다.

- (가) 교양교과(군)의 과목 및 (나)~(마)호를 제외한 모든 과목은 원점수, 과목 평균, 과목 표준편차, 성취도(수강자수), 석차(동석차수), 석차등급 산출
- (나) 보통교과의 진로선택과목은 원점수, 과목평균, 성취도(수강자수), 성취도별 분포비율 산출
- (다) 보통교과 공통과목의 '과학탐구실험'과 전문교과 Ⅱ, Ⅲ은 원점수, 과목평균, 과목 표준편차, 성취도(수강자수)만 산출하고 전문교과 Ⅱ의 실무과목은 능

력단위로 산출할 수 있으며 능력단위 평가 시 이수시간, 원점수, 성취도만 산출

- (라) 보통교과 체육·예술교과(군)의 일반선택과목은 성취도만 산출
- (마) 학교 간 통합선택교과로 이수한 과목(보통교과 진로선택과목, 체육-예술교과(군)의 일반선택과목, 교양교과(군)의 과목 제외)은 원점수, 과목평균, 과목 표준편차, 성취도(수강자수)를 산출

둘째, 원점수는 지필평가 및 수행평가의 반영비율 환산 점수 합계를 소수 첫째 자리에서 반올림하여 정수로 기록하며, 과목평균, 과목표준편차는 원점수를 사용하여 계산하여 소수 둘째 자리에서 반올림하여 소수 첫째 자리까지 기록한다.

셋째, 과목별 성취도는 성취율에 따라 다음과 같이 평정하되, 기준 성취율에 따른 분할점수를 과목별로 학교가 설정할 수 있다.

5단계 성취도		3단계 성취도	
성취율(원점수)	성취도	성취율(원점수)	성취도
90% 이상	A	80% 이상	A
80% 이상~90% 미만	B	60% 이상~80% 미만	B
70% 이상~80% 미만	C	60% 미만	C
60% 이상~70% 미만	D	※ 탐구, 연구, 실험 등[주]	
60% 미만	E		

*주: 보통교과 공통과목의 과학탐구실험, 보통교과 체육·예술교과(군)의 일반선택과목, 보통교과 진로선택과목, 전문교과 I 과학계열교과(군)의 융합과학탐구, 과학과제연구, 물리학·화학·생명과학·지구과학실험, 전문교과 I 국제계열교과(군)의 사회탐구방법, 사회과제연구.

표 10-4 교과별 평정방식(2015 개정 교육과정)

적용 교과목		성취도
교과 영역	과목	
기초(국어, 수학, 영어, 한국사)	공통과목, 일반선택	A, B, C, D, E
탐구[사회(역사/도덕 포함), 과학]	공통과목(과학탐구실험 제외), 일반선택	
생활(기술·가정/제2외국어/한문)	일반선택	

전문 교과 Ⅰ (과학 계열, 체육 계열, 예술 계열, 외국어 계열, 국제 계열)	융합과학탐구, 과학과제연구, 물리학실험, 화학실험, 생명과학실험, 지구과학실험, 사회탐구방법, 사회과제연구 제외	
전문 교과 Ⅱ, Ⅲ	전체 과목	
체육 · 예술	일반선택, 진로선택	
기초, 탐구, 생활	진로선택, 공통과목(과학탐구실험)	
전문 교과 Ⅰ (과학 계열, 국제 계열)	융합과학탐구, 과학과제연구, 물리학실험, 화학실험, 생명과학실험, 지구과학실험, 사회탐구방법, 사회과제연구	A, B, C
교양(철학, 논리학 등)	전체 과목	P

넷째, 과목별 석차등급은 지필평가 및 수행평가의 반영비율 환산점수의 합계에 의한 석차 순에 따라 다음과 같이 평정한다. 단, 등급별 누적 학생수는 수강자수와 누적 등급비율을 곱한 값을 반올림하여 계산한다.

석차등급	1	2	3	4	5	6	7	8	9
누적비율	4% 이하	4% 초과 11% 이하	11% 초과 23% 이하	23% 초과 40% 이하	40% 초과 60% 이하	60% 초과 77% 이하	77% 초과 89% 이하	89% 초과 96% 이하	96% 초과

다섯째, 동점자 처리의 경우, 가급적 동점자를 발생시키지 않도록 하되 동점자가 발생하여 등급경계에 있는 경우에는 중간석차를 적용한 중간석차백분율에 의하여 등급을 부여한다.

여섯째, 석차는 매 학기별로 과목별 지필평가 및 수행평가의 반영비율 환산점수 합계를 소수 셋째 자리에서 반올림하여 소수 둘째 자리까지 구하여 산출한다. 과목별로 동점자가 발생한 경우에는 그 동점자 모두에게 해당 순위의 최상의 석차를 부여하고 (　) 안에 동점자수를 병기한다.

그 외 전산처리 및 정보 보호, 자료 보관은 중학교 지침 내용과 같다.

표 10-5 고등학교 과목별 성적일람표 및 해석 예시

[보통교과]

2021학년도 제1학기 국어과 성적일람표

제1학년 (강의실명)　　　　　　　　　　　　　　　　　　　　　　　　교과담당교사 (　　　　　　) 인

평가방법(반영비율)		지필평가(60%)		수행평가(40%)				합계	원점수	성취도	석차 등급	성취도 (수강자 수)
반/번호, 성명	명칭, 영역 (반영비율)	1회 (30%)	2회 (30%)	○○○ (10%)	◇◇◇ (10%)	☐☐☐ (10%)	△△△ (10%)					
1/1	김길동	28.50	29.40	8.80	9.60	8.80	10.00	95.10	95	A	1	4(15)/532
1/2	나민주	25.50	19.20	6.00	8.00	7.00	5.00	70.70	71	C	5	273/532
1/3												
수강자 최고점		30.00	30.00	10.00	10.00	10.00	10.00	100.00				
수강자 최저점		9.95	10.00	5.00	6.00	7.00	5.00	42.95				
수강자 평균		23.42	25.74	8.40	8.16	8.76	7.59	82.07				
강의실 평균		21.24	24.43	8.50	7.52	8.91	7.35	77.95				
과목 평균									82.1			
과목 표준편차									10.1			

[전문교과]

2021학년도 제1학기 상업 경제과 성적일람표

제1학년 (강의실명)　　　　　　　　　　　　　　　　　　　　　　　　교과담당교사 (　　　　　　) 인

평가방법(반영비율)		지필평가(60%)		수행평가(40%)				합계	원점수	성취도 (수강자 수)
번호, 성명	명칭, 영역 (반영비율)	1회 (30%)	2회 (30%)	○○○ (10%)	◇◇◇ (10%)	☐☐☐ (10%)	△△△ (10%)			
1	김길동	28.50	29.40	8.80	9.60	8.80	10.00	95.1	95	A(553)
2	나민주	25.50	19.20	6.00	8.00	7.00	5.00	70.7	71	C(553)
3										
수강자 최고점		30.00	30.00	10.00	10.00	10.00	10.00	100.0		
수강자 최저점		9.95	10.00	5.00	6.00	7.00	5.00	42.9		
수강자 평균		23.42	25.74	8.40	8.16	8.76	7.59	82.0		
강의실 평균		21.24	24.43	8.50	7.52	8.91	7.35	77.9		
과목 평균									82.1	
과목 평균									10.1	

출처: 교육부(2021a).

2) 학교생활기록부 작성의 실제

실제 중학교, 고등학교용 학교생활기록부 양식(「학교생활기록 작성 및 관리지침」 별지 제2호 및 제3호 서식) 및 작성예시를 제시하면 다음과 같다. 먼저, 중학교 작성예시를 살펴보고 달리 살펴봐야 하는 고등학교 예시를 추가로 제시하였다.[2]

(1) 중학교 학교생활기록부(학교생활기록부 I)
〈중학교〉

졸업 대장 번호				
학년 \ 구분	반	번호	담임 성명	사 진 3.5cm×4.5cm
1	1	12	○○○	
2	3	11	◇◇◇	
3	2	13	□□□	

① 인적 · 학적사항

학생정보	성명: 성별: 주민등록번호: 주소:
학적사항	년 월 일 □□ 초등학교 졸업 년 월 일 ○○중학교 제1학년 입학(년 월 일 전출) 년 월 일 △△중학교 제1학년 전입학
특기사항	2021. 6. 8. 「학교폭력예방 및 대책에 관한 법률」 제17조 제1항 제8호에 따른 전학조치

- '학생정보'란에는 성명, 성별, 주민등록번호와 입학 당시의 주소를 입력하되, 재학 중 주소가 변경된 경우에는 변경된 주소를 누가하여 입력한다.
- '학적사항'란에는 입학 전 전적학교의 졸업연월일과 학교명을 입력하고 검정고

---

[2] 예시 작성을 위해 「학교생활기록 작성 및 관리지침(2021. 3. 1. 시행)」 「2021학년도 중학교 학교생활기록부 기재요령(교육부)」 「2021학년도 고등학교 학교생활기록부 기재요령(교육부)」 「2021년 중학교 담임교사 업무 매뉴얼(대구교육청)」 「2021년 고등학교 담임교사 업무 매뉴얼(대구교육청)」 등을 참고하였다.

시 합격자는 합격 연월일과 '졸업학력검정고시 합격'이라고 입력한다.

- 재학 중 학적변동이 발생한 경우 전출교와 전입교에서 각각 학적변동이 발생한 일자, 학교와 학년, 학적변동 내용을 입력한다.
- '특기사항'란에는 학적변동의 사유를 입력하는데, 학교폭력과 관련된 사항은 「학교폭력예방 및 대책에 관한 법률」 제17조에 따른 가해학생에 대한 조치사항을 입력한다.[3]
- 인적·학적사항의 입력 가능 최대 글자수는 학생 성명 20자(영문 60자), 주소 300자, 특기사항 500자이다.

② 출결상황

학년	수업일수	결석일수			지각			조퇴			결과			특기사항
		질병	미인정	기타	질병	미인정	기타	질병	미인정	기타	질병	미인정	기타	
1														개근
2		1			1									
3			5											「학교폭력예방 및 대책에 관한 법률」 제17조 제1항 제6호에 따른 출석정지 조치 5일(2021. 4. 13.)

- '수업일수'란에 「초·중등교육법 시행령」 제45조에 규정된 수업일수(매 학년 190일 이상) 기준에 따라 학교장이 정한 수업일수를 입력한다.
- '결석일수' '지각' '조퇴' '결과'는 「학교생활기록 작성 및 관리지침」 별표 8(출결상황 관리 등)에 따라 질병·미인정·기타로 구분하여 연간 총 일수 또는 횟수를 각각 입력한다.[4] 「학교폭력예방 및 대책에 관한 법률」 제17조 제1항 제6호

---

3) 가해학생에 대한 조치사항은 1. 피해학생에 대한 서면사과, 2. 피해학생 및 신고·고발 학생에 대한 접촉, 협박 및 보복행위의 금지, 3. 학교에서의 봉사, 4. 사회봉사, 5. 학내외 전문가에 의한 특별 교육이수 또는 심리치료, 6. 출석정지, 7. 학급교체, 8. 전학, 9. 퇴학처분이 있다.

4) '지각'은 학교장이 정한 등교시각까지 출석하지 않은 경우를 의미하고, '조퇴'는 학교장이 정한 등교시각과 하교시각 사이에 하교한 경우를 의미하며, '결과'는 수업시간의 일부 또는 전부에 불참하거나 교육활동을 고의적으로 방해한 경우를 의미한다.

의 출석정지 기간은 미인정 결석에 해당된다.

- 재취학 등 학적이 변동된 학생의 동학년의 수업일수 및 출결상황은 학적변동 전(원적교)의 것과 변동 이후의 것을 합산하여 입력한다.
- '특기사항'란에 결석사유 또는 개근 등 교육부장관이 별도로 정하는 내용을 학급 담임 교사가 입력한다. 특기사항 중 학교폭력과 관련된 사항은 「학교폭력예방 및 대책에 관한 법률」 제17조에 따른 가해학생에 대한 조치사항을 조치 결정일자(교육지원청 내부 결재일)와 함께 결정 즉시 입력한다.
- 출결상황의 특기사항 입력 가능 최대 글자수는 500자이다.

③ 수상경력

학년 (학기)		수상명	등급(위)	수상연월일	수여기관	참가대상 (참가인원)
1	1	독후감쓰기대회	장려상(3위)	2021. 5. 27.	○○학교장	1·2학년(720명)
	1	정보통신대회	대상(1위)	2021. 6. 8.	○○학교장	전교생 중 참가자 (185명)
	2	예술제(시화부문)	우수상(2위)	2021. 10. 19.	○○학교장	전교생(1,200명)
2	1					
	2					
3	1					
	2					

- 재학 중 학생이 교내에서 수상한 상의 명칭, 등급(위), 수상연월일, 수여기관, 참가대상(참가인원)을 입력한다.
- 동일한 작품이나 내용으로 수준이 다른 상을 여러 번 수상하였을 경우, 최고 수준의 수상 경력만을 입력한다.
- 학년초 학교교육계획서에 따라 실시한 교내상에 한하여 수상경력에 입력할 수 있고, 상급학교 진학 시 수상경력은 학생별 한 학기에 1개씩만 제공한다.
- 2021학년도 2~3학년의 경우 상급학교 진학 시 수상경력은 학생별 한 학기에 1개씩만 제공하고 2024학년도 대입(졸업생 포함)부터 상급학교 진학 시 '수상경력'은 제공하지 않는다.

④ 창의적 체험활동상황

학년	창의적 체험활동상황		
	영역	시간	특기사항
1	자율활동		
	동아리활동		(자율동아리)
	진로활동	희망 분야	※ 상급학교 미제공
2	자율활동	34	학생자치회 환경부장(2019. 3. 1.~2020. 2. 6.)으로서 학교 내 환경정화 및 학교 구성원의 화합을 위하여 1~3학년 학생들을 소단위로 편성한 '작은 가족' 제도를 제안함. 이 제도를 통하여 격주 월요일에 학교 내 담당구역을 함께 청소하거나 가족 단위 모임을 활성화하여 학년 간 의사소통에 기여함. 또한 집행부 회의에서 논의한 주요 현안에 대한 결의사항을 홍보전단을 통하여 학생들에게 공지하고 학생자치회 결정사항을 실천하려는 노력이 두드러짐
	동아리활동	134	(애니메이션그리기반)(34시간) '상상화 그리기'와 '미래의 자동차 디자인하기' 활동에서 기발한 상상력과 과학적 아이디어를 잘 표현하고 자신의 그림을 조리 있게 설명함. 학교 '벽화그리기'에서 친구의 의견을 충분히 수렴하여 작품의 완성도를 높이고 공동 작업을 통해 서로 존중하고 배려하는 모습을 보임
			(로봇반: 자율동아리) 로봇공학 관련 기본 개념 및 활용 분야에 전문적인 지식을 많이 갖고 있으며 동아리활동에 매우 적극적임. 국립중앙과학관 신기한 로봇세상 체험전, 대학 탐방을 주도하면서 학생들의 참여를 독려함. 동아리 학생들에게 신망이 두터움
			(○○단: 청소년단체) ○○단의 일원으로서 주말, 방학기간을 활용하여 정기적으로 ○○활동에 적극적으로 참가함. ○○활동에 다양한 의견을 제안하고 공동 작업에도 열심히 참여함
			(발야구반: 학교스포츠클럽)(34시간) 역할을 정확히 숙지하고 있으며 팀의 분위기 메이커이자 에이스로 자리매김함. 항상 웃는 얼굴로 팀의 화합을 이끌어 냈으며, 강한 킥력으로 팀의 승리에 일조함
			(축구발리킥클럽: 방과후학교스포츠클럽)(68시간) 클럽의 주장으로 공격과 수비를 동시에 잘하는 미드필더이자 멀티플레이어로 활약하면서 ○○도 교육청 주최 학교스포츠클럽대회에 학교 대표로 출전하였으며, 방과후 학교스포츠클럽 활동에 적극적으로 참여함

	진로활동	희망 분야	※ 상급학교 미제공
		○○진로검사를 실시(2019. 5. 2.)하여 결과를 분석한 내용으로 상담을 함. 다양한 직업을 체험하는 진로 체험 축제(2019. 10. 21.)에서 과학자들이 자연 현상을 탐구하고 연구하는 활동에 관심을 보임. 학부모 지원 탐방 프로그램(2019. 10. 29.)에 참가하여 각종 실험과 검증 과정에 관심을 가지고 질문을 함	
3	자율활동		
	동아리활동		(자율동아리)
	진로활동	희망 분야	※ 상급학교 미제공

학년	봉사활동 실적				
	일자 또는 기간	장소 또는 주관기관명	활동내용	시간	누계시간
1	2021. 3. 14.	(개인) ○○구청	서류정리 보조	8	8
	2021. 3. 22.~2021. 4. 16.	(학교) ○○학교	쓰레기 분리수거	5	13
2					
3					

- 자율활동, 동아리활동, 진로활동은 영역별 이수시간 및 특기사항을 입력하고 봉사활동은 실적을 입력한다. 봉사활동 실적에는 연간 실시한 봉사활동의 일자 또는 기간, 장소, 또는 주관기관명, 활동내용, 시간을 실시일자 순으로 모두 입력한다.
- 진로활동의 특기사항에 진로희망 분야와 각종 진로검사 및 진로상담 결과, 관심 분야 및 진로희망과 관련된 학생의 활동내용 등 학생의 진로 특성이 드러나는 사항을 담임교사가 입력한다.
- 동아리활동 중 학교스포츠클럽활동 내용은 학교장이 인정한 기간 동안 수행한 것으로 한정하여 클럽명, 활동시간, 개별적 특성이 드러나는 특기사항을 입력하되, 활동시간은 동아리활동 이수시간에 합산한다.

- 동아리활동 중 청소년단체활동은 중학교의 경우 단체명은 입력하되 특기사항
  은 입력하지 않으며, 고등학교는 단체명 및 특기사항 모두를 입력하지 않는다.

⑤ 교과학습발달상황[5]

[1학년]

학기	교과	과목	원점수/과목평균	성취도(수강자수)	비고
1	국어	국어	95/78.6(12.6)	A(406)	
2	사회(역사 포함)/도덕	사회		P	

과목	세부능력 및 특기사항
(1학기) 국어: 문학 장르 중에서 수필에 대한 이해가 깊고, 관찰력이 예리하여 기발한 착상이 돋보이는 수필을 창작하는 능력을 지님. 특히 떡볶이라는 우리가 일상에서 흔히 발견하는 소재를 활용하여, 바람직한 인간의 모습을 제시한 글은 일상의 모습에 대한 평소의 예리한 관찰 훈련이 글을 통해서 잘 발현된 매우 좋은 예라고 할 수 있음	
(2학기) 사회(자유학기): 모둠활동을 통해 대중문화와 대중매체의 긍정적인 면과 부정적 측면을 찾아보고, 〈Way back home〉이라는 곡을 개사해 가짜뉴스 유통, 중독성 등이 대중문화가 갖는 문제임을 지적하는 노래를 만들어 발표하는 활동을 수행함. 사회참여 경험하기 활동에서 우리 학교나 학급에서 개선해야 할 가장 시급한 문제를 찾아 문제해결을 촉구하는 표어를 마음에 와 닿도록 창의적으로 만들어 발표함	

- 세부능력 및 특기사항은 학교생활기록부 II 기재사항이다.
- 「영재교육진흥법 시행령」 제36조 제1항, 제2항에 의거 영재교육기관에서 수료
  한 영재교육 관련 내용은 '세부능력 및 특기사항'란에 입력한다.
- 세부능력 및 특기사항의 입력 가능 최대 글자수는 과목별 500자이다.

---

[5] 교과학습발달상황의 기재 요령은 3. 중등학교 학교생활기록 및 평가의 실제-1) 교과학습발달상황 평가 및 관리 절을 참고.

〈체육 · 예술(음악/미술)〉

학기	교과	과목	성취도	비고
2	예술	음악	P	

과목	세부능력 및 특기사항
(2학기) 음악(자유학기): 단소의 구조와 운지법, 호흡법을 익히고 다양한 종류의 민요를 연주해 봄. 바른 운지법으로 악곡을 정확하게 암기하여 연주하였으며, 연주한 가락의 음정과 박자, 리듬이 정확하였음. 한류의 의미를 이해하고, 다양한 한국 문화 열풍이 어떠한 영향을 주는지 모둠별로 조사하여 발표함 (협종) 발상과 표현이 독특하고 유쾌함. 모든 활동에 적극적으로 참여함	

〈교양교과〉

학기	교과	과목	이수시간	이수 여부	비고
2	선택	진로와 직업	17	P	

[2학년]

학기	교과	과목	원점수/과목평균	성취도(수강자수)	비고
1	국어	국어	92/77.4(22.4)	A(406)	
2					

〈체육 · 예술(음악/미술)〉

학기	교과	과목	성취도	비고
1	예술	미술	A	

〈교양교과〉

학기	교과	과목	이수시간	이수 여부	비고
1	선택	보건	15	P	

⑥ 자유학기활동상황

학년	학기	자유학기활동상황		
		영역	시간	특기사항
1	2	진로 탐색활동	17	(진로탐색활동 5반)(17시간) 자신의 특징을 담은 광고지를 작성함으로써 긍정적인 자아개념을 향상시켰으며, 자신에 대한 주관적 평가와 다른 사람에 의한 객관적 평가를 비교하여 자기이해를 도와 사회적 역량을 개발함. 자신의 시간을 관리하기 위해 과제를 메모하는 습관을 기르기로 다짐하는 서약문을 작성함. 또한 대인관계에 있어서 타인의 말에 공감하고 최소한의 예의를 항상 지킬 것을 반성하는 시간을 통해 원활한 인간관계를 위해 노력해야 할 부분에 대해 탐색함. 친구의 눈을 관찰하는 시간을 통해 대인관계와 의사소통의 기본기를 익혔으며, 20년 후 변호사로서의 자신의 모습을 글과 그림으로 표현하였고, 자신에게 나침반이 될 수 있는 역할모델을 찾아봄으로써 꿈과 비전에 대한 동기를 제고시킴
		주제 선택활동	34	(나를 표현하다 3기)(17시간) 자기소개 및 친구 소개를 개성과 취향을 반영하여 창의적으로 표현하고 소개 내용이 매우 풍부하고 인상적임. 주어진 주제에 대해 다양한 근거를 들어 자신의 생각을 자유롭게 표현하고 자신의 감정을 다양한 예술 영역으로 확장하여 풍부하고 참신하게 표현함. 모둠원들과 활발하게 생각과 감정을 나누고 공동의 모둠 작품을 협력하여 완성함. 다른 사람의 발표 내용에 적극적으로 반응하며 공감하고 평가함 (신나는 토의토론 4기)(17시간)(이하 생략)
		예술· 체육활동	51	(마인드스포츠 1반)(17시간) 마인드 스포츠 수업에 흥미를 가지고 적극적으로 참여하고 친구들에게 마인드 스포츠 규칙을 잘 설명해 줌 (뮤지컬 3기)(17시간)(이하 생략) (뮤지컬 4기)(17시간)(이하 생략)
		동아리활동	17	독서반(17시간) 평소에 책을 읽는 습관을 갖는 것이 중요하다 생각하고 독후감도 써 보려고 노력하는 학생임. 책을 읽으며 감동을 받고 자신의 삶에 적용해 보려는 태도를 지님

- 중학교에서 자유학기에 학교별로 실시한 자유학기 활동 영역(진로탐색활동, 주제선택활동, 예술·체육활동, 동아리활동)별 이수시간 및 특기사항을 입력한다. 특기사항에 자유학기 활동별 담당교사가 수시로 관찰한 활동내용, 참여도, 흥미도 등을 문장으로 입력한다.
- 자유학기활동상황 특기사항의 입력 가능 최대 글자수는 영역별[6] 1,000자이다.

⑦ 독서활동상황

학년	과목 또는 영역	독서활동상황
1	국어	(1학기) 공중그네(오쿠다 히데오), 꿈꾸는 다락방(이지성), 교실 밖 국어여행(강혜원 외)
		(2학기) 연을 쫓는 아이(할레드 호세이니), 세 잔의 차(그레그 모텐슨 외), 바람을 길들인 풍차소년(윌리엄 캄쾀바 외)
	공통	
2	교과	
	공통	
3	교과	
	공통	

- 중·고등학교의 개인별·교과별 독서활동상황은 독서활동에 특기할 만한 사항이 있는 학생이 있는 학생을 대상으로 학기단위로 입력하고 '독서활동상황'란에 학생이 읽은 책의 제목과 저자를 교과 담당교사 또는 담임교사가 입력한다.

---

[6] 자유학기활동영역 및 영역별 활동내용은 다음과 같다.

영역	활동내용
진로탐색활동	학생들이 적성과 소질을 탐색하여 스스로 미래를 설계해 나갈 수 있도록 체계적인 진로학습 기회 제공
주제선택활동	학생의 흥미, 관심사에 맞는 체계적이고 심층적인 학생 중심의 인문사회, 탐구, 교양 프로그램
예술·체육활동	학생의 희망을 반영한 다양한 문화·예술·체육 활동
동아리활동	학생들의 공통된 관심사를 바탕으로 구성된 자발적·자율적인 학생 중심 활동

출처: 교육부(2020).

- 독서활동상황은 독서기록장, 독서 포트폴리오, 독서교육종합지원시스템의 증빙자료를 근거로 입력하고 단순 독후활동(감상문 작성 등) 외 교육활동을 전개하였다면, 도서명을 포함하여 그 내용을 다른 영역(교과세특, 창의적 체험활동, 자유학기 등)에 입력할 수 있다.

⑧ 행동특성 및 종합의견

학년	행동특성 및 종합의견
1	항상 웃는 얼굴로 무언가 생각에 잠겨 있는 모습을 자주 볼 수 있으며, 호기심이 많은 학생임. 과제에 대한 끊임없는 탐구 정신도 뛰어나 몇 번의 질문과 대답으로 이해하지 못하는 경우에는 실험과 친구와의 토론을 통해 스스로 해결해 내고야 마는 성격임. 학업뿐만 아니라 학교생활에서도 적극적이어서 학급 학습부장을 맡아 매일 시사적 문제와 관련된 기사를 스크랩하여 학생들에게 나누어 주어 자신의 의견을 기록하고 토론하는 활동을 게을리하지 않음. 또한 일반적인 관공서 봉사뿐만 아니라 역사 안내 도우미, 재활원 도우미 봉사 등 봉사활동도 다양하게 실천하여 한쪽에 치우치지 않는 균형 잡힌 생활모습을 볼 수 있음 (학교폭력 가해학생 조치사항 입력 예시) 「학교폭력예방 및 대책에 관한 법률」 제17조 제1항 제7조에 따라 학급교체 조치를 받음(2019. 4. 27.)
2	
3	

- 행동특성 및 종합의견은 학교생활기록부 Ⅱ 기재사항이다.
- 행동특성 및 종합의견은 수시로 관찰하여 누가 기록된 행동특성을 바탕으로 총체적으로 학생을 이해할 수 있는 종합의견을 담임교사가 문장으로 입력하여 학생에 대한 일종의 추천서 또는 지도자료가 되도록 작성한다.
- 장점과 단점은 누가 기록된 사실에 근거하여 입력하되, 단점을 입력하는 경우에는 변화 가능성을 함께 입력한다.
- 「학교폭력예방 및 대책에 관한 법률」 제17조 제1항 제7호에 따른 조치사항을 조치 결정일자(교육지원청 내부 결재일)와 함께 결정 즉시 입력한다. 동법 제17조 제1항 제1호, 제2호, 제3호, 제7호의 경우 졸업과 동시에 절차에 따라 삭제한다. 학교폭력 관련 조치사항을 받은 학생이 이후 긍정적인 변화를 보인 경우,

변화된 내용 등을 구체적으로 입력한다.

• 행동특성 및 종합의견의 입력 가능 최대 글자수는 500자이다.

(2) 고등학교 학교생활기록부(학교생활기록부 I)

④ 자격증 및 인증 취득상황

〈자격증 및 인증 취득상황〉

구분	명칭 또는 종류	번호 또는 내용	취득연월일	발급기관
자격증	컴퓨터활용능력 2급	21-K4-010622	2021. 8. 28.	대한상공회의소
	정보처리기능사	21404101715C	2021. 10. 14.	한국산업인력공단

〈국가직무능력표준 이수상황〉

학년	학기	세분류	능력단위 (능력단위코드)	이수시간	원점수	성취도	비고
2	2	측정	비교 측정 (1502010506-14v2)	30	95	A	① [실무과목] 측정

• 자격증 및 인증 취득상황에 기재할 수 있는 자격증은 「국가기술자격법」에 따른 국가기술자격증, 개별 법령에 따른 국가자격증, 「자격기본법」에 따른 국가공인을 받은 민간자격증 중 기술과 관련 있는 내용이다.

• 학교교육계획에 따라 국가직무능력표준을 이수한 경우 학교생활기록부에 등록하여 그 결과를 관리한다.

• 자격증 및 인증 취득상황은 대입전형자료로 제공하지 않는다.

⑥ 교과학습발달상황

[1학년]

학기	교과	과목	단위수	원점수/과목평균 (표준편차)	성취도 (수강자수)	석차등급	비고
1	과학	과학탐구실험	1	98/75(8.5)	A(150)	1	
2							
	이수단위 합계						

〈진로선택 과목〉

학기	교과	과목	단위수	원점수/과목평균	성취도 (수강자수)	성취도별 분포비율	비고
1	국어	실용국어	4	96/72	A(150)	A(30.2), B(45.3), C(24.5)···	
2							
이수단위 합계							

〈체육 · 예술〉

학기	교과	과목	단위수	성취도	비고
1	체육	스포츠 생활	2	98/78(5.2)	A(150)
2					
이수단위 합계					

3) 학생평가와 생활기록관리 수행하기

(1) 학생평가 제대로 하기

평가는 그 자체가 교육적 기능을 수행할 뿐만 아니라 학교에서의 교육적 성취를 판단하는 중요한 기능을 수행한다. 학생들이 평가 결과에 민감하다는 사실만으로도 평가는 교사의 중요한 업무가 아닐 수 없다.

학생평가는 가장 먼저 평가계획을 수립하는 일부터 시작한다. 〈표 10-6〉은 중학교 영어과 연간평가계획의 예이다. 학생과 학부모에게 평가계획을 공개하게 되어 있으므로 각별히 신경을 써야 한다. 지필평가의 연간실시계획에 따라 진도를 나누어 시험 범위를 결정하게 되고, 수행평가 계획도 학기초에 수립한다. 지필평가와 수행평가의 비율, 수행평가의 내용과 방법 등은 일반적으로 교과협의회에서 결정하며, 같은 학년의 같은 교과의 경우 수행평가의 방법과 시기 또한 협의를 거쳐 통일하는 것이 일반적이다.

표 10-6 중학교 영어과 연간평가계획 예시

평가방법	지필평가				수행평가		
반영비율	60%				40%		
평가영역	1차고사(30%)		2차고사(30%)		듣기	쓰기	말하기
	선택형	서답형(서술)	선택형	서답형(서술)			
영역만점	70점	30점(20점)	70점	30점(20점)	10점	15점	15점
반영비율	21%	9%	24%	9%	10%	15%	15%
기본점수	0점		0점		0점	5점	5점

지필평가는 통상 학기당 2회, 연 4회 실시된다. 매 학기당 1차고사와 2차고사를 치르게 되는데, 중간평가는 1차고사 성적만이 통보되고, 기말평가는 1차, 2차, 수행평가를 모두 합산한 학기말 성적이 통보되는 것이 일반적이다. 지필평가를 실시하기 2~3주 전에 평가문항지와 이원목적분류표를 평가 담당 부서에 제출하도록 되어있다.

〈표 10-7〉은 고등학교 '화학 I' 과목에 대한 지필고사의 이원목적분류표(일부)의 예이다. 공동 출제가 원칙이므로 동학년을 2명 이상의 교사가 담당할 경우 담당교사가 함께 출제하게 된다. 통상 문항의 1.5배수를 출제하여 동학년 교사들이 협의를 거쳐 최종 출제문항을 결정하는데, 이 과정에서 특수하거나 지엽적인 문제가 걸러지고 난이도도 조절된다. 그동안의 기출문제나 특정 문제집의 문항을 그대로 사용하는 것은 삼가야 한다. 출제가 완료된 후에는 평가문항의 보안을 철저히 유지하여야 한다. 특히 컴퓨터 파일과 출력물(파지 포함)의 보관에 유의한다.

지필평가는 학교 차원에서 일제히 시행되는 경우가 대부분이다. 담당교과의 시험이 시행되기 전에 반드시 시험지 인쇄상태를 확인하고 이의가 있는 문제가 있는지 확인한다. 만약 오류가 발견된다면 신속하게 적절한 조치를 취해야 하고, 시험 도중에 학생들의 문제 제기 여부를 확인해야 한다. 시험 후 객관식 문항의 채점은 전산 처리되고 주관식 문항은 교사가 직접 채점한다. 학생들의 성적확인 과정을 거쳐 최종적으로 담당교사 확인 후 성적통지표 인쇄를 하게 된다.

수행평가는 대체로 학급 단위 혹은 개별적으로 시행된다. 교과별로 수립된 수행평가 계획을 바탕으로, 학생들에게 수행평가의 방법, 시기, 비율 등을 구체적으로 안내

표 10-7 　이원목적분류표 예시(고등학교 화학 I 과목)

문항 번호	내용 영역	성취기준	평가 영역				난이도			배점	정답
			지식 및 이해	적용	자료 분석 및 해석	결론 도출 및 평가	어려움	보통	쉬움		
1	가역 반응	[12화학 I 04-01-00] 가역 반응에서 동적 평형 상태를 설명할 수 있다.		1					1	3.3	①
2	물의 자동 이온화	[12화학 I 04-02-00] 물의 자동 이온화와 물의 이온화 상수를 이해하고, 수소 이온의 농도를 pH로 표현할 수 있다.	1					1		3.9	②
...... (중략)											
22	중화 반응	[12화학 I 04-03-00] 산·염기 중화 반응을 이해하고, 산·염기 중화 반응에서의 양적 관계를 설명할 수 있다.	1				1			4.4	②
서술형 문항											
1	산화환원 반응	[12화학 I 04-05-00] 산화·환원을 전자의 이동과 산화수의 변화로 설명하고, 산화수를 이용하여 산화·환원 반응식을 완성할 수 있다.	1				1			8.0	별도 첨부
2	물의 자동 이온화 중화 반응	[12화학 I 04-02-00] 물의 자동 이온화와 물의 이온화 상수를 이해하고, 수소 이온의 농도를 pH로 표현할 수 있다. [12화학 I 04-03-00] 산·염기 중화 반응을 이해하고, 산·염기 중화 반응에서의 양적 관계를 설명할 수 있다.			1		1			7.0	별도 첨부
합계			6	7	6	5	7	10	7	100.0	

출처: 김현경 외(2017).

한 후 시행하도록 한다. 수행평가에 대한 사항은 구두로 안내하는 것보다는 안내문을 학생들에게 제공하는 것이 좋다. 〈표 10-8〉은 수행평가 세부 기준의 예시이다.

수행평가의 채점은 일반적으로 전산 처리되는 지필평가에 비하여 까다로운 편이다. 가급적 지필평가 시기와 겹치지 않도록 수행평가의 시기를 조정하여 학생들의 부담을 덜어 주고 교사의 채점 부담 또한 줄이도록 한다. 또한 수행평가가 학기말에 집중되지 않도록 한다. 수행평가 성적은 학기말에 일괄적으로 반영되는데, 지필평가와 마찬가지로 학생들의 성적확인 과정을 거쳐야 한다. 수행평가는 지필평가에 비하여 교사의 주관적인 요소가 개입되는 경향이 크기 때문에 이를 효율적이면서도 교육적으로 관리하는 능력이 필요하다.

표 10-8 수행평가 세부 기준 예시(중학교 국어과-독서 포트폴리오)

성취기준	[9국02-08] 도서관이나 인터넷에서 관련 자료를 찾아 참고하면서 한 편의 글을 읽는다.					
평가목표	책으로 다가감 필사노트를 활용하여 자신의 흥미와 수준에 맞는 책을 정해 끝까지 읽고 독서에 대해 자신감을 가지게 되는 과정을 평가한다.					
	평가요소	평가기준	배점(점)			
			A	B	C	D	E
평가방법	1. 자신의 수준과 흥미에 맞는 책을 선정하고 독서계획을 수립할 수 있는가? 2. 한 권의 책을 다 읽는 경험의 가치를 이해하고 참여하는가? 3. 책을 읽고 대화하며 작품을 깊이 있게 이해하게 되는 과정을 필사노트에 담아냈는가? 4. 책으로 다가감 필사 노트 속에 자신의 독서 경험을 성실하게 기록하였는가? 5. 정해진 시간 내에 제출하였는가?	평가 항목 다섯 가지 중에서 A: 5개 문항 만족 B: 4개 문항 만족 C: 3개 문항 만족 D: 2개 문항 만족 E: 1개 문항 이하 만족	100	95	90	85	80
	기본점수를 부여할 수 없는 경우 (무단결과, 불성실한 수업 참여 및 평가물 미제출 등)		60			
평가시기	202○년 4~6월					
배점 (반영비율)	100점(10%)					

출처: 울산광역시교육청(2018).

(2) 학생생활기록 제대로 하기

학생생활기록은 학생평가를 포함하여 학생에 대한 전반적인 상황을 기록하는 법정 장부를 뜻한다. 담임교사, 교과담당교사, 그리고 활동담당교사가 각각 평가를 수행하고, 이것은 학생 개개인의 학교생활기록으로 수합되고 누적된다. 각각의 기록은 분담하여 이루어지지만, 최종적인 확인과 관리는 담임교사가 하게 되므로 학급담임의 역할은 막중하다.

학교생활기록에는 앞서 설명한 대로, 인적사항, 학적사항, 출결상황, 수상경력, 자격증 및 인증 취득상황, 진로희망상황, 창의적 체험활동상황, 교과학습발달상황, 독서활동상황, 행동특성 및 종합의견, 인적사항 등의 항목이 있다. 〈표 10-9〉는 기간별 학교생활기록부 기재 및 점검사항에 대한 예시이다.

표 10-9 기간별 학교생활기록부 기재 및 점검사항 예시

기간	기재사항 및 점검사항
3월	〈인적사항〉 • 학생의 성명, 성별, 주민등록번호 확인 ☞ 담임교사 　※ 동학년의 '동명이인' 인적사항 철저히 확인 • 학생 주소 확인 후 변경사항 누가 기록 ☞ 담임교사
수시	〈출결상황〉 • 교무업무시스템에서 출결 처리 ☞ 담임교사 　※ 매일 하는 것이 정확하나, 최소한 주말마다 정리 　※ 출석부를 보조장부로 활용하기 위해 매 교시마다 교과담당교사가 정확히 기재 〈수상경력〉 • 교내시상 항목은 학생부반영에 체크해서 등재 ☞ 업무담당교사 〈창의적체험활동〉 • 활동 시마다 혹은 주 1회 누가 기록 ☞ 업무담당교사 　※ 매 시간 특기할 만한 학생의 활동이 관찰되면 수시로 특기사항 기록 • 개인별 봉사활동 그때그때 누가 기록 ☞ 담임교사 〈독서활동상황〉 • 학기별 기록이므로 학생이 요청할 때마다 기록 ☞ 교과담당 및 담임교사 〈진로희망상황〉 • 학생 파악이 어느 정도 이루어진 이후, 학생 상담을 통해 신중하게 조사해 수시로 기록 ☞ 담임교사

7월	• 전출 학생 발생에 대비해 '학생활동' 영역에 대해 학생부 자료 반영 실시 ☞ 영역별 담당교사 • 1학기 '창의적 체험활동' 시수 확인 ☞ 업무담당부장 및 담임교사 　학생부에서 전체 반영 실시 ☞ 담임교사 • '독서활동상황' 확인 ☞ 교과 및 담임 교사
12월	• '행동특성 및 종합의견' 기재 ☞ 담임교사 • '학생활동'의 전 영역 특기사항 기재 ☞ 영역별 담당교사 • 교과학습발달상황의 세부능력 및 특기사항 기재 ☞ 교과담당교사 • 2학기 독서활동상황 기재 확인 ☞ 교과 및 담임 교사 • 학교스포츠클럽 대상자 확인 후 창의적 체험활동 특기사항에 기재 ☞ 담임교사 • 학생부 전 영역에 대한 기재를 완료하고 보조장부(교무업무시스템에서 누가 기록한 내용) 및 학생부 반영 자료를 출력하여 2회 이상 동학년 교차 점검 실시 　※ 학생부 업무부장은 교차 점검 계획을 수립하여 업무포털에서 내부 결재 • 출력물에 대해 방학 중에 학생부 영역별 업무 부서에서 점검 실시

출처: 대구광역시교육청(2021).

　이러한 평가에 있어서 평소의 누적기록과 관리가 중요하다. 특히 행동특성 및 종합의견은 수시로 관찰하여 누가 기록된 행동특성을 바탕으로 총체적으로 학생을 이해할 수 있는 종합의견을 문장으로 입력하도록 되어 있다. 평소 관찰한 사항이나 상담한 내용 등을 기록해 두어야 학년말에 종합적으로 서술할 수 있으므로 학급담임 업무를 수행할 때 유의하도록 한다.

4. 자료의 정정

1) 관련 규정

　학교의 학년도는 「초·중등교육법」 제24조에 따라 3월 1일부터 시작하여 다음 해 2월 말일까지로 하며, 학년도 종료 시까지 학교생활기록부 작성을 종료하고, 매 학년이 종료된 이후에는 당해 학년도 이전의 학교생활기록부 입력자료에 대한 정정은 원칙적으로 금지한다. 학교생활기록부 허위사실 기재와 정당한 권한 없이 입력 · 수정하는 행위, 부당정정(이전 학년도 학교생활기록부를 객관적인 증빙자료 없이 정정하는 것(학생 본인 및 가족의 질병명 정정은 예외)은 '교육공무원 징계양정 등에 관한 규칙'에 의해 시험문제 유출이나 학생 성적을 조작하는 등 학생 성적과 관련한 비위와 동일하게 취급하며 감경대상에서 제외된다.

그럼에도 불구하고 객관적인 증빙자료가 있는 경우에는 정정이 가능하고 정정 시에는 정정 내용에 관한 증빙자료를 첨부하여 증빙자료의 객관성 여부, 정정의 사유, 정정 내용 등에 대하여 학교 학업성적관리위원회의 심의 절차를 거친 후 학교생활기록부 정정대장의 결재 절차에 따라 재학생은 정정사항의 발견 학년도의 담당교사가, 졸업생은 업무담당자가 정정 처리를 한다. 다만, 인적 · 학적사항의 학생정보는 학업성적관리위원회 심의를 생략할 수 있다. 객관적 증빙자료는 다음 기준을 모두 충족하는 자료를 말한다.

- 해당 증빙자료가 해당 학년도에 작성되었는지를 객관적으로 확인할 수 있는지 여부
- 해당 증빙자료가 훈령과 지침(기재요령)에 명시된 항목별 입력 주체가 작성한 것임을 객관적으로 확인할 수 있는지 여부

〈표 10-10〉은 학교생활기록부 정정대장의 예시이다.

표 10-10 학교생활기록부 정정대장 예시

일련 번호	정정 연월일	정정 대상자			정정 사항			결재 및 입력 확인			
		학년도 · 학년 · 반 · 번호 (졸업대장 번호)	성명	항목	오류 내용 (정정 전)	정정 내용 (정정 후)	정정 사유	담임 (담당)	담당 부장	교감	교장
2021-1	2021. 4. 21.	2021년 3학년 2반 24번	김태준	인적 사항	성명 '김태준'	김종현	개명				
2021-2	2021. 9. 16.	2021년 3학년 5반 21번	이재현	봉사 활동 실적	1학년 봉사활동 누락	봉사활동 1건 입력-2020. 2. 21.(5시간)	입력 누락				

2) 관련 판례

학교생활기록의 정정과 관련하여 소가 제기되는 상황은 대개 '행동특성 및 종합의견'에 기재된 내용과 관련이 있다. '행동특성 및 종합의견'은 담임교사가 학생의 행동을 수시로 관찰하여 누가 기록된 행동특성을 바탕으로 총체적으로 학생을 이해할 수 있는 종합의견을 문장으로 입력하여 학생에 대한 일종의 추천서 또는 지도자료가 되도록 작성하는 것이다. 그러나 학생으로부터 해당 기재 내용에 대해 정정이 요구된 경우 학교는 학업성적관리위원회를 개최하여 심의를 하게 되고 정정이 거부될 경우 학생은 거부처분의 취소를 구하는 소를 제기할 수 있다. 다음의 판례에서 볼 수 있듯이, 법원은 담임교사에게 학교생활기록부의 '행동특성 및 종합의견'의 기재에 관한 넓은 재량권을 인정해 주고 있다. 담임교사가 특별히 고의적·악의적으로 기재했다는 사정이 엿보이지 않으면 학교생활기록부 정정 거부처분은 적법한 것으로 판시하고 있어 아직까지 소송에서 정정 거부처분이 위법하다는 판례는 없는 것으로 보인다(한국교육신문, 2020. 6. 5.).

□ 판례 1(초등학교)

사실관계	학교폭력 및 학적 유예 정정 관련
	• 원고는 초등학교 6학년 학생으로 상대학생이 자신을 괴롭혔다는 이유로 상대학생의 얼굴을 2회 때림 • 담임교사는 원고와 상대학생을 화해시키기 위해서 원고에게 상대학생을 때리라고 하였고, 상대학생에게도 원고를 때리라고 함. 원고와 상대방 보호자는 이의를 제기하거나 책임을 묻지 않겠다는 내용의 '담임교사 해결사안 확인서'를 작성하였음 • 원고 보호자는 담임교사를 아동학대로 형사고소하였고, 상대학생을 학교폭력으로 신고하였음 • 학교폭력대책자치위원회는 원고가 상대학생을 때린 것은 인정하였으나, 상대학생이 원고를 폭행하거나 괴롭힌 사실은 인정하지 않아 원고에게만 서면사과 처분을 하였음 • 이후 원고의 무단결석이 74일간 누적되어 학교는 원고를 유예자로서 정원외 관리를 결정하고 이를 학교생활기록부에 기재함 • 원고는 학교생활기록부 정정신청 거부, 학적유예, 서면사과 처분의 무효를 구하는 소송을 제기함

판결(수원지방법원 2017구합69404)

• 원고 보호자가 피고에게 구두로 이 사건 서면사과 처분 및 학적유예 처분이 잘못되었고 학교생활기록부에 기재된 결석일수는 출석일수로 인정하여 원고를 졸업하게 해 달라고 주장하여 시정을 요청하였으나, 피고가 구두로 이를 거절한 사실은 당사자 사이에 다툼이 없다. 그러나 갑 제14호증의 기재에 변론 전체의 취지를 종합하여 인정되는 다음과 같은 사정에 비추어 보면 학교생활기록부의 정정과 관련하여 2017. 7. 29. 항고소송의 대상이 되는 피고의 처분이 있었다고 보기 어렵고, 달리 이를 인정할 증거가 없다. 결국 이 부분 소는 존재하지 않은 행정처분을 대상으로 한 취소소송으로서 소의 이익이 없어 적법하지 않다.
• 그 외 학적유예 처분은 결석일수가 1/3이 되지 않음에도 피고가 유예를 결정하여 무효로, 서면사과 처분은 절차를 위반하여 무효로 판시함

출처: 한국교육신문(2020. 6. 5.).

□ 판례 2(중학교)

사실관계	'행동특성 및 종합의견' 담임 의견 서술 관련

- 원고의 중학교 2학년 담임교사는 '행동특성 및 종합의견'에 다음과 같이 기재함.

  "다소 내성적이며 조용한 성품으로, 주어진 일에 최선을 다하여 학급 및 학교의 규칙을 잘 준수하는 학생임. 성적에 대한 집착이 다소 강한 편으로, 긴장하는 경향이 있으나 전 교과 성적이 두루 우수하며 특히 과학과 수학 과목에 강한 흥미를 가지고 있음. 또한 관심 있는 분야와 관련해서 독서도 꾸준히 실천하고 있고 이를 통해 장래에 대한 진지한 탐색을 진행하고 있음"
- 원고가 3학년이 된 후 2017. 3. 16. 위 기재 부분의 정정을 요구하였고 학교는 학업성적관리위원회를 개최하여 정정 거부를 통지함
- 원고는 거부처분의 취소를 구하는 소를 제기함

판결(서울행정법원2017구합68349)
- '행동특성 및 종합의견' 부분은 담임교사가 1년 동안 누가 기록한 행동특성, 각종 검사 결과 등을 바탕으로 기재하되 담임교사의 교육 전문성을 바탕으로 해당 학생의 학습태도·학업성취도·학교생활 등 1년 동안 지도·관찰한 여러 가지 사항을 종합적으로 고려하여 최종적으로 작성하는 의견 내지 평가의 영역이다.
- 담임교사가 '행동특성 및 종합의견' 부분에 허위사실 내지 고의적·악의적인 평가내용을 기재한 것이 아닌 이상 이 사건의 기재 부분은 담임교사의 교육 전문성에 따라 작성할 수 있다고 보아야 한다.
- 원고가 제출한 증거들만으로는 이 사건의 기재 부분이 객관적인 사실에 어긋나 부당하게 이루어진 평가 또는 의견이라고 보기 부족하다.
- 담임교사는 1년 동안 원고의 학습태도·학업성취도·학교생활 등을 지도·관찰하면서 확인한 여러 사항을 종합적으로 고려하여 이 사건의 기재 부분을 작성한 것으로 보여, 담임교사가 이 사건의 기재 부분을 아무런 객관적 근거 없이 자의적이고 독단적인 판단에 따라 작성한 것이라고 보기 어렵다.
- '행동특성 및 종합의견' 중 이 사건의 기재 부분을 제외한 나머지 부분에는 대부분 원고의 장점이 기재되어 있는 점에 비추어, 원고에 대하여만 특히 악의적으로 이 사건의 기재 부분이 작성된 것이라고 보기 어렵다.

출처: 한국교육신문(2020. 6. 5.).

□ 판례 3(고등학교)

사실관계	'행동특성 및 종합의견' 담임 의견 서술 관련

- 원고의 고등학교 1학년 담임교사는 '행동특성 및 종합의견'에 다음과 같이 기재함.

  "둥글둥글한 성격으로 쉽게 급우들과 친해지고 먼저 다가가는 성격을 가지고 있음. 수련회 기간 천왕봉 등정 활동에서 뒤꿈치가 까지고 진물이 나는 상황에서도 먼저 하산해 있는 친구들이 기다리지 않도록 하기 위해 쉼 없이 끝까지 최선을 다하는 끈기와 열정을 보여 줌. 기본적인 생활태도가 잘 정립되지 않아 학교생활에서 지적을 다수 받음. 특히 교칙을 위반하다시피 짙은 화장과 불량한 옷차림으로 담임교사와 교과 선생님들께 개선을 요구받았음에도 불구하고 크게 개선되지 않음. 수업시간과 자습시간에 집중하지 못하는 모습을 보이면서 다른 학생들을 배려하지 못하고 급우들의 학업에 지장을 주어 불편을 호소한 적이 있음. 하지만 이러한 모습을 반성하며 타인에게 피해를 주지 않으려는 의지와 반성의 모습을 보임"
- 원고가 2학년이 된 후 2017. 6. 5. 위 기재 부분의 정정을 요청하였고 학교는 학업성적관리위원회를 개최하여 정정 거부를 통지함
- 원고는 거부처분의 취소를 구하는 소를 제기함

판결(부산지방법원2017구합22184)

- 학교생활기록부 중 이 사건의 기재 부분과 같은 '행동특성 및 종합의견' 부분은 담임교사가 1년 동안 누가 기록한 행동특성, 각종 검사 결과 등을 바탕으로 기재하되 담임교사의 교육관을 바탕으로 해당 학생의 학습태도 · 학업성취도 · 학교생활 등 1년 동안 지도 · 관찰한 여러 가지 사항을 종합적으로 고려하여 최종적으로 작성하는 의견 내지 평가의 영역이라고 할 것이므로, 담임교사가 '행동특성 및 종합의견' 부분에 허위사실 내지 고의적 · 악의적인 평가내용을 기재한 것이 아닌 이상 이 사건 기재 부분의 작성이 있어 광범위한 재량권을 가진다고 봄이 상당하다.
- 이에 비추어 이 사건에 관하여 살펴건대, 앞서 인정된 각 증거들 및 변론 전체의 취지를 종합하여 인정되는 다음과 같은 사정들을 종합하여 보면, 이 사건의 기재 부분이 사실과 다른 내용을 허위로 기재한 것이라거나 단순 사실이 과장되어 있는 등 원고의 담임교사가 가지는 재량권을 일탈 · 남용한 것이라고 단정하기 어렵고, 달리 이를 인정할 증거도 없다. 따라서 원고의 이 부분 주장은 이유 없다.

출처: 한국교육신문(2020. 6. 5.).

토론 및 실습 과제

1. (초등) 평가계획 세우고 실행하기

　　과정중심평가를 강조하고 있는 2015 개정 교육과정에 따르면, 과정중심평가는 성취기준에 근거하여 교수학습과 평가의 일관성을 유지하여 배운 내용을 평가하되, 학습 결과에 대한 평가뿐만 아니라 학습과정상의 평가를 중요하게 포함하여 학생의 자기성찰과 성장을 지원하고자 하는 평가라는 특징이 있다. 과정중심평가에서는 배운 내용에 대한 평가, 학생 개개인의 발달상황을 고려한 학습과정에 대한 평가가 중요하기 때문에, 교사별 평가가 필요하다. 교사별 평가는 교사가 자신이 가르치는 학급에 대해 평가계획에서부터 문항 개발, 평가 시행, 피드백 및 결과 산출, 기록까지를 개별적으로 수행하며(반재천 외, 2018), 대부분 학교에서 학년별(교과별) 교사들이 함께 평가하는 형태로 이루어지는 학년별(교과별) 평가와 대비된다. 기존에 실시되어 온 학년(교과)단위 평가를 교사별 과정중심평가로 전환해 가기 위해서는 교육과정 성취기준에 따른 평가계획 수립, 평가도구 개발 및 채점기준 마련, 평가 시행 및 피드백 제공 등이 교사별로 수행되어야 하므로 각 단계에서 교사의 평가 전문성이 요구된다. 교사별 과정중심평가는 크게 성취기준 분석을 통한 평가계획 수립, 과정중심평가를 위한 평가도구 개발 및 평가 실행, 학생 성장을 위한 평가 결과 활용의 단계를 거쳐 이루어진다(교육부, 한국교육과정평가원, 2018: 2-30). 다음에 제시한 양식을 참고로 초등학교 교과 하나를 택하여 간략히 교사별 평가계획을 작성해 보자.

···▶ ○○과 평가계획

성취기준	관련 단원	영역	평가내용	성취 수준				방법	시기
				매우 잘함	잘함	도달	노력 요함		

2. (중등) 토론 및 실습 과제

1. 학교급, 학년, 교과를 선정하여 연간평가계획서를 작성해 보자(〈표 10-6〉 참조).

2. 학교급, 학년, 학기 및 교과를 선정한 후, 지필고사 문항정보표(이원목적분류표)를 작성해 보자(〈표 10-7〉 참조).

3. 학교급, 학년, 학기 및 교과를 선정한 후, 수행평가 세부기준표를 작성해 보자(〈표 10-8〉 참조).

4. 본문에 제시된 학교생활기록부 작성 예시를 참고하여 학교급, 학년, 학기 및 교과를 선정한 후 학생 1명에 대한 학교생활기록부 II에 기재되는 교과세특(세부능력 및 특기사항)을 500자 이내로 작성해 보자.

5. 본문에 제시된 학교생활기록부 작성 예시를 참고하여 자유학기활동상황의 영역 하나를 선정한 후, 학생 1명에 대한 특기사항을 500자 이내로 작성해 보자.

6. 본문에 제시된 학교생활기록부 작성 예시를 참고하여 학생 1명의 행동특성과 종합의견을 500자 이내로 작성해 보자.

   • 부정적인 측면이 있다면 긍정적인 측면 다음에 서술할 것

     (예) 목표가 뚜렷하고 매사에 적극적이나, 끈기와 노력이 요구됨

   • 부정적 · 단정적 표현보다 긍정적 표현으로 서술할 것

     (예) 주의가 산만함 → 집중력이 요구됨

7. 학교생활기록부는 당해 학년도 이전의 입력자료에 대한 정정을 원칙적으로 금지하고 있다. 그러나 객관적인 증빙자료가 있는 경우에 한해서 학업성적관리위원회의 심의 절차를 거쳐 학교생활기록부를 정정할 수 있다. 본문의 판례를 참고하여 학교생활기록부의 정정, 특히 '행동특성 및 종합의견'에 기재한 내용에 대한 정정 요구에 대해 토론해 보자. 또한 담임교사로서 '행동특성 및 종합의견'을 작성할 때 유의할 점이 무엇인지 논의해 보자.

참고문헌

강원도교육연구원(2016). 초등학교 행복성장평가제 운영 실태 분석 및 활성화 방안 연구.

경기도교육청(2018). 학생의 전면적 발달을 돕는 성장중심평가(교육과정정책과 제2018-3호).

경기도교육청(2021). 2021 초등 성장중심평가 길라잡이.

경상남도교육청(2016). 초등 과정중심 수시평가 길라잡이. 경남교육 2016-190.

교육과학기술부(2008). 초등학교교육과정 해설(I) 총론: 재량활동.

교육부(2015). 2015 개정 교육과정 총론 해설–초등학교.

교육부(2020). 2020학년도 중·고등학교 학교생활기록부 기재요령.

교육부(2021a). 2021학년도 고등학교 학교생활기록부 기재요령.

교육부(2021b). 2021학년도 중학교 학교생활기록부 기재요령.

교육부(2021c). 2021학년도 초등학교 학교생활기록부 기재요령.

교육부, 한국교육과정평가원(2017). 과정을 중시하는 수행평가 어떻게 할까요?–초등. 연구
　　자료 ORM, 2017-19-1.

교육부, 한국교육과정평가원(2018). 초등학교 교사별 과정 중심 평가: 이렇게 하세요.

교육인적자원부(1997). 초·중·고등학교 학교생활기록부 관리지침 해설.

권순형(2007). 학교생활기록부 작성행위의 법적성격에 관한 고찰. 교육법학연구, 19(1), 1-26.

김재춘, 부재율, 소경희, 채선희(2005). 교육과정과 교육평가. 경기: 교육과학사.

김현경, 이미경, 이재봉, 이신영, 이양락, 신영준, 안종제, 이세연, 조성연, 지재화, 정주혜, 임
　　혁, 박창용, 고선영, 김승환(2017). 2015 개정 교육과정에 따른 고등학교 과학과 평가기준
　　개발 연구. 충북: 한국교육과정평가원.

대구광역시교육청(2021a). 2021학년도 고등학교 담임교사 업무 매뉴얼.

대구광역시교육청(2021b). 2021학년도 중학교 담임교사 업무 매뉴얼.

박옥선, 양정호(2006). 초등학교의 생활통지표 개선방안 연구. 초등교육연구, 19(1), 341-369.

박종필, 조홍순, 박균열(2015). 초등학교 생활통지표 개선 방안 연구: 미국의 사례를 중심으
　　로. 교육문제연구, 28(4), 1-25.

반재천, 김선, 박정, 김희경(2018). 교사별 과정 중심 평가에 대한 교사의 인식. 교육과정평가
　　연구, 21(3), 105-130.

울산광역시교육청(2018). 2019학년도 학생평가 도움 자료집.

이유진(2019). 한 학기의 학생 생활기록, 어떻게 쓰면 좋을까요? 행복한교육 7월호. 세종: 교육부.

이형빈(2016). 평가 관련 제도의 변화 및 학교 급별 평가혁신 방안 연구. 우리말교육현장연구,
　　10(2), 7-33.

전라북도교육청(2020). 2020 초등 성장평가제 추진 계획.

한국교육신문(2020. 6. 5.). 학교생활기록부 정정과 관련한 쟁점.

허연구, 이형빈, 김자영, 김성수, 김미향(2019). 학생의 성장을 위한 중등평가 혁신 방안 연구. 경기: 경기도교육연구원.

[참고 사이트]

학교생활기록부 종합 지원포털: https://star.moe.go.kr

학생평가 지원포털: https://stas.moe.go.kr

제11장

학생문화(학생자치, 동아리활동과 봉사활동)

1. 학생문화의 이해
2. 학생자치활동, 동아리활동, 봉사활동의 실제
3. 학생자치활동, 동아리활동, 봉사활동 지원하기
🎓 토론 및 실습 과제

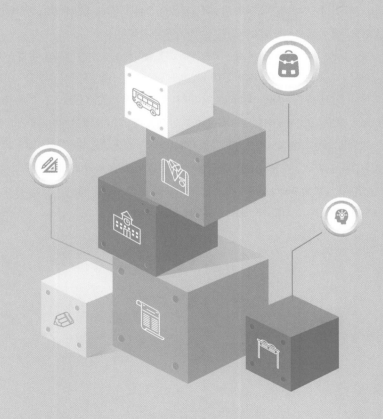

김 교사는 교직에 입문하여 첫 발령을 받고 근무 중인 초임교사이다. 학교에 출근하여 수업을 준비하던 김 교사는 교장 선생님께서 찾으셔서 교장실로 들어갔다. 교장 선생님께서는 최근 민주시민교육의 중요성을 설명하시면서 이를 통해 학생이 주체가 되는 학교문화로 바뀌어야 함을 강조하셨다. 그리고 김 교사에게 학교에서 이루어지고 있는 학생자치활동, 동아리활동, 봉사활동 등 학교 내 학생문화를 바꿀 수 있는 방법을 함께 고민해 보자고 하셨다.

김 교사는 자리로 돌아와서 깊은 고민에 빠졌다. 솔직히 김 교사가 학교를 다니던 시절에는 학교 내에서 자치활동이나 동아리활동 등이 활발하지 않았고, 봉사활동도 형식적으로 하던 기억이 났기 때문이다. 더구나 민주시민교육이라는 용어조차 들어 본 적이 없었다. 새로운 학생문화를 만들기 위해서는 다양한 노력이 필요할 것으로 생각되지만 어떤 것부터 시작해야 할지 엄두가 나지 않았다.

수업을 마치고 김 교사는 선배인 박 교사에게 어떻게 하면 좋을지를 의논하였다. 박 교사는 학생자치활동, 동아리활동, 봉사활동의 필요성에 대해 깊이 공감해 주었다. 하지만 박 교사도 경험이 많지 않아서 실제 학교에서 어떻게 해야 할지에 대해서는 잘 모르겠다고 말하였다. 김 교사는 대학 때 배웠던 '교직실무' 과목을 기억해 내고 교재를 찾아보기로 하였다.

1. 학생문화의 이해

정보통신기술의 급격한 발달로 사회의 변화 속도는 이미 예측하지 못할 정도로 빨라지고 있다. 사회의 변화는 사람들의 삶 자체를 변화시키고 있고, 학생들 역시 이러한 환경 변화에 따라 많이 변화하고 있다. 하지만 학교는 기존의 모습 그대로 유지되고 있어서 세계적으로 학교조직은 급격한 사회적 변화 속도에 따라가지 못하고 있다는 비판을 많이 받고 있다(정제영, 2004: 5; Glickman, Gordon, & Ross-Gordon, 2010: 31). 특히 인공지능 기술을 기반으로 하는 디지털 전환의 시대를 맞이하여 학교와 교사의 역할, 학생의 학교생활이 크게 변화할 것으로 전망되고 있다(정제영, 2018). 변화하는 환경 속에 학생들이 사회 현상에 대한 분석능력과 판단력, 민주적 방법과 절차를 통한 문제해결 역량을 갖추도록 하기 위해 최근 민주시민교육의 중요성이 커지고 있는 이유가 바로 여기에 있다.

근대적 학교에서 학생은 교육의 대상이며 객체로서 규율의 대상으로 여겨 왔다. 하지만 사회의 민주화와 함께 기존의 통제와 규제 중심의 학생지도에서 벗어나 학생을 인격적 주체로 바라보는 새로운 시각을 필요로 하고 있다. 즉, 지식 전달 중심의 학교교육에서 학습자 중심의 삶과 연계된 교육, 이를 위한 토론, 문제해결, 프로젝트 학습 중심으로 교육방법이 변화해야 한다는 주장이 제기되고 있다(정미경, 박상완, 2016). 특히 역량 중심 교육과정 논의를 주도하고 있는 'OECD 교육 2030' 프로젝트에서는 학생의 사회참여와 시민적 역량을 비중 있게 다루고 있는데, 이는 종래의 학교교육이 지식으로서의 교육이 아닌 삶의 실천으로서의 교육으로 변화되어야 함을 강조하는 것이라 할 수 있다(이상은 외, 2018: 93). 나아가 OECD 2030에서는 학생의 행위 주체성(student agency)을 강조하고 있는데, 이는 교육이 학생 개인의 웰빙(well-being)을 추구하는 것을 넘어 공동체 구성원으로서 사회적 웰빙도 함께 추구해야 하며, 이를 위해 학생을 사회적 책임감과 적극성을 가진 참여하는 시민으로 성장시킬 수 있어야 함을 부각하기 위한 것으로 볼 수 있다(이상은 외, 2018: 87).

학생문화와 관련된 선행연구들을 살펴보면, 1990년대 이후에 와서야 학생들의 집단적인 하위문화를 구성하는 영향 요인에 대해 연구가 이루어지기 시작하였다(오영재, 2009). 김영찬(1995)에 따르면, 남학생의 경우 '성적'과 '힘'이 중요한 요인인 반면에 여학생은 '미모'가 중요한 의미를 갖는 것으로 나타났다. 김소희(2004)는 학생문화의 유형을 나누는 가장 큰 요인을 '학업성적'이라고 지적하고 있다. 하지만 2000년대 이후에는 춤이 공부와 대응하여 학생문화를 형성하는 요인이라고 지적되고 있으며, 오영재(2009)는 이를 '범생이 문화' '들러리 집단문화' '날라리 집단문화'로 구분하였다. 이렇게 질적 연구에 기반하여 학생문화를 구분하는 방식은 현상에 대한 이해를 높이기 위한 기술적 접근(descriptive approach)에 해당한다고 할 수 있다. 반면에 학교나 교사들의 노력에 의해 건전하고 발달 중심의 학생문화를 만들기 위한 방향을 제시하는 것을 규범적 접근(normative approach)라고 할 수 있다.

규범적 관점에서도 올바른 학생문화를 만드는 방법을 두 가지 관점으로 나누어 볼 수 있다. 첫째, 학생문화를 학교문화의 일부분인 하위문화 정도로 생각하고, 학교가 정한 목표에 따라 교사들이 정해진 프로그램을 제공하는 것이다. 우리나라 대부분의 학교에서 학생 두발에 대한 제한과 단속을 강화하는 등 주로 학생의 자유를 제한하는 방식으로 이루어져 온 것이 그 예라고 할 수 있다(조금주, 2008).

둘째, 학생들에게 자율성을 부여하여 학생들이 스스로 건전한 문화를 만들도록 학교와 교사가 지원하는 방식이다. 우리나라에서는 자율적인 학생문화를 만들어 가는 것이 최근에 시도된 것으로 2002년 9월 교육인적자원부가 학교생활규정 예시안을 공고하면서 작은 변화가 시작되었고, 2003년부터는 생활지도의 방향을 '학생의 인권 · 자율 · 책임 중시'로 설정하고 각급 학교에서 학교공동체 구성원의 민주적인 합의 절차를 통해 자율적으로 학교생활규칙을 개정 시행하도록 하고 있다. 우리나라에서는 2009년에 개정된 교육과정(2009 개정 교육과정)에서 창의적 체험활동을 신설하면서 자율활동, 동아리활동, 봉사활동, 진로활동을 정규교육과정에 배당하였다. 특히 학교폭력 문제가 뜨거운 사회적 이슈로 부각되면서 우리나라에서는 학교교육을 통한 인성교육과 비교과 활동을 더욱 강조하고 있는 추세이다.

최근에는 민주시민의식에 기반하여 자율적이고 창의적인 학생문화를 학생들 스스로 만들어 가도록 지원하는 것이 학교의 새로운 역할이라고 할 수 있으며, 민주시민교육의 일환으로 학생자치활동의 지원 및 내실화를 추구하고 있다. 하지만 학생안전 등의 이유로 인해 학교 현장에서는 학생자치활동이 활성화되어 있지 못한 것도 사실이다. 이 장에서는 학생문화 형성의 핵심적인 요소라고 할 수 있는 학교에서의 학생자치활동, 동아리활동, 봉사활동을 중심으로 살펴보고자 한다.

1) 민주시민교육과 학생자치활동

학생자치는 넓은 의미에서 교육자치의 일부분이라고 할 수 있다. 교육자치는 일반 행정이나 중앙행정기관으로부터의 부당한 간섭과 지배에서 벗어나 교육주체들의 자율적인 판단·결정·집행·평가 과정을 의미하는 것이다. 학생자치는 학교구성원의 한 주체인 학생들이 자율적으로 의견을 모아 학교운영에 반영될 수 있도록 하는 행위를 의미한다. 따라서 학생자치는 교육자치를 완성시키는 하나의 구성 요소라고 할 수 있다.

지금까지 교육자치는 지방교육자치제도와 관련해서 많이 논의·발전되어 왔고, 학교자치는 학교자율화 정책에 의해 많은 진전이 있었다고 할 수 있으나 학생자치는 많이 진전되었다고 보기 힘들다. 최근에서야 학생체벌과 학생인권조례 등이 쟁점으로 부각되면서 학생에 관한 문제들이 본격적으로 조명되기 시작했으며, 민주시민교육의 필요성과 중요성이 부각되면서 그 일환으로 학생자치활동 및 학교의사결정에의 학생참여 확대가 논의되고 있다. 즉, 학생자치활동 활성화를 통해 학생들이 진정한 민주시민의 기초소양을 함양하도록 하고 있다.

민주시민교육이란 비판적 사고력을 가진 주체적인 시민이 민주주의의 가치를 존중하고 서로 상생할 수 있도록 민주시민으로서의 역량을 향상시키는 교육(교육부, 2018. 12. 13: 8), 혹은 민주적인 학교문화 속에서 민주주의의 이념과 가치, 기능을 배

TIP ── 2015 개정 교육과정의 '범교과 학습'

『2015 개정 교육과정 총론 해설서』 中

Ⅱ. 학교급별 교육과정 편성·운영의 기준

　1. 기본사항

　　아. 범교과 학습 주제는 교과와 창의적 체험활동 등 교육활동 전반에 걸쳐 통합적으로 다루도록 하고, 지역사회 및 가정과 연계하여 지도한다.

> 안전·건강 교육, 인성교육, 진로교육, **민주시민교육**, 인권교육, 다문화 교육, 통일교육, 독도 교육, 경제·금융 교육, 환경·지속가능발전 교육

우고 그것을 자신의 삶과 사회에 적용하는 주권자로서 성장하도록 지원하는 교육(이쌍철 외, 2019: 22)이라고 정의 내릴 수 있다. 2015 개정 교육과정에서도 10개의 범교과 학습 주제 중 하나로 민주시민교육이 제시되고 있다.

학교자치가 앞에서 말한 것과 같이 학교구성원들의 자율적인 판단과 의사결정에 의해 학교를 운영하는 것이라면, 학생들의 자율적인 의견을 수렴, 반영하는 과정으로서의 학생자치는 학교자치에 있어 핵심적 요소라 할 수 있으며(김성기, 2005), 나아가 민주시민교육의 핵심이라고 할 수 있다. 따라서 지금까지는 학교 의사결정 과정에 학생의 참여가 부족했을 뿐만 아니라, 단위학교 여건에 따라 학생자치기구를 설치·운영하고 있으나 실질적인 결정권 부족, 행·재정상 지원 부족으로 다수 학교에서 학생자치기구는 형식적인 기구로 전락하고 있으며, 학생을 자치의 주체로 존중하지 않거나 입시 전까지 모든 참여활동을 유예하는 문화로 인해 학생들이 직접 참여하고 실천할 수 있는 자치활동이 미비하였다면 앞으로는 다양한 학생자치 활동을 통해 학생들의 실천과 참여를 보장하고 이를 바탕으로 학생들의 시민적 효능감을 제고하는 방향으로 나아가야 할 것이다.

현행 교육법령에서는 다음과 같이 학교운영에 학생이 참여할 수 있는 권리를 보장하고 있다. 「교육기본법」에서는 학생이 법령에 정해진 바에 따라 학교운영에 참여할 수 있음을 천명하고 있다(〈표 11-1〉 참조).

표 11-1 학교운영에 학생이 참여할 수 있는 권리(「교육기본법」)

제5조 (교육의 자주성 등) ② 학교운영의 자율성은 존중되며, 교직원·학생·학부모 및 지역주민 등은 법령으로 정하는 바에 따라 학교운영에 참여할 수 있다.

제12조 (학습자) ① 학생을 포함한 학습자의 기본적 인권은 학교교육 또는 사회교육의 과정에서 존중되고 보호된다.

② 교육내용·교육방법·교재 및 교육시설은 학습자의 인격을 존중하고 개성을 중시하여 학습자의 능력이 최대한으로 발휘될 수 있도록 마련되어야 한다.

③ 학생은 학습자로서의 윤리의식을 확립하고, 학교의 규칙을 준수하여야 하며, 교원의 교육·연구활동을 방해하거나 학내의 질서를 문란하게 하여서는 아니 된다.

「초·중등교육법」에서는 학생자치활동을 보장하고 있으며, 그 조직과 운영에 대해서는 학칙으로 정하도록 하고 있다. 아울러 학생의 기본적 인권이 학교교육의 과정에서 존중되며 학교가 「헌법」과 국제인권조약에 명시된 학생의 인권을 보장하도록 하고 있다. 따라서 학생은 「헌법」에 보장된 결사의 자유부터 표현의 자유에 이르기까지 포괄적으로 기본적 인권을 행사할 수 있는 것이다(〈표 11-2〉 참조).

표 11-2 학생자치활동의 보장(「초·중등교육법」)

제17조(학생자치활동) 학생의 자치활동은 권장·보호되며, 그 조직과 운영에 관한 기본적인 사항은 학칙으로 정한다.
제18조의4(학생의 인권보장) 학교의 설립자·경영자와 학교의 장은 「헌법」과 국제인권조약에 명시된 학생의 인권을 보장하여야 한다.

「초·중등교육법 시행령」은 교장이 학생 상벌이나 생활지도, 학생자치활동, 학칙 개정 절차 등에 대해서 학칙을 제정하거나 개정할 때는 학칙으로 정하는 바에 따라 학생의 의견을 듣도록 강제 규정을 두고 있다. 물론 학칙이 정하는 바에 따라 그 참여 수준은 학교마다 다를 수 있지만 학생이 이러한 의사결정 과정에 참여하여야 함을 천명하고 있다. 또한 이러한 학생자치활동을 위한 조직의 원활한 운영을 위하여 「초·중등교육법 시행령」에서는 학교장이 이 조직운영을 지원하도록 강제 규정을 두고 있다. 또한 학생은 학교운영에 의견을 반영할 수 있는 공식적인 통로로서 학교운영위원회에 참여할 수 있음을 규정하고 있다(〈표 11-3〉 참조).

표 11-3 학교규칙을 통한 학생자치활동의 보장(「초·중등교육법 시행령」)

제9조(학교규칙의 기재사항 등) ① 법 제8조의 규정에 의한 학교의 학교규칙(이하 "학칙"이라 한다)에는 다음 각호의 사항을 기재하여야 한다. 〈개정 2005. 1. 29, 2011. 3. 18, 2012. 4. 20, 2012. 10. 29, 2020. 2. 25.〉
…(중략)…
7. 학생 포상, 징계, 교육목적상 필요한 지도방법 및 학교 내 교육·연구활동 보호에 관한 사항 등 학생의 학교생활에 관한 사항
8. 학생자치활동의 조직 및 운영
9. 학칙 개정 절차
…(중략)…
④ 학교의 장은 제1항 제7호부터 제9호까지의 사항에 관하여 학칙을 제정하거나 개정할 때에는 학칙으로 정하는 바에 따라 미리 학생, 학부모, 교원의 의견을 들어야 한다.

> 제30조(학생자치활동의 보장) 학교의 장은 법 제17조의 규정에 의한 학생의 자치활동을 권
> 장·보호하기 위하여 필요한 사항을 지원하여야 한다.
> 제59조의4(의견 수렴 등) ② 국공립학교에 두는 운영위원회는 다음 각 호의 어느 하나에 해당
> 하는 사항을 심의하기 위하여 필요하다고 인정하는 경우 학생 대표 등을 회의에 참석하게
> 하여 의견을 들을 수 있다. 〈개정 2017. 12. 29.〉
> ③ 국공립학교에 두는 운영위원회는 국립학교의 경우에는 학칙으로, 공립학교의 경우에는
> 시·도의 조례로 정하는 바에 따라 학생 대표가 학생의 학교생활에 관련된 사항에 관하여
> 학생들의 의견을 수렴하여 운영위원회에 제안하게 할 수 있다.

학칙은 학교 규칙의 줄임말로 학교라는 조직 내에서 그 구성원들이 지켜야 할 규범들의 집합을 의미한다. 학칙의 기재사항은 「초·중등교육법 시행령」 제9조 제1항에 열거되어 있으며, 크게 '학교운영에 관한 사항'과 '학생생활에 관한 사항'으로 구성된다. '학교운영에 관한 사항'은 관계법령 및 별도 지침에 의해 결정되기 때문에 학교에서 독자적으로 정하는 데 제약이 따르지만, '학생생활에 관한 사항'은 학생, 학부모, 교원 등의 의견을 수렴하여 학교별로 법령의 범위에서 정할 수 있다(교육과학기술부, 법제처, 한국청소년정책연구원, 2012).

학칙은 학사행정이나 교수 및 학습에 관한 일반 사항뿐만 아니라 학생들이 준수해야 할 학교생활규정이 포함된다. 학칙의 일부로서 학교생활규정은 학생들의 학교생활에 관한 규정으로서 직접적으로 학생의 학교생활을 규정하고 통제하는 실질적인 생활규범이다(문용린 외, 2008). 따라서 학생들의 학교생활에 관한 사항을 정해 놓은 학교생활규정은 학생들이 학교생활에서 반드시 지켜야 할 규칙이며, 교원과 학부모들에게는 학생들을 지도하기 위한 지침서로서의 역할을 한다.

학칙은 다음과 같은 의의를 가진다(교육과학기술부, 법제처, 한국청소년정책연구원, 2012). 첫째, 학칙은 학교운영의 근간이다. 민주주의 사회를 지탱하고 운영하는 데 법이 중요하듯이 학교생활의 원활한 운영을 위해서는 학칙이 중요하다. 둘째, 학칙은 학교의 자율성을 증대시킨다. 학칙에는 학교마다의 특색 있는 학생자치활동과 학생지도방법 등을 담아낼 수 있다. 더욱이 「초·중등교육법」 개정으로 학칙 제·개정 과정에서 지도·감독기관의 인가 절차가 폐지됨에 따라 단위학교의 자율성이 증대되었다. 셋째, 학교구성원의 참여와 의견 수렴을 의무화하였다. 「초·중등교육

법 시행령」개정으로 학생생활과 관련된 사항의 학칙을 제 · 개정할 경우에는 미리 학생, 학부모, 교원 등의 의견을 수렴하여야 한다. 단위학교에서는 이 매뉴얼이 제 시하는 기본적 절차와 다양한 우수사례를 참고로 하여 구성원의 의견 수렴을 위해 노력하여야 한다.

학칙은 학교의 이해 관련 당사자라고 할 수 있는 학생에게 다음과 같은 의미를 준 다(교육과학기술부, 법제처, 한국청소년정책연구원, 2012). 첫째, 학칙은 학생들의 참여 로 만들어지며, 학생들이 스스로 만든 규정을 준수하고자 노력할 때 자치규범으로 서의 본질적인 가치가 실현된다. 둘째, 학칙은 학생들의 학습권리를 폭넓게 보호하 면서, 한편으로는 학교 내외에서의 잘못된 행동을 제한하고 구속하는 법규적인 성 격을 갖는다. 셋째, 학칙은 학생들이 자신들의 생활과 관련한 여러 문제에 대해서 자율적으로 해결하고 창조해 가는 학생자치활동의 원천이다.

2) 동아리활동의 개요

교육부는 동아리를 "특기, 적성, 취미, 소질 등 공통의 관심사나 목표를 가진 학 생들의 모임으로서 자발적 참여와 운영으로 자신들의 능력을 창의적으로 표출하는 자치활동"(교육과학기술부, 충청북도교육청, 한국청소년정책연구원, 2011)으로 정의하 였다. 하지만 주지하다시피 세월호 사건 이후, 특히 학교 현장에서는 학생안전 등의 이유로 자치활동이 활성화되어 있지 않은 것이 사실이며, 동아리활동 역시 교육과 정 범위 안에서 이루어지고 있어서 특별히 시범학교나 연구학교가 아닌 학교에서 는 창의적 체험활동 영역으로 교육과정 내에서 이루어지고 있는 것이 보편적이다.

학생 동아리활동의 목적은 우선, 동아리활동에 자발적으로 참여하여 소질과 적 성을 계발하고 일상의 삶을 풍요롭게 가꾸어 나갈 수 있는 심미적 감성을 기를 수 있고, 자신의 흥미, 소질, 적성을 파악하여 자아 정체성을 확립하고, 자신의 진로를 개발하여 지속적으로 발전시키며, 나아가 자신이 속한 동아리활동에 대한 관심과 이해 증대 및 나눔과 배려를 실천하고 환경을 보존하는 생활습관을 형성하여 더불 어 사는 삶의 가치를 체득하도록 하는 것이다(대구광역시교육청, 2020: 1).

(1) 동아리활동의 영역 및 내용

정부는 2015년 12월 고시된 교육부 고시 제 2015-74호 '초ㆍ중등학교교육과정 총론'의 교육과정 구성의 중점 및 학교급별 편제에서 미래 사회가 요구하는 핵심 역량을 함양하여 바른 인성을 갖춘 창의융합형 인재를 양성하는 데 중점을 두며, '창의적 체험활동'을 통해 학생의 소질과 잠재력을 계발하고 공동체 의식을 기르도록 하고 있고, "창의적 체험활동은 자율활동, 동아리활동, 봉사활동, 진로활동으로 한다."라고 밝히고 있다(교육부, 2015a).

아울러 창의적 체험활동의 시간배당 기준은 〈표 11-4〉와 같다.

표 11-4 창의적 체험활동의 시간배당 기준(2015 개정 교육과정)

• 초등학교 1~2학년: 336시간(안전한 생활 64)
• 초등학교 3~4학년: 204시간
• 초등학교 5~6학년: 204시간
• 중학교 1~3학년: 306시간
• 고등학교 1~3학년: 24단위(408시간)

2015 개정 교육과정의 창의적 체험활동에서 제시하고 있는 동아리활동의 종류와 내용을 살펴보면 〈표 11-5〉와 같다(교육부, 2015b).

표 11-5 동아리활동의 종류

활동	활동목표	활동내용(예시)
예술 · 체육 활동	자신의 삶을 폭넓고 아름답게 가꿀 수 있는 심미적 감성 역량을 함양하고, 건전한 정신과 튼튼한 신체를 기른다.	• 음악활동: 성악, 합창, 뮤지컬, 오페라, 오케스트라, 국악, 사물놀이, 밴드, 난타 등 • 미술활동: 현대 미술, 전통 미술, 회화, 조각, 사진, 애니메이션, 공예, 만화, 벽화, 디자인, 미술관 탐방 등 • 연극ㆍ영화 활동: 연극ㆍ영화 평론, 영화 제작, 방송 등 • 체육활동: 씨름, 태권도, 택견, 전통무술, 구기운동, 수영, 요가, 하이킹, 등산, 자전거, 댄스 등 • 놀이활동: 보드 게임, 공동체 놀이, 마술, 민속놀이 등

학술 문화 활동	다양한 학술 분야와 문화에 대해 관심을 가지고 체험 위주의 활동을 통하여 지적 탐구력과 문화적 소양을 기른다.	• 인문소양활동: 문예 창작, 독서, 토론, 우리말 탐구, 외국어 회화, 인문학 연구 등 • 사회과학탐구활동: 답사, 역사 탐구, 지리문화 탐구, 다문화 탐구, 인권 탐구 등 • 자연과학탐구활동: 발명, 지속가능발전 연구, 적정 기술 탐구, 농어촌 발전 연구, 생태 환경 탐구 등 • 정보활동: 컴퓨터, 인터넷, 소프트웨어, 신문 활용 등
실습 노작 활동	일의 소중함과 즐거움을 깨닫고 필요한 기본 기능을 익혀 일상생활에 적용한다.	• 가사활동: 요리, 수예, 재봉, 꽃꽂이, 제과 · 제빵 등 • 생산활동: 재배, 원예, 조경, 반려동물 키우기, 사육 등 • 노작활동: 목공, 공작, 설계, 제도, 로봇 제작, 조립, 모형 제작, 인테리어, 미용 등 • 창업활동: 창업 연구 등
청소년 단체 활동	신체를 단련하고 사회 구성원 및 지도자로서의 소양을 함양한다.	• 국가가 공인한 청소년 단체의 활동 등

2009 개정 교육과정 이전까지는 동아리는 교내에서 특별활동 시간 이외의 별도 시간에 학교 밖에서 이루어지는 공식적이고 정기적인 활동에 한정된 의미였다. 그러나 2009 개정 교육과정에서부터는 '창의적 체험활동'을 자율활동, 동아리활동, 봉사활동, 진로활동의 4개 영역으로 고시하고 모든 학생에게 동아리활동을 정규교육과정의 한 부분으로서 필수적으로 이수하도록 하면서 동아리활동이 정규교육과정에 포함되었다.

이와 같은 동아리활동의 구체적인 편성 · 운영 지침은 2015 개정 교육과정에서 다음과 같이 제시되고 있다(교육부, 2015b).

• 학생의 흥미, 특기, 적성 등을 고려하여 미래 사회에 대응할 수 있는 동아리 부서를 다양하게 개설하여 학생의 잠재 능력을 계발 · 신장하고 자아실현의 기초를 형성한다.
• 동아리 부서는 학생의 희망을 우선적으로 반영하여 개설하되, 동아리 조직 형태는 단위학교의 실정에 맞게 학급, 학년(군), 학교 단위로 구성할 수 있다.
• 동아리 부서별로 각 부서의 성격에 적합한 봉사활동과 진로활동의 요소가 반

영될 수 있도록 노력한다.

• 학생들의 적극적인 참여와 다양한 기회를 마련하기 위해 경연 대회, 전시회, 발표회 등을 운영할 수 있다.

• 중학교의 학교스포츠클럽 활동은 동아리활동의 예술·체육활동 중 체육활동에서 편성·운영한다. 학교스포츠클럽 활동이 동아리활동으로 편성·운영되는 학기에는 체육 관련 동아리활동을 중복하여 편성하지 않는다.

• 중·고등학교에서 학생들의 창의적 체험활동 시수 외에 이루어지는 자율 동아리는 창의적 체험활동 교육과정 내에 이루어지는 동아리와 연계·통합하여 편성·운영하는 것을 권장한다.

(2) 동아리활동의 지도 방향

초·중등학교에서 학생 동아리활동의 지도 방향은 다음과 같다(교육부, 2015b).

• 학생의 실질적인 동아리 부서 선택과 자발적 활동이 구현될 수 있는 기회를 제공한다.

• 교과를 통해 배운 지식과 기능을 다양한 방법으로 적용하고 체험할 수 있는 기회를 제공한다.

• 학생의 흥미와 적성에 맞는 취미생활이나 특기를 기를 수 있도록 체험 중심으로 운영하되, 학생의 개별적 활동보다는 친구와 협력하여 공동으로 문제를 해결하는 경험을 제공한다.

• 학생의 흥미, 특기, 적성과 관련된 활동을 탐색하여 선택하는 기회를 제공하고 적극적인 참여를 도모한다.

• 초등학교에서는 학생들이 동아리 부서를 선택하고 동아리 부서에 참여하여 활동의 즐거움을 느끼는 데 중점을 둔다.

• 중학교에서는 학생들이 동아리 부서의 조직과 운영 계획 수립에 적극적으로 의견을 제시하고 능동적으로 참여하는 데 중점을 둔다.

• 고등학교에서는 부서의 조직과 운영을 학생이 주도하고 교사는 조력자로서의 역할을 담당하는 등 학생 중심의 흥미롭고 창의적인 동아리활동을 도모한다.

(3) 동아리활동의 의의

여러 선행연구 결과를 보면 동아리활동은 청소년의 성장에 긍정적인 영향을 미칠 뿐만 아니라 대인관계 능력을 향상시키고, 긍정적인 자아상을 형성하는 데 도움을 준다. 송수지, 김정민과 남궁지영(2012)의 연구에 따르면, 동아리활동에 참여하는 학생들은 비참여학생들보다 사회 자아개념이 높으며 특히 중학교부터 꾸준히 동아리활동에 참여하였던 집단의 사회 자아개념의 성장이 가장 높았다. 이러한 결과는 청소년기에 지속적으로 동아리활동에 참여하는 것이 중요함을 시사한다.

이 외에도 많은 연구자가 동아리활동이 청소년의 성장에 긍정적인 영향을 미치고 있음을 보고하였다. 동아리활동을 한 적이 있는 학생이 그렇지 않은 학생보다 교사와의 관계와 교칙 준수, 학교생활 만족도, 학습활동, 학교생활 적응도가 높았고(안종미, 2004), 동아리활동을 하는 청소년이 전체 자아존중감이 더 높고 교우관계도 원만하였으며(김성규, 2010), 문제 청소년들에게도 동아리활동을 통한 또래들과의 관계를 통해 바른 시민의식을 가진 청소년으로 성장할 수 있는 기회를 제공하였다(김정주 외, 2001).

또한 청소년 동아리활동을 통하여 길러진 취미와 교양, 기술 및 생활태도 등은 진로와 직업 선택에까지도 큰 영향을 끼칠 수 있으며, 청소년들의 자생적인 참여활동을 통하여 청소년 자신들이 또래 친구들의 문제 예방과 해결에 적극적이고 자발적으로 참여할 수 있는 기회를 제공할 수 있다고 하였다(김성규, 2010).

청소년기 발달의 중심 과제 중 하나인 긍정적 자아존중감 형성은 학교생활과 사회생활에서 필수적인 요소이다. 자아존중감은 전 생애에 걸쳐 교우관계에 지속적인 영향을 미치며, 개인의 학습 동기나 태도, 나아가 계속되는 학업성취에도 중요한 역할을 한다. 자아존중감 수준이 높은 사람은 자기 자신과 타인을 잘 수용하고 자신과 타인의 능력을 잘 인식하며 긍정적인 태도를 갖고 있다고 한다. 반면, 낮은 자아존중감을 가진 삶은 부정적인 자기태도를 갖고 있으며 이로 인하여 소심함과 억압감을 가지고 있고, 도전감이나 모험성이 적고 타인에 대한 의식과 의존성이 많아 문제를 스스로 해결하기 어렵다고 하였다. 즉, 사회생활에 효과적으로 대처하지 못하여 교우관계 역시 원만하지 못할 가능성이 높은 것이다(김성규, 2010).

아울러 동아리활동을 하는 학생들은 그렇지 않은 학생들보다 '나는 다른 친구들보다 학교 공부를 더 잘할 수 있다'고 생각하거나 '나는 즐거운 마음으로 학교 공부를 한다'고 응답하였다. 이는 청소년 학생활동이 어른들이 우려하는 것과는 달리 학업에도 긍정적인 역할을 할 수 있음을 시사한다(송수지, 김정민, 남궁지영, 2012). 그러므로 청소년들의 자아존중감과 교우관계를 위해서는 의미 있는 교육적 여가활동을 보장 및 지원해 주고 청소년들에게 유익한 동아리활동을 활성화하고 지원해 주는 일이 매우 중요하다(김성규, 2010).

3) 봉사활동의 개요

일반적으로 봉사활동이란 의무감 또는 타인의 강요나 명령이 아닌 자신의 자발적 의지에 따라 생각하고 판단하는 주체적인 활동으로, 금전적이고 물질적인 보상이나 대가를 목적으로 하지 않으며, 타인이나 사회를 위한 공공의 복지증진을 위해 자신의 시간과 노력을 베푸는 활동이다. 또한 즉흥적인 선행보다 사전 계획을 통해 이루어지는 의도적인 활동이며, 스스로 계획한 목적이 달성될 때까지 계속되는 지속적인 활동이다. 아울러 개인적인 활동뿐 아니라 단체가 협동하여 실행할 때 더욱 체계적이고 효율적인 효과를 발휘하는 활동이라 말할 수 있다.

(1) 봉사활동의 영역 및 내용

초 · 중등학교 창의적 체험활동 교육과정(교육부 고시 제2015-74호)에 따르면, 창의적 체험활동의 봉사활동 내용은 이웃돕기활동, 환경보호활동, 캠페인 활동으로 나눌 수 있다.

한편, 이와 같은 봉사활동을 편성 · 운영하기 위한 지침을 살펴보면 다음과 같다(교육부, 2015b).

- 학생이 봉사를 실천하기 이전에 관련 정보를 수집하고 실천계획을 수립하는 등의 사전교육을 충분히 실시하여 봉사의 의미와 교육적 가치를 깨닫게 한다.
- 학생의 봉사활동 결과에 대한 사후 평가는 일상생활 속에서 봉사를 지속적으로 실천할 수 있는 태도를 기르는 데 중점을 둔다.
- 교외 봉사활동은 가급적 지역사회 유관기관과 연계하여 실시한다.
- 봉사활동은 학교나 지역사회의 여건을 고려하여 자율활동, 동아리활동, 진로

표 11-6 봉사활동의 유형 및 활동 내용

구분	활동목표	활동내용(예시)
이웃돕기 활동	타인을 이해하고 배려할 수 있는 공동체 역량을 함양한다.	• 친구돕기활동: 학습이 느린 친구 돕기, 장애 친구 돕기 등 • 지역사회활동: 불우이웃 돕기, 난민 구호 활동, 복지시설 위문, 재능 기부 등
환경보호 활동	환경을 보호하는 마음과 공공 시설을 아끼는 마음을 기른다.	• 환경정화활동: 깨끗한 환경 만들기, 공공시설물 보호, 문화재 보호, 지역 사회 가꾸기 등 • 자연보호활동: 식목활동, 자원 재활용, 저탄소 생활 습관화 등
캠페인 활동	사회 현상에 관심을 갖고 참여함으로써 사회적 역할과 책임을 분담하고 사회 발전에 이바지하는 태도를 기른다.	• 공공질서, 환경 보전, 헌혈, 각종 편견 극복 캠페인 활동 등 • 학교폭력 예방, 안전사고 예방, 성폭력 예방 캠페인 활동 등

활동 등과 연계하여 실시할 수 있다.
• 초등학교의 교외 봉사활동은 학생의 발달 수준 등을 고려하여 실시 여부를 결정한다.
• 중 · 고등학교에서는 학생이 교내 봉사활동과 더불어 지역사회와 연계된 교외 봉사활동을 자발적으로 계획하고 실천할 수 있도록 한다.
• 중 · 고등학교의 교외 봉사활동은 사전교육과 사후 평가를 통하여 충분한 정보를 바탕으로 효율적이고 진정한 의미의 봉사활동이 될 수 있도록 지도한다.

이와 같은 지침에 의거하여 단위학교 내에서의 봉사활동 수행 절차는 학생이 봉사를 실천하기 이전에 관련 정보를 수집하고 실천계획을 수립하는 등의 사전교육을 충분히 실시하여 봉사의 의미와 교육적 가치를 깨닫게 하고, 학생의 봉사활동 결과에 대한 사후 평가는 일상생활 속에서 봉사를 지속적으로 실천할 수 있는 태도를 기르는 데 중점을 두되, 구체적인 운영단계는 〈표 11-7〉과 같다.

표 11-7 봉사활동의 운영단계(예시)

단계	활동내용
① 사전교육	• 봉사활동에서 필요한 태도 • 봉사활동 방법 교육 및 역할 분담
② 현장교육	• 봉사활동 장소 및 역할 점검 • 봉사활동 현장의 상황과 그에 따른 활동상의 유의사항 이해 • 유사시 대책 수립 및 안전교육
③ 실천	• 봉사활동의 실행(및 필요시 진행 지도)
④ 반성 및 평가	• 봉사활동 내용 및 결과에 대한 반성 및 협의 • 봉사활동 결과에 대한 인정 및 격려

(2) 봉사활동의 지도 방향

초 · 중등학교에서 학생 봉사활동의 지도 방향은 다음과 같다(교육부, 2015b).

- 봉사의 진정한 의미를 인식하고 일상생활 속에서 봉사활동을 지속적으로 실천하는 데 중점을 두어 지도한다.
- 동아리활동과 연계하거나 일상생활 속에서 스스로 나눔을 실천하는 태도를 기르게 한다.
- 초등학교에서는 학생의 발달단계를 고려하여 봉사의 의미를 깨닫는 학습활동에 중점을 두어 지도한다.
- 중 · 고등학교에서는 학생이 자신의 취미와 특기를 살려 주도적으로 봉사활동을 실천할 수 있도록 지도한다.
- 중 · 고등학교에서는 동아리활동 및 유사한 진로 · 진학 계획을 가진 친구들과 함께 봉사활동을 계획하고 실천할 수 있도록 지도한다.

(3) 봉사활동의 의의

학생 봉사활동은 균형적인 인성교육이나 생활 체험적인 교육의 기회를 갖지 못하고 지식 위주의 입시경쟁에 내몰린 학생들에게 봉사의 의미를 이해하고 타인을 돕는 일에 적극 참여하여 공동체 의식과 삶의 보람, 자신의 존재가치를 느낄 수 있는 실천 중심의 교육과 인성교육을 목적으로 한다. 봉사활동을 통하여 서로 협력하는 마음을 기르고, 타인을 배려하는 너그러운 마음과 더불어 사는 공동체의식 및 지역사회의 일들에 관심을 가지고 참여함으로써 지역사회에 대한 소속감과 책임감을 발달시키고자 하는 것이다.

선행연구에 따르면, 청소년 봉사활동은 청소년의 자아개념 및 자아존중감, 사회적 책임감, 지역사회 공동체 의식 등에 긍정적 영향을 미치는 것으로 나타났으며, 지적 성장과 발달, 진로결정, 삶의 만족도에도 영향을 미치는 것으로 나타났다. 아울러 이러한 긍정적 효과는 봉사활동의 시간, 횟수 등 양적인 부분보다 봉사활동에 대한 만족도가 높을 때 더 큰 효과가 있었다(김지혜, 2012).

그러나 여성가족부가 2011년 6월 전국 중·고등학생 1,451명을 대상으로 봉사활동 실태에 대해 조사한 결과를 보면 청소년의 65% 이상이 봉사활동에 참여하였다고 응답하였고, 응답 청소년의 76%는 우리나라의 청소년 봉사활동이 잘 이루어지지 않는다고 생각하고 있었으며, 가장 큰 문제점을 '청소년의 욕구 미반영'으로 응답하였다(김지혜, 2012). 따라서 청소년이 만족스러운 양질의 봉사활동을 할 수 있도록 다양한 지원이 필요하다.

2. 학생자치활동, 동아리활동, 봉사활동의 실제

1) 학생자치활동의 실제

한유경 등(2012a)의 연구에 따르면, 학교에서 이루어지고 있는 학생자치활동은 그 여건이 매우 열악한 상황이다. 첫째, 학교운영에 실질적으로 참여할 수 있는 풍토가 충분히 조성되어 있지 않다. 학생들이 학교운영에 참여하고 있다고 응답한 사람은 과반수가 약간 넘을 뿐이다. 학교운영위원회에 참여하는 것은 말할 것도 없다. 아직까지 학생을 미성숙자로만 보아 학교운영에 참여하는 것에 대해 적극적이지 않은 풍토가 자리 잡고 있다. 그나마 다행인 것은 학칙 제·개정 시에는 학생참여가 80% 이상 이루어지고 있다는 점이다.

둘째, 자치활동에 대한 지원이 매우 부족하다. 진영종 등(2007)의 연구에서도 지적하였듯이 학생회실, 동아리실 등 학생자치활동을 위한 공간과 자치활동을 홍보할 수 있는 공간 등이 충분히 마련되어 있지 않은 경우가 많다. 이 연구에서는 이외에도 학생자치를 위해 배정된 시간을 다른 용도로 전용하는 경우, 학교 당국에 면담을 요청해도 이유 없이 일방적으로 거절하는 경우, 학부모단체나 회장단 어머니들에게 학교 행사에 꽃다발과 다과를 준비하게 하거나 금품, 행사 참석을 요구하는 등 학생 보호자를 제대로 존중하지 않는 경우가 일부 있었다고 밝히고 있다. 이번 설문 결과에서도 학생회실이 없는 경우가 있는 경우보다 많았으며, 이로 인해 일반 교실을 회의실로 가장 많이 쓴다는 것을 볼 수 있다. 학생회 자치활동에 대한 적극적 지원이 아쉽다.

이 외에도 진영종 등(2007)의 연구에서는 학생대표기구의 자치권 제한과 동아리 활동 규제 등의 문제도 지적하고 있다. 자치권 제한의 사례로는 학급 대표, 전교 학생 대표 선출 시 간선제를 운영하는 경우, 학생회 입후보 자격에 교사 추천, 징계 경력 없음, 품행 단정 등의 요건을 두어 피선거권을 박탈하는 경우, 학생회 선거 공약을 사전 검열하는 경우, 선거를 통해 선출된 학생 대표에 대해 학교 당국의 승인 절차를 두는 경우, 일부 학생의 선거 참여가 아예 불가능한 날에 선거일을 잡는 경우, 대의원회의 소집 시 학교장이나 자문위원회의 사전 허가를 받도록 한 경우, 회의 안건이나 활동내용을 교사들이 정해 주는 경우, 학생회 예산에 관한 권한, 회칙 개정권 등을 포함하여 자치활동과 관련한 실질적인 결정권을 아예 주지 않는 경우, 학생회 집행부를 학교가 대신 임명하는 경우, 학생회활동을 위한 공간이나 비품을 제공하지 않거나 학생회실 열쇠를 교사가 갖고 있는 경우, 학생회의 1년 목표를 교사가 대신 정해 주는 경우, 학생회에 각종 성금 모금, 캠페인, 선도활동 등을 학교당국이나 교사가 지시하는 경우, 학생회가 기획한 행사를 포함하여 회의 결정사항을 합리적 이유 없이 불허하는 경우, 타 학교 학생회와의 연합활동을 불허하는 경우, 학생 대표의 방문이나 답변 요구를 이유 없이 거절하는 경우, 학교운영위원회 참여가 가로막혀 있거나 회의록 공개 요구를 무시하는 경우 등을 들고 있다.

한유경 등(2012b)의 연구에 따르면, 학생의 학교운영 참여와 관련하여 44.2%의 학생들이 학교운영에 대해 건의하고 싶은 것이 있다고 응답하였고, 그렇지 않은 학생은 23.2%이었다. 실제로 학생들이 학교운영에 참여하고 있다는 응답이 과반수(53.8%), 학교운영에 대해 학생들이 의견을 제시할 수 있는 기회가 있다는 응답도 과반수(59.7%)로 나타났다. 학생자치활동의 보장과 관련해서는 자치활동이 잘 이루어지고 있다는 응답이 과반수(58.5%)였다. 학생회가 자율적으로 학교 행사를 개최하고 있는 경우는 47.8%(부정적 응답은 18.6%)로 나타났다. 학급회의가 잘 운영되고 있다는 응답은 과반수(51.8%)로 나타났다. 학생회 지원 및 의사결정 과정에의 참여 보장과 관련하여 학교가 학생들의 자치활동을 재정적으로 지원하고 있다는 응답은 56.3%로 나타났다. 그러나 학생회가 필요한 비용을 학교에 요청할 수 있는 경우는 31.8%(그렇지 않은 경우는 14.8%, 나머지는 무응답)이고, 학생회 예·결산을 학생들에게 공개하는 경우도 22.5%(비공개 30.7%, 나머지 무응답)밖에 되지 않아 재정적 지원은 부족함을 알 수 있다. 오히려 2004년의 설문에서는 학생회 예산을 청구할 수 있는 권한을 부여하는 경우는 58.5%였고, 학생회 예·결산을 학생들에게 공개하는 경우도 71.5%로 많았다. 학교에 학생회실이 설치되어 있는 경우는 31.8%이고, 미설치교는 42.5%(나머지는 무응답)였다. 2004년에 학생회실이 있는 경우가 59.2%였음을 볼 때 상황은 더 열악해졌다고 볼 수 있다. 이 때문에 학생회실이 없는 경우 전교 학생회의 등 학생회 회의를 개최할 때는 주로 일반 교실을 이용(30.7%)하고 있었으며, 나머지는 교과 교실(22.7%), 도서관(16.7%), 다목적실(13.0%), 강당·시청각실(11.7%), 기타(5.2%)를 이용하고 있다.

그럼에도 불구하고 학생들의 자치활동은 학교에서 발생하는 여러 가지 문제를 해결해 나가는 데 도움이 될 수 있다. 학교에서는 학생들 사이에 분쟁이 발생할 수 있다. 특히 최근에는 학교폭력이 빈번하여 이에 대한 대응책을 중앙정부나 교육청 차원에서 많이 개발하고 있다. 그러나 궁극적으로 이러한 학교폭력 문제는 교내에서 교육적으로 해결하는 것이 가장 바람직하다.

모든 학교에는 학칙이 있으며 학칙은 크게 학교운영에 관한 사항과 학생생활에 관한 사항으로 나누어진다. 하지만 학칙의 구성은 학교마다 차이가 있다. 어떤 학교는 학칙에 일반적인 학교운영에 관한 사항과 학생생활에 관한 사항을 모두 담고 있으나, 다른 학교는 학칙의 대부분이 학교운영에 관한 사항으로 되어 있고 학생생활에 관한 규정은 개괄적인 사항들(예: 학생자치활동, 상벌, 학칙 개정 등)만 포함되어 있고 구체적인 사항들은 별도의 학생생활규정에서 다루고 있다.

학칙 관련 법령(특히 학생생활에 관한 사항)이 개정된 이후, 선도적인 학교에서는 개정된 「초·중등교육법」과 「초·중등교육법 시행령」을 반영하여 학생자치활동에 대한 사항이나 학칙 재개정 절차에 대한 사항들을 학칙에 반영하는 등의 재정비 노

표 11-8 학생자치법정, 학생생활규정, 학생회장 선거 운영 사례

가. 학생자치법정 운영 사례

○○학교는 학생들의 건전한 법의식과 사회적 책임감을 통한 민주적 생활태도를 함양하고 자율과 책임에 근거하여 학생 스스로 생활 · 인권 규정을 준수하는 풍토를 조성하고자 '○○자치법정'을 운영하였다.

○○자치법정은 학생 중심의 자율 기구로 법정 실무 지원팀(학생회에서 선발), 법정 실무 운영팀(판사, 변호사, 서기, 배심원, 법정질서담당관)으로 구성하였다. 월 1회 그린마일리지 프로그램 누적 통계 20점 이상 학생을 자치법정에 회부하였다. 학생들은 배심원으로 참여하거나 방청인으로 참관하면서 간접적으로나마 사법제도에 참여하는 경험을 쌓았다. 자치법정 운영 결과 전해에 비하여 학생선도위원회에 회부되는 학생수가 급감하였고, 전 · 퇴학 학생수가 감소하였다. 자치법정을 통해 학생들의 비행 예방 효과가 높았음을 알 수 있다.

나. 학생생활규정 운영 사례

○○학교는 학생회의 의견을 수렴하여 학칙 제8장 '학생포상, 징계, 징계 외의 지도방법 및 학생의 학교생활에 관한 사항'과 학생생활규정 제12조 '용의복장사항 외', 제45조 '징계 이외의 지도 방법'을 개정하고 학생들이 학칙 준수를 결의하는 교내 학칙 준수 서약식을 개최하였다. 학칙 준수를 위한 서명 운동을 통해 학생들이 직접 자필로 서명한 서명지를 학생 대표가 교장 선생님께 전해 드림으로써 학생들은 학칙 준수에 대한 굳은 결의를 다짐하였으며, 학칙 내용은 각 교실에 항시 게시함으로써 학생들이 언제든지 보고 지킬 수 있게 하였다.

학생 대표로 서약서를 낭독한 학생회장은 "학칙 준수 서약식을 통해 우리 학교 규칙에 대해 상세히 알게 되었고, 규칙을 잘 지키는 학교문화를 만들고 준법 의식을 높일 수 있는 좋은 기회가 되었다."라고 하였다. 이를 계기로 규칙과 약속을 잘 지키는 학교풍토가 조성되었으며, 앞으로 사회에 나가서도 준법 정신이 투철한 민주시민이 되는 기틀을 마련하였다.

다. 학생회장 선거 사례(N 중학교 사례, 2021)

○○학교는 학생자치활동의 하나로 학생회장 선거를 "선관위부터 학생자치의 시작, 축제처럼 기분 좋게"라는 모토를 내걸고 학생들이 주도적으로 스스로 실시하였다. 선거관리위원회 구성, 학생회 선거공고, 입후보자 등록, 입후보자 공고, 선거 유세, 후보자 토론회, 후보자 여론조사 결과 발표, 후보자 2차 토론회, 투표 및 개표, 당선자 공고 등과 같은 일정을 3월 한 달 내에 학생들이 주도적으로 수립하고 실천함으로써 학생자치활동의 내실화를 실질적으로 경험하였고, 이를 통해 학생들이 민주시민의식을 함양하는 계기가 되었다고 평가하였다.

력을 기울이고 있다. 「초 · 중등교육법 시행령」 제9조 제1항에 나와 있는 학칙의 기재사항 중 학생생활에 관한 사항들을 중심으로 우리나라 초 · 중등학교 학칙의 실제를 살펴보고자 한다.

　학생생활에 관한 규정은 학교마다 사용하고 있는 용어가 상이하고 그 내용이 매우 구체적인 학교와 그렇지 못한 학교가 있으나 내용의 구성 항목은 대부분 비슷한 것을 알 수 있다. 일반적으로 초등학교보다는 중등학교가 학생생활규정의 내용과 항목이 많고 구체적임을 알 수 있으며, 학생생활규정은 크게 총칙, 교·내외 생활규칙, 포상 및 징계, 용모 규정, 전자기기 사용 규정, 소지품 규정, 학생자치활동 규정, 규정의 제·개정 등으로 구성되어 있다. 다만, 최근 관련 근거가 되는 법령의 개정으로 인해 학교생활규정(학생생활규정)에 반드시 포함되어야 할 내용과 반드시 삭제되어야 할 내용을 살펴보면 〈표 11-9〉와 같다.

표 11-9 학교(학생)생활규정 제·개정 방향

필수 포함 내용			필수 삭제 내용		
내용	개정 방향	관련 근거	내용	개정 방향	관련 근거
학칙 개정 절차	• 운영 절차 및 세부적인 내용 포함 • 학교생활규정 제·개정 위원회 학생위원 반드시 포함	•「초·중등 교육법 시행령」	• 학생 정치활동금지 및 처벌 규정	• 학생 정치활동 금지 및 처벌 규정 모두 삭제(주로 고등학교에 해당)	•「공직선거법」
학생 자치활동의 조직 및 운영	• 학생회 규정 및 학생회 선거관리 규정 포함	•「초·중등 교육법 시행령」	• 학교폭력 관련 규정	• 학생 위반 사항에 학교폭력 관련 내용 모두 삭제 • 학교폭력 처벌 규정 모두 삭제	•「학교폭력 예방 및 대책에 관한 법률」
선도위원회 관련 규정	• 학부모 및 학생의 진술 기회 제공 포함 • 징계의 종류 포함 • 징계의 단계별 적용 포함 • 선도위원회 조치 불복 절차 안내 포함 • 장애학생에 대한 징계 조사 시 권리 명시	•「초·중등 교육법 시행령」	• 교육활동 침해학생에 대한선도위원회 처벌 규정	• 교권침해 학생에 관한 처벌 규정은 모두 삭제 • 교육활동 이외의 활동 시 교사 인권 침해 관한 규정은 마련	•「교원의 지위 향상 및 교육 활동 보호를 위한 특별법 시행령」
—			• 학생 체벌 규정	• 체벌 규정은 모두 삭제 • 징계 외의 지도 방법을 규정에 명시	•「초·중등 교육법 시행령」

학생자치활동은 학생들과 관련된 학교의 여러 의사결정 과정에 학생들이 직접 참여하고 그들의 의사를 반영하도록 하기 위한 것이며, 더 나아가서는 민주시민으로서의 참여 역량을 학습하기 위한 활동이다(교육과학기술부, 법제처, 한국청소년정책연구원, 2012). 따라서 거의 모든 학교의 학칙에는 학생자치활동에 관한 규정들이 만들어져 있다. 하지만 중요한 것은 학생자치활동이 실질적으로 이루어지고 있고, 그 활동들이 학교의 지원 아래 보장이 되느냐이다.

학생자치활동은 사회에 나가기 전에 미리 학생들 스스로 자신들과 관련된 사항들에 대한 의사결정을 내리기 위한 조직을 만들고 운영함으로써 리더십 함양과 더불어 민주시민의식을 키우는 데 매우 중요하다. 다만, 아직 완전히 성숙하지 못한 학생들의 자치활동을 활성화하기 위해서 학교장을 비롯한 교직원들의 도움과 지도가 필요하다.

2) 동아리활동의 실제

그동안 교육과정의 개정을 통해 동아리활동 및 봉사활동이 양적으로 크게 활성화 된 것은 사실이나 여전히 학생들의 욕구에는 미치지 못하고 있는 것이 현실이다. 전국의 초 · 중 · 고등학교의 학생과 교사 약 4만여 명을 대상으로 실시한 설문조사 결과를 보면, 학교급이 높아질수록 학생 중심의 동아리활동 및 봉사활동에 대한 학생의 욕구는 높아지고 있으나 학교와 교사는 학생의 욕구를 충분히 수용하지 못하고 있는 것으로 나타났다. 이제는 학생 동아리활동 및 봉사활동이 더 이상 교사중심적 활동이 아니라 학생 중심적 활동으로서 질적인 발전을 모색할 시기이다(한유경 외, 2012c).

동아리활동과 봉사활동의 실제는 몇 개 학교의 우수사례를 소개함으로써 예비교사들에게 실제적인 도움을 주고자 한다.

(1) 동아리활동 활성화를 통한 즐거운 학교 만들기(D 초등학교)

D 초등학교는 학교문화선도학교 운영과 관련하여 '동아리활동 활성화를 통한 즐거운 학교 만들기'라는 주제로 학생들의 동아리활동을 지원하였으며, 이에 많은 학생이 자율적으로 동아리를 구성하여 활동을 하였다.

특히 학생들이 자발적으로 만든 20여 개의 스포츠 관련 동아리가 있다. D 초등학교는 2010년부터 '1학생 1운동'을 적극 추진하고 있다. 스포츠에 관심이 많은 학생들이 삼삼오오 모여 동아리를 만들어 학교에 보고하면 체계적인 활동이 가능하도록 지원하는 것이다. 씨름, 농구, 축구, 음악줄넘기 등 다양한 동아리가 운영되고 있으며, 교내에 골프연습장 등을 마련해 동아리활동을 지원하고 있다. 스포츠 동아리 외에도 과학연구동아리, 방송부, 연극부, 관현악부 등 학생들의 자율적인 참여와 학교의 지원으로 전교생의 약 40%에 해당하는 학생들이 동아리활동에 참여하고 있다.

(2) 학생이 만들고, 학생이 운영하는 학생 자율동아리(K 중학교)

K 중학교는 창의적 체험활동의 한 영역인 동아리 활동의 방향을 학생 주도, 학생

표 11-10 K 중학교 동아리활동 사례 요약

구분	내용	세부 내용
모집 대상 및 시기	• K 중학교 모든 재학생 • 2019. 4. 3.~4. 12.	• 선생님이 정해 준 대로 따라야 했던 동아리 지겹지 않니? • 우리의 꿈, 끼를 마음껏 발산할 수 있는 동아리를 만들어 보는 거 어때? • 우리 손으로 동아리 만들어서 우리 힘으로 이끌어 나가 보자!
학생 주도 자율 동아리명	• 하모니 　(기부 동아리)	• 친구들과 사람들을 돕기 위한 물품들을 만들고, 그 물품을 판매하여 얻은 수익을 기부함
	• 노클 　(보컬 동아리)	• 노래에 대한 열정을 키우고 재능을 발전시킬 수 있으며, 자기주도적 활동시간을 늘릴 수 있음
	• 너의 마감은 　(만화 일러스트 동아리)	• 일러스트 캐릭터 제작 및 연출 능력 향상
	• 나는 인싸다 　(또래상담 동아리)	• 일정한 훈련을 통해 심리적으로 불안하고 힘든 또래들을 지지하고 적극적으로 조언하여 문제해결을 도움
	• Bliss 　(댄스 동아리)	• 평소 받았던 스트레스를 풀 수 있는 계기가 되도록 하고 전교생들과 합을 맞춰 음악과 함께 춤을 추며 학교생활을 재미있게 함
	• 책수다 카페 　(독서 동아리)	• 평소에 읽고 싶었던 책을 동아리 부원들과 함께 읽으며 다양한 분야의 호기심을 해소하고 사고의 폭을 넓힘

중심으로 설정하고 이를 실천하기 위해 학생이 만들고 학생이 직접 운영하는 학생 자율동아리를 활성화하고 노력하였다. 자율동아리 운영신청서 제출, 계획서 작성, 학생모집 및 운영 등 동아리활동의 조직 및 운영까지 순수하게 학생들의 자율로 이루어진 K 중학교의 동아리활동을 살펴보면 앞의 〈표 11-10〉과 같다.

(3) 지역사회와 연계한 동아리활동(C 여자고등학교)

C 여자고등학교는 지역의 K 대학교, 청소년수련관 등 지역사회 기관과 연계하여 전문가의 지도를 받으면서 동아리활동을 활성화하고 지역사회의 일원으로서 공동체 의식 함양 및 앞으로 지역사회 발전에 기여할 수 있는 기초를 닦았다. C 여자고등학교 동아리의 활동 사례는 〈표 11-11〉과 같다.

표 11-11 C 여자고등학교 동아리활동 사례

연번	동아리명	지역사회 연계활동 내용
1	산하	K 대학교 연극부 '영그리'와 연계하여 강사선생님 초청, 분장 등 여러 도움을 받으며 활동함
2	PROP (또래상담동아리)	청소년 상담센터(1388)와 연계하여 여러 캠페인과 행사에 참가하여 학생들의 고민을 덜어 주고, 도와주는 활동을 함
3	INSANE (밴드부)	각종 대회 등에 참가하고, C시 고등학교 밴드부 연합공연에 참가함
4	서머서머	C시 청소년환경운동단체에 소속되어 교내 학생들과 시민에게 환경오염의 심각성과 환경오염을 줄일 수 있는 방법을 소개하는 캠페인 활동을 하고 있으며, '아름다운 가게'에서 봉사활동을 함
5	YKA (흥사단)	'YKA(Young Korean academy)'는 정기적인 봉사활동, 지역 초등학교와의 학교 간 교류 협정을 체결
6	FRANCIS (과학실험동아리)	K 대학교 교수님의 도움을 받아 실험을 실시
7	두빛나래 (봉사동아리)	'두빛나래'는 청소년수련관과 연계되어 봉사활동을 전개
8	Bible.com	'Bible.com'은 국제 구호개발 NGO인 굿네이버스와 연계하여 전쟁과 기아의 참혹함에 대한 캠페인 등 다양한 활동을 함

3) 봉사활동의 실제

(1) 세계시민의식을 키우는 나눔 실천(H 초등학교)

H 초등학교는 김만덕 삶의 정신인 나눔·배려를 실천하는 한 학급 한 생명 살리기 운동을 통해 생활 속에서 나눔과 배려를 체험하고 더불어 사는 세계시민 소양 능력을 함양하고, 지구촌 가족에게 나눔이라는 아름다운 실천을 통해 더불어 사는 삶을 실천하여 지구촌 이웃사랑을 실천하는 계기로 삼고자 월드비전에서 추진하고 있는 '한 학급 한 생명 살리기 운동'에 참여하였다.

H 초등학교에서 전 교직원과 학부모, 각 반 대표 어린이들이 모여 아프리카 콩고민주공화국 어린이와 한 학급 한 생명 살리기 결연식을 맺고, 이어서 학교장이 콩고민주공화국을 방문하여 후루마초등학교와 교실 개축, 전기시설 등을 지원하기 위한 결연을 맺었다.

학생들은 가정에서 봉사활동을 하고 받은 돈이나 용돈을 절약하여 모금을 하고, 매월 말 3만 원이 되는 학급은 월드비전 제주지부의 협조를 받아 콩고민주공화국으로 보내고, 콩고민주공화국 결연 친구들과 편지로 소통하는 등 지구촌 세계시민으로서의 책임의식과 역할에 대한 인식을 함양되는 계기가 되었다.

(2) 지역사회 홀로노인 대상 봉사활동(A 고등학교)

A 고등학교는 지난 2006년부터 현재까지 지역사회 홀로노인 대상 봉사활동을 학교 특색사업으로 지속적으로 추진하고 있다. 지역 내 홀로노인들의 비율이 타 지역에 비해 절대적으로 높은 점에 착안, 학교와 지역사회가 상호 협약을 체결하여 홀로노인들의 정서적·경제적 어려움을 해결하고 학생에게는 인성 함양과 입학사정관제 대비 및 학교폭력 예방 프로그램으로 지속적으로 추진되었다.

A 고등학교는 적십자사, 구청, 종합복지관, 청소년활동진흥센터, IBK 기업은행, 한국사회복지협회, 보건복지부 휴먼네트워크 등 7개 기관과 협력관계를 체결하여 봉사활동을 추진하고 있는데, 봉사자 모집 단계에서부터 분명한 목표와 계획을 가지고 체계적으로 추진하였다(〈표 11-12〉 참조).

표 11-12 A 고등학교 봉사활동 사례

시기	추진 내용
3월 초	• 동아리 모집 홍보 및 심층 면접을 통한 학생 선발(경쟁률 3:1)
4월 초	• 종합사회복지관과의 협약을 통한 발대식 • 동아리 단원 사전 오리엔테이션(총 3회) 실시 • 사회복지사, 지도교사 조장 선발 및 프로그램 아이디어 회의 실시 • 연간 활동계획서 제출
4월 중순	• 둘째 주 토요일부터 매주 해당 가구 방문 • 1회 봉사활동 시간 4시간 (연평균 학생 1인당 봉사활동 시간 100시간 달성)
8월	• 회원 1인당 봉사활동 대회 의무적 참가 • 동기 부여 및 수상 기회
12월	• 최종 연중 활동 평가회 실시(교장, 복지관장 등 기관장 참석) • 우수 조 시상 및 사례 발표를 통한 상호 활동 경험 공유 및 미비점 보완
연중	• 매월 1회 사회복지사, 담당교사가 각 조 활동 상태 점검 및 일지 확인 • 매 활동 시 지도교사 동행 활동(현장지도를 통한 효율의 극대화) • 방학 중에도 해당 멘티에 대한 위문활동을 지속적으로 실시

이와 같은 활동 결과 봉사활동을 통해 학생의 인성 함양, 바람직한 자아 형성 및 올바른 가치관을 정립하는 데 기여하였고, 지역사회의 일원으로서 학교의 대외적인 이미지 제고 및 학생들에게 봉사활동에 대한 인식을 개선하는 효과가 있었다.

3. 학생자치활동, 동아리활동, 봉사활동 지원하기

참여적이고 민주적인 학생문화를 만들기 위해서는 학생들의 적극적인 참여, 학칙의 준수, 동아리활동 및 봉사활동 참여가 중요하다. 학생들 상호 간에 배려하고, 공감하고, 협동할 수 있는 역량은 21세기의 민주시민으로서 반드시 갖추어야 할 내용들이다. 사회적 약속을 이해하고, 그 약속을 만드는 과정에 참여하고, 결정된 약속을 지켜 나가는 것도 민주시민으로서 실천해야 할 중요한 부분이라고 할 수 있고, 학교에서는 인성교육이 제대로 이루어질 수 있도록 지원할 수 있는 문화적 변화가 필요하다. 여기서는 학생문화를 만들 수 있도록 교사의 입장에서 지원하는 방법에 대해 살펴보고자 한다.

1) 학생자치활동의 지원

학생자치활동은 사실상 학생회를 중심으로 자율적으로 의사결정을 하고 학교운영에 참여하는 것을 말한다. 따라서 학생회와 같은 학생자치기구를 학칙 등에 공식적으로 규정하지 않으면 실질적으로 학생자치활동이 이루어지기 어렵다. 따라서 단위학교에서부터 학생회와 같은 기구를 설치하고 지원하도록 학칙으로 규정할 필요가 있다.

「초·중등교육법」 제17조(학생의 자치활동은 권장·보호되며, 그 조직과 운영에 관한 기본적인 사항은 학칙으로 정한다)에 따라 보장된 학생의 자치활동, 「초·중등교육법 시행령」 제9조(학교규칙의 기재사항 등)에 명시된 항목들(학생 포상, 징계, 교육목적상 필요한 지도 방법 및 학교 내 교육·연구활동 보호에 관한 사항, 학생자치활동의 조직 및 운영, 학칙 개정 절차)와 제59조의4(의견수렴 등)에 따라 학교규칙에 학생의 참여를 보장하는 항목을 반드시 포함하고 이를 근거로 학생 대표 등을 회의에 참석하게 하여 의견을 듣거나 학생들의 의견을 수렴하여 운영위원회에 제안하게 할 수 있도록 보장하여야 할 것이다. 즉, 학생회를 공식적인 학생대표기구로 규정하고, 학교운영위원회나 학칙 또는 학생회 관련 규정을 제·개정함에 있어 학생회의 참여를 보장해야 한다. 그 운영에 있어서는 자율성을 보장하고 학교 측에서는 학생회의 활동과정과 결정을 존중해야 한다. 교사의 지도는 자문 수준에 그치도록 하고, 학생회의 활동내용이나 결정에 대해 사전, 사후 승인 절차 등을 두지 않도록 해야 한다.

학생회의 활동을 실질적으로 보장하기 위해서는 학교 내에 공간을 마련해 주어야 한다. 학생회실 확보가 시급한 문제이다. 학령인구 감소에 따라 유휴 교실이 발생하고 있으므로 이러한 교실을 활용하여 학생회실을 마련하도록 해야 할 것이다. 학생회실이 있는 경우라도 책장과 서류함, 작업용 컴퓨터 등 기본 시설이 부족하다. 학교에서는 예산편성 시부터 학생회의 의견을 수렴하여 반영하고 예·결산에 대해 공개함으로써 학생회에 대한 재정 지원이 합리적으로 이루어질 수 있도록 해야 할 것이다. 또한 이러한 재정 지원 외에 학생들이 바자회 등을 통해 자발적으로 재원을 확충하는 것에 대해서도 적극적으로 호응하여야 할 것이다.

학교는 사회의 축소판으로 사회의 모든 요소가 그대로 투영되고 있고, 사회적 원리가 통용되도록 하여 졸업 후에도 적응할 수 있도록 해야 한다. 학교에서 배운 것과 사회에서 생활하는 것이 다르다면 학생들은 혼란을 느끼게 될 것이다. 사회에서 성적 등에 의해 선거입후보자격을 제한하지 않듯이 학교에서도 그러한 규정을 두어서는 안 된다. 학교에서는 학생회장이나 학급회장을 선출함에 있어 교사의 추천, 성적, 징계 경력, 품행, 종교 등이 자격기준으로 설정되지 않도록 해야 한다. 어떤 학생이 대표로서 적절한지는 유권자인 학생들이 판단할 일이다. 또한 후보자들의 공약에 대해 학교당국이 부당하게 개입하지 않도록 하고 선거관리도 학생들이 선거관리위원회를 조직하여 진행할 수 있도록 해야 한다.

학생회활동을 적극적으로 지원하기 위해서는 우선 학생들이 무엇을 원하는지 들을 필요가 있다. 따라서 학교장과 학생회 운영위원(임원)들과의 간담회 형식의 모임을 주기적으로 개최하는 것이 바람직하다. 이러한 모임은 학교장과 학생회의 의사소통 부재로 발생할 수 있는 분쟁을 예방하는 효과도 가진다.

학생회가 학교나 외부의 도움만을 받아 운영된다면 나중에는 오히려 자치가 아니라 타율적인 기구가 될 수 있다. 자치가 안정적으로 이루어지기 위해서는 그 존립의 토대가 안정적이어야 한다. 따라서 학교 측의 개입은 최소화하고 학생회가 스스로 활동을 개발하고 추진하여야 할 것이다. 예를 들어, 학칙이나 학생생활규정 등과 관련된 문제를 안건으로 상정하여 학생회 주관의 공개세미나 등을 개최하는 것이 필요하다. 또한 교내에만 한정하지 말고 인근 학교의 학생회와 연계·협력 프로그램을 마련하여 추진하면 학생회를 활성화하는 데 도움을 줄 수 있다.

무엇보다도 이러한 학생회활동이나 사업이 주기적으로 종료되는 시점에 스스로 그 활동 등을 평가하고 이를 차년도 운영계획에 반영할 필요가 있다. 이를 위해서는 우선 그러한 평가를 누가 언제 어떻게 할 것인가에 대해서 전체 학생의 의견을 수렴하고 이를 바탕으로 평가지표를 수립한 후에 평가를 하는 것이 바람직하다.

향후 우리나라 학칙과 학생생활규정의 개선 방향을 제시하면 다음과 같다. 특히 학칙을 바탕으로 향후 우리나라 초·중등학교의 학교문화를 선진화해 나가야 한다는 관점에서 살펴보고자 한다.

첫째, 학년초에 학칙을 학생, 학부모에게 공개하고, 반드시 홈페이지에 공개해야 하며, 가능하면 이를 의무화할 필요가 있다. 나아가 학생, 학부모에게 공개하는 방법도 단순히 학년초에 유인물을 나누어 주는 등에 그쳐서는 안 된다. 학교 홈페이지, 가정통신문, 유인물, 학교운영위원회 회의 등 다양한 방법을 통해 학칙을 안내하고 홍보하여야 한다. 학칙을 알게 된 경로에 대한 설문조사 결과를 보면, 학생은 주로 가정통신문과 홈페이지를 통해 학칙을 알게 되고, 교사들은 홈페이지와 유인물을 통해 학칙을 알게 되는 것으로 나타났다. 실제 많은 학교는 학칙 등 학교와 관련된 제반 규정들을 홈페이지를 통해 공개하고 있지만, 여전히 상당수의 학교는 홈페이지에 학칙을 공개하지 않고 있다. 공개하지 않을 이유가 전혀 없으므로 반드시 홈페이지의 공지사항이나 게시판을 통해 공개하여야 한다. 학교는 학생, 학부모, 지역사회 등 교육수요자들이 언제든지 학칙을 볼 수 있는 통로를 마련해 놓아야 하는 책무가 있다.

둘째, 매 학년초에 학칙과 관련된 수업을 반드시 실시하여 학생들이 학칙에 대한 이해를 하도록 해야 하며, 교사-학생 간 및 학생 상호 간 토론 등을 통해 학생들의 의견을 수렴하고 이를 반영하여 제·개정하는 절차를 거칠 필요가 있다. 이러한 과정을 통해 학생들의 학교참여를 증대시켜 주인의식을 가지도록 할 필요가 있으며, 더불어 학생들의 자치활동 능력을 길러 줄 필요가 있다. 한편, 교사들에게도 학칙을 반드시 숙지하게 하고 학생들에게 이를 공지하도록 하여 교사-학생 간 불필요한 마찰을 최소화할 수 있도록 해야 한다. 또한 교사들을 위한 학칙 연수 과정을 개설하여 모든 교사가 이수하도록 할 필요가 있다. 최근 정부와 단위학교들의 노력으로 학칙에 대한 홍보와 안내가 잘 되고 있지만 앞으로 학생들에게 학칙에 대한 홍보와 안내를 좀 더 강화할 필요가 있다.

셋째, 모호한 표현을 구체적인 용어로 바꾸고, 자의적인 판단이 가능한 조항이 없도록 해야 하며, 더 중요한 것은 규제를 위주로 하기보다는 학생들의 자율성을 좀 더 확대하는 방식(문용린 외, 2008)으로 변화될 필요가 있다. 학칙의 기본적인 구조는 지켜야 할 것과 금지해야 할 사항으로 이루어져 있다(조금주, 2008). 외국의 경우 학생인권을 둘러싼 교사-학생 간 대립이 우리보다 적은데 그 이유는 학칙의 내용들이 매우 구체적이고 상세화되어 있기 때문이다. 학생이 잘못된 행동을 한 경우 처벌의 종류와 장소뿐만 아니라 징계 시 소명 절차에 대한 규정과 향후 교육방식(예의 범절교육 등)까지 다루고 있어 어떻게 보면 지나칠 정도로 자세한 내용까지 담고 있

다. 하지만 이로 인해 교사-학생 간 문제의 소지가 될 가능성을 사전에 차단하는
효과가 있다. 최근 우리나라의 학칙, 특히 학생생활규정들도 비교적 상세화되고 매
우 구체적인 내용까지 포함하고 있으나 여전히 상당수의 학교는 모호하고 추상적
인 학생생활규정을 적용하고 있는데 이는 시급히 개선되어야 한다.

넷째, 학칙의 제·개정 과정에 학생과 학부모의 참여를 의무화하여야 하고, 학생
과 학부모의 의견을 수렴·반영하는 과정을 거치도록 해야 하며, 이러한 내용을 법
령에 구체적으로 명시할 필요가 있다. 학생의 기본적 인권 중 학교생활에서 학생들
이 자신의 의견을 표명하고 결정권을 가지는 것은 중요한 권리라고 할 수 있다(문용
린 외, 2008). 최근 개정된 법령에 의하면 학칙의 제·개정 시 학생, 학부모, 교사의
의견을 듣도록 되어 있으나 여전히 상당수의 학교는 이러한 과정을 형식적인 설문
조사나 가정통신문 등으로 대체하고 있다. 따라서 관련 법령도 "학생, 학부모, 교사
의 의견을 듣는다."에서 "학생, 학부모, 교사의 의견을 수렴하여 이를 반영하고 반영
된 사항을 공지하여야 한다." 등과 같이 구체적으로 개정할 필요가 있다.

2) 동아리활동의 지원

동아리활동은 학생이 관심 있는 분야의 활동에 자율적으로 참여하는 과정에서
사회성, 타인에 대한 배려 등 민주시민의식을 기르고 학교생활과 사회생활의 필수
적 요소인 긍정적 자아존중감을 형성하게 하는 교육과정이기 때문에 학생 스스로
운영하는 동아리활동을 활성화해야 하는 것이 가장 중요하다. 나아가 동아리활동
을 활성화하기 위해서는 정부, 학교, 지역사회가 협력하여 적극적인 지원을 해야 한
다. 구체적인 지원 방안을 살펴보면 다음과 같다(한유경 외, 2012c).

첫째, 교과교육과정 필수이수시간을 축소하여 교과학습에 대한 부담을 완화해야
한다. 교과교육과정 필수이수시간은 중학교의 경우 주당 28시간, 고등학교는 30시
간으로 현재 약 80%의 중·고등학교가 주 5일제를 실시하고 있는 상황에서 아침 8시
부터 오후 4시까지 학교 시간표에 따라 교육과정을 이수해야 한다. 또한 방과후 교
육활동, 학원 수강 등으로 교육과정 외의 자율적인 동아리활동을 할 수 있는 시간적
여유가 매우 부족하다.

둘째, 교사 중심의 동아리활동이 아닌 학생의 욕구를 반영한 동아리활동을 실시

해야 한다. 이를 위해서는 동아리활동에 대한 지도책임을 교사에게 부담시킬 것이 아니라 전문가들이 학생들을 지도할 수 있도록 행·재정적 지원을 강화할 필요가 있다.

셋째, 학생들의 다양한 욕구를 수용할 수 있도록 지역사회 전문가와 사회단체, 청소년 지도시설이 협력해야 한다. 현재도 학생들의 동아리활동 지원을 위하여 지역사회 전문가의 재능기부 등과 같은 노력이 있으나 이는 '기부'가 의미하는 바와 같이 상설적인 협력기반이 아니다. 정부는 지역사회 기관과 사회단체들에게 학교교육에 협력할 것을 의무화하여야 하며, 사회시설의 지역적인 편차를 해소할 수 있는 방안도 모색하여야 한다.

넷째, 우수 동아리에 대한 행·재정적 지원을 강화해야 한다. 취미 중심의 동아리뿐만 아니라 교과학습과 연계한 학술동아리, 창업동아리 등 우수한 동아리를 발굴하여 지원해야 한다. 충청북도교육청은 특성화고등학교의 창업동아리를 적극적으로 육성하기 위해 공모를 통해 50개 우수 동아리를 선정, 운영비를 지원하고 성공사례 발표회를 열기도 하였으며, 시 차원에서 우수 동아리를 선정하여 활동비를 지원한 경우도 있었다. 이러한 지원이 전국적으로 확대되어야 할 것이다.

3) 봉사활동의 지원

봉사활동은 학생의 사회적 책임감과 지역사회 공동체 의식 향상 등 인성교육에 긍정적 영향을 미치며, 지적 성장과 발달, 진로결정, 삶의 만족도에도 영향을 미친다. 이러한 긍정적 효과는 봉사활동의 시간, 횟수 등 양적인 부분보다 봉사활동에 대한 만족도가 높을 때 더 큰 효과가 있었다(김지혜, 2012). 따라서 학생들이 만족스러운 양질의 봉사활동을 할 수 있도록 학교와 지역사회의 다양한 지원이 필요하다. 학생 봉사활동을 활성화하기 위한 방안을 살펴보면 다음과 같다.

첫째, 학생들이 자신의 욕구와 적성에 맞는 봉사활동을 할 수 있도록 봉사활동 기관을 확대하여야 한다. 정부는 2006년 '한국청소년자원봉사센터'를 한국청소년진흥센터로 통합하여 봉사활동을 포함한 청소년활동 전반에 대한 정보와 프로그램을 제공할 수 있는 체계를 구축하는 등 청소년 자원봉사활동을 지원하였다. 그러나 아직까지도 봉사활동에 대한 정보, 지식, 기술, 교육적 관심이 부족하고 일부 기관에서는 업무에 방해가 된다는 이유로 청소년들의 봉사활동을 꺼리는 등 청소년 자원봉사에 대한 인식과 지원이 부족하다.

둘째, 교육과정 내에서 실시하는 학교봉사활동이 다양화되어야 한다. 학년별로 특정한 날에 전체적으로 실시하는 봉사활동이 아니라 동아리별, 또는 학급 단위 등 소단위별로 특색 있는 꾸준한 봉사활동이 실행되도록 계획하고 지원하여야 한다.

셋째, 가족과 함께하는 봉사활동이 활성화되어야 한다. 교육부는 학생 인성교육의 실천은 가정에서부터 이루어져야 함을 강조하고 '밥상머리교육'을 추진하고 있다. 이와 연계하여 '가족봉사활동의 날' 제정 등 가족이 함께 봉사활동을 실시할 수 있도록 지원해야 한다.

넷째, 동아리활동으로 계발한 역량을 봉사활동을 통해 발현시킬 수 있도록 동아리-봉사활동 연계 운영을 활성화하여야 한다. 초·중·고등학교에서 학교교육과정 운영계획 시 동아리활동-봉사활동을 연계 운영할 수 있도록 하고, 대학 입학 등 입시에서 활동의 질적 평가에 따른 이점을 부여하도록 해야 한다.

토론 및 실습 과제

1. 인터넷상에 있는 학생생활규정을 찾아서 관련 법령에서 규정하고 있는 사항에 대해 구체적으로 제정하고 있는지를 직접 조사하고, 개선이 필요한 부분을 찾아 학생생활규정 개정안을 만들어 보자.

2. 초등학교와 중·고등학교에서 이루어지고 있는 학생 동아리활동의 실제 사례를 하나씩 조사해서 발표하고 해당 사례의 장점과 단점 및 개선 방안을 제안해 보자.

3. 학교 내외에서 학생이 가족과 함께할 수 있는 봉사활동 프로그램을 구체적으로 제안해 보고 그 프로그램이 갖는 의의를 말해 보자.

참고문헌

교육과학기술부(2010. 10. 2.). 민주시민교육 활성화 방안. 보도자료.

교육과학기술부(2011). 인성 및 공공의식 함양을 위한 학교문화 선진화 방안.

교육과학기술부(2012a). 2012년 학교폭력 실태 전수조사 결과 중간발표. 보도자료.

교육과학기술부(2012b). 학교폭력 근본 대책으로 인성교육 실천 본격 추진. 보도자료.

교육과학기술부, 법제처, 한국청소년정책연구원(2012). **서로를 위한 약속, 학교규칙 운영매뉴얼.**

교육과학기술부, 충청북도교육청, 한국청소년정책연구원(2011). **학교문화 선진화를 위한 학생 자치활동 길잡이.**

교육과학기술부, 충청북도교육청, 한국청소년정책연구원(2012). **100대 학교문화 우수사례집.**

교육부(2015a). **초 · 중등학교교육과정 총론.** 교육부 고시 제2015-74호 [별책 1].

교육부(2015b). **창의적 체험활동 교육과정(안전한 생활 포함).** 교육부 고시 제2015-74호 [별책 42].

교육부(2018. 12. 13). 민주시민교육 활성화를 위한 종합계획. 보도자료.

국가청소년위원회, 사단법인 청소년교육전략(2006). 중 · 고등학생 인권 상황 실태 조사.

김성규(2010). 동아리활동이 청소년들의 자아존중감과 교우관계에 미치는 영향. 경운대학교 사회복지대학원 석사학위논문.

김성기(2005). 초 · 중등학교의 법적 지위와 학교자치. **교육법학연구,** 17(1), 55-72.

김성기, 조석훈(2009). **초등학교 학생행정 가이드.** 서울: 학지사.

김성식(2000). 학교부적응 실태조사 및 적응 프로그램 개발. 서울: 한국청소년교육연구회.

김소희(2004). 학부모 교육열의 내러티브적 접근. **교육학연구,** 42(2), 271-313.

김영찬(1995). 학교문화의 개념과 연구과제. **교육이론,** 9(1), 1-10.

김정주, 김혁진, 전명기, 정익재(2001). 청소년 정보봉사단 운영방안 연구. 한국청소년정책연구원 연구보고서.

김지혜(2012). 청소년 봉사활동이 자아존중감과 자아탄력성을 매개로 공동체 의식과 삶의 만족도에 미치는 영향. **청소년복지연구,** 14(1), 41-62.

대구광역시교육청(2020). 2020학년도 학생봉사활동 기본계획. 대구: 대구광역시 생활문화과.

대구광역시교육청, 대구교육대학교(2019). 2019년 민주시민교육실천역량 강화 워크숍.

도종수(2011). 청소년 자원봉사활동이 주관적 행복감에 미치는 영향. **청소년복지연구,** 13(4), 21-45.

문성호, 문호영(2009). 청소년 자원봉사활동의 실태 및 효과에 관한 비교분석. **청소년복지연구,** 11(1), 101-120.

문용린, 최지영, 박종효, 신순갑, 장맹배, 이지혜(2008). 공공의식 배양교육의 제도적 방안연
    구: 학생생활규정 제·개정 및 운영방안을 중심으로. 교육과학기술부 정책연구보고서.

박희진, 김희경, 정바울(2018). 인성을 갖춘 민주시민 육성을 위한 학교문화 개선 방안 연구: 학급
    자치 실태를 중심으로. 충북: 한국교육개발원.

송수지, 김정민, 남궁지영(2012). 청소년 동아리활동 경험이 자아개념 성장에 미치는 영향.
    한국청소년연구, 23(1), 121–147.

신두철, 허영식(2007). 민주시민교육의 정석. 서울: 도서출판 엠−애드.

안승문(2008). 핀란드 헬싱키의 '청소년의목소리'. http://educa21.tistory.com/76

안종미(2004). 중학생의 동아리활동이 학교생활 적응에 미치는 영향에 관한 연구. 성산효대
    학원대학교 석사학위논문.

오영재(2009). 한국의 중등학교 문화와 교육정책. 서울: 문음사.

유명철(2007). 민주시민교육론. 경기: 교육과학사.

이상은, 김은영, 김소아, 유예림, 최수진(2018). OECD 교육 2030 참여 연구: 역량의 교육정책적
    적용 과제 탐색. 충북: 한국교육개발원.

이쌍철, 김미숙, 김태준, 이호준, 김정아, 강구섭, 설규주, 임희진, 이지미(2019). 초·중등학
    교 민주시민교육 활성화를 위한 방향과 과제. 한국교육개발원 연구보고, RR 2019-04.

정문성, 강대현, 설규주, 전영은(2018). 학교 민주시민교육을 위한 교육과정 개선 방안 연구.
    교육부 정책연구과제.

정미경, 박상완(2016). 초·중등 교사의 융합형 교육 실천 지원을 위한 교사연수의 한계와 과
    제. 한국교원교육연구, 33(4), 193–222.

정원규 외(2018). 학교 민주시민교육의 기본개념 및 추진원칙 연구. 서울: 교육부 민주시민교육
    정책중점연구소.

정제영(2004). 초·중등학교의 지식경영 수준과 유형 분석. 서울대학교 대학원 박사학위논문.

정제영(2018). 디지털 시대와 4차 산업혁명에 대비한 교육의 시대. 서울: 박영스토리.

조금주(2008). 외국의 중·고등학교 규칙 내용 분석의 시사점. 비교교육연구, 18(1), 63–91.

진영종, 류은숙, 고은채, 배경내, 영원, 임은주, 서영표, 조효제(2007). 인권 친화적 학교 문화
    조성을 위한 지침서. 서울: 국가인권위원회.

한유경, 정제영, 김성기, 정성수(2012a). '학교규칙 운영 내실화' 정책사례 분석 및 지원방안 연
    구. 서울: 한국청소년정책연구원.

한유경, 정제영, 김성기, 정성수, 윤신덕(2012b). 인성교육 강화를 위한 학교문화 선진화 방안 연
    구. 서울: 한국교육개발원.

한유경, 정성수, 김성기, 정제영(2012c). 초·중등학생의 동아리 활동과 봉사활동에 대한 교

사와 학생의 인식분석. 중등교육연구, 60(4), 1229-1254.

허영식(2003). 세계화 · 정보화시대의 민주시민교육. 어떻게 할 것인가? 서울: 원미사.

Carrington, S. (1999). Inclusion needs a different school culture. *International Journal of Inclusive Education, 3*(3), 257-268.

Coster, I. D., & Sigals, E. (2018). *Eurydic brief: Citizenship education at school in Europe 2017*. European commission.

Engle, Shirley, H., & Ochoa, Anna, S. (1988). *Education for democratic citizenship: Decision making in the social studies*. New York: Teachers College Press.

Erickson, F. (1987). Conception of school culture: An overview. *Educational Administration Quarterly, 23*(4), 11-24.

Glickman, C. D., Gordon, S. P., & Ross-Gordon, J. M. (2010). *Supervision and instructional leadership*. Boston, MA: Pearson.

Griffin, P., McGaw, B., & Care, E. (2012). *Assessment and teaching of 21st century skills*. New York: Springer.

Hargreaves, D. H. (1995). School culture, school effectiveness and school improvement. *School Effectiveness and School Improvement, 6*(1), 23-46.

Kerr, D. (1999). *Citizenship education in the curriculum: An international review*. UK: National Foundation for Educational Research.

Lumby, J., & Foskett, N. (2011). Power, risk, and utility: Interpreting the landscape of culture in educational leadership. *Educational Administration Quarterly, 47*(3), 446-461.

OECD. (2005). *Formative assessment: Improving learning in secondary classrooms*. Paris: OECD Publishing.

OECD. (2018). *The future of education and skills*. Education 2030. position paper.

Raby, R. (2012). *School rules: Obedience, discipline, and elusive democracy*. Toronto, Canada: University of Toronto Press.

학교안전사고와 생활지도

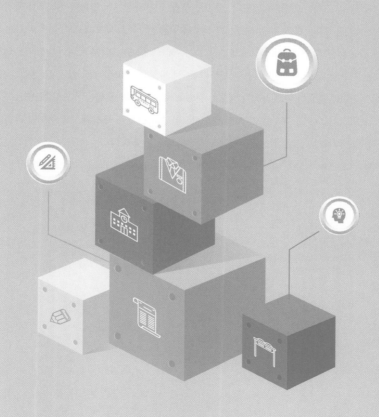

김 교사는 작년과 올해 두 차례에 걸친 학생안전사고를 떠올릴 때마다 가슴을 쓸어내리게 된다. 작년에 6학년을 맡았는데, 하루는 운동장에서 학생들이 축구를 하다가 발로 세게 찬 공이 운동장 주변을 지나가던 학생의 코에 맞아서 코피를 흘리는 사고가 있었다.

　　올해 김 교사는 2학년을 맡았다. '즐거운 생활' 시간에 운동장 활동을 위해 학생들과 나가려고 하는 순간 김 교사는 갑자기 걸려온 전화 때문에 학생들을 먼저 내보내고 좀 늦게 나가게 되었다. 그러는 사이에 한 학생이 놀이기구에 올라가다가 위에서 내려오는 다른 학생의 발에 부딪혀 앞니가 부러지는 사고가 있었다. 다친 학생은 신경이 다쳐서 자칫 이가 빠질 수도 있는 상황이었지만, 다행히 아직까지 이에 통증이 없고 상태가 양호한 것으로 보아 신경이 잘 붙은 것으로 보인다.

　　초임교사로서 김 교사는 두 가지 안전사고를 접하면서 무척 당황하고 어찌할 바를 몰라서 허둥지둥했던 기억이 난다. 학생안전사고가 발생하지 않도록 예방하는 노력이 중요하다는 것을 다시금 깨닫는다. 또한 사고가 발생했을 때 어떻게 처리해야 하는지에 대해 더 알고 싶어졌다.

1. 학교안전사고의 예방과 대처

1) 학교안전사고의 개념

「학교안전사고 예방 및 보상에 관한 법률」 제2조 제6호에서 '학교안전사고'는 "교육활동 중에 발생한 사고로서 학생·교직원 또는 교육활동참여자의 생명 또는 신체에 피해를 주는 모든 사고 및 학교급식 등 학교장의 관리·감독에 속하는 업무가 직접 원인이 되어 학생·교직원 또는 교육활동참여자에게 발생하는 질병으로서 대통령령이 정하는 것"으로 정의하고 있다. 즉, 학교와 관련된 사고의 피해자는 학생, 교직원, 외부인이 모두 포함될 수 있고 이러한 사고를 통틀어 학교안전사고라 한다. 이 중에서 학생이 피해자인 사고가 학생안전사고이다. 학교의 구성원 중 절대 다수가 학생이며 학생은 미성년자로서 위험 변별 능력이 성인보다 낮다고 할 수 있으므로 학교안전사고의 대부분은 학생안전사고라고 할 수 있다. 학생안전사고는 교육활동과의 관련성, 교원의 임장 여부, 원인행위자, 발생 장소, 피해 정도, 피해 영역 등에 따라 구분할 수 있다. 최근 집단따돌림이나 언어폭력과 같은 정신적 학대가 학교사회의 문제로 등장하면서, 전통적인 신체 사고뿐만 아니라 정신 영역에 관한 학생안전사고에 대한 관심이 늘어나고 있다.

학생안전사고는 피해 당사자를 비롯하여 피해자의 가족, 교직원, 가해자의 가족 등에게 여러 가지로 정신적 고통을 줄 뿐만 아니라 경제적 손해배상의 문제를 낳기도 한다. 학생안전사고에 따른 갈등과 분쟁이 심할 경우 학교 전체가 정상적인 교육활동을 수행하기 어려울 수도 있다. 학부모 사이 또는 교직원과 학부모 사이의 인간관계에도 손상을 주어 후유증이 오랫동안 이어질 수도 있다. 특히 교직경력이 짧은 교사에게 중대한 학생안전사고는 교직사회화 과정에 상당한 영향을 주는 변수가 될 수도 있다. 학생안전사고를 경험한 교사는 교육활동의 계획을 수립할 때 안전에 대한 고려 때문에 위축될 수도 있다. 동시에 학교안전사고와 부딪힌 이후 학교를 바라보는 교사의 관점에 긍정적인 변화가 나타나기도 한다. 학교를 단지 학습활동의 공간으로 보는 제한적 관점에서 벗어나 학생의 다양한 활동이 전개되는 생활공간으로 이해하는 것이다. 자연히 교사는 학생의 학습을 넘어서 폭넓은 생활 영역에 대한 책임을 지각하게 된다.

표 12-1 학교안전사고의 구분

구분	사고 유형
교육활동과의 관련성	정규교육활동 중 사고, 비정규교육활동 중 사고, 일과전후(前後) 사고, 등하교 중 사고
교원의 임장 여부	임장 중 사고, 비임장 중의 사고
원인행위자	학생 자신에 의한 사고, 교원에 의한 사고, 다른 학생에 의한 사고, 학교시설·설비에 의한 사고, 식중독 등 급식에 의한 사고, 제3자에 의한 사고
발생 장소	학교 안의 사고, 학교 밖의 사고
피해 정도	피해가 중한 사고, 피해가 약한 사고
피해 영역	신체 사고, 정신 사고, 생명 사고

출처: 강인수, 하윤수, 황홍규(2000), pp. 251-253(일부를 추가함).

2) 학교안전사고의 사례

학교안전사고의 발생시간으로 보면, 신체활동이 많을 뿐만 아니라 학생 간 접촉이 많은 체육수업 중의 사고가 많은 것으로 나타나고 있다. 그다음으로 교사의 직

표 12-2 학교안전사고 발생시간대별 발생 건수

학교급별	유	초	중	고	특수	기타	계
수업시간	5,495	8,437	4,468	3,071	224	51	21,746
체육수업	838	13,138	17,452	12,012	70	109	**43,619**
점심시간	761	14,496	8,280	5,252	95	52	28,936
석식시간	8	2	17	791	0	5	823
휴식/청소 시간	498	10,359	6,499	3,170	55	39	20,620
특별활동	79	1,568	2,490	1,927	22	25	6,111
학교행사	501	1,991	3,195	3,852	33	43	9,615
등하교	588	3,780	1,187	1,077	57	17	6,706
기숙사생활	0	2	40	550	5	11	608
합계	8,768	**53,773**	43,628	31,702	561	352	**138,784**

출처: 학교안전공제중앙회(2020).

접적인 밀착 지도가 느슨한 점심시간, 휴식/청소 시간 중에도 학교안전사고가 많이 나타나고 있다(〈표 12-2〉 참조).

학교안전공제중앙회(2010)에서는 학교안전사고 사례집을 발간하였는데, 이 중에서 몇 가지를 제시하면 다음과 같다.

[사례 1] 자전거로 하교 중 넘어져 팔 골절상

초등학교 2학년인 사고 학생이 하굣길에 자전거를 타고 집으로 가던 중 학교 정문의 횡단보도를 지나칠 때 갑자기 접근한 사람을 피하려다 넘어져 왼쪽 팔 골절상 진단을 받음

[사례 2] 물질 분리 실험 중 알코올로 인한 얼굴 화상

초등학교 3학년인 사고 학생이 교실에서 책상 4개를 붙이고 '가루 혼합물 속에 들어 있는 물질 알아내기' 실험을 하던 중 조 학생들이 서로 자세히 관찰하려다 책상이 밀려 쏟아진 알코올에 불이 붙음. 이후 지도교사가 책에 붙은 불을 급히 소화하였지만, 사고 학생과 남학생 2명의 얼굴에 중화상을 입은 사고

[사례 3] 체육수업 중 포환에 맞아 머리 부상

초등학교 6학년인 사고 학생이 체육수업 중 투포환 수행평가를 위해 운동장에 마련한 원 안에서 대기하던 중 다른 학생이 포환을 던지려고 손을 뒤로 젖히는 순간 들고 있던 포환이 뒤로 빠져 사고 학생의 머리에 맞아 쓰러짐. 지도교사는 즉시 사고 학생에게 심폐소생술을 실시함과 동시에 보건교사에게 연락을 취하여 병원으로 후송하였고, 검사 결과 두개골 함몰골절, 경막상혈종, 경추부염좌 진단을 받음

[사례 4] 특기적성 교육시간에 축구경기 중 비장 파열

중학생인 사고 학생이 특기적성 교육시간에 축구반 학생들과 운동장에서 축구를 하던 중 공중 볼을 헤딩슛으로 처리하려고 점프를 하는 순간 골키퍼의 무릎에 복부를 심하게 부딪혀 비장 파열로 장해판정(노동력 상실 50%)을 받은 사고

[사례 5] 바다 야외활동에서 파도에 휩쓸려 익사

중학생인 사고 학생은 같은 반 학생 23명 및 지도교사와 학급 야외활동인 '해돋이 기차여행'에 참여하였음. 프로그램 일정에 따라 모래사장에서 공놀이를 한 후 지도교사가 잠시 자리를 비운 사이 몸에 묻은 모래를 씻어 내던 중 너울성 파도에 휩쓸려 익사한 사고

[사례 6] 특수학교 학생이 발코니에서 추락하여 사망

특수학교 전공과 학생들은 견학을 마치고 콘도 4층에서 휴식 중 지도교사가 자리를 잠시 비운 사이 사고 학생이 밖으로 나간다는 소리가 들려 뛰어가 보니 사고 학생(지적 장애 2급)이 발코니 난간에 몸을 걸치고 있었고 그대로 추락하여 사망함

[사례 7] 식사 중 갈비탕의 뼈를 잘못 씹어 치아 부상

고등학교 학생인 사고 학생이 점심시간에 급식메뉴인 갈비탕을 먹던 중 뼈를 잘못 씹어 충치가 있던 어금니의 파절 진단을 받은 사고

[사례 8] 학교 담장을 넘던 중 손가락 부상

고등학생인 사고 학생이 점심시간에 다른 학생과 학교 후문에 있는 책방에 가기 위해 담장을 넘어 무단 외출을 시도하던 중 담장에 손가락이 끼어 피부가 찢어지고 인대 및 신경 파열 진단을 받은 사고

[사례 9] 조기 등교생이 교실 창문에서 추락하여 사망

초등학생인 사고 학생이 조기 등교하여 다른 학생과 교실에서 술래잡기를 하던 중 교실 창문으로 넘어가다 4층에서 1층으로 추락하여 사망한 사고

[사례 10] 페이스페인팅 물감에 의한 피부염

유치원 유아인 사고학생은 유치원에서 페이스페인팅 물감으로 얼굴에 동물그림 그려 주기 활동을 한 후 해당 부위가 빨갛게 부어올랐음. 학부모가 병원으로 사고학생을 데려가 검사 결과 알레르기 진단을 받고 처방해 준 연고를 발랐으나 얼굴에 흉터가 남아 흉터 제거를 위한 레이저 치료 시술을 받은 사고

3) 안전교육의 법적 근거

학교안전사고는 예방이 최선이다. 학교안전사고는 피해학생에게 신체 또는 정신의 고통을 줄 뿐만 아니라 사고가 원상회복되거나 마무리될 때까지 교육받을 기회를 제한할 수 있기 때문이다. 교육이 학생의 신체적·정신적 건강의 유지를 전제로 한다고 할 때 학교는 학교안전사고를 예방하는 데 최선의 노력을 다하여야 한다. 학교안전사고를 예방하기 위한 학교의 활동은 안전한 교육환경을 마련하기 위한 조건에 그치지 않고 그 자체가 중요한 교육활동이 될 수도 있다.

학교안전사고를 예방하기 위해서는 안전사고를 발생시킬 수 있는 잠재적인 시설·설비나 장소에 대한 안전점검을 적절히 시행함과 더불어 안전사고의 원인제공자가 될 수 있는 학생을 상대로 안전교육을 실시하는 것이 필요하다. 물론 교직원은 안전교육과 별도로 교육활동이나 교육활동과 밀접히 관련된 활동에서 안전사고 예방을 위해 필요한 보호·감독을 다해야 한다. 이에 〈표 12-3〉과 같이 여러 가지 법

표 12-3 법령상 학교안전사고 예방을 위한 교육

법령	교육내용
「학교보건법」(제9조의2)	신체발달 및 체력증진, 질병의 치료와 예방, 음주·흡연과 약물 오용(誤用)·남용(濫用)의 예방, 성교육, 정신건강 증진
「아동복지법」(제31조)	성폭력 및 아동학대 예방, 실종·유괴의 예방과 방지, 약물의 오남용 예방, 재난대비 안전, 교통안전
「학교폭력예방 및 대책에 관한 법률」(제13조)	학교폭력 예방교육
「학교안전사고 예방 및 보상에 관한 법률」(제8조)	학교안전사고 예방교육
「어린이 놀이시설 안전관리법」(제20조)	어린이 놀이시설의 안전관리에 관한 교육
「성폭력방지 및 피해자보호 등에 관한 법률」(제5조)	성폭력 예방교육
「성매매방지 및 피해자보호 등에 관한 법률」(제4조)	성매매 예방교육

령으로 학교안전사고 예방을 위한 교육을 하도록 규정하고 있다.

안전교육에 관한 사항은 학교급별 교육과정에도 반영되어 있으므로 학교교육계획을 수립할 때 교육과정과 연계하여 교육하는 것이 좋다. 안전의식 고취를 위한 유관기관 견학 및 체험장 활용도 도움이 된다.

4) 어린이 보호구역 제도

학교 주변 어린이 교통안전을 위한 제도적 장치로는 어린이 보호구역 지정 제도가 있다. 「어린이 · 노인 및 장애인 보호구역의 지정 및 관리에 관한 규칙」에 유치원과 초등학교의 장은 특별시장 · 광역시장 · 특별자치도지사 또는 시장 · 군수에게 유치원이나 초등학교의 주변 도로를 어린이 보호구역으로 지정하여 줄 것을 신청할 수 있다. 어린이 보호구역 안에서는 등하교 시간대에 차마(車馬)의 통행을 금지하거나 제한하는 것, 차마의 정차나 주차를 금지하는 것, 운행속도를 시속 30킬로미터 이내로 제한하는 것, 이면도로를 일방통행로로 지정 · 운영하는 것 등의 조치를 취할 수 있다. 또한 시장이나 경찰서장은 어린이 · 노인 또는 장애인이 많이 지나다니는 시간대에 관할 보호구역의 주요 횡단보도 등에 경찰공무원이나 모범운전자 등을 배치하여 어린이 · 노인 및 장애인이 안전하게 도로를 횡단할 수 있도록 지도하여야 한다.

5) 학교안전사고 예방 수칙

학교안전사고의 성격상 모든 사고를 완전히 예방할 수는 없지만 그동안 발생한 사례를 통해서 서울특별시학교안전공제회에서 예방 수칙을 제시하였다. 학교안전공제중앙회에서 제작한 『학교안전사고 사례집』에서도 사고 사례를 소개하고 필요한 예방조치에 대한 안내를 제공하고 있으므로 참고할 만하다.

(1) 체육수업
• 수업 시작 직전과 종료 직후 긴장이 풀리기 쉬우므로 교사가 적절한 현장지도를 실시한다.

• 안전사고의 가능한 사례를 제시하고 필요한 예방교육을 실시한다.
• 신체에 무리를 줄 수 있는 활동을 할 때는 학생건강 상태를 점검한다.
• 평소 잘 사용하지 않는 시설물의 경우 특히 사전 안전점검을 실시한다.
• 체육 수업용 기구의 이동 시 안전관리를 철저히 한다.

(2) 실험실습

• 실험실습 유형별로 사전에 안전수칙을 정하고 이 수칙에 따르도록 한다.
• 실험실습실에서는 주기적으로 중요한 안전수칙을 학생에게 환기시킨다.
• 사전에 실험용기나 시약에 대해 철저히 파악한다.
• 교사의 감독이 미치지 못하는 곳이 없도록 실험실습을 진행한다.
• 실험약품은 안전한 곳에 보관하며 실험실습실은 감독자가 없는 상태에서 절대 열어 두지 않는다.
• 소화기 위치를 학생이 알 수 있도록 하고 사용법을 지도한다.

(3) 청소 및 휴식 시간

• 청소도구의 안전성을 확인하고 위험한 청소방법을 피한다.
• 위험한 물품을 학생이 임의로 보관하지 못하게 한다.
• 복도나 계단에서 급하게 뛰어다니지 않도록 한다.
• 계단을 오르내릴 때 주머니에 손을 넣지 않도록 한다.
• 학생에 대한 사적인 지시나 심부름 부탁을 하지 않는다.

(4) 시설물 안전

• 장마철이나 습도가 높을 때에 누전 여부에 대한 점검을 철저히 한다.
• 교내 공사가 있을 때에는 위험 표시, 출입통제선 설치, 기타 안전관리를 철저히 한다.
• 장마철이 끝난 후에 철봉대나 놀이기구 주위에 충분한 모래가 있는지 확인한다.

(5) 특별활동이나 교외활동

• 교외 수련회 활동에 참가할 때는 사전에 담당기관의 안전관리 방침과 기준을

확인하고 함께 현장 지도한다.

- 교통수단을 이용해 이동할 때는 반드시 안전벨트를 매도록 한다.
- 학생의 긴장이 풀어지지 않도록 각별히 주의를 준다.
- 헹가래를 치다 놓치는 경우 하반신 마비의 사례도 있으므로 어떤 경우에도 헹가래를 하지 못하도록 한다.
- 보험가입 여부를 확인 후 계약한다.
  - 차량 이용 시 자동차종합보험, 수련원·야영장 이용 시 「청소년활동 진흥법」에 의한 보험, 놀이시설 이용 시 「어린이놀이시설 안전관리법」에 의한 보험, 숙박시설 이용 시 영업배상책임보험 등을 확인한다.

(6) 등·하교 교통

- 학교 주위에 어린이 보호구역을 신청하여 설치하고 등·하교 시 교통 제한 조치를 요구하여 실시되도록 한다.
- 등·하굣길 중 위험한 곳에 명예학교안전요원 등을 배치한다.
- 통학버스를 운행하는 경우 반드시 지도교사가 탑승하고 안전한 곳에서 승차 및 하차가 이루어지도록 한다.

6) 관련 지원기관

학교안전공제중앙회는 물론이고 시·도별 학교안전공제회에서는 안전사고 예방 지도자료 및 예방 수칙 등을 제공하고 있다. 국민재난안전포털(https://www.safekorea.go.kr)에서는 일반적인 재난행동 요령뿐만 아니라 어린이 놀이시설 점검 등에 관한 자료도 제공하고 있다. 소방청(https://www.nfa.go.kr)에서도 다양한 안전교육 자료를 제공하고 있다. 행정안전부(2018)가 발간한 『어린이 놀이시설 안전관리 매뉴얼』은 어린이 놀이시설 안전관리 실무요령과 사고처리 등에 대해 설명하고 있어 특히 유치원과 초등학교 교원들에게 도움이 된다. 이러한 내용 외에도 어린이 놀이시설 안전관리시스템(https://www.cpf.go.kr)에서는 어린이 놀이시설과 관련된 많은 자료를 제공하고 있다. 안전보건공단(https://www.kosha.or.kr)에서도 어린이 안전사고 예방에 관한 자료를 보급하고 정보를 제공하고 있다.

7) 학교안전공제회를 통한 보상

(1) 설립과 운영

「학교안전사고 예방 및 보상에 관한 법률」에 따라 각 시·도 교육감은 학교안전공제회를 설립·운영하고 있다. 학교안전공제회는 학교안전사고를 예방하고 학생·교직원 및 교육활동참여자가 학교안전사고로 인하여 입은 피해를 신속·적정하게 보상하기 위한 학교안전사고보상공제 사업을 담당한다. 학교안전공제의 가입자는 「유아교육법」 제2조 제2호의 규정에 따른 유치원, 「초·중등교육법」 제2조의 규정에 따른 학교, 「평생교육법」 제20조 제2항의 규정에 따라 고등학교 졸업 이하의 학력이 인정되는 평생교육시설, 「재외국민의 교육지원 등에 관한 법률」 제2조 제3호에 따른 한국 학교의 학교장이며, 「초·중등교육법」 제60조의2의 규정에 따른 외국인 학교의 학교장은 학교안전공제회의 승인을 얻어 학교안전공제에 가입할 수 있다.

(2) 피공제자와 공제 대상

학교안전공제회로부터 보호를 받는 피공제자는 학생, 교직원, 교육활동참여자이다. 학생은 학교안전공제에 가입한 학교에 입학(전·입학을 포함한다)한 때, 교직원은 학교안전공제에 가입한 학교에 임용되거나 전보된 때, 교육활동참여자는 학교안전공제에 가입한 학교의 교육활동에 참여하게 된 때(학교장의 명시적인 의사에 반하여 참여한 경우는 제외)에 피공제자의 자격을 갖게 된다. 학교안전공제회를 통해 피공제자의 자격을 가진 자가 공제를 받을 수 있는 학교안전사고는 다음과 같은 활동 중에 일어난 사고이다.

- 학교의 교육과정 또는 학교장이 정하는 교육계획 및 교육방침에 따라 학교의 안팎에서 학교장의 관리·감독하에 행해지는 수업·특별활동·재량활동·과외활동·수련활동 또는 체육대회 등의 활동
- 등·하교 및 학교장이 인정하는 각종 행사 또는 대회 등에 참가하여 행하는 활동
- 그 밖에 다음 시간 중의 활동으로서 앞의 두 가지와 관련된 활동
  - 통상적인 경로 및 방법에 의한 등·하교 시간

- 휴식시간 및 교육활동 전후의 통상적인 학교체류시간
- 학교장의 지시에 의하여 학교에 있는 시간
- 학교장이 인정하는 직업체험, 직장견학 및 현장실습 등의 시간
- 기숙사에서 생활하는 시간
- 학교 외의 장소에서 교육활동이 실시될 경우 집합 및 해산 장소와 집 또는 기숙사 간의 합리적 경로와 방법에 의한 왕복 시간

학교안전사고로 인하여 발생한 피해에 대하여 공제를 받을 자가 학교안전공제회로부터 공제급여를 받은 경우에는 배상 책임을 지게 될 학교 교직원, 가해학생 또는 지방자치단체는 그 범위 안에서 해당 법령에 따른 배상 책임을 면할 수 있다. 다만, 피공제자의 고의 또는 중대한 과실로 인하여 학교안전사고가 발생한 경우나 피공제자 또는 공제가입자가 아닌 자의 고의·과실로 인하여 학교안전사고가 발생한 경우에는 다르다. 이 경우 학교안전공제회는 지급한 공제급여에 상당하는 금액의 지급을 학교안전사고를 일으킨 자 또는 그 보호자 등에게 청구할 수 있다.

(3) 공제급여의 종류와 제한

학교안전공제회가 보상하는 공제급여의 종류는 요양급여, 장해급여, 간병급여, 유족급여, 장의비, 위로금으로 나눌 수 있다(〈표 12-4〉 참조).

학교안전공제회는 다음의 어느 하나에 해당하는 경우에는 공제급여의 전부 또는 일부를 지급하지 아니할 수 있다.

- 피공제자의 자해·자살. 다만, 학교안전사고가 원인이 되어 자해·자살한 경우에는 공제급여의 전부를 지급함
- 학교안전사고로 인하여 피해를 입은 피공제자 또는 그 보호자 등이 정당한 사유 없이 요양기관의 지시를 따르지 아니하여 피공제자의 부상·질병 또는 장해의 상태가 악화되었거나 요양기관의 치료를 방해한 것이 명백한 경우
- 학교안전사고와 관련하여 제36조부터 제40조까지의 규정에 따른 공제급여를 받을 권리가 있는 자가 「자동차손해배상 보장법」의 규정에 따른 손해배상을 받은 경우

표 12-4 학교안전공제회 급여 종류와 지급 범위

급여 종류	지급 범위
요양급여	학교안전사고로 인하여 피공제자가 입은 부상 또는 질병의 치료에 소요된 비용 중「국민건강보험법」제44조에 따라 피공제자 또는 그 보호자 등이 부담한 금액. 다만, 법원의 판결 등으로「국민건강보험법」제58조에 따라 공단의 구상권 행사에 따른 손해배상액이 확정된 경우 학교의 장이 부담할 부분은 공제회가 부담함 ※ 요양급여 범위 : 진찰 · 검사, 약제 · 치료재료의 지급, 처치 · 수술 및 그 밖의 치료, 재활치료, 입원, 간호, 호송, 인공 팔다리, 틀니, 안경 · 보청기 등 장애인 보조기구의 처방 및 구입
장해급여	요양급여를 받은 피공제자가 요양을 종료한 후에도 장해가 있는 때에는「국가배상법」제3조 제2항 제3호에서 정한 금액 및 동법 제3조 제5항에서 정한 위자료
간병급여	요양급여를 받은 자가 치료를 받은 후에도 의학적으로 상시 또는 수시로 간병이 필요한 경우
유족급여	피공제자가 학교안전사고로 인하여 사망한 경우에「국가배상법」제3조 제1항 제1호에서 정한 금액 및 동법 제3조 제5항에서 정한 위자료
장례비	피공제자가 학교안전사고로 인하여 사망한 경우에「국가배상법」제3조 제1항 제2호에서 정한 평균임금의 100일분
위로금	피공제자가 교육활동 중에 학교안전사고 이외의 원인을 알 수 없는 사유로 사망한 경우

출처:「학교안전사고 예방 및 보상에 관한 법률」제34조부터 제40조까지 참고하여 정리.

「학교안전사고 예방 및 보상에 관한 법률 시행령」제19조의2에서는 공제급여 제한에 대해 추가적으로 규정하고 있다. 즉, 학교안전공제회는 공제급여액을 결정할 때 피공제자에게 이미 존재하던 질병, 부상 또는 신체장애 등이 학교안전사고로 인하여 악화된 경우에는 이미 존재하던 질병, 부상 또는 신체장애 등의 치료에 필요한 비용을 제외하고 공제급여를 지급할 수 있다. 또한 장해급여, 간병급여 및 유족급여를 산정할 때에는 피공제자에게 과실이 있으면 이를 상계할 수 있고, 현장실습과 관련하여「산업재해보상보험법」제123조에 따라 보험급여가 지급되는 경우 공제회는 그 보험급여 상당액을 제외한 공제급여를 지급한다.

다만, 동법 시행규칙 제2조의3에서 과실상계는 초등학교 4학년 이상의 학생을 대상으로 지급액의 100분의 50 이하의 범위에서 할 수 있으며, 다만 인지 능력이 현저히 부족하거나 신체적 결함이 있는 등의 원인으로 피공제자에게 과실책임을 묻는

것이 적당하지 아니하다고 판단되는 경우에는 상계하지 않도록 규정하고 있다. 아울러 이미 존재하던 질병, 부상 또는 신체장애 등의 치료에 필요한 비용을 제외할 때에는 의사 등 관련 전문가의 소견이나 수사기관 등의 부검 결과 등이 있어야 하도록 하여 기왕증에 의한 급여 제한의 남용을 막고 있다.

(4) 사고처리 및 보상 청구 절차

학교안전사고가 발생하면 일차적으로 신속한 구호활동을 하여야 한다. 119 신고를 하거나 현장 응급처치 및 보건실·인근병원 후송 등의 조치를 취한다. 담임(교과)교사는 반드시 병원까지 동행하여 외상이 없더라도 적절한 진단(검사)을 받도록 도와야 한다. 일차 구호활동을 한 후에는 학교장 및 학부모에게 연락한 후 사고경위를 파악하고 사건일지를 기록한다. 사고현황은 육하원칙에 따라 작성하도록 하며 사고발생 일시 및 사고관련자, 사고원인 및 목격자 진술, 교사 직무수행 및 사후조치 내용 등이 포함되도록 한다. 다음으로 학교안전공제회 학교안전사고보상지원시스템(http://www.schoolsafe.or.kr)을 통해 사고통지 및 공제급여를 청구하도록 한다.

2. 학생생활지도

돌아보면 초등학교에서 선생님께 꾸중을 듣던 것도 학창시절의 추억거리로 기억되곤 한다. 그러나 이제는 선생님이 함부로 학생을 꾸짖기도 두려운 시대가 되었다고들 한다. 학부모들이 항의를 하거나 민원을 제기하기 때문이다. 그러나 모름지기 교사라면 교과교육에 앞서 학생들에 대한 생활지도의 중요성을 알고 그것을 분명하게 행하려는 자세가 필요하다. 물론 인권의식의 향상 등으로 달라진 가치관에 적응하려는 노력도 필요하다.

한 자녀 가정이 많아짐에 따라 가정에서 인성지도가 제대로 되지 않은 상태에서 학교에 오기 때문에 교사들이 학생들을 다루기가 어렵다고 한다. 또한 폭력적인 게임을 접하면서 학생들이 점점 더 난폭해지고 있다고도 한다. 학교폭력의 양상은 다양해지고 그 정도는 심해지고 있다. 이러한 문제를 놔둔 채 교육만 한다고 해서 교육이 제대로 될 리가 없다. 그만큼 교사는 미리미리 생활지도와 상담을 통해 학생들의 문제행동을 예방하여야 할 것이다.

1) 생활지도의 개념과 원리

생활지도의 개념을 넓게 보면 학교 안팎의 모든 지도활동을 포괄적으로 지칭하기도 하고, 좁게 보면 학생들이 직면한 문제들, 예컨대 인성 문제, 진로 문제 등에 대해 지도한다거나, 부적응학생을 발견하여 지도한다거나, 학생 사고에 대한 안전교육을 실시한다거나, 상담을 하는 등의 구체적 활동을 의미하기도 한다.

생활지도를 행함에 있어 그 기본적 원리를 이해하고 실천상의 원칙을 지켜야 할 필요가 있다. 생활지도의 원리는 다음과 같다(이성진, 1996).

첫째, 개인의 존엄과 수용의 원리로서 모든 개인의 인격존중과 가치 수용 및 가능성과 현실을 인정하며, 스스로 발달할 수 있는 기회를 제공한다는 것이다. 둘째, 자율성 존중의 원리로서 학생 스스로 문제를 파악하고 가능한 방안을 모색하여 최종적 결정을 할 수 있도록 자기주도성을 강조하고, 자발적 행동이 유발될 수 있도록 지도한다는 원리이다. 셋째, 자아실현의 원리로서 인간의 전체적 발달로 인간의 동기를 자극함으로써, 자신을 완성시키는 데 힘을 부여한다는 것이다. 넷째, 계속성의 원리로서 한 번의 지도나 조력으로 끝나는 것이 아니라 진급 · 진학, 졸업 이후에도 계속 관심을 가져야 할 과정이라는 것이다. 다섯째, 균등의 원리로서 문제학생뿐 아니라 모든 학생을 대상으로 한다는 것이다. 여섯째, 적극성의 원리로서 치료의 기능보다 예방의 기능에 역점을 둔다는 것이다. 일곱째, 전인(全人)의 원리로서 지 · 덕 · 체를 겸비한 인간상을 추구한다는 원리이다. 여덟째, 과학적 기초의 원리로서 학생의 올바른 이해를 위하여 행동에 대한 구체적이고 신뢰로우며 객관적인 자료에 기초한다는 것이다. 아홉째, 협동의 원리로서 학교와 지역사회, 가정이 협력해야 한다는 것이다.

2) 생활지도의 주요 단계

생활지도는 교사와 학생이 만나는 순간부터 체계적으로 이루어져야 한다. 교사는 다음과 같은 단계를 밟아 사전에 학생에 대한 충분한 이해를 기초로 생활지도를 해야 한다. 첫 번째 단계는 학생 조사(이해)활동 단계이다. 학생들에 대한 정확한 이해와 지도에 필요한 기초자료를 수집하는 과정이다. 이를 위해서는 표준화검사뿐만 아니라 관찰법, 질문지법, 면접법 등의 비표준화검사 등 다양한 접근이 요구된다. 두 번째 단계는 정보 제공활동 단계로서 학생들이 필요로 하는 각종 정보를 제공하는 단계이다. 세 번째 단계는 상담활동 단계이다. 생활지도의 핵심적 활동으로서 전문적 상담자가 내담자에게 자신과 환경에 대한 이해를 높여 주고 합리적 행동양식을 증진시키거나 의사결정을 내릴 수 있도록 도와주는 활동이다. 네 번째 단계는 정치(定置)활동 단계이다. 취업지도, 진로지도, 학과선택지도에 있어서 자신의 희망과 능력에 적절한 위치를 현명하게 선택할 수 있도록 도와주는 활동이다. 예컨대, 학교 학과 선택, 특별활동의 선택 및 부서 배치를 도와주는 활동, 직업 선택과 진로 결정, 부직 알선 등을 도와주는 활동이 있다. 다섯 번째 단계는 추후 지도활동으로서 생활지도를 받은 학생들에 대한 사후점검을 통하여 학생들이 건전하게 적응하면서 생활하고 있는가를 살펴보고, 그 대책을 강구하는 활동이다.

3) 법적 근거

학생생활지도는 학교마다 제정된 학교규칙(이하 '학칙')과 학교생활규정 등을 통해 이루어진다. 이러한 규정들은 또한 다음과 동법적 근거하에 제정·운용되어야 한다.

(1) 학교규칙의 제정
「교육기본법」은 다음과 같이 생활지도의 근거를 제시하고 있다.

> 제12조(학습자) ③ 학생은 학습자로서의 윤리의식을 확립하고, 학교의 규칙을 준수하여야 하며, 교원의 교육·연구 활동을 방해하거나 학내의 질서를 문란하게 하여서는 아니 된다.

여기에 제시된 학교의 규칙은 학교규칙과 생활규정 등을 포괄한다. 교장은 법령의 범위에서 학교규칙을 제·개정할 수 있다. 「초·중등교육법 시행령」 제9조(학교규칙의 기재사항 등)에서는 학칙에 학생 포상, 징계, 교육목적상 필요한 지도방법 및 학교 내 교육·연구활동 보호에 관한 사항 등 학생의 학교생활에 관한 사항을 기재하도록 하고 있다.

이러한 생활지도 과정에서 학생들의 기본적 인권을 존중하고 보호해야 한다. 자칫 인격적 모욕이나 상해가 발생한다면 오히려 교사가 징계나 불이익 처분을 받을 수 있다. 생활지도 과정에서 최대한 학생의 인권을 보호하려는 자세를 갖고 있어야 한다.

(2) 학생 징계

이 외에도 「초·중등교육법」에서는 교장의 학생지도권, 특히 징계권에 관한 권한과 적법 절차를 규정하고 있다.

제18조(학생의 징계) ① 학교의 장은 교육을 위하여 필요한 경우에는 법령과 학칙으로 정하는 바에 따라 학생을 징계하거나 그 밖의 방법으로 지도할 수 있다. 다만, 의무교육을 받고 있는 학생은 퇴학시킬 수 없다.
② 학교의 장은 학생을 징계하려면 그 학생이나 보호자에게 의견을 진술할 기회를 주는 등 적정한 절차를 거쳐야 한다.

학생징계의 종류는 「초·중등교육법 시행령」 제31조(학생의 징계 등)에 교내봉사, 사회봉사, 특별교육이수, 출석정지(1회 10일 이내, 연간 30일 이내), 퇴학으로 구분되어 있다. 이때 그 사유의 경중에 따라 징계를 단계별로 적용하여 학생에게 개전의 기회를 주어야 한다.

초등학교와 중학교는 의무교육 단계로서 퇴학을 시킬 수 없다. 고등학교에서는 퇴학이 가능하지만 이 경우에도 ① 품행이 불량하여 개전의 가망이 없다고 인정된 자, ② 정당한 이유 없이 결석이 잦은 자, ③ 기타 학칙에 위반한 자의 경우에 한하여 행하여야 한다. 퇴학 처분을 하게 되면 교장은 당해 학생 및 보호자와 진로상담을 하여야 하며, 지역사회와 협력하여 다른 학교 또는 직업교육훈련기관 등을 알선하는 데 노력하여야 한다.

퇴학조치에 대하여 이의가 있는 학생 또는 그 보호자는 그 조치를 받은 날부터 15일 이내 또는 그 조치가 있음을 안 날부터 10일 이내에 시 · 도학생징계조정위원회에 그 재심을 청구할 수 있다. 시 · 도학생징계조정위원회는 재심청구를 받은 때에는 30일 이내에 이를 심사 · 결정하여 청구인에게 통보하여야 한다. 만약 심사결정에 이의가 있는 청구인은 그 통보를 받은 날부터 60일 이내에 행정심판을 제기할 수도 있다.

현재는 정학과 근신이라는 용어가 쓰이고 있지 않지만 법적으로는 유사한 형태가 남아 있는데 이것이 바로 가정학습제도와 출석정지제도이다. 「초 · 중등교육법 시행령」 제31조 제5항에 따라 교장은 퇴학 처분 전에 일정 기간을 정하여 가정학습을 하게 할 수 있다. 또한 앞서 말한 징계조치로서의 출석정지도 이와 유사한 형태의 행정행위이다. 이러한 출석정지는 「학교폭력예방 및 대책에 관한 법률」 제17조(가해학생에 대한 조치)에서도 규정되어 있다. 그러나 출석정지의 경우에는 수업에 참여하지 않을 뿐 학교에 등교를 하도록 하여 별도의 지도를 하고 있다.

(3) 체벌금지와 훈육

체벌은 신체적 고통을 줌으로써 벌을 주는 행위라고 할 수 있다. 체벌은 앞서 말한 것과 동법률적 징계행위가 아니라 사실적 징계행위 혹은 지도의 한 방편으로서 현실적으로 학교에서 인정되어 왔으나 2011년에 법이 개정되면서 명문으로 금지되었다. 이와 관련된 법적 규정은 다음과 같다.

> 「초 · 중등교육법 시행령」 제31조(학생의 징계 등) ⑧ 학교의 장은 법 제18조 제1항 본문에 따라 지도를 할 때에는 학칙으로 정하는 바에 따라 훈육 · 훈계 등의 방법으로 하되, 도구, 신체 등을 이용하여 학생의 신체에 고통을 가하는 방법을 사용해서는 아니 된다. 〈개정 2011. 3. 18.〉

체벌을 금지하고자 하는 근본적 이유는 그것이 인간으로서의 존엄성을 파괴하고 폭력을 학습하게 할 뿐만 아니라 자칫 신체적 상해나 사망을 유발할 수 있기 때문이다. 이러한 문제를 예방하기 위해서는 앞과 같은 위험성을 내포한 체벌은 엄격히 금지되어야 한다. 그러나 수업을 방해하거나 학급질서를 어지럽히는 학생에게 훈육의 일환으로서 교실 뒤편에 서 있게 하는 등의 격리조치 등은 신체에 직접적 고통을 주지 않을 뿐만 아니라 심각한 존엄성 훼손의 위험성이 없고, 사회에서도 볼 수 있는 사실적 징계행위이므로 법률로 금지된 체벌과는 구분되어야 한다. 다만, 이러한 행위도 그 정도가 과도하여 학생에게 피해가 발생하는 경우에는 문제가 될 수 있음에 유의해야 한다.

(4) 학교폭력

「학교폭력예방 및 대책에 관한 법률」(이하 「학교폭력법」이라 한다)은 심각한 사회문제로 대두하고 있는 학교폭력 문제에 효과적으로 대처하기 위하여 2004년에 만들어졌고, 2008년, 2013년, 2019년에 주요한 내용이 개정되었다. 학교폭력이란 학교 내외에서 학생을 대상으로 발생한 상해, 폭행, 감금, 협박, 약취·유인, 명예훼손·모욕, 공갈, 강요·강제적인 심부름 및 성폭력, 따돌림, 사이버 따돌림, 정보통신망을 이용한 음란·폭력 정보 등에 의하여 신체·정신 또는 재산상의 피해를 수반하는 행위를 말한다. 학생을 대상으로 한다고 해서 학생을 폭행한 일반인까지 학교에서 학교폭력 사안으로 다루지는 않고 형사처벌 대상으로서 사법적으로 처리한다. 다만, 피해학생 보호를 위한 조치를 취할 수 있다.

2019년에 법이 개정되면서 2020년부터는 학교폭력 사안을 학교에서 처리하지 않고 교육지원청으로 상향 이관하여 처리하고 있다. 교육지원청에 학교폭력대책심의위원회를 두고 전체 위원의 3분의 1 이상을 학부모로 구성하도록 하고, 2주 이상의 신체적·정신적 치료를 요하는 진단서를 발급받지 않은 경우 등 경미한 학교폭력의 경우 학교의 장이 자체적으로 해결할 수 있도록 하는 한편, 현재 학교폭력대책지역위원회와 시·도학생징계조정위원회로 이원화되어 있는 피해학생과 가해학생에 대한 재심기구를 행정심판위원회로 일원화하였다.

피해학생에 대한 조치로는 심리상담 및 조언, 일시보호, 치료를 위한 요양, 학급교체, 전학권고 등이 있으며, 가해학생에 대한 조치로는 피해학생에 대한 서면사과, 피해학생에 대한 접촉 및 협박의 금지, 학급교체, 전학, 학교에서의 봉사, 사회봉사, 학내외 전문가에 의한 특별교육이수 또는 심리치료, 출석정지, 퇴학처분 등이 있다.

학생생활지도와 관련하여서는 앞서 말한 법령뿐만 아니라 「형법」「아동·청소년의 성보호에 관한 법률」「성매매방지 및 피해자보호 등에 관한 법률」「여성발전기본법」「학교안전사고예방 및 보상에 관한 법률」「학교폭력예방 및 대책에 관한 법률」교육청별「학교현장교육 학생안전관리지침」 등이 관련되어 있다. 학교폭력과 관련해서는 교육부에서 배포한 『학교폭력 사안처리 가이드북』과 같은 지침을 참고하면 도움이 될 것이다.

4) 생활지도의 영역과 평가

학생생활지도에는 앞서 제시한 것 외에도 인성 · 진로교육, 성교육, 보건교육, 안전지도 등 다양한 활동이 포함된다. 담임교사는 먼저 생활지도와 관련된 자신의 임무를 명확히 인식하고 있어야 한다. 생활지도와 관련된 학급담임의 기본적 임무는 다음과 같다.

- 생활지도 이론 및 상담 이론의 정립
- 올바른 가치관 정립 및 인성지도
- 학생상담, 진로지도
- 건강지도, 여가지도
- 학교생활 부적응학생 및 문제학생 지도 등

생활지도는 학교교육과정 편성 단계에서부터 학교 및 학급 경영평가에 이르기까지 모두 포함되어야 한다. 특히 다음과 같은 학교경영평가문항을 염두에 두고 그 계획을 수립하고 평가한다면 생활지도는 많은 향상을 가져올 것이다.

- 생활지도계획의 수립과 지도는 적절한가?
- 기본생활지도계획에 따른 지도 실적은 주기적으로 평가되고 있는가?
- 교외생활선도 계획과 지도는 적절히 행해지고 있는가?
- 보건지도 및 진로지도는 적절한 시기에 이루어지고 있는가?
- 기본생활습관지도가 잘 이루어지고 있는가?
- 예절생활지도는 잘 이루어지고 있는가?

- 요선도 학생 지도는 잘 이루어지고 있는가?
- 교외생활지도는 잘 이루어지고 있는가?
- 안전생활에 대한 지도가 잘 이루어졌는가?

■ 학교안전사고 예방 및 보상에 관한 법률 시행규칙 [별지 제2호 서식]
〈개정 2016. 4. 20.〉

학교안전사고 발생 신고서

일반사항	학교명					
	사건번호			보고일자		
	사고자	성명	생년월일	성별	학년반	사고자 구분
	지도교사	작성자	성명		연락처	
사고관련자	성명					
	학년반					
	사고관련자 구분					
사고내용	사고일자		사고부위			
	사고시간		사고당시활동			
	사고장소		사고의도성			
	사고형태					
사고개요						
지도 내용 및 안전교육 내용						
사고발생 후 긴급조치 내용						
그 밖의 사항						

년 월 일

신고인　　　　　　(서명 또는 인)

수신명의 귀하

210mm×297mm[백상지(80g/m²) 또는 중질지(80g/m²)]

토론 및 실습 과제

1. 당신은 학교교육계획서 작성과 관련하여 안전교육 실시계획을 수립하는 일을 맡았다. 먼저 최근 3년간 본인이 재직하고 있는 학교를 포함하여 주위 학교에서 발생한 안전사고의 사례와 학교안전공제회에서 보상한 사고 사례에 관한 자료를 참고하여 안전교육 실시계획을 수립해야 한다. A4 2쪽 정도의 안전교육 실시계획을 작성하고 학생에게 배포할 A4 3쪽 정도의 참고자료를 작성해 보자.

2. 학교안전사고의 유형은 다양하며 안전사고를 예방하기 위해서는 교원을 포함한 학교, 학부모, 학생의 노력이 함께 요구된다. 학년도 초에 학부모에게 학교안전사고 예방 및 보상에 관한 안내자료를 보내어 이해를 돕고 협조를 구하고자 한다. A4 2쪽 정도의 자료를 작성해 보자.

3. 교육활동의 성격에 따라 발생 가능한 학교안전사고의 유형은 달라질 수 있다. 과학실습 시간에 발생 가능한 안전사고의 유형과 안전사고를 예방하기 위한 조치를 각각 세 가지 이상 찾아보자.

참고문헌

강인수 외(2000). 교육과 법. 서울: 신우사.

강인수, 하윤수, 황홍규(2000). 교원과 법률. 서울: 한국교원단체총연합회.

교육과학기술부(2008). 국가안전관리집행계획.

교육인적자원부, 교육시설재난공제회(2007). 2007 교육시설재난관리 행동매뉴얼.

김계현, 김동일, 김봉환, 김창대, 김혜숙, 남상인, 조한익(2000). 학교상담과 생활지도. 서울: 학지사.

김미환, 최윤진, 박현주, 김경미, 홍경선, 안정희, 조문숙, 이숙원(2006). 현장교육학-교육의 이론과 실제. 서울: 동문사.

대법원(2004. 6. 10.). 선고 2001도5380.

박병량(2007). 학급경영: 성공적인 교실운영을 위한 지침서. 서울: 학지사.

박병량, 주철안(2005). 학교 · 학급경영. 서울: 학지사.

서울특별시교육청 교육연구정보원(2006). 교직실무편람.

소방방재청(2005). 어린이시설 안전점검매뉴얼.

연문희, 강진령(2002). 학교상담-21세기의 학생생활지도. 서울: 양서원.

이경복 외(2006). 교직실무편람(수정본). 서울: 서울특별시교육청 교육연구정보원.

이성진(1996). 교육심리학 서설. 서울: 교육과학사.

이장호, 정남운, 조성호(2005). 상담심리학의 기초. 서울: 학지사.

인천광역시교육청(2007). 학생생활지도 실무 길라잡이.

조동섭, 이승기, 송윤성, 이현석, 장수진(2008). 새내기 교사가 알아야 할 100가지. 경기: 교육과
　　학사.

조석훈(2004). 학교와 교육법. 경기: 교육과학사

조석훈, 김용(2007). 학교와 교육법. 경기: 교육과학사.

표시열(2007). 교육법-이론 · 정책 · 판례(개정판). 서울: 박영사.

학교안전공제중앙회(2010). 학교안전사고 사례집.

학교안전공제중앙회(2020). 학교안전사고 통계.

황응연, 윤희준(1983). 현대생활지도. 서울: 교육출판사.

제13장

학부모 관계 및 상담

1. 교사–학부모 관계 및 학부모 상담에 관한 이론

2. 학부모 상담 및 학부모 참여의 실제

3. 학부모 상담 바로하기 및 학부모 자원 활용하기

토론 및 실습 과제

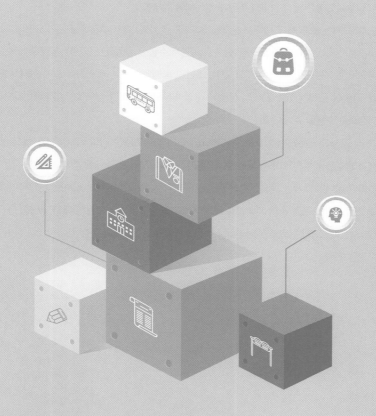

정 교사는 처음으로 학급담임을 맡았는데 모든 것이 낯설다. 특히 다음 주에 예정되어 있는 학부모 협의회를 시작으로 이어지게 될 학부모 상담을 어떻게 준비해야 할지 난감하다. 교사로서 학부모들을 어떻게 맞이해야 하는지, 어떻게 환영해야 하는지, 어떤 말을 해야 하는지 고민이 된다. 교사로서 학부모와의 만남과 상담을 어떻게 준비해야 할까?

이 교사는 요즘 학급 내에서 문제를 일으키는 ○○○ 학생 때문에 골치가 아프다. 그 학생은 수업시간에 엎드려 자거나 수업 중에 만화를 보면서 수업에 집중하지 않는다. 급우들에게는 욕설을 하거나 시비를 거는 횟수가 잦아지고 있다. 조만간 학생의 부모님께 전화를 드려 상담을 요청할 계획이다. 그런데 문제가 있는 자녀의 상황에 대해 학부모에게 어떤 식으로 이야기해야 교사의 의견이 효과적으로 수용될 수 있을까?

최 교사가 근무하는 학교는 농촌학교인 탓에 학부모들은 거의 학교를 방문하지 않고 특별히 문제가 발생했을 때만 학교를 찾는 등 학부모들의 학교교육 및 학급운영에 대한 참여가 지나치게 부족하다. 한편, 남 교사는 학급운영과 관련된 과중한 업무들이 버겁게 느껴진다. 더욱이 학급운영에 대해 이런저런 요구를 하며 지나치게 관여하려고 하는 일부 학부모들에 대해 부담을 느낀다. 학교교육에 대한 학부모의 신뢰와 책임의식을 높이고 학부모들을 교육활동에 효과적으로 참여시키는 방안은 무엇일까?

1. 교사-학부모 관계 및 학부모 상담에 관한 이론

학생교육과 학급운영이 원활하게 잘 이루어지기 위해서는 학부모의 신뢰와 협력이 필수적으로 요구된다. 교사가 의욕적으로 학급경영을 하기 위해 노력한다고 해도 학부모가 학급경영에 불만을 가지고 비판을 가하게 되면 담임교사로서 무척 낙심하고 학급경영에 곤란을 겪게 된다. 효과적이고 원활한 학급경영을 위해서는 학부모와의 공감대 형성을 통해 긍정적 관계를 형성하고 신뢰를 얻는 것이 무엇보다 중요하다. 이를 위해 교사는 학부모와의 상담을 효과적으로 수행해야 하며, 더 나아가 유용한 교육 자원으로서 학부모들을 학교교육에 적극적으로 참여시킬 필요가 있다. 이하에서는 학부모 상담 및 학부모 참여에 관한 이론적 기초를 정립하기 위해서 교사-학부모 관계의 특성과 학부모 상담 이론을 고찰하며 학부모 참여의 개념 및 영역을 살펴본다.

1) 교사와 학부모의 관계

(1) 학부모의 특성

학부모는 아이의 성장 발달과 학업성취, 그리고 사회적 삶에 영향을 미치는 가장 중요한 존재이다. 교사가 학부모와 바람직한 관계를 형성함으로써 학생의 학업 및 학급운영에 긍정적 효과를 얻기 위해서는 우선적으로 학부모에 대한 깊은 이해가 필요하다.

학부모의 특성을 인구통계학적, 사회·경제적, 심리적·문화적, 공교육에 대한 인식 측면에서 분석하면 다음과 같다.

첫째, 학부모의 인구통계학적 특성을 연령 측면에서 살펴보면, 2021년 기준 국가통계포털의 '성 및 연령별 추계인구'에서 중·고교생의 학부모의 연령(30~54세)에 해당되는 인구의 규모는 약 1,900만 명으로 추정된다. 이 중 미혼 인구 비중은 13.5%에 이르므로 기혼인 학부모의 인구는 약 1,600만 명 정도로 추정할 수 있다.

둘째, 학부모의 사회·경제적 특성을 보면 학력이 높아지는 추세이고 전문직과 사무종사자의 비율이 높게 나타나고 있다. 학력으로 보면, 현재의 학부모 세대는 70%를 웃도는 고등교육 이수율을 기록한 고학력자 세대이다. 국가통계포털의 '성,

연령, 직업별 취업인구'에서 30~54세 연령의 직업은 관리자 1.8%, 전문가 및 관련 종사자 23.2%, 사무종사자 19.6%, 판매종사자 12.6%, 농림어업 숙련종사자 2.1%, 기능원 및 관련 기능 종사자 10.0%, 장치·기계조작 및 조립 종사자 12.6%, 단순 노무자 8.0%, 기타 0.5% 등 다양하게 분포하고 있다. 학력이 높아짐에 따라 학부모의 학교교육 참여 동기가 증가하고, 오랫동안 교사의 전문적 영역으로 간주되었던 영역에 대한 학부모의 참여가 증가하는 경향이 나타나고, 교사에 대한 더 많은 요구와 더 높은 기대 수준을 가지는 경향을 보이고 있다.

셋째, 학부모의 심리적·문화적 특성을 살펴보면, 특히 초등학교 학부모의 경우 스스로의 교육에 대해 전문적인 지식을 갖고 있다고 생각하고 교사의 행동에 대해 비판하는 경향이 큰 반면, 중등학교 학부모의 경우 교사를 '학생 관리자' 또는 '입시 전문가'로 받아들이는 경향이 있다(김희복, 1992). 전국의 학부모 2,500명을 대상으로 실시된 한국교육개발원의 학부모 교육열에 관한 조사(현주, 이재분, 이혜영, 2003)에 의하면, 우리나라 학부모들은 자녀의 대학 및 대학 이상 진학에의 열의가 매우 높으며 자녀 교육에 있어 인성교육이 중요하다고 인식은 하면서도 실제로는 학교 성적(공부) 위주의 교육을 자녀에게 강요하는 상반된 모습을 보인다.

밀레니얼 세대인 1980년대생(현 30~40대) 초등학교 학부모의 특성을 분석한 김기수, 오재길과 변영임(2020a)의 연구에 의하면, 초등학교 학부모들은 학교의 주요 역할을 공부보다 인성지도와 공동체 생활을 하는 것으로 인식한다. 또한 이들 학부모는 경우에 따라 자녀가 학교에 가지 않을 수 있다고 생각하며, 이상적인 학부모 역할을 '멘토'라고 인식하지만 실제로는 '매니저' 역할을 하는 것으로 나타났다. 학부모의 문화적 특성을 보면, 학부모는 자신들의 자녀가 남보다 앞서야 한다는 개인적·이기적 특성을 보이며 학생의 학업성적 향상과 상급학교 진학을 위한 무조건적 투자 지향적 특성을 갖는다(이두휴 외, 2007).

넷째, 공교육에 대한 학부모의 인식을 보면, 학부모들은 교육 목적을 생활에 필요한 기본 능력과 생애 능력 개발, 바른 인성과 교양 형성, 자신감을 갖고 스스로 관리, 학력 신장, 공동체와 사회 문제해결에 참여, 좋은 직업 취득, 진로·진학에 활용 등으로 다양하게 인식한다(김기수 외, 2020b). 경기도 거주 학부모 1,031명을 대상으로 한 설문조사에 의하면, 학부모들이 공교육에 기대하는 역할은 바른 생활 역량(인성, 사회성)을 기르는 것, 학생 간 갈등 예방·해결, 학생을 민주적으로 대하고 학부모에게 학생과 교육에 대한 정보를 제공하는 것 등으로 이에 대해 높은 기대를 가지는 것으로 나타났다(김기수 외, 2020b). 또한 학부모들은 학교보다 교사를 긍정적으로 평가하며, 학교급별로는 초등학교에 대한 신뢰가 가장 높고 고등학교에 대한 신뢰가 낮다. 또한 2019년 한국교육개발원이 실시한 교육여론조사에서 초·중·고등학교에 대한 학부모의 평가는 평균 2.74점(5점 척도)으로 낮은 수준이며(임소현 외, 2019), 이러한 경향은 2011년 이래 지속되고 있다.

(2) 교사와 학부모 관계의 특성

교사와 학부모의 관계는 학생을 매개로 하고 만남을 전제로 한다. 학생이 입학하거나 진학하면서 새로운 담임선생님을 만나게 되고, 이 담임선생님과 학생의 부모는 교사와 학부모라는 관계를 형성하는 것이다. 교사와 학부모 관계의 특성을 구체적으로 살펴보면 다음과 같다.

첫째, 교사와 학부모의 관계는 직접적 관계라기보다는 학생을 매개로 한 간접적 관계이다. 교사는 학부모로부터 권한을 위임받아 학생을 직접적으로 대면하고 인격적인 영향을 끼치게 되고, 동시에 이를 통해 학부모와 관계를 형성하게 된다.

둘째, 교사와 학부모의 관계는 불완전한 정보를 토대로 하는 관계이다. 교사는 학부모의 성격, 학식, 교양 등에 관한 정보를 충분히 얻을 기회가 없기 때문에 학생이 학부모로부터 어떻게 교육받고 영향을 받는지 알기 어렵다. 부모 역시 자녀가 교사로부터 어떻게 지도를 받는지에 대한 정보를 충분히 가지고 있지 못하다. 이러한 관계로 인해 교사와 학부모 사이에는 자칫 불신이나 오해가 생길 가능성이 있다.

셋째, 교사와 학부모의 관계는 학급의 편성에 의해 일정 기간 동안만 유지되며 학생의 학년 진급, 졸업 등에 의해 단절되는 단기적 관계이다. 단기적 관계로 인해 교사와 학부모 양자는 자기 책임과 의무를 소홀히 할 가능성이 있다.

2) 학부모 상담 이론

상담 이론은 철학적 관점, 인간관, 성격이론, 심리적 문제를 보는 시각 등에 따라 다양한바, 이하에서는 학부모 상담의 효과적 실천을 위한 다양한 이론을 간략하게 제시한다.

(1) 인간중심 상담

인간중심 상담 이론은 Rogers에 의해 창시된 상담 이론이다. 인간중심 상담이론에서는 무엇보다도 상담자의 태도를 강조한다. 상담자는 내담자를 대하면서 드는 생각이나 느낌에 솔직하고 충실해야 하며 관계에서 부정적인 내용까지 있는 그대로 표현해야 한다. 상담자의 진실하고 솔직한 태도는 내담자가 자신의 경험에 대해서도 진솔하게 접근하도록 도와준다. 또한 상담자는 내담자에 대해 무조건적인 긍정적 존중을 해 주어야 하며, 내담자에 대한 공감적 이해를 통해 내담자와 소통해야 한다.

이와 같은 상담자의 태도와 더불어 인간중심 상담은 경청, 반영, 명료화와 같은 상담기법을 활용한다. 경청은 내담자의 말과 행동에 상담자가 선택적으로 주목하는 것이다. 반영은 내담자의 말과 행동에서 겉으로 표현된 기본적인 감정, 생각 및 태도를 상담자가 다른 참신한 말로 부언해 주는 것이다. 이는 내담자의 자기이해를 도와줄 뿐만 아니라 내담자가 자신이 이해받고 있다는 인식을 갖게 한다. 명료화는 내담자의 말 속에 암시되어 있는 뜻을 내담자에게 명확하게 말해 주는 것이다.

(2) 합리적 · 정서적 행동 상담

합리적 · 정서적 행동치료(Rational Emotive Behavior Therapy: REBT) 이론은 잘못된 사고와 신념 체계가 개인 문제의 원인이라고 본다. 상담의 목적은 내담자의 자기파괴적인 신념들을 줄이고 내담자가 보다 합리적이고 현실적이며 관대한 신념과 인생관을 갖게 하여 더욱 융통성 있는 삶을 살아가도록 돕는 것이다. 이를 위해서 무엇보다도 내담자 자신에게 관심을 가지고 진실하도록 하며 내담자가 자신의 삶에 대해 책임을 지고 자기 문제를 독자적으로 처리할 수 있는 자기지도력을 갖도록 한다(김계현 외, 2001).

(3) 행동수정 상담

이는 Pavlov, Skinner 등의 행동주의 학습 이론을 특정 행동장애의 치료에 적용하는 접근법이다. 상담의 목적은 부적응 행동 형태를 제거하고 건설적 행동 형태를 학습하도록 돕는 데 있다. 상담자는 능동적이고 지시적이며 내담자에게 보다 효과적인 행동을 가르치는 데 있어서 교사나 조련사처럼 행동한다. 주로 사용되는 기법은 자기주장 훈련, 혐오자극 치료, 조작적 조건화, 모형화 등이다. 여기서 자기주장

훈련은 대인관계에서 자신의 긍정적인 주장이나 부정적인 주장을 원활히 할 수 있도록 훈련하는 것을 말한다. 혐오자극 치료는 특정한 물건에 집착하는 경우 이 물건과 혐오적인 자극을 짝지어 제시하여 집착하는 물건을 멀리하게 하는 기법이다. 조작적 조건화는 어떤 반응에 대해 선택적으로 보상(강화, 벌)함으로써 그 반응이 일어날 확률을 증가시키거나 감소시키는 방법이다. 모형화(modelling)는 다른 사람이 강화 또는 벌을 받는 것을 관찰함으로써 새로운 반응을 획득하고, 다른 사람의 행동을 모방하여 자신의 유사한 행동을 감소시키거나 제거하는 것을 말한다. 이것들은 모두 학습 이론에 기반을 두고 행동수정을 지향하며, 진단검사, 질문법 등이 자료수집을 위해 광범위하게 사용된다(윤정일 외, 2002).

(4) 해결중심 단기상담

해결중심 단기상담 모델은 Erickson의 영향을 받아 문제의 원인이 되는 부적응을 교정하거나 문제의 원인을 제거하려는 노력은 필요 없다고 본다. 문제의 해결을 위해 상담자와 내담자가 함께 하며, 자신의 삶을 긍정적으로 변화시킬 수 있는 능력에 확신을 가질 수 있도록 내담자의 역량을 발굴하여야 한다. 또한 내담자와 상담자가 그들의 진행과정을 쉽게 평가할 수 있도록 명확하고 확고하며 측정 가능한 목표를 내담자 스스로 수립할 수 있도록 한다.

목표 설정이 끝났다면 계속할 만한 가치가 있는 예외나 좋아진 것을 확대하고 강화, 지속시키는 작업이 이루어져야 한다. 이러한 과정을 통하여 자신에게 있어 어떠한 변화가 일어났는지를 평가하고, 이러한 변화를 지속시키기 위한 방법을 탐색한다. 즉, 자신의 변화에 대한 전반적인 점검과 평가가 이루어지게 되고, 사후검사도 실시된다(이순형, 이혜승, 2004).

3) 학부모 참여의 개념 및 영역

(1) 학부모 참여의 개념 및 의의

학부모 참여는 학부모가 학교와 의사소통을 하면서 학부모 교육, 수업참관, 자원봉사, 학교행사 등 다양한 활동 등에 협력, 지원, 자문, 조언하고 나아가 학교의 중요한 의사결정에 영향을 미칠 의도로 직간접적으로 관여하는 것으로 정의할 수 있다. 이러한 학부모 참여는 참여의 성격(소극, 적극, 동등, 보조, 주체), 유형(의사결정, 학습지원), 범위(학교, 가정, 지역 기반) 등에 따라 다양한 형태로 구분할 수 있다.

학부모 참여에서 '참여'를 지칭하는 용어로는 involvement, participation, engagement 등이 사용되고 있다. 여기서 involvement는 학부모가 학교 의사결정 과정에서 손님으로서 '초청에 의해 참여'하는 것, 교육활동 보조자로서 수동적으로 개입하는 것을 말한다(이민경, 2009; 임연기, 2002). 반면, participation, engagement 는 학부모가 자녀 교육에 대해 '권리를 가지고 참여'하는 것, 교육주체로서 자발성을 전제로 참여하는 것, 역동적이고 적극적인 학부모 참여를 의미한다(김봉제, 강유진, 김지연, 2017: 545-546; 이민경, 2009: 62; 임연기, 2002: 261). 학부모 참여는 소극적 참여(involvement)에서 적극적 참여(engagement), 나아가 주체 간의 동등한 관계를 의미하는 파트너십(partnership)으로 변화하고 있다(Yamauchi et al., 2017).

학부모 참여의 장점은 학생, 학부모, 교사 측면으로 구분하여 생각해 볼 수 있다. 학생 측면에서 보면 학부모 참여는 학생의 건강한 발달과 성장, 학업성취 등에 긍정적인 영향을 미친다. 학부모 측면에서 학부모 참여는 부모 역할에 대한 자문을 얻을 수 있다. 우리나라 학부모들은 세계적인 교육열에도 불구하고 막상 자녀의 학습과 학교생활을 위해 무엇을 어떻게 해야 하는지, 학부모로서의 책임이 무엇인지 모르는 경우가 많다(교육과학기술부, 2012a). 교사 측면에서 보면 학부모의 긍정적인 피드백이 교사의 자신감을 고양시켜 주며, 학부모의 자원을 활용하여 학생에게 극화된 학습 경험을 제공할 수 있다(김지애, 2002). 학부모는 학교교육의 직접적인 이해당사자로서 학교 현장에서 교사의 역할을 보완하고 협력·지원하여 교육 효과를 높이는 데 기여할 수 있다.

(2) 학부모 참여 영역 및 참여 유형

학부모 참여에 있어서 중요한 것은 학교교육 활동에 학부모가 어느 범위까지 참여할 수 있는가의 문제이다. 교사의 가르칠 권리를 존중하면서 동시에 학부모의 자녀 교육권이 보장되는 참여 영역과 방식을 명확히 구분하는 것은 쉽지 않다. 교사의 전문적 자율성을 보장하는 범위 내에서 학부모가 교육활동에 참여할 수 있는 영역은 다음과 같이 분류할 수 있다(김선욱, 2003).

첫째, 교수학습지도 참여이다. 이는 학부모가 교실 수업의 참관자, 학습의 보조자, 교수 요원으로 참여하는 경우와 학부모가 자녀의 성적, 태도, 진학, 능력 등에 대해 교사와 상의하거나 의사소통을 하는 경우가 해당된다.

둘째, 생활지도 참여이다. 이는 학부모가 직접 자녀의 인성 문제, 행동 문제 등 자녀의 생활에 대해 교사와 상담을 하는 경우와 학부모가 교통지도 및 교외 생활지도 요원으로서 활동하는 경우 등이 포함된다.

셋째, 특별활동 참여이다. 이는 학부모가 예술, 체육, 취미, 오락 등의 특별활동 영역에서 시범을 보이거나 전문적 지식을 제공하는 활동 등이 포함된다.

넷째, 학교 의사결정 참여이다. 이 경우는 학부모가 학교의 행·재정이나 시설과 관련된 의사결정에 직간접적으로 참여하는 것을 의미한다.

학부모의 참여 유형으로 Epstein(1995)은 여섯 가지를 제시하고 있다. Epstein (1995)은 학생 교육을 위해 학교–가정–지역사회 파트너십(family-school-community partnerships)이 중요하며, 이들 세 주체의 영향력이 중첩되는 부분을 '확대'하기 위해 학부모(가정)의 참여 유형과 교육자들이 무엇을 할 수 있는가를 제시하였다. Epstein(1995)의 영향력 중첩 이론은 학교 중심 관점에서 가정이 학교를 지원하는 측면만을 부각시킨다는 한계가 있지만 학생 발달을 위해 가정, 학교, 지역사회 관계의 중요성을 환기시키고 학생 교육을 위한 책임을 공유하는 파트너십을 강조한다는 점에서 의의가 있다(Yamauchi et al., 2017: 19-20). Epstein(1995)이 제시한 학부모 참여 유형을 정리하면 〈표 13-1〉과 같다.

표 13-1 Epstein의 여섯 가지 참여 유형의 틀(framework)

구분	유형 1 육아 (parenting)	유형 2 의사소통 (communicating)	유형 3 자원봉사 (volunteering)	유형 4 가정의 학습지원 (learning at home)	유형 5 의사결정 (decision making)	유형 6 지역사회 협력 (collaborating with the community)
개념	• 학생을 지원하는 가정환경 조성 • 부모로서의 역할, 책임	• 학교 및 아동 프로그램에 대한 가정·학교 간 효과적 의사소통	• 학부모 도움, 지원자 모집 및 조직 • 소풍, 학급 파티 등 학생들의 학교활동 지원	• 가정에서 숙제, 기타 교육과정 관련 활동을 어떻게 도울 것인가에 대한 정보와 아이디어 제공	• 학교 의사결정에 학부모를 포함시키기 • 학부모 리더, 대표	• 지역사회의 자원과 서비스 확인 및 통합 • 지역사회의 각종 프로그램 및 자원 제공 등 지역사회와 협력

실천 예시	• 부모교육, 가정 지원 프로그램, 학교급 전환 시 가정방문	• 연 1회 이상 학부모 콘퍼런스 (면담) 참여 • 학교정책, 프로그램 등 정보 제공	• 학교, 학급 자원봉사 • 학부모실(가정 센터) 구축 • 자원봉사 참여 설문조사	• 학교의 숙제정책에 관한 정보 • 개선을 위한 학생 지원방법에 관한 정보 등	• 학부모 조직, 위원회 활동 • 교육청 수준 위원회 참여 • 학부모 대표 선출 정보	• 지역사회의 건강·문화·사회 지원 • 학생 지원 관련 프로그램 정보
성과 (학생/ 부모/ 교사 입장)	• 학교의 중요성 인식 • 부모 역할 이해, 자신감 증진 • 가정 배경, 문화, 요구 이해	• 출석, 학생행동 관련 학교정책 이해 • 학교 프로그램과 정책 이해 • 학생 프로그램에 대한 가정의 입장 이해	• 자원봉사, 튜터를 통한 학습 기술 향상 • 교사의 직무 이해 • 부모의 재능, 흥미 이해	• 숙제, 학급과제 수행 기술, 능력, 성적 향상 • 가정에서 자녀 지원, 격려 방법 이해 • 적합한 숙제 부과, 가족 시간 존중	• 학생 권리가 보장되고 있음을 이해 • 주인의식, 학교 의사결정에 부모의 의견 반영 • 정책 결정에 부모 관점 반영	• 지역사회 프로그램 참여 경험을 통한 재능 증진 • 다른 부모와의 교류 증진 • 교육과정, 수업에 지역사회 자원 활용

출처: Epstein(1995)의 pp. 85-87에서 핵심 내용을 정리한 박상완(2019: 70)에서 재인용.

(3) 학부모 참여에 영향을 미치는 요인

학부모들이 교육활동에 참여하는 이유, 학부모 참여에 영향을 미치는 요인은 다양하다. Walker, Wilkins와 Dallaire(2005)는 학부모 참여 결정과 참여 형태를 체계화한 모델을 개발하였으며, 이는 [그림 13-1]과 같다.

Walker, Wilkins와 Dallaire(2005)의 모델에서 수준 2는 학부모 참여 형태를 말하며, 이는 크게 학교 기반 참여행위와 가정 기반 참여행위로 구분할 수 있다. 수준 1은 학부모 참여 결정에 관련된 요인으로 이는 학부모의 동기적 신념, 다른 사람(교사, 학생)의 참여 요청에 대한 지각, 학부모의 생활 맥락 등 세 가지로 구분된다.

첫째, 부모의 동기적 신념(motivational beliefs)은 두 가지로 구분된다. 학부모의 역할 해석은 자녀 교육에서 부모가 무엇을 해야 할 것인가에 대한 학부모의 신념을 말한다. 학부모 역할 행동 신념 점수가 높을수록 학부모 역할을 적극적으로 인식한다(Walker, Wilkins, & Dallaire, 2005: 89-92). 부모의 자기효능감(parental self-efficacy)은 학부모들이 자신의 교육활동 참여행위가 기대한 결과(예: 학교에서 자녀가 성공하는 것)를 가져올 것이라는 것과 자신의 개인적 역량에 대한 평가에 영향을 받는다. 긍정적인 자기효능감을 가진 학부모는 다양한 활동에 참여하는 경향이 있으며, 자녀 교육에 대한 학부모의 영향을 더 긍정적으로 해석한다(Walker, Wilkins, &

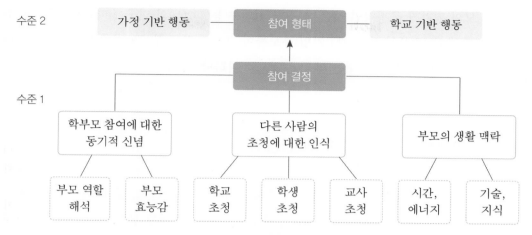

[그림 13-1] 학부모 참여 결정에 영향을 미치는 요인

출처: Walker, Wilkins, & Dallaire (2005: 88)를 수정한 박상완(2019: 71)에서 재인용.

Dallaire, 2005: 93).

둘째, 학부모 참여 결정에 영향을 미치는 요인으로 다른 사람의 참여 요청에 대한 인식은 크게 세 가지로 구성된다. 학교의 일반적인 참여 요청과 학생 및 교사의 구체적인 참여 요청이다. 대체로 학부모들은 학교, 교사, 학생의 참여 요청이 있을 때 참여하게 된다. 학교의 일반적인 참여 요청은 학부모 참여를 환영하는 학교풍토, 명확하고 가능한 범위 내에서 가정의 학습 지원 요청 등을 말한다. 학생의 구체적인 참여 요청(예: 과제 지원)과 교사의 구체적인 참여 요청(예: 학급 방문, 교사 정기 면담 등) 또한 학부모의 참여 결정과 참여 형태에 영향을 미친다. 다만, 학교, 학생, 교사의 요청에 의해 학부모 참여가 이루어지기 위해서는 학부모의 생활 맥락이 충족되어야 한다(Walker, Wilkins, & Dallaire, 2005: 95).

셋째, 학부모의 생활 맥락(life context)은 두 가지로 구분된다. 참여를 위한 시간 및 에너지가 가능한가 여부와 교육활동 참여에 필요한 지식과 기술을 가지고 있는가이다. 학부모의 직업, 시간과 에너지에 따라 학부모 참여의 정도, 수준은 차이가 있다. 학부모의 지식과 기술(예: 학부모의 교육 수준)은 학부모의 참여 수준과 형태에 영향을 줄 수 있으나 교사의 적극적인 지원이 있을 때 학부모 참여가 적극적으로 이루어질 수 있다(Walker, Wilkins, & Dallaire, 2005: 96).

그러나 학부모 참여가 적극적으로 활발하게 이루어진다고 하여 학교에 대한 부모의 평가가 긍정적인 것은 아니다. 김기수 등(2020b)의 연구에 따르면, 학부모 조직 가입, 온라인 커뮤니티 가입 부모들이 그렇지 않은 부모보다 자녀의 학교, 교육과정, 정책에 대한 신뢰는 더 낮은 것으로 나타났다.

2. 학부모 상담 및 학부모 참여의 실제

교사와 학부모의 신뢰관계를 구축하고, 협력을 도모하고, 효과적인 학급운영 방안을 모색하기 위해서 이하에서는 학부모 상담 및 학부모 참여가 이루어지는 구체적인 실제를 살펴본다.

1) 학부모 상담의 실태

최근 들어 학교 현장에서 교사와 학부모의 관계 단절이 심각해지고 교사에 대한 학부모의 신뢰가 점점 낮아지고 있다. 이로 인해 학교와 학부모 사이에 보이지 않는 거리감이 상존하는 현실에 대한 우려가 제기되고 있다. 학부모가 교사에게 자녀의 장단점을 알려 주고, 교사 또한 자신의 교육관 및 교육방법 등을 부모에게 효과적으로 전달하는 데 있어 학부모와의 만남과 의사소통은 필수적이다. 그러나 대부분의 학부모는 교사와의 만남 및 상담을 불편하게 여기고 소극적으로 대응하는 것이 현실이다.

초등학교의 경우 상담의 필요성에 대한 학부모의 인식은 매우 높으나 실제 상담 경험은 적고, 상담의 내용으로는 자녀의 학습태도나 학업 능력이 가장 많으며 성격이나 적성에 관한 상담은 학부모의 요구보다 적게 이루어지고 있다(유지영, 2004). 또한 학부모가 학교상담을 통해 기대하는 것은 자녀의 학교생활에 대한 원활한 적응인 것으로 나타났다(김경라, 2003).

한편, 중·고등학교의 경우 학부모들이 가장 많이 상담하는 내용은 자녀의 학교성적과 진로 문제이며, 학교성적에 대해서는 당사자인 청소년 자신보다 부모들이 더 많이 상담하고 있다. 진로 문제 역시 부모가 청소년보다 상대적으로 더 자주 상담하고 있다. 그 밖에 자녀의 친구관계, 학교부적응 문제를 상담하고 있다.

2) 학부모의 학교교육 참여 실태

(1) 학부모 참여의 법적 배경

학부모의 교육활동에 대한 법적 근거는 「헌법」 제31조 제1항(능력에 따라 균등하게 교육받을 권리)과 「교육기본법」 제5조(교육의 자주성) 제1항 및 제13조(보호자)의 규정에서 찾을 수 있다. 자녀가 미성년자로서 헌법이 보장하고 있는 교육권을 판단할 수 없을 때 학부모는 자녀의 교육권 대행자로서 교육정책에 의견을 제시하고, 교육 여건 정비 등 교육에 참여하고 요구할 수 있어야 한다. 이러한 의미에서 학부모의 학교교육 참여는 당위적이며 적극적으로 요청되는 권리이다(이지훈, 2004).

학부모는 교육에 대한 권리 주장뿐만 아니라 참여와 지원을 해야 한다. 학부모의 학교교육 참여와 지원 활동은 교사가 풍부한 교육 프로그램을 제공하고, 학생들의 학습에 도움을 주며, 학교 만족도를 높이는 효과가 있다(이호준, 김영식, 주현준, 2019). 학부모의 입장에서는 학교교육이 이루어지는 과정을 보다 가까이 접할 수 있게 되어 학교에 대한 새로운 인식과 이해를 가질 수 있고 학교 만족도를 높이고(최윤진, 심재휘, 2018), 교사에 대한 긍정적 평가에도 영향을 미치는 계기가 된다(이세용, 2003).

(2) 학부모의 교육활동 지원 현황

과거 학부모 참여는 후원회, 사친회, 기성회, 육성회 등을 통한 재정적 후원 형태로 이루어졌다. 1995년 이후 학부모의 학력 수준의 향상과 교육에 대한 의식이 높아지면서 자녀 교육에 대한 권리를 주장하고 학교교육 참여 욕구가 뚜렷해지기 시작하였다. 이러한 추세와 더불어 학교 자율성이 강조되면서 학부모의 학교 의사결정 참여를 제도적으로 보장한 학교운영위원회가 조직·운영되기 시작하였다. 2010년부터 학부모 학교참여지원사업이 추진되면서 2020년 기준 전국 11,901개 초·중등학교의 96.68%에 학부모회가 설치되었다(교육부, 2020).

학부모들의 교육적 관심을 긍정적인 학교 참여로 유도하기 위해 학부모정책 전담부서가 2009년 5월 교육부에 신설된 이래 정부 차원의 종합적이고 체계적인 학부모정책이 추진되고 있다. 이후 학부모의 학교 참여, 학부모회 활동, 학부모 교육 및 상담 등을 지원하는 학부모지원센터가 설치되었다. 이 센터는 중앙과 지방으로 구분된다. 중앙 차원에서는 2010년 국가평생교육진흥원에, 2012년부터는 시·도교육청 또는 교육지원청에 학부모지원센터가 설치되었으며, 2020년 기준 102개가 운영되고 있다(진미정, 장덕호, 2020). 전국의 시·도학부모지원센터를 통해 학부모 온라인교육에 참여한 인원은 2021년 현재 90,361명이며, 학부모 웹회원수는 111,871명이다.

3. 학부모 상담 바로하기 및 학부모 자원 활용하기

원활한 학부모 상담과 학부모 참여를 유도하기 위해서 교사가 먼저 학부모들을 교육의 주체 및 동반자로 인식하고 학부모가 편안한 마음으로 학교를 방문하고 학급 운영에 적극적으로 참여할 수 있는 환경을 마련해 주어야 한다. 이하에서는 학부모 상담을 위한 구체적 방법과 학부모를 교육 자원으로 활용하는 방법 등을 살펴본다.

1) 학부모 상담 바로하기

(1) 개별 상담

교사와 학부모의 개별 상담은 학생의 문제행동이나 학업성취도, 교사에 대한 바람 등 어떤 특정한 목적을 가지고 함께 논의하는 장이다. 세심하게 준비된 상담은 학부모와 교사 간의 원활한 의사소통을 위한 최선의 기회가 될 수 있다는 점에서 체계적인 사전 계획과 준비가 필요하다.

① 상담 계획 세우기

교사는 학생의 학교생활과 학생의 특성에 관한 정확한 정보를 미리 확인하고 관련 자료를 준비해 둔다. 구체적으로 학생의 장점, 수업태도, 교사에 대한 이해 정도, 교우관계, 학습 성취도, 학부모에게 할 질문 등을 정리하거나 자료를 작성한다. 사전에 준비한 자료는 학부모와 상담할 때 객관적 정보를 제공하고 불필요한 논쟁을 예방하는 데 유용하다.

② 학부모 맞이하기

교사는 학부모가 최대한 편안한 마음으로 상담에 임할 수 있도록 협조적이고 우호적인 분위기를 조성하여 맞이할 필요가 있다. 학부모의 성별 및 연령을 고려하여 어색하지 않게 맞아들이되, 온정적인 태도로 반갑게 악수를 청하거나 정중하게 인사를 하고 자리를 권하는 등 적극적으로 환영의 뜻을 표현한다. 학부모의 상담 참여에 대해 교사가 감사의 마음을 충분히 표현하고 먼저 학생의 장점을 언급함으로써 교사에 대한 믿음을 갖게 한다.

③ 상담 배경 이해 및 설명하기

교사가 학부모 상담을 먼저 요청한 경우에는 전화나 편지를 통해 학부모 상담을 요청한 배경과 이유를 상세하게 설명한다. 이때 학생이 쓴 글이나 교사가 학생에게 일어난 일을 관찰 기록한 일지 등과 같은 구체적 자료를 함께 제시하면 보다 효과적이다. 단, 학생의 문제를 설명할 때는 학생의 장점 및 가능성에 대해서도 함께 알려 주는 것이 필요하다. 반면, 학부모가 먼저 교사를 찾아온 경우라면, 먼저 학부모가 찾아온 이유를 진술한 자세로 들어야 한다. 학부모가 느끼는 학생의 문제가 무엇인지, 언제부터 그러한 문제가 생겼고 어떠한 노력을 기울여 왔고 결과는 어떠했는지, 학생의 문제와 관련하여 학부모는 어떤 생각을 가지는지 등을 잘 듣고 이해하도록 한다. 교사나 학교에 대한 불만 때문에 학부모가 찾아온 경우에도 수용적 자세로 학부모의 설명을 잘 듣고 공감적으로 이해하려는 태도를 보여야 한다(박성희 외, 2005).

④ 상담목표 설정하기

학부모 상담의 목표 설정 시 부정적 측면을 감소시키기보다 긍정적 측면을 증대시키는 것이 중요하다. 예를 들어, '학교에서 친구들과 싸우지 않는다'는 목표보다는 '학교에서 친구들과 사이좋게 지낸다'는 목표가 더 좋은 목표가 된다. 또한 학생의 긍정적 변화를 위해 이루어지는 학부모 상담의 경우, 학생이 상담목표 설정에 얼마나 관여할 것인지를 교사는 주의 깊게 생각해야 한다. 예컨대, 부모가 자녀를 좀 더 이해하고 보다 많은 관심과 사랑을 주도록 하거나 자녀에게 보다 허용적으로 변화하도록 돕고자 하는 경우, 학생 모르게 교사가 학부모의 변화를 돕게 되면 부모-자녀 관계가 더욱 긍정적 방향으로 발전할 가능성이 많다(박성희 외, 2005).

⑤ 학생 문제해결을 위한 과정 계획하기

학생의 문제를 해결하는 것은 부모, 학생 및 가족에 대하여 교사가 이해하고 평가한 결과 및 상담목표로 설정한 바에 근거하여 이루어져야 한다. 학생의 문제행동에 대한 교사의 평가와 그것을 해결하기 위한 방안, 학부모의 협조가 필요한 활동들을 계획하고 실천 방안들을 모색한다.

(2) 학부모협의회

학부모협의회는 학년초에 개최되는데, 대부분 이때 교사와 학부모의 첫 대면이 이루어진다. 대체로 학교의 공지사항이 전달되고 나면 그 이후에 담임교사와 학부모의 상담이 이루어진다. 상담을 통해 학부모와 교사가 서로 친숙해지고 아동에 대한 정보와 이해를 공유하는 시간이 되어야 한다. 이를 위한 준비 및 절차는 다음과 같다(김종식 외, 2004; 박남기, 2003).

① 안내장 보내기

학부모협의회가 개최되기 전에 이에 대한 안내장을 학부모에게 보낸다. 협의회 참석률을 높이기 위해서는 일방적으로 날짜와 시간을 정하기보다는 학부모가 참석 가능한 날짜를 선택하도록 안내할 필요가 있다. 여러 사유로 참석하지 못하는 학부모를 위해 담임과 만날 수 있는 날짜와 시간을 기입할 수 있는 란을 만들어 두는 것도 좋은 방법이다.

② 협의회 자료 작성하기

학부모협의회에 앞서 교사는 자신에 대한 간단한 소개, 학생들을 어떻게 성장시키려 하는지에 관한 자신의 교육철학 또는 교육관, 학급운영 방침 및 특정 교육내용의 목표, 과제, 생활지도 방식, 성적 평가 등에 관한 안내자료를 준비한다. 또한 학부모에게 질문하고 싶은 내용을 작성한다.

③ 협의회 진행하기

학부모협의회 개최일에는 학부모의 자리를 배치하고 이름표를 준비한다. 담임 인사 시간에는 경력을 소개하고 자녀 양육의 중요성에 관한 이야기를 통해 공감대를 형성한다. 참석한 학부모들의 간략한 자기소개 이후 담임교사가 학급운영에 관한 안내를 하고 전반적인 질문을 받고 토론을 이끈다. 마지막으로는 학부모 개별 상담을 진행한다. 개별 상담을 위해서는 미리 준비한 질문 내용을 활용한다.

> **TIP** — **학부모협의회에서 학부모에게 질문할 내용(예시)**
>
> • ○○는 학교생활에 관해 어떻게 말합니까?
> • ○○가 좋아하는 활동이나 과목은 무엇입니까?
> • ○○의 집에서의 생활태도는 어떻습니까?
> • ○○의 성격은 어떠하며 장단점은 무엇입니까?
> • ○○의 장래희망은 무엇입니까?
> • ○○는 여가시간을 어떻게 활용합니까?
> • ○○가 사교육에 사용하는 시간은 어느 정도입니까?
> • ○○의 숙제를 부모님이 도와주고 계십니까?
> • ○○의 건강 상태는 어떠합니까?
> • 학교 재량시간은 어떻게 운영하면 좋겠습니까?
> • 담임에게 당부하고 싶은 말씀은 무엇입니까?

④ 협의회 평가

효과적인 협의회를 진행하는 마지막 단계는 학부모들에게 협의회에 대한 평가, 소감을 작성하도록 요청하는 것이다. 이를 통해 교사는 협의회에 관한 학부모의 생각과 의견을 파악하고, 다음 협의회 준비에 필요한 중요한 정보를 얻을 수 있다.

2) 학부모 자원 활용하기

학부모가 학교교육에 참여하게 되면 교사의 입장을 공감하는 기회를 가질 수 있다. 이러한 학부모 참여는 그 자녀는 물론 학급 전체에도 도움이 되는 일이므로 교사는 학부모 자원을 적극적으로 활용할 필요가 있다. 학교교육에 학부모 자원을 활용하기 위해서 다음과 같은 학부모 참여 방법을 고려할 수 있다(김종식 외, 2004; 박남기, 김근영, 2007; 교육과학기술부, 2012a, 2012b).

(1) 학습지도자

학부모는 자녀에 대한 학습지도자로서 학습내용의 보충 또는 심화에 실질적으로 중요한 영향을 미칠 수 있다. 학부모 참여는 학생들의 학습시간을 증대시킴과 동시에 그들의 학업성적을 향상시킨다. 그러므로 학교에서는 학습과제 정책 수립, 과제의 도달 목표, 과제 지도방법, 과제평가 등에 대한 사항을 학부모에게 알려 주고 학부모를 학습과제 지원 자원으로 활용하여야 한다.

(2) 일일교사

어버이날이나 스승의 날과 같은 특별한 날에 일일교사제를 실시함으로써 학부모 자원을 활용할 수 있다. 참여방법은 특정 주제에 대해 학부모를 선정하여 수업을 의뢰하거나, 교과별로 특정 교과내용에 대해 전문적인 지식을 가진 학부모를 초빙하여 수업을 의뢰한다. 일일교사제를 실시할 경우 주의할 점은 학부모 자원에 관한 자료를 충분히 수집하여 각계각층의 인사가 참여할 수 있도록 하고, 학부모와 교사가 협동하여 수업자료를 준비하도록 한다.

(3) 자원봉사자

학부모가 가지고 있는 재능이나 시간을 학교를 위해 봉사하게 하여 학생들이 경험하는 교육 내용과 질을 풍부하게 할 수 있다. 학부모는 교과 및 비교과 프로그램에 참여할 수 있으며 토요일 방과후 프로그램 등 다양한 활동에 참여할 수 있다. 학부모는 자원 봉사를 통해 교사의 수고를 공감하는 좋은 기회를 가질 수 있다. 그러나 학부모들은 자발적이 아닌 반강제적인 봉사활동, 당번제로 운영되는 봉사제도에 거부감을 가지는 경향이 있다. 따라서 무엇보다 학부모의 자발성 및 자율성에 근거하여 학부모 봉사제를 운영할 필요가 있다. 수업공개, 다양한 학교행사는 학부모의 학교봉사를 유도하는 통로가 된다.

(4) 창의적 체험활동 지원자

21세기를 살아갈 학생들에게 필요한 역량은 지식뿐 아니라 창의적 문제해결 능력, 리더십, 협동 능력, 적응 능력, 책임감 등이다. 이런 능력은 지식 중심의 교과 수업만으로는 개발하기 어렵다. 다양한 직업을 가진 학부모들은 학생들의 창의적 체험활동, 인성 및 진로 지도 활동을 적극적으로 지원할 수 있다. 자녀들이 가정에서 창의적 체험활동을 수행하면서 창의성을 개발할 수 있도록 다양한 방법으로 지원한다. 또한 자녀들이 진로목표에 따라 다양한 체험활동을 수행하고, 이를 체계적으로 관리할 수 있도록 도와준다.

(5) 학교교육의 정책결정자

학교운영위원회가 운영되면서 학부모는 학부모위원으로서 학교 의사결정에 중요한 역할을 담당하고 있다. 학교운영위원회는 학생과 학부모 및 지역사회의 요구를 학교교육에 적극 반영함으로써 학교운영에 대한 민주성·합리성·투명성을 제고하고, 단위학교의 자율성과 책무성을 강화하는 제도이다. 학교운영위원회는 학교목표 설정, 교육과정, 교원인사, 학교재정, 기타 학교운영에 대해 심의하고, 학교발전기금 조성·운영에 관한 사항은 심의·의결 기능을 가진다.

토론 및 실습 과제

1. 새 학기가 시작되는 3월에는 학부모협의회가 개최된다. 처음으로 열리게 되는 학부모협의회는 학생, 교사, 학부모의 협력과 이해가 시작되는 매우 중요한 만남이라고 할 수 있다. 학부모협의회를 통해 학부모가 교사의 교육관을 이해하고 적극적으로 지지해 준다면 교사는 1년의 학급운영과 교육활동에 큰 힘을 얻게 된다. 신임교사로서 학부모협의회 자료를 체계적으로 준비해 보자. 학부모협의회에서 활용하기 위해 자신의 경력, 교육관, 학급운영 방침, 교육방침 등에 관한 자료를 작성해 보자. 단, 다른 학급과 구별되는 자신만의 특색 있는 학급운영 내용이 구체적으로 포함되어야 할 것이다.

2. 자기주도적 학습 능력을 기르기 위한 독서교육에 대한 학부모의 관심과 인식을 높여 보자. 이를 위해 독서토론회를 실시해 볼 수 있다. 가정과 학교가 연계한 독서교육을 통해 학생의 자기주도적 학습 능력을 배양하는 동시에 교사와의 개별 상담을 불편해하는 학부모들의 학교교육에 대한 관심과 참여를 증진할 수 있을 것이다. 신임교사로서 독서토론회 운영에 관한 학부모 안내문과 구체적인 운영계획을 구상해 보자.

3. 전국학부모지원센터의 학부모교육 정보 사이트는 초등학교 입학 전부터 고등학교까지 학교생활, 건강안전, 자녀양육, 학습, 진학입시, 진로, 창의·인성, 교육재정지원, 교육정책 등 영역별로 다양한 정보와 관련 사이트 링크를 제공하고 있다. 이를 참고로 학부모 상담과 학생교육을 위한 다양한 정보와 지식을 찾아 학습하고 학부모 교육에 활용할 수 있는 점을 각자 정리해 보자. 예를 들어, 학년별로 자녀양육 영역에서 제공하고 있는 정보 중 학부모 상담에서 활용할 수 있는 내용을 찾아 정리해 보자.

TIP — 학부모 지원 관련 사이트

국가평생교육진흥원 전국학부모지원센터 학부모On누리 https://www.parents.go.kr

나이스학부모서비스 https://www.neis.go.kr/pas_mms_nv99_001.do

서울학부모지원센터 http://parents.sen.go.kr

부산학부모지원포털 https://home.pen.go.kr/hakbumo/main.do

대구학부모역량개발센터 http://www.dge.go.kr/parent/main.do

인천학부모지원센터 http://hbm.ice.go.kr

광주학부모지원센터 http://hakbumo.gen.go.kr

대전평생학습관 학부모지원센터 http://www.dllc.or.kr/parent/index.do

울산학부모지원센터 http://hakbumo.use.go.kr

세종학부모지원센터 http://sje.go.kr/parents

경기학부모참여지원센터 https://more.goe.go.kr/hakbumo/index.do

강원학부모지원센터(교육청 홈페이지 내) https://www.gwe.go.kr

충청북도교육청 학부모지원센터 http://hbm.cbe.go.kr

충청남도교육청 학부모지원센터 http://bumo.edus.or.kr

전북학부모지원센터 https://www.jbe.go.kr/parents/index.jbe

전남학부모지원센터 https://www.jne.go.kr/parents/main.do

경상북도교육청 학부모지원센터 http://parents.gbe.kr

경상남도교육청 학부모지원센터 http://www.gne.go.kr/parents/index.gne

제주학부모지원센터 https://www.jje.go.kr/hakbumo/index.jje

참고문헌

교육과학기술부(2012a). 2013년 학부모 학교참여 길라잡이.

교육과학기술부(2012b). 2012년 학부모 학교참여 우수사례집 1.

교육부(2020). 2020년 학부모정책지원 기본 계획.

김경라(2003). 초등학교 부모면담에 대한 실태분석과 교사·학부모의 인식 비교. 아주대학교 대학원 석사학위논문.

김계현, 김동일, 김봉환, 김창대, 김혜숙, 남상인, 조한익(2000). 학교상담과 생활지도. 서울: 학지사.

김기수, 오재길, 변영임(2020a). 1980년대생 초등학교 학부모의 특성. 이슈페이퍼 2020-06. 경기: 경기도교육연구원.

김기수, 김병준, 김봉제, 박재원, 장유진, 정유진, 홍인기(2020b). 학부모의 공교육 신뢰 제고 방안. 정책연구 2020-15. 경기: 경기도교육연구원.

김봉제, 강유진, 김지연(2017). 학부모 학교 참여 만족도의 영향요인 분석. 학습자중심교과교육연구, 17(2), 541-561.

김선욱(2003). 학부모의 학교교육활동 활성화 방안 연구. 전남대학교 행정대학원 석사학위논문.

김종식 외(2004). 학급경영의 이론·연구·실제. 서울: 교육과학사.

김지애(2002). 학부모의 학교교육 참여에 대한 교사와 학부모의 인식 차이. 춘천교육대학교 대학원 석사학위논문.

김희복(1992). 학부모 문화 연구. 서울대학교 대학원 박사학위논문.

류방란, 김성식(2006). 교육격차: 가정 배경과 학교교육의 영향력 분석. 서울: 한국교육개발원.

박남기(2003). 학급경영 마이더스. 서울: 교육과학사.

박남기, 김근영(2007). 학부모와 함께 하는 학급경영. 서울: 태일사.

박상완(2019). 동아리 활동을 통한 학부모의 학교 참여: 예비혁신학교 사례. 한국교육학연구, 25(2), 65-93.

박성희 외(2005). 초등교사교육을 위한 교육학 기본과목 프로그램 개발-한국형 초등학교 생활지도 및 상담프로그램-. 서울: 교육인적자원부.

유지영(2004). 초등학교 담임교사의 역할에 대한 학부모의 인식 연구. 공주교육대학교 대학원 석사학위논문.

윤정일, 허형, 이성호, 이용남, 박철홍, 박인우(2002). 신교육의 이해. 서울: 학지사.

이두휴, 남경희, 손준종, 오경희(2007). 학부모 문화 연구-자녀교육지원활동을 중심으로. 서울:

한국교육개발원.

이민경(2009). 프랑스 학부모의 학교교육 참여: 배경과 실제. 교육문제연구, 34, 59-80.

이세용(2003). 학부모 학교참여가 학교 및 교사 평가에 미치는 영향. 교육사회학연구, 13(2), 185-208.

이순형, 이혜승(2004). 가출청소년보호 전문상담기법 연구. 서울: 청소년보호위원회.

이지훈(2004). 학부모의 학교경영 참여방식에 관한 연구. 한국교원대학교 교육대학원 석사학위논문.

이호준, 김영식, 주현준(2019). 학교 내 협의회 활성화가 학교교육성과에 미치는 영향 분석. 한국교육정치학회, 26(4), 131-155.

임소현, 박병영, 황준성, 백승주, 유경훈, 허은정(2019). 한국교육개발원 교육여론조사(KEDI POLL 2019). 충북: 한국교육개발원.

임연기(2002). 학부모의 학교운영 참여 논리 연구. 교육행정학연구, 20(1), 257-280.

진미정, 장덕호(2020). 학부모정책 지원 근거 마련을 위한 방안 연구. 서울: 서울대학교 학부모정책연구센터.

최상근, 양수경, 권경림, 이주원(2010). 학부모 자녀교육 및 학교참여 실태조사 방안 연구. 서울: 한국교육개발원.

최윤진, 심재휘(2018). 초등학교에서의 자녀 학업성취, 학부모 학교참여, 학교 만족도의 관계에 대한 혼합연구: 일반학교와 혁신학교의 차이를 중심으로. 교육학연구, 56(3), 89-121.

최재선(2000). 교육 인식의 세대차 어떻게 극복할 것인가: 학교공동체 신뢰회복을 위한 토론회 자료. 학교바로세우기실천연대, 13-40.

현주, 이재분, 이혜영(2003). 한국 학부모의 교육열 분석 연구. 서울: 한국교육개발원.

Epstein, J. L. (1995). School/family/community partnership: Caring for the children we share. *Phi Delta Kappan, 76*(9), 701-712.

Walker, J. M. T., Wilkins, A. S., & Dallaire, J. R. (2005). Parental involvement: Model revision through scale development. *Elementary School Journal, 106*(2), 85-104.

Yamauchi, L. A., Ponte, E., Ratliffe, K. T., & Traynor, K. (2017). Theoretical and conceptual frameworks used in research on family-school partnerships. *School Community Journal, 27*(2), 9-34.

[참고 사이트]
국가통계포털 홈페이지: https://kosis.kr '성 및 연령별 추계인구' '성, 연령, 직업별 취업인구'

사회 변화와 교직실무

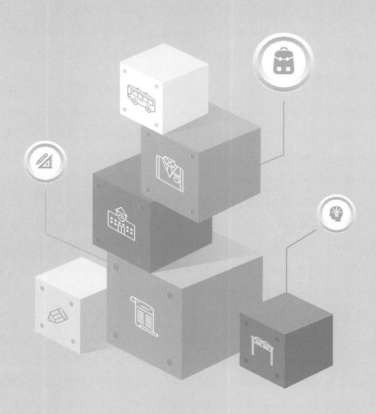

1. 내가 근무하는 초등학교가 소속된 지역은 '혁신교육지구'로 지정되어 마을과의 연계 활동을 적극적으로 권장하고 있고, 마을학교도 설립할 계획이라고 한다. 마을 연계라고 하면 내가 사는 마을을 조사하거나 봉사하는 일이 가장 먼저 떠오르고, 학부모를 초빙하여 수업의 보조 강사로 활용하는 사례 정도가 생각난다. 그런데 학교 안의 일도 제대로 하기 쉽지 않고 바쁜데 왜 마을과 연계해야 하는지, 마을교육을 어떻게 만들어 나가면 도움이 될지 잘 모르겠다.

   그래서 마을교육에 관한 책도 찾아보고, 관심 있는 교사들의 연구 모임이 있다고 하여 살펴보고 있다. 교육대학원 진학도 계획하고 있는데, 미래의 교육과 학교의 변화와 관련된 공부를 할 수 있는 전공을 찾아보고 있다.

2. 올해 고등학교 교사로 임용되어 꿈에 그리던 교직에 첫발을 내딛게 되었다. 그러나 내가 발령받은 학교는 과거에 경험했던 고등학교와는 사뭇 다른 모습이었다. 학교 운영에 있어서 학생 참여가 매우 중시되고 있고, 만 18세인 고3 학생에게는 선거권도 생겼다. 나는 과거에 이런 경험이 많지 않았기에 '학생 주도성'을 높이는 교육을 어떻게 접근해야 하는지 고민이 된다.

   선택 과목이 예전에도 있었지만, 매우 다양한 선택 과목이 학생의 희망에 따라 개설된다는 점도 놀랍다. 학생들이 자신의 시간표에 따라 교실을 찾아가고, 대학생들처럼 공강 시간도 생겼다. 고등학교 1학년 때 과목을 선택하기 때문에 고1 담임 선생님의 역할도 중요하다. 직업세계를 잘 알아야 효과적인 과목 선택 지도를 할 수 있고, 학생들에게 학습윤리와 책임감도 일깨워 주어야 한다. 친구와 함께, 혹은 많은 학생이 수강하는 과목을 선택하는 것이 아니라 자신의 적성과 진로에 맞는 과목을 수강하도록 하고, 이것이 대입에도 연결되도록 지도해야 한다.

   학생 각자의 희망에 따라 수업을 듣게 되니 '잠자는 교실'에서 벗어나 학생들의 몰입도가 높아지는 수업을 할 수 있다. 그러나 교사가 가르치는 과목 수가 많아지고, 수업 준비와 평가, 생활기록부에 대한 부담도 만만치 않다. 모든 교과에서 진로 연계가 필요해졌고, 교사가 새로운 과목을 만들 수도 있어서 앞으로 어떤 과목을 잘 지도할 수 있을지 고민하고 있다.

사회는 지금 이 시각에도 변화하고 있으며, 이에 따라 교육의 변화도 함께 이루어지고 있다. 교육은 사회의 변화에 대응하기도 하지만, 사회의 변화를 만들어 가는 영향력을 발휘하기도 한다. 사회 변화의 구체적인 내용은 앞으로도 바뀔 것이며, 이러한 사회 변화를 어떻게 이해하고 교육적 대응과 도전을 어떻게 만들어 가는지가 중요하다. 이 장에서는 사회 변화에 대응하고 선도하는 교육적 측면의 변화를 교직 중심으로 살펴보고자 한다. 이를 위하여 미래의 핵심 역량과 교사와의 관계, 교사의 역량, 교육과 교직의 변화 전망, 학교와 교사에 대한 평가와 학교 변화를 위한 노력, 어떠한 교사로 살 것인가의 순서로 살펴본다.

1. 미래의 핵심 역량과 교사

교육에서 중요한 것은 지식과 학문의 전수가 아니라 '학생의 역량(competence)'을 키우는 것이라는 점이 강조되고 있다. 국가교육과정에서는 2009 개정 교육과정부터 역량교육이 부상하였고, 2015 개정 교육과정에서는 학교교육 전 과정에서 학생들이 길러야 할 여섯 가지 핵심 역량을 제시하고 역량 기반 교육과정을 표방하였다. 주요 교육정책을 살펴보면, 2013년부터 시범 운영되기 시작한 자유학기제(현재 자유학년제로 확대)와 2018년부터 연구학교를 운영하고 있는 고교학점제(2025년 전면 도입 예정) 등에서도 미래 역량 함양을 위한 교육을 강조하고 있다.

이러한 역량 중심 교육은 OECD에서 DeSeCo(Definition and Selection of Competencies) 프로젝트(1997~2003)를 통해 21세기 인재들에게 필요한 핵심역량을 제시한 이래 국제적으로도 강조되고 있는 추세이다. 최근에는 교육의 궁극적인 목적을 '개인과 사회의 웰빙(Individual and collective well-being)'으로 규정하고, 이러한 목적 달성을 위해 필요한 역량과 과정을 개념화한 OECD 교육 2030 학습 프레임워크(The OECD Learning Framework 2030: Work-in-progress)를 제시하고 관련 연구들이 진행되고 있다.

학교에서 길러야 할 학생의 역량은 매우 다양하고 시대적 변화에 따라 달라질 수 있다. 이러한 역량들은 '핵심 역량'으로 접근되고 있으며, 이에 대한 연구와 제안이 활발하게 이루어지고 있다. 몇 가지 대표적인 핵심 역량을 살펴보면, 2015 개정 교육과정에 제시된 6대 역량은 교육활동과 평가에서 중요한 기준으로 활용되고 있다. 비판적 사고, 의사소통, 협업, 창의성의 4C와 여기에 인성과 시민성을 추가한 6C와 같은 제안도 있으며, OECD의 제안도 참고할 만하다. 세계경제포럼(World Economic Forum: WEF)에서도 4C가 중요한 미래 인재 역량으로 반복적으로 제시되고 있다.

교사의 경우에도 직무수행에 필요한 역량에 대한 연구와 제안이 이루어지고 있다. 전통적으로 교사는 '전문성'에 대한 논의가 많았는데, 교육에 필요한 지식, 기술, 태도를 포함하며, 특히 수업에서의 전문성이 가장 중요시되었다. 최근에는 실천과 연결되는 역량(고성과자의 능력)의 관점이 부상함에 따라 교사 역량에 대한 관심도 함께 높아지고 있다.

2003년부터 2017년까지 수행된 교사 역량 요인에 대한 연구 결과의 메타 분석 결과, 교사 역량군으로 수업 운영, 의사소통 및 상담, 교수학습 설계와 개발, 평가 및 교수전략, 이해관계자 관리, 학급 경영, 학교 행정, 교직 전문성 개발이 도출되었다(이주희, 신상명, 2018). 또한 교사 역량은 교과지도, 생활지도, 진로지도, 학급경영 등 직무수행 영역별로 일컬어지기도 하며, 좀 더 세분화하거나 복합적으로 논의되기도 한다.

표 14-1 미래의 핵심 역량 예시

출처	역량
2015 개정 교육과정 학생 핵심 역량	자기관리 역량, 지식정보처리 역량, 창의적 사고 역량, 심미적 감성 역량, 의사소통 역량, 공동체 역량
OECD(2005): 21세기 인재 핵심 역량	사회적으로 이질적인 집단에서의 상호작용 역량, 자율적 행동 역량, 여러 도구를 상호작용적으로 활용하는 역량
21세기 스킬 파트너십 위원회(2007): 학습과 혁신 기술	비판적 사고, 의사소통, 협업, 창의성(4C)
New Pedagogies for Deep Learning(2016): 심층학습 역량	인성, 시민성, 협업, 의사소통, 창의성, 비판적 사고(6C)
OECD 교육 2030: 변혁적 역량	새로운 가치 창조하기, 긴장과 딜레마에 대처하기, 책임감 갖기

2010년대 초반부터 본격적으로 논의된 4차 산업혁명, 지능정보 사회의 도래에 따라, 교사의 역량에 대한 논의가 새롭게 이루어지고 있다. 한 예로, 홍후조 등(2017)은 지능정보 사회 교사의 핵심 역량을 다음과 같은 구조로 제시하였다(〈표 14-2〉 참조). 교사가 담당하는 교육과정, 수업, 생활지도, 진로지도, 그리고 학교 공동체의 구성원이자 계속적으로 자기개발을 하는 전문가로서 필요한 역량을 확인할 수 있다. 각 핵심 역량은 지식, 기능, 태도 측면에서 구체적인 역량 요소로 제시되고 있다.

표 14-2 지능정보사회 교사의 핵심 역량 제안

역할	핵심 역량군	핵심 역량
교육과정 · 수업 전문가	교육과정 · 수업 역량군	• 교육과정 역량 • 수업 역량
생활 · 진로지도 전문가	생활 · 진로지도 역량군	• 생활지도 역량 • 진로지도 역량
학교 공동체 구성원	학교 공동체 운영 역량군	• 학교 · 학급 경영 역량 • 교직 실무 역량
자기개발자	교직생애 관리 역량군	• 변화 대응 역량 • 교직 관리 역량 • 자기 변화 역량

출처: 홍후조 외(2017), p. 75.

한편, 임종헌, 유경훈과 김병찬(2017)은 4차 산업혁명 사회에서 학교의 모습과 교사의 역량을 연결하여 제시하고 있다. 교사의 직무에 대응하는 역량 외에도, 앞으로 전개될 교육과 학교의 모습을 상상하면서 이에 필요한 교사의 역량을 도출하는 작업이 계속적으로 필요하며, 교직생애 중에도 관심을 가져야 할 것이다.

교사의 역량 중에서 주목할 것은 '변화에 대응하는 역량'이다. 변화 대응 역량은 사회 변화에 있어서 교사와 학교의 대응력을 높이는 데 중요하다. 이러한 변화에 대한 민감성이 높을수록 새로운 교육과 학교에 대한 요구, 빠른 속도로 변화하는 기술, 특성과 문화가 변화하는 학생에 대한 효과적인 대응이 가능할 것으로 기대한다. 교직의 오랜 문화로 '보수주의', 즉 '변화에 대한 저항'을 꼽는 경우가 많다(Lortie, 1975). 그러나 '더 좋은 학교' '더 좋은 수업'으로의 변화는 학교와 교사의 책무이며, 교직 또한 변화에 대한 민감성이 중요하다. 최근 우리 사회에 AI 등 기술의 변화가

표 14-3 4차 산업혁명 사회 교사 역량 제안

학교의 모습	교사 역량
지능정보 역량을 길러 주는 학교	지능정보 역량
융합 수업이 일상화된 학교	융합적 · 통합적 교육과정 재구성 역량
무학년제 및 무학급제 학교	협업 및 의사소통 역량
울타리가 없는 학교	네트워크 역량
공동체로서의 학교	공동체 역량
인간교육 장으로서의 학교	감성 역량

출처: 임종헌 외(2017), p. 22.

크게 다가오고 있고, 감염병 위기 등 예기치 못한 환경의 변화가 교직을 강타하였다. 이러한 변화를 마주하면서 어떻게 수업과 학교를 적합하게 변화시키는가는 매우 중요하며 긴급한 일이다. 나는 변화에 얼마나 민감하고 잘 대응하는가?

이러한 기존의 역량 외에 새로운 교사 역량에 대한 중요성도 높아지고 있다. 특히 교사의 4C 역량에 대해서도 주목할 필요가 있다. 미래 인재의 핵심 역량으로 제시되는 4C는 교사에게도 필요한 역량으로 볼 수 있기 때문이다.

박수정 등(2020)은 교사 4C 역량을 측정하는 진단도구를 개발하면서, 각 역량을 다음과 같이 정의하고 있다.

- 창의성: 새로운 관점으로 현상을 바라보고, 독창적이고 기발한 아이디어나 새로운 것을 생각하고 만들어 내는 능력
- 비판적 사고: 주장, 신념, 정보, 대안의 의미와 가치, 옳고 그름을 합리적으로 분석하고 평가하는 능력
- 의사소통: 다른 사람의 말을 경청하고 그 의미를 분명하게 이해하며 자신의 의사를 효과적으로 표현하는 능력
- 협업: 조직 또는 집단의 공동목표 달성을 위해 다른 사람과 함께 일을 수행하는 능력

교사의 역량에서 '의사소통'과 '협업(공동체)'에 대한 강조는 오래되었고, 특히 '창의성'과 '비판적 사고'에 대해서는 좀 더 관심을 기울일 필요가 있다. OECD의 교육

■ 나의 역량을 스스로 평가해 봅시다.

교사라고 가정하고 다음 문항에 해당하는 사항에 표시해 보세요.

해당 역량의 내용을 확인하고 교직에서 필요한 역량을 점검할 수 있습니다.

(5점 매우 그렇다/4점 그렇다/3점 보통이다/2점 그렇지 않다/1점 전혀 그렇지 않다)

표 14-4   교사 역량 4C 측정 도구

요인		문항
창의성	1	나는 일을 할 때 남들과 다른 방법을 적용하는 편이다.
	2	나는 남이 생각하지 못한 질문을 많이 한다.
	3	나는 문제가 발생했을 때 여러 가지 대안을 생각한다.
	4	나는 수업을 구상할 때 새로운 아이디어를 적극적으로 받아들인다.
	5	나는 새롭고 색다른 수업을 만들어 내는 데 능숙하다.
비판적 사고	1	나는 일단 방침이 정해졌더라도 더 나은 결과를 위해 지속적으로 생각해 본다.
	2	다른 사람의 의견을 들을 때 객관적인 근거가 있는지 확인해 본다.
	3	나는 어떤 일을 결정하기 전에 예상되는 결과를 미리 생각해 본다.
	4	나는 사람들이 당연하다고 인정하고 있는 것에도 종종 의문을 갖는다.
	5	어떤 상황이 내 생각과 다르더라도 그것이 사실이라고 밝혀지면 그것을 받아들인다.
	6	나는 만약 내가 확실하게 잘못한 것이 있다면 기꺼이 인정한다.
의사소통	1	나는 상대방과 의견이 다를 때 어떤 점이 내 의견과 다른지 파악한다.
	2	나는 상대방의 말과 함께 얼굴 표정과 행동에도 집중하면서 듣는다.
	3	나는 나와 다른 생각이나 관점을 가진 사람의 의견도 열린 마음으로 듣는다.
	4	나는 학생이 솔직하게 말할 수 있도록 편안한 분위기를 만든다.
	5	나는 학생과 대화를 할 때 그 학생의 입장이 되어 본다.
	6	나는 다른 사람들과 자주 대화하면서 다양한 생각을 공유하려고 노력한다.
협업	1	나는 공동의 목표달성을 위해 다양한 사람과 존중하면서 효과적으로 협력한다.
	2	나는 협동 작업에서 책임을 공유하고 다른 사람이 기여한 부분의 가치를 인정한다.
	3	나는 함께 일할 때 내가 가진 지식과 정보를 다른 사람과 공유한다.
	4	나는 함께 일할 때 다른 사람이 가진 지식과 정보를 수용하고 활용한다.
	5	나는 학교의 제반 업무에 대해 다른 교사들과 적극적으로 협조하고 지원한다.
	6	나는 다른 학급이나 학년, 교과의 공동 활동에 적극적으로 참여한다.
	7	나는 학생의 학업수행 및 학교생활에 대해 동료들과 협의하고 자문을 구한다.
	8	나는 학급의 중요한 일에 대해 학생들과 협의하고 의견을 구한다.

출처: 박수정 외(2020), p. 187.

연구혁신센터는 '대학교육과 교사교육에서 창의성과 비판적 사고 개발 및 평가'라는 사업을 추진하고 있으며, 이와 관련하여 한국교육개발원에서는 교사양성 과정에 있는 학생들에 대하여 연구를 하고 있다(김은영 외, 2020). 여기에서도 창의성과 비판적 사고의 중요성을 확인할 수 있다.

창의성과 비판적 사고의 측면에서 볼 때, 교사양성 과정의 학생들에게는 좀 더 많은 사회적 경험과 도전 정신의 발휘가 필요하다. 임용시험 외에도 적극적으로 동아리, 학교 밖 활동과 국제교류 참여, 다른 전공과의 교류와 통섭 등에도 관심을 기울이고 다양한 경험을 통해 폭 넓은 시야를 확보할 필요가 있다. 학생들의 진로지도를 잘하기 위해서는 사회적 변화 동향과 전망, 다양한 직업세계를 계속적으로 찾아보고 인지하는 태도가 필요하다. 창의성은 혁신, 비판적 사고는 문제해결력과도 연결된다.

교사의 역량은 4C 외에도 많지만, 학생의 역량을 키우는 교사의 역량에도 4C는 의미 있게 참고할 수 있을 것이다. 교사는 교직생활 중에 새롭게 요구될 수 있는 교사 역량에 대해서도 개방적인 자세를 가지고, 꾸준히 자신의 역량을 개발하는 자세가 필요하다. 전문가는 평생 자신의 전문성을 향상시켜야 한다.

2. 교육과 교직의 변화 전망

교육과 교직의 변화 전망을 살펴보기 위해서 인구 구조의 변화를 참고할 필요가 있다. [그림 14-1]은 학령인구의 변화 추이를 나타낸 것이다. 1990년만 해도 학령

[그림 14-1] 학령인구(6~21세) 및 구성비 변화 추이

출처: 통계청(2019).

인구는 전체 인구의 30%가 넘었지만, 2020년에는 그 절반인 15%로 줄었고, 앞으로 그 비율은 10% 내외가 될 전망이다.

이러한 학령인구 감소 추세는 학교가 통폐합되어 줄어들지 않을지, 교사의 수요가 감소하지 않을지 하는 걱정을 가져오게 한다. 실제로 학교 규모는 감소세에 있고 폐교하는 학교가 늘어나고 있으며, 교사의 수급 계획 또한 조정될 것으로 전망된다. 그러나 달리 생각해 보면, 학생 한 명 한 명이 소중해지며, 이들을 가르치는 교사에 대한 기대와 중요성은 더욱 높아질 것이다. 교직은 미래사회의 급격한 변화 속에서도 AI로 대체할 수 없는 일이 되어야 한다. [그림 14-2]를 살펴보면, 2016년 영국의 BBC에서는 AI의 직업 대체율을 '교육전문가'의 경우 0.4%로 매우 낮게 분석하였다 (임종헌, 유경훈, 김병찬, 2017). 그러나 이것은 앞으로 교사가 어떠한 전문성을 발휘하고, 학교가 어떠한 역할을 하는가에 달려 있다.

학생이 있기에 학교가 존재하고 교사가 필요하다. 따라서 학령인구 감소에 따른 변화와 교육적 요구에 민감하게 대응하여야 한다. 그리고 이것은 기본적으로 학생에 대한 개별적인 지도, 그리고 함께 배우고 성장하는 공간으로 귀결된다. 공교육의 질을 높이고 개별화 맞춤형 교육이 가능한 학교의 모습으로 바뀌어야 하며, 특히 사회적 측면의 성장은 학교에서 효과적으로 이루어질 수 있어야 한다. 좀 더 유연한 학교제도와 교육과정이 운영될 필요성도 제기된다. 교사와 학교의 역할을 새롭게 정립하고 이를 위한 환경을 마련하는 노력이 필연적으로 요구된다.

인구 고령화와 학령인구 감소 추세, 제4차 산업혁명과 지능정보 사회 등 새로운 기술과 패러다임의 출현, 다문화 사회와 세계시민의 중요성 강조 등 사회의 변화 추

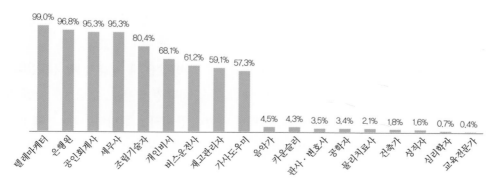

[그림 14-2] 인공지능(AI)의 직업 대체율 상하위 직업 예측(영국 BBC)

출처: 임종헌 외(2017), p. 14.

세는 가속화되고 있다. 학교와 교사는 어떻게 변화해야 할까?

21세기에 접어들면서 학교에 대한 변화 모습을 상상하는 구체적인 시나리오가 제시되었다. 20여 년이 지난 지금 얼마나 변화하였을까? 2000년대 초반에 OECD가 제안하였던 학교 변화 시나리오를 살펴보자.

미래 학교교육의 상을 제시한 것 중 가장 널리 알려진 것은 OECD의 교육연구혁신센터에서 2000년에 20년 후의 학교교육의 미래상을 여섯 가지로 제시한 것이다(OECD, 2001). 시나리오는 학교의 구조 변화의 정도를 현 체제 유지, 학교 재편, 탈학교의 세 가지로 나누어 각기 가능한 시나리오 두 가지씩을 구상하였다(〈표 14-5〉 참조). 지금 이 책을 읽는 시점에서 학교는 어떠한 모습을 보이고 있다고 생각하는가?

표 14-5 미래의 학교체제 예측(2000년 기준 20년 후 예측)

방향	시나리오	
현 체제 유지	1안 견고한 관료제적 학교체제	2안 시장 원리 적용 모델 확대
학교 재편	3안 사회 핵심 센터로서의 학교	4안 초점화된 학습조직으로서의 학교
탈학교	5안 학습자 네트워크와 네트워크 사회	6안 교사의 탈출, 학교 붕괴

출처: OECD (2001), p. 79.

이에 대하여 우리나라에서는 2004년 델파이 조사에서 2안, 1안, 4안, 3안, 5안의 순으로 실현 가능성이 높은 것으로 예측하였다. 2018년의 연구에서는 1안(견고한 관료제적 학교체제)과 2안(시장 원리 적용 확대)이 복합된 양상을 보이며, 3안(사회 핵심 센터)과 4안(초점화된 학습조직)의 요소가 부분적으로 존재한다고 분석하였다(류방란 외, 2018). 현 체제 유지 속에서 학교 재편의 양상이 함께 나타나고 있음을 알 수 있으며, 앞으로 어떠한 변화가 다가올지 지켜보고 상상할 필요가 있다.

류방란 등(2018)은 다음과 같은 미래 학교교육의 방향을 세 갈래로 제시하였다. 모델 1은 근대 학교교육 유지, 모델 2는 개인 중심, 자유경쟁 강조, 모델 3은 시민공동체 중심, 공공성 강조가 특징이다. 어떠한 방향에 동의하고 전망하는가? 모델 1은 과거에 경험하였으나 여전히 남아 있는 모델일 수도 있고, 모델 2는 이미 친숙하며, 모델 3도 도래한 것 같다(〈표 14-6〉 참조).

2010년대에는 4차 산업혁명과 지능정보 사회의 도래라는 시대적 변화가 있었고,

표 14-6   미래 학교교육의 방향 검토

구분	모델 1	모델 2	모델 3
특징	• 관료화된 학교교육 틀을 유지하면서 혁신적 변화보다는 점진적 · 지엽적 개선	• 사회적 효율성을 추구하며 자유 경쟁 원리의 적용을 통해 학교교육의 전면적 혁신 추구	• 분권적 공공성 실현을 위한 시민 공동체 주도의 학교교육 혁신 추구
학생	• 미성숙한 존재로서 타율적 관리의 대상 • 교육과정 개발에서 배제된 존재	• 학습 주체로서의 학생 • 맞춤형 교육과정 설계자 • 학습의 소비자이자 선택과 책임의 주체	• 사회적 대화 참여자로서의 학생 • 공동체의 선에 기여하는 책임을 지닌 시민
교사	• 공교육 제도에서 지식교육의 권위자	• 학생 중심 학습을 위한 촉진자	• 앎의 과정과 실천을 이끄는 지혜를 갖춘 전문가
교육내용	• 학문으로부터 파생된 교과 • 교과 중심 교육과정	• 교과지식 습득, 이론 지식을 넘어 수행 능력, 역량 강조	• 수행 능력을 넘어 자질과 성향 강조 • 사회적 대화를 통한 실천 역량 강조
학교	• 독점적 정규 학습기관 • 관료적 학습조직	• 학습 네트워크 중 하나 • 탈관료적 · 유동적 · 수평적 구조	• 유연하고 수평적이며 개방적인 사회적 학습센터 • 학습 생태계의 핵심
에듀테크	• 기존 체제 유지 • 분절적 도입	• 효율성, 경쟁력 강화를 위한 개방적 수용 • 네트워크성 강화	• 공동체 가치 지향적 수용 • 네트워크성 강화

출처: 류방란 외(2018), pp. 200-201.

미래 교육을 전망하거나 준비하는 것에 대한 관심이 컸다. 2020년에는 코로나19 바이러스라는 예기치 못한 상황의 전개에 따라 원격수업에 대한 관심이 커졌고(박수정, 2021), 학생 인구의 급격한 감소는 이제 피부로 와닿고 있다.

   2020년대 교육과 교직의 변화를 어떻게 전망할 수 있을까? 사실, 미래교육은 '먼 미래'를 상상하는 교육이 아니라, 지금 당면한 교육적 상황과 요구에 효과적으로 부응하면서 준비하는 교육이다. 교육과 혁신의 사례는 이미 상당히 진행 중에 있다.

   황은희 등(2019)은 국내의 제도권 안(혁신학교, 자율학교, 일반학교)과 제도권 밖(대안교육기관)의 교육 혁신 사례, 그리고 해외의 교육 혁신 사례에 대한 분석을 통해 다음과 같이 고등학교 교육 혁신 사례의 특징을 도출하였다. 첫째, '교육 목적' 측면에서 사례 학교들은 교육의 목적을 자율과 책임의 실천, 학습자의 내재적 가치 추구, 인간성 실현 및 관계 회복에 두고 있었다. 둘째, '교육과정 및 평가' 측면에서 학생들의 교과 선택권을 확대하고, 학생들이 진로를 찾고 꿈을 실현할 수 있도록 돕는 역량 중심의 교육과정을 운영하고 있었다. 또한 교육의 내용이 현실세계 및 직업세계와 밀접히 결합되고, 과정중심평가를 활용하고 있었다. 셋째, '교육방법' 측면에서 학생 참여형 수업을 실시하고, 시간과 속도의 상대성을 인정하는 학습자 중심의 교육을 하고 있었다. 또한 수업과정에서 학교라는 공간적 한계를 극복할 수 있는 에듀테크(EduTech)를 활용하고 있었다. 넷째, '조직 및 구성원' 측면에서 교사들이 수업에 집중할 수 있도록 교수와 행정이 분리된 학교조직을 운영하고 있었다. 이와 함께 학교 내 구성원들이 학교의 중요한 가치를 공유하며 학교의 변화를 위한 교장의 변혁적 리더십(transformative leadership)이 발현되고 있었다. 또한 교사들은 서로 소통하고 협력하는 문화를 형성하고, 학생들을 수동적인 교육의 대상이 아니라 주체적인 교육 설계자로 인식하고 교육활동을 운영하고 있었다. 마지막으로, '교육 환경 및 시설'의 측면에서 기존의 학교 공간에서 인근 학교, 지역사회 기관, 사이버 공간 등으로 교육 공간을 확장하고 있었다. 이를 토대로 지역사회와의 협력적 교육활동을 운영하고, 학생들이 활용할 수 있는 다양한 학습 공간을 제공하고 있었다.

한편, 국내외 미래학교 사례를 바탕으로, 정제영, 이청민과 김가경(2019)은 미래 사회 변화에 따른 교육 시스템 혁신의 방향을 다음과 같이 정리하였다. 첫째, 교수 학습의 형태는 기존 일대 다수 형태의 대량교육 시스템에서 개인별 학습 시스템으로 나아가고 있다. 둘째, 다양한 수준의 학생들을 국가교육과정이라는 일정한 틀에 집어넣었던 교육과정은 개인별 학습계획에 초점을 맞추고, 유연하게 학년제를 적용하여야 한다. 셋째, 교사가 주도가 되어 지식을 전달하던 형태에서 플립 러닝(flipped learning)에 기반한 문제해결의 프로젝트 중심 학습을 지향할 필요가 있다. 넷째, 프로젝트 중심의 학습을 평가하기 위해 총괄평가, 상대평가는 과정 중심의 평가, 절대평가로 나아가야 한다. 다섯째, 교사와 학교는 학생을 평가하고 관리하는 주체에서, 개인별 학습을 촉진하기 위한 조력자, 설계자로서 역할을 하여야 한다.

이러한 혁신적인 시도들은 이미 공교육에서 구현되고 있으며, 점점 가까워지고 있다. 교사로서 맞이할 학교의 미래는 더욱 새로운 모습이 될 것이며, 미래 교육을 위하여 동료교사와 함께 노력해야 할 것이다.

미래학교 이야기

미래학교와 교육의 시나리오들을 확인해 보자. 다음은 2030년을 상상하는 미래 학교 청사진(경기도교육청, 2021)에서 발췌, 재구성한 것이다.

미래초등학교와 미래중등학교는 같은 캠퍼스, 다른 건물로 이어져 있어 다양한 학교 시설과 공간을 함께 누릴 수 있다. 미래학교는 초 · 중등 교육과정이 이어지고, 학년별로, 학년 간에, 무학년제로 다양한 교육활동이 서로 연계되어 진행되며, 마을과 학교를 넘나들면서 사람을 만나고 공간을 체험하고 경험을 공유하면서 아이들의 꿈과 희망이 더불어 자라는 공간이다.

학교의 비전은 '나를 알자, 함께 가자, 내일로 열자'로, 미래학교의 교육목표는 초등학교의 다양한 학습 경험과 기초학습 역량을 기반으로 기본지식과 핵심 역량, 태도와 삶의 가치를 함양하고, 중등학교에서는 자신의 진로에 대한 꿈을 키워 심화된 교과학습과 역량을 체득한다. 또한 자신의 진로 방향을 설정하여 그와 관련된 체험을 통해 진로를 결정하고 구체적인 준비와 학습을 한다. 이를 위해 학생–교사–학부모의 긴밀한 진로상담을 통해 학생의 개별화된 교육과정을 설계하고 학습할 수 있도록 다양하게 지원한다.

초등학교와 중등학교의 자연스러운 연결을 위하여 '이음학년제'를 운영한다. 학생들은 마을 안에서 1~12학년 학생들이 무학년제 프로젝트와 자치활동을 하는 과정에서 자연스럽게 관계 역량과 리더십, 팔로워십을 배워 나간다. 초등과 중등 교육과정의 자연스러운 연결을 위해 각 학교 교사들이 정기적으로 만나 초 · 중등 학생에 대한 이해를 높이는 시간을 가지며 함께 '이음교육과정'을 논의한다. 그 결과 5, 6학년과 7, 8학년 학생, 9~12학년을 각각 작은 그룹으로 묶은 '이음가족' 활동, 미래학교 입학 전 OT, 선배들이 안내하고 환영하는 입학식과 3월의 생활 중심 교육과정을 수행하고 있다.

교육과정은 다양한 배경의 학생들이 자신의 필요에 따라 맞춤형 학습을 할 수 있도록 풍부하게 운영하며 이를 위해 학교 밖의 인력과 전문적으로 연계한다. 학생들이 학습의 주체가 되도록 학기 시작 전 학생–학부모–교사가 함께 하는 면담을 통해 학습계획을 수립하며, 교육과정과 학생자치활동에서 상급학년으로 갈수록 학생의 주도권을 점차 강화한다. 학생이 스스로 교과를 개설하기도 하고, 사회를 직접

체험할 수 있는 인턴십 과정에도 참여할 수 있다.

미래학교는 학생들에게 개별적으로 학습에 활용하는 학습 단말기와 ID를 제공하며 학생 개인의 학습을 총체적으로 지원하기 위한 LMS 시스템을 활용한다. 이 시스템은 학생의 개별화 교육과정 설계를 위한 상담과정, 교육과정 설계 내용, 이를 바탕으로 강의를 개설하고 연결하기 위한 과정, 수강신청, 학습이력, 진로설계 과정 등 총체적인 자료가 집적되며, 학생의 성장을 돕기 위한 자료로 활용된다.

학교에서의 배움과 마을에서의 실천이 긴밀하게 연계될 수 있도록 학교의 교사와 마을의 교사가 협업하여 교과학습과 창의적 체험학습을 입체적으로 설계하고 실행한다. 에듀테크 학습환경을 기반으로 온라인 학습과 오프라인 학습이 긴밀하게 연계된다. 교과의 기본 지식을 습득하는 단계는 온라인을 이용한 자기주도학습, AI를 활용한 개별학습, 교사와 1:1 학습 등 다양한 방법으로 진행되고, 기본 지식을 바탕으로 팀이 협업하여 과제를 수행하는 단계는 오프라인 학습과 온라인 학습이 병행되며, 학생 주도로 학습성과발표회를 개최한다.

미래학교는 학교의 다양한 주체(교사-학생-학부모-마을대표)가 모여서 협의하고 운영하는 학교자치가 활발하게 운영되고 있다. 특히 학생의 교육적 성장을 위하여 학교교육과정 수립 후 분기별로 학습 운영을 하고(학생성장발표회, 학생성장담화 운영), 학기별로 학습성과 발표회를 한다. 학생, 학부모, 마을대표와 함께 교육과정 평가회를 하고, 그 결과는 학교운영위원회에서 논의하며 마을교육 공동체에서도 의견을 나눈다. 이러한 사이클을 통해 학교의 교육과정은 매년 성장 발전하고, 학생의 학습을 더욱 깊이 있게 들여다보고 지원할 수 있다.

3. 학교와 교사에 대한 평가와 학교 변화

학교와 교사에 대한 사회적 기대는 무엇인가? 기본적으로 변함없이 요구되는 것도 있지만 사회의 변화에 따라 새롭게 추가되거나 중요도가 달라지기도 한다. 학교와 교사에 대한 일반인들의 시각을 먼저 살펴보도록 하자.

한국교육개발원에서는 2006년부터 매년 교육여론조사를 실시하고 있다. 먼저, 학교에 대한 평가와 교사에 대한 신뢰 조사 결과를 살펴보자(임소현 외, 2020). 5점

척도(5점: 매우 잘함, 3점: 보통)를 기준으로 했을 때, 2010년대에 보통 정도의 수준을 보여 주고 있으며, 학교와 교사에 대한 응답 결과가 매년 비슷한 흐름으로 가는 것으로 보아, 학교에 대한 평가와 교사에 대한 신뢰는 거의 비슷한 것임을 알 수 있다 ([그림 14-3, 14-4] 참조).

보통 수준의 평가를 받고 있는 학교가 '잘했다(4~5점)'는 평가를 받기 위해 가장 우선적으로 해야 할 일을 한 가지씩 선택하라는 질문에 대하여 초 · 중학교급은 학생을 위한 맞춤형 상담 및 학생지도(인성, 안전 등) 활동이, 고등학교급은 진로교육 (진학 및 취업 지도 포함) 강화가 학교가 잘하고 있다는 평가를 받기 위한 첫 번째 우선 과제로 조사되었다(임소현 외, 2020: 76).

이는 교사에 대한 역량 기대와도 연결된다. 2020년 조사에서는 교사에게 우선적으로 필요한 능력으로 초등학교는 생활지도 능력과 학생 및 학부모와의 소통 능

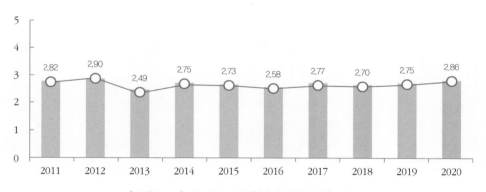

[그림 14-3] 초 · 중 · 고등학교에 대한 평가(평균)

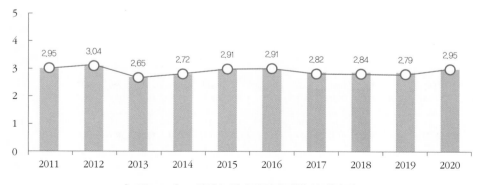

[그림 14-4] 교사의 능력과 자질에 대한 신뢰(평균)

출처: 임소현 외(2020), p. 73, 94.

력, 중학교는 학습지도 능력과 생활지도 능력, 고등학교는 진로진학지도 능력과 학습지도 능력이 가장 많이 나타났다(〈표 14-7〉 참조). 초등학교에서는 기본적인 인성의 확립과 학생 및 학부모와의 긴밀한 소통이 중시됨을 알 수 있다. 중학교에서는 본격적으로 학력을 키우는 것이 중요하고 또한 사춘기를 슬기롭게 대처하는 생활지도가 필요하며, 고등학교에서는 대학과 사회생활과의 연계를 위한 진로·진학지도가 매우 중요하고 이를 위한 학습지도가 필요한 것을 알 수 있다. 고교학점제의 도입을 앞두고 '진로학업설계 역량'이 중요하게 요구되고 있는데, 이는 교사가 학생의 꿈을 함께 찾아 주고 진로와 연계된 교과가 무엇이며 어떠한 과목들을 이수하는 것이 좋은지 안내할 수 있는 역량이다(정미라 외, 2021). 이것은 교사에게 필요한 역량이면서도 학교 차원에서도 효과적으로 대응할 필요가 있는 학교 차원의 역량이기도 하다.

표 14-7 교사에게 우선적으로 필요한 능력 (단위: 명, %)

교사의 능력	2020											2019			
	초중고 전반		초등학교			중학교			고등학교			전반	초	중	고
	전체	초중고 학부모	전체	초등학생 학부모	초중고 학부모	전체	중학생 학부모	초중고 학부모	전체	고등학생 학부모	초중고 학부모	전체			
학습지도 능력	1,782 (35.6)	415 (40.0)	728 (14.6)	80 (15.2)	168 (16.2)	1,851 (37.0)	145 (42.4)	433 (41.8)	1,192 (23.8)	106 (24.8)	283 (27.3)	1,311 (32.8)	545 (13.6)	1,495 (37.4)	931 (23.3)
생활지도 능력	1,493 (29.9)	270 (26.0)	2,523 (50.5)	254 (48.3)	513 (49.5)	1,203 (24.1)	70 (20.5)	229 (22.1)	406 (8.1)	33 (7.7)	76 (7.3)	1,227 (30.7)	2,006 (50.2)	939 (23.5)	318 (8.0)
진로·진학 지도능력	668 (13.4)	132 (12.7)	405 (8.1)	46 (8.7)	82 (7.9)	858 (17.2)	60 (17.5)	166 (16.0)	2,492 (49.8)	211 (49.3)	489 (47.2)	494 (12.4)	284 (7.1)	694 (17.4)	2,094 (52.4)
학급경영 능력	345 (6.9)	80 (7.7)	426 (8.5)	39 (7.4)	75 (7.2)	662 (13.2)	43 (12.6)	136 (13.1)	475 (9.5)	44 (10.3)	105 (10.1)	280 (7.0)	316 (7.9)	460 (11.5)	331 (8.3)
학생 및 학부모와의 소통 능력	685 (13.7)	138 (13.3)	893 (17.9)	106 (20.2)	198 (19.1)	403 (8.1)	24 (7.0)	72 (6.9)	412 (8.2)	34 (7.9)	83 (8.0)	659 (16.5)	827 (20.7)	393 (9.8)	307 (7.7)
기타	27 (0.5)	2 (0.2)	25 (0.5)	1 (0.2)	1 (0.1)	23 (0.5)	0 (0.0)	1 (0.1)	23 (0.5)	0 (0.0)	1 (0.1)	29 (0.7)	22 (0.6)	393 (9.8)	307 (7.7)
계	5,000 (100.0)	1,037 (100.0)	5,000 (100.0)	526 (100.0)	1,037 (100.0)	5,000 (100.0)	342 (100.0)	1,037 (100.0)	5,000 (100.0)	428 (100.0)	1,037 (100.0)	4,000 (100.0)	4,000 (100.0)	4,000 (100.0)	4,000 (100.0)

출처: 임소현 외(2020), p. 96.

학교와 교사에 대한 사회적 기대와 요구에 부응하기 위하여, 최근 부상하고 있는 몇 가지 의미 있는 변화를 교직과 관련하여 정리해 본다.

첫째, '학생'을 중심에 두고 학교와 수업을 만들어 가야 한다. 모든 학생이 동일한 요구와 수준을 가지고 동일한 진로와 삶으로 나아갈 수 없다. 그러나 지금까지의 학교체제는 'one-size-fits-all', 즉 공급자 중심, 동질집단으로서의 학생을 대상으로 하는 교육에 익숙해져 왔다. 정해진 시간에 같은 내용의 수업을 듣고 같은 문제의 시험을 치르는 방식은 교육적으로 바람직하지 않을뿐더러 효과적이지도 않다. 이제는 학생, 그리고 '개별 학생'을 중심에 두고 교육을 운영해야 한다. 학생들로 하여금 자신의 진로를 다양한 경험을 통해 탐색해 보도록 하는 자유학년제, 자신의 적성과 진로에 맞는 과목을 선택하고 이수기준을 통과하도록 하는 고교학점제 등은 그러한 방향을 추구하는 교육과정 정책이다. 초등학교부터 매우 중시되는 기초학력 또한 개별적인 진단과 지도가 중요하며, 중학교에서도 교과별 기초학력 다지기 역시 중요하다. 앞으로 AI와 같은 신기술의 도입으로, 개인별 학습의 분석과 평가, 진로지도 등이 더욱 중시될 전망이다.

둘째, '새로운 학교와 교육활동'에 대한 상상과 시도가 필요하다. 학교에 대하여 전통적으로 고착화된 프레임이 있다. 정해진 시간표대로 동일한 과목을 듣는 학급제도가 그것이다. 이미 오래 전에 선택교과가 운영되고 교과교실제도 도입되었지만, 여전히 학교의 프레임은 견고하다. 그러나 이미 자유학년제로 교사는 자신의 교과가 아닌 새로운 과목(예: 주제탐구)을 지도하고 있으며, 2015 개정 교육과정의 학생 선택교육과정과 고교학점제 추진으로 '학급 시간표'가 아닌 '학생 시간표'로 움직이는 학교가 나타나고 있다. 기존의 학급 개념과 학급담임제 또한 재고가 필요하다(박수정 외, 2019). 고교학점제 연구학교에서는 선택과목이 다양한 고등학교 2, 3학년의 경우 소수의 학생들을 단위로 지도하는 새로운 담임제가 나타나고 있다. 또한 환경적인 측면에서도 교실의 벽면을 모두 활용하고 소그룹 활동을 자유자재로 할 수 있는 공간, 놀이터와 카페처럼 편안하면서도 몰입할 수 있는 공간이 필요하다. 창의성과 비판적 사고를 통해 교육과정을 재구성하고 새로운 교육을 위한 최적의 환경으로 학교와 교실을 설계할 필요가 있다.

셋째, 학교운영과 교육과정에 '학교'가, 그리고 다양한 '학교 구성원의 참여'가 중심이 되어야 한다. 그동안 학교의 운영과 교육활동은 상위 법규와 교육부, 교육청의 감독 범위 안에서 이루어져, 학교의 자율적인 부분이 부족하였다. 학생과 가장 가까운 학교에서의 결정이 가장 중요하고 필요하다는 전제로 출발한 학교자율경영(school-based management)의 논리가 이미 있었고, 2010년대에 강조되기 시작한 '학교자치' 개념은 학교의 자율성과 민주적 의사결정을 중시하고 있다(박수정, 정바울, 박정우, 2020). 학교의 자율성을 확대함과 동시에, 이러한 자율성 확대에 따른 주요 권한의 분산이 중요하며, 이것은 결국 다양한 학교 구성원의 참여를 요구한다. 교직원의 참여와 학생 및 학부모의 참여가 중요하다. 사실 '하라는 대로 하는 것'이 가장 쉬울 수 있다. 자율성 행사와 참여 과정에서 갈등이 생길 수 있고, 이것이 반드시 좋은 결과를 보장하는 것은 아니기 때문이다. 그러나 중요한 것은 이제 학교에서 교사로서 주요 의사결정에 적극적으로 참여하는 것, 그리고 학생과 학부모를 학교교육의 동반자로 생각하고 그들이 참여할 수 있는 장을 여는 것이다. 여기에서도 의사소통과 협업 역량이 요구됨을 알 수 있다.

이러한 학교와 교사에 대한 기대와 요구는 계속 변화할 것이다. 그것이 무엇이든지 앞에서도 제시한 '변화'에 대한 민감성과 변화 대응 능력이 이러한 기대와 요구에 부응하는 첫걸음이 될 것이다.

학교 변화는 '패러다임 전환'과 같이 급격하게 이루어지기도 하지만, 저 멀리 있는 무엇이거나 대단히 엄청난 것으로 보면 접근하기 어렵다. 새로운 변화는 '현실'에서 '열망'으로부터 출발한다. 변화를 위한 질문을 소개하고자 한다. 최고의 리더로 선정된 미국의 해군 사령관에게 그 비결을 물었다. 그는 만나는 사람마다 다음과 같은 세 가지 질문을 했다고 한다(Marquardt, 2005).

- 어떤 점이 만족스럽죠?
- 불만 사항이 무엇입니까?
- 권한이 있다면 어떤 점을 고치고 싶으세요?

이것은 학교의 교사, 부장교사, 교장, 교육감, 교육부장관 등 모두가 해 볼 수 있는 질문이다. 담임이라면 학급의 학생에게 질문해 보라. 우리 반에서 가장 좋은 점은? 불만은? 만약 담임이라면 가장 하고 싶은 것은? 책임감을 가지고 모두를 위해 가장 필요한 것을 생각해 낼 것이다. 우리 부서의 부원들에게, 우리 학교의 선생님들의 의견을 듣는 것부터, 학교 변화는 시작된다. 그리고 마지막으로 중요한 질문은 바로 이것이다. **'내가 할 일은 무엇인가?'**

변화를 위한 공교육의 시도들

공교육 안에서 개방형 교육과정, 무학년제, 새로운 담임제를 시도하고 있는 학교들이 이미 있다. 또한 감염병이라는 외부적인 위기 상황에서 학교가 슬기로운 대응을 모색하는 사례도 경험적으로 만들어졌다. 다음은 2020년 연구학교 보고서(Edunet T-Clear 탑재)와 연구 사례(송희정, 2020)를 바탕으로 재구성하였다.

서울의 A 고등학교는 '완전 개방형 교육과정'을 운영 중이다. 서울은 일반고의 교육력을 살리는 방안으로 개방형 교육과정을 추진해 왔고, 이것이 학생 선택교육과정과 고교학점제와 연결되었다. 이 학교는 교과 영역에서 기초, 탐구, 생활·교양, 체육·예술의 구분이 없고, 각 선택과목의 단위 수는 6단위로 통일하여 학생들이 자유롭게 과목 선택을 할 수 있도록 하고 있다. 이렇게 선택과목의 완전 개방 방식을 취하는 학교는 드물다. 울산의 B 고등학교는 무학년제 교육과정을 일부 도입하였다. 학생들의 희망 직업 및 전공을 조사하고, 이를 통해 학생들이 가장 선호하는 진로 계열과 관련되는 과목들을 전문교과 영역에서 찾아 '진로 연계 선택과목'으로 편성하였다. 이것을 특정 학년과 학기에 이수하도록 하는 것이 아니라, 2, 3학년 기초와 탐구 영역의 선택과목 중 학기별로 한 과목을 이 과목으로 대체하여 선택할 수 있도록 하였다(예: 마케팅과 광고, 금융 일반).

경기도의 C 고등학교는 멘토 담임제를 도입하여 운영하였다. 고교학점제하에서 담임의 역할을 '관리자'에서 '어드바이저(advisior)'로 재정의하고, 본격적인 선택이 시작되는 2학년에서 멘토 담임제를 운영하였다. 교사 1명당 학생 13명을 배정하고, 담임 수당과 점수를 부여한다. 멘토 담임은 학생의 학교생활과 학업 관리 및 상담 역할을 하고, 학생이 선택한 과목에 대해서 충분히 성취를 보이고 있는지 진단하고 문제점에 대해서는 해결 방안을 모색한다. 담임이 담당해야 할 학급 인원수의 감소로 학생들을 개별적으로 관찰, 상담, 지도, 지원하기에 용이하고, 학부모와의 소통도 더욱 원활하게 이루어지며, 학생생활기록부의 내용이 풍부해지고 충실해질 가능성이 높아졌다. 이로 인해 담임의 업무와 역할이 양적으로 경감되는 반면 질적으로는 향상된 것으로 나타났다. 그러나 모든 교사가 멘토 담임의 역할을 수행하는 것이 바람직하고 효과적일지는 좀 더 살펴보아야 하고, 나이스(NEIS) 시스템과 기록 권한 등이 개선될 필요가 있다.

2020년 4월 20일 온라인 개학 발표 2주 전, 원격선도학교에 선정된 A 초등학교는 다른 학교보다 일주일 먼저 온라인 개학 수업을 진행하게 되었다. 가 보지 않은 새로운 길을 만들어 가야 하는 A 초등학교 교사들은 위기의 상황에서 학년 중심의 전문적 학습공동체를 주축으로 하여 대처하였다. 온라인으로 제시되는 교육내용은 A 초등학교 학년별 전문적 학습공동체에서 자율적으로 정해졌다. 학교의 구체적인 방향 제시 없이, 대부분 학년에서 내용이 결정되었다.

온라인 개학 전후 A 초등학교는 기존의 체제와는 다르게 운영이 시작되었다. 전에는 다소 형식적으로 운영되었던 전문적 학습공동체가 새롭게 작동된 것이다.

첫째, 동학년 교사들이 각자 맡은 과목으로 수업연구팀을 구성하여 오전에 각자 맡은 과목의 수업내용과 수업방법 등을 계획한다. 교사는 교육과정과 교과서를 분석하고 기존의 수업자료들을 검토한다. 점심식사 때부터 모여서 협의를 시작하여 각자 맡은 과목의 수업 형태 및 교수학습에 관한 중요 관점, 교육에 대한 비전 등을 서로 공유하며 하나의 공동 수업안을 만들고 수업에서 활용할 교수학습 자료 및 온라인 교수학습 자료 제작 등에 관한 논의를 한다.

둘째, 서로 공유된 수업안으로 실제 자료 제작 및 수업안 안내 등을 계획한 후 온라인 수업의 플랫폼에 교사 공유방을 만들고 각자 만든 수업안을 탑재한다. 내가 제작하지 않은 자료들도 함께 볼 수 있기에 협의되었던 내용으로 구성되었는지 서로 의견을 나누게 된다. 학년에 따라 한 교실에 모여서 온라인 수업 탑재 시부터 협의를 하기도 하고 온라인상에서 수정 · 보완해야 할 부분은 서로 공유한다.

셋째, 온라인 수업을 진행하면서 학생들에게 피드백을 제공하는데, 댓글, 전화 등 학생 맞춤형 정보를 제공한다. 그리고 각 반의 학생 피드백 상황을 다시 모여 협의할 때 서로 공유하며 온라인 수업 내용에 관한 중심을 학생의 학습에 두고 수업 반성 및 평가가 이루어진다. 이를 바탕으로 다음 수업을 계획할 때 반영하게 된다.

넷째, 등교 개학 이후 한 학년에 한 반만 등교하여 수업하게 되므로 다른 반 교사들은 점심을 먹기 전까지 직간접적인 수업관찰을 하게 된다. 아침에 발열 체크부터 시작하여 매일 등교하는 학생들 관리, 등교수업 시 화장실 복도 통행, 점심 급식 배식 등에 동학년이 모두 함께 지도하게 되고, 방역으로 인하여 교실의 문을 열고 수업을 진행하므로 건물의 같은 층을 쓰는 동학년 교사는 수업내용을 알 수 있게 된다. 오후에 다시 온라인과 등교 시의 수업내용에 대한 수업 협의를 하게 되고, 다음 등교 반은 이를 참고하여 수업을 수정, 재구성할 수 있다.

온라인 개학이라는 특수한 상황에서 A 초등학교 교사들은 이상적인 목표 공유 및 교육 연구와 실천을 담당하는 전문적 학습공동체로 거듭났다.

4. 교직에서 어떤 교사로 살 것인가

지금까지 교직실무를 공부하면서 교직의 다양한 업무와 현실을 마주하였을 것이다. 생각하지 못했던 측면도 있었을 것이고, 그럼에도 해 볼 만한 직업으로 교직이 다가왔을지도 모른다. 교직에 진출하여 자신의 꿈을 이루고 의미 있는 교직생활을 하기 위하여 다음과 같은 교직 진로를 고민해 보기 바란다.

1) '교육을 위한 교사'

교사는 전문가인가? 교육에 대한 전문적인 지식과 기술을 보유한 교사는 분명 전문가이다. 그렇기에 교직생애 동안 자신의 전문성을 키우는 노력을 계속해야 한다. 교사에게 요구되는 전문성은 수업을 중심으로 하되 생활과 진로 지도, 학교경영과 참여, 학교와 지역 연계 등 다양한 영역을 포괄하며, 지속적으로 전문성을 키우는 노력이 필요하다.

교사가 담당하는 교육은 사회적으로 중요한 활동이기 때문에, 국민적 관심의 대상이 되고, 기대와 요구도 많으며, 양성 단계에서부터 엄정하게 자격을 관리하는 교사양성 교육과정을 거친다. 또한 치열한 경쟁을 거쳐 교직에 임용된다. 그러나 교사로 임용된 후에는 공식적인 수습기간이나 수습교육도 없고, 1급 정교사 자격 취득 후에는 교감과 교장, 수석교사 외에는 승급할 자격이 없으며, 큰 문제가 없다면 정년이 보장된다. 직업 안정성은 높으나 전문성 개발을 위한 동인은 자발적 동인 외에는 크게 기대하기 어렵다. 다른 직업에 비하여 상대적으로 질 관리 기제가 약한 것이 사실이며, '자율적인 규율'에 의지해야 한다. 전문가로서의 계속적인 성장은 자신과 동료집단에 달려 있다.

또한 '교육'을 최고의 기준으로 사고하고 행동할 때 전문가로서 대우받을 수 있다. 교사도 직장인이며, 교사의 이익을 위해 행동할 수도 있다. 그러나 교육과 학교가 존재하는 이유, 즉 '학생을 위한 교육'이라는 관점에서 학생과 가장 가깝게 만나고 큰 영향력을 미치는 교사의 전문성을 투입할 때, 사회는 교육에 대한 교사의 의견을 신뢰하고 전문성을 부여할 것이다. 전문가의 무게는 엄중하다.

2) '연구하고 실천하는 교사'

교사는 연구자여야 한다. 학생들의 특성과 문화, 교육 방법과 평가, 새로운 교육의 방향 등에 대하여 끊임없이 연구하는 자세가 필요하다. 이것은 학술적 연구를 의미하는 것이 아니며, 실행을 전제로 하는 실천적 연구를 의미한다.

자유학년제 주제탐구 수업을 맡을 경우 어떠한 주제로 과목을 개설할 것인지, 고교학점제에서도 교사가 수업을 개설할 수 있는데 어떠한 수업을 잘 만들어 운영할 것인가에 대한 기반도 결국 자신의 관심과 연구로부터 기인할 것이다. 이를 위하여 교사 전문성 개발의 다양한 활동에 적극적이어야 한다. 독서와 학위과정 등 개인적인 노력 외에도 학교 안팎의 다양한 모임을 통한 집단적인 노력이 필요하다. 또한 과학적이고 객관적인 자료 수집과 분석 과정을 익히고 실천해 봐야 한다. 교사 중에는 교육 또는 교과와 관련된 박사학위를 취득하는 경우가 많아지고 있으며, 이러한 체계적인 학습과 연구 경험은 현장에서의 기획과 연구, 실천에도 도움이 될 것이다.

교사의 연구는 내가 가르치는 교과와 학생에 대한 것이 기본이지만, 다양한 측면에 대해서도 관심을 가질 필요가 있다. 내가 근무하는 학교급 외의 다른 학교급, 그리고 내가 가르치는 학생이 진학하는 대학교육, 학교 밖 사회와 정부에 대해서도 시야를 넓혀 볼 수 있다. 특히 교육 환경과 정책에 대한 주의 깊은 연구, 나아가 실천이 필요하다. 교사의 교육정책 참여는 학생들에게 선한 영향력을 주기 위하여 학교 내 교육활동뿐 아니라 교육정책 전반에 대하여 교사 개인 또는 교사 간 공식적 · 비공식적 상호작용을 통해 전문적 영향력을 직간접적으로 발휘하는 것이다(허은정, 김수진, 2020). 교사가 교육정책의 '대상'에 머물러 있지 않고, 교육정책의 '주체'로서의 역할을 할 수 있다는 점도 상기할 필요가 있다.

3) '교실과 학교를 변화시키는 리더'

교사는 리더가 되어야 한다. 리더십에 대한 정의는 다양하지만 '조직과 사람을 변화시키는 영향력'이라 할 수 있다. '교육 리더십'이라 하면 과거에는 학교장과 부장교사 등 학교조직에서 공식적인 영향력을 발휘하는 교원의 리더십을 떠올렸지만, 지금은 교사의 리더십에 대해서도 관심이 높다.

교사는 일차적으로 자신이 가르치는 학생에게 리더십을 발휘하며, 리더십은 기존의 수업지도와 생활지도에서의 적극적인 행동을 의미한다. 학교 안에서 동료교사에 대한 리더십을 발휘하는 교사도 있다. 전문적 학습공동체를 이끄는 교사, 특정 분야에서 전문성을 발휘하는 교사가 그것이다. 학부모와 지역사회를 대상으로도 영향력을 발휘할 수 있다. 최근 등장한 '교사 인플루언서(influencer)' 개념은 지역을 초월하여 사회적으로도 광범위한 영향력을 발휘하고 있다.

학교의 변화를 위해서도 교사 리더가 필요하다. 학교 변화는 학교장과 일부 교사의 힘만으로는 성공하기 어렵고 오래 지속하기도 어렵다. 소수의 리더 개념이 아니라 다수의 리더 교사, 그리고 권한의 분산과 공유가 요청된다. 전문가로 구성된 학교조직에서는 분산적 리더십(distributed leadership), 공유 리더십(shared leadership)이 적절하다.

리더는 아무나 하지 못하는가? 그렇지 않다. 지금 불편한 것, 잘못된 것을 고치려는 사고와 실천 노력, 동료교사와 학생, 학부모와 함께 민주적인 의사결정을 통해 바람직한 변화로 나아가는 자세는 리더가 되기에 충분하다. '모든 교사가 리더'라는 생각으로 나의 교실과 학년, 교과와 부서, 나아가 학교를 변화시키는 데 작지만 중요한 역할을 할 수 있을 것이다. 또한 학교 밖에서 지역사회와 국가적으로 더 좋은 교육을 위해 활동하는 리더로서의 미래도 그려 볼 수 있다.

교사 인플루언서(influencer)의 출현

최근 온라인을 중심으로 영향력을 발휘하는 교사 인플루언서가 나타나고 있다. 이들은 교직에 어떠한 영향을 줄까? 10년 후에는 어떠한 형태의 인플루언서가 나타날 것인가? 다음은 이승호 등(2020)의 연구 결과를 요약, 재구성하였다.

SNS에서 팔로워가 1,000명 이상인 교사를 교사 인플루언서로 본다면, 2020년을 기준으로 약 170여 명이 활동하고 있으며, 구독자 수를 합하면 250만 명이 넘는다. 이들의 주 활동 동기는 교수학습 자료를 공유하기 위한 것이며, 평일 퇴근 후에 집에서 콘텐츠를 제작하고 업로드하고 있다. 교사 팔로워의 평균 연령대는 20대로 매우 젊고, SNS 활동의 직접적인 수익은 거의 발생하지 않는 편이다. 그러나 직무 외 개인활동에 대한 몰입, 외모와 이미지 위주 등의 비판적 시각이 있고, 사회적으로는 동료교사들의 시선으로부터 자유롭지 못하다.

교사 인플루언서들의 영향력은 작지 않다. 이들은 교수학습 자료 공유를 통해 긍정적이고 교육적인 영향을 미치며, 교육적 파급력은 '양'을 넘어 '질', '정보'를 넘어 '정서'로 영향을 미치고 있다. 교사 인플루언서는 특히 젊은 세대 교사와 예비교사에게 미치는 영향이 크며, 교육정책의 결정과 실행에도 일정하게 영향을 미치고 있는 것으로 나타났다.

이러한 교사 인플루언서의 활동과 영향에서 두드러진 점은, 교직에서의 리더십이 전통적인 교장 리더십과 차별화된 '플랫폼 교사 리더십'으로 변화하고 있다는 점이다. 학교와 교실을 벗어난 디지털 공간에서의 리더십이 발견된다. 젊은 세대 교사들은 과거의 승진 경로와 연수방식에서 벗어나 새로운 교직생활을 추구하고 있으며, 온라인 교사학습공동체와도 구분되는 특성을 통해 교직에서 '네트워크화된 개인주의' 양상이 강화되는 방향이 나타나고 있다.

교사 인플루언서의 선한 영향력을 강화하면서, 원격교육과의 연계, 학생들과 상호작용하는 안전한 온라인 콘텐츠 모색 등도 필요하다. 한편, 교사 인플루언서의 등장과 이들에 대한 추종으로 교직사회가 더 파편화되고 개인주의가 심화되지는 않을지, 새로운 방식으로 교사집단에 영향력을 발휘하는 현상이 나타날지 지켜볼 필요가 있다.

토론 및 실습 과제

1. OECD는 2000년에 이어 2020년에 「Back to the Future of Education: Four OECD Scenarios for Schooling」 보고서를 발간하면서 4개의 미래 학교교육 시나리오를 새롭게 제시하였다. 학교교육의 확대, 교육 아웃소싱, 학습 허브로서의 학교, 삶의 일부로서의 학교 모델 등 4개 시나리오의 주요 내용을 확인하고, 10년 후 어떠한 학교의 모습이 나타날 것인지, 교사의 직무와 일상은 어떻게 전개될 것인지 각자 의견을 정리하고 토의해 보자.

2. 교사의 4C 역량을 측정하는 설문도구에 응답하고, 나에게 상대적으로 부족한 역량이 무엇인지 확인하여 이를 강화할 수 있는 구체적인 방법과 계획을 구상해 보자. 이 밖에도 교사에게 새롭게 요구되는 중요한 역량에 대해 토의해 보자.

3. 내가 평소에 꿈꾸는 새로운 학교의 모습을 글 또는 그림으로 정리하고, 자신이 근무할 학교급에서 현재 이루어지는 혁신적인 교육과 업무 사례들을 수집하여 그것이 가능한지 확인하고 토의해 보자.

4. 이 장에 제시된 미래학교 이야기 외에도 미래학교 시나리오에 대한 자료를 수집하고 주요 내용을 정리해 보자. 그리고 미래학교에서 교사는 어떠한 직무를 주로 수행할지, 어떠한 방식으로 교실과 학교에서 일을 할지 상상하고, 지금부터 준비할 점에 대해 토의해 보자.

5. 이 장에 제시된 교사의 진로 중에서 나는 어떠한 교사로 나아갈 것인지, 교직 경력 10년, 20년, 30년의 나는 어떠한 모습일지 상상하고, 이러한 구상과 계획에 대하여 토의해 보자.

참고문헌

경기도교육청(2021). 경기미래학교 청사진.

김은영, 서재영, 유미해, 장지은, 함은혜, 김성봉, 이슬기(2020). 교원양성기관에서의 창의력과 비판적사고력: 수업사례 및 교수학습지원을 중심으로. 한국교육개발원 연구보고, RR 2020-13.

박수정(2021). 온라인 수업에서 팀 학습 어떻게 할까. 서울: 학지사.

박수정, 박상완, 김정현, 이상은, 조진형, 방효비, 고경희, 박정우(2019). 고교학점제 도입 기반 조성을 위한 제도 개선 방안 연구: 교·강사제도를 중심으로. 교육부 정책연구보고서.

박수정, 박상완, 이현정, 박정우, 김경은(2020). 교사 역량 측정도구 개발: 4C 역량을 중심으로. 한국교원교육연구, 37(2), 167-192.

박수정, 정바울, 박정우(2020). 학교자치 진단 지표 및 진단 도구 개발. 한국교육개발원 수탁연구, CR 2020-20.

류방란, 김경애, 이상은, 한효정, 이윤미, 이종태, 최항섭, 이지미(2018). 제4차 산업혁명 시대의 교육: 학교의 미래. 한국교육개발원 연구보고, RR 2018-01.

송희정(2020). 학교 안 전문적 학습공동체 운영 사례 연구. 경인교육대학교 대학원 석사학위논문.

이승호, 박영숙, 허주, 박효원, 신철균, 장민경, 이샛별(2020). 교사 인플루언서(Influencer)의 활동 및 영향 분석. 한국교육개발원 연구보고, RR 2020-06.

이주희, 신상명(2018). 교사 역량 요인의 위계와 의미 연결. 교육행정학연구, 36(5), 61-86.

임소현, 박병영, 황준성, 황은희, 백승주, 김혜자, 이정우, 김성열(2020). 한국교육개발원 교육여론조사(KEDI POLL 2020). 한국교육개발원 연구보고, RR 2020-33.

임종헌, 유경훈, 김병찬(2017). 4차 산업혁명 사회에서 교육의 방향과 교원의 역량에 관한 탐색적 연구. 한국교육, 44(2), 5-32.

정미라, 곽충훈, 노병태, 박기윤, 서승억(2021). 고교학점제, 진로교육을 다시 디자인하다. 서울: 맘에드림.

정제영, 이청민, 김가경(2019). 인구구조 변화에 따른 미래학교 운영 모델 탐색. 한국교육개발원 이슈페이퍼, CP 2019-16.

통계청(2019). 2019 청소년 통계.

허은정, 김수진(2020). 교원의 교육정책 참여 경험 탐색. 한국교원교육연구, 37(1), 135-161.

홍후조, 조호제, 민부자, 임유나, 강익수, 김선은, 길호진, 조동헌(2017). 지능정보사회 대비 교원의 핵심역량 도출 및 교원 연수 분류 체계 개발. 교육부 중앙교육연수원 정책연구보고서.

황은희, 최수진, 임종헌, 박희진, 이재덕, 김성기, 이길재, 김훈호, 장암미(2019). 교육 혁신 사례 분석을 통한 미래교육 실천 과제. 한국교육개발원 연구보고, RR 2019-05.

Lortie, D. C. (1975). *Schoolteacher: A sociological study*. IL: The University of Chicago Press.

Marquardt, M. (2005). *Leading with questions: How leaders find the right solutions by knowing what to ask*. New York: Jossey-Bass.

New Pedagogies for Deep Learning. (2016). *NPDL Global report*. Ontario, Canada: Fullan, M., McEachen, J., Quinn, J. retrieved from http://npdl.global/wp-content/uploads/2016/12/npdl-global-report-2016.pdf

OECD. (2001). *What schools for the future?* Paris: OECD.

OECD. (2005). *The definition and selection of key competencies: Executive summary.* Paris: OECD.

Partnership for 21st Century Learning. (2007). *Framework for 21st century learning.*

찾아보기 🖊

인명

내용

저자 소개

송기창(Song, Ki Chang) [제8장]
현 숙명여자대학교 교육학부 교수
전 숙명여자대학교 기획처장 · 평생교육원장 · 교육대학원장, 한국교육재정경제학회장
주요 저서: 『교육재정정책론』『교육행정학 원론(7판)』『한국 교육정책의 탐구』『신교육재정학』
『한국 지방교육자치론』외 다수

김병주(Kim, Byoung Joo) [제5장]
현 영남대학교 사범대학 교육학과 교수 · 고등교육정책연구소장
전 영남대학교 기획처장 · 교육혁신본부장 · 입학처장 · 홍보협력실(처)장 · 사범대학장 · 교육
대학원장, 한국교육정치학회장, 한국교육재정경제학회장, 한국교육학회 홍보위원장 · 학술
위원장 등
주요 저서: 『교육행정학 원론(7판)』『한국의 교육정책』『교육개혁론』『신교육재정학』『교육정치
학』『한국 지방교육자치론』『비교교육학』외 다수

김도기(Kim, Do Ki) [제9장]
현 한국교원대학교 제1대학 교육학과 교수, 학교경영연구소장
전 한국교원대학교 교학처장 · 사도교육원장, 한국학교컨설팅연구회장 등
주요 저서: 『학교컨설팅의 이론과 실제』『수업컨설팅: 좋은 수업의 조건과 5G』『학교경영컨설
팅과 수업컨설팅』『초등교육행정론』외 다수

김민조(Kim, Min Jo) [제7장]
현 청주교육대학교 초등교육학과(교육학) 교수
전 한국교육개발원 부연구위원
주요 저 · 역서 및 논문: 『교사학습공동체의 이론과 실제』『교사교육의 딜레마』『교사전쟁』「교
육평가도구로서 초등교사 신규임용 시험의 성격과 타당도 분석」「교사들의 '반(半) 자발성'
에서 출발한 학교내 교사학습공동체 운영 사례 연구」외 다수

김민희(Kim, Min Hee) [제2장]

현 대구대학교 사범대학 교직부 교수

주요 저서 및 논문:『한국의 지방교육자치』『한국 교육의 효율성 분석: DEA이론과 실제』「미래
　　교육환경 변화를 반영한 지방교육재정 운영전략 탐색」「정권교체에 따른 교육복지 정책변
　　동 분석」외 다수

김병찬(Kim, Byeong Chan) [제4장]

현 경희대학교 교육대학원 교수

전 경희대학교 교육대학원장, 한국교육행정학회 학술위원장 · 편집위원장, 한국교원교육학회
　　학술위원장 등

주요 저서:『왜 핀란드교육인가』『왜 교사리더십인가』『한국 교육책무성 탐구』『한국 학교조직
　　탐구』외 다수

김성기(Kim, Sung Ki) [제12장]

현 협성대학교 교수

주요 저서:『초등학교 학생행정 가이드』외 다수

나민주(Rah, Min Joo) [제1장]

현 충북대학교 사범대학 교육학과 교수 · 한국지방교육연구소장

전 충북대학교 교육혁신연구원장, 한국교육재정경제학회장 등

주요 저서:『교육행정』『한국 지방교육자치론』『신교육재정학』외 다수

남수경(Nam, Soo Kyong) [제9장]

현 강원대학교 교육학과 및 대학원 지역교육협력학과 교수, 강원대학교 교육연구소장 · 미래
　　교육센터장, 한국교육학회 강원지회장, 국무조정실 청년정책조정위원회 실무위원

전 강원대학교 입학본부장, 한국교육재정경제학회 편집위원장

주요 저서:『한국의 교육정책』『융 · 복합시대의 공교육 혁신』『한국 교육행정학 연구 핸드북』외
　　다수

박상완(Park, Sang Wan) [제13장]

현 부산교육대학교 교육학과 교수, 한국연구재단 인문사회연구본부 전문위원

전 부산교육대학교 기획처장·교무부처장, 한국교육개발원 부연구위원, 한국교육행정학회 학술위원장, 한국교원교육학회 학술위원장·편집위원장

주요 저서: 『지방분권과 교육』『학교장론』『교사와 교사교육』『한국의 지방교육자치』『미국과 한국의 교직 사회−교직과 교사의 삶』외 다수

박수정(Park, Soo Jung) [제14장]

현 충남대학교 사범대학 교육학과 교수

전 충남대학교 대학교육개발센터장·교직부장·교육연구소장, 한국교육행정학회 및 한국교원교육학회 이사, 교육부 시·도교육청 평가위원

주요 저서: 『온라인 수업에서 팀학습 어떻게 할까』『한국 교육행정사 탐구』『한국 지방교육자치 연구』『한국 지방교육자치론』『대학 수업의 탐구와 성찰』『한국 교육행정학 핸드북』외 다 수

오범호(Oh, Beom Ho) [제6장]

현 서울교육대학교 초등교육과 교수

전 한국교육개발원 연구원, 경남대학교 교육학과 교수

주요 저서 및 논문: 『초등교육행정의 이론과 실제』「초등학교 신규교사의 동학년조직 적응 전략에 대한 질적 연구」「초등학교 교사들의 SNS를 활용한 자기표현 전략에 관한 질적 연구」「초등학교 교사의 학교예산 운용 경험에 관한 질적 사례연구」외 다수

윤홍주(Yun, Hong Ju) [제10장]

현 춘천교육대학교 교육학과 교수

주요 저서 및 논문: 『초등교육행정의 이론과 실제』『초등교직실무』「학급규모를 고려한 교육비 배분」외 다수

이정미(Lee, Jung Mi) [제13장]

현 충북대학교 창의융합교육본부 교수

전 한국교육개발원 연구위원

주요 저서 및 논문: 『한국 교육의 효율성 분석: DEA 이론과 실제』 「단위학교 교무-행정 업무
간 이관 요구 분석 및 업무 조정 방안 연구」 외 다수

이희숙(Lee, Hee Sook) [제10장]

현 강남대학교 교육학과 교수

주요 저서: 『Handbook of Educational Policy Research』 『사교육: 현상과 대응』 외 다수

정성수(Jung, Sung Soo) [제11장]

현 대구교육대학교 교육학과 교수

전 인제대학교 교육대학원 교수

주요 저·역서 및 논문: 『초등교육행정의 이론과 실제』 『성공하는 교사들의 9가지 습관』 「중등
예비교사의 현장적응성 강화를 위한 교직실무 교과목 운영 및 개선요구 분석」 「초·중등
교원양성대학의 통합방안: 교·사대를 중심으로」 외 다수

정수현(Jeong, Soo Hyeon) [제1장]

현 서울교육대학교 초등교육과 교수

전 서울지역 고등학교 교사, 한국교육개발원 연구원, 한국교원대학교 교수, 한국학교컨설팅
연구회장, 한국교원교육학회장, 한국교육학회 상임이사 등

주요 저서: 『학교경영론』 『학교경영컨설팅』 『학교컨설턴트 가이드북』 『미국과 한국의 교직사
회: 교직과 교사의 삶』 『초등교육행정의 이론과 실제』 외 다수

정제영(Chung, Jae Young) [제11장]

현 이화여자대학교 교수 · 기획처장 · 미래교육연구소장

전 교육과학기술부 서기관

주요 저서 및 논문: 『사회적 약자를 위한 교육정책론』『한국 교사교육: 성찰과 미래 방향』『교육 행정 및 교육경영』『디지털 시대와 4차 산업혁명에 대비한 교육의 시대』「Are Bully-Victims Homogeneous?: Latent Class Analysis on School Bullying」「Dropout Early Warning Systems for High School Students Using Machine Learning」「The Machine Learning-Based Dropout Early Warning System for Improving the Performance of Dropout Prediction」외 다수

조석훈(Jo, Seog Hun) [제3장]

현 가천대학교 교수

전 인제대학교 평가기획실장, 청주교육대학교 정책개발원장, 서울특별시교육청 법률고문, 법무부 인권정책자문단 자문위원, 한국의료분쟁조정중재원 의료분쟁감정위원 추천위원회 위원

주요 저서 및 논문: 『교육학의 유혹』『학교와 교육행정』『학교와 교육법(제3판 전부개정판)』「The Legal Standard on the Scope of Teachers' Free Speech Rights in the School Setting」「The Track of Policies for Educational Equality and Its Implications in Korea」「Teacher Commitment: Exploring Associations with Relationships and Emotions」「교육행정학 연구에서 전문성의 의미 구조: 줄기세포?」「교직 선택 결정에 대한 후회 감정의 탐색적 해석」

교직실무
Teaching Practice

2021년 9월 10일 1판 1쇄 발행
2023년 10월 10일 1판 3쇄 발행

지은이 • 송기창 · 김병주 · 김도기 · 김민조 · 김민희 · 김병찬 · 김성기
　　　　나민주 · 남수경 · 박상완 · 박수정 · 오범호 · 윤홍주 · 이정미
　　　　이희숙 · 정성수 · 정수현 · 정제영 · 조석훈

펴낸이 • 김 진 환

펴낸곳 • (주) 학지사

　　　　04031 서울특별시 마포구 양화로 15길 20 마인드월드빌딩 5층

대표전화 • 02) 330-5114　　　팩스 • 02) 324-2345

등록번호 • 제313-2006-000265호

홈페이지 • http://www.hakjisa.co.kr

인스타그램 • https://www.instagram.com/hakjisabook

ISBN 978-89-997-2489-3 93370

정가 23,000원

출판미디어기업 학지사

간호보건의학출판 학지사메디컬 www.hakjisamd.co.kr
심리검사연구소 인싸이트 www.inpsyt.co.kr
학술논문서비스 뉴논문 www.newnonmun.com
원격교육연수원 카운피아 www.counpia.com